NomosAnwalt

Ludwig Zimmermann
Rechtsanwalt, Fachanwalt für Sozialrecht und
Fachanwalt für Arbeitsrecht, Potsdam

Das Hartz-IV-Mandat

Anspruchsgrundlagen | Strategien | Gebühren

3. Auflage

Deutscher Anwaltverein
Arbeitsgemeinschaft
Sozialrecht

Die Deutsche Nationalbibliothek verzeichnet diese Publikation in
der Deutschen Nationalbibliografie; detaillierte bibliografische
Daten sind im Internet über http://dnb.d-nb.de abrufbar.

ISBN 978-3-8487-2002-6

3. Auflage 2016

Vorwort zur dritten Auflage

Auch im Jahr 2015 sind immer noch knapp sechs Millionen Menschen auf Leistungen der Grundsicherung angewiesen. Durch den verstärkten Zuzug von Flüchtlingen wird die Zahl der Leistungsberechtigten in naher Zukunft wieder steigen. Denn es ist abzusehen, dass eine große Zahl der Flüchtlinge nicht ausreichend schnell in den Arbeitsmarkt wird integriert werden können.

Auf diese Situation reagiert das Mandats-Handbuch mit seiner 3. Auflage. Es bringt nicht nur sämtliche Inhalte auf den neuesten Stand; es geht insbesondere auch auf die Situation der Flüchtlinge ein, die zunächst Leistungen nach dem Asylbewerberleistungsgesetz erhalten, dann aber, sobald sie als Flüchtlinge anerkannt sind, bei unzureichendem Einkommen Anspruch auf Leistungen nach dem SGB II haben. Auf den juristischen Wechsel von einem Leistungssystem in ein anderes wird detailliert eingegangen.

Dies gilt auch für die Behandlung der Frage, inwieweit EU-Bürger von den Leistungen nach dem SGB II ausgeschlossen werden können. Die aktuellen Entscheidungen des Europäischen Gerichtshofes vom 11.11.2014 – C-333/13 (Fall Dano) und vom 15.9.2015 – C-67/14 (Fall Alimanovic) sind Gegenstand umfassender Erläuterungen.

Nachdem der Gesetzgeber auf die Entscheidung des Bundesverfassungsgerichtes vom 9.2.2010 reagiert hatte, wurde nunmehr in einer weiteren Entscheidung des Bundesverfassungsgerichtes vom 23.7.2014 festgestellt, dass die Regelbedarfe nach den §§ 20, 23 und 77 SGB II mit den verfassungsrechtlichen Vorgaben vereinbar sind. Auch wenn die Regelbedarfe nunmehr in der Fassung des Gesetzes zur Ermittlung der Regelbedarfe für verfassungsgemäß angesehen werden, bleiben noch viele verfassungsrechtliche Fragen ungeklärt. Beispielhaft seien hier nur die Probleme bei Sanktionen oder den Leistungen für Anschaffungen von langlebigen Haushaltsgeräten erwähnt. Auch für diese Fragen bietet die 3. Auflage schlüssige Lösungen an. In den Berechnungsbeispielen sind häufig schon die ab dem 1.1.2016 geltenden Hartz-IV-Sätze berücksichtigt.

Für die freundliche Unterstützung danke ich Frau Julia Proest und Frau Melanie Wohlfahrt, die mich vonseiten des Nomos Verlages tatkräftig unterstützt haben. Zu danken habe ich zudem meiner Kollegin, Rechtsanwältin Vera Munz, die während der Abfassung des Manuskriptes die Hauptlast in meinem Büro übernommen hat. Ich danke ausdrücklich auch der Arbeitsgemeinschaft Sozialrecht des DAV für die gute Zusammenarbeit.

Potsdam, den 17. November 2015

Inhaltsverzeichnis

§ 1 Grundlagen und Verwaltungsverfahren

I. Allgemeine Grundsätze des SGB II

1. Leistungsarten

Die Grundsicherung für Arbeitsuchende sieht zwei Grundformen der Leistung (**Leis-** 1
tungsarten) vor, und zwar die Leistungen zur Eingliederung in Arbeit und die Leistungen zur Sicherung des Lebensunterhalts (§ 1 Abs. 2). Die Regelungen zur Eingliederung sind im Wesentlichen dem SGB III und die Regelungen zur Sicherung des Lebensunterhalts dem Bundessozialhilfegesetz, respektive dem SGB XII entnommen. Damit steht das SGB II im Spannungsfeld zwischen staatlicher Daseinsfürsorge zur Verhinderung von Mittellosigkeit und Elementen der Arbeitsförderung. Der Anspruchsberechtigte wird deshalb je nach der Perspektive, aus der er betrachtet wird, als Leistungsberechtigter oder Arbeitsuchender bezeichnet (§ 1 Abs. 1).

2. Hilfebedürftigkeit

Das Gesetz setzt, abweichend von seinem Namen, als Anspruchsvoraussetzung für 2
die Sicherung des Lebensunterhalts nicht voraus, dass der erwerbsfähige Leistungsberechtigte eine Arbeit sucht. Der Leistungsberechtigte muss nicht wie der Arbeitslose nach dem SGB III ohne Beschäftigung sein, der Arbeitsvermittlung zur Verfügung stehen und den Willen haben, seine Arbeitslosigkeit zu beenden (§ 138 Abs. 1 SGB III). Es reicht aus, wenn der Anspruchsteller trotz Vollzeitbeschäftigung als Arbeitnehmer oder als selbstständig Tätiger nicht in der Lage ist, seinen Lebensunterhalt und den seiner ggf mit ihm in Bedarfsgemeinschaft lebenden Personen zu sichern (§ 9 Abs. 1) und daher **hilfebedürftig** ist.[1]

3. Grundsatz des Forderns – Obliegenheiten

Gleichwohl wurden dem Leistungsberechtigten Obliegenheiten auferlegt, die aus dem 3
(Sozial-)Versicherungsrecht, und zwar dem SGB III, stammen und ihn zur Mitwirkung verpflichten. Diese **Mitwirkungspflicht** wird in § 2 unter der Überschrift „Grundsatz des Forderns" eher abstrakt umschrieben, um dann in § 15 Abs. 1 S. 2 Nr. 2 und 3 sowie in § 31 näher erläutert zu werden.

Der **Grundsatz des Forderns** hat wegen seiner Abstraktheit unmittelbar keine große 4
praktische Bedeutung. Die sich hieraus ergebende Verpflichtung zur Selbsthilfe und zum Einsatz der eigenen Arbeitskraft wird von der Rechtsprechung zur Auslegung der Vorschriften herangezogen, die die Verpflichtungen des Leistungsberechtigten im Einzelnen regeln.[2] Die Verpflichtung zur Selbsthilfe besteht als Ausformung des „Nachrangprinzips" auch in der Sozialhilfe (§ 2 Abs. 1 SGB XII).

Demgegenüber sind die dem Leistungsberechtigten auferlegten Mitwirkungs- und Verhaltenspflichten (**Obliegenheiten**), die sich in den §§ 15, 16 und 31 finden, weitgehend dem Recht der Arbeitsförderung (Arbeitslosenversicherung) entnommen.

---

1 BSG 2.4.2014 – B 4 AS 29/13 R, BSGE 115, 225–235 zum grundlegenden Unterschied zwischen SGB III und SGB II.
2 BSG 19.9.2008 – B 14 AS 45/07 R; BSG 6.9.2007 – B 14/7 b AS 36/06 R.

Weitere Mitwirkungspflichten, wie die Verpflichtung zur Anzeige und Bescheinigung einer Arbeitsunfähigkeit (§ 56 Abs. 1) und die Pflicht, sich auf Aufforderung beim Leistungsträger zu melden (§ 59), sind aus dem SGB III abgeleitet (§§ 309, 310 SGB III Meldepflicht und § 311 SGB III Meldung bei Arbeitsunfähigkeit). In § 159 Abs. 1 Nr. 1 bis 6 SGB III sind die Obliegenheitsverletzungen, wie das vorsätzliche bzw grob fahrlässige Herbeiführen des Versicherungsfalles (Lösen des Arbeitsverhältnisses), näher beschrieben.[3] Die vorsätzliche Herbeiführung des Versicherungsfalles führt im SGB III anders als im Privatversicherungsrecht nicht zu einem vollständigen Leistungsausschluss (§ 28 Abs. 2 VVG). Obliegenheitsverletzungen des Versicherten in der Arbeitslosenversicherung führen lediglich zu einer Sperrzeit. Bei Verletzung des § 159 Abs. 1 Nr. 1 SGB III (Sperrzeit bei Arbeitsaufgabe) ruht der Anspruch auf Arbeitslosengeld für die Dauer von zwölf Wochen. Das Arbeitslosengeld wird während der Sperrzeit nicht gezahlt. Außerdem vermindert sich der Gesamtanspruch auf Arbeitslosengeld mindestens um die Dauer der zwölf Wochen betragenden Sperrzeit (§ 148 Abs. 1 Nr. 4 SGB III). Beträgt die Anspruchsdauer mehr als 48 Wochen, wird der Gesamtanspruch auf Arbeitslosengeld um ¼ gekürzt. Beträgt die Sperrzeit insgesamt 21 Wochen und mehr, entfällt der Anspruch auf Arbeitslosengeld unter den weiteren in § 161 Abs. 1 Nr. 2 SGB III genannten Voraussetzungen völlig.

5 Die Regelungen über die **Sperrzeit** dienen auch dem Schutz der Versichertengemeinschaft vor übermäßiger Beanspruchung der Versicherungsleistungen. Der Versicherte, der nicht alles zur Vermeidung des Versicherungsfalles unternimmt oder nicht gewillt ist, den Versicherungsfall (Arbeitslosigkeit) zu beenden, soll weniger Leistungen erhalten.

6 Demgegenüber sind Verstöße des Leistungsberechtigten gegen die in § 31 Abs. 1 genannten Verpflichtungen, eine Arbeitsgelegenheit (§ 16 d) auszuführen oder eine andere Maßnahme zur Eingliederung in Arbeit anzutreten (§ 31 Abs. 1 Nr. 3), weit weniger geeignet, die Hilfebedürftigkeit des Leistungsberechtigten aufrechtzuerhalten bzw zu verlängern. Die Aufnahme einer Arbeitsgelegenheit oder der Antritt einer anderen Eingliederungsmaßnahme sind nämlich im Einzelfall nicht oder nur mittelbar geeignet, die Hilfebedürftigkeit entfallen zu lassen.

4. Grundsatz des Förderns – Eingliederungsleistungen

7 Der Leistungsberechtigte soll in seinen Bemühungen, seine Hilfebedürftigkeit zu beenden, von dem Leistungsträger umfassend **unterstützt** werden (§ 14). Diese Regelung ist Ausdruck des Grundsatzes des Förderns (§ 3) und gewährt dem Leistungsberechtigten einen Anspruch auf Eingliederungsleistungen. Maßnahmen der Eingliederung sind nach pflichtgemäßem Ermessen unter Beachtung der individuellen Verhältnisse des Leistungsberechtigten zu erbringen (§ 3 Abs. 1).

8 Bei Auswahl und Einsatz der zur Verfügung stehenden Maßnahmen muss der Leistungsträger sein **Ermessen** dem Zweck des SGB II entsprechend ausüben und die ge-

---

3 Vgl zu dem Ersatzanspruch nach § 34 zuletzt BSG 2.11.2012 – B 4 AS 39/12 R, wonach die Norm auf der Tatbestandsseite eine bewusste Schädigung des Leistungsberechtigten erfordert.

setzlichen Grenzen des Ermessens einhalten (§ 39 Abs. 1 S. 1 SGB I).[4] Sind bei einem Leistungsberechtigten **Eingliederungsleistungen** (§§ 16 ff) erforderlich, weil er nicht sofort in eine Arbeit vermittelt werden kann, so hat der Leistungsträger unter den Eingliederungsleistungen eine Auswahl zu treffen, bei der die in § 3 Abs. 1 S. 2 genannten Voraussetzungen zu beachten sind. Das Auswahlermessen des Leistungsträgers ist hiernach erheblich eingeschränkt, insbesondere wenn er eine Eingliederungsmaßnahme anordnet, die für den Leistungsberechtigten nicht geeignet ist und seine Eingliederung in Arbeit nicht fördert.

In welchen Fällen ein **Ermessensfehler** zur Rechtswidrigkeit der Entscheidung des   9
Leistungsträgers führt, sagt die Ermessensfehlerlehre, die auch im sozialrechtlichen Verwaltungsverfahren Anwendung findet.[5] Ermessensfehler führen zur Rechtswidrigkeit des Verwaltungsaktes. Ermessensfehler können mit der Bescheidungsklage erfolgreich vor den Sozialgerichten geltend gemacht werden (§ 54 Abs. 2 S. 2 SGG iVm § 39 SGB I).

Die möglichen Ermessensfehler werden hier kurz skizziert. Eine **Reduzierung des Er-**   10
messens „auf Null" ist zwar denkbar, kann allerdings nur dann eintreten, wenn unter den möglichen Maßnahmen nur noch eine in Frage kommt. Dies ist nach der Rechtsprechung des Bundessozialgerichtes der Fall, wenn das Jobcenter Leistungen zur Erstausstattung grundsätzlich in Geld erbringt.[6] Von seinem bisherigen Verwaltungshandeln kann das Jobcenter daher nicht mehr im Einzelfall abweichen und Sachleistungen erbringen.

Der Leistungsträger muss von seinem Ermessen in einer dem Zweck der Ermächti-   11
gung entsprechenden Weise Gebrauch machen. Wird das Ermessen nicht nach dem Zweck der Ermächtigung, insbesondere nicht dem Zweck des § 3 entsprechend, ausgeübt, liegt ein **Ermessensfehlgebrauch** vor.

Dem Leistungsträger stehen als Maßnahmen neben der Information und Beratung   12
des Leistungsberechtigten (§ 4 Abs. 1 Nr. 1) und seiner Vermittlung in Arbeit (§ 16 Abs. 1 S. 1 iVm § 35 SGB III) auch die Eingliederungsmaßnahmen nach den §§ 16, 16 a bis g zur Verfügung. Diese enthalten unter anderem die Leistungen zur Eingliederung nach dem SGB III (§ 16), die kommunalen Eingliederungsleistungen (§ 16 a), das Einstiegsgeld (§ 16 b) bei Aufnahme einer Beschäftigung, die Leistungen zur Aufnahme einer selbstständigen Tätigkeit (§ 16 c), die Arbeitsgelegenheit mit Mehraufwandsentschädigung – Ein-Euro-Job – (§ 16 d S. 2), die Leistung zur Beschäftigungsförderung in Form des Lohnkostenzuschusses (§ 16 e) und die freie Förderung (§ 16 f).

Das Ermessen des Leistungsträgers berechtigt dazu, unter den zur Verfügung stehenden Maßnahmen eine **Auswahl** zu treffen, denn die Maßnahmen sind nach den indi-

---

4   Vgl BSG 6.12.2007 – B 14 AS 50/06 R; BSG 2.7.2013 – B 4 AS 72/12, Rn 46, BSGE 114, 55–69.
5   BSG 18.3.2008 – B 2 U 1/07 R.
6   BSG 19.8.2010 – B 14 AS 36/09 R = info also 2011, 40–41.

viduellen Verhältnissen des Leistungsberechtigten unter Berücksichtigung der Grundsätze der Wirtschaftlichkeit und Sparsamkeit auszuwählen (§ 3 Abs. 1 S. 4).[7]

Der Leistungsträger muss daher im Regelfall zunächst die preisgünstigeren Maßnahmen wie Beratung und Vermittlung wählen. Sofern die Hilfebedürftigkeit sich durch diese Maßnahmen nicht beseitigen lässt, sind weitere Maßnahmen, wie Aushändigung eines Aktivierungs- und Vermittlungsgutscheins nach § 16 Abs. 1 SGB II iVm § 45 SGB III, eine Weiterbildungsmaßnahme nach § 16 Abs. 1 iVm § 81 SGB III oder eine Leistung zur Beschäftigungsförderung nach § 16 e zu gewähren.

13 Eine **Ermessensüberschreitung**, dh das Setzen einer Rechtsfolge, die von der gesetzlichen Regelung nicht gedeckt ist und daher der Gesetzmäßigkeit der Verwaltung nicht mehr entspricht (siehe hierzu § 31 SGB I), wird bei der Leistungsgewährung kaum vorliegen. Die Leistungsträger wurden durch § 16 f darüber hinaus ermächtigt, im Rahmen des ihnen zur Verfügung stehenden „Eingliederungsbudgets" in einem Umfang von 10 % freie Leistungen zur Eingliederung anzubieten, so dass auch eine außergewöhnliche Maßnahme dem Vorbehalt des Gesetzes entspricht (§ 31 SGB I).

14 Zu einem **Ermessensnichtgebrauch** oder einer **Ermessensunterschreitung** wird es demgegenüber häufiger kommen, denn entweder werden keine Ermessenserwägungen angestellt, wenn eine Auswahl unter mehreren Maßnahmen stattfindet, oder es werden alternative Maßnahmen, die ggf der Leistungsberechtigte vorgeschlagen hat, nicht in die Ermessenserwägungen mit einbezogen.

15 **Beispiel:** Der 59 Jahre alte Leistungsberechtigte K bezieht seit dem 1.1.2012 Leistungen nach dem SGB II. Er ist alkoholkrank, allerdings nach einer medizinischen Rehabilitation seit Dezember 2008 „trocken". Wegen eines Rückenleidens kann er nur noch gelegentlich schwere Lasten heben und tragen. In der Zeit von März 2014 bis Mai 2015 hat er eine Tageszeitung ausgetragen, dafür musste er morgens um vier Uhr aufstehen. Das Arbeitsverhältnis endete, weil der Zeitungsvertrieb eingestellt wurde. Dem K wurde von dem Leistungsträger bisher noch keine Eingliederungsmaßnahme gewährt. Der Leistungsträger weist dem K im Dezember 2015 eine Arbeitsgelegenheit mit Mehraufwandsentschädigung als Konflikthelfer in einer Gesamtschule in einem Problemviertel zu.

16 Die **Arbeitsgelegenheiten nach** § 16 d sind Eingliederungsmaßnahmen im Sinne des § 3 Abs. 1. Der Leistungsträger kann dem Leistungsberechtigten eine Arbeitsgelegenheit mit Mehraufwandsentschädigung) zuweisen. Eine Arbeitsgelegenheit in der Entgeltvariante ist seit dem 1.4.2012 nicht mehr möglich.[8]

17 Als weitere Eingliederungsmaßnahmen stehen dem Leistungsträger die Leistungen zur Eingliederung Selbstständiger nach § 16 c und die Leistungen zur **Beschäftigungsförderung** nach § 16 e zur Verfügung.

18 Bei der Ausübung des (Auswahl-)Ermessens durch den Leistungsträger hat dieser zu berücksichtigen, dass Maßnahmen, die die unmittelbare Aufnahme einer Erwerbstätigkeit ermöglichen, anderen Maßnahmen vorgehen (§ 3 Abs. 1 S. 3). Die **Eingliede-**

---

7 BSG 2.7.2013 – B 4 AS 72/12 R, Rn 46, BSGE 114, 55–69 = info also 2013, 280–281 zu den (Ermessens-)Grundsätzen.
8 BGBl. I 2011, 2854.

rung in den **ersten Arbeitsmarkt** hat daher stets Vorrang. Die Zuweisung einer Arbeitsgelegenheit wird nur dann in Betracht kommen, wenn die Eingliederungsleistungen, wie Vermittlung in eine Beschäftigung, nicht erfolgreich waren oder von vornherein keinen Erfolg versprechen.

Sind „einfache Vermittlungsversuche" nicht Erfolg versprechend oder erfolgreich, 19 kann der Leistungsträger dem Leistungsberechtigten zur Erhöhung der Vermittlungschancen einen Lohnkostenzuschuss gewähren (§ 16 Abs. 1 Nr. 5 iVm §§ 88 ff SGB III). Die Förderung erfolgt auf Antrag des Arbeitgebers durch gesonderten Bescheid gegenüber dem Arbeitgeber.

Beispiel: Im Fall des 59 Jahre alten Leistungsberechtigten K ist eine Arbeitsgelegenheit mit 20 Mehraufwandsentschädigung nicht die richtige Eingliederungsmaßnahme. Der Leistungsberechtigte hat über Jahre gezeigt, dass er in der Lage ist, eine Tätigkeit auf dem (ersten) Arbeitsmarkt auszuüben. An Zuverlässigkeit fehlt es jedenfalls nicht. Auch besteht bei der Tätigkeit als Konflikthelfer durchaus die Gefahr, dass die Alkoholkrankheit wieder ausbricht. Während mehrerer Jahre wurden dem Leistungsberechtigten keine Eingliederungsmaßnahmen vorgeschlagen, obwohl sie angesichts seines Alters und seiner Vermittlungshemmnisse, wie mangelnde Qualifikation und Rückenleiden, angezeigt gewesen wären. Der Leistungsträger muss zunächst versuchen, den K in eine reguläre Arbeit zu vermitteln und zwar zB durch eine Maßnahme der Aktivierung und Vermittlung (§ 16 Abs. 1 Nr. 2 iVm § 45 Abs. 5 SGB III). Im vorliegenden Fall kann angenommen werden, dass hinsichtlich der Aktivierungs- und Vermittlungsmaßnahme das Ermessen des Leistungsträgers auf Null reduziert ist. Sollte der K auch mit dieser Hilfe keine Arbeit finden, kommt ein Lohnkostenzuschuss nach § 16 e in Betracht.

Mit besonderer Deutlichkeit zeigt sich die erhebliche **Einschränkung des Ermessens** 21 des Leistungsträgers bei der Frage der **Erstattung von Fahrtkosten** des Leistungsberechtigten zur Wahrnehmung eines Meldetermins (§ 59 iVm § 309 Abs. 4 SGB III) oder wenn der Leistungsberechtigte zur Beratung einbestellt wird, um eine Maßnahme zur Eingliederung zu besprechen (§ 16 iVm § 45 Abs. 1 S. 4 SGB III). Nach der Rechtsprechung des Bundessozialgerichtes[9] haben die Meldepflichten und die Eingliederungsleistungen, die durch eine Besprechung zwischen den Mitarbeitern des Leistungsträgers und dem erwerbsfähigen Leistungsberechtigten vorbereitet werden, (nach dem Gesetz) einen sehr hohen Stellenwert. Angesichts der engen finanziellen Verhältnisse der meisten Leistungsberechtigten wird eine Ablehnung der Übernahme von Fahrtkosten daher nicht in Betracht kommen. Die Leistungsträger sind gegenüber Leistungsberechtigten, die nur den Regelbedarf erhalten und über kein zusätzliches Einkommen verfügen, stets verpflichtet, die Fahrtkosten zu übernehmen. Die Erstattung von Fahrtkosten richtet sich nicht nach § 16 Abs. 1 Nr. 2 iVm § 44 Abs. 1 S. 3 SGB III, sondern unmittelbar nach § 59 iVm § 309 Abs. 4 SGB III.[10]

Eine Ermessensentscheidung muss begründet werden. Aus der Begründung müssen 22 die Gesichtspunkte erkennbar sein, von denen sich die Behörde bei der Ausübung ihres Ermessens hat leiten lassen (§ 35 Abs. 1 S. 3 SGB X). Die **Begründung** und nicht

---

9 BSG 6.12.2007 – B 14 14/7 b AS 50/06 R.
10 LSG München 27.3.2012 – L 11 AS 774/10.

das Ermessen kann durch den Leistungsträger bis zur Entscheidung in der letzten Tatsacheninstanz vor Gericht, dh vor dem Landessozialgericht, nachgeholt werden (§ 41 Abs. 1 Nr. 2 iVm Abs. 2 SGB X). Der Leistungsträger kann die Anhörung allerdings nicht im Gerichtsverfahren, durch Sachvortrag in Schriftsätzen nachholen, sondern muss ein gesondertes Anhörungsverfahren (§ 24 SGB X) im Rahmen eines wiedereröffneten Verwaltungsverfahrens durchführen. Das Verfahren vor Gericht muss für diese Zeit ausgesetzt werden (§ 114 Abs. 2 SGG).[11] Allgemein wird wegen der Heilungswirkung des § 42 SGB X mangels einer Entscheidungsalternative ein Begründungsfehler nicht zur Rechtswidrigkeit des Verwaltungsaktes führen. Bei Ermessensentscheidungen, bei denen der Leistungsträger unter mehreren Leistungen auswählen kann, besteht jedoch keine Alternativlosigkeit im Sinne des § 42 S. 1 SGB X, so dass ein Mangel in der Begründung den Verwaltungsakt rechtswidrig macht. Die Begründung kann noch im Widerspruchsbescheid erfolgen, weil der Bescheid und der Widerspruchsbescheid insoweit eine Einheit bilden. Bei fehlender Begründung einer Ermessensentscheidung kann das Gericht das Ermessen nicht anstelle der Behörde ausüben und muss den Widerspruchsbescheid durch Bescheidungsurteil aufheben (§ 131 Abs. 3 SGG). Der Leistungsträger hat in einem weiteren Verwaltungsverfahren die Gelegenheit, über den Widerspruch neu zu entscheiden und die Begründung seines Ermessens nachzuholen.[12]

23 **Hinweis:** Enthält der Bescheid, bei dem Ermessen auszuüben war, keine Begründung und wird diese im Widerspruchsbescheid nachgeholt, so heilt dies zwar den Verfahrensmangel (§ 40 Abs. 1 Nr. 2 SGB X), so dass der Widerspruch letztlich nicht erfolgreich ist. Grundsätzlich besteht ein Anspruch auf Kostenerstattung im Widerspruchsverfahren nur bei einem erfolgreichen Widerspruch (§ 63 Abs. 1 S. 1 SGB X). Wurde gegen einen Bescheid Widerspruch eingelegt, weil eine Anhörung im Verwaltungsverfahren nicht durchgeführt wurde, hat der Widerspruchsführer auch dann einen Anspruch auf Erstattung seiner Kosten im Widerspruchsverfahren, wenn er in der Sache keinen (materiellen) Erfolg hat (§ 63 Abs. 1 S. 2 SGB X).

24 **Hinweis:** Der Leistungsberechtigte ist zur Abwendung ihm unliebsamer, durch den Leistungsträger zugewiesener Eingliederungsmaßnahmen gut beraten, wenn er seine Vorstellungen im Verwaltungsverfahren zum Ausdruck bringt und Alternativen aufzeigt. Kommt eine Einigung nicht zustande, muss der Leistungsträger über die Eingliederung durch Verwaltungsakt entscheiden und hierbei sein Ermessen hinsichtlich der Frage, ob und welche Eingliederungsmaßnahme angeordnet wird, ausüben.[13]

25 **Beispiel:** Der Sachbearbeiter schlägt dem 35-jährigen Bauhandwerker K nach zweijähriger Arbeitslosigkeit eine Arbeitsgelegenheit mit Mehraufwandsentschädigung als Hilfshausmeister in einer Kindertagesstätte vor. Der K beantragt daraufhin schriftlich, ihn zum Fachangestellten für Bäderbetriebe („Bademeister") auszubilden. Er schwimme sehr gerne und habe bereits das silberne Rettungsschwimmabzeichen der Deutschen Lebensret-

---

11 BSG 9.11.2010 – B 4 AS 37/09 R, Rn 14.
12 BSG 14.12.1978 – 1 RJ 54/78, SozR 1500 zu § 85 Nr. 7.
13 Vgl BSG 22.9.2009 – B 4 AS 13/09 R.

tungsgesellschaft (DLRG) erworben. Letzteres war durch den Fallmanager des Leistungsträgers bei der Eignungsfeststellung des K aufgenommen worden.

Der Leistungsträger wird hier den Wunsch des K in seine Ermessenserwägungen mit ein-
beziehen müssen, denn der K hat hinsichtlich der vom Leistungsberechtigten verlangten
Leistung zur Eingliederung bereits seine Eignung durch Erlangung des Rettungsschwim-
merabzeichens nachgewiesen (§ 3 Abs. 1 S. 2 Nr. 1).

II. Besondere Leistungsgrundsätze

1. Subsidiarität

Leistungen der Sozialhilfe sind gegenüber anderen Sozialleistungen, der Selbsthilfe   **26**
oder Leistungen Dritter bzw Angehöriger **nachrangig** (§ 2 SGB XII). In die Grundsicherung für Arbeitsuchende wurde der Nachrang nicht ausdrücklich übernommen, ·
findet sich aber an verschiedenen Stellen im Gesetz, und zwar in § 3 Abs. 3 S. 1 und
§ 5. Ein Unterfall des Nachranggrundsatzes ist die Verpflichtung zur Selbsthilfe (§ 2
Abs. 1 Abs. 2). Der Leistungsberechtigte ist verpflichtet, seine Hilfebedürftigkeit
durch Stellen von Leistungsanträgen bei weiteren Sozialleistungsträgern zu vermin-
dern (§ 12 a). Stellt er keinen Leistungsantrag, ergeben sich hieraus keine unmittelbaren Folgen, denn es handelt sich nicht um eine Mitwirkungspflicht (§§ 60 ff SGB I).
Die fehlende Mitwirkung könnte nur sanktioniert werden, wenn die Verpflichtung
zur Antragstellung in einer Eingliederungsvereinbarung vereinbart oder in einen diese
ersetzenden Verwaltungsakt aufgenommen wurde (vgl § 31). Bei der Verhängung
einer Sanktion nach §§ 31 ff wird der Leistungsträger berücksichtigen müssen, dass
er statt des Leistungsberechtigten einen Leistungsantrag stellen kann (§ 5 Abs. 3 S. 1).
Da auch im SGB II der Verhältnismäßigkeitsgrundsatz gilt, führt eine fehlende Antragstellung nicht zu einer Sanktion.

2. Fehlen bereiter Mittel

Die Leistungen der Grundsicherung sind nur insoweit subsidiär, als für den Leis-   **27**
tungsberechtigten keine anderweitige Hilfemöglichkeit besteht (§ 3 Abs. 3). Eine anderweitige Hilfemöglichkeit ist nicht darin zu sehen, dass der Leistungsberechtigte
zwar einen Anspruch gegen einen anderen (Sozial-)Leistungsträger hat, diesen aber
nicht sofort realisieren kann. Ein Leistungsanspruch besteht zB auch dann, wenn dem
Leistungsberechtigten der sofortige Verbrauch oder die sofortige Verwertung von
Vermögen nicht möglich ist oder für ihn eine besondere Härte bedeuten würde (§ 9
Abs. 4). Unterhaltsansprüche gegen Angehörige werden nur berücksichtigt, wenn sie
der Leistungsberechtigte tatsächlich erhält (§ 9 Abs. 1). Der Anspruch auf Leistungen
zur Sicherung des Lebensunterhalts ist nur dann subsidiär, wenn die anderweitige
Leistung dem Leistungsberechtigten tatsächlich zur Verfügung steht, es sich hierbei
mithin um **bereite Mittel** (**Faktizitätsprinzip**) handelt. Stehen die (Geld-)Mittel aus
einer anderen Sozialleistung nicht zeitnah zur Verfügung, muss der Leistungsträger
unabhängig von einem Rückgriffsanspruch nach §§ 102 ff SGB X vorleisten. So ist
ein betriebswirtschaftlicher Gewinn aus einer aufgelösten steuerlichen Ansparab-
schreibung (§ 7 g EStG) nur dann als bereites Mittel anzusehen, wenn dem Leistungs-

berechtigten diese Mittel tatsächlich zufließen.[14] Bei einer Erbschaft in einer Erbengemeinschaft wird nicht der Erbfall der Zeitpunkt sein, in dem die Mittel aus der Erbschaft zur Verfügung stehen, sondern der Zeitpunkt, in dem das Auseinandersetzungsguthaben ausgezahlt wird.[15]

28 **Beispiel:** Der Leistungsberechtigte L war bis zum 31.5.2012 in einem Beschäftigungsverhältnis. Für den Monat April und Mai wurden die Gehaltsforderungen nicht ausgeglichen. Ein Anspruch auf Insolvenzgeld besteht nicht. Anspruch auf Arbeitslosengeld nach dem SGB III besteht ab dem 1.6.2012, dieses erhält er erst am Ende des Monats (§ 337 Abs. 2 SGB III). Der L verfügt über keine bereiten Geldmittel. Hier muss der Leistungsträger nach dem SGB II vorleisten, weil der L hilfebedürftig ist und die Arbeitsagentur nicht an ihn zahlt (§ 9 Abs. 1). Der L kann gegenüber der Arbeitsagentur einen Antrag auf Leistung einer Abschlagszahlung stellen (§ 337 Abs. 4 SGB III). Diese Abschlagszahlungen können zur Vermeidung unbilliger Härten von der Arbeitsagentur an den L nach billigem Ermessen geleistet werden. Der vorleistende Leistungsträger erhält dann seinen Ausgleich im Wege des § 102 SGB X. Der Leistungsträger kann zudem Leistungen der Grundsicherung als Darlehen erbringen, bis die Bundesagentur für Arbeit die Zahlungen aufnimmt (§ 24 Abs. 4).

29 **Hinweis:** Die Leistungsträger des SGB II heben oft ihre Bescheide, bei denen sie Vorleistungen für einen anderen Leistungsträger erbracht haben, nach §§ 45, 48 SGB X auf. Hat der Leistungsträger nach dem SGB II gegenüber dem anderen Leistungsträger (Bundesagentur für Arbeit = Arbeitslosengeld I) einen Anspruch auf Erstattung und hat der Leistungsberechtigte von diesem keine Leistung erhalten, kann der SGB-II-Leistungsträger seinen Bescheid nicht zurücknehmen und seine Leistung auch nicht vom Leistungsberechtigten zurückfordern, weil insofern die Erstattungsvorschriften (§§ 103, 104 SGB X) vorgehen. Der Leistungsträger nach dem SGB II hat hier auf die Schuld des weiteren Leistungsträgers (also der Bundesagentur für Arbeit) geleistet (§ 107 SGB X). Erst wenn der Leistungsberechtigte das Arbeitslosengeld I erhält, tritt eine wesentliche Änderung der Verhältnisse ein, weil sich durch den Zufluss des Geldes die Hilfebedürftigkeit verringert. In diesem Fall scheint es so, als ob der SGB-II-Leistungsträger seinen Bescheid wegen einer Änderung der Verhältnisse aufheben kann (§ 48 Abs. 1 SGB X). Soweit ein Erstattungsanspruch besteht, ist der Anspruch auf Arbeitslosengeld I allerdings bereits mit der Leistung durch den Leistungsträger nach dem SGB II entfallen (§ 107 Abs. 1 SGB X). Mit der Leistung des Darlehens an den Leistungsberechtigten geht der Anspruch auf Arbeitslosengeld I auf den Leistungsträger nach dem SGB II über (§§ 103 Abs. 1, 104 Abs. 1 S. 1 SGB X). Der Leistungsberechtigte darf das Alg I daher in der Regel nicht behalten. Die Rückabwicklung erfolgt im Verhältnis zur Bundesagentur für Arbeit, weil durch die Leistung des Leistungsträgers nach dem SGB II der Anspruch auf Arbeitslosengeld entfallen ist. Dies betrifft auch die Leistungen, die als Darlehen vorläufig gewährt wurden (§ 102 Abs. 1 SGB X, § 24 Abs. 4).

---

14   BSG 21.6.2011 – B 4 AS 21/10 R, BSGE 108, 258–267.
15   BSG 25.1.2012 – B 14 AS 101/11 R – SozR 4-4200 § 11 Nr. 47.

3. Beschleunigungsgebot

Die Leistungsträger sind verpflichtet, dem Leistungsberechtigten **Leistungen umfassend und zügig** zukommen zu lassen (§ 17 Abs. 1 Nr. 1 SGB I). Hieraus ergibt sich für die Leistungsträger ein besonderes Beschleunigungsgebot. Dieser Grundsatz wird durch gesetzliche Bestimmungen, wie über die vorläufige Leistung (§ 43 SGB I) oder die Vorschussleistung (§ 42 SGB I), konkretisiert. 30

4. Antragsrecht des Leistungsträgers

Der Leistungsträger kann den Leistungsberechtigten auffordern, bei einem anderen Sozialleistungsträger einen **Antrag** auf Leistungen zu stellen (§ 5 Abs. 3). Die Antragstellung kann in einer Eingliederungsvereinbarung als Antragspflicht vereinbart werden (§ 15 Abs. 1 Nr. 3). Stellt der Leistungsberechtigte keinen Antrag auf die andere Sozialleistung, kann der Leistungsträger, nach einer vorherigen Aufforderung des Leistungsberechtigten, an seiner Stelle die Sozialleistung beantragen und Rechtsbehelfe einlegen (§ 5 Abs. 3). Ungeklärt ist bisher, ob der Leistungsträger für den Leistungsberechtigten im Rahmen der Verpflichtung zur Förderung des Leistungsberechtigten verpflichtet sein kann, den Leistungsberechtigten nicht nur umfassend über seine Rechte zu beraten (§ 14 SGB I) oder Auskunft zu erteilen (§ 15 SGB I), sondern auch Leistungen zu beantragen. 31

Dies wird man im Hinblick auf die Verpflichtung des Leistungsträgers nach § 4 Abs. 1 Nr. 1 bejahen müssen, denn er ist über die Regelungen der §§ 14, 15 SGB I hinaus zur umfassenden **Unterstützung** des Leistungsberechtigten verpflichtet. Ein solcher Anspruch wird im Wege der Leistungsklage (§ 54 Abs. 5 SGG) durchgesetzt. Fraglich erscheint auch, ob der Leistungsträger den Leistungsberechtigten einseitig durch Verwaltungsakt zur Antragstellung verpflichten kann. Auch die Möglichkeit eine Sanktion zu verhängen, wenn der Leistungsberechtigte keinen Antrag auf anderweitige Leistungen stellt, ist zweifelhaft, weil der Leistungsträger ein Selbsteintrittsrecht hat und dieses gegenüber dem Leistungsberechtigten mildere Mittel zum Ziel führen kann.

5. Verhältnis zu anderen Leistungen

Die Leistungen der Grundsicherung für Arbeitsuchende sind gegenüber den Leistungen zur Sicherung des Lebensunterhaltes nach den §§ 27 ff SGB XII **vorrangig**, denn Hilfe zum Lebensunterhalt ist gegenüber den Leistungen zur Sicherung des Lebensunterhaltes nach dem SGB II ausgeschlossen. Die Leistungen der Grundsicherung im Alter nach den §§ 41 ff SGB XII sind gegenüber der Leistung von Sozialgeld (§ 23) vorrangig zu gewähren. 32

Andere Sozialleistungen sind nach dem **Subsidiaritätsprinzip** gegenüber den Leistungen nach dem SGB II vorrangig in Anspruch zu nehmen (§ 3 Abs. 3). Dies trifft insbesondere für die unterhaltssichernden Leistungen nach dem SGB III, wie Arbeitslosengeld, aber auch für die Rente wegen verminderter Erwerbsfähigkeit auf Zeit zu. 33

6. Zuständigkeitsstreit zwischen dem Träger der Sozialhilfe und dem Leistungsträger nach dem SGB II

34 Sofern Streit über die Zuständigkeit zwischen dem Träger der Sozialhilfe und dem Leistungsträger nach dem SGB II besteht, hat der Leistungsträger nach dem SGB II bis zur Entscheidung der Einigungsstelle in **Vorleistung** zu treten (§ 44 a Abs. 1 S. 7). Diese Regelung ist in Anlehnung an § 145 SGB III eine Vorleistungspflicht des Leistungsträgers und keine Form der vorläufigen Leistung nach § 43 SGB I.[16] Erfolgt keine Leistung durch das Jobcenter wegen Vorleistungspflicht eines anderen Leistungsträgers, kann dieses im Wege des einstweiligen Rechtschutzes zur Leistung verpflichtet werden.[17] Das Jobcenter muss daher Unterhaltsleistungen nach dem SGB II umfassend erbringen. Das Jobcenter kann den Leistungsumfang anders als nach § 43 Abs. 1 S. 1 SGB I nicht nach seinem Ermessen erbringen.

35 **Hinweis:** Das Nachrangprinzip gilt nur, wenn sich aus einem anderen Gesetz ein gleichartiger Anspruch ergibt und dieser Anspruch auch zur Behebung der aktuellen Notlage durchgesetzt werden kann.

7. Besondere Art der Leistungsgewährung

a) Vorläufige Leistungen nach § 43 SGB I

36 Wie in dem vorgenannten Beispiel beschrieben, sind die Leistungsträger zur Zahlung von **vorläufigen Leistungen** erst nach dem Ablauf eines Kalendermonates verpflichtet (§ 43 SGB I). Der Leistungsträger (Jobcenter) nach dem SGB II hat die Geldleistungen zum Lebensunterhalt jeweils monatlich im Voraus zu erbringen (§ 41 Abs. 1 S. 4). Sofern der Leistungsberechtigte erst im Laufe des Monates einen Antrag auf Leistung stellt, wirkt der Antrag auf den ersten des Monats zurück (§ 37 Abs. 2 S. 2). Für eine vorläufige Leistung ist daher im SGB II kaum Raum.

b) Vorschüsse nach § 42 Abs. 1 S. 1 SGB I

37 Die Leistungsträger können **Vorschussleistungen** (§ 42 SGB I) erbringen, wenn feststeht, dass ein Anspruch auf eine Sozialleistung dem Grunde nach besteht, die Ermittlung der Anspruchshöhe allerdings Feststellungen erfordert, die noch längere Zeit in Anspruch nehmen.

c) Vorläufige Entscheidung nach § 328 SGB III

38 Die gleichen Voraussetzungen müssen vorliegen, wenn der Leistungsträger die Leistung nach § 40 Abs. 1 Nr. 1 a iVm § 328 Abs. 1 Nr. 3 SGB III vorläufig erbringt. Zum Meinungsstand, ob die Regelung des § 328 Abs. 1 Nr. 3 SGB III vorrangig gegenüber der Regelung des § 42 SGB I ist, wird auf die weiterführende Literatur verwiesen.[18]

d) Vorwegzahlung

39 Die von der Rechtsprechung entwickelte Rechtsfigur der **Vorwegzahlung** hat im SGB II keine Bedeutung, weil die Leistungen im Voraus zu erbringen sind.[19]

---

16 BSG 7.11.2006 – B 7 b AS 10/06 R.
17 LSG Stuttgart 2.6.2014 – L 12 AS 5220/13 ER = info also 2014, 215–218.
18 Vgl Schmidt-De Caluwe in: NK-SGB III, 5. Aufl. 2013, § 328 Rn 20.
19 Vgl Krodel, Das sozialgerichtliche Eilverfahren, 3. Aufl. 2012, Rn 468.

III. Verwaltungsverfahren

1. Antragsverfahren

Leistungen nach dem SGB II werden nach § 37 Abs. 1 **nur auf Antrag** gewährt. Der **40** Leistungsträger muss auf den Antrag hin tätig werden, denn auf Leistungen nach dem SGB II besteht ein Rechtsanspruch (§ 40 Abs. 1 S. 1 iVm § 18 S. 2 SGB X). Wird ein Verwaltungsverfahren nicht eingeleitet und ergeht innerhalb einer Frist von sechs Monaten keine Verwaltungsentscheidung, kann der Leistungsberechtigte durch Untätigkeitsklage (§ 86 SGG) eine Entscheidung im Verwaltungsverfahren erzwingen.

Einen Antrag auf Sozialleistungen, einschließlich Leistungen nach dem SGB II, kann **41** jeder Bürger stellen, der handlungsfähig im Sinne des Sozialgesetzbuches ist. Personen, die das **15. Lebensjahr** vollendet haben, sind handlungsfähig (§ 36 Abs. 1 SGB I) und können Anträge auf Sozialleistungen stellen und verfolgen, dh sie können über die Antragstellung hinaus auch gegen einen ablehnenden Bescheid wirksam Widerspruch einlegen. Die Rücknahme eines Antrages ist an die Zustimmung des gesetzlichen Vertreters gebunden (§ 36 Abs. 2 S. 2 SGB I).

Leistungsanträge müssen bei dem **zuständigen Leistungsträger** gestellt werden (§ 16 **42** Abs. 1 SGB I). Werden die Leistungen bei einem unzuständigen Leistungsträger beantragt, so ist dieser verpflichtet, sie entgegenzunehmen und sie an den zuständigen Leistungsträger **weiterzuleiten (§ 16 Abs. 2 SGB I).** Wird der Antrag bei einem unzuständigen Leistungsträger gestellt, gilt er hinsichtlich des Zeitpunkts als bei diesem rechtzeitig gestellt (§ 16 Abs. 2 S. 2 SGB I). Es muss allerdings aus dem Antrag erkennbar sein, dass auch bei dem unzuständigen Leistungsträger eine Leistung nach dem SGB II begehrt wird.

Beispiel: Der A lebt zusammen mit seiner Ehefrau und zwei Kindern in einem Haushalt. Er wird zum 30.6.2014 arbeitslos und beantragt am 1.5.2014 Arbeitslosengeld I. Erst im September 2014 äußert er gegenüber einer Mitarbeiterin der Bundesagentur für Arbeit, dass das Arbeitslosengeld zur Finanzierung seines Lebensunterhaltes nicht ausreiche. Die Mitarbeiterin der Arbeitsagentur empfiehlt die Prüfung der Hilfebedürftigkeit durch das Jobcenter, was der A strikt ablehnt. Im Januar 2015 erfährt er von einem Freund, der auch Arbeitslosengeld I bezieht, A könne doch neben dem Bezug von Arbeitslosengeld I Arbeitslosengeld II beantragen, er selbst erhalte für sich und seine Angehörigen weitere 635 EUR monatlich vom Jobcenter. Daraufhin beantragt A am 24.1.2015 Leistungen beim Jobcenter in B und erhält diese auch in Höhe von 723 EUR monatlich ab dem 24.1.2015. Gegen den Leistungsbescheid erhebt er Widerspruch und Klage, weil er der Ansicht ist, es bestehe ein Anspruch auf Leistungen nach dem SGB II seit dem 1.5.2014 (Tag der Antragstellung auf Arbeitslosengeld I). Der Antrag auf Leistungen zum Arbeitslosengeld I sei gleichzeitig ein Anspruch auf Arbeitslosengeld II. Auch nach dem Grundsatz der Meistbegünstigung[20] wird der Antrag auf Arbeitslosengeld I nicht gleichzeitig als Antrag auf Arbeitslosengeld II anzusehen sein. Nur, wenn sich aus ihm Hinweise ergeben, dass auch die Voraussetzungen eines Anspruches nach dem SGB II vorliegen, wird er gleichzeitig als Antrag auf Arbeitslosengeld II anzusehen sein. Der Leistungsberechtigte muss daher in irgendeiner Wiese sei-

---

20 Zur Meistbegünstigung instruktiv BSG 22.3.2010 – B 4 AS 62/09 R, SozR 4-4200 § 22 Nr. 38; BSG 10.11.2011 – B 8 SO 18/10 R, SozR 4-3500 § 44 Nr. 2.

ne Hilfebedürftigkeit darlegen. Der A müsste dies bereits bei Antragstellung auf Arbeitslosengeld I zum Ausdruck gebracht haben.[21]

43 Der Antrag bedarf **keiner besonderen Form**, er kann daher mündlich, auch fernmündlich oder schriftlich gestellt werden (§ 37). Die von den Leistungsträger verwendeten Formulare sind von den Antragstellern nur im Rahmen ihrer Mitwirkungspflichten zwecks Angabe von Tatsachen auszufüllen (§ 60 Abs. 1 S. 1 Nr. 1 SGB I).

44 Bereits bei der Antragstellung können sich die Leistungsberechtigten durch **Bevollmächtigte vertreten** lassen (§ 40 Abs. 1 S. 1 iVm § 13 SGB X). Bevollmächtigte, die zur Vertretung im sozialgerichtlichen Verfahren berufen sind (§ 73 Abs. 2 S. 1 und 2 Nr. 3 bis 9 SGG), können nicht vom mündlichen Vortrag zurückgewiesen werden (§ 13 Abs. 6 SGB X). Ein beauftragter Rechtsanwalt ist berechtigt, mit seinem Auftraggeber, dem Leistungsberechtigten, oder alleine bei dem Leistungsträger vorstellig zu werden, Leistungen zu beantragen und Besprechungen durchzuführen.

45 Der Leistungsberechtigte muss bei dem Leistungsträger nur dann **persönlich erscheinen**, wenn sein persönliches Erscheinen **zur Erläuterung des Antrages** oder Vornahme anderer für den Antrag notwendiger Maßnahmen angeordnet ist (§ 61 SGB I). Den Leistungsberechtigten trifft im Rahmen seiner **Meldepflicht** (§ 59 iVm §§ 309, 310 SGB III) nach einer Aufforderung zur **Meldung** die Pflicht persönlich zu erscheinen. Die Meldung kann von dem Leistungsberechtigten ausschließlich zu den in § 309 Abs. 2 SGB III angegebenen Zwecken verlangt werden.

46 Stellt der Leistungsberechtigte bei einem anderen Leistungsträger einen Antrag auf Sozialleistungen und stellt sich nachträglich heraus, dass er entgegen der ursprünglichen Annahme keinen Anspruch hat, kann der Antrag auf Leistungen nach dem SGB II **nachgeholt** werden (§ 40 Abs. 1 iVm § 28 S. 1 SGB X). Der Grundsatz, dass Leistungen vor Antragstellung nicht erbracht werden, gilt hier ausnahmsweise nicht. Der Antrag auf Unterhaltsleistungen nach dem SGB II wirkt bis zu einem Jahr zurück, wenn er bis zum Ablauf des Monats, in dem die vorher beantragte Leistung bestandskräftig abgelehnt wurde, nachgeholt wird (§ 40 Abs. 5 iVm § 28 SGB X).

47 **Beispiel:** Der Leistungsberechtigte L beantragt für sich, seine Ehefrau und seine beiden Kinder am 6.12.2013 bei der Wohngeldstelle der Stadt K Wohngeld und bei der Familienkasse einen Kinderzuschlag (§ 6 a BKGG). Am 26.2.2014 erhält er einen Bescheid, in dem die Leistungen auf den Kinderzuschlag zu Recht abgelehnt werden, weil das Familieneinkommen zu niedrig ist.

Der L kann nach § 40 Abs. 3 iVm § 28 SGB X innerhalb eines Monats nach der Bestandskraft des Bescheides vom 26.2.2014 nachträglich einen Antrag auf Leistungen nach dem SGB II stellen. Die **Leistungen** werden ihm dann ab dem 6.12.2013 **rückwirkend gewährt**.

48 Von der Antragstellung werden nach dem Grundsatz der Meistbegünstigung nicht nur der Regelbedarf (§ 20) und der Bedarf für Unterkunft und Heizung (§ 22 Abs. 1 S. 1) erfasst, sondern alle Ansprüche auf Unterhalt nach dem SGB II.[22] Dies betrifft

---

21 BSG 2.4.2014 – B 4 AS 29/13 R, BSGE 115, 225–235.
22 BSG 22.3.2010 – B 4 AS 62/09 R, Rn 14.

jedenfalls alle möglichen Leistungen nach dem SGB II, bei denen das Gesetz keine gesonderte Antragstellung verlangt, wie etwa den Schulbedarf (§ 28 Abs. 4 bis 7) bzw ein Darlehen für einen unabweisbaren Bedarf wie die Leistungen für eine Erstausstattung (§ 24 Abs. Abs. 1, Abs. 3). Nicht von der Antragstellung umfasst ist die Übernahme von Schulden zur Sicherung der Unterkunft oder vergleichbarer Notlagen.[23]

Beispiel: Erhält der Leistungsberechtigte von seinem Vermieter eine Nachforderung aus einer Nebenkostenabrechnung, so ist ein gesonderter Antrag nicht erforderlich. Der Leistungsberechtigte muss dem Leistungsträger die Nebenkostenforderung nur zur Kenntnis bringen.

Vor Antragstellung werden grundsätzlich keine Leistungen erbracht (§ 37 Abs. 2 **49** S. 1). Hinsichtlich der Ansprüche auf Sicherung des Lebensunterhaltes wirkt die Antragstellung auf den ersten des Monats zurück, in dem der Antrag gestellt wird (§ 37 Abs. 2 S. 2). Mit der Rückwirkung des Antrags soll wohl in erster Linie erreicht werden, dass Einkommen, welches aus einer Beschäftigung aus dem Vormonat stammt, für den laufenden Monat noch angerechnet werden kann (§ 11 Abs. 2 S. 1).[24] Der Leistungsberechtigte kann durch eine Verzögerung der Antragstellung nicht mehr erreichen, dass das nachträglich zugeflossene Einkommen als Vermögen behandelt und nicht angerechnet wird. Vermögen ist alles, was der Leistungsberechtigte bereits bei Antragstellung hat.[25] Ob die Rückwirkung auch dazu führt, dass die Leistungen ab dem Ersten des Monats gezahlt werden, in dem der Antrag gestellt wird, ist bisher nicht abschließend geklärt. Nach den Handlungsanweisungen der Bundesagentur für Arbeit erfolgt die Leistung erst ab Antragstellung.[26] Aus der Gesetzessystematik und dem Wortlaut lässt sich keine eindeutige Entscheidung des Gesetzgebers herleiten. Zwar behandelt § 37 Abs. 1 S. 1 alle Leistungen nach dem SGB II und § 37 Abs. 2 S. 2 nur die Leistungen zum Lebensunterhalt. Allein die Gesetzesbegründung deutet darauf hin, dass lediglich die vor Antragstellung erzielten Einnahmen berücksichtigt werden sollen. Diesem Ziel des Gesetzgebers wird man nur entsprechen, wenn man die Rückbeziehung nicht auch auf die Leistungen, sondern nur auf die Einnahmen bezieht.[27] Eine Entscheidung des Bundessozialgerichtes hierzu steht noch aus, denn in einem bisher anhängigen Verfahren hatte der Leistungsberechtigte seinen Antrag auf die Zeit ab dem 13. des jeweiligen Monats beschränkt,[28] so dass über den Anspruch für die Zeit vor dem 13. des Monats noch keine Entscheidung vorliegt.

Beispiel: Der A erhält Arbeitseinkommen und bezieht Wohngeld. Damit konnte er seinen Bedarf bisher decken. Erhält er nunmehr eine Nachforderung aus einer Nebenkostenabrechnung, so kann er diesen Bedarf auch innerhalb eines Monats nachträglich geltend machen, sofern er hierdurch erstmals leistungsberechtigt wird.

---

23 BSG 17.6.2010 – B 14 AS 58/09 R, Rn 14.
24 Vgl BT-Drucks. 17/3404, 114.
25 BSG 30.7.2008 – B 14 AS 26/07 R, Rn 23.
26 Vgl Fachliche Weisungen SGB II zu § 37 SGB II der Bundesagentur für Arbeit, Rn 37.6, Ausgabe 06/2015, Stand 28.7.2015, http://www.arbeitsagentur.de/web/wcm/idc/groups/public/documents/webdatei/mdaw/md k1/~edisp/l6019022dstbai377987.pdf?_ba.sid=L6019022DSTBAI377990 (letzter Aufruf 27.10.2015).
27 BR-Drucks. 661/10, 185, dem Grundsatz des Nachrangs soll Geltung verschafft werden.
28 BSG 28.10.2014 – B 14 AS 6/13 R.

2. Beratungs- und Hinweispflichten – Der sozialrechtliche Herstellungsanspruch

50 Die erweiterte Pflicht der Leistungsberechtigten, für einzelne Leistungen gesonderte Anträge zu stellen (§ 37 Abs. 1), erfordert auf Seiten der Leistungsträger erhöhte Anstrengungen darauf hinzuwirken, dass die sozialen Rechte der Leistungsberechtigten möglichst verwirklicht werden (§ 17 Abs. 1 SGB I). Die Leistungsträger müssen auf die Antragstellung hinwirken (§ 16 Abs. 3 SGB I), die Leistungsberechtigten über ihre Leistungsansprüche aufklären (§ 13 SGB I), bei Bedarf Auskunft erteilen (§ 15 SGB I) und beraten (§ 14 SGB I). Wird der Leistungsberechtigte von dem Leistungsträger fehlerhaft beraten, kann ihm wegen eines hieraus entstandenen Schadens ein Anspruch auf Amtshaftung (§ 839 Abs. 1 BGB) zustehen.

51 Neben dem Anspruch aus Amtshaftung, der vor den ordentlichen Gerichten geltend gemacht werden muss (§ 71 Abs. 2 Nr. 1 GVG), kann der Leistungsberechtigte einen Schadensausgleich aus einem sozialrechtlichen Herstellungsanspruch erlangen. Handelte der Bedienstete des Leistungsträgers nur fahrlässig, muss der Leistungsberechtigte zunächst versuchen, anderweitig Ersatz zu erlangen (§ 839 Abs. 1 S. 2 BGB) und ggf vor den Sozialgerichten den Herstellungsanspruch als anderweitigen Ersatz (§ 839 Abs. 1 S. 2 BGB) geltend machen. Die Verjährung des Amtshaftungsanspruchs wird durch die Erhebung der Klage vor dem Sozialgericht unterbrochen.[29]

Der von den Sozialgerichten entwickelte Herstellungsanspruch hat folgende Tatbestandsmerkmale:

- Der Leistungsberechtigte muss zu dem Leistungsträger in einem Sozialrechtsverhältnis stehen oder das Sozialrechtsverhältnis muss sich anbahnen.

- Der Leistungsträger muss eine Informations- und Beratungspflicht verletzt haben, und

- dem Leistungsberechtigten muss durch diese Pflichtverletzung ein Schaden entstanden sein.

- Der Schaden muss durch eine rechtmäßige Amtshandlung beseitigt werden können.[30] Fingiert werden können zB die rechtzeitige Antragstellung und andere Fristen. Nicht fingiert werden können eigene Handlungen des Anspruchsberechtigten, wie die Arbeitslosmeldung und vertragliche Erklärungen, die außerhalb des Sozialrechtsverhältnisses liegen.[31]

Beispiel: Der Leistungsberechtigte A ist Schüler und besucht die elfte Klasse einer Gesamtschule, die eine Klassenfahrt nach London plant. Seine mit ihm in Bedarfsgemeinschaft lebende Mutter M fragt den Sachbearbeiter des Jobcenters B danach, wie sich der A verhalten solle. Der Sachbearbeiter erklärt ihr daraufhin, der A müsse lediglich nach Abschluss der Klassenfahrt eine ordnungsgemäße Abrechnung vorlegen, die Kosten werden dann im Nachhinein übernommen. Als der A nach der Klassenfahrt eine Rechnung über

---

29 BGH 11.2.1988 – III ZR 221/86.
30 Reinhardt in: LPK-SGB I § 14 Rn 24.
31 BSG 15.4.2008 – B 14 AS 27/07 R, vertraglicher Ausschluss der Verwertung nach § 193 VVG bei einer Lebensversicherung, die zur Altersvorsorge bestimmt sein sollte.

850 EUR einreicht, wird die Erstattung mit dem Hinweis abgelehnt, der A habe einen gesonderten Antrag vor der Klassenfahrt stellen müssen (§ 39 Abs. 1).

Die rechtzeitige vorherige erforderliche Antragstellung wurde hier aufgrund eines Beratungsfehlers eines Sachbearbeiters versäumt. Die fehlerhafte Beratung der M wirkt auch zugunsten des A (§ 38), da der A die Kosten der Klassenfahrt selbst tragen müsste, wodurch ihm ein Schaden entstanden ist. Der Schaden kann durch eine nachträgliche Bewilligung der Leistung dh den Herstellungsanspruch beseitigt werden, weil der unterlassene Antrag hier fingiert werden kann.

3. Beteiligungsfähigkeit der Leistungsträger

Träger der Grundsicherung für Arbeitsuchende sind die Bundesagenturen für Arbeit, die kreisfreien Städte und die Landkreise (§ 6 Abs. 1). Die Bundesagentur für Arbeit erbringt die Leistungen zur Eingliederung und die Leistungen für die Abdeckung des Regelbedarfs zum Lebensunterhalt. Der kommunale Träger erbringt die **52**

- kommunalen Eingliederungsleistungen (§ 16 a),

- den Bedarf für Unterkunft und Heizung (§ 22) und

- die Leistungen nach § 24 Abs. 3 S. 1 Nr. 1 und Nr. 2, dh für

  – die Erstausstattung der Wohnung einschließlich Haushaltsgeräte,

  – die Erstausstattung für Bekleidung und bei Schwangerschaft und Geburt,

  – den Zuschuss zu den Kosten für Unterkunft und Heizung für Personen in einer Ausbildung, die von Leistungen nach dem SGB II ausgeschlossen sind (§ 27 Abs. 3),

  – sowie die Kosten für den Schulbedarf, dh die Kosten für Schulausflüge und mehrtägige Klassenfahrten (§ 28 Abs. 2), den pauschalierten Schulbedarf (§ 28 Abs. 3), die Kosten der Schülerbeförderung (§ 28 Abs. 4), der Lernförderung (§ 28 Abs. 5) und der Mittagsverpflegung (§ 28 Abs. 6) sowie den Anspruch auf Teilhabe am sozialen und kulturellen Leben (§ 28 Abs. 7).

Nach Landesgesetz bestimmt sich, wie die Leistungen der kommunalen Träger erbracht werden (§ 6 Abs. 2). Die Länder können auch bestimmen, inwieweit die Kreise und kreisfreien Städte die dem kommunalen Träger obliegenden Leistungen durchzuführen haben.[32] Die Befugnis der gemeinsamen Einrichtungen (Jobcenter), Verwaltungsakte zu erlassen, bleibt hiervon unberührt (§ 6 Abs. 2 S. 2). Die Länder werden wohl das sogenannte Schulbedarfspaket auf die Landkreise und kreisfreien Städte übertragen. Erfolgt eine solche Übertragung, werden die Widerspruchsbescheide von den Kreisen erlassen (§ 6 Abs. 2 S. 1 Hs 2).

Die Leistungen nach dem SGB II können kraft besonderer Zuweisung insgesamt von dem kommunalen Träger, den sogenannten „Optionskommunen", erbracht werden (§ 6 a).

---

[32] LSG NRW 22.8.2006 – L 1 AS 5/06 Beteiligungsfähigkeit bei Delegation der Aufgaben des Landkreises an eine Gemeinde/kreisangehörige Stadt.

Das Bundesverfassungsgericht hat den bis zum 31.12.2010 geltenden § 44 b mit der Selbstverwaltungsgarantie des Art. 28 Abs. 2 S. 1 und 2 GG iVm Art. 83 GG für unvereinbar erklärt.[33] Der Gesetzgeber hat mit dem Gesetz zur Änderung des Grundgesetzes Art. 91 e GG[34] und dem Gesetz zur Weiterentwicklung der Organisation der Grundsicherung für Arbeitsuchende[35] die Voraussetzungen für die gemeinsame Erbringung der Leistung durch die „Jobcenter" genannten gemeinsamen Einrichtungen über den 31.12.2010 hinaus geschaffen. Die Jobcenter treten in laufenden Klageverfahren an die Stelle der Arbeitsgemeinschaften und sind postulationsfähig.[36]

4. Rücknahme eines rechtswidrigen nicht begünstigenden Verwaltungsaktes

53   Hat der Leistungsträger in der Vergangenheit Leistungen rechtswidrig nicht erbracht, kommt eine Aufhebung des insoweit belastenden Leistungsbescheides in Betracht (§ 44 Abs. 1 SGB X). § 44 SGB X ist sowohl im SGB II als auch im SGB XII anwendbar.[37]

54   Wurde bei Erlass des Verwaltungsaktes das Recht unrichtig angewendet oder ging der Leistungsträger von einem Sachverhalt aus, der sich (im Nachhinein) als unrichtig erweist und wurden deshalb Sozialleistungen zu Unrecht nicht erbracht, liegen die Voraussetzungen für die **Rücknahme** eines rechtswidrig belastenden Verwaltungsaktes vor.

Solche rechtswidrigen Bescheide sind ungeachtet ihrer (ggf auch nur teilweisen) Bestandskraft für die Vergangenheit zurückzunehmen und für die Zukunft aufzuheben.

55   Die Sozialleistungen werden im Bereich des SGB II für einen Zeitraum von einem Jahr seit Stellung des Antrags auf Rücknahme für die Vergangenheit geleistet (§ 40 Abs. 1, § 44 Abs. 4 S. 3 SGB X). Die Jahresfrist gilt nur hinsichtlich der Anträge auf Überprüfung rechtswidriger Bescheide, die nach dem Inkrafttreten des am 24.3.2011 geänderten § 40 S. 2 gestellt werden (§ 77 Abs. 13).[38] Für die Überprüfungsanträge, die vor diesem Zeitpunkt gestellt wurden, gilt noch der Rückwirkungszeitraum von vier Jahren für die Erbringung von Sozialleistungen (§ 44 Abs. 4 S. 1 SGB X).

Hinweis: Die Beschränkung der Überprüfung betrifft nur die Nachzahlung von Sozialleistungen und nicht die Überprüfung anderer Verwaltungsakte, wie die Rückforderung von Leistungen. Diese können zeitlich unbegrenzt zur Überprüfung gestellt werden.

56   Beruht die unrichtige Rechtsanwendung auf einer unwirksamen Rechtsnorm oder wird in ständiger Rechtsprechung eine Rechtsnorm anders als von dem Leistungsträger ausgelegt, so erfolgt die Rücknahme eines rechtswidrigen Verwaltungsaktes nur für die Zeit ab der Entscheidung des Bundesverfassungsgerichts oder einer geänderten Rechtsprechung (§ 40 Abs. 2 Nr. 2 iVm § 330 Abs. 1 SGB III). Die Vorschrift wur-

---

33   BVerfG 20.12.2007 – 2 BvR 2433/04.
34   BGBl. 2010 I, 944.
35   BGBl. 2010 I, 1112.
36   BSG 18.1.2011 – B 4 AS 108/10 R.
37   Für SGB II BSG 7.11.2006 – B 7 b AS 8/06 R, zum SGB XII BSG 16.10.2008 – B 8/9 b SO 8/06 R.
38   Art. 2 Nr. 32 G. v. 24.3.2011 mWv 1.4.2011, BGBl. I, 453.

de ab dem 1.4.2011 zusätzlich dahin gehend erweitert, dass es auf den Zeitpunkt einer Entscheidung des Landessozialgerichtes in der Frage der Wirksamkeit einer Satzung zur Regelung der angemessenen Kosten für Unterkunft und Heizung ankommt (s. Rn 41).

Die Regelung des § 330 Abs. 1 SGB III wurde **ausschließlich zugunsten der Leistungs-** **57** **trägers** eingeführt, ist daher eng auszulegen und nur auf solche Fälle anzuwenden, bei denen der Antrag auf Überprüfung nach § 44 SGB X nach dem Entstehen der ständigen Rechtsprechung oder der Entscheidung des Bundesverfassungsgerichtes erfolgt.[39]

Die Rücknahme von rechtswidrig begünstigenden Verwaltungsakten ist im SGB II **58** auch bei **Änderung einer ständigen Rechtsprechung** eingeschränkt (§ 330 Abs. 1). Seit dem 27.2.2008 konnte für jeden Leistungsberechtigten einer Bedarfsgemeinschaft, wenn die Warmwasserkosten nicht gesondert erfasst werden, nur der im jeweiligen Regelbedarf enthaltene Anteil für die Warmwasserbereitung abgezogen werden.[40] Es handelt sich hierbei um eine ständige Rechtsprechung, denn das genannte Urteil wurde mehrfach bestätigt.[41] Hierzu gibt es allerdings keine einheitliche Rechtsanwendung durch die Bundesagentur für Arbeit.

Hinweise: 1. Sofern eine Rechtsfrage noch beim Bundessozialgericht oder dem Bun- **59** desverfassungsgericht anhängig ist, empfiehlt es sich im Hinblick auf die Rechtsprechung zur Anwendung des § 330 Abs. 1 SGB III einen Überprüfungsantrag zu stellen. Nach der geänderten Rechtsprechung sind Überprüfungsanträge noch nach § 44 Abs. 2 SGB X möglich. Der Leistungsträger muss dann über die Rücknahme nach pflichtgemäßem Ermessen entscheiden.[42]

2. Die Warmwasserkosten gehören ab dem 1.11.2011 nicht mehr zum Regelbedarf (§§ 20 Abs. 1 S. 1, 77 Abs. 6).

Die Überprüfung eines rechtswidrigen belastenden Verwaltungsaktes erfolgt grund- **60** sätzlich von Amts wegen, so dass ein Antrag auf Überprüfung nicht zwingend ist. Die Jobcenter sind jedoch nicht verpflichtet alle Verwaltungsakte von Amts wegen auf ihre Richtigkeit zu überprüfen, denn eine Überprüfung erfolgt nur im Einzelfall (§ 44 Abs. 1 S. 1 SGB X).[43] Eine Prüfpflicht des Jobcenters wird jedoch durch einen Antrag auf Überprüfung ausgelöst.[44] Dieser Antrag muss jedoch so hinreichend bestimmt sein, dass der zu überprüfenden Verwaltungsakt bezeichnet und ggf der fehlerhafte Sachverhalt oder die Rechtsanwendung auf dem der Verwaltungsakt benannt wird.

5. Widerspruchsverfahren

a) Ablauf des Widerspruchsverfahren

Gegen belastende Bescheide des Leistungsträgers können die Leistungsberechtigten **61** Widerspruch einlegen. Das **Widerspruchsverfahren** beginnt mit der Einlegung des Wi-

---

39 BSG 8.2.2007 – B 7 a AL 2/06 R.
40 BSG 27.2.2008 – B 14 /11 b AS 15/07 R.
41 BSG 15.4.2008 – B 14/11 b AS 3/07 R.
42 BSG 24.2.1987 – 11 b Rar 53/86, SozR 1300 zu § 48 SGB X Nr. 31.
43 BSG 2.10.2008 – B 9 VH 1/07 R, BSG SozR 3-4100 § 119 Nr. 23.
44 BSG 13.2.2014 – B 4 AS 22/13 R, Rn 15, BSGE 115, 126–131.

derspruchs (§ 83 SGG). Widerspruchsbehörde ist der Leistungsträger und zwar entweder der kommunale Träger oder das Jobcenter (§ 44 b Abs. 1 S. 1). Der Widerspruch ist innerhalb der Frist von einem Monat seit Bekanntgabe des Verwaltungsaktes einzulegen (§ 84 Abs. 1 SGG).

62 Die Verwaltungsakte der Leistungsträger werden regelmäßig schriftlich erlassen und den Leistungsberechtigten mit einfacher Post übersandt. Ein schriftlicher Bescheid, der durch die Post übermittelt wird, gilt am dritten Tag nach der Aufgabe zur Post als bekannt gegeben (§ 37 Abs. 2 SGB X).

63 **Beispiel:** Der Leistungsträger erlässt am 13.4.2015 einen Leistungsbescheid, der am gleichen Tag zur Post gegeben wird.

Der Zugang erfolgt hier am 16.4.2015. Der erste Tag wird nach § 26 Abs. 1 SGB X iVm § 187 BGB nicht mitgerechnet, so dass die Frist hier nach § 188 Abs. 1 BGB am 16.5. enden würde. Die Regeln über das Fristende an den Wochenenden (§ 193 BGB) sind nicht anzuwenden. Ist der dritte Tag nach Aufgabe zur Post ein Samstag oder Sonntag, beginnt die Widerspruchs- oder Klagefrist am Samstag oder Sonntag. Sie endet allerdings dann unter Berücksichtigung der Regeln des BGB an einem Samstag.[45]

64 **Hinweis:** Der Leistungsträger trägt die objektive Beweislast für die Aufgabe zur Post und den Zugang. Diese muss sich aus einer Postausgangsliste oder einem Absendevermerk in den Akten mit Angabe des Datums der Aufgabe zur Post ergeben. Wird der Zugang des Bescheides vom Leistungsberechtigten bestritten, muss auch der Zugang des Bescheides nachgewiesen werden.[46]

65 Der Widerspruch bedarf keiner besonderen Form, ein **Begründungszwang besteht** nicht. Die Widerspruchsbehörde muss den Bescheid unabhängig von der Begründung des Widerspruchs auf Recht- und Zweckmäßigkeit überprüfen. Eine **eingeschränkte Überprüfung kommt nur dann in Betracht, wenn der Leistungsberechtigte dies ausdrücklich zum Ausdruck bringt** und kann allenfalls solche Teile des Bescheides betreffen, die auf einem gesonderten Verfügungssatz beruhen. Das ist zB bei den Kosten für Unterkunft und Heizung der Fall, die unabhängig von den übrigen Bedarfen geltend gemacht werden können.[47]

66 Der Widerspruch gegen einen Bescheid des Leistungsträgers hat in der **Regel keine aufschiebende Wirkung** (§ 39). Handelt es sich um Leistungen zur Sicherung des Lebensunterhalts, wird der Leistungsberechtigte, soweit die Aufhebung des Verwaltungsaktes für ihn eine Belastung darstellt, die er nicht längere Zeit hinnehmen kann, bestrebt sein, die aufschiebende Wirkung herzustellen (vgl § 7 Rn 190 ff).

Nach § 39 betrifft die aufschiebende Wirkung Verwaltungsakte,

■ die Leistungen der Grundsicherung aufheben, zurücknehmen, widerrufen oder herabsetzen oder Leistungen zur Eingliederung in Arbeit oder Pflichten des erwerbsfähigen Leistungsberechtigten bei der Eingliederung in Arbeit regeln,

---

45 BSG 6.5.2010 – B 14 AS 12/09 R.
46 BSG 11.12.2007 – B 8/9 b SO 12/06 R.
47 BSG 27.2.2008 – B 14 AS 23/07 R.

- die den Übergang eines Anspruchs regeln, mit dem der Leistungsträger den Leistungsberechtigen zur Beantragung einer vorrangigen Leistung auffordert oder

- die eine Aufforderung, sich nach § 59 iVm § 309 SGB III zu melden (Meldeaufforderung), zum Inhalt haben.

In § 39 wird die **Rückforderung** von Leistungen nach § 50 SGB X oder die Eingliede- 67
rungsvereinbarung durch Verwaltungsakt nicht ausdrücklich genannt. Ursprünglich
war umstritten, ob § 39 auch die Rückforderung von Leistungen umfasst.[48] Schon
seit der Neufassung des § 39 vom 1.1.2009 ist die Rückforderung ausdrücklich nicht
mehr erwähnt, so dass § 39 auf Erstattungsbescheide nach § 50 SGB X keine Anwendung mehr findet.[49]

Erachtet der Leistungsträger den Widerspruch als begründet, **hilft er ihm ab (§ 85** 68
SGG). Sofern er nicht abhilft, erlässt er einen Widerspruchsbescheid. Der Leistungsträger kann auch während des Widerspruchsverfahrens nach § 86 SGG einen neuen
Bescheid erlassen. Ändert der neue Bescheid den ursprünglichen Bescheid ab, wird
dieser Gegenstand des Widerspruchsverfahrens.

Der Leistungsträger kann in einem laufenden Widerspruchsverfahren einen Bescheid 69
nicht zuungunsten des Leistungsberechtigten ändern. Hier besteht ein **Verböserungsverbot** (reformatio in peius).[50] Will der Leistungsträger im laufenden Widerspruchsverfahren eine Leistung herabsetzen, weil der Sachbearbeiter feststellt, dass eine Leistung rechtswidrig gewährt wurde, muss sich das Jobcenter der Regeln der §§ 45, 48
SGB X bedienen.[51]

Hilft der Leistungsträger im Widerspruchsverfahren dem Widerspruch ganz oder teil- 70
weise ab, erlässt er insoweit einen Abhilfebescheid. Der Abhilfebescheid wird nicht
nach § 86 SGG Gegenstand des Widerspruchsverfahrens. Bei einem **Teilabhilfebescheid** wird Gegenstand des Widerspruchsverfahrens nur der Teil des Bescheides, dem
nicht abgeholfen wurde.[52]

Der Leistungsträger kann demnach einen neuen Bescheid erlassen und dem Leis- 71
tungsberechtigten die begehrten (Mehr-)Leistungen bewilligen. In vielen Fällen erlässt
der Leistungsträger einen **Teilabhilfebescheid** und gleichzeitig oder kurze Zeit später
einen Widerspruchsbescheid. Der Leistungsträger könnte auf den Erlass des Widerspruchsbescheides verzichten, wenn er dem Leistungsberechtigten zuvor mitteilt, dass
er den Widerspruch für teilweise begründet erachtet und danach fragt, ob der Leistungsberechtigte an seinem Widerspruch festhalten will. Der Leistungsträger kann im
Widerspruchsbescheid dem Widerspruch teilweise abhelfen und im Übrigen den Widerspruch zurückweisen.

---

48 Zum Meinungsstand nach altem Recht LSG NRW 18.4.2008 – L 19 B 182/07 AS ER.
49 LSG NRW 30.9.2009 – 19 B 243/09 AS.
50 BSG 18.6.2008 – B 14/11 b AS 67/06 R.
51 BSG 18.6.2008 – B 14/11 b AS67/06 R, SozR 4-4200 § 22 Nr. 13; BSG 22.8.2012 – B 14 AS 1/12 R, SozR
    4-4200 § 22 Nr. 65.
52 Binder in: HK-SGG § 96 Rn 4.

b) Recht zur Akteneinsicht im Widerspruchsverfahren

72 Durch restriktive Gewährung der **Akteneinsicht** (§ 25 SGB X) im Widerspruchsverfahren kann der Leistungsträger die Tätigkeit eines Rechtsanwaltes im Widerspruchsverfahren behindern. Das Recht auf Akteneinsicht kann im Einzelfall Ausdruck des Grundsatzes des rechtlichen Gehörs sein.[53]

73 **Beispiel:** Der Leistungsberechtigte legt dem Rechtsanwalt einen Bescheid vor, in dem die Leistungen wegen einzusetzendem Vermögen abgelehnt werden. Aus den Schilderungen des Leistungsberechtigten und den von ihm vorgelegten Unterlagen lässt sich ein solches Vermögen nicht ermitteln. Der Rechtsanwalt legt Widerspruch gegen den ablehnenden Bescheid ein und beantragt Akteneinsicht zur Übersendung an seine Kanzlei. Der Rechtsanwalt wird darauf verwiesen, er könne die Akten bei der 5 km entfernt liegenden Behörde einsehen, eine Versendung der Akten erfolge wegen der Verlustgefahr grundsätzlich nicht.

Das Recht zur Akteneinsicht im Widerspruchsverfahren richtet sich nach § 24 SGB X und § 84 a SGG. Dieses Recht ist Teil des in Art. 103 Abs. 1 GG normierten Anspruchs auf rechtliches Gehör.[54] Aus § 84 a SGG ergibt sich allerdings für das Widerspruchsverfahren nur, dass die Übersendung von Akten an die Beteiligten nach § 25 Abs. 4 SGB X, die **Akteneinsicht findet bei der Behörde statt**, nicht ausgeschlossen ist. Der **Anspruch auf Akteneinsicht** kann auch regelmäßig **nicht unabhängig von dem Verwaltungsverfahren** (hier Widerspruchsverfahren) **durchgesetzt werden**,[55] dh weigert der Leistungsträger ganz oder teilweise die Akteneinsicht, kann dieser Verfahrensfehler nur gemeinsam mit dem Hauptanspruch gerichtlich geltend gemacht werden. Die Leistungsträger können nach dieser Ansicht nicht effektiv gezwungen werden, die Verwaltungsakten an einen bevollmächtigten Rechtsanwalt zu übersenden.

74 **Hinweis:** Nimmt der Rechtsanwalt gleichwohl bei dem Leistungsträger Einsicht in die Verwaltungsakten, kann dies ein Grund sein, hier die Schwellengebühr der Nr. 2302 VV RVG von 300 EUR wegen Umfangs der Tätigkeit zu überschreiten. Diese „Mehrarbeit" ist dann bei einem erfolgreichen Widerspruch nach § 63 SGB X von dem Leistungsträger zu erstatten.

75 Akteneinsicht erfolgt nur, soweit ihre Kenntnis zur Geltendmachung oder Verteidigung der rechtlichen Interessen erforderlich ist (§ 25 Abs. 1 S. 1 SGB X). Weigert sich das Jobcenter mit Hinweis auf diese Regelung, alle Akten zur Einsicht vorzulegen, weil etwa nur ein Band eines Aktenkonvolutes zu Begründung des Widerspruchs erforderlich ist, kann das Recht zur Akteneinsicht auf landesrechtliche oder bundesrechtliche Informationsfreiheitsgesetze gestützt werden.[56]

76 Allein wegen eines **Verfahrens-** oder **Formfehlers** kann eine Aufhebung eines Bescheides nicht verlangt werden (§ 42 S. 1 SGB X). Nur wenn eine erforderliche **Anhörung** nicht durchgeführt wurde, ist der Bescheid aufzuheben (§ 42 S. 2 SGB X).

---

53 BSG 15.11.2007 – B 3 KR 13/07 R.
54 BSG 11.12.2002 – B 6 KA 8/02.
55 BSG 28.6.1991 SozR 3-1500 § 144 Nr. 3 Gedanke des § 44 a VwGO.
56 Informationsfreiheitgesetz des Bundes (IFG) vom 5.9.2005, BGBl. I, 2722.

c) Anspruch auf Kostenerstattung im Widerspruchsverfahren

Ist der Widerspruch erfolgreich, hat der Leistungsträger dem Leistungsberechtigten 77
die **Kosten** der zweckentsprechenden Rechtsverfolgung **zu erstatten** (§ 63 SGB X).
Die Kosten sind auch zu erstatten, wenn der Widerspruch nicht erfolgreich war, allerdings ein Verfahrensverstoß vorlag, der nach § 41 SGB X geheilt wird, so dass es
nicht zur Aufhebung des Bescheides kommt.

Der Leistungsträger hat neben der Entscheidung über den Widerspruch auch über die
Kostenerstattung von Amts wegen zu entscheiden (Kostengrundentscheidung). Wird
gegen den Bescheid in der Fassung des Widerspruchsbescheides Klage erhoben und
ist diese erfolgreich, so wird mit der Entscheidung über die Kostentragungspflicht im
Urteil auch über die Kosten des vorausgegangenen Widerspruchsverfahrens dem
Grunde nach durch das Sozialgericht entschieden (einheitliche Kostenentscheidung).[57] Veranlassungsgesichtspunkte, die zur Kostentragungspflicht im Sozialgerichtsverfahren eine Rolle spielen (§ 193 Abs. 1 S. 1 SGG), spielen bei der Frage der
Kostenerstattung nach § 63 SGB X keine Rolle.[58] Auch wenn der Widerspruch durch
eine fehlerhafte Rechtsbehelfsbelehrung verursacht wurde, ist dies im Rahmen der
Kostenerstattung nach § 63 SGB X nicht zu berücksichtigen. Werden die Kosten des
Widerspruchsverfahrens gemeinsam mit den Kosten eines nachfolgenden Gerichtsverfahrens festgesetzt, können allerdings Veranlassungsgesichtspunkte auch beim Widerspruchsverfahren eine Rolle spielen.

Hinweis: Ist aufgrund einer Kostengrundentscheidung des Sozialgerichtes über die 78
Kosten des Widerspruchsverfahrens mitentschieden worden, entscheidet über den
Umfang der Kostenerstattung (Kostenfestsetzung) der Urkundsbeamte der Geschäftsstelle (§ 197 Abs. 1 S. 1 SGG). Gegen seine Entscheidung ist nur die Anrufung des
Gerichts statthaft (§ 197 Abs. 2 SGG). Demgegenüber ist gegen die Kostenentscheidung im isolierten Widerspruchsverfahren, dem keine Klage folgt, die Klage vor dem
Sozialgericht statthaft. Gegen das Urteil ist dann ggf die Berufung oder gar die Revision zulässig. Wird der Rechtsstreit durch einen gerichtlich protokollierten Vergleich
geschlossen, ist bei Abschluss der Vergleichsverhandlungen darauf zu achten, dass
der Leistungsträger wenigstens einen Teil der Kosten übernimmt, denn bei einem Vergleich werden die Kosten auch im sozialgerichtlichen Verfahren nicht erstattet (§ 195
SGG).

War der Widerspruch nur teilweise erfolgreich, erfolgt die Kostenerstattung in Höhe 79
des **teilweisen Obsiegens**, dh quotal. Es könnte hier fraglich sein, ob mittels eines un-
bestimmten Antrages, etwa dem Leistungsberechtigten höhere Leistungen nach dem
SGB II zu gewähren, negative Kostenfolgen vermieden werden können.

Beispiel: Der Leistungsberechtigte lässt durch seinen Rechtsanwalt Widerspruch gegen 80
einen Leistungsbescheid einlegen. Er trägt vor, dass das Einkommen nicht richtig angerechnet wird, benennt einige mögliche Fehlerquellen und bittet insgesamt um eine Überprüfung des Bescheides.

---

57 Groß in: HK-SGG § 193 Rn 7.
58 BSG 20.10.2010 – B 13 R 15/10 R.

Ein **Widerspruch muss keinen Antrag** wie die Klage nach § 92 SGG enthalten. Doch wird in der Regel das Begehren des Widerspruchsführers aus der Widerspruchsbegründung erkennbar sein, so dass kein Raum für eine Übertragung der Rechtsprechung zum Mindestbetrag beim Schmerzensgeld auf das Widerspruchsverfahren nach dem SGB II bleibt.

81 Begehrt ein behinderter Mensch die Feststellung eines höheren Grades der Behinderung und gibt er nur den Mindestbetrag um einen 10er Grad mehr an, hat der Leistungsträger im Falle der Abhilfe nach § 63 SGB X die vollen Kosten des Widerspruchsverfahrens zu tragen. Gleichzeitig besteht für eine nachfolgende Klage nach Erledigung kein Rechtsschutzbedürfnis mehr.[59] Der Leistungsberechtigte müsste in einem solchen Fall einen Antrag auf erneute Überprüfung nach § 44 SGB X stellen. Bei einem **Teilerfolg** richtet sich die Kostenquote nach dem Unterschied zwischen dem erstrebten und dem tatsächlichen Erfolg, so dass der Widerspruchsführer, anders als im Fall des Grades der Behinderung, tatsächlich etwas begehren muss, denn andernfalls riskiert er, dass er nur eine Quote erhält.[60] Es ist daher dringend geboten, das Begehren der Anspruchsteller im Widerspruchsverfahren sogfältig zu prüfen und dementsprechend zu begründen.

aa) Umfang der Kostenerstattung durch die Behörde

82 Die **Kosten eines Rechtsanwalts** sind zu erstatten, wenn die Behörde die Hinzuziehung eines Rechtsanwalts für **notwendig** erachtet. Dies kann durch ausdrückliche Aufnahme in den Verfügungssatz des Widerspruchs- oder Abhilfebescheides geschehen. Die Hinzuziehung wird in der Regel notwendig sein, da ein Bürger nur in Ausnahmefällen in der Lage sein wird, seine Rechte gegenüber der Verwaltung ausreichend zu wahren.[61] Nur in Fällen der offensichtlichen Unrichtigkeit eines Bescheides, etwa eines Rechenfehlers, der sich auch dem unkundigen Betrachter ohne Weiteres erschließt, wird die Hinzuziehung eines Rechtsanwalts nicht für notwendig erachtet werden können.

83 Die Kosten eines Rechtsanwalts sind in Höhe der gesetzlichen Gebühren zu erstatten (§ 63 Abs. 2 SGB X). Der Kostenerstattungsanspruch wird, anders als in gerichtlichen Verfahren, nicht verzinst. In gerichtlichen Verfahren vor den Sozialgerichten wird der Kostenerstattungsanspruch in Höhe von fünf Prozentpunkten über dem Basiszinssatz ab Antragstellung aus § 197 Abs. 1 S. 1 SGG iVm § 104 Abs. 1 S. 2 ZPO verzinst. Wird im gerichtlichen Verfahren über den Kostenerstattungsanspruch entschieden, so sind die zu erstattenden Kosten des Widerspruchsverfahrens zu verzinsen.[62] Bei einem isolierten Widerspruchsverfahren ist demgegenüber eine **Verzinsung nicht vorgesehen**.[63]

---

59 BSG 9.8.1995 – 9 RVs 7/94, SozR 3-1930 § 116 Nr. 7; SozR 3-1300 § 63 Nr. 5.
60 BSG 12.6.2013 – B 14 AS 68/12 R, SozR 4-1300 § 63 Nr. 20.
61 LSG NRW 21.10.2008 – L 1 B 28/08 AS; BVerfG 11.5.2009 – 1 BvR 1517/08; BVerfG 29.4.2015 – 1 BvR 1849/11, NJW 2015, 2322–2323.
62 SG Berlin 20.1.2010 – S 180 SF 1459/09 E; SG Detmold 23.12.2004 – S 3 (11) KR 95/03.
63 LSG NRW 5.5.2008 – L 3 R 84/08; BSG 18.12.2001 – B 12 KR 42/00 R.

Es könnte sich jedoch aus dem **Gesichtspunkt des Verzuges** bei schuldhaftem Verhal- 84
ten des Leistungsträgers nach § 61 SGB X iVm § 288 BGB bzw aus dem Gesichtspunkt der Staatshaftung ein Anspruch auf Verzinsung ergeben.

Hinweis: Eine nachteilige Kostengrundentscheidung des Leistungsträgers im Wider- 85
spruchsbescheid kann im Wege der Klage vor dem Sozialgericht angefochten werden,
und zwar mit der Verpflichtungsklage (§ 54 Abs. 1 S. 1 SGG).[64] Eine isolierte Klage
gegen die Kostenentscheidung ist zulässig, wenn der Leistungsträger die Notwendigkeit der Hinzuziehung eines Rechtsanwalts verneint hat, der eingereichten Kostenberechnung entgegenhält, der Kostenansatz des Rechtsanwalts sei unbillig (§ 14 Abs. 1
RVG) oder eine Kostenentscheidung abweichend vom Erfolg des Widerspruchs getroffen wird. Die Kostenerstattung erfolgt nur, soweit ein Widerspruch erfolgreich
war.[65] Eines gesonderten Vorverfahrens gegen die im Widerspruchsbescheid erstmalig
getroffene Kostengrundentscheidung bedarf es nicht.[66]

bb) Kostenfestsetzungsentscheidung nach Widerspruchsverfahren

Nach erfolgter Kostengrundentscheidung wird der Leistungsberechtigte ggf durch sei- 86
nen Rechtsanwalt bei dem Leistungsträger einen Antrag auf Kostenfestsetzung einrei-
chen. Der Anspruch auf Kostenerstattung ist ein Anspruch des Mandanten (§ 63
SGB X).

Der **Rechtsanwalt** ist von der Kostengrund- und Festsetzungsentscheidung nur **mittel-** 87
bar betroffen, etwa wenn der Mandant an den Rechtsanwalt noch keine Zahlungen
geleistet hat oder nicht leistungsfähig ist.

Hinweis: Der Mandant sollte in jedem Fall spätestens nach Abschluss des Wider- 88
spruchsverfahrens eine Kostenberechnung erhalten, damit der Anspruch des Rechtsanwalts nach § 8 Abs. 1 RVG iVm § 10 Abs. 1 S. 1 RVG „voll fällig" wird und dem
Mandanten bewusst wird, dass die Kostenerstattung seine Angelegenheit ist.

Werden die Kosten vom Leistungsträger abweichend von der Kostenberechnung gegenüber dem Mandanten festgesetzt, kann nur dieser gegen die Kostenfestsetzung
Widerspruch einlegen und bei negativem Widerspruchsbescheid Klage vor dem Sozialgericht erheben. Das Jobcenter kann die Leistung der Kostenerstattung nicht mit
dem Argument ablehnen, dass dem Leistungsberechtigten keine Kostenrechnung
übersandt wurde.[67]

6. Gebührenberechnung von Betragsrahmengebühren

In Klageverfahren vor den Sozialgerichten und in dem diesem Verfahren vorherge- 89
henden Verfahren entstehen nach § 3 RVG dem Auftraggeber, wenn keine Vergütungsvereinbarung nach § 3 a RVG besteht, **Betragsrahmengebühren.**

---

64 BSG 27.1.2009 – B 7/7 a AL 20/07 R.
65 LSG Berlin-Brb 5.5.2008 – L 5 B 340/08 AS PKH.
66 BSG 19.6.2012 – B 4 AS 142/11 R = info also 2012, 280.
67 BSG 2.12.2014 – B 14 AS 60/13 R, SozR 4-1300 § 63 Nr. 22.

90 Die Betragsrahmengebühren werden nach § 14 Abs. 1 S. 1–3 RVG durch den Rechtsanwalt bestimmt. Bei der Kostenerstattung spielt § 14 Abs. 1 S. 4 RVG eine besondere Rolle, denn danach ist eine von einem Rechtsanwalt getroffene Regelung für den Dritten nicht verbindlich, wenn sie unbillig ist. Der Leistungsträger wird sich, auch aus Gründen der Kostenersparnis, häufig darauf berufen, die Bestimmung des Rechtsanwalts sei unbillig. Nach der Erfahrung des Verfassers wird von den Leistungsträgern im isolierten Widerspruchsverfahren bei Berechnung der Schwellengebühr in Höhe von 300 EUR (VV RVG Nr. 2302 Nr. 1) nur in Ausnahmefällen die Kostenerstattung wegen Unbilligkeit aufgrund der Höhe abgelehnt. Ist der Widerspruchsführer mit der Entscheidung über die Höhe der Kosten nicht einverstanden, wird er hiergegen Widerspruch einlegen und gegen einen ablehnenden Widerspruchsbescheid Klage erheben. Der Leistungsträger muss nicht unabhängig vom Ausgang des Prozesses für jedes Klageverfahren eine **Pauschalgebühr** von 150 EUR entrichten (§ 184 Abs. 2 SGG). Die Leistungsträger sind von der Entrichtung der Pauschalgebühren befreit (§ 64 Abs. 3 S. 2 SGB X).

Hinweis: Der Mandant kann sich auf § 14 Abs. 1 S. 4 RVG nicht berufen. Er kann die Unbilligkeit nur nach § 315 BGB geltend machen.

91 Der Rechtsanwalt bestimmt die Betragsrahmengebühren im Einzelfall nach **billigem Ermessen** unter Berücksichtigung der in § 14 Abs. 1 RVG genannten Gesichtspunkte.

92 Der Rechtsanwalt sollte bei jedem Antrag auf Festsetzung der Gebühren, sei es nach erfolgreichem Widerspruchsverfahren (§ 63 SGB X), dem Kostenfestsetzungsverfahren (§ 197 SGG) oder dem Antrag auf Festsetzung der Prozesskostenhilfevergütung (§ 55 Abs. 1 RVG), die Höhe der Gebühr jeweils gesondert für jeden Gebührentatbestand begründen.

93 **Beispiel:** Der Leistungsberechtigte sowie die mit ihm in einer Bedarfsgemeinschaft lebenden A und B wurden von dem Rechtsanwalt im Widerspruchsverfahren wegen der fehlerhaften Anrechnung von Einkommen vertreten. Das Widerspruchsverfahren dauerte sechs Monate, der Anwalt war 1 ½ Stunden tätig und fertigte sechs Schriftsätze an, wovon vier Schriftsätze nur ein bis zwei Sätze umfassten. Die Mitglieder der Bedarfsgemeinschaft haben kein Schonvermögen, die A hat einen kleinen Hinzuverdienst in Höhe von 160 EUR monatlich, im Übrigen verfügen sie nur über Leistungen nach dem SGB II. Der Widerspruch ist in vollem Umfang erfolgreich. Die Bedarfsgemeinschaft erhält eine Nachzahlung für fünf Monate in Höhe von 584 EUR. Die Rechtssache war weder besonders schwierig noch umfangreich.

Der Rechtsanwalt macht für seine Mandanten folgende Kosten geltend:

Eine Gebühr nach VV 2302		300,00 EUR
+ Zwei Gebührenerhöhungen à 30 % = 60 % zwei weitere Personen VV 1008 Nr. 1 bis 3	+	180,00 EUR
+ Post- und Telekommunikationspauschale nach VV 7002	+	20,00 EUR
+ 19 % Umsatzsteuer nach VV 7008	+	95,00 EUR
Summe der Gebühren und Auslagen	=	595,00 EUR

Der Leistungsträger setzt die Gebühren wie folgt fest:

Eine Gebühr nach VV 2302	200,00 EUR
+ Post- und Telekommunikationspauschale nach VV 7002	+ 20,00 EUR
+ 19 % Umsatzsteuer nach VV 7008	+ 41,80 EUR
Summe der Gebühren und Auslagen	= 261,80 EUR

und teilt mit, es handle sich um eine unterdurchschnittliche Angelegenheit, deshalb sei nur eine Gebühr von 160 EUR angemessen. Eine Erhöhung nach VV RVG Nr. 1008 komme nicht in Betracht, weil in VV RVG Nr. 2302 eine Schwellengebühr vorgesehen sei, die auch nicht durch eine Erhöhung nach VV RVG Nr. 1008 überschritten werden dürfe.

Bei der Bemessung der Gebühr ist immer von der Mittelgebühr auszugehen.[68] Dies ergibt sich bereits daraus, dass die Gebühr aus dem jeweiligen Gebührensatz heraus anders kaum zu bestimmen ist.

a) Gebühren Nr. 2302 Nr. 1 VV

Einschlägig ist hier die Gebühr nach VV RVG Nr. 2302. War der Rechtsanwalt bereits vorher im Antragsverfahren tätig, ist diese Gebühr nach der Vorbemerkung zu 2.3 Nr. 4 zur Hälfte anzurechnen. Es handelt sich vorliegend um einen durchschnittlichen Fall. Das ergibt sich aus folgenden Erwägungen: **94**

Der Umfang der Tätigkeit war durchschnittlich, denn die Tätigkeit eines Rechtsanwalts im Widerspruchsverfahren erschöpft sich regelmäßig in der Aufnahme des Falles, Besprechung mit den Mandanten, Prüfung des Sachverhaltes anhand der vorgelegten Unterlagen, Einsicht in die Verwaltungsakten, sofern diese übersandt werden, Auswertung der Verwaltungsakten und ggf eines weiteren Schreibens an den Leistungsträger.

Der **Zeitaufwand** wird in der Regel bei einer routinierten Bearbeitung eine Dauer von 1 ½ Stunden nicht überschreiten. Der Umfang hat sich an dem durchschnittlichen Aufwand in sozialrechtlichen Verwaltungs-(Widerspruchs-)verfahren zu orientieren.[69] Der Umfang der Tätigkeit im Verwaltungsverfahren liegt nach den langjährigen Erfahrungen des Autors erheblich unter demjenigen im gerichtlichen Verfahren, denn die Behörden folgen nur in Ausnahmefällen den Anregungen des Widerspruchsführers, über ein zusätzliches Gutachten hinaus weitere umfangreiche Ermittlungen anzustellen. Auch werden in aller Regel nur präsente Beweismittel berücksichtigt.   **95**

Eine umfangreiche Tätigkeit wird vorliegen, wenn Besprechungen mit dem Leistungsträger in seinen Geschäftsräumen stattfinden, wenn der Leistungsberechtigte die erforderlichen Unterlagen nicht beibringen kann und der Anwalt sie beschafft (hier kann nach einer Entscheidung des Bundessozialgerichtes[70] auch ein Fall der Mitwirkung an einer Erledigung durch den Rechtsanwalt vorliegen). Auch **häufige Besuche des Mandanten** können die Rechtssache zu einer umfangreichen Angelegenheit machen.

Der Umfang wird allerdings dann unterdurchschnittlich sein, wenn der Widerspruch nicht begründet wurde oder eine Besprechung nicht stattfinden musste, weil der Leis-

---

68 BSG 1.7.2009 – B 4 AS 21/09 R.
69 BSG 1.7.2009 aaO Rn 39.
70 BSG 5.5.2010 – B 11 AL 14/09 R.

tungsberechtigte dem Rechtsanwalt ein vorgefertigtes Schreiben übergibt, das der Rechtsanwalt überprüft und durch einen Mitarbeiter umformulieren lässt.

96 Die Tätigkeit des Rechtsanwalts war hier auch nicht schwierig, denn er konnte den Rechtsfall mithilfe des einschlägigen Gesetzes lösen. **Besondere Schwierigkeiten**, wie ein im Umgang schwieriger Mandant, Verständigungsprobleme, Auseinandersetzung mit medizinischen oder anderen Fachgutachten, umfangreiche Beweiserhebung, liegen nicht vor. Ist bei der Bewertung des Falles eines der beiden Kriterien übererfüllt, dh liegt ein besonderer Umfang oder besondere Schwierigkeiten vor, ist zumindest die Mittelgebühr in Höhe von 345 EUR zugrunde zu legen. Auch in den übrigen Fällen ist stets von der Mittelgebühr in Höhe von 345 EUR auszugehen, es ist lediglich immer dann von der sogenannten Schwellengebühr in Höhe von 300 EUR auszugehen, wenn keiner der beiden zuvor genannten Gesichtspunkte erfüllt ist. Bei der Beurteilung der Schwierigkeiten einer Angelegenheit ist nicht nach den jeweiligen Rechtsgebieten (zB Arbeitsförderungsrecht) zu differenzieren, sondern vom jeweiligen Einzelfall auszugehen.[71]

97 In dem vorliegenden Fall geht das Bundessozialgericht[72] leider nicht von der überdurchschnittlichen Bedeutung der Rechtssache für die Leistungsberechtigten aus.[73] Des Weiteren sind die sogenannten subjektiven Kriterien des § 14 Abs. 1 RVG zu prüfen, und zwar die **Bedeutung** der Angelegenheit für den Auftraggeber und dessen wirtschaftliche Verhältnisse. Das Bundessozialgericht bezeichnet die Bedeutung als überdurchschnittlich, weil durch die Grundsicherung das soziokulturelle Existenzminimum gewährleistet ist, so dass von einer geringen Bedeutung für die Leistungsberechtigten nur bei monatlich im einstelligen Bereich liegenden Beträgen – und zwar für einen Zeitraum von höchstens sechs Monaten – gesprochen werden kann.

98 Die Einkommens- und Vermögensverhältnisse sind hier als unterdurchschnittlich zu bezeichnen, denn die Leistungsberechtigten verfügen über kein Vermögen und nur geringes Einkommen sowie die Leistungen nach dem SGB II. Die Bedeutung der Rechtssache einerseits und die schlechten **Einkommens- und Vermögensverhältnisse** andererseits gehen hier, und das dürfte die Regel sein, zusammen einher, so dass eine Kompensation der Kriterien eintritt. Der Leistungsträger wird bei der Abweichung von der Mittel- oder Schwellengebühr nach unten, ebenso wie der Rechtsanwalt, wenn er die Mittelgebühr überschreiten will, besondere Gesichtspunkte geltend machen müssen.

99 Bei der Bemessung nach § 14 RVG ist das Haftungsrisiko des Rechtsanwalts zu berücksichtigen. Mit diesem Kriterium können die Sozialgerichte am wenigsten umgehen. Es ist bereits unklar, ob nach dem Wortlaut des Gesetzes ein besonderes Haftungsrisiko oder nur ein allgemeines **Haftungsrisiko** berücksichtigt werden muss. Zumeist beschränken sich die Gerichte darauf, in den Entscheidungsgründen anzugeben, ein (besonderes) Haftungsrisiko sei nicht erkennbar.

---

71 BSG 5.5.2010 – B 11 AL 14/09 R.
72 BSG 1.7.2009 aaO.
73 AA die Vorinstanz LSG NRW 28.7.2008 – L 19 AS 24/08.

Das Haftungsrisiko des Rechtsanwalts kann darin bestehen, dass der Mandant auf anderweitige Ansprüche hingewiesen werden muss. Erhält der Rechtsanwalt einen Auftrag, der eine Angelegenheit nach dem SGB II zum Gegenstand hat, besteht häufig Veranlassung, den Leistungsberechtigten auf die rechtzeitige Stellung von Anträgen anderer Sozialleistungen, die Geltendmachung von Unterhalts- und Schadenersatzansprüchen oder von Ansprüchen aus einem Mietverhältnis hinzuweisen.

Beispiel: Der Leistungsberechtigte beauftragt den Rechtsanwalt, einen Widerspruch gegen einen Leistungsbescheid wegen der Kosten der Unterkunft einzulegen, und legt ihm seinen Mietvertrag und eine Nebenkostenabrechnung vor. In der Nebenkostenabrechnung sind Positionen aufgeführt, die der Vermieter weder nach dem Mietvertrag noch nach der Heizkostenverordnung geltend machen kann. **100**

Hier wird der Rechtsanwalt verpflichtet sein, seinen Mandanten auf Herausgabeansprüche gegen seinen Vermieter innerhalb der Verjährungsfristen aufmerksam zu machen. Ob der Leistungsträger verpflichtet ist, die rechtswidrig vom Vermieter verlangten Kosten zu übernehmen, kann hier dahingestellt bleiben, zumal er die Leistungsberechtigten zur Kostensenkung auffordern kann.[74] Bestehen die aufgeführten Hinweis- und Sorgfaltspflichten, die über die sachgemäße Bearbeitung der Angelegenheit nach dem SGB II hinausgehen, so ergeben sich hieraus besondere Haftungsrisiken.

b) Erhöhungsgebühr Nr. 1008 VV

Die Erhöhungsgebühr fällt regelmäßig bei der Vertretung mehrerer Auftraggeber, etwa einer Bedarfsgemeinschaft, an. Der Rechtsanwalt erhält für jeden weiteren Auftraggeber eine um 30 % erhöhte Vertretungsgebühr (VV RVG Nr. 2302, 1008). Die Erhöhung beträgt nicht mehr als die zweifache Vertretungsgebühr, dh dass sich die Mindestgebühr nach VV RVG Nr. 2302 von 50 EUR auf höchstens 150 EUR und die Höchstgebühr von 640 EUR auf maximal 1.920 EUR erhöht. **101**

Ob die Schwellengebühr von 300 EUR bei mehreren Beteiligten nach VV RVG Nr. 1008 überschritten werden kann, war in der Literatur und Rechtsprechung umstritten. Nach zwei Entscheidungen des Bundessozialgerichtes führt die Schwellengebühr bei mehreren Auftraggebern nicht dazu, dass eine Erhöhung wegen mehreren Auftraggebern nicht erfolgt.[75] Die Erhöhungsgebühr wird somit durch die Schwellengebühr nicht eingeschränkt. **102**

Nach § 17 Nr. 1 a RVG ist jeweils das Verwaltungsverfahren eine gesonderte Angelegenheit. Werden gegen eine Bedarfsgemeinschaft mehrere Rückforderungsbescheide aus demselben Sachverhalt und demselben Bewilligungszeitraum erlassen und legt der Rechtsanwalt hiergegen jeweils gesondert Widerspruch ein, so handelt es sich grundsätzlich um mehrere Angelegenheiten, die auch gesondert abgerechnet werden könnten. Nach Ansicht des Bundessozialgerichtes handelt es sich allerdings dann um dieselbe Angelegenheit, wenn wegen eines einheitlichen Lebenssachverhaltes keine besonderen Prüfungsschritte erforderlich sind und daher eine einmal verwendete Begründung wieder benutzt werden kann. In diesem Fall fällt die Geschäfts- bzw Verfah- **103**

---

74 BSG 22.9.2009 – B 4 AS 8/09 R.
75 BSG 21.12.2009 – B 14 AS 83/08 R; BSG 2.04.2014 – B 4 AS 27/13 R.

rensgebühr nur einmal an, ist allerdings nach VV RVG Nr. 1008 um die Anzahl der weiteren Auftraggeber zu **erhöhen.**[76]

104   Es muss mithin eine entsprechende **Schwellengebühr** gebildet werden. Die Schwellengebühr der VV RVG Nr. 2302 wird durch Abschlag von der Mittelgebühr gebildet.[77] Diese beträgt bei der Geschäftsgebühr nach VV RVG Nr. 2302 86,96 % der Mittelgebühr (300 * 100 / 345) und in VV RVG Nr. 2300 86,67 % der Mittelgebühr von 1,5 (1,5 * 100 / 1,3 = 86,67 %). Offensichtlich ist die Besserstellung bei der Gebühr für sozialrechtliche Angelegenheiten darauf zurückzuführen, dass nach dem Willen des Gesetzgebers die Schwellengebühr ein durch 5 teilbarer Betrag sein sollte.

Bei **Betragsrahmengebühren** wie bei VV RVG Nr. 2302 wird die Erhöhung nach VV RVG Nr. 1008 VV durch Zuschlag der Mindest- und Höchstgebühr jeweils für einen weiteren Auftraggeber um 30 % gebildet.

Die Schwellengebühr beträgt bei drei Auftraggebern demzufolge 480 EUR ((300 * 0,6 = 180) + 300).

c) „Anrechnung" von Gebühren in sozialrechtlichen Angelegenheiten

105   Nach den Vorbemerkungen 2.3 des dritten Abschnittes im zweiten Teil der Anlage 1 RVG im Verwaltungsverfahren und der Vorbemerkung 3 Abs. 4 zu Teil 3 VV ist die **Geschäftsgebühr** nach VV RVG Nr. 2302 auf ein nachfolgendes Gerichtsverfahren zur Hälfte, höchstens mit einem Satz von 175 EUR anzurechnen.

106   **Beispiel:** Der Leistungsberechtigte sucht seinen Rechtsanwalt auf und erteilt ihm den Auftrag, Widerspruch gegen einen nachteiligen Leistungsbescheid einzulegen. Der Rechtsanwalt prüft den Bescheid und stellt fest, dass der Bescheid zwar rechtswidrig, die Widerspruchsfrist allerdings abgelaufen ist. Die Voraussetzungen für eine Überprüfung des rechtswidrigen Bescheides nach § 44 SGB X liegen vor.

Der Rechtsanwalt wird seinen Mandanten darauf hinweisen, dass er einen Antrag auf Neubescheidung stellen kann und der Widerspruch gegen den Bescheid wegen Fristversäumnis der Widerspruchsfrist unzulässig ist (§ 84 Abs. 1 SGG). Er wird den Mandanten auch darauf aufmerksam machen, dass es sich bei der Antragstellung nach § 44 SGB X um eine andere gesondert abzurechnende Angelegenheit handelt und dass ein Anspruch auf Kostenerstattung nach § 63 SGB X außerhalb eines Widerspruchsverfahrens nicht besteht, so dass das Antragsverfahren zur Hälfte angerechnet wird (Vorbemerkung 2.3 Nr. 4 VV).

107   Der Leistungsberechtigte schuldet dem Rechtsanwalt für das Antragsverfahren die Gebühr nach VV RVG Nr. 2302 Nr. 1. Erfolgt im Anschluss weiterhin eine Vertretung im Widerspruchsverfahren, reduziert sich die Gebühr nach den Vorbemerkungen zum Dritten Abschnitt der Anlage 1 zum RVG Abs. 4: Diese reduzierte Gebühr kann der Leistungsberechtigte auch nur von dem Leistungsträger bei einem erfolgreichen Widerspruch erstattet verlangen, denn § 63 SGB X regelt nur die Erstattungspflicht der Behörde für die im Widerspruchsverfahren entstandenen Gebühren.[78]

---

76   BSG 2.10.2014 – B 4 AS 27/13 R, SozR 4-1935 § 15 Nr. 1.
77   Vgl Gesetzesbegründung BT-Drucks. 15/1971, 207 zur damaligen Nr. 2400, jetzt Nr. 2300.
78   BSG 25.2.2010 – B 11 AL 24/08 R; HessLSG 19.3.2008 – L 4 SB 51/07; LSG NRW 7.5.2008 – L 12 AL 22/07.

Diese Reduzierung der Gebühr setzt sich in einem weiteren gesetzlichen Verfahren, zB dem Klageverfahren vor dem Sozialgericht, nach der Vorbemerkung Nr. 3 zu Teil 3 der Anlage 1 VV RVG in Abs. 4 fort. Auch in diesem Fall wird die Verfahrensgebühr zur Hälfte, höchstens jedoch mit einem Betrag in Höhe von 175 EUR angerechnet. Nach dem Wortlaut der Vorbemerkung Nr. 4 erfolgt immer eine Anrechnung der entstandenen Gebühr. Wurde das Widerspruchsverfahren als Beratungshilfemandat geführt und wurde die Beratungshilfe abgelehnt, sind im Widerspruchsverfahren die gesetzlichen Gebühren entstanden. Hier führt die Anrechnung dazu, dass, auch wenn der Mandant diese Gebühren nicht gezahlt hat, weil er dazu finanziell nicht in der Lage war, in dem nachfolgenden Klageverfahren angerechnet wird. Wird dieses Verfahren als Prozesskostenhilfemandat geführt, könnte sich die Staatskasse bei Abrechnung der Prozesskostenhilfe darauf berufen, dass hier nur eine reduzierte Gebühr im Klageverfahren einschlägig ist. Aus § 55 Abs. 5 S. 2 bis 4 RVG ergibt sich jedoch, dass im Prozesskostenhilfeverfahren nur tatsächlich gezahlte Gebühren angerechnet werden.[79] Für die Anrechnung im Kostenerstattungsverfahren kann die Regelung des § 15 a Abs. 2 RVG herangezogen werden, wonach der Dritte (Kostenerstattungspflichtige) sich nur auf die Anrechnung berufen kann, wenn beide Gebühren ihm gegenüber geltend gemacht werden.

d) Einigungs- und Erledigungsgebühren nach Nr. 1005, 1006 VV

Wirkt ein Rechtsanwalt an der Erledigung einer Rechtssache mit, erhält er in sozialrechtlichen Angelegenheiten, in denen wie hier Betragsrahmengebühren angewendet werden, eine Gebühr nach VV RVG Nr. 1005, 1006. Die Höhe der Gebühren richtet sich nach der jeweiligen Geschäfts- oder Verfahrensgebühr ohne die Gebühr für eine Vertretung mehrerer Personen (VV RVG Nr. 1008). Hinsichtlich der Gebührenhöhe ist folglich die Verfahrensgebühr nach Nr. 2302 Nr. 1 VV RVG in Höhe von 50 bis 640 EUR, mit der Schwellengebühr von 300 EUR und einer Mittelgebühr von 345 EUR heranzuziehen. Bei den Verfahrensgebühren zieht man die Verfahrensgebühr der jeweiligen Instanz heran. | 108

Verfahrensgebühr Sozialgericht VV RVG Nr. 3102, Einigungs- und Erledigungsgebühr VV RVG Nr. 1006	Gebührenrahmen	50–550 EUR
	Mittelgebühr	300 EUR
Verfahrensgebühr Landessozialgericht VV RVG Nr. 3204, Einigungs- und Erledigungsgebühr VV RVG Nr. 1006	Gebührenrahmen	60–680 EUR
	Mittelgebühr	370 EUR
Verfahrensgebühr Bundessozialgericht VV RVG Nr. 3212, Einigungs- und Erledigungsgebühr VV RVG Nr. 1006	Gebührenrahmen	80–880 EUR
	Mittelgebühr	480 EUR

Die **Erledigungsgebühr** ist nicht schon dann verdient, wenn der Rechtsanwalt im Widerspruchsverfahren für seinen Mandanten umfassend tätig wird und zB ein ärztli- | 109

---

79 HessLSG 2.3.2015 – L 2 AS 605/14 B; SG Fulda 29.7.2014 – S 4 SF 16/14 E.

ches Gutachten, welches er von seinem Mandanten erhalten hat, an den Leistungsträger weiterleitet.[80] Stellt der Rechtsanwalt demgegenüber eigene Ermittlungen an, um die Rechtssache zu erledigen, etwa indem er ein Gutachten oder einen Befundbericht eines behandelnden Arztes beschafft, und wird das Gutachten oder der Befundbericht dafür (mit-)ursächlich, dass der Leistungsträger seinem Bescheid ganz oder teilweise abhilft, wirkt der Rechtsanwalt an der Erledigung mit.[81] Es bedarf deshalb einer für die Erledigung zumindest mitursächlichen Handlung des Rechtsanwaltes. Diese kann auch darin bestehen, dass der Rechtsanwalt auf seinen Mandanten einwirkt.[82]

IV. Beratungshilfe

110 Die Leistungsberechtigten werden aufgrund ihrer beengten finanziellen Verhältnisse regelmäßig nicht in der Lage sein, die Kosten der Inanspruchnahme eines Rechtsanwaltes zu tragen. Oftmals ist nämlich kein „Schonvermögen" oder zusätzliches anrechnungsfreies Einkommen vorhanden, aus dem die Kosten eines Rechtsanwaltes getragen werden könnten. Im Regelbedarf (§ 5 RBEG) ist keine Position für die außergerichtliche und gerichtliche Rechtsverfolgung enthalten. Für die Wahrnehmung von Rechten außerhalb eines gerichtlichen Verfahrens, insbesondere für die Vertretung durch einen Rechtsanwalt im Widerspruchsverfahren, können die Leistungsberechtigten **Beratungshilfe** erhalten.

1. Voraussetzungen für Beratungshilfe
a) Bedürftigkeit

111 Einen Anspruch auf Beratungshilfe haben Leistungsberechtigte, wenn sie die erforderlichen Mittel nach ihren persönlichen und wirtschaftlichen Verhältnissen nicht aufbringen können (§ 1 Abs. 1 Nr. 1 BerHG). Der Leistungsberechtigte muss die **Voraussetzungen der Bewilligung von Prozesskostenhilfe ohne Ratenzahlung** erfüllen (§ 1 Abs. 2 BerHG).

112 **Hinweis:** Die Prüfung der Voraussetzungen sollte in der Regel dem Rechtspfleger des Amtsgerichtes, bei dem die Beratungshilfe beantragt wird, überlassen bleiben. Nach § 13 BerHG iVm § 1 BerHVV sind für den Antrag auf Beratungshilfe und für den Antrag des Rechtsanwaltes auf Zahlung einer Vergütung Vordrucke zu verwenden. Bei der nachträglichen Bewilligung muss der Antrag innerhalb einer Frist von vier Wochen (§ 6 Abs. 2 S. 2 BerHG) bei Gericht eingehen. Ob bei dem Antrag zwingend die Vordrucke (§ 11 BerHG) verwendet werden müssen, ist bisher nicht abschließend geklärt. Gegen die konstitutive Verwendung der Vordrucke spricht, dass der Antrag auf Beratungshilfe auch mündlich gestellt werden kann (§ 4 Abs. 2 BerHG). Sofern die nachträglich beantragte Beratungshilfe vom Gericht abgelehnt wird, kann der Rechtsanwalt von dem Mandanten nur dann die gesetzlichen Gebühren verlangen, wenn er ihn vorher darauf hingewiesen hatte (§ 8 a Abs. 4 BerHG). Erfolgte der Hin-

---

80 BSG 5.5.2009 – B 13 R 137/08 R.
81 BSG 2.10.2008 – B 9/9 a SB 5/07 R; BSG 5.5.2010 – B 11 AL 14/09 R.
82 BSG 7.11.2006 – B 1 KR 23/06 R.

weis nicht, kann der Rechtsanwalt vom Mandanten nur die Beratungshilfegebühr verlangen.

Voraussetzung für die Gewährung von Beratungshilfe ist demnach, dass der Leis- **113** tungsberechtigte über kein **anrechenbares Einkommen** oder Vermögen nach § 115 ZPO verfügt. Sofern Leistungsberechtigte Unterhaltsleistungen nach dem SGB II beziehen, müssen sie, auch wenn sie daneben weiteres Einkommen haben, in der Regel keinen eigenen Beitrag zu den Prozesskosten tragen. Bei der Einkommensprüfung ist von den Bruttoeinnahmen auszugehen (§ 115 ZPO).

Von den Bruttoeinnahmen sind die in § 82 Abs. 2 SGB XII bezeichneten Beträge ab- **114** zuziehen. Diesbezüglich wird hier auf die Einkommensberechnung nach § 11 Abs. 2 verwiesen,[83] wobei allerdings keine Pauschalbeträge, sondern nur die tatsächlichen Aufwendungen zu berücksichtigen sind.

Erwerbstätige haben einen **Erwerbstätigenfreibetrag**, der sich aus § 115 Abs. 1 Nr. 1 b **115** ZPO iVm der Prozesskostenhilfebekanntmachung = PKHB 2015[84] ergibt und seit dem 1.1.2015 210 EUR beträgt. Nach § 115 Abs. 1 Nr. 2 a ZPO iVm PKHB 2015 beträgt der Abzugsbetrag für den Antragsteller und Ehegatten und Lebenspartner 462 EUR und nach Nr. 2 b für jede weitere unterhaltsberechtigte Person, für die Unterhalt gezahlt wird, je nach Alter 268 bis 370 EUR.

Die **Kosten für Unterkunft und Heizung** sind abzuziehen, sofern sie nicht in einem **116** auffälligen Missverhältnis zu den Lebensverhältnissen stehen. Außerdem können weitere Abzüge nach Abs. 1 Nr. 4 vorgenommen werden. Hierzu zählen insbesondere Belastungen wie Schuldentilgung usw.

Beispiel: Der A lebt mit seiner Ehefrau B und den gemeinsamen unterhaltsberechtigten **117** Kindern C (acht Jahre) und D (zwölf Jahre alt) zusammen. Für C und D wird Kindergeld in Höhe von jeweils 190 EUR monatlich gezahlt. Die Kosten für Unterkunft und Heizung betragen monatlich 580 EUR. Der A erzielt ein Arbeitseinkommen in Höhe von 1.700 EUR brutto, abzüglich 378 EUR Sozialversicherungsbeiträge, die B hat einen Minijob mit 450 EUR brutto = netto. Außerdem zahlen sie monatlich 250 EUR Raten für die Abzahlung eines Autokredites, der noch zwei Jahre läuft.

Einkommen

Arbeitseinkommen A		1.700 EUR
+ Arbeitseinkommen B	+	450 EUR
+ Kindergeld für A und B (je 190 EUR)	+	380 EUR
Summe des Einkommens	=	2.530 EUR

Abzüge

Abzug nach § 82 Abs. 2 SGB XII (Sozialversicherung)		378 EUR
+ Abzug Erwerbstätige	+	210 EUR
+ Freibeträge A und B (je 462 EUR)	+	924 EUR
+ Freibeträge C und D (je 306 EUR)	+	612 EUR
+ Kosten der Unterkunft und Heizung	+	580 EUR

---

83 Vgl § 4 Rn 23 ff zur Anrechnung von Einkommen und Vermögen.
84 BGBl. 2014 I, 2007.

+ Ratenzahlung Autokredit		+	250 EUR
Summe der Abzüge		=	2.954 EUR

Die Summe der Abzugsbeträge überschreitet die Summe des Einkommens, so dass in dem genannten Beispielsfall Prozesskostenhilfe ohne einen eigenen Betrag des A, mithin auch Beratungshilfe zu gewähren ist.

b) Bedarf für Beratung und Vertretung

118　Beratungshilfe darf nur gewährt werden, wenn keine andere zumutbare Möglichkeit für eine Hilfe zur Verfügung steht (§ 1 Abs. 1 Nr. 2 BerHG).

119　Die Leistungsträger sind gegenüber den Leistungsberechtigten zur Auskunft und Beratung verpflichtet (§§ 14, 15 SGB I). Wird die Auskunft fehlerhaft oder falsch erteilt, kann sich hieraus für den Leistungsberechtigten ein sozialrechtlicher Herstellungsanspruch[85] oder ein Schadenersatzanspruch aus Staatshaftung ergeben. Die Leistungsträger sind im Verwaltungsverfahren verpflichtet, auf die weitgehende Verwirklichung der sozialen Rechte hinzuwirken (§ 2 Abs. 2 Hs 2 SGB I). Die Leistungsträger haben zudem auf eine unverzügliche und klare Antragstellung hinzuwirken und unvollständige Anträge zu ergänzen (§ 16 Abs. 3 SGB I). Sie müssen die Leistungen unverzüglich und zeitnah erbringen (§ 17 Abs. 1 SGB I). Aus diesen Verfahrensvorschriften ergeben sich umfassende Fürsorgepflichten für die Leistungsträger. Erst wenn der Leistungsberechtigte deutlich machen kann, dass im Einzelfall der Leistungsträger diesen Pflichten nicht mehr nachkommt, ist eine Inanspruchnahme der Beratung durch den Leistungsträger nicht mehr zumutbar und es muss Beratungshilfe bewilligt werden.

120　Im **Antragsverfahren** wird dann im Regelfall ein Anspruch auf Beratungshilfe zu verneinen sein.[86] Nur wenn es aufgrund des Verhaltens der Leistungsträger oder in anderen typischen Situationen dem Leistungsberechtigten nicht mehr zumutbar ist, dessen Hilfe in Anspruch zu nehmen, kann er nicht mehr auf dessen Beratung verwiesen werden. Dies kann zum Beispiel der Fall sein, wenn der Leistungsberechtigte ein Anhörungsschreiben erhält, aus dem er ersehen kann, dass er zur Rückforderung erhaltener Leistungen nach den §§ 45, 48 SGB X aufgefordert wird.[87]

121　Eine typische Situation, in der eine Hilfe des Leistungsträgers nicht mehr infrage kommt, liegt beim **Widerspruchsverfahren** vor und zwar dann, wenn auch die Hinzuziehung eines Rechtsanwalts im Widerspruchsverfahren für notwendig zu erachten ist. Das ist immer dann der Fall, wenn es sich um einen nicht ganz einfach gelagerten Fall oder einen Fall der offensichtlichen Unrichtigkeit handelt (§ 38 SGB X). Zur Gewährung der Rechtswahrnehmungsgleichheit (Art. 3 Abs. 1, 20 Abs. 1, Abs. 3 GG) wird daher die Beratungshilfe im Widerspruchsverfahren nicht versagt werden können.[88]

85　Vgl Reinhardt in: LPK-SGB I § 14 Rn 17.
86　Vgl BVerfG 12.6.2007 – 1 BvR 1014/07.
87　LG Potsdam 12.1.2009 – 13 T 74/08.
88　BVerfG 28.9.2010 – 1 BvR 623/10.

Das Bundesverfassungsgericht prüft die Verfassungsmäßigkeit der Ungleichgewäh-   122
rung von Rechtsschutzmöglichkeiten immer daran, ob eine bemittelte Partei in der
gleichen Situation einen Rechtsanwalt eingeschaltet hätte,[89] und verweist darauf,
dass dieser Grundsatz einfachgesetzlich angewendet, mit dem Wortlaut und dem
Zweck des Gesetzes nicht vereinbar sein kann, so dass der Verweis auf eine Selbsthilfe nach § 1 Abs. 1 BerHG keine anderweitige Hilfe darstellt.[90] Hiernach ist Beratungshilfe in aller Regel im Widerspruchsverfahren zu gewähren. Nur wenn der
Rechtsuchende in der Lage ist, seine Rechtsangelegenheiten erfolgreich auch ohne anwaltliche Hilfe geltend zu machen, kann er auf Selbsthilfe verwiesen werden.[91] Ob
der Rechtsuchende zur Geltendmachung seiner Rechte in der Lage ist, richtet sich danach, inwieweit er rechtsgewandt ist und wie schwierig Sachverhalt und Rechtslage
sind. Nicht zumutbar ist der Verweis auf kostenlose Rechtsberatung durch einen
Rechtsanwalt oder bei Abschluss einer erfolgsabhängigen Vergütung (§ 1 Abs. 2 S. 2
BerHG).

Nach der Rechtsprechung des Bundesverfassungsgerichtes kann die Beratungshilfe   123
nicht versagt werden, wenn der Leistungsberechtigte gegen einen Bescheid Widerspruch einlegen will, weil es ihm nicht zugemutet werden kann, den Rat derselben
Behörde in Anspruch zu nehmen, deren Entscheidung er angreifen will.[92]

Ungeklärt ist bisher noch, ob ein Verweis des Leistungsberechtigten auf „kostenlose   124
Beratung" bei freien Trägern nach § 8 Abs. 1 Nr. 5 Rechtsdienstleistungsgesetz die
Gewährung von Beratungshilfe ausschließt. Die Beratungen sind eindeutig nicht kostenlos, denn sie werden zumeist direkt staatlich finanziert. Die **Wettbewerbsvorteile**
dieser Einrichtungen gegenüber Rechtsanwälten sind dadurch erheblich. Diese Einrichtungen erhalten nicht nur eine Leistung für den Einzelfall, sondern die Staatskasse übernimmt die Gesamtkosten der Einrichtungen. Ein Verweis auf solche Stellen
wird teilweise für zumutbar im Sinne des § 1 BerHG gehalten.[93]

Die Wahrnehmung der Rechte darf auch nicht **mutwillig** sein (§ 1 Abs. 3 S. 1   125
BerHG). Ein Mutwillensfall dürfte nur selten vorliegen und zwar dann, wenn ein
sachlich rechtfertigender Grund für die Rechtsauskunft oder Vertretung durch einen
Rechtsanwalt nicht besteht. Mutwillig ist die Inanspruchnahme von Beratungshilfe
nicht allein deshalb, weil es nur um einen geringen Betrag geht.[94]

2. Örtliche Zuständigkeit bei der Beratungshilfe

Die Beratungshilfe kann bei dem Amtsgericht beantragt werden, bei dem der Leis-   126
tungsberechtigte seinen allgemeinen **Gerichtsstand** hat (§ 4 Abs. 1 BerHG). Wendet
sich der Leistungsberechtigte an das Amtsgericht und erachtet das Amtsgericht die
Voraussetzungen für die Gewährung von Beratungshilfe für gegeben, stellt das Amts-

---

89   BVerfG 6.9.2010 – 1 BvR 440/10.
90   Schoreit/Groß, Beratungs-/Prozesskostenhilfe, § 1 Rn 52.
91   BVerfG 2.9.2010 – 1 BvR 1974/08.
92   BVerfG 11.5.2009 – 1 BvR 1517/08.
93   Schoreit/Groß, aaO § 1 Rn 76; im Falle der Schuldnerberatung BVerfG Beschluss vom 4.9.2006 – 1 BvR
     1911/06.
94   BVerfG 24.3.2011 – 1 BvR 1737/10, NJW 2011, 2039–2040.

gericht einen Berechtigungsschein für Beratungshilfe (im Folgenden: Beratungshilfe-schein) aus (§ 6 BerHG). In dem Beratungshilfeschein muss die Angelegenheit genau bezeichnet werden. Die Bezeichnung ist häufig nicht hinreichend genau, so dass der Umfang der Kostenübernahme für die Beratung nicht hinreichend bestimmt ist. Als Rechtsmittel kommt hier wohl abweichend von der Erinnerung nach § 6 Abs. 2 BerHG, die nur bei Ablehnung der Beratungshilfe in Betracht kommt, die Beschwer-de nach § 58 FamFG infrage.

3. Spezielle Probleme bei der Gewährung von Beratungshilfe

a) Mehrere Angelegenheiten

127 Sehr häufig kommt es vor, dass in dem Beratungshilfeschein nicht nur eine, sondern mehrere Angelegenheiten aufgeführt sind. Der Begriff der **Angelegenheit** wird im Be-ratungshilfegesetz nicht definiert. In den einschlägigen Kommentierungen finden sich hierzu keine Hinweise.[95] Da die Bestimmung der Angelegenheit sich an den beraten-den Rechtsanwalt richtet und ihm die Information gibt, über welche Angelegenheiten er beraten darf, nach § 49 a BRAO sogar beraten muss, und inwieweit er hiernach abrechnen kann, ist die Angelegenheit nach den Regelungen der §§ 16 ff RVG zu be-stimmen.[96]

128 **Beispiel:** Der Leistungsberechtigte legt einen Beratungshilfeschein vor, in dem steht: Prü-fung Vorgehen gegen die Bescheide vom 2.5.2013 Zeitraum 1.3.2013 bis 30.9.2013, Bescheid vom 20.8.2014 Zeitraum 1.10.2013 bis 31.3.2014, Bescheid vom 12.12.2013 über Rückforde-rung Zeitraum 1.1. bis 28.2.2013.

Nach § 17 Nr. 1 RVG sind verschiedene Angelegenheiten jeweils das Verwaltungsverfahren, das einem gerichtlichen Verfahren vorausgehende bzw das jeweilige weitere Verwal-tungsverfahren (Widerspruchsverfahren). Im vorliegenden Fall ist klarzustellen, ob nach dem ausgestellten Beratungshilfeschein die Bewilligung der Beratungshilfe für mehrere Angelegenheiten erfolgt ist oder das Amtsgericht hier fälschlicherweise von einer Angele-genheit ausgegangen ist.

b) Vertretung einer Bedarfsgemeinschaft

129 Häufig sind auch nicht alle Personen, die von einem Bescheid nach dem SGB II er-fasst sind, im Beratungshilfeschein aufgeführt. In diesen Fällen muss geklärt werden, ob auch die weiteren Personen mit einbezogen werden sollten, hier also nur ein Ver-schreiben oder Vergessen vorliegt, das korrigiert werden kann, oder ob für die weite-ren Mitglieder der **Bedarfsgemeinschaft** der vorgelegte Beratungshilfeschein ergänzt werden oder ein Gesuch auf nachträgliche Beratungshilfe für die nicht genannten Per-sonen gestellt werden muss.

c) Unmittelbarer Zugang zum Rechtsanwalt

130 Der Antrag auf Beratungshilfe kann, wenn sich der Rechtsuchende unmittelbar an einen Rechtsanwalt wendet, auch **nachträglich** gestellt werden (§ 4 Abs. 2 S. 4

---

95 Schoreit/Groß, aaO § 6 BerHG.
96 OLG Düsseldorf 14.10.2008 – II 10 WF 13/08, aA wohl AG Halle 23.2.2011 – 103 II 6904/10 wenn meh-rere Bescheide innerhalb einer Widerspruchsfrist erteilt werden.

BerHG). Der Gesetzestext wird von verschiedenen Amtsgerichten nahezu ins Gegenteil verkehrt. Der rechtsuchende Leistungsberechtigte kann sich auch unmittelbar an einen Rechtsanwalt wenden (§ 6 Abs. 2 BerHG). Der Leistungsberechtigte hat dem Rechtsanwalt seine persönlichen und wirtschaftlichen Verhältnisse darzulegen und zu versichern, dass er in dieser Angelegenheit noch keine Beratungshilfe erhalten hat. Hieraus wird geschlossen, dass bereits vor Beginn des Mandates zwischen Rechtsanwalt und Mandant klargestellt werden muss, ob es sich um ein „Beratungshilfemandat" handelt. Wird die Beratungshilfe nachträglich beantragt, muss dieser Antrag innerhalb einer Frist von vier Wochen gestellt werden (§ 6 Abs. 2 BerHG).

Der Rechtsanwalt darf auch nicht den Rat bereits erteilt haben, denn dann könne der Rechtsuchende nicht mehr versichern, dass ihm Beratungshilfe bisher noch nicht gewährt worden sei.[97]   **131**

Hinweis: Der Rechtsuchende müsse daher vor Erteilung des Rates das Formular zum Beratungshilfeantrag unterschrieben haben.[98]   **132**

Diese Meinung wird als zu weitgehend angesehen.[99] Es empfiehlt sich jedoch auch in Gerichtsbezirken, in denen nicht diese mE vom Sinn des Gesetzes nicht gedeckte Auslegung betrieben wird, bereits bei Mandatserteilung zu klären, ob das Mandat als Beratungshilfemandat erteilt wird. Da man dem potenziellen Mandanten äußerlich nicht ansieht, ob er bedürftig ist, stellt sich dies nur heraus, wenn das Thema Vergütung bereits vor der Beratung angesprochen wird. Insbesondere ist der Mandant darauf hinzuweisen, dass der Rechtsanwalt für den Fall, dass die Beratungshilfe versagt wird, die gesetzlichen Gebühren geltend machen wird (§ 8 a Abs. 4 S. 1 BerHG).

4. Rechtsbehelfe gegen die Ablehnung der Beratungshilfe

Wird die Beratungshilfe abgelehnt, kann hiergegen **Erinnerung** eingelegt werden (§ 7 BerHG).   **133**

Die Beratungshilfe wird wie die Prozesskostenhilfe für jede Angelegenheit gesondert erteilt. Das Verwaltungsverfahren und das nachfolgende Widerspruchsverfahren sind gebührenrechtlich gesonderte Angelegenheiten (§ 17 Nr. 1 RVG). Wird der Rechtsanwalt beratend oder vertretend in einem Antragsverfahren nach § 44 SGB X oder in einem Anhörungsverfahren tätig, so wird die Beratungshilfe bzw der Beratungshilfeschein nur für dieses Verfahren erteilt. Die Vertretung im nachfolgenden Widerspruchsverfahren wird hiervon nicht erfasst. Die Bewilligung der Beratungshilfe bzw der Beratungshilfeschein muss also in solchen Fällen erweitert werden, denn durch die nachfolgende Vertretung im Widerspruchsverfahren entstehen auch im Beratungshilfeverfahren neue Gebühren.   **134**

---

97 So wohl AG Konstanz 24.5.2006 – UR II 147/06.
98 AG Konstanz 11.4.2007 – UR II 30/07; s. wohl auch AG Tempelhof-Kreuzberg 19.7.2007 – 70 a II 5486/06.
99 Schoreit/Groß, aaO § 7 BerHG Rn 4.

5. Vergütungsfestsetzung in der Beratungshilfe

135   Nach Erteilung des Rates oder Abschluss des Auftrags zur außergerichtlichen Rechtswahrnehmung wird der Rechtsanwalt seine Vergütung bei dem Amtsgericht, das die Beratungshilfe bewilligt hat, geltend machen (§ 55 Abs. 4 RVG).

Für die Abrechnung der Beratungshilfe muss die Beratungsperson (in der Regel der Rechtsanwalt) zur Abrechnung das amtliche Abrechnungsformular (§ 1 Nr. 2 BerHFV) verwenden.[100]

a) Gebühr für eine Beratung Nr. 2500, 2501 VV

136   Die Gebühren der Beratungshilfe richten sich nach VV RVG Nr. 2500 bis 2508. Für die Beratung erhält der Rechtsanwalt die Gebühr nach VV RVG Nr. 2500 und Nr. 2501. Die Gebühr ist verdient, wenn der Rat erteilt ist. Neben der Gebühr nach VV RVG Nr. 2500 können keine **Auslagen** erhoben werden. Geht die Beratung in eine außergerichtliche Tätigkeit, zB in eine Tätigkeit im Widerspruchsverfahren über, wird die Beratungsgebühr nach VV RVG Nr. 2501 auf die nachfolgende Tätigkeit angerechnet. Die Auslagen allerdings nicht. Bei einer Beratung fallen in der Regel keine Auslagen, wie die Pauschale nach VV RVG Nr. 7002, an. Sie werden oft mit dem Hinweis abgesetzt, sie seien zur sachgerechten Bearbeitung nach § 46 Abs. 1 RVG nicht notwendig gewesen. Die Notwendigkeit muss demnach im Antrag angegeben werden. Auch der hierauf entfallende Teil der Umsatzsteuer nach VV RVG Nr. 7008 ist dann nicht anzurechnen.

137   Erschöpft sich der Auftrag in einer Beratung, so kann die **Erhöhungsgebühr** VV RVG Nr. 1008 nicht verlangt werden, denn diese beschränkt sich nach ihrem eindeutigen Wortlaut auf die Verfahrens- und Geschäftsgebühr.[101]

b) Geschäftsgebühr Nr. 2503 VV, Erhöhungsgebühr Nr. 1008 VV

138   Bei der **Geschäftsgebühr** (VV RVG Nr. 2503) wird eine Erhöhung (VV RVG Nr. 1008) vorgenommen.[102] Die Gebühr nach VV RVG Nr. 2503 **erhöht** sich also von 85 EUR um 25,50 EUR für jede weitere Person und zwar bis auf 255 EUR. Ob sich die Auslagenpauschale (VV RVG Nr. 7002) nach der Normalgebühr (VV RVG Nr. 2502) bemisst, ist in der Rechtsprechung umstritten.[103]

139   Wird die Geschäftsgebühr (VV RVG Nr. 2503) in einem Antragsverfahren geltend gemacht, kann der Rechtsanwalt die Gebühr in einem nachfolgenden Verwaltungsverfahren nochmals fordern. Diese Gebühr wird allerdings wie bei einem nachfolgenden Gerichtsverfahren zur Hälfte **angerechnet**.

140   **Beispiel:** Der Rechtsanwalt hat A und B, die in einer Bedarfsgemeinschaft leben, in einem Antragsverfahren nach § 44 SGB X vertreten und nach Erhalt eines ablehnenden Bescheides in dieser Angelegenheit auch im nachfolgenden Widerspruchsverfahren vertreten.

---

100   Beratungshilfeformularverordnung (BerHFV) vom 2.1.2014, BGBl. I, 2.
101   KG Berlin 6.2.2007 – 1 W 243/06 mit weiteren Nachweisen und überzeugender Begründung.
102   KG Berlin 6.2.2007 – 1 W 243/06; aA AG Konstanz 20.12.2006 – UR II 180/06.
103   Für 20 EUR AG Köln 363 – UR II 1905/04; für 14 EUR, wenn die Gebühr nach Nr. 2501 VV 70 EUR beträgt KG Berlin 16.9.2008 – 1 W 277/08.

Antragsverfahren Nr. 2503 VV		85,00 EUR
+ Erhöhung Nr. 1008 VV	+	25,50 EUR
+ Auslagen Nr. 7002 VV	+	20,00 EUR
+ Widerspruchsverfahren Nr. 2503 VV	+	85,00 EUR
+ Erhöhung Nr. 1008 VV	+	25,50 EUR
+ Auslagen Nr. 7002 VV	+	20,00 EUR
./. Anrechnung 50 % von 85 EUR + 25,50 EUR	-	55,25 EUR
Zwischensumme	=	205,75 EUR
+ Umsatzsteuer 19 %	+	39,09 EUR
Summe	=	244,84 EUR

c) Erledigungsgebühr nach Nr. 2508 VV

Als weitere Gebühr kommt die **Einigungs-** oder **Erledigungsgebühr** (VV RVG   **141**
Nr. 2508) in Höhe von 150 EUR in Betracht. Die Voraussetzungen nach VV RVG
Nr. 1002 müssen zusätzlich erfüllt sein.

6. Zusammentreffen von Ansprüchen auf Kostenerstattung und Beratungshilfe

Nach § 8 Abs. 1 BerHG bestimmt sich die Vergütung der Beratungsperson aus-   **142**
schließlich nach den Regeln der Beratungshilfe, wenn Beratungshilfe gewährt wurde.
Hieraus ergibt sich, dass der Rechtsanwalt – wie im Falle der Prozesskostenhilfe
(§ 122 Abs. 1 Nr. 3 ZPO) gegen den Mandanten bei Vorlage eines Beratungshilfescheines in der hierin bezeichneten Angelegenheit Vergütungsansprüche über die Gebühr nach Nr. 2500 VV hinaus nicht geltend machen kann. Bei der nachträglichen
Bewilligung kann die Beratungsperson die gesetzlichen Gebühren so lange geltend
machen, wie Beratungshilfe noch nicht gewährt wurde.

a) Kostenerstattungsanspruch geht auf Rechtsanwalt über

Soweit der Leistungsberechtigte einen Anspruch auf Kostenerstattung nach § 63   **143**
SGB X hat, geht dieser Anspruch auf den Rechtsanwalt über (§ 9 S. 2 BerHG). Der
Rechtsanwalt kann abweichend von der Regelung des § 126 Abs. 1 ZPO den An-
spruch nicht nur im eigenen Namen, sondern als eigenen Anspruch geltend machen.

Der **übergegangene Anspruch** ist wie der Kostenerstattungsanspruch des Mandanten   **144**
vor den Sozialgerichten im Wege der Klage geltend zu machen, wenn ein isoliertes
Widerspruchsverfahren ohne nachfolgendes Klageverfahren vorliegt. Fraglich dürfte
hier sein, ob der Rechtsanwalt dem in § 183 SGG genannten Personenkreis gleichzustellen oder ob er zur Zahlung von Gerichtskosten verpflichtet ist. Eine hierzu ergangene Entscheidung war von dem Autor nicht auffindbar. Die Entscheidung des Sozialgerichts Dresden[104] behandelt einen Fall, in dem der Rechtsanwalt sich den Kostenerstattungsanspruch durch Vertrag hat abtreten lassen und nicht einen Fall, in dem
der Anspruch nach § 9 BerHG auf den Rechtsanwalt durch gesetzliche Anordnung
(cessio legis) übergegangen ist. Nach § 59 Abs. 1 S. 2 iVm Abs. 3 RVG kann der
Übergang von Ansprüchen der Staatskasse gegen den Gegner nicht zulasten des
Rechtsanwaltes geltend gemacht werden.

---

104 SG Dresden 5.6.2005 – S 23 AL 1751/03.

145 Diese Regelung, die den Übergang des Kostenerstattungsanspruchs nach § 63 SGB X in Höhe der Leistungen aus der Beratungshilfe regelt, muss erweiternd auf das Verhältnis Rechtsanwalt gegenüber dem Leistungsträger ausgedehnt werden. Der Rechtsanwalt wird bereits durch die Beratungshilfe mit den erheblich niedrigeren Gebührensätzen in Anspruch genommen, so dass er dem Personenkreis der in § 183 SGG genannten Personen gleichzustellen ist und ebenfalls von der Zahlung der Gerichtskosten befreit ist.

146 Aus der Regelung des § 59 Abs. 3 RVG ergibt sich im Übrigen, dass der Kostenerstattungsanspruch erst dann auf die Staatskasse übergeht, wenn der Rechtsanwalt hinsichtlich seiner gesetzlichen Gebühren voll befriedigt ist. Nach der überwiegenden Meinung in der Rechtsprechung wird der im Rahmen der Beratungshilfe tätige Rechtsanwalt schlechter behandelt als bei der Prozesskostenhilfe. Im letzteren Fall erhält der Rechtsanwalt aus der Kostenerstattung die Gebühren bis zur Wahlanwaltsgebühr. Bei der Beratungshilfe erhält der Rechtsanwalt nur dann die volle Gebühr, wenn er im Widerspruchsverfahren die volle Kostenerstattung erhält.[105]

147 **Beispiel:** Der Rechtsanwalt führt für den Leistungsberechtigten ein Widerspruchsverfahren nach dem SGB II durch. Dem Leistungsberechtigten wurde zuvor Beratungshilfe bewilligt. Der Rechtsanwalt hat aus der Staatskasse einen Betrag in Höhe von 99,96 EUR erhalten. Das Widerspruchsverfahren endet für den Leistungsberechtigten mit einem Teilerfolg. Der Leistungsträger ist verpflichtet zur Erstattung von 2/3 der Kosten.

Der Rechtsanwalt schickt dem Leistungsträger folgende Kostenberechnung:

Geschäftsgebühr Nr. 2302 Nr. 1 VV		300,00 EUR
+ Auslagenpauschale Nr. 7002 VV	+	20,00 EUR
+ Umsatzsteuer 19 % Nr. 7008 VV	+	60,80 EUR
Summe	=	380,80 EUR
./. Hiervon 2/3	-	253,87 EUR
Differenz Regelgebühr./. Kostenerstattung	=	126,93 EUR
Vergütungsanspruch aus Beratungshilfe		
Geschäftsgebühr Nr. 2503 VV		85,00 EUR
+ Auslagenpauschale 20 % Nr. 7002 VV	+	17,00 EUR
+ Umsatzsteuer 19 % Nr. 7008 VV	+	19,38 EUR
Summe	=	121,38 EUR

Die Vergütung, die der Rechtsanwalt in dem Beispielsfall erhält (121,38 EUR + 253,87 EUR = 375,25 EUR), liegt noch unter der „Regelvergütung" in Höhe von 380,80 EUR, so dass dem Rechtsanwalt sowohl die Gebühren aus der Beratungshilfe als auch die Kostenerstattung in voller Höhe zustehen, denn eine Anrechnung von Gebühren aus der Staatskasse erfolgt wegen § 59 Abs. 3 S. 2 RVG nicht, weil ein **Anspruchsübergang nicht zulasten des Rechtsanwaltes gehen kann.** Der **Kostenerstattungsanspruch** geht nur auf die Staatskasse über, sofern der Rechtsanwalt wegen seiner gesetzlichen Gebühren voll befriedigt wird. Nach der hier zitierten Rechtsprechung[106] erhält der Rechtsanwalt lediglich Gebühren in Höhe von 253,87 EUR und kann diesen Anspruch wegen der Sperre nach § 8 Abs. 2 BerHG auch nicht

---

105 OLG Saarbrücken 24.7.2009 – 5 W 148/09-K22, 5 W 148/09; OLG Bamberg 16.1.2009 – 4 W 171/08.
106 OLG Celle 29.12.2010 – 2 W 383/10, NJW-RR 2011, 719.

gegen den Mandanten geltend machen. Die unterschiedliche Behandlung gegenüber dem Prozesskostenhilfe-Anwalt scheint nicht gerechtfertigt.

War der Widerspruch ein voller Erfolg und erstattet der Leistungsträger die vollen Kosten des Rechtsanwaltes, dann sieht die Berechnung wie folgt aus:

Geschäftsgebühr Nr. 2302 Nr. 1 VV	300,00 EUR
+ Auslagenpauschale Nr. 7002 VV	+ 20,00 EUR
+ Umsatzsteuer 19 % Nr. 7008 VV	+ 60,80 EUR
Summe	= 380,80 EUR
./. Anspruch der Staatskasse	
wg. Übergang nach § 59 Abs. 2 S. 2 RVG	- 121,38 EUR
Saldo: Anspruch des Rechtsanwaltes gegen Leistungs-	
träger	= 259,42 EUR

Dem Leistungsträger ist mitzuteilen, dass er den Betrag, den der Rechtsanwalt als Leistung aus der Beratungshilfe erhalten hat, an die Staatskasse bzw Justizkasse zu zahlen hat, weil ein Anspruchsübergang nach § 59 RVG auf die Staatskasse erfolgt ist. Dem Leistungsträger sollte mit der Kostenberechnung eine Kopie des Beratungshilfescheines übersandt werden.

b) Anrechnung der Beratungshilfegebühren auf das nachfolgende Klageverfahren

Eine **Anrechnung** der Verfahrensgebühr aus der Beratungshilfe (VV RVG Nr. 2503 **148** Abs. 2) erfolgt im sozialgerichtlichen Verfahren jeweils zur Hälfte, so dass in einem Verfahren ohne eine Erhöhung nach Nr. 1008 VV RVG nur in Höhe von 42,50 EUR zuzüglich der hierauf anfallenden Umsatzsteuer anzurechnen ist. Auch hier sind nur die tatsächlichen Gebühren anzurechnen, die der Rechtsanwalt tatsächlich erhalten hat.

§ 2 Leistungsberechtigte

I. Allgemeine Leistungsvoraussetzungen

1. Altersgrenzen

1 Als Leistungsberechtigte mit einem **originären Anspruch** auf Leistungen zur Sicherung des Lebensunterhaltes kommen nur Personen im Alter zwischen 15 und 67 Jahren in Betracht (§ 7 Abs. 1 Nr. 1). Leistungsberechtigte, die in der Zeit vom 1.1.1947 bis zum 31.12.1963 geboren sind, haben Anspruch auf Leistungen bis zu dem in § 7 a genannten Zeitpunkt. Die ab dem 1.1.1964 geborenen Leistungsberechtigten erhalten Leistungen bis zur Vollendung des 67. Lebensjahres.

2. Erwerbsfähigkeit

2 Die Leistungsberechtigten müssen **erwerbsfähig** sein (§ 7 Abs. 1 Nr. 2). Erwerbsfähig sind diejenigen Personen, die nicht durch Krankheit oder Behinderung in ihrer Leistungsfähigkeit derart eingeschränkt sind, dass sie auf unabsehbare Zeit nicht mehr mindestens drei Stunden täglich unter den üblichen Bedingungen des allgemeinen Arbeitsmarktes tätig sein können.

3 Die **gesundheitlichen Voraussetzungen** der Erwerbsfähigkeit sind dem Recht der gesetzlichen Rentenversicherung entnommen (§ 43 Abs. 2 S. 2 SGB VI). Ist die Leistungsfähigkeit eines Versicherten in der gesetzlichen Rentenversicherung auf täglich unter drei Stunden gesunken, so hat dieser, wenn er in den letzten fünf Jahren vor Eintritt der Erwerbsminderung drei Jahre Pflichtbeiträge zur gesetzlichen Rentenversicherung (§ 43 Abs. 1 SGB VI) gezahlt und die allgemeine Wartezeit von 60 Beitragsmonaten erfüllt hat, einen Anspruch auf Rente wegen voller Erwerbsminderung. Die Leistungseinschränkung muss sowohl bei dem Anspruch auf Rente wegen voller Erwerbsminderung als auch bei dem Leistungsausschluss nach dem SGB II auf nicht absehbare Zeit, dh mindestens sechs Monate vorliegen.[1]

4 Bei der Beurteilung des Kriteriums der **üblichen Bedingungen des allgemeinen Arbeitsmarktes** werden sowohl nicht selbstständige als auch selbstständige Tätigkeiten einbezogen. Die Bedingungen des allgemeinen Arbeitsmarktes lassen sich aus den Gesetzen über den Arbeitsschutz, aus tarifvertraglichen Regelungen und aus den üblichen Bedingungen des Arbeitsmarktes herleiten.

5 **Ausländer** sind, auch wenn sie die zuvor beschriebenen gesundheitlichen Voraussetzungen erfüllen, nur dann erwerbsfähig, wenn ihnen die Aufnahme einer Beschäftigung erlaubt ist oder erlaubt werden könnte (§ 8 Abs. 2). Die Aufnahme einer Beschäftigung kann bei einem Ausländer grundsätzlich immer erlaubt werden (§ 18 AufenthG), so dass lediglich darauf abzustellen ist, ob die Aufnahme einer Beschäftigung abstrakt erlaubt werden könnte, auch wenn dies durch die Verfügbarkeit anderer, bevorrechtigter Deutscher oder EU-Bürger bezogen auf einen konkreten Arbeitsplatz verhindert wird.[2] Wegen der Einzelheiten wird hier auf die einschlägige Kom-

---

1 BSG 23.3.1977 – 4 RJ 49/76, SozR 2200 § 1247 Nr. 16 und Umkehrschluss zu § 101 SGB VI.
2 BSG 30.1.2013 – B 4 AS 54/12R, BSGE 113, 60–70.

mentierung zu § 8 SGB II verwiesen.[3] Davon zu unterscheiden sind Ausländer, die von den Leistungen nach dem SGB II ausgeschlossen sind (§ 7 Abs. 1 S. 2).

3. Abgrenzung zur Grundsicherung im Alter und bei voller Erwerbsminderung

Personen, die die **Altersgrenze** überschreiten oder nicht mehr erwerbsfähig sind, haben bei Hilfebedürftigkeit grundsätzlich einen Anspruch auf Grundsicherung im Alter oder bei voller Erwerbsminderung (vgl §§ 41 ff SGB XII).[4] Hinsichtlich der Altersgrenze bei der Grundsicherung sind hier die Parallelvorschriften zu §§ 7 a, 41 Abs. 2 SGB XII einschlägig.   **6**

Für den Anspruch auf **Grundsicherung** bei voller Erwerbsminderung reicht es allerdings nicht aus, dass die Leistungsfähigkeit der Betroffenen unter drei Stunden täglich gesunken ist. Es muss darüber hinaus auch unwahrscheinlich sein, dass die volle Erwerbsminderung behoben werden kann (§ 41 Abs. 3 SGB XII), was der Fall ist, wenn der Gesundheitszustand sich in Zukunft voraussichtlich nicht mehr bessert. Ein Anspruch auf Grundsicherung bei **voller Erwerbsminderung** besteht nur dann, wenn die gesundheitlichen Voraussetzungen für die Gewährung einer Rente wegen voller Erwerbsminderung auf Dauer vorliegen (§§ 43 iVm 102 Abs. 2 S. 5 SGB VI).   **7**

Der Anspruch auf **Grundsicherung im Alter** nach §§ 41 ff SGB XII geht dem Anspruch auf Sozialgeld vor und schließt den Anspruch auf Unterhaltsleistungen aus (§ 28 Abs. 1 S. 1).   **8**

4. Abgrenzung zur Sozialhilfe

Ist die Leistungsfähigkeit des Leistungsberechtigten unter drei Stunden täglich abgesunken, besteht aber Aussicht auf Besserung, hat er keinen Anspruch auf Grundsicherung bei voller Erwerbsminderung, sondern Anspruch auf Sozialhilfe als **Hilfe zum Lebensunterhalt** (§§ 27 ff SGB XII) oder, wenn er mit einem erwerbsfähigen Hilfebedürftigen eine Bedarfsgemeinschaft bildet, einen Anspruch auf Sozialgeld (§§ 20, 23).   **9**

Personen, die alleinstehend sind, dh nicht mit Anspruchsberechtigten nach dem SGB II in einer Bedarfsgemeinschaft leben, und die Altersgrenze von 15 Jahren nicht erreichen, können ebenfalls Anspruch auf Hilfe zum Lebensunterhalt nach dem SGB XII haben.   **10**

Der **Anspruch auf Sozialgeld (§ 24) schließt den Anspruch auf Sozialhilfe nach den §§ 27 ff SGB XII aus** (§ 5 Abs. 2). Dies betrifft zB nur die Ansprüche auf den Regelbedarf (§§ 20, 23, 77) die Kosten für Unterkunft und Heizung (§ 22), den Mehrbedarf (§ 21) oder den Bedarf für Bildung und Teilhabe (§ 28), denn nur insofern besteht Anspruchskonkurrenz zum Sozialgeld. Nach der Gesetzesbegründung soll mit dem Ausschluss nur verhindert werden, dass im Falle einer Einschränkung der Leistungen wegen einer Sanktion, ein Anspruch auf Sozialhilfe geltend gemacht wird.[5]   **11**

---

3 Armborst in: LPK-SGB II § 8 Rn 30 ff.
4 Vgl zum Ausschluss bei Herbeiführung der Hilfebedürftigkeit (§ 41 Abs. 4 SGB XII) LSG Baden-Württemberg 10.12.2014 – L 2 SO 1027/14 und 15.10.2014 – L 2 SO 2489/14.
5 Vgl Armborst in: LPK-SGB II § 5 Rn 41.

12 Der Anspruch auf Grundsicherung im Alter und bei voller Erwerbsminderung nach §§ 41 ff SGB XII schließt grundsätzlich den Anspruch auf Sozialhilfe aus, weil diese nur nachrangig zu gewähren ist (§ 2 Abs. 1 S. 1 SGB XII). Voraussetzung ist allerdings, dass der Berechtigte die Leistung aus der Grundsicherung (§§ 41 ff SGB XII) tatsächlich erhält, so dass bei Fehlen des Anspruchs auf Grundsicherung immer noch ein Anspruch auf Sozialhilfe bestehen kann. Wird zB bei einem (EU-)Ausländer der Anspruch auf Leistung nach dem SGB II abgelehnt, obwohl er erwerbsfähig ist und damit grundsätzlich dem SGB II unterliegt, ist ein Anspruch auf Sozialhilfe zu prüfen (§ 23 Abs. 1 SGB XII). Hierbei ist zu berücksichtigen, dass Leistungen nach dem Asylbewerberleistungsgesetz grundsätzlich vorgehen (§ 23 Abs. 2 SGB XII) und dass Ausländer, die zum Zweck einreisen, Sozialleistungen zu erlangen, keinen Anspruch auf Leistungen der Sozialhilfe haben (§ 23 Abs. 3 S. 1 SGB XII). Nach einer in der Rechtsprechung vertretenen Ansicht haben Ausländer, die erwerbsfähig sind, kein Aufenthaltsrecht besitzen und zum Zweck des Sozialleistungsbezuges eingereist sind, einen „vorläufigen" Anspruch auf Leistungen nach dem SGB II für die Zeit von der Einreise bis zum Vollzug der Ausreise.[6] Im Zweifel sollten die Leistungen bei mehreren Leistungsträgern beantragt bzw angemeldet werden, damit wenigstens eine vorübergehende Leistung erlangt wird.

5. Feststellung der Erwerbsfähigkeit

13 Die Feststellung der Erwerbsfähigkeit von Leistungsberechtigten erfolgt durch die **Agentur für Arbeit** (§ 44 a Abs. 1 S. 1). Gegen diese Feststellung kann der kommunale Träger, ein anderer Träger der bei voller Erwerbsminderung zuständig ist oder die Krankenkasse, die im Falle der Feststellung der Erwerbsfähigkeit Leistungen zu erbringen hätte, Widerspruch einlegen. Der Widerspruch ist zu begründen (§ 44 a Abs. 1 S. 3). Wird der Feststellung widersprochen, ist die Agentur für Arbeit verpflichtet ein Gutachten des Trägers der Rentenversicherung einzuholen (§ 44 a Abs. 1 S. 4). Die Agentur für Arbeit ist an die gutachtliche Feststellung des Trägers der Rentenversicherung gebunden (§ 44 a Abs. 1 S. 5). Sie entscheidet dann aufgrund der festgestellten Tatsachen gleichwohl eigenverantwortlich. Bis zu dieser Entscheidung erbringt die Agentur für Arbeit weiterhin Leistungen zum Unterhalt (§ 44 a Abs. 1 S. 6).

14 Unabhängig von dem beschriebenen Feststellungsverfahren kann der Leistungsberechtigte **die Klärung seines Status selbst vornehmen** und zwar durch Widerspruch und Klage gegen den ablehnenden Bescheid nach dem SGB II oder dem SGB XII. Das Interesse des Leistungsberechtigten wird, wenn er keine ausreichende Sicherung aus der gesetzlichen Rentenversicherung zu erwarten hat, in erster Linie dahingehen, im Leistungsbezug nach dem SGB II zu verbleiben. Die Grundsicherung für Arbeitsuchende ist häufig günstiger als der Bezug von Grundsicherung bei voller Erwerbsminderung oder Hilfe zum Lebensunterhalt aus der Sozialhilfe. Der Leistungsberechtigte hat nach dem SGB II höhere Vermögensfreibeträge im Gegensatz zum Empfänger von Sozialhilfe oder Grundsicherung im Alter und bei voller Erwerbsminderung.

---

6 LSG Berlin-Brandenburg 19.3.2015 – L 31 AS 1253/14; anhängig BSG B 14 AS 15/15 R.

Nach dem SGB II gibt es mindestens einen Grundfreibetrag in Höhe von 3.100 EUR für jedes Mitglied der Bedarfsgemeinschaft (§ 12 Abs. 2 Nr. 1 und Nr. 1 a). Sozialhilfeempfänger, die nur Hilfe zum Lebensunterhalt beziehen, haben einen Freibetrag (kleiner Barbetrag) in Höhe von 1.600 EUR für den Hilfesuchenden.[7] Empfänger von Leistungen der Grundsicherung im Alter und bei voller Erwerbsminderung haben nur einen Barbetrag in Höhe von 2.600 EUR (§ 1 Abs. 1 Nr. 1 a DVO, § 90 Abs. 2 Nr. 9 SGB XII). Empfänger von Leistungen nach dem SGB II können zusätzlich ein besonderes Altersvorsorgevermögen ansparen (vgl § 4 Rn 98 ff). Sozialhilfeempfänger erhalten keine Leistungen zur Eingliederung (§§ 16 ff).

Die Feststellung der Leistungsfähigkeit bei der **Grundsicherung für Arbeitsuchende** **15** **erfolgt** wie bei der Grundsicherung bei voller Erwerbsminderung durch den **Träger der Rentenversicherung** (§ 45 Abs. 1 SGB XII). Die Träger der Grundsicherung im Alter und bei voller Erwerbsminderung sind ebenfalls an die Entscheidung der Rentenversicherung gebunden.

6. Hilfebedürftigkeit

a) Hilfebedürftigkeit nach dem SGB II

Anspruch auf Unterhaltsleistungen haben nur Personen, die **hilfebedürftig** sind (§ 7 **16** Abs. 1 Nr. 3). Ob und in welchem Umfang eine Person hilfebedürftig ist (§§ 7 Abs. 1 Nr. 3, 9 Abs. 1), ergibt sich im Wesentlichen aus dem ihr vom Gesetzgeber grundsicherungsrechtlich zugebilligten, pauschalierten Regelbedarf (§§ 20, 28) und den angemessenen Kosten für Unterkunft und Heizung in tatsächlicher Höhe (§ 22 Abs. 1 S. 1) im Verhältnis zu dem ihr zur Verfügung stehenden anrechenbaren Einkommen oder Vermögen. Einkommen (§§ 11, 12) als Mittel der Selbsthilfe ist zu berücksichtigen, wenn es sich um Einnahmen in Geld oder Geldeswert handelt.[8] Eine Person ist nur hilfebedürftig, wenn ihr Lebensunterhalt im Sinne des SGB II nicht gedeckt ist. Diese Beurteilung ist ohne die Heranziehung der Leistungsansprüche nicht möglich (s. § 4 Rn 6 ff 82 ff Einkommens- und Vermögensanrechnung).

b) Hilfebedürftigkeit nach dem SGB XII und dem Asylbewerberleistungsgesetz (AsylbLG)

Die Leistungen zum Lebensunterhalt sind nach dem SGB II und dem SGB XII, betref- **17** fend die Leistungen zum Lebensunterhalt (Regelbedarf) und den Leistungen für Unterkunft und Heizung, gleich ausgestaltet. Unterschiede bestehen zB in der Krankenversicherungspflicht. Leistungsberechtigte nach dem SGB II sind während des Leistungsbezuges in der gesetzlichen oder privaten Krankenversicherung pflichtversichert und erhalten jeweils im gleichen Umfang Leistungen aus der gesetzlichen oder privaten Krankenversicherung. Demgegenüber haben Sozialhilfeempfänger einen Anspruch auf Krankenhilfe oder Übernahme der Kosten für eine freiwillige gesetzliche oder private Krankenversicherung.

Demgegenüber unterscheiden sich die Leistungen für Berechtigte nach dem AsylbLG von den Leistungen nach dem SGB II und SGB XII. Das AsylbLG unterscheidet zwi-

---

7 Vgl Geiger in: LPK-SGB XII § 90 Rn 63 f.
8 BSG 13.5.2009 – B 4 AS 39/08 R.

schen zwei Formen der Leistung, und zwar der Grundleistung und der Analogleistung (nach dem SGB XII). In der Grundleistung nach dem AsylbLG (§ 3 AsylbLG) erhielten die Leistungsberechtigten bis zum 31.10.2010 gegenüber der Regelleistung nach dem SGB II und SGB XII erheblich geringere Leistungen. Leistungsberechtigte, die nicht in einer Einrichtung für Asylbewerber (Heim) untergebracht waren, bekamen entweder Geldbeträge oder Gutscheine, die erheblich unter den Regelbedarfssätzen nach dem SGB II und SGB XII lagen. So erhielt der sogenannte Haushaltungsvorstand lediglich einen Betrag in Höhe von monatlich 184,07 EUR. Mit der Entscheidung vom 18.7.2012 hatte das Bundesverfassungsgericht die Regelung des § 3 Abs. 2 AsylbLG für verfassungswidrig erklärt, den Gesetzgeber verpflichtet, eine verfassungsgemäße Regelung zu schaffen und einstweilen neue Regelbedarfe anhand des § 28 SGB XII geschaffen.[9] Die Leistungen richten sich danach, ob der Leistungsberechtigte nach dem AsylbLG in einer Einrichtung (§ 3 Abs. 1 AsylbLG) oder außerhalb einer Einrichtung (§ 3 Abs. 2 AslybLG) untergebracht ist. Die Leistungen werden in erster Linie durch Sachleistungen und zusätzlich ggf durch Geldleistungen erbracht. Die Höhe der Geldleistungen richtet sich ebenfalls danach, ob die Unterbringung in einer Einrichtung oder außerhalb einer Einrichtung erfolgt. Der Barbetrag beträgt bei Unterbringung in einer Einrichtung zwischen 85 und 145 EUR (§ 3 Abs. 1 S. 8 Nr. 1 bis 6 AsylbLG) und außerhalb einer Einrichtung jeweils zwischen 219 und 135 EUR (§ 3 Abs. 2 S. 2 AsylbLG).

c) Ansprüche auf Grundleistungen nach dem AsylbLG

18 Der asylsuchende Ausländer, der einen Antrag auf Anerkennung als Flüchtling bei dem Bundesamt für Migration und Flüchtlinge stellt, muss in den ersten sechs Wochen, längstens für eine Zeit von sechs Monaten in einer Aufnahmeeinrichtung wohnen (§ 47 Abs. 1 S. 1 AsylG). In dieser Zeit besteht ein Anspruch auf Grundleistungen nach § 3 Abs. 1 AsylbLG, wobei es sich im Wesentlichen nur um Ansprüche auf Sachleistungen handelt. Bis zum 23.10.2015 bestand neben dem Sachleistungsanspruch noch ein zwingender Anspruch auf ein Taschengeld in Form einer Barleistung.[10] Seit dem 24.10.2015[11] besteht auch der Anspruch auf das Taschengeld grundsätzlich nur noch als Sachleistungsanspruch (§ 3 Abs. 1 S. 6 AsylbLG). Während die Leistungen nach § 5 Abs. 1 Abteilung 1 bis 6 RBEG ausschließlich als Sachleistungen gewährt werden, können die Leistungen nach den Abteilungen 7 bis 12 als Geldleistung gewährt werden. Diese Leistungen werden zum jeweils 1. des Jahres angepasst (§ 3 Abs. 4 AsylbLG).

---

9 BVerfG 18.7.2012 – 1 Bvl 10/10, 1 Bvl 2/11; BGBl. I 2012, 1715–1716.
10 Birk in LPK-SGB XII zu § 3 AsylbLG Rn 5.
11 BGBl. I, 1722 vom 20.10.2015.

Die Beträge für das Jahr 2016 sind wie folgt gestaffelt:

Regelbedarfsstufe 1	Alleinstehende Alleinerziehende	145 EUR
Regelbedarfsstufe 2	Ehegatten Lebenspartner	131 EUR
Regelbedarfsstufe 3	Volljährige Haushaltsangehörige	114 EUR
Regelbedarfsstufe 4	Jugendliche 14–17 Jahre	86 EUR
Regelbedarfsstufe 5	Kinder 6–13 Jahre	93 EUR
Regelbedarfsstufe 6	Kinder 0–5 Jahre	85 EUR

Ausländer, die Asyl beantragt haben und nicht oder nicht mehr in einer Aufnahmeeinrichtung im Sinne des § 44 AsylG untergebracht sind, erhalten vorrangig Geldleistungen zur Deckung ihres Lebensbedarfes. Der Bedarf für Unterkunft, Heizung und Hausrat wird als Geld- oder Sachleistung erbracht (§ 3 Abs. 2 S. 4 AsylbLG). Die Barleistungen haben ab dem 1.1.2016 die folgende Höhe::

Regelbedarfsstufe 1	Alleinstehende Alleinerziehende	219 EUR
Regelbedarfsstufe 2	Ehegatten Lebenspartner	196 EUR
Regelbedarfsstufe 3	Volljährige Haushaltsangehörige	176 EUR
Regelbedarfsstufe 4	Jugendliche 14–17 Jahre	200 EUR
Regelbedarfsstufe 5	Kinder 6–13 Jahre	159 EUR
Regelbedarfsstufe 6	Kinder 0–5 Jahre	135 EUR

Neben den Grundleistungen nach § 3 AsylbLG besteht ein Anspruch auf so genannte Analogleistungen für Leistungsberechtigte, die sich seit 15 Monaten ununterbrochen im Bundesgebiet aufhalten und der Aufenthalt nicht rechtsmissbräuchlich ist (§ 2 Abs. 1 AsylbLG). Die Höhe der Leistung richtet sich nach den Regelbedarfen im SGB XII und SGB II. Bei einer Unterbringung in einer Gemeinschaftsunterkunft, nicht einer Aufnahmeeinrichtung, können auch Sachleistungen erbracht werden (§ 2 Abs. 2 AsylbLG). Anerkannte Flüchtlinge und anerkannte Asylberechtigte haben keinen Anspruch auf Leistungen nach dem AsylbLG, sondern fallen direkt unter den Geltungsbereich des SGB II oder des SGB XII.[12]

Hinweis: Für Anspruchsberechtigte, die zu dem Kreis der Personen gehören, die mit hoher Wahrscheinlichkeit als Flüchtlinge anerkannt werden, besteht daher ein Interesse, bereits vor dem 15. Monat des Aufenthaltes in den Rechtskreis des SGB II zu wechseln. Die Verfahren auf Anerkennung nach dem AsylG dauern in der Regel zwischen drei und acht Monaten, können aber teilweise mehr als ein Jahr dauern. Eine Untätigkeitsklage (§ 75 VWGO) dürfte erst nach sechs Monaten Aussicht auf Erfolg haben.[13]

7. Gewöhnlicher Aufenthalt in der Bundesrepublik Deutschland

19 Leistungen erhält nur, wer seinen **gewöhnlichen Aufenthalt** in der Bundesrepublik Deutschland hat (§ 7 Abs. 1 S. 1 Nr. 4). Der Leistungsberechtigte hat seinen gewöhnliche Aufenthalt, wo er seinen Lebensmittelpunkt hat und sich unter Umständen aufhält, die erkennen lassen, dass er an diesem Ort oder in diesem Gebiet nicht nur vorübergehend verweilt (§ 30 Abs. 3 SGB I). Der Beschränkung der Leistung auf Personen, die sich im Bundesgebiet aufhalten steht auch nicht überstaatliches Recht, etwa nach EWGV 1408/71 entgegen, weil Art. 10 a EWGV 1408/71 ausdrücklich die Beschränkung auf den Wohnort zulässt.[14]

20 **Beispiel:** Der Obdachlose O steht regelmäßig werktäglich vor einer Filiale einer Supermarktkette in der Stadt K und bietet bei dieser Gelegenheit eine Obdachlosenzeitschrift zum Verkauf an. Im Sommer übernachtet er an verschiedenen Plätzen im Zelt, im Winter sucht er unterschiedliche Unterkünfte im Stadtgebiet auf.

Der gewöhnliche Aufenthalt liegt im Gebiet der Großstadt K, weil der gewöhnliche Aufenthalt nicht auf einen Ort beschränkt ist.

8. Ausschluss von bestimmten Ausländern

a) EU- und Nicht-EU-Ausländer

21 Zur Vermeidung des Zuzuges von **Ausländern**, die allein aus dem Grund in die Bundesrepublik Deutschland einreisen, um Leistungen nach dem SGB II zu erhalten, werden die Leistungen an diesen Personenkreis ausgeschlossen oder beschränkt.

Dies betrifft Ausländer und ihre Familienangehörigen in den ersten drei Monaten des Aufenthaltes, wenn sie weder als Arbeitnehmer noch als Selbstständige, noch nach § 2 Abs. 3 des Freizügigkeitsgesetzes/EU zum Aufenthalt berechtigt sind (§ 7 Abs. 1 S. 2 Nr. 1). Nicht leistungsberechtigt sind weiterhin Ausländer und deren Familienangehörige, die sich zur Arbeitsuche nach Deutschland begeben (§ 7 Abs. 1 S. 2 Nr. 2). Kommt der Ausländer aus einem Vertragsstaat des europäischen Fürsorgeabkommens und hält er sich zur Arbeitsuche rechtmäßig auf, ist § 7 Abs. 1 S. 2 Nr. 2 SGB II

---

12   Birk in LPK-SGB XII zu § 1 AsylbLG Rn 21 ff.
13   VG Osnabrück 14.10.2015 – 5 A 390/15.
14   BSG 18.1.2011 – B 4 AS 14/10 R.

auf ihn nicht anzuwenden.[15] Demnach hat ein französischer Staatsangehöriger, der sich allein zur Arbeitssuche in Deutschland aufhält, einen Anspruch auf Leistungen nach dem SGB II.[16] Zu den Vertragsstaaten des europäischen Fürsorgeabkommens zählen neben Deutschland und Frankreich Bundesrepublik Deutschland und Frankreich Belgien, Dänemark, Estland, Griechenland, Irland, Island, Italien, Luxemburg, Malta, Niederlande, Norwegen, Portugal, Schweden, Spanien, die Türkei und Großbritannien.[17] Vom Leistungsausschluss umfasst sind auch diejenigen Ausländer, die von § 1 AsylbLG erfasst werden (§ 7 Abs. 1 S. 2 Nr. 3).[18] Mit dem 19.12.2011 hat die Bundesregierung bezüglich der Anwendung des europäischen Fürsorgeabkommens einen Vorbehalt erklärt, so dass Leistungen nach dem SGB II ausgeschlossen sind.[19] Das Bundessozialgericht hält diesen für wirksam, demnach müssen Leistungen nach dem SGB II wegen des Vorbehaltes nicht mehr in Verbindung mit dem Fürsorgeabkommen erbracht werden.[20] Das Bundessozialgericht hat in dieser Frage allerdings keine Entscheidung getroffen, sondern dem Europäischen Gerichtshof die Frage nach der Wirksamkeit des Vorbehaltes vorgelegt.

Der Europäische Gerichtshof hat am 15.9.2015 entschieden, dass der Vorbehalt der Bundesregierung wirksam ist, und dass das Europäische Fürsorgeabkommen auf die Ansprüche nach dem SGB II keine Anwendung findet.[21]

Hinweis: Bei der Beurteilung von Leistungen an Ausländer, die Leistungen nach dem Asylbewerberleistungsgesetz erhalten, ist zunächst zu prüfen, ob sie diese Leistungen zu Recht erhalten. Ist dies nicht der Fall, ist deren ausländerrechtlicher Status zu klären und zu ermitteln, ob die Aufnahme einer Tätigkeit grundsätzlich erlaubt ist. Sofern die Tätigkeit erlaubt ist, besteht ggf Anspruch auf Leistungen nach dem SGB II, sofern kein Ausschlussgrund besteht. Ausschlussgrund könnte die grundsätzliche Berechtigung nach dem BAföG oder der Bezug einer Rente wegen Alters sein (§ 7 Abs. 4 S. 1, Abs. 5).   **22**

Nach der Richtlinie 2004/38/EG (Richtlinie über die Freizügigkeit in den Staaten der Europäischen Union)[22] genießen die Bürger der Europäischen Union Aufenthalts- und Niederlassungsfreiheit. Die Richtlinie wurde durch das Freizügigkeitsgesetz/EU[23] in nationales Recht überführt. Wegen der Niederlassungsfreiheit war es in der Rechtsprechung umstritten, ob der Ausschluss von EU-Bürgern von Leistungen nach dem SGB II, und zwar insbesondere auch von EU-Ausländern, die sich allein zur Arbeitsuche in Deutschland aufhalten, mit EU-Recht zu vereinbaren ist. In der gerichtlichen Praxis hatten daher einige Sozialgerichte im Wege des einstweiligen Rechtsschutzes wegen der unklaren Rechtslage eine Folgenabwägung durchgeführt und die Jobcenter   **23**

---

15 BSG 19.10.2010 – B 14 AS 23/10 R.
16 AA LSG NRW 22.6.2010 – L 1 AS 36/08.
17 BSG 19.10.2010 – B 14 AS 23/10 R, Rn 22.
18 Hierzu BSG 13.11.2008 – B 14 AS 24/07 R; BSG 16.12.2008 – B 4 AS 40/07 R.
19 Bekanntmachung 31.1.2012, BGBl. II, 144.
20 BSG 12.12.2013 – B 4 AS 9/13 R = info also 2014, 88.
21 EuGH 15.9.2015 – C-67/14.
22 Amtsblatt der Europäischen Union 30.4.2004 L 158/77 http://eur-lex.europa.eu/LexUriServ/LexUriServ.do? uri=OJ:L:2004:158:0077:0123:DE:PDF (letzter Aufruf 21.10.2015).
23 FreizügG/EU 30.7.2004 BGBl. I, 1950.

vorläufig verpflichtet, Leistungen nach dem SGB II zu erbringen,[24] bzw wurden die Jobcenter wegen Anhängigkeit der Vereinbarkeit des SGB II mit Europarecht verpflichtet, unter Beachtung des Ermessens vorläufige Leistungen zu erbringen (§§ 40 Abs. 2 Nr. 1 SGB II iVm § 328 Abs. 1 S. 1 SGB III).[25] Demgegenüber waren andere Gerichte der Meinung, dass europarechtliche Bedenken gegen § 7 Abs. 1 S. 2 SGB II nicht bestehen, und lehnten die Leistungen, wenn Ausschlussgründe vorlagen, grundsätzlich ab.[26]

24 Hier hat die Entscheidung des Europäischen Gerichtshofes in der Sache „**Dano**" für etwas mehr Klarheit gesorgt.[27] Hat ein EU-Bürger kein Aufenthaltsrecht, verstößt das inländische Recht nicht gegen die EU-Richtlinie, wenn nach nationalem Recht EU-Bürger eines anderen Staates von Leistungen der Sozialhilfe, wozu auch die Leistungen nach dem SGB II im weiteren Sinne gerechnet werden, ausgeschlossen sind. Das Recht zum Aufenthalt richtet sich nach dem FreizügigkeitG/EU. In dem vom EuGH entschiedenen Fall der Frau Dano hatte diese kein Recht zum Aufenthalt, denn sie fiel unter die Personengruppe der nicht erwerbstätigen Unionsbürger, die nach § 4 FreiZügigG/EU nur dann ein Aufenthaltsrecht haben, wenn sie über eine ausreichenden Schutz für Krankenversicherung und ausreichende Existenzmittel verfügen. Über ausreichende Existenzmittel verfügen diese Personen nur, wenn sie ihren Unterhalt mindestens in Höhe der jeweiligen Kosten für den Regelbedarf, für Unterkunft und Heizung sowie für eventuelle Mehrbedarfe haben (§§ 19 SGB II ff, §§ 27, 35 SGB XII ff).

25 Der Europäische Gerichtshof hat mit der Entscheidung vom 15.9.2015 (**Alimanovic**)[28] die Frage entschieden, ob der Leistungsausschluss von Personen, die ihr Aufenthaltsrecht ausschließlich aus dem Zweck der Arbeitssuche (§ 7 Abs. 1 S. 2 Nr. 2) herleiten, wirksam von den Leistung nach dem SGB II ausgeschlossen werden können. Anders als das Bundessozialgericht hat der EuGH das SGB II als eine Leistung der Sozialhilfe angesehen. Nur weil nach dem SGB II auch Leistungen zur Arbeitsförderung enthalten sind, verliere das Gesetz nicht seinen grundsätzlichen Charakter als Sozialhilfeleistung, und das Recht der Freizügigkeit der Arbeitnehmer sei daher nicht berührt. § 7 Abs. 1 S. 2 Nr. 2 sei daher mit Gemeinschaftsrecht vereinbar und ein dauernder Ausschluss von aufenthaltsberechtigten EU-Bürgern gerechtfertigt.

26 Zu dieser Rechtsfrage wird es vermutlich wieder divergierende Entscheidungen geben, und zwar dazu, wie lange Personen, die zur Arbeitsuche eingereist sind, und ihre Angehörigen von den Leistungen ausgeschlossen werden können. Hier wird von der einen Meinung weiter vertreten werden, dass der vollständige Ausschluss nicht wirksam sei und bis zu einer weiteren Entscheidung des Europäischen Gerichtshofes zumindest vorläufig im Wege des einstweiligen Rechtsschutzes Leistungen gewährt wer-

---

24 LSG Essen 28.7.2014 – L 19 AS 948/14 B ER; LSG Potsdam 30.6.2014 – L 25 AS 1511/14 B ER.
25 LSG Potsdam 15.8.2014 – L 10 AS 1593/14 B ER.
26 LSG Niedersachsen-Bremen 15.11.2013 – L 15 AS 365/13 B ER; 24.7.2014 – L 15 AS 202/14 E BR; LSG Potsdam 20.3.2014 – L 29 AS 514/14 E BR.
27 EuGH 11.11.2014 – C-333/13 = info also 2015, 3034.
28 EuGH 15.9.2015 – C-67/14.

den müssten.[29] Erforderlich sei dann allerdings, dass dem Leistungsberechtigten nach § 2 Abs. 1 Nr. 1 FreizügG/EU ein Aufenthaltsrecht zusteht und er sich aktiv um Arbeit bemüht und zusätzlich das „Sozialhilfesystem" nicht übermäßig belastet werde.[30] Die andere Meinung in der Rechtsprechung lehnt eine Einschränkung des § 2 Abs. 1 S. 2 Nr. 2 durch die europarechtlichen Normen über die Freizügigkeit ab[31] und gewährt demzufolge keine vorläufigen Leistungen. Diese Rechtsprechung stützt sich dabei auf Art. 24 Abs. 2 der Richtlinie 2004/38/EG, der wie folgt lautet:

Die Unionsbürger sollten das Aufenthaltsrecht im Aufnahmemitgliedstaat für einen Zeitraum von bis zu drei Monaten haben, ohne jegliche Bedingungen oder Formalitäten außer der Pflicht, im Besitz eines gültigen Personalausweises oder Reisepasses zu sein, unbeschadet einer günstigeren Behandlung für Arbeitssuchende gemäß der Rechtsprechung des Gerichtshofs.

In der EU-Regelung wird zusätzlich ausgeführt:

Solange die Aufenthaltsberechtigten die Sozialhilfeleistungen des Aufnahmemitgliedstaats nicht unangemessen in Anspruch nehmen, sollte keine Ausweisung erfolgen. Die Inanspruchnahme von Sozialhilfeleistungen sollte daher nicht automatisch zu einer Ausweisung führen. Der Aufnahmemitgliedstaat sollte prüfen, ob es sich bei dem betreffenden Fall um vorübergehende Schwierigkeiten handelt, und die Dauer des Aufenthalts, die persönlichen Umstände und den gewährten Sozialhilfebetrag berücksichtigen, um zu beurteilen, ob der Leistungsempfänger die Sozialhilfeleistungen unangemessen in Anspruch genommen hat, und in diesem Fall seine Ausweisung zu veranlassen. In keinem Fall sollte eine Ausweisungsmaßnahme gegen Arbeitnehmer, Selbstständige oder Arbeitssuchende in dem vom Gerichtshof definierten Sinne erlassen werden, außer aus Gründen der öffentlichen Ordnung oder Sicherheit.[32]

Aus diesem Teil der Richtlinie geht hervor, dass Hilfebedürftigkeit kein Grund für die **27** Aberkennung des Aufenthaltsrechtes und für eine Ausweisung ist. Aus diesem Grund ist die Regelung des § 7 S. 2 Nr. 2 nicht europarechtskonform, weil sie die Leistungen nach dem SGB II generell und dauerhaft ausschließt, wenn sich EU-Ausländer zum Zwecke der Arbeitssuche in Deutschland aufhalten.[33] Der Europäische Gerichtshof hat daher entschieden, dass in jedem Fall die persönlichen Umstände des Betreffenden zu prüfen sind. Bei dem zu entscheidenden Fall „Alimanovic" sprachen keine Umstände gegen einen Ausschluss von der Leistung.[34]

Hinsichtlich der Beurteilung von Ausländern, die nach **EU-Sozialrecht** zu beurteilen sind, wird hier auch auf die weiterführende Literatur verwiesen.[35] Haben zB arbeitsuchende Unionsbürger keinen Anspruch auf Leistungen nach dem SGB II, kommt ein Anspruch auf Leistungen nach dem SGB XII in Frage, und zwar bis zum Zeitpunkt der Ausreise.

---

29 LSG Nordrhein-Westfalen 23.2.2015 – L 7 AS 29/15 B ER, L 7 AS 30/15 B.
30 LSG Hessen 5.2.2015 – L 6 AS 883/14 B ER; LSG Nordrhein-Westfalen 20.2.2015 – L 19 AS 2326/14 B.
31 LSG Berlin-Brandenburg 17.2.2015 – L 31 AS 3100/14 B ER, L 31 AS 60/15 B ER PKH.
32 http://eur-lex.europa.eu/legal-content/DE/TXT/PDF/?uri=CELEX:32004L0038&qid=1445431051784&from=DE, letzter Aufruf 21.10.2015.
33 LSG Berlin-Brandenburg 19.3.2015 – L 31 AS 1258/14 Leistungen nach dem SGB II bis zur Abschiebung von EU-Ausländern.
34 EuGH 15.9.2015 – C-67/14 Rn 59.
35 Thie/Schoch in: LPK-SGB II § 7 Rn 23 ff.

b) Soziale Rechte anerkannter Flüchtlinge, Asylbewerber usw

28 Vom Leistungsausschluss des § 7 Abs. 1 S. 2 Nr. 1 bis Nr. 3 nicht umfasst sind hingegen solche Ausländer, die sich aus völkerrechtlichen, humanitären oder politischen Gründen in Deutschland aufhalten (§§ 22 ff AufenthG).

Der Anspruch auf Leistungen nach dem SGB II knüpft, mit Ausnahme der Regelung des § 7 Abs. 1 S. 2 Nr. 1 und 2, an den rechtmäßigen Aufenthalt an. Arbeitssuchende Unionsbürger und ihre Angehörigen haben zwar, solange sie sich zur Arbeitsuche in Deutschland aufhalten, ein Aufenthaltsrecht (§ 2 Abs. 2 Nr. 1 FreizügG/EU), allerdings keinen Anspruch auf Leistungen nach dem SGB II.

29 Anspruch auf Leistungen nach dem SGB II haben daher insbesondere folgende Personen:

- Anerkannte Flüchtlinge nach § 3 Abs. 1 AsylVfG. Diese Personen haben Anspruch auf eine Aufenthaltserlaubnis nach § 25 Abs. 2 S. 1 Alt. 1.Diesem Personenkreis sind Leistungen nach dem SGB II zu gewähren (§ 7 Abs. 1 S. 3, der auf Kapitel 2 Fünfter Abschnitt des AufenthG verweist). Diese Personen erhalten eine Aufenthaltserlaubnis für drei Jahre (§ 26 Abs. 1 AufenthG).

- Nach Art. 16 a GG anerkannte Asylberechtigte (§ 1 Abs. 1 Nr. 1 AsylVfG), die nur einen sehr geringen Teil der anerkannten Flüchtlinge ausmachen. Der Anspruch auf Aufenthaltserlaubnis richtet sich nach § 25 Abs. 1 S. 1 AufenthG.

- Personen, die subsidiären Schutz genießen (§ 4 AsylVfG), weil ihnen in ihrem Herkunftsland ernsthafter Schaden droht. Diese haben ebenfalls eine Aufenthaltserlaubnis nach § 25 Abs. 2 S. 1 Alt. 2 AufenthG. Die Aufenthaltserlaubnis wird hier für zwei Jahre erteilt (§ 26 Abs. 1 S. 3 AufenthG).

- Personen, bei denen ein Abschiebeverbot nach § 60 Abs. 5, 7 AufenthG vorliegt, dh bei denen entweder der Schutz auf die Konvention zum Schutz der Menschenrechte (Abs. 5) greift oder eine konkrete Gefahr für Leib, Leben oder Freiheit besteht. Diesen Personen kann nach Ermessen eine Aufenthaltserlaubnis erteilt werden, die allerdings für mindestens ein Jahr (§ 26 Abs. 1 S. 4 AufenthG) gewährt wird.

Der Leistungsanspruch nach dem SGB II wird demgemäß aus dem Aufenthaltsstatus hergeleitet, so dass in dem Fall einer Aufenthaltserlaubnis nach den § 22 AufenthG oder gar einer Niederlassungserlaubnis, ein Anspruch auf Leistungen besteht.

9. Bedarfsgemeinschaft

30 Neben den erwerbsfähigen Leistungsberechtigten haben auch Personen Anspruch auf Leistungen, die mit dem erwerbsfähigen Leistungsberechtigten in einer **Bedarfsgemeinschaft** leben (§ 7 Abs. 2 S. 1). Die Rechtsnatur der Bedarfsgemeinschaft ist nicht geklärt. Allerdings kommt es darauf für die Praxis nicht an, da das Gesetz bestimmt, wer zur Bedarfsgemeinschaft gehört (§ 7 Abs. 3 Nr. 1 bis 4).

31 Die Bedarfsgemeinschaft besteht aus einer Person oder mehreren Personen, die entweder verheiratet sind oder in einer Partnerschaft nach dem Partnerschaftsgesetz und

nicht dauernd getrennt oder in einem **Haushalt zusammen leben**. Dies ergibt sich aus § 7 Abs. 3 Nr. 2 bis 4 SGB II, wo auf „… die im Haushalt lebenden" oder „… die in einem gemeinsamen Haushalt lebenden, dem Haushalt angehörigen Kinder" sowie dem Zusammenhang, wonach Ehepartner oder Partner einer Partnerschaft nicht dauernd getrennt leben dürfen. Bei ihnen wird unwiderleglich vermutet, dass sie untereinander den bestehenden Bedarf, sofern sie zur Deckung desselben in der Lage sind, gemeinsam abdecken.

Lediglich bei **unverheirateten Kindern,** die mit ihren Eltern in einer Bedarfsgemeinschaft leben, besteht die unwiderlegliche Vermutung der Bedarfsdeckung nur zu deren Gunsten, nicht aber zu deren Lasten. 32

a) Haushaltsgemeinschaft, leben in einem gemeinsamen Haushalt

Die Haushaltsgemeinschaft ist eine über die bloße Wohngemeinschaft hinausgehende Wohn- und Wirtschaftsgemeinschaft. Es muss unter den Beteiligten ein „**Wirtschaften aus einem Topf**" vorliegen.[36] Auch das gemeinsame Leben in einem Haushalt erfordert ein „wirtschaften aus einem Topf". Dies ist bereits dann nicht mehr der Fall, wenn die Ehegatten in einer gemeinsamen Wohnung getrennt leben oder zwischen Eltern und Kindern die Wirtschaftsgemeinschaft aufgehoben ist. 33

Beispiel: Die 56 Jahre alte R bezieht Rente wegen voller Erwerbsminderung auf Dauer und lebte bisher mit ihrem 22-jährigen erwerbslosen Sohn S in einem gemeinsamen Haushalt. Ihr eigener Bedarf ist gedeckt. Obwohl sie selbst keinen Anspruch auf Leistungen hat, bildet sie zunächst mit ihrem Sohn eine Bedarfsgemeinschaft (§ 7 Abs. 3 Nr. 2). Nachdem die R im Juni 2014 schwerwiegend erkrankt, kann sie ihren Haushalt nicht mehr führen, sie erhält nach § 1897 BGB einen Betreuer. Dieser verlangt ab Juli 2014 von dem S, sich hälftig an den Wohnkosten zu beteiligen. Weder die R noch der Betreuer erbringen seit dem Ausbruch der Erkrankung an den S Unterhaltsleistungen und zwar weder in bar noch in Natur. Der S muss sich vollständig selbst versorgen. 34

Die R und der S leben seit Juli 2014 nicht mehr in einem gemeinsamen Haushalt, da die Wirtschaftsgemeinschaft zwischen ihnen beendet wurde: Die R erbringt keinerlei Unterhaltsleistungen mehr an den S – weder in Natur noch in Geld. Der S muss sich daher das Einkommen und Vermögen seiner Mutter R nicht mehr nach § 9 Abs. 2 S. 2 SGB II anrechnen lassen.

Da die Beteiligten nicht mehr in einem gemeinsamen Haushalt leben, besteht zwischen ihnen auch keine Bedarfsgemeinschaft mehr. Es erfolgt keine Anrechnung von Einkünften nach § 9 Abs. 2 SGB II mehr, so dass der S nunmehr uneingeschränkt Anspruch auf Leistungen hat.

Nur die ausdrücklich in § 7 Abs. 3 SGB II genannten Personen (**im Gesetz bestimmten Personen**) können eine Bedarfsgemeinschaft bilden. Eine Haushaltsgemeinschaft kann auch zwischen anderen Personen bestehen (vgl § 9 Abs. 5). 35

Nach § 9 Abs. 5 wird bei Bestehen einer Haushaltsgemeinschaft zwischen Verwandten und Verschwägerten **widerleglich vermutet,** dass Leistungsberechtigte von diesen 36

---

36 BSG 19.2.2009 – B 4 AS 68/07 R und BSG 27.1.2009 – B 14 AS 6/08 R.

Leistungen erhalten, soweit dies nach deren Einkommen oder Vermögen erwartet werden kann.

37 Inwieweit das **Einkommen** in der Haushaltsgemeinschaft **angerechnet** werden kann, ergibt sich aus § 1 Abs. 2 ALG II-V. Bei der Einkommensermittlung ist der doppelte Satz der nach § 20 Abs. 2, Abs. 3, Abs. 4 iVm § 77 Abs. 4 SGB II maßgeblichen Regelbedarfs des um die Absetzbeträge (§ 11 b) bereinigten Einkommens anzusetzen. Die anteiligen Kosten für Unterkunft und Heizung werden hinzugerechnet. Einnahmen, die den so errechneten Freibetrag überschreiten, werden nur zu 50 % als dem Leistungsberechtigten zum Unterhalt zur Verfügung stehend angerechnet. Auch die übrigen Absetzbeträge (§ 11 b) sind vom Einkommen der in Haushaltsgemeinschaft lebenden Verwandten abzuziehen. Die genannte Regelung ist mit der Ermächtigungsgrundlage (§§ 11 b, 13) vereinbar.[37]

38 **Beispiel:** Der Leistungsberechtigte lebt mit seiner 32 Jahre alten Tochter B, die über ein monatliches nach § 11 b SGB II bereinigtes Nettoeinkommen in Höhe von 1.500 EUR verfügt, in einem Haushalt zusammen. Die angemessenen Wohnkosten betragen monatlich insgesamt 460 EUR. Beträge in Klammern nach den Regelbedarfen bis zum 31.12.2015.

Bedarfsberechnung
Regelbedarf des Leistungsberechtigten	404 (399) EUR	
+ Kosten der Unterkunft und Heizung:		
50 % von 460 EUR	+ 230 EUR	
Gesamtbedarf des Leistungsberechtigten	= 634 (629) EUR	634 (629) EUR
Einkommensanrechnung		
Einkommen der Tochter	1.600 EUR	
./. Fiktiver Regelbedarf (jeweils 404 (399) EUR)	- 808 (798) EUR	
./. Kosten der Unterkunft: 50 % von 460 EUR	- 230 EUR	
Anrechenbarer Einkommensüberhang	= 562 (572) EUR	
Davon anrechenbares Einkommen des		
Leistungsberechtigten: 50 % von 562 (572) EUR		- 281 (286) EUR
Leistungsanspruch des Leistungsberechtigten		= 353 (343) EUR

39 Leben volljährige Kinder mit ihren Eltern in einem Haushalt zusammen, so bilden sie mit Ihren Eltern bis zur Vollendung des 25. Lebensjahres eine Bedarfsgemeinschaft, sofern sie ihren Lebensunterhalt nicht aus eigenem Einkommen oder Vermögen bestreiten können (§ 7 Abs. 3 Nr. 4 SGB II). Mit Vollendung des 25. Lebensjahres können sie mit ihren Eltern nur noch eine Haushaltsgemeinschaft bilden (§ 9 Abs. 5 SGB II). Hat nun ein im Haushalt seiner Eltern lebendes volljähriges Kind seinerseits ein eigenes Kind, könnte man auf den Gedanken kommen, dass durch die Geburt des eigenen Kindes die Bedarfsgemeinschaft zu den Eltern/Großeltern aufgelöst wird, weil in § 7 Abs. 3 Nr. 4 nur von den Eltern, nicht aber von den Großeltern, dh von den in Nummer 1–3 genannten Personen, gesprochen wird. Da die im Haushalt ihrer Eltern lebende junge Mutter aber gleichzeitig mit ihren Eltern nach § 7 Abs. 3 Nr. 2 eine Bedarfsgemeinschaft bildet,[38] kann die Zuordnung von Einkommen, insbesonde-

---

37 BSG 19.2.2009 – B 4 AS 68/07 R.
38 BSG 17.7.2015 – B 14 AS 5/13 R, SozR 4-4200 § 7 Nr. 37.

re dem Kindergeld, fraglich sein. Das für die Kindesmutter gezahlte Kindergeld nach § 11 Abs. 1 S. 4 SGB II wird grundsätzlich als ihr Einkommen zugerechnet, was sich mit der Regelung des § 9 Abs. 3 iVm Abs. 2 S. 2 nicht verträgt. Das Einkommen der Eltern des schwangeren oder ein eigenes Kinder betreuende Kind soll nicht angerechnet werden, weil sich dadurch die übrigen Mitglieder der Bedarfsgemeinschaft veranlasst sehen könnten gegenüber der Kindesmutter auf eine Abtreibung hinzuwirken. Aus diesem Grund ist auch das Kindergeld allenfalls der Großmutter und nicht der Kindesmutter bzw Schwangeren zuzuordnen und damit der Anspruch der Kindesmutter auf Leistungen nach dem SGB II zu erhöhen.[39]

Hinweis: Die objektive Darlegungs- und Beweislast für das Bestehen einer Haushaltsgemeinschaft trägt der Leistungsträger.[40] **40**

Sofern unstreitig ist, dass zwischen den Beteiligten einer Wohngemeinschaft eine Haushaltsgemeinschaft besteht, reicht es bei einer Haushaltsgemeinschaft zwischen Verwandten oder Verschwägerten, die nicht in einer Bedarfsgemeinschaft leben, für die Widerlegung der Vermutung des § 9 Abs. 5 SGB II aus, wenn „… vom Antragsteller Tatsachen benannt werden, die geeignet sind, Zweifel an der Richtigkeit der Vermutung zu begründen".[41]

Darüber hinaus trägt der Leistungsträger auch für das Bestehen der Bedarfsgemeinschaft die objektive Darlegungs- und Beweislast.

Eine Bedarfsgemeinschaft wird in der Regel bereits dann vorliegen, wenn die Mitglieder in einem gemeinsamen Haushalt zusammenleben, mithin eine Haushaltsgemeinschaft besteht. Das Eltern-Kind-Verhältnis, das Alter des Kindes, bzw der Bestand der Ehe oder Partnerschaft werden nur selten Gegenstand gerichtlicher Auseinandersetzungen sein. **41**

Einzig bei der **eheähnlichen** bzw **partnerschaftsähnlichen Gemeinschaft** wird vom Gesetz zusätzlich zum Zusammenleben in einem gemeinsamen Haushalt ein besonderes Einstandsverhältnis/Einstandswille verlangt (vgl § 7 Abs. 3 Nr. 3 c, hierzu § 2 Rn 46 ff). **42**

Besteht eine **Bedarfsgemeinschaft,** so ist bei der Beurteilung der Hilfebedürftigkeit der einzelnen Mitglieder der Bedarfsgemeinschaft auch das Einkommen und Vermögen des Partners zu berücksichtigen (§ 9 Abs. 2 S. 1). Sofern nicht der gesamte Bedarf der Bedarfsgemeinschaft gedeckt ist, **gilt jede Person der Bedarfsgemeinschaft im Verhältnis des eigenen Bedarfes zum Gesamtbedarf als hilfebedürftig** (§ 9 Abs. 2 S. 3) und es wird **unwiderleglich vermutet, dass diese Personen füreinander Leistungen zum Lebensunterhalt erbringen,** denn das Einkommen und Vermögen aller in der Bedarfsgemeinschaft lebenden Personen ist zu berücksichtigen (§ 9 Abs. 2 S. 1 und S. 2). Das der Bedarfsgemeinschaft zur Verfügung stehende Einkommen ist gleichmäßig nach dem jeweiligen Bedarf der einzelnen Mitglieder zu verteilen (§ 9 Abs. 2 S. 3). Ist der Bedarf bei allen Mitgliedern gleich, wie häufig bei Partnern, dann wird das Einkom- **43**

---

39 BSG 17.7.2015, aaO Fn 32.
40 BSG 19.2.2009 – B 4 AS 68/07 R.
41 BSG aaO Rn 14 mwN; Kommentar SGB-II Hauck/Noftz/Hengelhaupt § 9 Rn 184; PK-SGB-II/Klaus, 2. Aufl. 2007, § 8 Rn 91.

men nach Köpfen aufgeteilt. Ist der Bedarf unterschiedlich, so wird das zur Verfügung stehende Einkommen je nach Bedarf der Mitglieder der Bedarfsgemeinschaft aufgeteilt. Die Berechnungsmethode wird als **horizontale Berechnungsmethode** bezeichnet.[42]

44 **Beispiel:** A ist erwerbsfähig und hat ein anrechenbares Einkommen in Höhe von 400 EUR monatlich. Ihr Ehemann B ist voll erwerbsgemindert, erhält aber keine Rente und auch keine Grundsicherung (§§ 41 ff SGB XII), weil die Widerherstellung der Arbeitsfähigkeit in absehbarer Zeit möglich erscheint. Er hat einen Ausweis für schwer behinderte Menschen mit dem Nachteilsausgleich/Merkzeichen „G". Die angemessenen anrechenbaren Wohnkosten betragen 360 EUR monatlich.

Die Höhe der Regelbedarfe des B in Höhe von 364 (360) EUR ergibt sich aus § 20 Abs. 4 SGB II. Beträge in Klammern gelten bis zum 31.12.2015.

Bedarf der A		
Regelbedarf § 20 Abs. 4 SGB II	364,00 (360,00) EUR	
+ Unterkunft und Heizung		
§ 22 Abs. 1 SGB II: Anteil 50 %	+ 180,00 EUR	
Gesamtbedarf der A	= 544,00 (540,00) EUR	544,00 (540,00) EUR
Bedarf des B		
Regelbedarf §§ 20 Abs. 4 SGB II	364,00 (360,00) EUR	
+ Mehrbedarf § 23 Nr. 4 SGB II: 17 %	+ 61,88 (61,20) EUR	
+ Unterkunft und Heizung § 22 SGB II:		
Anteil 50 %	+ 180,00 EUR	
Gesamtbedarf des B	= 605,88 (601,20) EUR +	605,88 (601,20) EUR
Summe der Bedarfe von A und B		1.149,88 (1.141,20) EUR
./. Anrechenbares Einkommen	-	400,00 EUR
Saldo: Leistungsanspruch von A und B	=	749,00 (741,20) EUR

Aus der vorhergehenden Berechnung ergibt sich, dass der gesamte Bedarf der Bedarfsgemeinschaft aus A und B nicht gedeckt ist. In der Bedarfsgemeinschaft gilt jede Person im Verhältnis des eigenen Bedarfs zum Gesamtbedarf als hilfebedürftig (§ 9 Abs. 2 S. 3). Das für die Bedarfsdeckung zur Verfügung stehende Einkommen muss daher auf die Personen der Bedarfsgemeinschaft je nach ihrem individuellen Bedarf verteilt werden. Es muss ermittelt werden, wie sich der jeweilige einzelne Bedarf zu dem Gesamtbedarf verhält. Dies geschieht durch Bildung einer Quote.

Quote der A mit dem Bedarf von 544 (540)	
von 1.149,88 (1.141,20) EUR	47,31 (47,32) %
Quote des B mit dem Bedarf von 605,88 (601,20)	
von 1.149,88 (1.141,20) EUR	52,69 (52,28) %

Nach Bildung der Quote ist das anrechenbare Einkommen auf die einzelnen Mitglieder der Bedarfsgemeinschaft aufzuteilen (nach § 9 Abs. 2 S. 3).

Anrechenbares Einkommen des A: 47,31 (47,32) von 400 EUR:	189,24 (189,28) EUR
Anrechenbares Einkommen der B: 52,69 (52,28) EUR:	210,76 (209,12) EUR

---

42 BSG 18.6.2008 – B 14 AS 55/07 R.

In einem weiteren Schritt ist das für den jeweiligen Leistungsberechtigten errechnete anrechenbare Einkommen von dem Bedarf abzuziehen. Hieraus ergibt sich dann der individuelle Leistungsanspruch des einzelnen Leistungsberechtigten.

Das zu berücksichtigende Einkommen und Vermögen der Leistungsberechtigten mindert zunächst die Leistungen der Bundesagentur für Arbeit und darüber hinaus die Leistungen des kommunalen Trägers (§ 19 Abs. 2 S. 2).

Welche Leistungen die Bundesagentur für Arbeit (BA) und welche der kommunale Träger (KT) zu erbringen hat, ergibt sich aus § 6 Abs. 1 SGB II. Danach hat der kommunale Träger die kommunalen Eingliederungsleistungen (§ 16 a), die Leistungen für Unterkunft und Heizung (§ 22) und die Leistungen für die Erstausstattung der Wohnung (§ 24 Abs. 3 Nr. 1) zu erbringen. Im vorliegenden Fall erbringt der kommunale Träger nur die Kosten für Unterkunft und Heizung in Höhe von jeweils 180 EUR.

Bedarf der A	544,00 (540,00) EUR		
davon Leistungen des KT	- 180,00 EUR		
Saldo 1: Leistungen der BA	= 364,00 (360,00) EUR	364,00 (360,00) EUR	
./. Anrechnung des Einkommens		- 189,24 (189,28) EUR	
Saldo 2: Verbleibende Leistungen der BA		= 174,76 (170,72) EUR	174,76 (170,72) EUR
Leistungen des KT		+	180,00 EUR
Leistungsanspruch A (Rundung nach § 41 Abs. 2):			= 354,76 (350,72) EUR
Bedarf des B	605,88 (601,20) EUR		
./. davon Leistungen des KT	- 180,00 EUR		
Saldo 1: Leistungen der BA	= 425,88 (421,20) EUR	425,88 (421,20) EUR	
./. Anrechnung des Einkommens		- 210,76 (209,12) EUR	
Saldo 2: Verbleibende Leistungen der BA		= 215,12 (212,08) EUR	215,12 (212,08) EUR
Leistung KT		+	180,00 EUR
Leistungsanspruch B (Rundung nach § 41 Abs. 2)			= 395,12 (392,08) EUR

Eine Rundung von Zwischenbeträgen erfolgt nicht, denn es sind nur die „Endzahlbeträge" zu runden.[43]

Zu den Besonderheiten der Berechnung bei in der Bedarfsgemeinschaft lebenden **Kindern, die über eigene Einkünfte verfügen,** vgl weiter unten die Beispiele unter Rn 67. Zur Berechnung des Bedarfs, wenn in einer Bedarfsgemeinschaft einzelne Personen **45**

---

43   BSG 19.3.2008 – B 11 b AS 23/06 R.

von den Unterhaltsleistungen nach dem SGB II ausgeschlossen sind[44] wird auf das Beispiel zur Rn 79 verwiesen.

46 Wie sich aus dem vorherigen Beispiel zeigt, folgt aus der Zugehörigkeit zur Bedarfsgemeinschaft oftmals der Leistungsanspruch. Der B ist nicht erwerbsfähig und hätte, wenn sein Anspruch auf Sozialgeld (§ 19 Abs. 1 S. 2) nicht durch die Bedarfsgemeinschaft mit der A vermittelt wäre, einen Anspruch auf Leistungen zum Lebensunterhalt als Sozialhilfe nach dem SGB XII (§§ 27 ff SGB XII).

47 Nach der Aufzählung des Gesetzes bildet auch der alleinstehende Leistungsberechtigte eine Bedarfsgemeinschaft. Diese sprachlich etwas unglückliche Formulierung schadet jedoch nicht, weil der Begriff der Bedarfsgemeinschaft hierdurch keine Änderung erfährt.

48 Die unwiderlegliche **Vermutung der gegenseitigen Unterstützung in der Bedarfsgemeinschaft ergibt sich aus § 9 Abs. 2 S. 2 SGB II,** denn hiernach sind bei Personen, die in einer Bedarfsgemeinschaft leben, das Einkommen und Vermögen des Partners zu berücksichtigen. Dass eine Unterstützung erfolgt, falls einer oder mehrere Angehörige der Bedarfsgemeinschaft über Einkommen oder Vermögen verfügen, ergibt sich ausschließlich aus der Zugehörigkeit zur Bedarfsgemeinschaft. Der Wortlaut des § 9 Abs. 2 S. 2 SGB II „… sind auch Einkommen und Vermögen … zu berücksichtigen" lässt keine andere Auslegung zu.

49 Auf eine **tatsächliche Unterhaltsleistung** kann es daher **nicht ankommen.**[45] Unterhaltsrechtliche Gesichtspunkte sind nicht heranzuziehen;[46] es kommt daher etwa nicht darauf an, dass der Partner der eheähnlichen Gemeinschaft für das nicht gemeinsame Kind des anderen Partners nicht unterhaltspflichtig ist.

50 Sofern ein Mitglied der Bedarfsgemeinschaft sein Einkommen oder Vermögen zur **Schuldentilgung** verwendet, kann dies weder vom Einkommen noch vom Vermögen abgezogen werden,[47] sondern muss der Bedarfsgemeinschaft zur Verfügung gestellt werden. Als einzige Ausnahme sieht das Gesetz die Aufwendungen zur Erfüllung gesetzlicher Unterhaltspflichten vor, sofern sie einen in einem Unterhaltstitel oder einer notariellen Urkunde festgelegten Betrag nicht überschreiten bzw im Rahmen der Leistung nach dem BAföG erfolgen (§ 11 b Abs. 1 Nr. 7 und 8). Dies betrifft aber nur den laufenden Unterhalt und nicht Unterhaltsrückstände.[48]

b) Nichteheliche Lebensgemeinschaft

51 Auch die Partner einer **nichtehelichen Lebensgemeinschaft** müssen in einem gemeinsamen Haushalt zusammenleben (§ 7 Abs. 3 Nr. 3 c). Darüber hinaus liegt eine nichteheliche Lebensgemeinschaft nur dann vor, wenn zusätzlich der wechselseitige Wille vorhanden ist, füreinander Verantwortung zu tragen und füreinander einzustehen.

---

44 BSGE 97, 217; BSG 15.4.2008 – B 14/7 b AS 58/06 R 9.
45 Anders wohl Schoch in: LPK-SGB II § 9 Rn 24.
46 BSG 19.9.2008 – B 14/7 b AS 10/07 R, BSGE 97, 242, SozR 4-4200 § 20 Nr. 1.
47 BSG 19.9.2008 – B 14/7 b 10/07 R.
48 BSG 20.2.2014 – B 14 AS 53/12 R = info also 2014, 180.

Der Leistungsträger trägt für das Zusammenleben in einem gemeinsamen Haushalt   52
die objektive **Darlegungs- und Beweislast.**[49] Nur für die weitere Voraussetzung des
wechselseitigen Willens füreinander Verantwortung zu tragen und füreinander einzustehen räumt das Gesetz dem Leistungsträger die Beweiserleichterung des § 7 Abs. 3 a
SGB II ein.

Beispiel: Der A wohnt mit der B in einer Wohnung. B ist Hauptmieterin der Wohnung. A   53
hat mit der B einen vom Vermieter genehmigten Untermietvertrag geschlossen. Der A
zahlt an die B monatlich die Hälfte der Mietkosten. Beide Parteien haben jeweils ein
Schlafzimmer zur eigenen Nutzung. Wohnzimmer, Bad und Küche werden gemeinsam genutzt. Die Wohnungsreinigung wird von den Parteien nach einem Reinigungsplan durchgeführt. Der A beschäftigt für seinen Reinigungsanteil eine Putzfrau. Eine gemeinsame
Haushaltskasse besteht nicht. A, der bei der Stadtverwaltung der Stadt S arbeitet, früh-
stückt morgens und isst mittags in der Kantine. Das Abendessen nehmen die Parteien gelegentlich zusammen ein. In den meisten Fällen verpflegen sich die Parteien allerdings
selbst. Außer gelegentlichen Besorgungen, wie sie in Wohngemeinschaften üblich sind,
werden gegenseitige Unterhaltsleistungen nicht erbracht.

Hier fehlt es bereits an einem Zusammenleben in einem gemeinsamen Haushalt, denn die
Parteien wirtschaften nicht aus einem Topf, so dass die Vermutungswirkung des § 7
Abs. 3 a SGB II nicht eingreifen kann. Die Leistungsträger haben allerdings keinen Einblick,
inwieweit die Parteien ihre Wohngemeinschaft gestalten. Sofern die Parteien eine gemeinsame Meldeanschrift haben, müssen sie sich auf Nachfrage des Leistungsträgers äußern und ihre Verhältnisse darlegen (§ 60 Abs. 1 Nr. 1 SGB I). Bereits bei Stellung des Leis-
tungsantrages durch die B sollte klargestellt werden, dass lediglich eine Wohngemeinschaft besteht und ggf ein Untermietvertrag oder eine vergleichbare schriftliche Vereinbarung vorgelegt werden.

Wie der Leistungsberechtigte seine Beziehungen zur Umwelt gestaltet, bleibt ihm   54
überlassen.[50] Die Mitglieder einer Bedarfsgemeinschaft können diese, insbesondere
wenn es sich um eine **eheähnliche Gemeinschaft** handelt, mangels vertraglicher Bindung jederzeit auflösen.

Sofern allerdings die nach dem Gesetz aufgestellte Vermutungswirkung greift, wird es   55
schwer sein, diese zu widerlegen, vor allem, wenn gemeinsame Kinder in derselben
Wohnung leben. Nach dem Wortlaut des § 7 Abs. 3 a SGB II reicht es aus, wenn nur
eine der in Nr. 1–4 genannten Hinweistatsachen erfüllt ist. Eine solche Auslegung
entspricht nicht der Rechtsprechung des Bundesverfassungsgerichts[51] und ist deshalb
auch nicht verfassungskonform. Es sollte daher weiterhin eine Gesamtbetrachtung
unter Einbeziehung aller in § 7 Abs. 3 a SGB II genannten Hinweistatsachen vorgenommen werden.

Nach der **Rechtsprechung des Bundesverfassungsgerichts** ist Folgendes bei der Beur-   56
teilung, ob eine **eheähnliche Gemeinschaft** vorliegt, zu berücksichtigen: Es muss eine
auf Dauer angelegte Lebensgemeinschaft zwischen Mann und Frau vorliegen, die neben ihr keine weitere Lebensgemeinschaft gleicher Art zulässt und deren innere Bin-

---

49 BSG 23.8.2012 – B 4 AS 34/12 R, BSGE 111, 250–257.
50 BSG 13.11.2008 – B 14 AS 2/08 R.
51 BVerfG 17.11.1992 – 1 BvL 8/87.

dung so eng ist, dass von den Partnern ein gegenseitiges Einstehen im Bedarfsfall erwartet wird.[52]

57 Eine solche Gemeinschaft liegt nur vor, wenn eine finanzielle Unterstützung durch den Partner der Lebensgemeinschaft tatsächlich auch durchgeführt wird. Da es bei der nichtehelichen Lebensgemeinschaft, sieht man einmal von der Ausnahme ab, dass der Vater der Mutter seines nichtehelichen Kindes nach § 1615 l BGB Unterhalt schuldet, keine **Unterhaltsverpflichtung** gibt, müssen Leistungen tatsächlich erbracht werden. Leistet der „Partner" keine Zahlungen oder beteiligt er sich nur unzureichend an der Deckung des Lebensbedarfes, liegt eine solche Lebensgemeinschaft nicht vor und dem „Partner" sind Leistungen nach dem SGB II zu gewähren.

58 Besteht allerdings eine Lebensgemeinschaft zwischen Partnern einer **eheähnlichen Gemeinschaft**, in der Ehe oder einer Partnerschaft und wird in deren Haushalt ein Kind eines der Partner aufgenommen, so wird auch **ohne eine tatsächliche Leistung des Partners an das Kind eine Unterhaltsleistung angenommen.**[53] Das Gesetz setzt dabei auf der Tatbestandsseite des § 9 Abs. 2 S. 2 SGB II ausschließlich das Zusammenleben des Kindes mit dem Partner in einer über den leiblichen Elternteil vermittelten Bedarfsgemeinschaft voraus.

59 Das Bundessozialgericht unterstellt damit, dass wenn zwischen den Partnern einerseits und dem Partner und seinem Kind andererseits jeweils eine Bedarfsgemeinschaft besteht, diese Bedarfsgemeinschaft sich auch auf die Beziehung zwischen Partner und Kind erstreckt. Das Gesetz schränkt damit das auch im SGB II geltende **Faktizitätsprinzip** (vgl § 1 Rn 27), also das Bestehen einer tatsächlichen Notlage und eines tatsächlichen Bedarfs, ein.

60 **Beispiel:** Der A lebt mit der B zusammen in einer Wohnung (Bedarfsgemeinschaft) und stellt ihr lediglich 1/3 der Wohnungskosten sowie Unterhalt für das gemeinsame Kind in Höhe von 170 EUR zur Verfügung. Auch wenn der Unterhalt des Kindes nicht gedeckt ist, besteht für den Leistungsträger keine Leistungspflicht: Es sei Angelegenheit des unterhaltspflichtigen Elternteils sich schützend für die Belange des Kindes einzusetzen und wohl notfalls die Bedarfsgemeinschaft mit dem Partner aufzulösen. Hiergegen wurden erhebliche verfassungsrechtliche Bedenken in der Rechtsprechung[54] und der Literatur vorgetragen.[55]

61 Die Regelungen über die eheähnliche Gemeinschaft sind auf **gleichgeschlechtliche Partnerschaften** anzuwenden, wenn die Voraussetzungen wie bei der eheähnlichen Gemeinschaft vorliegen, denn das SGB II nimmt keine Differenzierung nach verschieden- oder gleichgeschlechtlichen Partnerschaften vor.

---

52 BVerfG aaO Rn 24.
53 BSG 13.11.2008 – B 14 AS 2/08 R.
54 Vgl hierzu LSG Berlin-Brb 8.1.2007 – S 103 AS 10869/06 = info also 2007, 121; SG Duisburg 7.3.2007 – S 17 AS 60/07 ER, Rn 19; LSG Berlin-Brb 20.12.2006 – S 37 AS 11401/06 ER, Rn 15 ff; LSG BW 19.4.2007 aaO; LSG Nds.-Bremen 21.1.2008 aaO; VG Bremen 27.2.2008 – S3 K 3321/06 Rn 37 ff.
55 Wenner, SozSich 2006, 146, 152; Stephan, Die Ansprüche zusammenlebender Personen nach dem SGB II und dem SGB XII, Berlin 2008, S 225 ff; Labrenz ZfF 2008, 217.

c) Im Haushalt lebende Eltern und Partner unverheirateter erwerbsfähiger Kinder

Die (beiden) Eltern, ein Elternteil oder der mit dem Elternteil in einem gemeinsamen 62 Haushalt lebende Partner, gehören zur Bedarfsgemeinschaft, wenn sie mit einem unverheirateten erwerbsfähigen **Kind** im Alter zwischen dem 15. und 25. Lebensjahr zusammenleben (§ 7 Abs. 3 Nr. 2). Eine Bedarfsgemeinschaft kann auch aus drei Generationen bestehen, dh Eltern, deren Kind(er) und Enkelkind(ern).[56] Die Eltern, der Elternteil oder der Partner des Elternteiles müssen nicht selbst erwerbsfähig und hilfebedürftig sein, um zur Bedarfsgemeinschaft zu gehören. Sie gehören selbst dann zur Bedarfsgemeinschaft, wenn sie zB nach § 19 Abs. 1 S. 3 SGB II Anspruch auf Leistungen der Grundsicherung nach §§ 41 ff SGB XII oder zumindest dem Grunde nach Ansprüche nach dem Bundesausbildungsförderungsgesetz oder den §§ 56 ff SGB III haben und daher von den Leistungen nach dem SGB II ausgeschlossen sind (§ 7 Abs. 5).

d) Ehegatten und Lebenspartner

Ehegatten und Partner einer gleichgeschlechtlichen Partnerschaft gehören zur Bedarfsgemeinschaft, sofern sie nicht dauernd getrennt leben. Ein **dauerndes Getrenntleben** liegt nach § 1567 BGB vor, wenn die häusliche Gemeinschaft zwischen den Ehegatten aufgelöst ist und ein Ehegatte diese erkennbar nicht herstellen will, weil er die eheliche Gemeinschaft ablehnt. Für gleichgeschlechtliche Lebenspartnerschaft gilt dies ebenfalls (§ 15 Abs. 5 Lebenspartnerschaftsgesetz). Ehegatten oder Lebenspartner können auch in einer gemeinsamen Wohnung getrennt leben.

Ein **dauerndes Getrenntleben** im Sinne des § 7 Abs. 3 Nr. 2 b SGB II soll nach der Rechtsprechung des Bundessozialgerichts nur dann vorliegen, wenn bei mindestens einem Ehegatten der Wille nach außen erkennbar sei, die häusliche Gemeinschaft nicht herstellen zu wollen, weil er die eheliche Gemeinschaft ablehnt.[57] Dies treffe auch auf Ehen zu, bei denen bereits seit deren Beginn nie ein gemeinsamer Haushalt geführt worden sei. Diese Entscheidung verkennt mE, dass Ehegatten und Lebenspartner ohne ersichtlichen Grund schlechter behandelt werden, als Partner einer ehe- oder partnerschaftsähnlichen Lebensgemeinschaft, bei denen immer eine Haushaltsgemeinschaft vorliegen muss. Die Entscheidung des Bundessozialgerichtes übersieht zudem, dass auch die Ehe- und Lebenspartner einen gemeinsamen Haushalt führen, solange sie nicht dauerhaft getrennt leben (§ 1567 Abs. 1 BGB, § 15 Abs. 5 Lebenspartnerschaftsgesetz). Ein dauerndes Getrenntleben liegt auch dann nicht vor, wenn ein (Ehe-)Partner dauerhaft in einem Pflegeheim untergebracht ist. Der Bedarf des Partners, der im Heim untergebracht ist, wird allerdings dann nicht nach den Regeln des SGB II, sondern nach den Regeln des SGB XII bemessen.[58]

Hinweis: Ein Getrenntleben in der gemeinsamen Wohnung ist oftmals gegenüber 64 dem Leistungsträger nach dem SGB II nicht so leicht darstellbar wie gegenüber dem Familiengericht. Es ist daher im Antrags-, Widerspruchs-, und Klageverfahren im Einzelnen möglichst widerspruchsfrei darzulegen, wie die Trennung vollzogen wurde.

---

56 BSG 17.7.2014 – B 14 AS 54/13 R, SozR 4-4200 § 7 Nr. 37.
57 BSG 18.2.2010 – B 4 AS 49/09 R.
58 BSG 16.4.2013 – B 14 AS 71/12 R, SozR 4-4200 § 9 Nr. 12.

Dauert die Trennung bereits fast ein Jahr oder länger, kann ggf mit einem Antrag auf Ehescheidung bzw auf Auflösung der Partnerschaft der Wille kundgetan werden, dass die Lebensgemeinschaft dauerhaft abgelehnt wird.

e) Kinder in der Bedarfsgemeinschaft

65 Zur Bedarfsgemeinschaft zählen auch die im Haushalt lebenden **unverheirateten Kinder**, wenn sie das 25. Lebensjahr noch nicht vollendet haben, soweit sie die Leistungen zur Sicherung ihres Lebensunterhaltes nicht aus eigenem Einkommen oder Vermögen beschaffen können (§ 7 Abs. 3 Nr. 4). Anders als die übrigen Personen in der Bedarfsgemeinschaft **fallen Kinder aus der Bedarfsgemeinschaft heraus, wenn sie sich selbst versorgen können.** Ihr Einkommen oder Vermögen wird nicht bei der Beurteilung der Hilfebedürftigkeit der Bedarfsgemeinschaft berücksichtigt (vgl § 9 Abs. 2 S. 2). Die unverheirateten Kinder müssen ihrerseits nicht mit ihrem Einkommen oder Vermögen für andere hilfebedürftige Mitglieder der Bedarfsgemeinschaft einstehen. Eine Einstandspflicht kann sich jedoch aus der Haushaltsgemeinschaft ergeben (§ 9 Abs. 5).

66 Aus dem Wortlaut des § 7 Abs. 3 Nr. 4 SGB II „soweit" ergibt sich, dass das Einkommen des Kindes vorweg auf seinen Bedarf anzurechnen ist.[59]

67 **Beispiel:** Die M lebt mit ihrem 4-jährigen Kind K zusammen. Dieses erhält Unterhalt in Höhe von 175 EUR monatlich und zusätzlich wird das Kindergeld in Höhe von 190 EUR gewährt. Die M verfügt über ein monatlich anrechenbares Einkommen in Höhe von 300 EUR und die Kosten für Unterkunft und Heizung betragen 350 EUR monatlich. Werte in Klammern bis zum 31.12.2015.

Bedarf der M		
Regelbedarf § 20 Abs. 2 SGB II	404,00 (399,00) EUR	
+ Mehrbedarf Alleinerziehende § 21 Abs. 3 Nr. 1 SGB II 36% des Regelbedarfs § 20 Abs. 2 S. 1 (gerundet)[60]	+ 145,44 (143,64) EUR	
+ Kosten der Unterkunft und Heizung § 22 SGB II	+ 175,00 EUR	
Bedarf M	= 724,44 (717,64) EUR	724,44 (717,64) EUR
Bedarf K		
Regelbedarf §§ 23 Nr. 1, 77 Abs. 4 Nr. 2 SGB II	237,00 (234,00) EUR	
+ Kosten der Unterkunft und Heizung § 22	+ 175,00 EUR	
Bedarf K	= 412,00 (409,00) EUR +	412,00 (409,00) EUR
Gesamtbedarf M und K		= 1.136,44 (1.126,64) EUR

Auf den Bedarf ist das Einkommen von M und K anzurechnen. Bei der Einkommensanrechnung ist zu unterscheiden, ob das Einkommen der M oder dem K zuzurechnen ist, denn nach § 7 Abs. 3 Nr. 4 SGB II gehören unverheiratete Kinder, die das 25. Lebensjahr noch nicht vollendet haben, soweit sie ihren Lebensunterhalt aus eigenem Einkommen oder Vermögen bestreiten können, nicht zur Bedarfsgemeinschaft. Im Gesetz ist dies negativ

---

59   BSG 13.5.2009 – B 4 AS 39/08 R.
60   Nach § 77 Abs. 5 muss der Betrag bis zum 31.12.2011 auf volle EUR gerundet werden.

formuliert. Bei den dem Haushalt angehörigen unverheirateten Kindern unter 25 (§ 7 Abs. 3 Nr. 4) gilt die horizontale Berechnung nur zu ihren Gunsten und nicht zu ihren Lasten (§ 9 Abs. 2 S. 2). Das Einkommen des Kindes ist demzufolge zunächst allein auf seinen Bedarf anzurechnen.

Beim Kindergeld und Kinderzuschlag ist zu beachten, dass es sich hierbei an sich um Einkommen des Kindergeldberechtigten, in diesem Falle also der M, handelt (§§ 62, 63, 32 EStG bzw § 6 a BKGG). Nach § 11 Abs. 1 S. 3 und 4 SGB II sind das Kindergeld oder der Kinderzuschlag jedoch dem jeweiligen Kind als Einkommen zuzurechnen, soweit es zur Sicherung des Lebensunterhaltes benötigt wird. Tritt der Fall ein, dass der Unterhalt des Kindes auch ohne das Kindergeld ganz oder teilweise gesichert ist, wird das Kindergeld wieder Einkommen des Kindergeldberechtigten.

Das Einkommen des K ist demnach zunächst auf seinen Bedarf anzurechnen und im Anschluss daran sein ungedeckter Bedarf zu ermitteln.

Bedarf des K	412 (409) EUR
./. Kindergeld	- 190 (188) EUR
./. Unterhalt	- 175 EUR
Ungedeckter Bedarf	= 47 (46) EUR

In einem weiteren Schritt ist aus dem vertikal ermittelten (Rest-)Bedarf des Kindes K und dem Bedarf der M der bereinigte Gesamtbedarf zu ermitteln. Aus dem Verhältnis der jeweiligen (Rest-)Bedarfe von K und M zum Gesamtbedarf ist die für den einzelnen Leistungsberechtigten zu ermittelnde Quote zu errechnen. Der ungedeckte Bedarf des K ist in Verhältnis zu dem der Bedarfsgemeinschaft zur Verfügung stehenden Einkommen der M zu setzen.

Bedarf der M	724,44 (717,64) EUR	93,91 (93,98) %
+ Ungedeckter Bedarf des K	+ 47,00 (46,00) EUR	6,09 (6,02) %
verbleibender Gesamtbedarf	= 771,44 (763,64) EUR	

Ergeben sich bei einer Berechnung mehr als zwei Dezimalstellen, wird ab dem 1.1.2012[61] die zweite Dezimalstelle um eins erhöht, wenn die dritte Dezimalstelle eine fünf bis neun ist (§ 41 Abs. 2 S. 2).

In einem weiteren Schritt ist das zu berücksichtigende Einkommen der M in Höhe von 300 EUR entsprechend der soeben ermittelten Quote auf M und K zu verteilen.

Anrechenbares Einkommen M	93,91 (93,98) % von 300 EUR	= 281,73 (281,94) EUR
Anrechenbares Einkommen K	6,09 (6,02) % von 300 EUR	= 18,27 (18,06) EUR

Schlussendlich ist der Bedarf von M und K um das jeweilige anrechenbare Einkommen zu bereinigen und der Leistungsanspruch zu errechnen.

Regelbedarf und Mehrbedarf der M (Anspruch gegen BA)	549,44 (542,44) EUR	
./. Anrechnung des Einkommens aus der Quote	- 281,73 (281,94) EUR	
verbleibende Leistungspflicht	= 267,71 (260,50) EUR	267,71 (260,50) EUR
Anspruch gegen KT (Kosten der Unterkunft und Heizung)		+ 175,00 EUR
Summe (ohne Rundung § 41 Abs. 2)		= 442,71 (435,50) EUR

---

61 Nach § 77 Abs. 5 muss der Betrag bis zum 31.12.2011 gerundet werden.

Regelbedarf des K (Anspruch gegen die BA)		237 (234) EUR		
./. Anrechnung Unterhalt	-	175 EUR		
./. Anrechnung Kindergeld	-	190 (188) EUR		
Saldo (Einkommensüberschuss)	-	128 (129) EUR	- 128,00 (129,00) EUR	
Leistungsanspruch gegen die Bundesagentur	=	0 EUR		
Anspruch gegen KT (Kosten der Unterkunft und Heizung)			+	175,00 EUR
Saldo 1: Ungedeckter Bedarf K			=	47,00 (46,00) EUR
./. Anrechnung des Einkommens von M aus der Quote			-	18,27 (18,06) EUR
Saldo 2: Verbleibender Leistungsanspruch gegen den KT			=	28,73 (27,94) EUR

10. Kinder in der Haushaltsgemeinschaft

68 Leben **unverheiratete Kinder** mit ihren Eltern oder einem Elternteil in einer Haushaltsgemeinschaft und reicht ihr eigenes Einkommen zur Deckung ihres Lebensbedarfs aus, gehören sie nicht zur Bedarfsgemeinschaft (§ 7 Abs. 3 Nr. 4). Nach § 9 Abs. 5 SGB II wird jedoch vermutet, dass Leistungsberechtigte, die mit Verwandten in einer Haushaltsgemeinschaft leben, von diesen Leistungen erhalten, soweit dies nach deren Einkommen oder Vermögen zu erwarten ist. Die Vermutung kann widerlegt werden, indem dargelegt wird, dass tatsächlich keine Leistungen erbracht werden. In einem solchen Fall wird allerdings zumeist auch keine Wohngemeinschaft, also kein Wirtschaften aus einem Topf, mehr vorliegen.

Besteht eine Wohngemeinschaft zwischen dem Leistungsberechtigten und den Verwandten, richtet sich die Anrechnung von Einkommen nach § 9 Abs. 5 SGB II iVm § 1 Abs. 2 ALG II-V.

69 Von dem nach § 11 b SGB II bereinigten Einkommen des nicht hilfebedürftigen Verwandten wird ein Betrag in Höhe des doppelten Satzes des für ihn maßgeblichen Regelbedarfs (§§ 20, 23, 77 Abs. 2) und die anteiligen Kosten für Unterkunft und Heizung abgezogen.

Von dem verbleibenden Einkommen bleiben weitere 50 % unberücksichtigt.

70 **Beispiel:** Inwieweit Einkommen anzurechnen ist, zeigt das folgende Beispiel: Der 23-jährige S lebt mit seinen hilfebedürftigen Eltern A und B in einer Haushaltsgemeinschaft. Die B hat ein anrechenbares Einkommen in Höhe von 300 EUR. Die Kosten für Unterkunft und Heizung betragen 450 EUR. S hat ein monatliches bereinigtes Einkommen in Höhe von 1.300 EUR.

Zunächst ist zu errechnen, ob und inwieweit sich A und B, weil sie mit S eine Haushaltsgemeinschaft bilden, dessen Einkommen anrechnen lassen müssen.

Der S hätte nach § 20 Abs. 2 S. 2 SGB II einen Regelbedarf von 324 (320) EUR. Werte in Klammern bis zum 31.12.2015.

Einkommensberechnung S

Bereinigtes Nettoeinkommen		1.500 EUR
./. Doppelter Regelbedarf (§ 20 Abs. 2 S. 1: 404 (399) EUR, nicht anzuwenden ist S. 2 Nr. 2, weil S nicht zur Bedarfsgemeinschaft gehört)	-	808 (798) EUR
./. Anteil an den Kosten der Unterkunft und Heizung:		
1/3 von 450 EUR	-	150 EUR
Saldo 1: Bereinigtes Einkommen 1. Stufe	=	542 (552) EUR
./. Weiterer Freibetrag: 50 % von 542 (552) EUR	-	271 (276) EUR
Saldo 2: Anrechenbares Einkommen	=	271 (276) EUR

Nachdem das anzurechnende Einkommen des S ermittelt wurde, erfolgt eine Bedarfsberechnung von A und B unter Berücksichtigung des anrechenbaren Einkommens des S und der B. Eine Quote muss hier nicht festgelegt werden, weil A und B den gleichen Regelbedarf haben.

Bedarf des A und der B

Regelbedarf § 20 Abs. 3 SGB II	364 (360) EUR	
+ Unterkunft und Heizung § 22 SGB II:		
jeweils 1/3 von 450 EUR	+ 150 EUR	
Bedarf der einzelnen Personen	= 514 (510) EUR	
=> Gesamtbedarf von A und B		1.028 (1.020) EUR
./. Anrechenbares Einkommen B		- 300 EUR
./. Anrechenbares Einkommen S		- 271 (276) EUR
Leistungsanspruch von A und B		= 457 (444) EUR

Der Leistungsbetrag 914 (888) EUR ist hier als Bedarf von A und B gleichmäßig aufzuteilen, so dass jeder einen Anspruch nach dem SGB II in Höhe von 228,50 (222) EUR hat. Die Anrechnung nach § 1 Abs. 2 ALG II-V ist rechtmäßig, weil dies der Ermächtigungsnorm entspricht.[62]

11. Besonderheiten bei einem Anspruch auf Schulbedarf ohne Bedarfsgemeinschaft

Soweit der Unterhalt eines Kindes, Jugendlichen oder jungen Erwachsenen unter 25 Jahren durch eigenes Einkommen gedeckt ist, gehören diese Personen nicht mehr zur Bedarfsgemeinschaft. Das Einkommen dieser Personen wird zunächst auf ihren Bedarf angerechnet. Die Anrechnung eines ggf bestehenden Einkommensüberschusses ist mit Ausnahme des Kindergeldes nur im Rahmen einer Haushaltsgemeinschaft möglich (§ 9 Abs. 5, § 1 Abs. 2 Alg II-V). Ist darüber hinaus auch der Bedarf der übrigen Mitglieder der Bedarfsgemeinschaft gedeckt, so besteht mangels einer Bedarfsgemeinschaft an sich kein Anspruch auf das Schulbedarfspaket (§ 28). Dies gilt jedoch dann nicht, wenn nur deshalb keine Bedarfsgemeinschaft besteht, weil die anderen Personen, mit denen das anspruchsberechtigte Kind oder der Jugendliche zusammen lebt, nicht mehr hilfebedürftig sind (§ 7 Abs. 2 S. 3). 71

Beispiel: Das Ehepaar A und B lebt mit dem 17-jährigen Sohn S der B zusammen. Die angemessenen Kosten der Unterkunft betragen 540 EUR monatlich. B ist geringfügig beschäftigt und hat ein um die Absetzbeträge bereinigtes Einkommen in Höhe von 400 EUR. Der A hat ein bereinigtes Einkommen in Höhe von 700 EUR. Der S erhält monatlich einen um die Absetzbeträge bereinigten Unterhalt in Höhe von 290 EUR und das Kindergeld in Hö-

---

62 BSG 19.2.2009 – B 4 AS 68/07 R.

he von 190 (188) EUR. Der S hat einen Schulbedarf für eine Schülermonatskarte in Höhe von 60 EUR, sowie Beiträge für einen Fußballverein in Höhe von monatlich 8 EUR und einen Bedarf für die Schule in Höhe von 70 EUR und 30 EUR jeweils am 1.8. und am 1.2. des Jahres.

Zunächst ist der Bedarf für alle Mitglieder der „Bedarfsgemeinschaft" ohne den Bedarf nach § 28 zu ermitteln (§ 9 Abs. 2 S. 3 Hs 2) (Werte in Klammern bis zum 31.12.2015).

Regelbedarfe		A		B		S
§ 20 Abs. 4		364 (360) EUR		364 (360) EUR		306 (302) EUR
+ Anteilige Kosten der Unterkunft und Heizung						
§ 22 Abs. 1 S. 1 = 540 EUR	+	180 EUR	+	180 EUR	+	180 EUR
Gesamtbedarf		= 544 (540) EUR		= 544 (540) EUR		= 486 (482) EUR
Einkommensanrechnung S						
./. Kindergeld						- 190 (188) EUR
./. Unterhalt					-	295 EUR
Einkommensanrechnung A und B						
./. jeweils die Hälfte der Gesamt-einkünfte	-	550 EUR	-	550 EUR		
Bedarf bzw. Einkommensüber-schuss	=	6 (10) EUR	=	6 (10) EUR	=	1 (1 Einkom-mensüber-schuss) EUR

In einem ersten Schritt ist ein Einkommensüberschuss des S in Höhe von 1 EUR (bis zum 31.12.2015) zunächst auf den Bedarf für Bildung und Teilhabe anzurechnen. Der Bedarf in Höhe von 1 EUR mindert ab dem 1.1.2016 den Bedarf für Bildung und Teilhabe um 1 EUR. In einem zweiten Schritt ist das Einkommen von A und B in Höhe von 6 EUR (10 EUR) monatlich nach der Grundregel zu berücksichtigen. Die vertikale Anrechnung ergibt sich aus dem Umkehrschluss zu § 9 Abs. 2 S. 2. Das Kindergeld ist damit weiterhin als Einkommen des S anzusehen (§ 11 Abs. 1 S. 4).

Anspruch des S		Monatlich		Februar		August
Schülerfahrkosten		60 EUR		60 EUR		60 EUR
+ Anspruch auf Teilhabe	+	8 EUR	+	8 EUR	+	8 EUR
+ Anspruch Schulbedarfspaket			+	30 EUR	+	70 EUR
= Gesamtanspruch	=	68 EUR	=	98 EUR	=	138 EUR
./. Anrechnung Einkommen S	-	1 (-1) EUR	-	1 (-1) EUR	-	1 (-1) EUR
= Bedarf nach Anrechnung	=	67 (66) EUR	=	97 (96) EUR	=	137 (136) EUR
./. Anrechnung des Einkommens von A und B	-	12 (20) EUR	-	12 (20) EUR	-	12 (20) EUR
= Leistungsanspruch	=	55 (46) EUR	=	86 (76) EUR	=	125 (116) EUR

Hinweis: Im vorliegenden Fall sollte überprüft werden, ob statt der Leistungen nach dem SGB II nicht die Kombination von Kinderzuschlag (§ 6 a BKGG) in Verbindung mit Leistungen nach dem Wohngeldgesetz, die ab dem 1.1.2016 angehoben werden, eine günstigere Leistung ist.[63]

---

63 BT-Drucks. 18/4897, 9 ff.

II. Ausschluss von Leistungen

1. Stationär untergebrachte Personen

Wer dauerhaft in einer stationären Einrichtung untergebracht wird, hat in der Regel 72
keine Leistungsansprüche. Dies betrifft bei **Krankenhausaufenthalten** allerdings nur
Personen, die bei Antritt des Aufenthaltes voraussichtlich sechs **Monate und länger**
untergebracht sind. Diese Personen haben ggf ab dem siebten Monat der Krankheit
Anspruch auf eine Rente wegen voller Erwerbsminderung auf Zeit (§§ 43, 101
SGB VI) und bis zu diesem Zeitpunkt Anspruch auf Krankengeld (§§ 44 ff SGB V)
und/oder allein bzw als Ergänzung während der gesamten Zeit der Unterbringung im
Krankenhaus einen Anspruch auf Leistungen zum Lebensunterhalt (§§ 27 ff SGB XII)
nach dem Recht der Sozialhilfe.[64] Ein Anspruch auf Krankengeld besteht in der Regel
nur, wenn vor Beginn des Krankenhausaufenthaltes keine Leistungen nach dem
SGB II bezogen wurden. Denn gesetzlich Krankenversicherte (§ 5 Abs. 1 Nr. 2 a
SGB V), die Arbeitslosengeld II beziehen, haben keinen Anspruch auf Krankengeld
(§ 44 Abs. 2 Nr. 1 SGB V).

Personen, die in einer **medizinischen Rehabilitationseinrichtung** untergebracht sind,
können einen Anspruch auf Übergangsgeld haben (§ 45 SGB IX). Sofern der Leistungsberechtigte bereits bei Antragstellung den Krankenhausaufenthalt angetreten
hat, ist der Zeitpunkt der Prognose über die Dauer des Krankenhausaufenthaltes der
Zeitpunkt der Antragstellung.[65]

2. Unterbringung wegen Freiheitsentziehung aufgrund richterlicher Anordnung

Die in **Strafhaft** befindlichen Personen sind den im Krankhaus untergebrachten 73
gleichgestellt, dh die Leistung ist erst ausgeschlossen, wenn die Verurteilung zu einer
Haftstrafe von sechs Monaten und mehr erfolgt.[66]

3. Bezieher von Rente wegen Alters

Bezieher von **Altersrenten** sind in der Regel ebenfalls von den Leistungen nach dem 74
SGB II ausgeschlossen.

a) Bezieher von vorgezogener Altersrente

Hierzu zählen insbesondere solche Personen, die eine **vorgezogene Altersrente** vor 75
dem Erreichen der Altersgrenze erhalten (§§ 36 ff SGB VI), und zwar mit oder ohne
Abschläge. Zu den vorgezogenen Altersrenten zählen unter anderem die Rente für
langjährig Versicherte, die Altersrente für schwerbehinderte Menschen und die Altersrente für Frauen. Nicht zu den vorgezogenen Altersrenten gehören **Teilrenten**
(§ 42 SGB VI), die allerdings in der Praxis kaum in Anspruch genommen werden.

Will der Leistungsberechtigte eine vorgezogene Altersrente in Form einer Vollrente in 76
Anspruch nehmen, sollte zunächst geklärt werden, um welchen Betrag die Rentenleistungen durch die vorzeitige Inanspruchnahme vermindert werden. Sofern die Rente

---

64 BSG 2.12.2014 – B 14 AS 66/13 R, SozR 4200 § 7 Nr. 42.
65 BSG 6.9.2007 – B 14/7 b AS 60/06 R.
66 BSG 16.12.2008 – B 4 AS 9/08 R.

zur Sicherung des Lebensunterhaltes nicht ausreicht, ist zu berücksichtigen, dass **Leistungen der Grundsicherung im Alter erst ab Erreichen der Altersgrenze** von 65 bis 67 Jahren beansprucht werden können (§ 41 Abs. 2 SGB XII).

77 Als **zusätzliche Leistung** zur Rente kommt für diesen Personenkreis in der Regel nur **Wohngeld** bzw **Sozialhilfeleistungen** in Betracht. Anders als die Kosten der Unterkunft nach dem SGB II stellt Wohngeld keine volle Übernahme der Wohnkosten dar, sondern wird nur in Form einer Teilleistung als Zuschuss gewährt. Der Zahlbetrag der Rente muss also, damit der Leistungsberechtigte einen im Wesentlichen gleichen Betrag wie nach den Regeln des SGB II erhält, annähernd der Höhe des Regelbetrages des Arbeitslosengeldes II und der Kosten der Unterkunft und Heizung entsprechen. Wegen des Ausschlusses von Personen, die dem Grund nach einen Anspruch auf Leistungen nach dem SGB II haben (§ 21 S. 1 SGB XII) erscheint es jedoch fraglich, ob ein Altersrentner, der die Voraussetzungen für den Bezug von Grundsicherung im Alter noch nicht erfüllt, einen ergänzenden Anspruch auf Hilfe zum Lebensunterhalt nach dem SGB XII hat. Nach einer Meinung in der Literatur besteht ein Ausschluss der Sozialhilfe bei einem Anspruch auf Leistungen nach dem SGB II „dem Grunde nach" nur, wenn der Leistungsberechtigte keinen Antrag auf Leistungen nach dem SGB II stellt.[67] Diese Auslegung widerspricht dem eindeutigen Wortlaut des § 21 S. 1 SGB XII, der dem strikten Ausschluss der Leistungsberechtigten nach dem BAföG (§ 7 Abs. 5) nachgebildet ist. Die Auslegung der angegebenen Literaturmeinung entspricht § 20 Abs. 2 S. 1 WoGG, wonach ein Ausschluss dann besteht, wenn ein Anspruch auf Leistung (bei Antragstellung) tatsächlich besteht. Eine Entscheidung des Bundessozialgerichtes hierzu steht noch aus. Zwar wurden in dem vom Bundessozialgericht entschiedenen Fall (Ausschluss wegen Bezugs einer ausländischen Rente) nach dem Tatbestand der Entscheidung ergänzende Leistungen nach dem SGB XII gewährt, eine Entscheidung, ob die Gewährung dieser Leistungen rechtmäßig ist, wurde hierüber nicht getroffen.[68]

b) Bezieher von Altersrente in Bedarfsgemeinschaft mit Leistungsberechtigten

78 § 9 Abs. 2 S. 3 SGB II regelt die Verteilung des Bedarfes und des Einkommens und des Vermögens in der **Bedarfsgemeinschaft**. Das Einkommen und das einzusetzende Vermögen wird prozentual auf den bestehenden Bedarf **aufgeteilt** und zwar unabhängig davon, ob das einzelne Mitglied der Bedarfsgemeinschaft einen eigenen Anspruch nach dem SGB II hat. Ist ein Mitglied vom Leistungsbezug ausgeschlossen, wird sein Einkommen auf die übrigen Mitglieder je nach prozentualem Anspruch verteilt. Da sein Einkommen nicht mehr vollständig zur Verfügung steht, wird er hilfebedürftig. Die Lösung könnte darin liegen, dass er nunmehr den ungedeckten Teil aus der Hilfe zum Lebensunterhalt, aus der Sozialhilfe (§§ 27 ff SGB XII) oder aus der Grundsicherung im Alter erhält (§§ 41 ff SGB XII).

---

67 Ehmann in: Ehmann u.a., Gesamtkommentar Sozialrechtsberatung, 2015, § 21 SGB XII Rn 8.
68 BSG 16.5.2012 – B 4 AS 105/11 R, SozR 4-4200 § 7 Nr. 30.

Beispiel: Der 66-jährige A bezieht Rente wegen Alters. Die nach dem SGB II anrechenbare 79
Leistung (Rente) beträgt 600 EUR. Seine 60-jährige Ehefrau B erhält Leistungen nach dem
SGB II. Die angemessenen Kosten für Unterkunft und Heizung betragen 400 EUR.

Der Bedarf des A besteht aus seinem Regelbedarf (§ 20 Abs. 4) in Höhe von 364 EUR und
seinem Anteil an den Kosten der Unterkunft in Höhe von 200 EUR. Der A kann seinen Bedarf (364 EUR + 200 EUR = 564 EUR) aus seiner Rente decken und wäre ohne die Regelung
des § 9 Abs. 2 S. 3 SGB II nicht hilfebedürftig. Der Bedarf der B beträgt ebenfalls 364
+ 200 EUR.

Durch die Verteilung des Einkommens (des A) nach § 9 Abs. 2 S. 3 SGB II wird der A hilfebedürftig.

Bedarf des A und der B
(Werte in Klammern bis zum 31.12.2015)
Regelbedarf § 20 Abs. 4 SGB II (pro Person)   364 (360) EUR
+ Unterkunft und Heizung § 22 SGB II Anteil
50 %   +   200 EUR
Bedarf des A und der B   = 564 (560) EUR
Gesamtbedarf von A und B   1.128,00 (1.120,00) EUR
./. Anrechenbares Einkommen A   -   600,00 EUR
Leistungsanspruch von A und B   = 528,00 (520,00) EUR

In dem Beispiel erhält die B die Hälfte der Leistung. Der Leistung an den A steht jedoch § 7 Abs. 4 S. 1 SGB II entgegen, der Bezieher von Rente wegen Alters von den
Leistungen nach dem SGB II ausnimmt. Der A könnte seinen nicht gedeckten Bedarf
zwar auf den ersten Blick als Leistung der Grundsicherung im Alter nach §§ 41 ff
SGB XII erhalten. Einen Anspruch auf Leistung von Grundsicherung im Alter nach
dem SGB XII hat der A jedoch bereits deshalb nicht, weil nach § 19 Abs. 2 SGB XII
sein Einkommen (Rente) zunächst auf seinen eigenen Bedarf angerechnet wird. Überhaupt erfolgt die Einkommens- und Vermögensanrechnung nach dem SGB XII nach
anderen Regeln als nach dem SGB II.

Diese Ungleichbehandlung im Vergleich mit Personen, die nach dem SGB II leistungs- 80
berechtigt sind, ist mit dem Gleichheitsgrundsatz des Art. 3 GG nicht vereinbar. Daher ist § 9 Abs. 2 S. 3 so auszulegen, dass die Regelung **nur für leistungsberechtigte
Mitglieder der Bedarfsgemeinschaft Anwendung** findet. Hieraus folgt, dass zunächst
der Bedarf des A gedeckt sein muss und nur, wenn vom Einkommen des A ein Überschuss verbleibt, dieser bei der B bedarfsmindernd berücksichtigt werden kann.[69]

Bedarf des A
(Werte in Klammern bis zum 31.12.2015)   564 (560) EUR
./. Anrechnung des Einkommens   -   600 EUR
= Einkommensüberschuss   = - 36 (- 40) EUR

Der Leistungssatz der B setzt sich demnach aus ihrem Bedarf in Höhe von 564 (560) EUR
abzüglich des Einkommensüberschusses des A in Höhe von 36 (40) EUR zusammen. Sie erhält somit 564 (560) – 36 (40) = 528 (520) EUR. Dieser Betrag entspricht dem Betrag, den

---

69   BSG 15.4.2008 – B 14/7 b AS 58/06 R.

die Bedarfsgemeinschaft, bestehend aus A und B, erhalten hätte, wenn beide einen Anspruch auf Leistungen nach dem SGB II gehabt hätten.

4. Empfänger von Leistungen nach dem Bundesausbildungsförderungsgesetz und Teilnehmer einer nach dem SGB III geförderten Maßnahme der beruflichen Bildung

a) Leistungsausschluss

81 Befindet sich ein Bedürftiger in einer **Ausbildung**, die dem Grunde nach dem BAföG oder dem SGB III als Berufsausbildung förderfähig ist, besteht regelmäßig kein Anspruch auf Leistungen nach dem SGB II (§ 7 Abs. 5). In § 2 Abs. 1 BAföG sind die Ausbildungen verzeichnet, die dem Grunde nach förderfähig sind. Es handelt sich vorzugsweise um schulische Ausbildungsgänge einschließlich Hochschulausbildungen.

Die Förderfähigkeit von schulischen Ausbildungen nach der zehnten Klasse ist auf Personen beschränkt, die nicht bei ihren Eltern wohnen können, weil eine entsprechende Ausbildungsstätte von der Wohnung der Eltern nicht zu erreichen ist oder der Schüler entweder mit einem Kind oder verheiratet in einem eigenen Haushalt lebt (§ 2 Abs. 1 a Nr. 1 BAföG).

82 Die meisten **Schüler von allgemeinbildenden weiterführenden** Schulen wie Fachoberschulen und Gymnasien haben daher bei Hilfebedürftigkeit einen Anspruch auf Leistungen nach dem SGB II und keinen Anspruch auf Leistungen nach dem BAföG.

83 Der Ausschluss tritt **unabhängig** davon ein, ob der Bedürftige Leistungen nach den entsprechenden Gesetzen erhält. Auf einen **Leistungsbezug** nach diesen Gesetzen kommt es nicht an. Es kommt auch nicht darauf an, aus welchem Grund der Hilfebedürftige keinen Anspruch mehr hat. Der Anspruch auf Leistungen nach dem BAföG kann entfallen, wenn die Förderungshöchstgrenze überschritten oder die Altersgrenze erreicht wird. Die Leistungen können ausgeschlossen sein, weil der Leistungsberechtigte zu einem Personenkreis gehört, der von vornherein von den Leistungen nach dem BAföG ausgeschlossen ist oder der Leistungsberechtigte sein Studium unzulässig abgebrochen hat.[70]

84 **Beispiel:** Der S studiert im fünften Semester Politikwissenschaft und erhält Leistungen nach dem BAföG. Er bricht sein Studium, nachdem er sich über die Berufsaussichten erkundigt hat, ab und studiert im Anschluss Rechtswissenschaft.

Der S erhält Leistungen nach dem BAföG grundsätzlich nur für **eine** berufsqualifizierende Ausbildung (§ 7 Abs. 1, 1 a und Abs. 2 BAföG). Bricht ein Student seine Ausbildung ab oder wechselt er die Fachrichtung, handelt es sich um eine weitere, nur ausnahmsweise geförderte Ausbildung (§ 7 Abs. 2 BAföG). Hat der Student einen wichtigen oder unabweisbaren Grund für den Fachrichtungswechsel, kann er eine neue Ausbildung aufnehmen, die auch gefördert wird (§ 7 Abs. 3 S. 1 BAföG). Ein wichtiger Grund kann in einer Krankheit liegen, die dazu führt, dass der angestrebte Beruf nicht ausgeübt werden kann. Bis zum Abschluss des dritten Fachsemesters wird bei einem erstmaligen Fachrichtungswechsel ein wichtiger Grund (etwa fehlende Neigung oder Eignung) vermutet (§ 7 Abs. 3 S. 4 BAföG). Da der S seine Ausbildung nach dem fünften Semester abbricht, kann er sich nicht mehr

---

70 BSG 6.9.2007 – B 14/7 b AS 36/06 R, SozR 4-4200 § 7 Nr. 6.

auf die Vermutungswirkung berufen. Ein Wechsel der Fachrichtung wegen schlechter Berufsaussichten ist kein wichtiger Grund. Das Studium der Rechtswissenschaft ist dem Grunde nach förderfähig nach dem BAföG, so dass der S auch keinen Anspruch nach dem SGB II geltend machen kann.[71]

Auch die Personen, die eine **Berufsausbildung** absolvieren, die nach den §§ 60 bis 62   **85** SGB III förderfähig ist, erhalten keine Unterhaltsleistungen nach dem SGB II. Hierbei handelt es sich um betriebliche oder außerbetriebliche Ausbildungen nach dem Berufsbildungsgesetz, der Handwerksordnung oder dem Seemannsgesetz in einem praktischen Beruf.[72]

Hiervon abzugrenzen ist die **Weiterbildung nach § 81 ff SGB III**. Diese umfasst so-   **86** wohl eine Fortbildung im alten Beruf als auch eine Umschulung in einen neuen Beruf.[73] Als Weiterbildungsmaßnahme kommt auch die Ausbildung in einem anerkannten Ausbildungsberuf nach dem Berufsbildungsgesetz (BBiG) oder der Handwerksordnung (HWO) infrage (§ 81 Abs. 2 S. 2 SGB III). Der Unterschied zwischen einer Erstausbildung und einer Weiterbildung nach dem SGB III besteht darin, dass in den §§ 56 ff SGB III generell eine Erstausbildung gefördert wird und bei der Weiterbildung in Form der Umschulung nach § 81 SGB III generell eine vorherige Ausbildung oder eine vorausgegangene dreijährige berufliche Tätigkeit erforderlich ist (§ 81 Abs. 2 Nr. 1, 2 SGB III).

Eine Förderung der **Weiterbildung** nach § 16 Abs. 1 S. 1 SGB II (Förderung von Maß-   **87** nahmen des vierten Kapitels und des sechsten Abschnittes des SGB III) iVm §§ 81 ff SGB III und damit eine Berufsausbildung durch den Leistungsträger ist möglich und kann von dem Leistungsberechtigten auch verlangt werden. Dies führt allerdings nicht dazu, dass die Regelung des § 7 Abs. 5 SGB II hier verdrängt wird. Wenn die Weiterbildungsmaßnahme nach § 81 ff SGB III gleichzeitig eine Erstausbildung ist, dh die Voraussetzungen der §§ 56 bis 60 SGB III erfüllt sind, ist eine Leistung zur Weiterbildung nach dem SGB II ausgeschlossen.[74] Die Unterscheidung zwischen einer beruflichen Ausbildung (§ 57 SGB III) und einer Weiterbildung (§ 81 SGB III) erfolgt nach objektiven Kriterien, wobei es darauf ankommt, ob die Ausbildung sich institutionell als Erstausbildung oder als Weiterbildung darstellt.[75] Weiterbildung baut grundsätzlich auf dem bereits vorhandenen beruflichen Wissen auf und ist eine Fortsetzung und Wideraufnahme organisierten Lernens nach Abschluss der ersten Ausbildungsphase oder sonstiger beruflicher Betätigung ohne vorigen Berufsabschluss.[76] Erstausbildungen (§ 56 SGB III) werden im SGB II nicht gefördert, denn § 16 Abs. 1 SGB II verweist zwar auf den sechsten Abschnitt des vierten Kapitels des SGB III (Weiterbildung), nicht aber auf den fünften Abschnitt des SGB III (Berufsausbildung).

Beispiel: Die Ausbildung nach dem Berufsbildungsgesetz oder nach der Handwerksordnung, die zu einem beruflichen Abschluss, wie einem Gesellenbrief führt, ist eine Ausbil-

---

71 Zur Zweitausbildung vgl auch BSG 1.7.2008 – B 4 AS 67/08 R.
72 Wagner in: NK-SGB III § 57 SGB III Rn 8 f.
73 Kostler in: NK-SGB III § 81 Rn 21 ff.
74 Vgl BSG 30.9.2008 – B 4 AS 28/07 R.
75 BSG 29.1.2008 – B 7/7 a AL 68/06 R.
76 BSG 2.4.2014 – B 4 AS 26/13 R, BSGE 115, 210–225.

dung im Sinne des § 56 SGB III. Die ein Jahr dauernde Ausbildung zum Hausmeister, die auf Vorkenntnisse in einem Handwerksberuf, wie Elektroinstallateur oder Klempner aufbaut, ist eine typische Weiterbildung nach § 81 SGB III.

88 **Hinweis:** Der Hilfebedürftige kann einen Anspruch auf Erstausbildung unmittelbar nach dem SGB III haben (§§ 56 ff SGB III). Hat er bereits eine erste Ausbildung, so kann eine weitere Ausbildung nur gefördert werden, wenn zu erwarten ist, dass dauerhaft eine berufliche Eingliederung auf andere Weise nicht erreicht werden kann (§ 57 Abs. 2 S. 2 SGB III). Der Leistungsberechtigte fällt dann aus dem Leistungsbezug nach dem SGB II heraus und kann zusätzlich Leistungen, die nicht ausbildungsrelevant sind, wie einen Zuschuss zu den Kosten der Unterkunft gegen den Leistungsträger haben (§ 27 Abs. 3).

b) Ausnahmen vom Leistungsausschluss
aa) Besondere Bedarfe sind nicht ausgeschlossen

89 Der Ausschluss der Leistungen nach dem SGB II betrifft allerdings nur den **ausbildungsbedingten Bedarf** (§ 27 Abs. 2).[77] Die darüber hinausgehenden besonderen Bedarfe werden bei den Leistungen nach dem BAföG oder nach § 64 ff SGB III nicht berücksichtigt. Hierbei handelt es sich um die **Mehrbedarfe**, die in den §§ 21, 24, 27 Abs. 2 genannt sind, namentlich Mehrbedarf für Schwangere, Alleinerziehende, Teilhabe am Arbeitsleben oder Ausbildung behinderter Leistungsberechtigter, für kostenaufwendige Ernährung sowie der Bedarf bei Erstausstattung für Schwangere und Geburt (§ 24 Abs. 3 Nr. 2).

bb) Sozialgeldanspruch von Angehörigen der Auszubildenden

90 Ist der erwerbsfähige Hilfebedürftige wegen eines Anspruchs auf Leistungen nach dem BAföG oder Berufsausbildungsbeihilfe nach dem SGB III von der Leistung ausgeschlossen (§ 7 Abs. 5), erhalten die mit ihm in **Bedarfsgemeinschaft** lebenden Angehörigen, die keinen Anspruch auf Leistungen aus der Grundsicherung im Alter oder wegen voller Erwerbsminderung nach dem 4. Kapitel des SGB XII haben, Arbeitslosengeld II (§§ 19, 20, 22) bzw Sozialgeld (§§ 19, 20, 22, 23, 77 Abs. 4).[78]

91 **Beispiel:** Die 25 Jahre alte Leistungsberechtigte L lebt mit ihrem sieben Jahre alten Sohn S zusammen. Die Wohnkosten, ohne Warmwasserkosten, betragen 444 EUR. Für den S erhält die L 190 EUR Kindergeld. Sie selbst erhält Leistungen nach dem BAföG und zwar den Bedarf für Studenten, die außerhalb des Elternhauses leben. Der Kinderbetreuungszuschlag in Höhe von monatlich 113 EUR bleibt bei der Berechnung des Einkommens nach dem SGB II unberücksichtigt (§ 14 b Abs. 2 S. 1 BAföG). Auch der an den BAföG-Empfänger gezahlte Zuschlag für Kranken- und Pflegeversicherung in Höhe von 62 EUR bzw 11 EUR (§ 13 a BAföG) ist als zweckbestimmte Leistung nicht anzurechnen (§ 11 a Abs. 3). Der Leistungsanspruch des S errechnet sich wie folg (Werte in Klammern bis zum 31.12.2015):

---

77 Vgl BVerwG 12.2.1981 – 5 C 51.80, BVerwGE 61, 352 ff und für das SGB II BSG 6.9.2007 – 14/7 b AS 28/06 R.
78 Vgl Brühl/Schoch in: LPK-SGB II § 27 Rn 11.

Bedarf des S
Regelbedarf nach

§§ 20, 23 Nr. 1, 77 Abs. 4 Nr. 3 SGB II		270 (267) EUR	
+ Anteil der Kosten für Unterkunft und Heizung (50 % von 444 EUR)	+	222 EUR	
Gesamtbedarf S	=	492 (489) EUR	492 (489) EUR
./. Anrechenbares Einkommen § 11 Abs. 1 S. 4 SGB II		-	190 (188) EUR
Saldo: Ungedeckter Bedarf der S		302 (301) EUR	302 (301) EUR
Bedarf der L Regelbedarf nach § 20 Abs. 2 SGB II		404,00 (399,00) EUR	
+ Mehrbedarf für Alleinerziehende § 21 Abs. 3 Nr. 2 SGB II (gerundet)[79]	+	48,48 (47,88) EUR	
+ Anteil der Kosten für Unterkunft und Heizung (50 % von 444 EUR)	+	222,00 EUR	
Gesamtbedarf der L	=	674,48 (668,88) EUR	674,48 (668,88) EUR
./. Einkommen aus BAföG § 13 Abs. 1 Nr. 2 = 373 EUR und Abs. 2 = 224 EUR	-	597,00 EUR	
+ Einkommensbereinigung BAföG (20 % von 597 EUR)	+	119,40 EUR	
Anrechenbares Einkommen	=	477,60 EUR	- 477,60 EUR
Saldo: Ungedeckter Bedarf L		=	196,88 (191,28) EUR

Bei der Berechnung des Einkommens der L wurde berücksichtigt, dass 20 % der Leistung nach dem BAföG als ausdrücklich im Gesetz genannte (§ 11 Abs. 1 BAföG) zweckbestimmte Einnahmen (§ 11a Abs. 3) nicht auf den Anspruch nach dem SGB II anzurechnen sind.[80] Da ein Anspruch auf Mehrbedarf für Alleinerziehende nicht nach dem BAföG gedeckt ist, kann dieser von der L gegenüber dem Leistungsträger geltend gemacht werden, dh in Höhe von 48 EUR.[81] Der weitere ungedeckte Bedarf der L in Höhe von 196,88 EUR (191,28 EUR) kann hier auch gegen den Leistungsträger nur bezüglich des Mehrbedarfes für Alleinerziehende und ungedeckter Kosten für Unterkunft und Heizung geltend gemacht werden (§ 27 Abs. 2 Abs. 3).

Die ungedeckten Kosten der Unterkunft und Heizung errechnen sich wie folgt:

Anteilige Kosten der Unterkunft		222 EUR
./. Wohnkostenanteil § 13 Abs. 2 Nr. 2 BAföG	-	224 EUR
Ungedeckte Wohnkosten S	=	0 EUR

Der Leistungsträger muss daher neben der Leistung für den S nur den Mehrbedarfszuschlag der L leisten. Die L hat zusätzlich noch einen Anspruch auf Kinderbetreuungszuschlag (§ 14b Abs. 1 BAföG), der nach § 14b Abs. 2 S. 1 BAföG bei der Bemessung der Leistungen nach dem SGB II unberücksichtigt bleibt.

cc) Ergänzende Leistungen zu den Kosten der Unterkunft

Erwerbsfähige Leistungsberechtigte, die als BAföG-Empfänger oder Auszubildende **92** (§ 7 Abs. 5) vom Leistungsbezug nach dem SGB II ausgenommen sind, können einen Anspruch auf **Zuschuss zu ihren Wohnkosten** haben (§ 27 Abs. 3 S. 1).

---

79 Nach § 77 Abs. 5 muss der Betrag bis zum 31.12.2011 auf volle EUR gerundet werden.
80 BSG 17.3.2009 – B 14 AS 63/07 R.
81 Vgl BSG 6.9.2007 – B 14/7b AS 36/06 R.

Diese Personen müssen allerdings nach dem Wortlaut des § 27 Abs. 3 S. 1 SGB II Leistungen nach dem BAföG, auf Berufsausbildungsbeihilfe nach den §§ 56 ff SGB III oder Ausbildungsgeld nach §§ 122 ff SGB III, **tatsächlich beziehen oder wegen der Vorschriften über die Anrechnung von Einkommen und Vermögen nicht beziehen.** Personen, die aufgrund anderer Vorschriften, zB wegen Überschreitung der Förderungshöchstdauer (§ 15 a Abs. 1 BAföG) nur dem Grunde nach einen Anspruch auf eine solche Leistung haben, erhalten keinen Wohnkostenzuschuss.[82] Keinen Wohnkostenzuschuss erhalten auch Studenten, die in einem eigenen Haushalt und nicht zusammen mit anderen Hilfebedürftigen leben.[83]

dd) Mini-BAföG, Berufsvorbereitung und Auszubildende ohne eigene Wohnung

93 Auszubildende, die während einer beruflichen Ausbildung nach § 56 SGB III bei ihren Eltern wohnen, haben keinen Anspruch auf Berufsausbildungsbeihilfe (§ 60 Abs. 1 SGB III). Demgegenüber haben Personen, die an einer berufsvorbereitenden Bildungsmaßnahme (§ 62 SGB III) teilnehmen, auch wenn sie bei den Eltern wohnen, einen Anspruch auf **Berufsausbildungsbeihilfe** (§ 56 Abs. 1 S. 1 SGB III).

94 Auszubildende, die Berufsausbildungsbeihilfe nach § 62 Abs. 1 SGB III erhalten, haben zusätzlich einen Anspruch auf ergänzende Leistungen nach dem SGB II (§ 7 Abs. 6 Nr. 2). Auch hierbei ist wieder zu beachten, dass die Berufsausbildungsbeihilfe, das Kindergeld und ggf weitere Einkünfte zunächst auf den Bedarf des Kindes bis zu seiner vollen Bedarfsdeckung angerechnet werden wird (§ 9 Abs. 2 S. 2).

95 Die Personen, die ein „**Mini-BAföG**" oder eine „**Mini-BAB**" sowie zusätzlich Unterhaltsleistungen nach dem SGB II erhalten, stehen besser als diejenigen, die Leistungen ausschließlich nach dem SGB II erhalten, weil sie von ihrem Einkommen Beträge absetzen können (§ 11 b). Bei Minderjährigen ist dies insbesondere die Kfz-Haftpflichtversicherung, zB für ein Moped oder Mofa, aber auch für ein auf das Kind angemeldetes Kraftfahrzeug und ggf die Kosten für eine private Versicherung, die nach Grund und Höhe angemessen ist (§ 11 b Abs. 1 Nr. 3 SGB II iVm § 6 Abs. 1 Nr. 2 Alg II-V), wenn eine solche von dem Minderjährigen abgeschlossen wurde. Von der Leistung nach dem BAföG werden 20 % des Bedarfs in Höhe von 465 EUR (§ 12 Abs. 2 Nr. 1 BAföG) als für den Ausbildungsbedarf zweckbestimmte Leistungen pauschal abgesetzt.[84] Der Abzug beträgt mithin 93 EUR bei einer Leistung von 465 EUR. Bei den Leistungen nach dem SGB III (Berufsausbildungsbeihilfe §§ 56 ff SGB III ff) ist demgegenüber kein pauschaler Abzug vorzunehmen, weil die Leistungen nicht zum Zweck der Ausbildung erfolgen.[85] Bei der Berufsausbildungsbeihilfe sind nur die besonderen Leistungen wie Fahrkosten (§ 63 SGB III) als zweckgebundene Leistungen nicht als Einkommen anzurechnen (§ 11 a Abs. 3).

---

82 BSG 30.9.2008 – B 4 AS 28/07 R.
83 BSG 2.4.2014 – B 4 AS 26/13 R, BSGE 115, 210–225.
84 Vgl unten zu § 3 und BSG 17.3.2009 – B 14 AS 63/07 R.
85 BSG 22.3.2010 – B 4 AS 69/09 R.

ee) Besondere Härtefälle nach § 7 Abs. 5

In **besonderen Härtefällen** können auch solchen Personen, die dem Grunde nach **96** Leistungsansprüche auf BAföG oder BAB haben (§ 27 Abs. 4 S. 1), Unterhaltsleistungen nach dem SGB II als **Darlehen** gewährt werden. Eine besondere Härte liegt erst dann vor, wenn im Einzelfall Umstände hinzutreten, die einen Ausschluss von der Ausbildungsförderung durch „Unterhaltsleistungen nach dem SGB II" auch mit Rücksicht auf den Gesetzeszweck als übermäßig hart, dh als unzumutbar oder im hohen Maße unbillig erscheinen ließen.[86]

Es muss sich dabei um Gründe handeln, die über den Umstand, dass der Leistungsbe- **97** rechtigte während der Ausbildung keine Leistungen zur Sicherung des Lebensunterhaltes erhält, hinausgehen. Diese Gründe werden in aller Regel nicht vorliegen. Bei der Auslegung der **Härtefallregelung** ist jedoch das Ziel des SGB II zu beachten. Nach § 1 Abs. 2 S. 2 SGB II soll der Leistungsträger den Leistungsberechtigten bei der Aufnahme einer Berufstätigkeit unterstützen.[87] Die berufliche Eingliederung steht damit im Vordergrund und ist bei der Auslegung des Begriffs „besondere Härte" heranzuziehen.

Ein Härtefall wird vom Bundessozialgericht insbesondere dann angenommen, wenn **98** aufgrund einer Ausbildungssituation Hilfebedarf entstanden ist, der nicht durch BAföG oder Berufsausbildungsbeihilfe gedeckt werden kann und deswegen begründeter Anlass für die Annahme besteht, **dass der Leistungsberechtigte die vor dem Abschluss stehende Ausbildung nicht beenden wird.** Denn damit droht das Risiko zukünftiger Erwerbslosigkeit. Es muss die durch objektive Gründe belegbare Aussicht bestehen, dass die Ausbildung mithilfe der Leistungen zur Sicherung des Lebensunterhaltes nach dem SGB II in absehbarer Zeit durch einen Abschluss zu Ende gebracht werden kann. Die Aussicht, die Ausbildung erfolgreich abzuschließen, kann durch die Meldung zur Prüfung belegt werden, wenn der Leistungsberechtigte zugleich nachweist, dass alle Voraussetzungen für die Zulassung zur Prüfung erfüllt sind.[88] Hierzu hat die Rechtsprechung Beispiele gebildet.[89]

Beispiel: Die 32-jährige A musste ihre Ausbildung zur Ärztin wegen der Geburt ihrer drei **99** Kinder mehrfach unterbrechen. Die Förderung nach dem BAföG lief zum 30.6.2012 wegen Überschreitung der Förderungshöchstdauer aus. Die Zwischenprüfung hat die A erfolgreich abgeschlossen und sich nunmehr am 20.6.2013 zur Abschlussprüfung gemeldet. Ihr Ehemann, der den Unterhalt der Familie als freiberuflicher Ingenieur bisher bestritten hatte, erlitt einen Unfall und kann voraussichtlich seine Tätigkeit für länger als ein Jahr nicht mehr ausüben. Die Abschlussprüfung ist am 31.10.2013. Die A wird die Ausbildung voraussichtlich erfolgreich abschließen und wird anschließend eine Beschäftigung finden. Im vorliegenden Fall ist die Ausbildung weit fortgeschritten und eine Verzögerung nicht mehr zu erwarten; das Bestehen der Prüfung ist absehbar.

---

86 BVerwGE 94, 224 und dem folgend BSG 17.3.2009 – B 14 AS 63/07 R.
87 BSG 6.9.2007 – B 14/7 b AS 36/06 R.
88 BSG 17.3.2009 – B 14 AS 63/07 R.
89 Vgl Thie in: LPK-SGB II § 27 Rn 11.

Der Ausbildungserfolg und die hierauf folgende Berufstätigkeit sind in so greifbare Nähe gerückt, dass die Nichtgewährung von Leistungen als unbillige Härte angesehen werden muss. Die Nichtgewährung von Leistungen ist auch im hier geschilderten Einzelfall geeignet, die berufliche Integration der A nachhaltig zu behindern und widerspricht damit dem Sinn des § 1 Abs. 2 S. 1 SGB II.

100 Will der Leistungsberechtigte eine Ausbildung im Sinne des § 2 BAföG aufnehmen und weiterhin Leistungen nach dem SGB II beziehen, so bleibt ihm nur die Möglichkeit ein **Teilzeitstudium** zu betreiben. Nach § 2 Abs. 5 BAföG wird eine Ausbildung nach dem BAföG nicht gefördert, wenn die Ausbildung die Arbeitskraft des Auszubildenden nicht voll in Anspruch nimmt. Ein Teilzeitstudium ist daher nicht nach dem BAföG förderbar und schließt Leistungen nach dem SGB II nicht aus. Dies muss allerdings durch die Studienordnung nachvollziehbar sein, etwa durch Verlängerung der Regelstudiendauer von acht auf 16 Semester. Anspruch auf **Leistungen nach dem SGB II** besteht auch während eines **Urlaubssemesters**.[90]

---

90 SG Berlin 30.6.2009 – S 104 AS 16420/07; BVerwG 25.8.1999 – 5 B 153/99, 5 PKH 53/99; aA LSG Sachsen 29.6.2010 – L 7 AS 756/09 B ER.

§ 3 Leistungen nach dem SGB II

I. Leistungen zur Sicherung des Lebensunterhaltes

1. ALG II und Sozialgeld

Die Leistungen zum Lebensunterhalt an erwerbsfähige Leistungsberechtigte werden 1
als **Arbeitslosengeld (ALG) II** (§ 19 Abs. 1 S. 1) bezeichnet. Sie bestehen im Wesentlichen aus dem Regelbedarf (§ 20 Abs. 1), den Mehrbedarfen (§ 21) sowie dem Bedarf für Unterkunft und Heizung (§ 22 Abs. 1 S. 1).

Nicht zum ALG II gehören zB 2

- Leistungen für Auszubildende, dh Personen, die Leistungen nach dem BAföG bzw Berufsausbildungsbeihilfe, zB der Zuschuss zu den Wohnkosten (§ 27 Abs. 3), oder Leistungen für Mehrbedarfe der Auszubildenden (§ 27 Abs. 2) erhalten, und

- der Zuschuss zu privaten bzw zur freiwilligen gesetzlichen Kranken- und Pflegeversicherung an „Nichthilfeempfänger" (§§ 26 Abs. 1 S. 2, Abs. 2 S. 3 iVm § 19 Abs. 1 S. 2).

Leistungsberechtigte, die nicht erwerbsfähig sind und ihren Anspruch aus der Be- 3
darfsgemeinschaft mit einem erwerbsfähigen Leistungsberechtigten herleiten, erhalten **Sozialgeld** (§ 19 Abs. 1 S. 2).

Die erwerbsfähigen Leistungsberechtigten haben neben dem Anspruch auf Leistungen 4
zum Lebensunterhalt einen Anspruch auf Eingliederungsleistungen (§ 7 Abs. 2). Sozialgeldempfänger haben im Wesentlichen nur einen Anspruch auf Geldleistungen (§ 7 Abs. 2 S. 2), insbesondere auf Sicherung zum Lebensunterhalt. Dienst- und Sachleistungen erhalten Sozialgeldempfänger nur, wenn dadurch die Hilfebedürftigkeit der Angehörigen der Bedarfsgemeinschaft beendet wird oder die Hemmnisse des erwerbsfähigen Leistungsberechtigten zur Eingliederung beseitigt werden. Daneben haben Kinder, Jugendliche und junge Erwachsene bis zur Vollendung des 25. Lebensjahres einen Anspruch auf Mehrbedarf für Bildung und Teilhabe (§ 28 Abs. 1).

2. Versicherungspflicht in der gesetzlichen Kranken- und Pflegeversicherung bei ALG II-Bezug

Bezieher von ALG II sind grundsätzlich in der gesetzlichen Krankenversicherung 5
(§§ 5 Abs. 1 Nr. 2 a, 186 Abs. 2 a SGB V) und der gesetzlichen Pflegeversicherung (§ 20 Abs. 1 Nr. 2 a SGB XI) pflichtversichert. Voraussetzung für die Versicherungspflicht ist der nicht nur darlehensweise Bezug von ALG II. Hierzu gehören auch die Leistungen für Mehrbedarfe (§ 21), sofern sie nicht an Auszubildende, wie Empfänger von Leistungen nach dem BAföG oder Ausbildungsbeihilfe nach dem SGB III, geleistet werden (§ 27 Abs. 1 S. 2). Die Versicherungspflicht der erwerbsfähigen Leistungsberechtigten tritt auch ein, wenn nur Leistungen für Unterkunft und Heizung erbracht werden. Ausgenommen ist der Zuschuss zu den Kosten der Unterkunft und Heizung für BAföG-Empfänger und vergleichbare Leistungsberechtigte (§ 27 Abs. 3 S. 1).

a) Krankenversicherungspflicht der ALG II-Bezieher

6 Die Versicherungspflicht in der **gesetzlichen Krankenversicherung** besteht mit dem Beginn des Bezugs von ALG II (§ 5 Abs. 1 Nr. 2 a SGB V). Der zur Begründung des Krankenversicherungsschutzes erforderliche Bezug der Leistung setzt die Zahlung der Leistung von ALG II voraus oder zumindest dessen Bewilligung durch den Leistungsträger, auch wenn eine Zahlung nicht erfolgt.[1]

7 Die Versicherungspflicht greift auch für solche Personen, die vor dem Bezug von ALG II **selbstständig** beschäftigt waren, wenn sie diese selbstständige Beschäftigung ab dem Bezug von ALG II aufgegeben haben und nicht unmittelbar vor dem Bezug privat krankenversichert waren.

Unmittelbar bedeutet, dass die (private) Krankenversicherung in dem letzten Monat vor Antragstellung auf Leistungen nach dem SGB II noch bestanden haben muss. Obergrenze ist die Frist von einem Monat.[2] Es schadet dabei nicht, wenn der Leistungsberechtigte seiner Verpflichtung einen Versicherungsvertrag in der privaten Krankenversicherung abzuschließen (§ 193 Abs. 3 S. 1 VVG) nicht nachgekommen ist. Dies betrifft nicht Personen, die ihre private Krankenversicherung nicht bezahlen können und daher im Notlagentarif versichert sind (§ 193 Abs. 7 VVG, § 153 VAG). Der Notlagentarif endet mit dem Bezug von Leistungen nach dem SGB II und auch wenn die Hilfebedürftigkeit nach dem SGB II oder SGB XII eintritt oder eingetreten ist (§ 193 Abs. 6 S. 4 VVG). In diesem Fall kann die private Krankenversicherung in dem bisherigen Tarif oder im halben Basistarif fortgesetzt werden (§ 152 Abs. 4 VAG). Wählt der Leistungsberechtigte nicht den Basistarif und entstehen ihm Kosten für die Krankenbehandlung wegen eines Selbstbehaltes, so besteht kein Anspruch auf Übernahme des Selbstbehaltes und zwar weder nach dem SGB II, noch nach den Grundsätzen der Krankenhilfe (§ 48 SGB XII).[3]

Hinweis: Die Zugehörigkeit zur gesetzlichen Krankenversicherung ist Voraussetzung für die Versicherungspflicht in der Krankenversicherung der Rentner (§ 5 Abs. 1 Nr. 11 SGB V). Die Krankenversicherung der Rentner besteht nur, wenn der Versicherte seit erstmaliger Aufnahme seiner Erwerbstätigkeit bis zur Stellung des Rentenantrags neun Zehntel der zweiten Hälfte dieser Zeit als Mitglied oder im Rahmen einer Familienversicherung (§ 10 SGB V) gesetzlich krankenversichert war. Eine freiwillige Versicherung reicht aus.[4] Bezieht der vormals Leistungsberechtigte Rente aus der gesetzlichen Rentenversicherung, zahlt der gesetzlich krankenversicherte Rentner nur Beiträge aus seiner gesetzlichen Rente, aus Versorgungsbezügen und Arbeitseinkommen (§ 237 SGB V). Bei freiwillig versicherten Rentnern werden auch sonstige Einnahmen, wie Mieteinnahmen, Zahlungen aus einer Lebensversicherung etc. bei der Bemessung der Beiträge berücksichtigt (§ 238 a SGB V). Rentner, die privat krankenversichert sind, müssen den Basistarif (§ 193 Abs. 5 S. 1 VVG iVm § 152 Abs. 1 VAG) in Höhe von ca. 580 EUR, bzw bei Hilfebedürftigkeit ca. 290 EUR in An-

---

1 BSG 22.5.2002 – B 12 KR 20/02 R.
2 BSG 3.7.2013 – B 12 KR 11/11 R, SozR 4-2500 § 5 Nr. 19.
3 BSG 16.10.2012 – B 14 AS 11/12 R, SozR 4-4200 § 26 Nr. 3.
4 BVerfG 15.3.2000 – 1 BvL 16/96, 1 BvL 17/96, 1 BvL 18/96, 1 BvL 19/96, 1 BvL 20/96.

spruch nehmen. Leben sie mit einem Partner zusammen, muss ggf Grundsicherung im Alter in Anspruch genommen und/oder Vermögen verbraucht werden.

Die Versicherungspflicht in der gesetzlichen Krankenversicherung besteht nur dann, wenn die ALG II-Bezieher nicht **familienversichert** sind (§ 5 Abs. 2 a SGB V). Ehegatten, die nicht selbst versicherungspflichtig sind und Kinder des Mitglieds vor Vollendung des achtzehnten Lebensjahres, sind grundsätzlich über das versicherungspflichtige Mitglied der Krankenkasse versichert (zu den Einzelheiten vgl § 10 SGB V). Die **Familienversicherung geht der Pflichtversicherung vor** (vgl §§ 5 Abs. 2 a, 10 Abs. 1 Nr. 2 SGB V). **8**

Bezieher von ALG II, die vor dem Leistungsbezug wegen Überschreiten der Pflichtversicherungsgrenze (§ 6 Abs. 1 SGB V) oder als Selbstständige **privat krankenversichert** waren, fallen in der Regel aus der Versicherungspflicht heraus (§ 5 Abs. 5 a S. 1 SGB V). Dasselbe gilt für den Fall, dass ein Bezieher von ALG II, der zuvor freiwillig in der gesetzlichen Krankenversicherung oder gar nicht versichert war, seine selbstständige Tätigkeit während des Leistungsbezugs fortführt. Für diese Personenkreise greift § 26 Abs. 1 S. 1 Nr. 2 iVm § 12 Abs. 1 c S. 5 und 6 des Versicherungsaufsichtsgesetzes ein, so dass die Betroffenen einen Anspruch auf einen Zuschuss zu den Kosten der privaten Krankenversicherung haben. **9**

Die Beiträge zur privaten Krankenversicherung und Pflegeversicherung im abgesenkten Basistarif sind von dem Leistungsträger unabhängig vom Wortlaut des § 28 Abs. 2 Nr. 1, Abs. 3 S. 1 in voller Höhe zu übernehmen.[5] **10**

b) Allgemeine Krankenversicherungspflicht

Personen, die am 31.12.2008 gesetzlich (auch freiwillig) krankenversichert waren und ab dem 1.1.2009 keine andere Absicherung im Krankheitsfall haben, sind in der **gesetzlichen Krankenversicherung pflichtversichert** (§ 5 Abs. 1 Nr. 13 SGB V). **11**

Für Personen, die am 31.12.2008 weder gesetzlich noch privat versichert waren, besteht seit dem 1.1.2009 die Pflicht zum Abschluss eines Versicherungsvertrages mit einer privaten Krankenversicherung (**Versicherungspflicht in der privaten Krankenversicherung** nach § 193 Abs. 3 VVG). Die Versicherungspflicht umfasst auch die Pflicht, seine minderjährigen Kinder privat zu versichern. **12**

Ausgenommen von diesem Personenkreis sind Personen, die

- in der gesetzlichen Krankenversicherung (§ 5 Abs. 8 a S. 1 SGB V), als freiwilliges Mitglied versicherungspflichtig (§ 5 Abs. 1 Nr. 13 SGB V) oder familienversichert (§ 10 SGB V) sind oder

- Leistungen nach dem SGB XII, Leistungen zum Lebensunterhalt nach den §§ 27 ff SGB XII, nach den §§ 41 ff SGB XII Grundsicherung im Alter, Eingliederungshilfe nach §§ 53 ff SGB XII oder Hilfe zur Pflege nach dem SGB XII erhalten und der Leistungsbezug vor dem 1.1.2009 begonnen hatte oder

- Leistungen nach dem Asylbewerberleistungsgesetz erhalten.

---

5 BSG 18.1.2011 – B 4 AS 108/10 R.

13   Der **Beitrag** zur privaten Krankenversicherung ist unterschiedlich hoch. Die private Krankenversicherung wird vor Vertragsschluss eine Gesundheitsprüfung vornehmen und bei einem relativ gesunden Mann mittleren Alters ca. 250 EUR Prämie verlangen, wenn ein einfacher Versicherungsschutz gewählt wird. Bei einer Vorerkrankung oder im höheren Alter kann die private Krankenversicherung den Versicherungsvertrag ablehnen oder einen Risikoaufschlag verlangen. Der Versicherer kann auch den Abschluss eines Vertrages ablehnen, wenn der Versicherte Versicherungsprämien bei einer anderen Versicherung oder der beantragten nicht gezahlt hat, denn es besteht Vertragsfreiheit.

14   Kommt ein Versicherungsvertrag auf freiwilliger Basis nicht zustande, kann der bisher nicht Versicherte eine Versicherung im **Basistarif** wählen und den Abschluss des Versicherungsvertrages erzwingen (§ 193 Abs. 3 VVG). Die Versicherung kann dann einen Antrag auf Versicherung nicht ablehnen und muss den Versicherungsschutz auch ohne Gesundheitsprüfung gewähren. Die Verpflichtung der privaten Krankenversicherungen ist nicht verfassungswidrig.[6]

15   Die Versicherung im Basistarif ist allerdings in aller Regel ungünstiger als in einem vereinbarten Wahltarif. Die meisten Anbieter schopfen die Höchstbeträge aus und verlangen ca. 570 EUR monatlich. Der private Versicherer hat nach dem Basistarif Leistungen im Umfang der gesetzlichen Krankenversicherung zu erbringen.

c) Rentenversicherungspflicht der ALG II-Bezieher

16   Die Leistungsberechtigten nach dem SGB II sind ab dem 1.1.2011 nicht mehr in der gesetzlichen Rentenversicherung pflichtversichert.[7] Wegen der bis zum 31.12.2010 geltenden Rechtslage wird auf die 1. Auflage verwiesen.[8] Zeiten des Bezuges von Arbeitslosengeld II sind Anrechnungszeiten in der gesetzlichen Rentenversicherung (§ 58 Abs. 1 S. 1 Nr. 6 SGB VI).

d) Übernahme der Beiträge zur Sozialversicherung

17   Für Empfänger von Leistungen von ALG II, die nach den vorbenannten Regeln versicherungspflichtig sind, werden die Beiträge zur Sozialversicherung vom **Bund** getragen.

Die Verpflichtung zur Tragung und Zahlung der Beiträge ergibt sich für den Leistungsträger aus folgenden Normen:

- Gesetzliche Krankenversicherung: §§ 251, 252 SGB V,
- Gesetzliche Pflegeversicherung: § 59 Abs. 1 S. 1 SGB XI iVm § 251 SGB V.

18   Die Höhe der Beträge in der Sozialversicherung wird bestimmt durch zwei Rechengrößen, nämlich dem **Bemessungsentgelt** und dem **Beitragssatz**. Das Bemessungsentgelt wird bei Empfängern von ALG II anders bemessen als bei Arbeitnehmern, da es nicht auf die Höhe des Bruttoeinkommens bis zu einer bestimmten Obergrenze, der

---

6 BVerfG 10.6.2009 – 1 BvR 825/08.
7 Art. 18 HBegl G 2011 BT-Drucks. 17/3030.
8 Zimmermann, Das Hartz-IV-Mandat, Baden-Baden 2010, § 3 Rn 17, 18.

Beitragsbemessungsgrenze, ankommt, sondern auf einen fiktiven Wert, der für die einzelnen Bereiche der Sozialversicherung separat definiert wird.

Bei der gesetzlichen Krankenversicherung (§ 232 a Abs. 1 Nr. 2 SGB V) beträgt dieser **19** fiktive Wert den **dreißigsten Teil des 0,3450-fachen der monatlichen Bezugsgröße.** Die Bezugsgröße ist das Durchschnittsentgelt der gesetzlichen Rentenversicherung im vorhergehenden Kalenderjahr (§ 18 Abs. 1 SGB IV). Dabei wird nicht zwischen der Bezugsgröße West (§ 18 Abs. 1 SGB IV) und der Bezugsgröße Ost (§ 18 Abs. 2 SGB IV) unterschieden. Vielmehr ist für die Berechnung allgemein die Bezugsgröße West anzuwenden (§ 309 Abs. 1 Nr. 1 SGB V). Die Bezugsgröße wird jährlich im Bundesgesetzblatt Teil 1 veröffentlicht und beträgt für das Jahr 2015 2.835 EUR und das Jahr 2016 2.905 EUR (§ 2 Abs. 1 SVBezGrV 2015/2016).[9]

Unter Heranziehung der Bezugsgröße bemisst sich das Bemessungsentgelt wie folgt:

Bezugsgröße 2015/2016	Berechnungsfaktor	Bemessungsentgelt	
		pro Tag	pro Monat
2.835,00 EUR/ 2.905,00 EUR	34,5 %	32,60 EUR/ 33,41 EUR	978,00 EUR/ 1.002,00 EUR

Der Beitragssatz zur gesetzlichen Krankenversicherung beträgt im Jahr 2015/2016 14,6 % bei einem Anspruch auf Krankengeld und bei Leistungsberechtigten nach dem SGB II, die keinen Anspruch auf Krankengeld haben 14,0 % (§§ 241, 243 S. 3, 246 SGB V).[10] Der vom Bund zu tragende Beitrag zur Krankenversicherung der ALG II-Empfänger richtet sich nach den Betragssätzen der jeweiligen Krankenkassen, dh die Zusatzbeiträge (Durchschnittlich 1% ab dem 1.1.2016) werden komplett vom Bund übernommen (§ 251 Abs. 6 S. 2 SGB V) und beträgt im Jahr 2015/2016 somit mindestens 136,92 EUR im Monat.

In der gesetzlichen Pflegeversicherung beträgt das Bemessungsentgelt von Beziehern **20** von ALG II den 0,3620sten Teil der Bezugsgröße (§ 57 Abs. 1 SGB XI). Der Beitragssatz beträgt 2,05 % des Bemessungsentgeltes (§ 55 SGB XI).

Bezugsgröße 2015	Berechnungsfaktor	Bemessungsentgelt	
		pro Tag	pro Monat
2.835,00 EUR/ 2.905,00 EUR	36,2 %	34,21 EUR/ 35,05 EUR	1.026,27 EUR/ 1.051,61 EUR

Der vom Bund zu tragende Beitrag zur Pflegeversicherung der ALG II-Empfänger beträgt im Jahr 2015 somit 21 EUR im Monat.

---

9 BGBl. I 2014, 1957; BR-Drucks. 488/15 vom 14.10.2015.
10 BGBl. I 2014, 1957.

e) Beitragszuschuss zu den Kosten einer privaten Krankenversicherung oder zur freiwilligen Mitgliedschaft in einer gesetzlichen Krankenkasse

21   Wie bereits deutlich wurde, werden **ALG II-Bezieher,** die hauptberuflich selbstständig tätig sind bzw vor dem Leistungsbezug wegen Überschreiten der Pflichtversicherungsgrenze oder aus anderen Gründen (vgl § 6 Abs. 1 und 2 SGB VI) privat krankenversichert waren, auch **beim Bezug von ALG II nicht krankenversicherungspflichtig** (§ 5 Abs. 5 a SGB V) und haben einen Anspruch auf **Zuschuss zum Beitrag** für eine **private Krankenversicherung** (§ 26 Abs. 2). Der Zuschuss ist bis zur Höhe des halben Regelpflichtbeitrages vom Leistungsträger zu übernehmen.[11]

22   Nichts anderes gilt für die Bezieher von Sozialgeld. Für diesen Personenkreis ist allerdings zu beachten, dass eine zum Zeitpunkt des Leistungsbeginns eventuell bestehende **freiwillige** Mitgliedschaft in einer gesetzlichen Krankenkasse gegebenenfalls bestehen bleibt, da hier anders als bei ALG II-Empfängern keine Versicherungspflicht eingreift. Insofern besteht nach § 26 Abs. 2 ein **Anspruch auf Übernahme der Versicherungsbeiträge.**

23   Wird der privat versicherte Leistungsberechtigte hilfebedürftig im Sinne des SGB II oder des SGB XII, kann er von seiner Versicherung verlangen, dass eine Weiterversicherung im **Basistarif zum halben Beitragssatz** erfolgt (§ 152 Abs. 4 VAG). Die Leistungsträger nach dem SGB II und XII sind verpflichtet, die Hilfebedürftigkeit zu bescheinigen (§ 152 Abs. 4 S. 1 VAG). Die Absenkung führt zur Beitragszahlung in Höhe von **319,50 EUR monatlich.** Hinzu kommen die Kosten für nicht in der gesetzlichen Krankenversicherung versicherte **Ehegatten** und **Kinder,** denn eine beitragsfreie Mitversicherung von Kindern und Ehegatten erfolgt nach den Bedingungen der privaten Krankenversicherung nicht.

24   Endet die Versicherung in der gesetzlichen Krankenversicherung hat der Versicherte zunächst einen Anspruch auf **nachgehenden Versicherungsschutz** für höchstens **einen Monat,** wenn keine Erwerbstätigkeit ausgeübt wird (§ 19 Abs. 2 SGB V). Der nachgehende Versicherungsschutz betrifft allerdings nur Personen, die gesetzlich pflichtversichert sind (§ 19 Abs. 2 SGB V).[12]

25   Der Leistungsberechtigte kann im Anschluss an ein Versicherungspflichtverhältnis bei einer gesetzlichen Krankenversicherung innerhalb einer **Frist von drei Monaten** eine **freiwillige Mitgliedschaft** begründen (§ 9 Abs. 2 SGB V). Macht er von dieser Möglichkeit keinen Gebrauch, weil er hierzu finanziell nicht in der Lage ist, etwa weil ihm keine Leistungen nach SGB II oder nur unzureichende Leistungen als Darlehen gewährt werden, muss er mit einem **privaten Versicherer** einen Versicherungsvertrag im Basistarif schließen. Ist der Leistungsberechtigte nicht erwerbstätig, beträgt der Beitrag zur gesetzlichen Krankenversicherung mindestens 132,03 EUR monatlich. Der Betrag ergibt sich aus dem beitragspflichtigen fiktiven Einkommen in Höhe von 945 EUR (vgl § 240 Abs. 1 SGB V) und dem Beitragssatz in Höhe von 14,00 %. Der Betrag zur Pflegeversicherung beträgt mindestens 22,21 EUR bzw bei einem Kinder-

---

11   BSG 18.1.2011 – B 4 AS 108/10 R.
12   BSG 26.6.2007 – B 1 KR 19/06 R.

losen ab dem 23. Lebensjahr 24,57 EUR. Dieser Beitragssatz betrifft allerdings in der Regel nicht Bezieher von Leistungen nach dem SGB II, sondern Bezieher von Sozialhilfe nach dem SGB XII.

Kommt der Leistungsberechtigte seiner Verpflichtung zum Abschluss eines Versiche- **26** rungsvertrages und zur Zahlung der Prämien in der privaten Krankenversicherung nicht nach, ergeben sich hieraus folgende Probleme:

■ Wird die Versicherung nicht oder nicht rechtzeitig durch den Versicherungsnehmer abgeschlossen, ist er verpflichtet, ab Eintritt der Versicherungspflicht die Prämie nachzuzahlen und auf diese Prämie einen degressiv gestaffelten Aufschlag, je nachdem wie lange er seiner Zahlungspflicht in der Vergangenheit nicht nachgekommen ist, zu zahlen (vgl § 193 Abs. 4 VVG).

■ Kommt er seiner Pflicht die laufende Versicherungsprämie zu zahlen nicht nach, ruht zwar der Leistungsanspruch, wie in früheren Zeiten, nicht mehr vollständig, der Versicherer kann aber bei der Versicherung im Basistarif die Leistungen während der Ruhenszeit auf die Behandlung akuter Erkrankungen und Schmerzzustände sowie bei Schwangerschaft und Mutterschaft – soweit erforderlich – beschränken (§ 193 Abs. 6 S. 4).

Das Ruhen des Anspruchs aus der privaten Krankenversicherung endet, wenn der Versicherte entweder die ausstehenden Versicherungsbeiträge vollständig erfüllt oder seinem Versicherer eine Bescheinigung des Leistungsträgers nach dem SGB II bzw SGB XII vorlegt, aus der sich die Hilfebedürftigkeit ergibt (§ 193 Abs. 6 S. 3 VVG).

Diese Bescheinigung wird er nur erhalten, wenn der Leistungsträger die Bedürftigkeit des Leistungsberechtigten anerkennt und daher entweder seine Leistungspflicht nach dem SGB II bejaht oder der Leistungsberechtigte bei Zahlung des vollen Beitrages hilfebedürftig wird (§ 26 Abs. 1 S. 2).

f) Folgen fehlender Anrechnungszeiten/fehlenden Versicherungsschutzes in der gesetzlichen Rentenversicherung

Zeiten des Bezuges von ALG II sind seit dem 1.1.2011 in der gesetzlichen Rentenver- **27** sicherung sogenannte Anrechnungszeiten (§ 58 Abs. 1 S. 1 Nr. 6 SGB VI). Nicht als Anrechnungszeiten zählen Zeiten, in denen Leistungsberechtigte Unterhaltsleistungen nach dem SGB II nur darlehensweise erhalten haben, oder ein anderer Ausnahmetatbestand vorliegt (§ 58 Abs. 1 S. 1 Nr. 6 SGB VI).

Erhält der Leistungsberechtigte kein ALG II oder diese Leistung nur als Darlehen, kann sein Anspruch auf eine **Rente wegen Erwerbsminderung gefährdet sein.** Nach § 43 Abs. 1 Nr. SGB VI besteht ein Anspruch auf eine Erwerbsminderungsrente nur dann, wenn in den letzten fünf Jahren vor Eintritt der Erwerbsminderung drei Jahre mit Pflichtbeitragszeiten versichert sind. Der Zeitraum von fünf Jahren vor Eintritt der Erwerbsminderung verlängert sich um die Zeiten, die mit Anrechnungszeiten belegt sind (§ 43 Abs. 4 S. 2 Nr. 1 SGB VI). Zeiten, in denen Leistungen zum Unterhalt nach dem 31.12.2010 SGB II bezogen werden, sind Anrechnungszeiten (§ 58 Abs. 1 Nr. 6 SGB VI). Hat der Leistungsberechtigte keinen lückenlosen Versicherungsverlauf und wird er erwerbsunfähig, kann bereits ein fehlender Pflichtbeitrag den Anspruch auf Erwerbsminderungsrente entfallen lassen. Beiträge, die nach Eintritt des Leistungs-(Versicherungs-)falls erbracht werden, sind unbeachtlich. Werden Zeiten der Arbeitslosigkeit nicht als Anrechnungszeiten angerechnet, weil eine Leistung nur als Darlehen gewährt wurde, wird der Zeitraum von fünf Jahren nicht verlängert. Mangels Verlängerung des „Berücksichtigungszeitraumes" kann es an ausreichenden Pflichtbeiträgen in diesem Zeitraum fehlen, so dass auch aus diesem Grund der Invaliditätsschutz gefährdet ist.

Hinweis: Anrechnungszeiten sind auch Zeiten, in denen eine Person wegen Arbeitslosigkeit bei einer deutschen Agentur für Arbeit arbeitslos gemeldet war und Leistungen nach dem SGB II oder SGB III bezogen hat oder nur deshalb nicht bezogen hat, weil sie angesichts ihres Einkommens nicht bedürftig war (§ 58 Abs. 1 Nr. 3 SGB VI). Personen, die keine Leistungen nach dem SGB II mangels Hilfebedürftigkeit beziehen, müssen sich daher zum Erhalt ihrer Anwartschaft auf Rente wegen verminderter Erwerbsfähigkeit regelmäßig bei einer Agentur für Arbeit melden (§ 309).

28 Bei Leistungsberechtigten, die bereits vor dem 1.1.1984 die allgemeine Wartezeit in der gesetzlichen Rentenversicherung erfüllt haben, reicht zum Erhalt der Anwartschaft auf Erwerbsminderungsrenten die ununterbrochene Zahlung von Beiträgen (auch freiwilligen Beiträgen) in die Rentenversicherung aus (§ 241 Abs. 2 SGB VI). Wird in einem solchen Fall ein Beitrag vor Eintritt der Erwerbsminderung nicht gezahlt, geht die Anwartschaft verloren. Freiwillige Beiträge zur gesetzlichen Rentenversicherung können nur bis zum 31.3. des Folgejahres wirksam entrichtet werden (§ 197 Abs. 2 SGB VI). Pflichtbeiträge können so lange nachentrichtet werden, wie sie noch nicht verjährt sind (§ 197 Abs. 1 SGB VI). Eine nachträgliche Zulassung zur Nachentrichtung von Beiträgen ist möglich.

29 **Hinweis:** Die Gefährdung des Versicherungsschutzes ist insbesondere bei der Darstellung des Anordnungsgrundes (drohende wesentliche Nachteile nach § 86 b Abs. 2 S. 2 SGG, Eilbedürftigkeit) im Verfahren zur Gewährung von einstweiligem Rechtsschutz von Bedeutung.

g) Exkurs: Der Zuschuss zur freiwilligen gesetzlichen und privaten Kranken- und Pflegeversicherung für Nichtleistungsbezieher

30 Personen, die allein durch den Beitrag zur gesetzlichen Kranken- oder Pflegeversicherung hilfebedürftig werden, erhalten auf Antrag einen Zuschuss zur privaten (§ 26 Abs. 1 S. 2. SGB II) oder gesetzlichen freiwilligen Kranken- und Pflegeversicherung (§ 26 Abs. 2).

31 Auch diese Personen müssen, wenn sie eine private Versicherung unterhalten, zunächst bei ihrer Versicherung einen Anspruch auf Verminderung ihrer Beitragsverpflichtung im sogenannten halbierten Basistarif geltend machen (§ 152 Abs. 4 VAG), es sei denn, der von ihnen tatsächlich geleistete Beitrag ist niedriger als der Basistarif. Hinsichtlich der Höhe des Zuschusses wird auf die vorherigen Ausführungen zum Zuschuss zur Versicherung von Leistungsempfängern verwiesen.

Auch die Beiträge zur privaten oder gesetzlichen Pflegeversicherung werden bezu- 32
schusst (§ 26 Abs. 2). Hinsichtlich der Höhe des Zuschusses wird auf die Ausführungen zu den Beträgen zur Krankenversicherung verwiesen.

3. Regelbedarfe zur Sicherung des Lebensunterhaltes

Die Leistungen zur Sicherung des Lebensunterhaltes, werden an erwerbsfähige Leis- 33
tungsberechtigte als ALG II (§ 19 Abs. 1 S. 1) oder an nichterwerbsfähige Hilfebedürftige, die mit erwerbsfähigen Leistungsberechtigten in einer Bedarfsgemeinschaft
leben, als Sozialgeld erbracht (§ 19 Abs. 1 S. 2). Der Bedarf zur Sicherung des Lebensunterhaltes ohne die Kosten für Unterkunft und Heizung, wird an die Leistungsberechtigten als monatlicher Pauschalbetrag erbracht (§ 20 Abs. 1 S. 3).

Der **Regelbedarf deckt den** (regelmäßigen) **Bedarf** des Leistungsberechtigten mit Ausnahme der im Gesetz ausdrücklich benannten Mehrbedarfe (§ 3 Abs. 3) und zwar
nicht nur die in § 20 Abs. 1 ausdrücklich genannten Bedarfe. Eine individuelle Festlegung des Bedarfes über diesen Bedarf hinaus oder auch darunter, ist grundsätzlich
nicht möglich. Lediglich in sogenannten atypischen Fällen kann eine abweichende
Festlegung des Bedarfes erfolgen (§ 21 Abs. 6).

a) Ermittlung der Regelbedarfe nach dem Regelbedarfsermittlungsgesetz (RBEG)

Der **Regelbedarf** beträgt für den alleinstehenden Leistungsberechtigten bis zum 34
31.12.2015 364 EUR und ab dem 1.1.2016 404 EUR monatlich (§ 20 Abs. 2).[13] Dieser wird jeweils zum 1.1. eines Jahres angepasst (§ 20 Abs. 5). Der maßgebliche Regelbedarf wird jährlich anhand der durchschnittlichen Entwicklung der regelbedarfsrelevanten Preise und der bundesdurchschnittlichen Entwicklung der Nettolöhne im
Verhältnis 70./. 30 durch Rechtsverordnung festgelegt (§§ 28 a Abs. 2, 40 SGB XII).
Soweit eine neue Einkommens- und Verbraucherstrichprobe (EVS) vorliegt, erfolgt
eine Anpassung hiernach (§ 20 Abs. 5 S. 2, § 28 Abs. 1 SGB XII). Eine neue EVS wurde im Jahre 2013 erstellt. Der nach § 10 RBEG erforderliche Bericht der Bundesregierung hierzu wurde 26.6.2013 dem Bundestag übermittelt.[14] Eine Änderung des
RBEG oder eine Anhebung der bereits seit Verabschiedung dieses Gesetzes mehrfach
angehobenen Regelbedarfe erfolgte hierauf bisher nicht.

Die Regelbedarfe wurden aufgrund der EVS 2008 in Verbindung mit dem Regelbe-
darfs-Ermittlungsgesetz (RBEG) für Einpersonenhaushalte (§ 5 RBEG) und für Familienhaushalte (§ 6 RBEG) gesondert ermittelt. Aus dem Regelbedarf für den alleinstehenden Leistungsberechtigten werden der Regelbedarf für Ehegatten und Lebenspartner iHv 328 EUR (§ 20 Abs. 4, § 8 Abs. 1 Nr. 2 RBEG) und für erwachsene Leistungsberechtigte, die nicht erwerbsfähig sind und keinen eigenen Haushalt führen,
iHv 291 EUR (§ 8 Abs. 1 Nr. 3 RBEG) hergeleitet. Die weiteren Leistungsberechtigten erhalten Leistungen, die aus den Verbrauchsausgaben der Familienhaushalte hergeleitet werden. Dabei handelt es sich um die Regelbedarfe der erwerbsfähigen volljährigen und erwerbsfähigen minderjährigen, sowie den nichterwerbsfähigen minder-

---

13 Regelbedarfsstufen-Fortschreibungsverordnung 2016 RBSFV 2016, BGBl. I, 1788 vom 27.10.2015.
14 Bericht des BMAS vom 26.6.2013 BT-Drucks. 17/14282.

jährigen Mitgliedern einer Bedarfsgemeinschaft (§ 6 Abs. 1 RBEG). Die Regelbedarfe werden jeweils zum 1. Januar eines Jahres nach Verabschiedung des RBEG angehoben und zwar zuletzt durch Bekanntmachung vom 27.10.2015.[15]

35   Wesentliches Merkmal des Regelbedarfes im SGB II ist die strenge **Pauschalierung.** Eine Öffnungsklausel besteht lediglich bei einer atypischen Bedarfslage (§ 21 Abs. 6). Eine Minderung des Regelbedarfes kann anders als in der Sozialhilfe auch nicht im Einzelfall wegen einer anderweitigen Deckung des Bedarfes abweichend höher oder niedriger festgelegt werden (§ 28 Abs. 1 S. 2 SGB XII). Ein im Zusammenhang mit einer Beschäftigung in einer Werkstatt für Behinderte gereichtes Mittagessen mindert nicht den Regelbedarf in der Sozialhilfe[16] und der Bedarf kann daher nicht anderweitig festgelegt werden.

36   **Beispiel:** Der Leistungsberechtigte ist im Oktober 2005 15 Tage im Krankenhaus stationär untergebracht. Während dieser Zeit erhält er Vollverpflegung. Hierfür zieht der Leistungsträger von der damals gültigen Regelleistung in Höhe von 345 EUR insgesamt 66 EUR ab. Der Abzug wird damit begründet, dass im Regelbedarf ein Anteil von 38 % für Vollverpflegung vorgesehen sei. Pro Monat entfallen daher 131,10 EUR des Regelbedarfs auf die Verpflegung, das entspricht 4,37 EUR pro Tag oder 65,55 EUR für 15 Tage.

37   Da der Leistungsberechtigte im Krankenhaus Verpflegungsaufwendungen erspart hat, liegt es nahe, diese Ersparnis als anderweitig gedeckten Bedarf anzusehen (§ 3 Abs. 3 Hs 1), weil die Hilfsbedürftigkeit in Bezug auf die Vollverpflegung während seines Krankenhausaufenthaltes beseitigt war. Der Streit wurde durch § 1 Abs. 1 Nr. 11 Alg II-V dahin gehend geregelt, dass Verpflegung außerhalb eines Arbeits- oder anderen Dienstverhältnisses nicht als Einkommen angerechnet werden kann. Ist sein Bedarf im Einzelfall höher als er durch den Regelbedarf abgedeckt ist, hat er einerseits wegen der Pauschalierung keinen höheren Anspruch auf Leistungen, andererseits kommt bei einer Ersparnis auch keine Leistungsminderung in Betracht.[17]

38   Eine Ausnahme von dieser Regel bestand bis zum 31.12.2010 nur hinsichtlich der Kosten für die Warmwasserbereitung. Diese wurden vom Gesetzgeber ausdrücklich als im Regelbedarf enthalten (§ 20 Abs. 1 „Haushaltsenergie") bezeichnet und waren daher von den Kosten der Unterkunft in Höhe des im Regelbedarf vorgesehenen Anteils abzuziehen.[18] Die Kosten für die Warmwasserbereitung gehören ab dem 1.1.2011 zu den Kosten der Heizung (§ 20 Abs. 1 S. 1).

b) Verfassungsmäßigkeit der Regelbedarfe nach dem Regelbedarfsermittlungsgesetz

39   Die Regelbedarfe werden von den Betroffenen und ihnen nahestehenden Organisationen vielfach als unzureichend angesehen. Mit dem Urteil des Bundesverfassungsgerichtes vom 9.2.2010 wurden die bis zum 31.12.2010 geltenden Regelleistungen (§§ 20 ff) für mit Art. 1 Abs. 1, 20 Abs. 1 GG unvereinbar erklärt und dem Gesetzgeber aufgegeben bis zum 31.12.2010 die Regelbedarfe neu zu ermitteln. Der Gesetzgeber ist dem nachgekommen und hat, wie vom Bundesverfassungsgericht verlangt,

---

15 Bekanntmachung über die Höhe der Regelbedarfe nach § 20 Absatz 5 des Zweiten Buches Sozialgesetzbuch für die Zeit ab 1.1.2016 vom 22.10.2015 (BGBl. I, 1788).
16 BSG 23.3.2010 – B 8 SO 17/09 R.
17 Vgl BSG 18.6.2008 – B 14 AS 22/07 B.
18 BSG 28.2.2008 – B 14/11 b AS 15/07 R.

durch das Regelbedarfsermittlungsgesetz (RBEG) die Regelbedarfe im SGB II und SGB XII neu festgesetzt.[19]

Der Anspruch auf Sicherung des menschenwürdigen Existenzminimums ergibt sich unmittelbar aus Art. 1 Abs. 1 und Art. 20 Abs. 1 GG. Das Existenzminimum besteht aus der Sicherung physischen Existenz und der Sicherung der Teilhabe am Leben in der Gemeinschaft.

c) Beurteilungsspielraum des Gesetzgebers

Das Bundesverfassungsgericht hat betont, dass der Gesetzgeber hinsichtlich des phy- 40 sischen Existenzminimums einen engen und hinsichtlich der Teilhabe am Leben in der Gemeinschaft einen weiten Beurteilungsspielraum hat.

aa) Transparenzgebot

Die Wahl der untersten 20 % der nach ihrem Nettoeikommen geschichteten Haushal- 41 te wurde vom Bundesverfassungsgericht als sachgerecht anerkannt, weil hier eine ausreichende empirische Grundlage für die Ermittlung der Bedarfssätze bestehe. Ausdrücklich offen gelassen hat das Bundesverfassungsgericht die Frage, ob eine andere Referenzgruppe ausreichende Datengrundlage für die Bemessung der Leistungen liefern kann. Für die Ermittlung der Referenzgruppe der Einpersonenhaushalte hat der Gesetzgeber auf die unteren 15 % der nach ihrem Nettoeinkommen geschichteten Haushalte abgestellt (§ 4 Nr. 1 RBEG). Ob mit den unteren 15 % noch eine ausreichende empirische Datengrundlage vorhanden ist, muss ggf durch ein entsprechendes Fachgutachten ermittelt werden. Fraglich erscheint auch, warum der Gesetzgeber bei den Einpersonenhaushalten auf die unteren 15 % der Einkommensbezieher abgestellt hat. Eine Erklärung hierfür findet sich in der Gesetzbegründung nicht. Die Regelbedarfe für Kinder wurden aus den Verbrauchsausgaben der Familienhaushalte mit einem Kind abgeleitet. Im Unterschied zur Ermittlung der Verbrauchsausgaben für Erwachsene wurden die unteren 20 % der Einkommen in Familienhaushalten als Referenzhaushalte gewählt. Bei den alleinstehenden Erwachsenen wurden die unteren 15 % ausgewählt. Aus der Einkommens- und Verbraucherstichprobe 2008 lässt sich nicht der jeweilige Anteil der Familienmitglieder entnehmen, weil eine Zuordnung in der Verbraucherstichprobe nicht abgefragt wurde. Diese wurden durch ein kompliziertes statistisches Verfahren ermittelt. Der Gesetzesbegründung lässt eine Begründung für die ungleiche Behandlung und Zuordnung von Kindern (untere 20 %) und Erwachsenen (untere 15 %) zu unterschiedlichen Haushaltsgruppen nicht entnehmen.

bb) Rechtfertigung von Kürzungen, Ausgleichsmöglichkeit

Das Bundesverfassungsgericht hat betont, dass eine Kürzung einzelner Ausgabenposi- 42 tionen möglich ist. Eine Kürzung muss jedoch auf einer ausreichenden empirischen Grundlage beruhen und berücksichtigen, dass Einsparungen in einem Bereich die

---

19 BGBl. I 2011, 453.

Kosten in einem anderen Bereich ansteigen lassen. Gemessen hieran sind die im RBEG ermittelten Kürzungen auf Schlüssigkeit zu untersuchen.

Die in der EVS 2008 ermittelten Verbrauchsausgaben werden in 12 Abteilungen ermittelt. Jede Abteilung enthält einzelne Gegenstände bei denen die durchschnittlichen Ausgaben der Referenzhaushalte der unteren 15 % bzw 20 % nach ihrem Nettoeinkommen geschichteten Haushalte ermittelt wurden.

In der Abteilung 1 werden die Ausgaben für Nahrungsmittel und in der Abteilung 2 die Ausgaben für alkoholische Getränke und Tabakwaren aufgeführt. Das Bundesverfassungsgericht hat den Abzug für Tabakwaren, alkoholische Getränke und Kraftfahrzeuge als nicht regelbedarfsrelevant gebilligt und hierin keinen Verstoß gegen das (Grund-)Recht auf Sicherung der Existenz gesehen (Art. 1, 20 GG).[20]

43 Der Gesetzgeber hat den regelbedarfsrelevanten Bedarf in den laufenden Nr. 1 bis 3 der Abteilung 2 der EVS 2008 ohne den Verbrauch für alkoholische Getränke ermittelt, weil Alkohol eine gesundheitsgefährdendes Genussgift darstellt. Die gleichzeitig mit dem alkoholischen Getränk aufgenommene Flüssigkeitsmenge wird durch Mineralwasser substituiert. Die ermittelten Ausgaben für alkoholische Getränke wurden um die Ausgaben für Spirituosen vermindert, weil diese keinen nennenswerten Flüssigkeitsanteil haben. Die Kürzungen und Substitutionen berücksichtigten nicht, dass alkoholische Getränke im erheblichen Umfang zum täglichen Nahrungsbedarf beitragen. Die in der Gesetzesbegründung angegebene Menge Bier von 12 Flaschen à 0,5 Liter = 6 Liter haben einen Brennwert von 130 Kilokalorien, die beschriebene Kiste Bier mithin einen Wert von 2.600 Kilokalorien. Darüber werden alkoholische Getränke in fast allen gesellschaftlichen Kreisen insbesondere bei familiären und gesellschaftlichen Anlässen konsumiert. Aus der EVS 2003 ergibt sich im Übrigen, dass die Ausgaben für alkoholische Getränke mit steigendem Einkommen stark ansteigen und die unteren Einkommensschichten offensichtlich auch einen geringeren Alkoholverbrauch haben.[21]

44 Die Ausgaben für Tabak in Höhe von 11,80 EUR wurden nicht berücksichtigt, weil es sich nicht um einen existenzsichernden Bedarf handelt. Diese Begründung scheint nachvollziehbar, ist der Konsum von Tabakwaren nicht für die physische Existenz oder auch zur Teilnahme am Leben in der Gesellschaft notwendig. Eine allgemeingesellschaftliche Sitte bei besonderen Anlässen Tabak zu konsumieren besteht nicht, so dass ein Ausschluss dieser Ausgaben, ohne Berücksichtigung, dass des sich beim Tabakkonsum regelmäßig auch um eine Suchterkrankung handelt, nachvollziehbar erscheint.

45 Die Ausgaben Abteilung 3 und 4 wurden vollständig berücksichtigt.

46 In der Abteilung 5 werden die Positionen motorbetriebene Werkzeuge und Ausstattungsgegenstände für Haus und Garten um Gartengeräte bereinigt. Ebenso wird die Position Anfertigung und Reparatur von Heimtextilien als nicht existenzsichernd ein-

---

20 BVerfG 23.7.2014 – 1 BvL 10/12, 1 BvL 12/12, 1 BvR 1691/13 Rn 113, BGBl. I 2014, 158.
21 Vgl EVS 2003 Wirtschaftsrechnungen Einkommens- und Verbrauchsstichprobe Aufwendungen privater Haushalte für Nahrungsmittel, Getränke und Tabakwaren 2003.

gestuft. Der Ausschluss von Gartengeräten ist nachvollziehbar, denn die physische Existenz ist auch ohne Garten gesichert und eine Notwendigkeit hinsichtlich der Teilhabe ist auch nicht ersichtlich.

Zwischen den einzelnen Ausgabenpositionen muss ein interner Ausgleich möglich sein.[22] Der Gesetzgeber hat den gesamten Bedarf realitätsgerecht zu ermitteln. Die Berechnung muss auf der Grundlage verlässlicher Zahlen und schlüssiger Berechnungsverfahren erfolgen und zwischen den einzelnen Ausgabenpositionen muss ein Ausgleich möglich sein.[23] Ein interner Ausgleich ist dann nicht möglich, wenn sich durch die Herausnahme einzelner Positionen nicht mehr aus dem Verbrauchsverhalten der unteren Einkommensgruppen der tatsächliche Verbrauch ableiten lässt.[24]   47

Ein solcher interner Ausgleich ist auch dann nicht möglich, wenn ein hoher Durchschnittsverbrauch nur durch einen exzessiven Verbrauch einer kleinen Gruppe zustande kommt. So können zB die Ausgaben für Gartengeräte auf die teilweise Selbstversorgung mit Lebensmitteln hindeuten und die Ausgaben für Lebensmittel in diesem Personenkreis senken. Abschläge müssen hinreichend empirisch belegt sein.[25]   48

Bei den Verkehrsausgaben sind die Kosten für Flugreisen heraus gerechnet, die statistisch nicht abgesichert sind.[26]

d) Verfassungsmäßigkeit der Anpassungsformel

Hinsichtlich der Anpassung des Regelbedarfes hat der Gesetzgeber nunmehr eine Anpassung des Regelbedarfes anhand des Mischindexes der bundesdurchschnittlichen Entwicklung der regelbedarfsrelevanten Güter und Dienstleistungen mit 70 % und der bundesdurchschnittlichen Entwicklung der Nettolöhne mit 30 % vorgenommen (§ 20 Abs. 5 iVm § 28 a Abs. 2 SGB XII). Gebilligt wurde vom Bundesverfassungsgericht lediglich eine Anbindung an die Entwicklung der regelbedarfsrelevanten Verbraucherpreise.[27] Unbeanstandet blieb die Reduzierung des Regelbedarfes bei Partnern von 100 % auf 90 % (§ 20 Abs. 4), weil die Absenkung auf einer statistisch ausreichend abgesicherten Schätzung beruht indem der Bedarf der Alleinstehenden mit dem Bedarf von Paaren verglichen wird.[28] In seiner Entscheidung vom 23.7.2014 hat das Bundesverfassungsgericht diese Anpassungsformel als mit dem Grundgesetz vereinbar angesehen.[29]   49

e) Ungleichbehandlung verschiedener Personengruppen

Der Gesetzgeber hat im Regelbedarfsermittlungsgesetz nur den Bedarf von Personen unter 18 Jahren ermittelt (§ 6 RBEG) nicht aber den Bedarf für Personen, die das 18. Lebensjahr vollendet und überschritten haben. Für Personen, die das 18. Lebensjahr vollendet haben wurde ein Regelbedarf iHv 80 % des Regelbedarfes eines alleinste-   50

---

22 BVerfG 9.2.2010 – 1 BvL 1/09, BvL 3/09 und BvL 4/09 Rn 172.
23 BVerfG 9.2.2010 – 1 BvL 1/09, BvL 3/09 und BvL 4/09 Rn 142.
24 BVerfG 9.2.2010 – 1 BvL 1/09, BvL 3/09 und BvL 4/09 Rn 166.
25 BVerfG 9.2.2010 – 1 BvL 1/09, BvL 3/09 und BvL 4/09 Rn 179.
26 BT-Drucks. 17/3404 Anlage zu Artikel 1.
27 BVerfG 9.2.2010 – 1 BvL 1/09, BvL 3/09 und BvL 4/09 Rn186.
28 BVerfG 9.2.2010 – 1 BvL 1/09, BvL 3/09 und BvL 4/09 Rn189.
29 BVerfG 23.7.2014 – 1 BvL 10/12, 1 BvL 12/12, 1 BvR 1691/13 Rn 137 ff, BGBl. I 2014, 1581.

henden Leistungsberechtigten angenommen (§ 20 Abs. 2 S. 2 Nr. 2). Der Regelbedarf iHV 80 % wurde nicht statistisch ermittelt, sondern wurde daraus errechnet, dass in einem „Paarhaushalt" 180% des Regelbedarfes anfallen.[30] Der Regelbedarf von 80 % auch außerhalb einer Bedarfsgemeinschaft wurde unter anderem eingeführt um zu vermeiden, dass zwei Hilfebedürftige in einem Haushalt jeweils den vollen Regelbedarf (§ 20 Abs. 2 S. 1) erhalten.[31] In den Haushalten in denen zwei Erwachsene zusammenleben erhält ein Erwachsener einen Anteil von 100 % und der andere einen Anteil von 80 %. Die Summe ist bei zwei Personen die gleiche wie bei „Paarhaushalten". Lebt eine Personen in einem Haushalt mit einem Paar zusammen (Eltern mit erwachsenem Kind) erhalten drei Personen nicht mehr jeweils 90 %, sondern in der Summe 260 % (= 90 + 90 + 80) und pro Person nur 87 % des Regelbedarfes iHv 364 EUR (§ 20 Abs. 2 S. 1). Bei mehr als drei Personen vermindert sich der jeweilige Anteil. Haushalte mit drei Personen erhalten damit pro Kopf weniger Geld als Haushalte mit zwei Personen, obwohl eine Haushaltsersparnis durch gestiegene Personenzahl nicht ermittelt wurde. Fragwürdig ist auch, warum die einzelnen Mitglieder eines Paarhaushaltes jeweils anders behandelt werden, als die Mitglieder von Haushalten mit zwei Personen. Auch hier könnte das Transparenzgebot verletzt sein.[32] Der achte Senat des Bundessozialgerichtes hat für den Bereich der Sozialhilfe (SGB XII) die Anwendung der Regelbedarfsstufe 3 auf Fälle (bei einem behinderten Menschen) beschränkt, wenn keine oder nur eine ganz untergeordnete Haushaltsführung besteht.[33] Anders als in dem Bereich der Grundsicherung kommt es bei der Beurteilung der Regelbedarfsstufen nach dem SGB II (§ 20 Abs. 2 Nr. 2) nicht so sehr darauf an, ob der Leistungsberechtigte einen eigenen Haushalt führt, sondern ob er alleinstehend oder alleinerziehend ist. Letztlich beinhaltet „alleinstehend" jedoch, dass ein eigener Haushalt geführt wird und keine Haushaltsgemeinschaft zwischen den Bewohnern besteht, so dass ein Leistungsberechtigter auch dann als alleinstehend bezeichnet werden kann, wenn er in einer gemeinsamen Wohnung einen eigenen Haushalt führt. Dieser Betrachtung könnten jedoch die Regelungen der §§ 7 Abs. 3 Nr. 4, 22 Abs. 5 im SGB II für Personen, die das 25. Lebensjahr noch nicht vollendet haben, entgegenstehen. Diese Regelungen sollen verhindern, dass der junge Erwachsene bei intakten Familienverhältnissen erhöhte Kosten des Regelbedarfes und der Unterkunft geltend macht. Letztlich sind die Eltern allerdings in der Regel gegenüber ihren Kindern nicht mehr unterhaltspflichtig, so dass, wenn keine Versorgung im Haushalt der Eltern mehr erfolgt, auch hier ein erhöhter Regelbedarf besteht, weil der Ersparniseffekt nur bei gemeinsamer Haushaltsführung eintritt.

f) Fragen der Gleichbehandlung

51 Nach der Entscheidung des Bundesverfassungsgerichtes vom 9.2.2010 ist die Verfassungsmäßigkeit der Neuregelungen allein an Art. 1 Abs. 1 GG (Schutz der Menschenwürde) und Art. 20 Abs. 1 GG (Sozialstaatsprinzip) zu messen. Andere Grundrechte,

---

30 BT-Drucks. 17/3404, 130.
31 BSG 19.5.2009 – B 8 SO 8/08 R.
32 BVerfG 9.2.2010 – 1 BvL 1/09, BvL 3/09 und BvL 4/09 Rn 144.
33 BSG 24.3.2015 – B 8 SO 5/14 R, SozR 4-3500 § 28 Nr. 11.

wie zum Beispiel Art. 3 Abs. 1 GG oder Art. 6 Abs. 1 GG, vermögen für die Bemessung des Existenzminimums im Sozialrecht keine weiteren Maßstäbe zu setzen. Entscheidend ist von Verfassungs wegen allein, dass für jede individuelle hilfebedürftige Person das Existenzminimum nach Art. 1 Abs. 1 GG in Verbindung mit Art. 20 Abs. 1 GG ausreichend erfasst wird; eines Rückgriffs auf weitere Grundrechte bedarf es hier nicht.[34]

Hieraus ergibt sich jedoch nicht, dass Fragen der Gleichbehandlung (Art. 3 GG) im   52
Recht der Existenzsicherung unbeachtlich sind. Die Frage der Gleichbehandlung war nicht Gegenstand der Entscheidung im Urteil des Bundesverfassungsgerichtes vom 9.2.2010, weil es für die Kläger der Ausgangsverfahren auf eine Ungleichbehandlung nicht ankam. Eine Ungleichbehandlung lag nicht vor und die Kläger hatten sich hierauf auch nicht berufen. Ein Regelbedarf iHv 80 % des Regelbedarfes für alleinstehende Leistungsberechtigte war nicht Gegenstand des Rechtsstreites.[35] Die Leistungsberechtigten mit einem Regelbedarf iHv 291 EUR können sich auf die Ungleichbehandlung mit Paarhaushalten und, wenn sie mit mehr als zwei weiteren Personen zusammenleben, darauf berufen, dass eine weiter gehende Haushaltsersparnis als im Paarhaushalt nicht ermittelt wurde. Das Bundesverfassungsgericht hat die Anrechenbarkeit von Schmerzensgeld als Einkommen bei Asylbewerbern (§ 7 Abs. 1 S. 1 AsylbLG) abweichend von den Regelungen in der Grundsicherung für Arbeitsuchende und der Sozialhilfe (§ 11 a Abs. 2, § 83 Abs. 2 SGB XII) als mit Art. 3 GG unvereinbar erklärt.[36] In einer weiteren Entscheidung zum AsylbLG hat das Bundesverfassungsgericht die sogenannten Grundleistungen (§ 3 AsylbLG) als mit dem Gleichheitsgebot (Art. 3 GG) unvereinbar und als evident unzureichend angesehen und dem Gesetzgeber eine Änderung aufgegeben.[37]

g) Verfassungsrechtliche Entwicklung

Das Bundesverfassungsgericht am 23.7.2014 entschieden, dass der Gesetzgeber sich   53
bei der Ermittlung des Regelbedarfes, jedenfalls für den streitigen Zeitraum 2011 und 2012, an den von der Verfassung eingeräumten Beurteilungsspielraum gehalten hat und die Normen § 20 Abs. 2 S. 1 und 2 Nr. 1, Abs. 4, Abs. 5 grundgesetzkonform sind.[38]

Die Rechtsprechung des Bundesverfassungsgerichtes hinsichtlich des Regelbedarfs   54
beim Sozialgeld nach dem SGB II lässt sich eingeschränkt auf den Regelbedarf nach dem SGB XII übertragen (vgl § 28 SGB XII). Zwar kann der Regelbedarf in der **Sozialhilfe** abweichend von dem Regelbedarf festgelegt werden, wenn er im Einzelfall anderweitig gedeckt ist oder unabweisbar erheblich von einem durchschnittlichen Bedarf abweicht (§ 27 a Abs. 4 SGB XII), dies führt aber nicht dazu, dass zB ein regelmäßig auftretender Bedarf bei Schülern berücksichtigt werden kann.

---

34 BVerfG 9.2.2010 – 1 BvL 1/09, BvL 3/09 und BvL 4/09 Rn 145.
35 BVerfG 9.2.2010 – 1 Bvl 1/09, 3/09, 4/09 Rn 124, 125.
36 BVerfG 11.7.2006 – 1 BvR 293/05.
37 BVerfG 18.7.2012 – 1 BvL 10/10, 1 BvL 2/11, BGBl. I 2012, 1715–1716.
38 BVerfG 23.7.2014 – 1 Bvl 10/12, 1 BvL 12/12, 1 BvR 1691/13, BGBl. I 2014, 1581, NJW, 2014, 1765–1771.

4. Leistungen für Mehrbedarfe

55 Bei den im SGB II anerkannten **Mehrbedarfen** beim Lebensunterhalt handelt es sich um im Gesetz genannte Ausnahmetatbestände (§ 21), die sich aus besonderen Lebenssituationen ergeben, denn der gesamte Lebensbedarf wird mit Ausnahme der Kosten für Unterkunft und Heizung vom Regelbedarf abgedeckt (§ 3 Abs. 3 S. 1).

Es können **mehrere Mehrbedarfe** nebeneinander geleistet werden (§ 21 Abs. 1 und 6). Die Summe der Mehrbedarfe darf jedoch die Höhe des jeweils maßgeblichen doppelten Regelbedarfes zB von 808 EUR ab dem 1.1.2016 und 798 EUR (399 EUR * 2) bis zum 31.12.2015 nicht übersteigen.

Der Mehrbedarf wird entweder individuell ermittelt oder pauschal mit einem prozentualen Zuschlag zu dem für den jeweiligen Leistungsberechtigten maßgeblichen Regelbedarf berücksichtigt. Eine individuelle Ermittlung erfolgt zB beim atypischen Bedarf (§ 21 Abs. 6) und eine pauschale Ermittlung bei dem Mehrbedarf für schwangere (§ 21 Abs. 2) oder alleinerziehende Leistungsberechtigte (§ 21 Abs. 3).

Der Anspruch auf Mehrbedarf gehört zum ALG II, wenn er von einem erwerbsfähigen Leistungsberechtigten beansprucht wird, denn der Mehrbedarf gehört zu den Leistungen zur Sicherung des Lebensunterhaltes (§ 19 Abs. 1 S. 3). Soweit bei einer erwerbsfähigen Person allein wegen eines Mehrbedarfes Hilfebedürftigkeit eintritt, folgt hieraus ein Anspruch auf ALG II und die Versicherung in der gesetzlichen Kranken- und Pflegeversicherung.

56 **Beispiel:** Die alleinstehende A erhält eine Unfallrente in Höhe von 740 EUR monatlich. Ihre angemessenen Wohnkosten betragen monatlich 250 EUR. Die A ist in der 13. Schwangerschaftswoche. Vor der 12. Schwangerschaftswoche war der Bedarf der A nach der folgenden Berechnung gedeckt, so dass keine Hilfebedürftigkeit bestand (Werte bis zum 31.12.2015 in Klammern):

Regelbedarf		404 (399) EUR	
+ Kosten der Unterkunft	+	300 EUR	
Gesamtbedarf	=	704 (699) EUR	704,00 (699,00) EUR
Einkommensanrechnung			
Einkommen Unfallrente		740 EUR	
./. Versicherungspauschale	-	30 EUR	
Anrechenbares Einkommen	=	710 EUR	- 710,00 EUR
Leistungsbetrag			- 6,00 (11,00) EUR
+ Mehrbedarf Schwangerschaft			
(§ 21 Abs. 2: 17 % des Regelbedarfes			
nach § 20 Abs. 2 S. 1)		+	68,68 (67,83) EUR
Leistungsbetrag		=	62,68 (56,83) EUR

Allein durch den Mehrbedarf wird die A hilfebedürftig und hat Anspruch auf ALG II. Durch den Bezug von ALG II ist sie in der Kranken- und Pflegeversicherung versichert (§ 5 Abs. 1 Nr. 2 a SGB V, § 20 Abs. 1 Nr. 2 a SGB XI). Die A hat zwar einen Anspruch auf Zuschuss zur freiwilligen gesetzlichen bzw privaten Kranken- und Pflegeversicherung (§ 26 Abs. 1 S. 2, Abs. 2 S. 2), dieser gehört jedoch nicht zum ALG II, so dass die Zeit des Bezuges dieser Leistung keine Anrechnungszeit in der gesetzlichen Rentenversicherung ist (vgl hierzu Rn 27).

a) Leistungen bei Schwangerschaft

Werdende Mütter erhalten nach ab der 12. **Schwangerschaftswoche** einen Mehrbedarf in Höhe von 17 % des für sie maßgeblichen Regelbedarfes (§ 21 Abs. 2). Da der Regelbedarf unterschiedlich hoch sein kann, ist auch der Mehrbedarf unterschiedlich hoch und zwar wie folgt (Bedarf bis zum 31.12.2015 in Klammern): **57**

alleinstehende Leistungsberechtigte, § 20 Abs. 2 S. 1: 17 % von 404 (399) EUR	68,68 (67,83) EUR
Partner eines Leistungsberechtigten, § 20 Abs. 4: 17 % von 364 (360) EUR	61,88 (61,20) EUR
leistungsberechtigtes minderjähriges Kind, § 20 Abs. 2 S. 2 Nr. 2 iVm § 77 Abs. 4 Nr. 1: 17 % von 306 (302) EUR	52,02 (51,34) EUR
Leistungsberechtigte volljährige Person ohne eigenen Haushalt, § 20 Abs. 2 S. 2 Nr. 2: 17 % von 324 (320) EUR	55,08 (54,40) EUR

b) Leistungen für Alleinerziehende

Nach § 21 Abs. 3 haben Leistungsberechtigte, die allein mit einem oder mehreren Kindern zusammenleben, einen Anspruch auf Mehrbedarf in Höhe von 12 % des für sie maßgeblichen Regelbedarfes für jedes minderjährige Kind, das mit ihnen zusammenlebt. Sofern ein Kind unter sieben Jahren ist oder zwei oder drei Kinder unter sechzehn Jahren sind, beträgt der Anspruch 36 % des Regelbedarfes, wenn sich hierdurch ein höherer Prozentsatz ergibt als wenn der Berechnung nur ein Mehrbedarf von 12 % pro Kind zugrunde gelegt wird. **58**

Alleinerziehend ist jeder, der minderjährige Kinder in seinen Haushalt aufgenommen hat.[39] Zwischen der alleinerziehenden Person und dem Kind muss weder eine **verwandtschaftliche Beziehung** noch eine Bedarfsgemeinschaft bestehen.[40]

Ein Anspruch auf Mehrbedarf für Alleinerziehende kann auch dann bestehen, wenn der Alleinerziehende mit einem Partner in einer Bedarfsgemeinschaft lebt. Alleinerziehend ist jemand, wenn er für die **Pflege und Erziehung des Kindes alleine sorgt.** Erbringt ein Partner in einer eheähnlichen oder partnerschaftsähnlichen Lebensgemeinschaft keinerlei Leistungen für das Kind, ist der andere Partner auch in diesem Fall alleinerziehend.

Teilen sich die Eltern des Kindes die Erziehung je zur Hälfte, dann ist der Mehrbedarf für Alleinerziehende unter ihnen hälftig zu teilen.[41]

---

39 BSG 27.1.2009 – B 14/7 b AS 8/07 R.
40 BSG 27.1.2009 – B 14/7 b AS 8/07 R Rn 26.
41 BSG 3.3.2009 – B 4 AS 50/07 R.

	Regelbedarf	Mehrbedarf 36 %	Mehrbedarf 12 %
		Jeweils gerundet	
alleinstehender Leistungsbe-rechtigter, § 20 Abs. 2 S. 1	404 (399) EUR	145,44 (143,64) EUR	48,48 (47,88) EUR
Partner eines Leistungsbe-rechtigten, § 20 Abs. 4	364 (360) EUR	131,04 (129,60) EUR	43,68 (43,20) EUR

c) Mehrbedarf für behinderte Menschen, die Leistungen zur Teilhabe erhalten

59 Behinderte Menschen, die Leistungen zur Teilhabe am Arbeitsleben nach § 33 SGB IX oder Eingliederungshilfe nach § 54 Abs. 1 S. 1 Nr. 1–5 SGB XII erhalten, ha-ben Anspruch auf einen Mehrbedarf in Höhe von 35 % des für sie maßgeblichen Re-gelbedarfes (§ 21 Abs. 4).

Zu den behinderten Menschen gehören alle Personen, bei denen die körperlichen Funktionen, die geistigen Fähigkeiten oder die seelische Gesundheit von dem im Le-bensalter typischen Zustand abweicht und dieser Zustand mit hoher Wahrscheinlich-keit länger als sechs Monate andauert (§ 2 Abs. 1 SGB IX). Nicht erforderlich ist, dass ein Grad der Behinderung oder gar eine Schwerbehinderung festgestellt wurde.

Als Maßnahme im Sinne des § 33 SGB IX kommt die Förderung zur Teilhabe behin-derter Menschen am Arbeitsleben in Betracht (§§ 112 ff SGB III). Diese Personen ha-ben bei einer Erstausbildung keinen Anspruch auf Berufsausbildungsbeihilfe (§§ 56 ff SGB III), sondern auf Ausbildungsgeld nach § 122 SGB III. Ein Anspruch auf den ausbildungsbedingten Mehrbedarf behinderter Menschen besteht allerdings dann nicht, wenn er von der Leistung nach dem SGB II wegen eines Anspruchs (dem Grun-de nach) auf Leistungen zur Berufsausbildungsbeihilfe oder nach dem BAföG (§ 7 Abs. 5) ausgeschlossen ist. Letzteres ergibt sich eindeutig aus § 27 Abs. 2, der nicht auf den Mehrbedarf nach § 21 Abs. 4 verweist.[42] Der Mehrbedarf für Behinderte kann der nachfolgenden Tabelle entnommen werden (Beträge bis zum 31.12.2015 in Klammern):

	Regelbedarf	Mehrbedarf 35 % (gerundet)
Alleinstehender Leistungsberech-tigter, § 20 Abs. 2 S. 1	404 (399) EUR	141,40 (139,65) EUR
Partner des Leistungsberechtig-ten, § 20 Abs. 4	364 (360) EUR	127,40 (126,00) EUR
Leistungsberechtigtes volljähriges Kind, § 20 Abs. 2 S. 2 Nr. 1 iVm § 77 Abs. 4 Nr. 1	324 (320) EUR	113,40 (112,00) EUR

---

42 BSG 6.8.2014 – B 4 AS 55/13 R, SozR 4-4200 § 7 Nr. 38.

	Regelbedarf	Mehrbedarf 35 % (gerundet)
Leistungsberechtigtes minderjähriges Kind, § 20 Abs. 2 S. 2 Nr. 1 iVm § 77 Abs. 4 Nr. 1	306 (302) EUR	107,10 (105,70) EUR

d) Mehrbedarf bei kostenaufwendiger Ernährung

Leistungsberechtigte haben einen Anspruch auf Mehrbedarf wegen einer aus medizinischen Gründen kostenaufwendigen Ernährung (§ 21 Abs. 5). Die Aufwendungen für Ernährung müssen durch eine **Krankheit oder eine Behinderung verursacht** sein und zu einem Mehrbedarf führen, der über den Anteil des im Regelbedarf enthaltenen Anteils für die Ernährung in Höhe von 128,46 EUR bei einem Regelbedarf in Höhe von 361,81 EUR hinausgeht, dies entspricht einem Anteil am Regelbedarf in Höhe von 35,51 % bei dem alleinstehenden Leistungsberechtigten (§ 5 Abs. 1 RE-BEG). Bei dem derzeitigen Regelbedarf für eine alleinstehende Person beträgt der Anteil an der Ernährung mithin 143,46 EUR ab dem 1.1.12016 und 141,68 EUR (399 * 0,3551) bis zum 31.12.2015.

Hinweis: Entscheidend ist nur der Anteil am Regelbedarf in Höhe von 35,51 %, der seit Erlass des Regelbedarfsermittlungsgesetzes unverändert ist, weil die Werte des RBEG auf der EVS 2008 beruhen, die unverändert angewendet wird.

Die Praxis hat sich bisher damit beholfen, die vom Deutschen Verein für öffentliche und private Fürsorge veröffentlichten Richtlinien für Krankenkostzulage[43] zu übernehmen.[44] Diese Richtlinien sind nicht als antizipiertes Sachverständigengutachten anzusehen, sondern dienen allenfalls als Mittel zur Vereinheitlichung der Verwaltungspraxis.[45]

Der Deutsche Verein hat zwischenzeitlich neue Empfehlungen herausgegeben.[46] Auch bei den neuen Empfehlungen handelt es sich nicht um ein antizipiertes Sachverständigengutachten.[47] Nach den neuen Empfehlungen erfordern die bisher aufgeführten Zivilisationserkrankungen wie Diabetes, Gicht, Bluthochdruck, erhöhter Blutfettspiegel keine besondere, kostenaufwendige Ernährung mehr.

Ein **erhöhter Ernährungsbedarf** wird nur bei sogenannten zehrenden Erkrankungen wie HIV-Infektion, Krebserkrankungen, schwere Formen von Morbus Chron/Colitis Ulcerosa und Multipler Sklerose angenommen. Weitere Krankheiten, bei denen gewöhnlich ein erhöter Bedarf an Ernährung angenommen wird, sind Niereninsuffizienz, Zöliakie und Sprue.

60

61

62

---

43 NDV 1997, 26.
44 Münder in: LPK-SGB II § 21 Rn 26 ff.
45 BSG 27.2.2008 – B 14/7 B AS 32/06 R, B 14/7 B AS 64/06 R; 15.4.2008 – B 14/11 B AS 3/07 R.
46 Im Internet abrufbar unter: https://www.deutscher-verein.de/de/empfehlungenstellungnahmen-2014-empfehlungendesdeutschenvereinszurgewaehrungvonkrankenkostzulagenindersozialhilfe-1226,369,1000.html, letzter Aufruf 22.10.2015.
47 Vgl LSG Berlin-Brb. 3.2.2011 – L 34 AS 1509/10 B PKH noch offen gelassen.

Der Mehrbedarf wird wie folgt vorgeschlagen:

- konsumierende Erkrankungen, gestörte Nährstoffaufnahme bzw Nährstoffverwertung 10 % des Eckregelsatzes bzw des Regelbedarfs (§ 20 Abs. 2),

- Niereninsuffizienz, die mit einer eiweißdefinierten Kost behandelt wird, 10 % des Eckregelsatzes (Regelbedarf § 20 Abs. 2),

- Niereninsuffizienz mit Dialysediät 20 % des Eckregelsatzes,

- Zöliakie, Sprue 20 % des Eckregelsatzes (Regelbedarf § 20 Abs. 2 SGB II).

Die Bundesagentur für Arbeit hat hierauf reagiert und entsprechende Weisungen erlassen, bisher geleisteter Mehrbedarf ist in den Folgebescheiden nicht mehr zu gewähren und den Empfehlungen im Übrigen zu folgen. Die Mehrbedarfe für Ernährung ergeben sich aus der nachfolgenden Tabelle (Beträge bis zum 31.12.2015 in Klammern):

	Regelbedarf	Mehrbedarf 10 %	Mehrbedarf 20 %
		Jeweils gerundet	
alleinstehender Leistungsberechtigter	404 (399) EUR	40,40 (39,90) EUR	80,80 (79,80) EUR

63 Fraglich erscheint, ob die Festlegung anhand eines bestimmten Betrages vom Regelbedarf gerechtfertigt ist und die Kosten für den ernährungsbedingten Mehrbedarf tatsächlich abdecken kann. Neuere Ermittlungen zu den Mehrbedarfen hat der Deutsche Verein nicht angestellt, sondern lediglich die Werte von 1997 fortgeschrieben.[48] Die bis zum September 2008 angewendeten Empfehlungen hat das Bundessozialgericht hinsichtlich der Höhe des Mehrbedarfes als mögliche Konkretisierung des angemessenen Mehrbedarfs angesehen und gleichzeitig eine Begrenzung auf den Höchstbetrag von 79,80 EUR verworfen.[49]

64 **Hinweis:** Angesichts der Ermittlungen und der Ansichten der Deutschen Gesellschaft für Ernährung, auf deren Studie der Deutsche Verein für öffentliche und private Fürsorge zurückgreift, sind die Erfolgsaussichten beispielsweise eines Diabetikers einen ernährungsbedingten Mehrbedarf anerkannt zu bekommen, auch nach einem ärztlichem Gutachten als gering zu bezeichnen. Die Empfehlungen geben die derzeitige medizinische Meinung wieder und entbinden das Gericht nicht davon, im Einzelfall zu prüfen, ob gleichwohl ein Mehrbedarf besteht.

65 Die in der Studie der Deutschen Gesellschaft für Ernährung einbezogenen Lebensmittel lassen sich allerdings zu den ausschließlich statistisch festgestellten Preisen nur ausnahmsweise erwerben. Letztlich lässt diese Studie den Schluss zu, dass der Bedarf

---

48 Empfehlungen des Deutschen Vereins zur Gewährung von Krankenkostzulagen in der Sozialhilfe vom 10.12.2014, S. 11, abrufbar unter https://www.deutscher-verein.de/de/empfehlungenstellungnahmen-2014-empfehlungendesdeutschenvereinszurgewaehrungvonkrankenkostzulagenindersozialhilfe-1226,369,1000.html, letzter Aufruf 22.10.2015.
49 BSG 27.2.2008 – B 14/7 b AS 32/06 R.

für Ernährung, der in den jeweiligen Regelbedarfen mit einem jeweils in den §§ 5 und 6 RBEG genannten Anteilen enthalten ist, in aller Regel nicht ausreichend ist, denn andernfalls würde dies voraussetzen, dass der Leistungsberechtigte stets in der Lage ist, Lebensmittel der unteren Preiskategorie zu erwerben. Der Leistungsberechtigte, der nur eine Leistung von 80 % (Bedarf nach § 20 Abs. 2 S. 2 Nr. 2 = 320 EUR), kann sich auch nicht mehr unter diesen theoretisch günstigen Bedingungen aus seiner Regelleistung ernähren, es sei denn, er schränkt sich bei anderen „Bedarfen" ein.

Hinweis: Die Rechtsprechung des Bundesverfassungsgerichts zur Gewährung von Prozesskostenhilfe bei einer Klage auf Mehrbedarf für Ernährung wird nach Änderung der Empfehlung des Deutschen Vereins nicht mehr ohne Weiteres anzuwenden sein.[50]   **66**

Der ernährungsbedingte Mehrbedarf ist nicht auf die vom Deutschen Verein ermittelten Fälle beschränkt. Hierzu können zB Lebensmittelunverträglichkeiten (Allergien) in ihren verschiedenen Ausprägungen gehören.[51] Ein Bedarf wird sich allerdings nur dann ergeben, wenn der Leistungsberechtigte selbst von seinem ernährungsbedingten Mehrbedarf Kenntnis hat.[52] Zur Geltendmachung des Mehrbedarfes bedarf es keines gesonderten Antrags. Die Kenntnis wird in aller Regel erst nach einer Feststellung durch einen behandelnden Arztes bestehen. Bestand allerdings diese Kenntnis und macht der Leistungsberechtigte sein Recht erst nach dieser Kenntnis geltend, so wird das Jobcenter in aller Regel auch die vorigen Bewilligungszeiträume von Amts wegen überprüfen und Leistungen für die Vergangenheit bis zu einem Jahr (§ 40 Abs. 1 S. 2 iVm § 44 SGB X) nachzahlen müssen.[53]   **67**

Das Bundesverfassungsgericht[54] hatte im Falle einer an **Diabetes** erkrankten Klägerin die ablehnende Entscheidung des Landessozialgerichtes über die Bewilligung von Prozesskostenhilfe für ein Klageverfahren auf Anerkennung eines ernährungsbedingten Mehrbedarfes aufgehoben. Das Landessozialgericht hatte, entgegen den damals noch angewendeten Empfehlungen des Deutschen Vereins aus dem Jahr 1997, einen Anspruch auf Mehrbedarf aufgrund neuerer medizinischer Erkenntnisse verneint und die Prozesskostenhilfe wegen mangelnder Erfolgsaussichten abgelehnt. Nach Änderung der Empfehlungen des Deutschen Vereins kann davon ausgegangen werden, dass die Prozesskostenhilfe nunmehr mit dem Hinweis auf die zwischenzeitlich geänderten Feststellungen des Deutschen Vereins abgelehnt wird.   **68**

Hinweis: Die Leistungen für ernährungsbedingten Mehrbedarf sind nicht pauschaliert und können auch abweichend von den Vorschlägen des Deutschen Vereines in der tatsächlichen Höhe geltend gemacht werden. Hierzu ist es allerdings erforderlich, dass der Leistungsberechtigte Angaben zu seinem Mehrbedarf macht oder sein be-   **69**

---

50 BVerfG 20.6.2006 – 1 BvR 2673/05.
51 BSG 14.2.2013 – B 14 AS 48/12 R, SozR 4-4200 § 21 Nr. 15 (Laktoseintoleranz).
52 BSG 20.2.2014 – B 14 AS 65/12 R, SozR 4-4200 § 21 Nr. 17.
53 BSG 14.2.2013 – B 14 AS 48/12 R, SozR 4-4200 § 21 Nr. 15 (Laktoseintoleranz).
54 BVerfG 20.6.200 – 1 BvR 2673/05 Rn 34.

handelnder Arzt hierzu Auskunft geben kann. Der ernährungsbedingte Mehrbedarf ist auch nicht auf die in den Empfehlungen des Deutschen Vereins genannten Erkrankungen und Behinderungen beschränkt. Die Pauschalierung in Höhe von 10 % oder 20 % des Regelbedarfes für den alleinstehenden Leistungsberechtigten ist weder empirisch ermittelt, noch beruht sie auf einer einigermaßen nachvollziehbaren Schätzung, so dass sie nur als Anhaltspunkt für den Leistungsanspruch herangezogen werden kann.

e) Mehrbedarf nicht erwerbsfähiger Personen (Nachteilsausgleich für Gehbehinderte)

70 Personen, die mit Leistungsberechtigten in einer Bedarfsgemeinschaft leben und nicht erwerbsfähig sind, haben Anspruch auf Sozialgeld und keinen Anspruch auf Leistungen zum Lebensunterhalt nach dem SGB XII (§ 19 Abs. 1 S. 1). Leben diese Personen nicht in einer Bedarfsgemeinschaft mit ALG II-Beziehern zusammen, haben sie einen Anspruch auf Leistungen zum Lebensunterhalt nach den §§ 19 ff SGB XII. Zusätzlich erhalten diese Personen, die entweder die Altersgrenze nach § 41 Abs. 2 SGB XII erreicht haben oder voll erwerbsgemindert sind, einen Mehrbedarf in Höhe von 17 % der für sie maßgebenden Regelbedarfsstufe, wenn diese gehbehindert sind und durch Bescheid der Versorgungsbehörde einen Ausweis für schwerbehinderte Menschen mit dem Nachteilsausgleich-Merkzeichen G erhalten haben (§ 30 Abs. 1 SGB XII). Um diesen Personenkreis, der nur durch die „Klammerwirkung" der Bedarfsgemeinschaft keinen Anspruch auf diesen Mehrbedarf hat, nicht zu benachteiligen, wird im SGB II ein gesonderter Anspruch geschaffen (§ 23 Nr. 4).

Dieser Anspruch auf Mehrbedarf besteht daher weder für erwerbsfähige Leistungsberechtigte mit dem Merkzeichen G,[55] noch für Personen, die nicht erwerbsfähig sind, weil sie das 15. Lebensjahr noch nicht vollendet haben.[56]

f) Mehrbedarf bei dezentraler Warmwasserversorgung

71 Leistungsberechtigte, deren Warmwasser nicht mit den Kosten für die Heizung (§ 22 Abs. 1 S. 1) abgegolten werden, erhalten bei dezentraler Warmwasserbereitung etwa mittels eines elektrischen oder gasbetriebenen Durchlauferhitzers oder Warmwasserboilers einen Mehrbedarf (§ 21 Abs. 7) (Beträge bis zum 31.12.2015 in Klammern):

Mehrbedarf	in %	in EUR (gerundet)
Regelbedarf § 20 Abs. 2 S. 1:	2,3 % von 404 (399) EUR	9,29 (9,18) EUR
Regelbedarf § 20 Abs. 2 S. 2:	2,3 % von 324 (320) EUR	7,45 (7,36) EUR
Regelbedarf § 20 Abs. 4:	2,3 % von 364 (360) EUR	8,37 (8,28) EUR

---

55 BSG 21.12.2009 – B 14 AS 42/08 R; 18.2.2010 – B 4 AS 29/09 R.
56 BSG 6.5.2010 – B 14 AS 3/09 R bei einem vierjährigen gehbehinderten Kind.

Regelbedarf §§ 23 Nr. 1, 77 Abs. 4 Nr. 2:	1,4 % von 306 (302) EUR	4,28 (4,23) EUR
Regelbedarf §§ 23 Nr. 1, 77 Abs. 4 Nr. 3:	1,2 % von 270 (267) EUR	3,24 (3,20) EUR
Regelbedarf §§ 23 Nr. 1, 77 Abs. 4 Nr. 2:	0,8 % von 237 (234) EUR	1,90 (1,87) EUR

Neben den vorgenannten pauschalen Beträgen können auch die tatsächlichen Kosten geltend gemacht werden, etwa wenn nur ein Teil des warmen Wassers über die Zentralheizung geliefert wird. Dies ist zB möglich, wenn das Warmwasser teils mittels Durchlauferhitzer und teils durch die Zentralheizung erzeugt wird (§ 21 Abs. 7 S. 2 am Ende).

5. Sonder- und unabweisbare Bedarfe

Der Regelbedarf (§ 20 Abs. 1) deckt neben dem Bedarf für Kosten der Unterkunft   72
und Heizung (§ 21 Abs. 1 S. 1) im Wesentlichen den gesamten Lebensbedarf (§ 3 Abs. 3 Hs 2). Die Aufzählung der vom Regelbedarf erfassten Bedarfe in § 20 Abs. 1 ist nicht abschließend; dies ergibt sich sowohl aus dem Wortlaut „insbesondere" als auch aus dem Zusammenhang mit §§ 3 Abs. 3 Hs 2, 20 Abs. 1.

a) Sonderbedarf gegen den kommunalen Träger

Die **Pauschalierung** des Regelbedarfes stößt auf Grenzen, wenn dem Leistungsberech-   73
tigten eine Umschichtung der Bedarfe nicht mehr möglich ist und ein einmaliger Bedarf seine Ansparmöglichkeiten erkennbar überschreitet. Dies wird insbesondere deutlich, wenn es um die Anschaffung langlebiger Konsumgüter wie einer Waschmaschine, eines Kühlschranks oder Bügeleisens geht. Diese sind ausweislich des § 5 Abs. 1 S. 2 RBEG in Abteilung 5 nur mit einem Teilbetrag von 3 EUR (insgesamt 27,41 EUR) ausgewiesen.[57]

Dies betrifft einmal die unregelmäßig auftretenden (Sonder-)Bedarfe nach § 24   74
Abs. 3, die nach dem Willen des Gesetzgebers im Regelbedarf nicht enthalten sind. Hierbei handelt es sich namentlich um

- die **Erstausstattung für die Wohnung** einschließlich Haushaltsgeräten,
- die Erstausstattung mit Bekleidung und Erstausstattung bei **Schwangerschaft** und **Geburt** sowie um
- die Anschaffung und Reparatur von **orthopädischen Schuhen,** Reparaturen von **therapeutischen Geräten** und Ausrüstungen sowie die Miete von therapeutischen Geräten.

Auf diese Leistungen haben auch Personen einen Anspruch, die nicht laufende Leistungen nach dem SGB II erhalten (§ 24 Abs. 3 S. 3).

---

57 BVerfG 23.7.2014 – 1 BvL 10/12, BvL 12/12, 1 BvR 1691/13, BGBl. I 2014, 1581; NJW 2014, 3425–3434.

75　Die **Erstausstattung einer Wohnung** mit Möbeln und Haushaltsgeräten sowie die Erstausstattung für Kleidung, die Erstausstattung bei Schwangerschaft, die Erstausstattung bei der Geburt und die Anschaffung und Reparatur von orthopädischen Schuhen, Reparaturen therapeutischer Geräte und Ausrüstungen sowie Miete von therapeutischen Geräten sind im Gesetz vorgesehene Sonderbedarfe (§ 24 Abs. 3).

Ein Bedarf für eine Erstausstattung entsteht nach dem Wortsinn erstmals, wenn die in § 24 Abs. 3 genannten Gegenstände angeschafft werden müssen. Dies ist zB der Fall bei einem Neugeborenen, das erstmals Bekleidung benötigt oder wenn der junge Leistungsberechtigte nach Vollendung des 25. Lebensjahres erstmals eine angemessene Wohnung bezieht oder eine Hilfeempfängerin erstmals schwanger wird.

Nicht zur Erstausstattung im Wortsinne gehören die **Ersatzbeschaffung** bei einem Wohnungsbrand oder einer Einrichtungsbeschaffung nach Haftentlassung. Bei dem Wohnungsbrand handelt es sich um eine Ersatzbeschaffung; dieser Fall wird auch regelmäßig bei einer Haftentlassung nach längerer Haftzeit vorliegen. In den Gesetzesmaterialien[58] sind die genannten Fälle jedoch als Beispiele einer Erstausstattung benannt, dh nach dem Willen des Gesetzgebers sind die genannten Beispielsfälle und ähnlich gelagerte Fälle auch als erste Ausstattung anzusehen.[59] Zur Erstausstattung einer Wohnung gehört nur die Ausstattung mit wohnraumbezogenen Gegenständen, die eine geordnete Haushaltsführung und ein an den herrschenden Lebensgewohnheiten orientiertes Wohnen ermöglichen.[60] Ein Fernsehgerät gehört deshalb nicht zur Erstausstattung.[61]

76　Fraglich war, ob der „**wachstumsbedingte Bekleidungsbedarf**" bei Kindern einen Fall der Erstausstattung mit Bekleidung iSd § 24 Abs. 3 Nr. 2 oder einen Bestandteil des Regelbedarfes darstellt. Der Wachstumsbedarf fällt zwar kinderspezifisch regelmäßig häufiger als bei Erwachsenen an, ist aber gleichwohl regelmäßig anfallender Bedarf der im Regelbedarf berücksichtigt ist.[62] Nicht zum „wachstumsbedingten" Bedarf gehört demgegenüber die Anschaffung eines Jugendbettes statt eines (Gitter-)Kinderbettes, weil es, anders als der kleidungsbedingte Bedarf, nicht ein laufender, sondern ein einmaliger Bedarf ist.[63]

77　Seit dem 1.1.2011 besteht zusätzlich ein Anspruch für die Anschaffung und Reparatur von orthopädischen Schuhen und die Reparatur und Miete therapeutischer Geräte (§ 24 Abs. 3 S. 2 Nr. 3). Bei orthopädischen Schuhen werden auch die Kosten der Anschaffung übernommen, bei den therapeutischen Geräten nur die Miete. Die Versorgung mit orthopädischen Schuhen, sowie die Instandsetzung erfolgt in Regel durch Leistungen der gesetzlichen Krankenversicherung (§ 33 Abs. 1 S. 1 S. 3 SGB V). Auch therapeutische Geräte werden in der Regel durch die gesetzliche Krankenversi-

---

58　BT-Drucks. 15/1514.
59　BSG 19.9.2008 – B 14 AS 64/07 R für Erstausstattung mit Wohnungseinrichtungsgegenständen – hier Waschmaschine nach Scheidung oder Trennung; BSG 1.7.2009 – B 4 AS 77/08 R für bei einem vom LT veranlassten Umzug zerstörten Schrank und Bett.
60　BSG 16.12.2008 – B 4 AS 49/07 R, Rn 23.
61　BSG 25.2.2011 – B 14 AS 75/10 R.
62　BSG 23.3.2010 – B 14 AS 81/08 R.
63　BSG 23.5.2013 – B 4 AS 79/12 R, SozR 4-4200 § 24 Nr. 5.

cherung zur Verfügung gestellt (§ 33 Abs. 1 SGB V). Dieser Anspruch gegen die Krankenkasse geht dem Anspruch nach dem SGB II vor. Zu den Leistungen für Hilfsmittel einschließlich orthopädischer Schuhe muss der Krankenversicherte, der das 18. Lebensjahr vollendet hat, bis zu einer Belastungsgrenze Zuzahlungen leisten. Von den Zuzahlungen kann sich der Leistungsberechtigte bei Überschreitung der Belastungsgrenze befreien lassen (§ 62 Abs. 1 SGB V). Die Belastungsgrenze besteht bei Leistungsberechtigten nach dem SGB II iHv 2 % des jährlichen Regelbedarfes nach § 20 Abs. 2 S. 1 und im Falle einer chronischen Erkrankung iHv 1 %. Die Belastungsgrenze errechnet sich wie folgt:

Belastungsgrenze 2 % von 4.848 EUR	
(404 EUR * 12 Monate)	96,96 EUR
Belastungsgrenze 1 % von 4.848 EUR	
(404 EUR * 12 Monate)	48,48 EUR

Die Zuzahlung zu den orthopädischen Schuhen und anderen Hilfsmitteln beträgt 10 % der Kosten sowie 10 EUR für jede Verordnung (§ 61 S. 3 SGB V). Die Zuzahlung zu den Kosten für Orthopädische Schuhe und andere Hilfsmittel beträgt 10 % des Abgabepreises mindestens jedoch 5 EUR und höchstens 10 EUR (§§ 33 Abs. 8, 61 S. 1 SGB V). Hiervon ist der Eigenanteil zu unterscheiden. Der Eigenanteil besteht in den ersparten Aufwendungen für ein vergleichbares Paar normaler Schuhe. Den Eigenanteil müssen auch Versicherte leisten, die das 18. Lebensjahr nicht vollendet haben. Dieser beträgt für Straßenschuhe nach den Empfehlungen des Gesamtverbandes der gesetzlichen Krankenkassen 76 EUR bei Volljährigen. Der Eigenanteil soll durch die Neuregelung nunmehr in voller Höhe übernommen werden.[64]

b) Unabweisbarer Bedarf, einmaliger Sonderbedarf

Zu den Sonderbedarfen zählen auch Bedarfe, die zwar vom Regelbedarf umfasst **78** sind, allerdings nicht durch Ansparung gedeckt werden können (sogenannte **unabweisbare Bedarfe** § 24 Abs. 1). Diese nicht benannten Bedarfe können durch Gewährung einer Sach- oder Geldleistung in Verbindung mit einem (zurückzuzahlenden) Darlehen gewährt werden (§ 24 Abs. 1). Hierbei handelt es sich zumeist um Bedarfe für langlebige Gebrauchsgüter, wie beispielsweise Fernsehgeräte, Computer und Brillen. Es kann sich allerdings auch um Nachzahlungen für Stromkosten und andere Ansprüche handeln,[65] die regelmäßig als laufende Leistungen durch den Regebedarf abgedeckt sind. Der unabweisbare Bedarf wird allerdings nach der Rechtsprechung zwingend nur als Darlehen gewährt, die mit einer Minderung des Regelbedarfes um 10% monatlich verbunden werden müssen (§ 42a Abs. 2 S. 1), so dass nur ein nachträglicher Erlass der Darlehensleistung im Einzelfall in Betracht zu ziehen ist. Eine erweiternde, verfassungskonforme Auslegung, dass die Leistungen auch als Zuschuss gewährt werden können, ist demgegenüber nicht möglich. Nach der Rechtsprechung des Bundesverfassungsgerichtes kann auf ein Darlehen nur verwiesen werden, wenn

---

64 BT-Drucks. 17/3403, 103.
65 Vgl LSG NRW 22.4.2013 – L 19 AS 561/13 NZB.

die Regelbedarfsleistung so hoch bemessen ist, dass entsprechende Spielräume zur Rückzahlung bestehen.[66] Ob dies „Spielräume", angesichts der doch sehr kleinen Beträge, die für Ansparungen zur Verfügung stehen ausreichend sind, erscheint fraglich. Zu berücksichtigen dürfte insbesondere sein, dass viele Leistungsberechtigte noch längere Zeit nachdem sie in den Leistungsbezug gelangt sind, Gegenstände verbrauchen, die sie vor dem Leistungsbezug angeschafft haben.

Beispiel: Erhält ein Leistungsberechtigter, der sein komplettes Leben im Leistungsbezug stand, dh nach Vollendung des 25. Lebensjahres ausgezogen ist, eine Erstausstattung, könnte er bei einem Preis für Elektroherd, Kühlschrank und Waschmaschine zu einem Gesamtpreis von 600 EUR, bei einem Ansparbetrag in Höhe von 3 EUR monatlich, erst nach 16 Jahren und acht Monaten eine Neuanschaffung vornehmen. Bei einer durchschnittlichen Lebensdauer von zehn Jahren für die Geräte, die alle in der untersten Preisklasse angesiedelt sind, besteht hier eine ggf verfassungswidrige, durch Auslegung nicht zu schließende, weil nicht planwidrige Regelungslücke. Es kann daher unter Hinweis auf die Entscheidung des Bundesverfassungsgerichtes eine Richtervorlage angeregt werden (§ 13 Nr. 11 BVerfGG).

79 Ein **Zusatzbedarf** kann, wenn er unabweisbar ist und nicht aus dem Ansparguthaben (§ 12 Abs. 2 Nr. 4) und aus dem Grundfreibetrag (§ 12 Abs. 2 Nr. 1) bestritten werden kann, nur als Geld- oder Sachleistungsdarlehen bewilligt werden (§ 42 a Abs. 1 S. 1). Eine gesonderte Deckung eines notwendigen Bedarfes durch Erhöhung der Regelleistung ist nach dem Gesetz nicht vorgesehen (§ 3 Abs. 3 S. 2) und kann allenfalls durch den atypischen Bedarf gedeckt werden (§ 21 Abs. 6).

80 **Beispiel:** Der Leistungsberechtigte erhält von seinem Energieversorger wegen deutlich gestiegener Strompreise und Anstieg der Umsatzsteuer von 16 % auf 19 % eine Nachforderung für die Stromlieferung in Höhe von 300 EUR. Da er bereits in den Vorjahren nur zögerlich seine Energieschulden gezahlt hatte, ist der Energieversorger nicht bereit, den Betrag zu stunden. Der Leistungsträger lehnt die Übernahme der Kosten ab, weil es sich um Schulden handelt, die nach dem SGB II grundsätzlich nicht übernommen werden.

Der Leistungsträger muss die Stromkosten hier dem Leistungsberechtigten als Geldleistung in Form eines Darlehens gewähren, denn es handelt sich um einen vom Regelbedarf erfassten Bedarf, weil Strom zu der in dem Regelbedarf enthaltenen Haushaltsenergie gehört (§ 20 Abs. 1 S. 1). Der Anspruch auf Stromlieferung ist unabweisbar, denn der Stromversorger ist berechtigt, die Stromlieferung bei Nichtzahlung einzustellen. Eine Wohnung ohne Strom kommt der Unbewohnbarkeit gleich.[67] Der Leistungsträger kann die Übernahme der Stromkosten auch nicht ablehnen, weil es sich um Schulden handelt, denn die Übernahme von Stromkosten zur „Wohnungssicherung" ist ausdrücklich vorgesehen (§ 22 Abs. 8 S. 1). Mangels Ansparvermögens und Stundung durch den Energieversorger kann der Bedarf auch nicht anderweitig gedeckt werden. Der Leistungsträger hat nach § 24 Abs. 1 S. 1 die Möglichkeit eine Sach- oder Geldleistung zu erbringen; ihm steht demnach ein Auswahlermessen zu. Im vorliegenden Fall kommt eine Sachleistung nicht in Betracht, so dass das Ermessen auf Null reduziert ist.

---

66 BVerfG 23.7.2014 – 1 BvL 10/12, 1 BvL 12/12, 1 BvR 1691/13, BGBl. I 2014, 1581 Rn 116.
67 LSG NRW 12.12.2008 – L 7 B 384/08 AS.

c) Atypische Bedarfe

Die Rechtsprechung hat die im SGB II vorgenommene starre Pauschalierung in be- 81
sonderen Einzelfällen als unzureichend angesehen und ließ in einem eng begrenzten
Rahmen einen Anspruch nach § 73 SGB XII zu. Dies wurde hinsichtlich des Anspruchs von Kindern, deren Eltern getrennt leben, wegen der **Kosten des Umgangsrechts** angenommen.[68] Der Anspruch nach § 73 SGB XII war kein Anspruch gegenüber dem Träger nach dem SGB II, sondern ein gesonderter Anspruch auf Sozialhilfe.[69] Nach der Entscheidung des Bundesverfassungsgerichtes vom 9.2.2010[70] bis zur
gesetzlichen Neuregelung am 3.6.2010 bestand ein Anspruch auf Leistungen aufgrund eines **unabweisbaren laufenden, nicht nur einmaligen, besonderen Bedarfs** für
die nach § 7 Leistungsberechtigten nach Maßgabe der Urteilsgründe unmittelbar aus
Art. 1 Abs. 1 GG iVm Art. 20 Abs. 1 GG zulasten des Bundes. Der Bedarf ist typi-
scherweise von dem Statistikmodell nicht erfasst und muss im Einzelfall für ein men-
schenwürdiges Existenzminimum erforderlich sein. Dieser Bedarf muss über die im
Gesetz ausdrücklich geregelten Bedarfslagen hinaus bestehen, dh nicht bereits durch
einen Mehrbedarf gedeckt werden.[71] Der sogenannte atypische Bedarf ist seit dem
3.6.2010 in § 21 Abs. 6 geregelt.[72] Die Regelung lehnt sich eng an die Rechtsprechung des Bundesverfassungsgerichtes an, so dass auf die Urteilsgründe Bezug genommen werden kann.

Die Tatbestandsvoraussetzungen sind im Einzelnen wie folgt zu definieren: 82

1. Ein Bedarf muss im Einzelfall **unabweisbar** sein. Ein Bedarf ist unabweisbar,
   wenn er vom Gesetzgeber im Rahmen der Ermittlung des Regelbedarfes zur Deckung des Existenzminimums ausdrücklich vorgesehen ist. Ist er Bestandteil des
   Regelbedarfes, handelt es sich nicht um einen atypischen, dh außergewöhnlichen
   Bedarf. Unabweisbar ist daher ein Bedarf, der zwar nicht vom Regelbedarf erfasst, aber von der Verkehrsauffassung als zum Leben notwendig angesehen
   wird.[73] Hierbei handelt es sich nicht nur um Gegenstände, die zum Leben unerlässlich sind. Zusätzlich ist es erforderlich, dass der Bedarf **nicht aufgeschoben
   werden kann.**[74]

   Beispiel: Der Besitz eines Fernsehgerätes ist zwar zum Leben nicht unerlässlich, wird
   aber als unabweisbarer Bedarf angesehen.[75]

   Unklar ist, was mit einem Einzelfall gemeint ist. Mit Einzelfall kann ein Seltenheitsfall oder ein Abweichen von den gewöhnlichen Aufwendungen gemeint sein.
   Maßgebend für die Atypik einer Bedarfslage ist vielmehr, dass ein den Grund-
   rechtsbereich tangierender Bedarf ungedeckt bleibt, der – worauf auch das

---

68 BSG 7.11.2006 – B 7 B AS 14/06 Rn 24 ff.
69 BSG 11.12.2007 – B 8/9 B SO 12/06 Rn 18.
70 BVerfG – 1 BvL 1/09, BvL 3/09 und BvL 4/09.
71 Für den Mehrbedarf an Schuhen bei einem Mehrbedarf wegen Gehbehinderung nach § 30 Abs. 1 SGB XII
    vgl BSG 29.9.2009 – B 8 SO 5/08 R.
72 LSG RPf. 24.11.2010 – L 1 SO 133/10 B ER.
73 Vgl BSG 20.8.2009 – B 14 AS 45/08 R Rn 14; LSG NRW 29.7.2009 – L 12 SO 51/08 Rn 46.
74 LSG Berlin-Brb 23.7.2009 – L 29 AS 244/09 B PKH.
75 Vgl LSG Berlin-Brb 7.10.2009 – L 18 AS 2221/07.

BVerfG in seinem Urteil vom 9.2.2010 hinweist – vom Rechtssystem „eigentlich" gedeckt werden müsste.[76] Deshalb kann hiermit kein Seltenheitsfall gemeint sein.

2. Es darf sich nicht um einen einmaligen Bedarf handeln. Die in § 32 und § 31 SGB XII genannten Bedarfe, sind spezielle Bedarfe, die nicht regelmäßig anfallen und die erheblich von dem durchschnittlichen Bedarf abweichen.[77] Ein einmaliger Bedarf ist zB der Einschulungsbedarf, der anlässlich der Einschulung von Erstklässlern anfällt, und zwar für die Schultüte und die Erstausstattung mit einer Schultasche (Ranzen), Federmäppchen, Heften u.A.[78]

3. Der Bedarf muss entweder bei der Bemessung des existenzsichernden Bedarfes nicht oder nicht ausreichend berücksichtigt worden sein.[79]

4. Der Bedarf muss so **erheblich** sein, dass er durch Einsparmöglichkeiten in anderen Bereichen oder durch Leistungen Dritter nicht abgedeckt werden kann.[80] Mit Einsparmöglichkeiten kann nicht der sogenannte „Ansparbetrag" gemeint sein, der sich weder aus dem Gesetz noch den hierzu ergangenen Materialien ergibt und teilweise mit 16 % des Regelbedarfes angegeben wird. Das menschenwürdige Existenzminimum darf nicht mehr gewährleistet sein.[81] Die Frage, ob das menschenwürdige Existenzminimum unterschritten wird, richtet sich daher – abgesehen von den schwer auszulotenden „**Evidenzfällen**" – nach einfachem Recht. Ein Evidenzfall liegt vor, wenn die physische Existenzsicherung (Ernährung, Kleidung) nicht mehr gesichert ist.[82] Darlehen, die zur Deckung eines unabweisbaren Bedarfs (§ 24 Abs. 1) zB zur Anschaffung einer Waschmaschine dem Leistungsberechtigten gewährt werden, können ab dem Monat, der auf die Auszahlung folgt, aufgerechnet werden (§ 42 a Abs. 2 S. 1). Diese Aufrechnungsmöglichkeit wurde vom Bundesverfassungsgericht als verfassungsrechtlich nicht zu beanstanden eingeschätzt.[83] Eine Belastung des menschenwürdigen Existenzminimums liegt daher nicht vor, wenn die Mehrkosten bis zu **10 % des für den Leistungsberechtigten maßgeblichen Regelbedarfes** nicht überschreiten. Wird diese Grenze dauerhaft überschritten und erfolgen keine Leistungen durch Dritte, so kann ein unabweisbarer Mehrbedarf vorliegen. Unabweisbar sind Bedarfe für Ernährung, Kleidung, Körperpflege, Hausrat, Haushaltsenergie, Gesundheit, Wohnen usw (§§ 20 Abs. 1, 21 Abs. 1). Darüber hinaus hat das Bundesverfassungsgericht einen notwendigen (unabweisbaren) Bedarf bei Kindern für Bildung, insbesondere für die Schule angenommen.[84] Aber selbst die Grenze von 10 % des maßgeblichen Regelbedarfes ist bei den beengten finanziellen Verhältnissen der Leistungsberechtigten als zu eng anzusehen. Das Bundessozialgericht hat bei einem Regelbedarf iHv 345 EUR und einem zusätzlichen Einkommen einen Betrag iHv 20,45 EUR

---

76 BSG 19.8.2010 – B 14 AS 13/10 R.
77 BSG 19.9.2008 – B 14 AS 64/07 R.
78 BVerwG 28.3.1996 – 5 C 33/95.
79 BVerfG 9.2.2010 – 1 BvL 1/09, BvL 3/09 und BvL 4/09 Rn 207.
80 BVerfG 9.2.2010 – 1 BvL 1/09, BvL 3/09 und BvL 4/09 Rn 208.
81 BVerwG 28.3.1996 – 5 C 33/95.
82 BVerfG 9.2.2010 – 1 BvL 1/09, BvL 3/09 und BvL 4/09 Rn 158.
83 BVerfG 9.2.2010 – 1 BvL 1/09, BvL 3/09 und BvL 4/09 Rn 150.
84 BVerfG 9.2.2010 – 1 BvL 1/09, BvL 3/09 und BvL 4/09 Rn 192.

monatlich nicht als gering angesehen.[85] Tatsächlich dürfte nur ein Betrag unter 10 EUR monatlich als gering anzusehen sein.[86] Dieser Ansicht scheint auch das Bundesverfassungsgericht zuzuneigen, das einen Betrag von 7 EUR monatlich nicht für gering erachtet hat.[87] Mit seiner Entscheidung vom 4.6.2014 hat das Bundessozialgericht einen Betrag von monatlich 27,20 EUR bei einem Regelbedarf von damals 359 EUR nicht als einen Bagatellbetrag angesehen.[88] Nach einer Entscheidung des LSG Hamburg liegt ein Evidenzfall dann vor, wenn der geltend gemachte Mehrbedarf von dem Ansatz im RBEG abweicht.[89] Dies setzt allerdings voraus, dass ein solcher Bedarf sich aus dem RBEG und dem, diesem zugrundeliegenden, EVS 2008 entnehmen lässt. Dabei sind nur solche Kosten vom Jobcenter zu übernehmen, die bei einer sparsamen Lebensführung eingesetzt würden. So muss sich der Leistungsberechtigte bei der Ausübung des Umgangsrechtes entgegenhalten lassen, dass er günstiger, zB mit einem öffentlichen Verkehrsmittel statt mit einem PKW, hätte fahren können.[90]

Der Bedarf für Hygieneartikel ist nicht der einzige Bedarf, der im Rahmen des Anspruchs auf atypischen Bedarf nach § 73 SGB XII, Art. 1 Abs. 1, 20 Abs. 1 GG oder nunmehr nach § 21 Abs. 6 geltend gemacht werden kann. Neben den Bedarfen, die nach der Geschäftsanweisung der Bundesagentur für Arbeit zu gewähren sind,[91] kommen noch weitere Bedarfe in Betracht. **83**

Nach den Handlungsanweisungen der Bundesagentur für Arbeit kann auf folgende Bedarfe ein Anspruch bestehen:

- **Nichtverschreibungspflichtige Medikamente** und zB Hautpflegeprodukte bei Neurodermitis, Hygieneartikel bei ausgebrochener HIV-Infektion, usw;
- **Putz-/Haushaltshilfe** für Rollstuhlfahrer und ähnlich behinderter Menschen;
- Kosten zur Wahrnehmung des **Umgangsrechts** von Kindern, die von ihren Eltern getrennt leben und zwar sowohl für Eltern als auch für Kinder.

Der **Nachhilfeunterricht** ist zwar in der Geschäftsanweisung Bundesagentur für Arbeit übernommen worden, der Anspruch wird seit dem 1.1.2011 nicht mehr als atypischer Bedarf (§ 21 Abs. 6), sondern als spezieller Bedarf zur Bildung und Teilhabe (§ 28 Abs. 5) gewährt.

Über die in dem Katalog der Bundesagentur aufgeführten Bedarfe hinaus sind noch weitere atypische Bedarfe denkbar und zwar: **84**

- Kosten für den Besuch von **inhaftierten** Familienangehörigen; diese fallen regelmäßig an und können, wenn sie die Zumutbarkeitsschwelle überschreiten einen abweichenden Bedarf begründen.

---

85 BSG 9.8.2010 – B 14 AS 13/10 R.
86 BSG 1.7.2009 – B 4 AS 21/09 R, Rn 39.
87 BVerfG 24.3.2011 1 BvR 2493/10.
88 BSG 4.6.2014 – B 14 AS 30/13 R, BSGE 116, 86–94.
89 LSG Hamburg, 19.3.2015– L 4 AS 390/10.
90 BSG 18.11.2014 – B 4 AS 4/14 R, SozR 4-4200 § 21 Nr. 19.
91 Geschäftsanweisung vom 17.2.2010 – SP II – II-1303 / 7000/5215.

- Ein Mehrbedarf für gehbehinderte erwerbsfähige Leistungsberechtigte, die keinen Anspruch nach § 23 Nr. 4 haben[92] wegen erhöhtem Bedarf für **Schuhe und andere Bekleidungsstücke**, soweit dieser nicht in Form orthopädischer Schuhe (§ 24 Abs. 3 Nr. 3) geleistet werden kann.

- **Verpflegungsmehraufwendungen** von Kindern, die eine **Ganztagsschule** besuchen, wenn mehr Mahlzeiten als das Mittagessen eingenommen werden.

85   - Auch ein spezieller **Bekleidungsbedarf** (Über- und Untergröße, spezieller Schnitt bei Körperbehinderung) kann, entgegen der Ansicht der Bundesagentur für Arbeit in ihrer Geschäftsanweisung[93] einen Anspruch auf Deckung eines atypischen Bedarfs bilden. Hier wird allerdings zumeist kein regelmäßiger Bedarf vorliegen, so dass hier ein Darlehen zur Bedarfsdeckung in Betracht kommt.

> **Beispiel:** Die 17-jährige K, die seit mehreren Jahren ein Musikinstrument spielt, möchte sich an einer Musikhochschule bewerben. Um ihre Bewerbungschancen zu steigern, benötigt sie zusätzlich zu ihren eigenen Bemühungen noch die Unterstützung durch einen Musiklehrer, der sie für vier Monate unterrichten soll. Auch hier ist im Einzelfall die Übernahme der Kosten durch den Leistungsträger als atypischer Bedarf denkbar.

d) Darlehensgewährung bei Mittellosigkeit

86   Sofern der Leistungsberechtigte über Vermögen verfügt und es zu seinem Lebensunterhalt einsetzen muss, er allerdings nicht in der Lage ist, das Vermögen zu verwerten, oder wenn die sofortige Verwertung eine besondere Härte für ihn darstellt, ist ihm zum Bestreiten seines Lebensunterhaltes ein **Darlehen** zu gewähren (§ 24 Abs. 5).

87   **Beispiel:** Der Leistungsberechtigte ist im Besitz eines unbebauten Grundstückes. Neben dem unbebauten Grundstück hat er kein weiteres Vermögen mehr. Der Wert des Grundstückes übersteigt sein Schonvermögen (§ 12 Abs. 2 Nr. 1, Nr. 4) um mehr als das Doppelte. Die Veräußerung des Grundstückes gestaltet sich außerordentlich schwierig, denn der Leistungsberechtigte versucht bereits seit zwei Jahren das Grundstück zu verkaufen.

Der Leistungsträger wird dem Leistungsberechtigten Leistungen nach dem SGB II gewähren müssen und zwar zumindest als Darlehen. Bei der Gewährung einer darlehensweisen Bewilligung ist zu berücksichtigen, dass der Leistungsberechtigte dann nicht der Versicherungspflicht in der gesetzlichen Kranken- und Pflegeversicherung unterliegt.

Zusätzlich zu dem Regelbedarf und den Leistungen für Unterkunft und Heizung müsste der Leistungsberechtigte daher auch noch die Kosten für eine freiwillige Kranken- und Pflegeversicherung, sowie ggf der Rentenversicherung, erhalten.

88   Hier könnte sogar daran gedacht werden, dass sich der Vermögensgegenstand als **unverwertbar** erweist und dem Leistungsberechtigten die Leistungen als Zuschuss zu gewähren sind.[94] Bei der Ermittlung der Veräußerbarkeit einer Immobilie und deren Marktwert ist regelmäßig ein Gutachten einzuholen.

---

92   Vgl BSG 15.12.2010 – B 14 AS 44/09 R, hier wurde kein konkreter Mehrbedarf geltend gemacht.

93   Fachliche Hinweise Bundesagentur für Arbeit 22.12.2014 zu § 21 SGB II, http://www.arbeitsagentur.de/web /wcm/idc/groups/public/documents/webdatei/mdaw/mdk1/~edisp/l6019022dstbai377951.pdf?_ba.sid=L601 9022DSTBAI377954, letzter Aufruf 22.10.2015.

94   Vgl BSG 27.1.2009 – B 14 AS 52/07 R und 30.8.2010 – B 4 AS 70/09 R = info also 2011, 41–42.

Hinweis: Im Verfahren auf einstweilige Anordnung wird die Einholung eines solchen 89
Gutachtens in aller Regel nicht möglich sein, so dass eine abschließende Prüfung des
Falles durch das Gericht nicht durchgeführt werden kann. Die Entscheidung des Gerichtes wird daher auf einer Folgenabwägung beruhen müssen.[95] Die Folgenabwägung wird in der Regel ergeben, dass die Versorgung des Leistungsberechtigten höher
zu bewerten ist als das Bedürfnis der Staatskasse an ihrer Schonung.

e) Anspruch auf Bildung und Teilhabe

Zur Sicherung des Existenzminimums für Kinder, und zwar zur Deckung des notwen- 90
digen Bedarfes insbesondere für schulpflichtige Kinder,[96] und für die Teilhabe am gesellschaftlichen Leben für Kinder besteht ein Anspruch auf Bedarf für Bildung und
Teilhabe (§§ 28 ff).

Kinder, Jugendliche und junge Erwachsene, die das 25. Lebensjahr noch nicht vollendet haben, haben einen Anspruch auf Bildung und Teilhabe (§ 28 Abs. 1).

aa) Schulausflüge, mehrtägige Klassenfahrten

Schüler haben einen Anspruch auf Übernahme der tatsächlichen Aufwendungen für 91
Schulausflüge (§ 28 Abs. 2 Nr. 1) und mehrtägige Klassenfahrten[97] im Rahmen schul-
rechtlicher Bestimmungen (§ 28 Abs. 2 Nr. 2). Klassenfahrten sind mehrtägig, wenn
sie mit mindestens einer Übernachtung verbunden sind.[98] Hängt die mehrtägige Klassenfahrt mit einer eintägigen Vorbereitungsveranstaltung zusammen, so besteht auch
ein Anspruch auf Übernahme für die Kosten dieser Veranstaltung.[99] Die Kosten für
mehrtägige Klassenfahrten sind, wenn die schulrechtlichen Bestimmungen keine Kos-
tenobergrenzen vorsehen, in voller Höhe zu übernehmen. Zu den schulrechtlichen
Bestimmungen gehören nicht nur förmliche Gesetze, dh die jeweiligen Schulgesetze
der Länder und die hierzu ergangenen Verordnungen, sondern auch Erlasse, Richtlinien und ähnliche Anordnungen der Exekutive, wie die Wanderrichtlinie Nord-
Rhein-Westfalen.[100] Eine Einschränkung auf einen angemessenen Betrag sieht das
Gesetz nicht vor.[101] Was eine Klassenfahr oder ein Schulausflug ist, bestimmt sich bei
der Auslegung des § 28 ausschließlich nach bundesdeutschem Recht.[102] Auch hinsichtlich der Kosten für Schulausflüge sind keine Obergrenzen festgelegt, so dass
auch hier keine Angemessenheitskontrolle durchgeführt wird.[103] Kinder, die eine Tageseinrichtung besuchen haben ebenfalls einen Anspruch auf Übernahme der Kosten
für Ausflüge und mehrtägige Fahrten (§ 28 Abs. 2 S. 1). Tageseinrichtungen sind Einrichtungen, in denen sich Kinder für einen Teil des Tages oder ganztägig aufhalten
und in Gruppen gefördert werden (§ 22 Abs. 1 S. 1 SGB VIII). Ob der Begriff der Ta-

---

95 BVerfG 12.5.2005 – 1 BvR 569/05 lesenswert!
96 BVerfG 9.2.2010 – 1 BvK 1/09, 3/09, 4/09, Rn 192.
97 Zum Begriff Klassenfahrt vgl LSG BW 22.6.2010 – L 13 AS 678/10 n.r. anhängig beim BSG: B 4 AS
    204/10 R.
98 BSG 13.11.2008 – B 14 AS 36/07 R.
99 BSG 23.3.2010 – B 14 AS 1/09 R.
100 Richtlinien für Schulwanderungen und Schulfahrten (Wanderrichtlinien – WRL) RdErl. d. Ministeriums
    für Schule und Weiterbildung v. 19.3.1997 (GABl. NW. I, 101) *.
101 BSG 13.11.2008 – B 14 AS 36/07 R.
102 BSG 19.6.2012 – B 4 AS 162/11 R, SozR 4-4200 § 24 a Nr. 1.
103 BT-Drucks. 17/3404 Anm. zu § 28 SGB II.

geseinrichtung in § 28 Abs. 2 S. 2 dem Begriff des Kinder- und Jugendhilfegesetzes entspricht, lässt sich den Gesetzesmaterialien nicht entnehmen. Nach dem Gesetzeszweck soll eine Absonderung von Kindern, Jugendlichen und jungen Erwachsenen vermieden werden, so dass nur Einrichtungen, in denen eine Gruppenförderung stattfindet, einbezogen werden können. Die Gruppenförderung könnte auch im Rahmen der Tagespflege (§ 22 Abs. 1 S. 2 SGB VIII) erbracht werden. Die Förderung ist nach dem Wortlaut eindeutig auf Kinder beschränkt (§ 7 Abs. 1 Nr. 1 SGB VIII), so dass eine Ausdehnung auf Fahrten, die von Einrichtungen der Jugendhilfe organisiert werden, nicht erfolgen kann.

bb) Ausstattung mit Schulbedarf

92 Schüler haben einen Anspruch auf Leistung für die Ausstattung mit Schulbedarf in Form von Pauschalbeträgen: jeweils zum 1.8. in Höhe von 70 EUR und zum 1.2. in Höhe von 30 EUR (§ 28 Abs. 3). Dieser Betrag beruht nicht auf einer Erhebung des Gesetzgebers über den tatsächlichen Bedarf, sondern auf einer freien Schätzung. Das Bundesverfassungsgericht hat in seiner Entscheidung vom 9.2.2010 hierzu Stellung genommen und ausgeführt, dass hier eine freie Schätzung vorliegt. In seiner Entscheidung vom 23.7.2014 hierzu hat es ausgeführt, dass keine evidente Bedarfsunterdeckung festzustellen sein, weil der Bedarf für die Schule zusätzlich beim Regelbedarf berücksichtigt werde und deshalb keine verfassungsrechtlichen Bedenken bestehen.[104] Nach der Rechtsprechung des Bundessozialgerichtes handelt es sich bei dem Bedarf für Schulbücher auch nicht um einen laufenden Bedarf, so dass ein Anspruch auf atypischen Bedarf (§ 21 Abs. 6) hier ausscheidet.[105] So wurde im Bundesland Rheinland-Pfalz pro Jahr nur ein Teil der Kosten der Schulbücher übernommen. Auch nach § 96 Abs. 1 SchulG NRW haben Schüler einen Eigenanteil an den Lehrmitteln zu leisten.

cc) Lernförderung, Nachhilfeunterricht

93 Schüler haben nunmehr einen grundständigen Anspruch auf Lernförderung bzw Nachhilfe (§ 28 Abs. 4). Die Förderung muss geeignet und zusätzlich erforderlich sein, um die wesentlichen Lernziele zu erreichen. Die Regelung stellt klar, dass schulische Lernförderung der Finanzierung von außerschulischer Nachhilfe nachgeht und nur dann in Frage kommt, wenn diese zusätzlich erforderlich ist. Hier wird lediglich der Nachranggrundsatz des SGB II (§ 1 Abs. 1 S. 2) betont. Nach der Gesetzesbegründung soll Lernförderung nur in Ausnahmefällen und nur vorübergehend und nur kurzzeitig gewährt werden. Die Lernförderung soll nur zu Erreichung der wesentlichen Lernziele in der jeweiligen Schulart, dh die Versetzung und nicht zum Erreichen einer besseren „Schulartempfehlung", eingesetzt werden. Nach der Rechtsprechung des Bundesverfassungsgerichtes hat sich der Bedarf von Kindern zur Sicherstellung eines menschenwürdigen Existenzminimums an kindlichen Entwicklungsphasen auszurichten und an dem, was für die Persönlichkeitsentfaltung eines Kindes erforderlich ist.[106] Dabei ist zu berücksichtigen, dass die kindliche Entwicklung nicht linear ver-

---

104 BVerfG 23.7.2014 – 1 BvL 10/12, 1 BvL 12/12, 1 BvR 1691/13 Rn 135, BGBl. I 2014, 1581.
105 BSG 19.8.2010 – B 14 AS 47/09 R, Rn 16.
106 BVerfG 9.2.2010 – 1 BvL 1/09, BvL 3/09 und BvL 4/09 Rn 191.

läuft und dass ungünstige wirtschaftliche Verhältnisse der kindlichen Entwicklung nicht förderlich sind. Aus dem Grundgesetz (Art. 1 Abs. 1, 20 Abs. 1 GG) lässt sich anders als aus dem SGB II nicht nur ein Minimal- sondern ein höherer Förderbedarf entnehmen. Verneint wurde allerdings ein Bedarf für Mietgebühreneines Instruments (Cello) in Höhe von halbjährlich 90 EUR für den Musikunterricht in einer staatlichen Schule mit musischem Zweig, weil es sich weder um eine Lernförderung, noch um einen sonstigen unabweisbaren bedarf handelt.[107] Die Leistungsträger werden sich auch nicht darauf zurückziehen können, dass eine Lernförderung nur für eine kurze Zeit, dh zur Überwindung kurzzeitiger zeitweiliger Lernschwierigkeiten zu erbringen ist.[108]

Hinweis: Sind schulische Probleme auf eine Teilleistungsstörung wie eine Lese-/ 94 Rechtschreibschwäche, Rechenschwäche oder auf eine Aufmerksamkeitsdefizitstörung zurückzuführen, so besteht ein Anspruch auf Eingliederungshilfe im Rahmen der Kinder- und Jugendhilfe (§ 35 a Abs. 1 SGB VIII). Dieser Anspruch geht dem Anspruch auf Lernförderung (§ 28 Abs. 4) vor.[109] An die Förderung im Rahmen der Kinder- und Jugendhilfe wurden in der Vergangenheit teilweise erhebliche Anforderungen gestellt.[110] Nach dem UN-Übereinkommen über die Rechte von Menschen mit Behinderungen müssen Menschen mit Behinderungen ihre Persönlichkeit, ihre Begabungen und ihre Kreativität sowie ihre geistigen und körperlichen Fähigkeiten voll zur Entfaltung bringen können und Zugang zu qualitativ hochwertigem Unterricht haben (Art. 24 Abs. 1, Abs. 2 Buchst. b UN-Behindertenrechtskonvention).

Eine erweiternde Auslegung des § 28 Abs. 5 könnte sich aus Art. 26 Allgemeinen Er- 95 klärung der Menschenrechte vom 10.12.1948 und dem Internationalen Pakt für wirtschaftliche soziale und kulturelle Rechte, aus der Kinderrechtskonvention und aus Art. 2 des 1. Zusatzprotokolls zur Europäischen Menschenrechtskonvention (EMRK) ergeben, die einen Zugang zur diskriminierungsfreien Bildung gewähren. Die völkerrechtlichen Verträge verpflichten den Bund und sind geltendes inländisches Recht. Der Bundesgesetzgeber kann sich nicht vollständig aus der Bildung zurückziehen, auch wenn die Länder grundsätzlich für die Bildung zuständig sind (Art. 104 a Abs. 1 GG). Außerdem hat der Bundesgesetzgeber die Aufgabe, hilfebedürftige Personen, die Schulen besuchen mit den nötigen finanziellen Mitteln auszustatten, weil die Länder lediglich die Einrichtung und Unterhaltung der Institution Schule vorhalten, nicht aber den Lebensunterhalt der Schüler.[111] In den Landesverfassungen findet sich ein Recht auf Bildung zumeist ohne eine besondere Förderpflicht (zB Art. 8 Abs. 1 S. 1 Verf-NRW, Art. 4 Abs. 1 Verf NS); teilweise findet sich ein Programmsatz zur Förderung begabter, sozial benachteiligter und behinderter Schüler (Art. 29 Abs. 3 S. 2 Verf BRB) oder der begabungsgerechten Erziehung (Art. 25 Abs. 1 Verf Sachsen Anhalt).

---

107 BSG 10.9.2013 – B 4 AS 12/13 R SozR 4-4200 § 28 Nr. 8.
108 LSG Chemnitz, 18.12.2014 – L 2 AS 1285/14 B ER, NZS 2015, 197.
109 Vgl Armborst in: LPK SGB II § 5 Rn 21.
110 Vgl Meysen in: FK-SGB VIII § 35 a Rn 42 ff.
111 BVerfG 9.2.2010 – 1 BvL 1/09, BvL 3/09 und BvL 4/09 Rn 182.

dd) Anspruch auf Erstattung der Mehraufwendungen für Schulverpflegung

96 Schüler und Kinder, die Kindertageseinrichtung besuchen haben Anspruch auf die Mehraufwendungen für eine gemeinsame Mittagsverpflegung (§ 28 Abs. 5) für jeden Schultag. Mehraufwand ist der Betrag, der 1 EUR täglich überschreitet (§ 13 Abs. 1 Nr. 4 iVm § 5 a Nr. 3 Alg II-V und § 9 RBEG). Fraglich bleibt, ob weiterer Mehraufwand, etwa für kleinere Zwischenmahlzeiten (Frühstück, Vesper), als atypischer Bedarf (§ 21 Abs. 6) berücksichtigt werden kann. Hierbei dürfte es sich jedoch nicht um einen besonderen Bedarf (§ 21 Abs. 6) handeln, so dass eine gesonderte Berücksichtigung nicht erfolgen kann. Der Eigenanteil an der Mittagsverpflegung in Höhe von 1 EUR dürfte nach der Rechtsprechung des Bundesverfassungsgerichtes verfassungsgemäß sein.[112] Die häusliche Ersparnis wird zwar nur in den wenigsten Fällen genau messbar sein, doch erfolgt die Schätzung hier nichts ins Blaue hinein, weil der durchschnittliche Bedarf für alle Altersstufen ermittelt wurde.

ee) Anspruch auf Teilhabe am sozialen und kulturellen Leben bis zur Vollendung des 18. Lebensjahres

97 Mit dem Bedarf zur Teilhabe am sozialen und kulturellen Leben (§ 28 Abs. 6) sollen Aktivitäten im Bereich Sport, Spiel, Kultur und Geselligkeit, Unterricht in künstlerischen Fächern, Aktivitäten der kulturellen Bildung und die Teilnahme an „Freizeiten" gefördert werden. Die Aufwendungen auch für mehrere Aktivitäten sind auf insgesamt 10 EUR monatlich begrenzt. Die Aufzählung soll abschließend sein. Kinoveranstaltungen und Fahrtkosten sollen nicht zu den in § 28 Abs. 6 genannten Bedarfen gehören.[113] Zu den sportlichen und kulturellen Veranstaltungen zählen insbesondere Schwimmbad-, Museums- und Zoobesuche. Es können Mitgliedsbeiträge für Sport-, Kultur- und Brauchtumsvereine, freiwillige Feuerwehren übernommen werden. Unter sportliche Aktivitäten fällt nicht nur der Sport im Verein, sondern auch in Fitnessstudios oder ähnlichen Einrichtungen. Der Besuch einer staatlichen und privaten Musikschule dürfte allerdings in aller Regel nicht mit einem monatlichen Beitrag in Höhe von 10 EUR gedeckt werden.

98 Freizeiten können neben Ferienlagern andere Veranstaltungen sein, die von Sportvereinen oder freiwilligen Feuerwehren im Rahmen der Mitgliedschaft zusätzlich durchgeführt werden. Durch die Deckelung auf einen Höchstbetrag von 10 EUR monatlich können keine Ansparungen für einmalige größere Aktionen vorgenommen werden. Dabei können Fahrtkosten nicht grundsätzlich ausgeschlossen werden, wenn zB die Angebote zur Freizeitgestaltung nur dann wahrgenommen werden können, wenn die Fahrtkosten hierfür übernommen werden.[114] Da es sich um zusätzliche Leistungen zu den im Regelbedarf in Abteilung 09 und 12 jeweils aufgeführten Ausgaben für außerschulischen Unterricht, Hobbykurse und Mitgliedsbeiträge in Organisationen handelt,[115] stehen der Begrenzung der Leistung insoweit keine verfassungsrechtlichen Bedenken entgegen.

---

112 BVerfG 23.7.2014 – 1 BvL 10/12, 1 BvL 12/12, 1 BvR 1691/13, BGBl. I 2014, 1581.
113 BT-Drucks. 17/3404 Erläuterung zu § 26 SGB II.
114 BVerfG 23.7.2014 – 1 BvL 10/12, 1 BvL 12/12, 1 BvR 1691/13, BGBl. I 2014, 1581 Rn 132.
115 BT-Drucks. 17/3404 Erläuterung zu § 26 SGB II.

6. Leistungen für Unterkunft und Heizung

Anders als der Regelbedarf und die Leistungen für Mehrbedarfe sind die Leistungen   **99** für Unterkunft und Heizung nicht pauschaliert und werden in **tatsächlicher Höhe übernommen, soweit sie angemessen sind** (§ 22 Abs. 1 S. 1). Die Kosten für Unterkunft und Heizung richten sich daher, wie in der Sozialhilfe, nach den **Besonderheiten des Einzelfalles** (vgl § 9 Abs. 1 SGB XII, §§ 20, 21, 28, 74 iVm § 3 Abs. 3).

Der Leistungsberechtigte muss tatsächlich für seine Unterkunft Aufwendungen haben bzw Zahlungen leisten. Eine bloße vertragliche Verpflichtung zur Zahlung von Miete oder andere Kosten der Unterkunft wie eine Leibrente oder Darlehenszinsen reichen allein nicht aus.[116]

Beispiel: Der Leistungsberechtigte stellt seine Mietzahlungen ein und bezahlt von dem   **100** Geld, welches er vom Leistungsträger dafür erhält, eine Urlaubsreise.

Die Kosten für Unterkunft und Heizung bestehen, falls nicht ein Pauschalpreis   **101** (Warmmiete) mietvertraglich vereinbart wurde, aus der Nettokaltmiete und den nach der BetrKV[117] umlagefähigen und im Mietvertrag vereinbarten Betriebskosten.[118]

Beispiel: Die vom Leistungsberechtigten angemietete Wohnung verfügt über einen Kabel-   **102** anschluss zum Empfang von Radio- und Fernsehprogrammen. Der Leistungsberechtigte verfügt weder über ein Fernseh- noch ein Radiogerät. Die Kabelanschlusskosten werden von allen Mietern erhoben. Gleichzeitig muss der Leistungsberechtigte nach dem Mietvertrag für eine in der Wohnung fest eingebaute Kücheneinrichtung einen Betrag über 30 EUR entrichten. Die Wohnkosten des Leistungsberechtigten sind auch nach den geltenden Richtlinien des Leistungsträgers angemessen. Der Leistungsträger verweigert die Übernahme der Kosten für den Kabelanschluss und die Nutzung der Kücheneinrichtung mit dem Hinweis auf § 9 Abs. 2 Nr. 4 WoGG in der bis zum 31.12.2008 geltenden Fassung. Das Entgelt für die Nutzung der Kücheneinrichtung, bestehend aus Herd, Spüle, Spülmaschine und Waschmaschine, sei nicht Bestandteil der Kosten der Unterkunft.

Die Kosten für einen Breitbandkabelanschluss können nach dem Mietvertrag auf die Mie-   **103** ter umgelegt werden (§ 2 Nr. 14 Buchst. b BKV) und gehören daher zu den Kosten der Unterkunft.

Auch die Kosten der „Küchennutzung" sind vom Leistungsträger zu übernehmen, da die Wohnkosten insgesamt angemessen sind und die Anmietung der Wohnung ohne die Küche nicht möglich war.[119]

Die Kosten der Unterkunft müssen dem Leistungsberechtigten zur Verfügung gestellt   **104** werden, wenn diese anfallen. Ist die Miete für eine Wohnung monatlich fällig, so ergeben sich hier keine Probleme, denn zB Nachforderungen für eine Nachzahlung von Heiz- oder der sonstigen Betriebskosten sind vom Antrag auf Leistungen erfasst und durch Änderung des Leistungsbescheides von Amts wegen nach § 48 Abs. 1 S. 2 Nr. 1

---

116 BSG 20.8.2009 – B 14 AS 34/08 R.
117 BGBl. I 2003, 2346, 2347.
118 BSG 19.2.2009 – B 4 AS 48/08 R.
119 BSG 7.5.2009 – B 14 AS 14/08 R, Küchenbenutzung; BSG 9.2.2009 – B 4 AS 48/08 R Kabelanschlussgebühr.

SGB X zu berücksichtigen.[120] Bei Eigenheimbewohnern fallen die Kosten der Unterkunft häufig nicht monatlich, sondern jährlich, vierteljährig oder gar unregelmäßig an. Hier sind die Kosten der Unterkunft in dem Monat zu leisten, in dem sie anfallen (§ 41 Abs. 1).[121] Eine Berücksichtigung von Betriebskostennachzahlungen kann allerdings dann nicht erfolgen, wenn der Anspruchsteller nicht mehr im Leistungsbezug ist.[122]

a) Ermittlung der Angemessenheit der Kosten der Unterkunft

105 Ob eine Unterkunft **angemessen** ist, lässt sich dem Gesetz nicht entnehmen und unterliegt der vollen gerichtlichen Überprüfung. Die Leistungsträger haben bei der Feststellung, ob die Kosten der Unterkunft und Heizung angemessen sind, keinen Beurteilungs- oder gar Ermessensspielraum.[123]

Auch bei unangemessenen Kosten der Unterkunft oder Heizung müssen immer die angemessenen Kosten erbracht werden. Ist eine Unterkunft unangemessen, muss der Leistungsträger oder das Gericht somit zusätzlich prüfen, wie hoch die Kosten einer angemessenen Unterkunft sind. Der Leistungsträger muss die abstrakt angemessenen Kosten für Unterkunft und Heizung anhand der Situation auf dem Wohnungsmarkt überprüfen können.[124]

Nach dem Urteil des Bundessozialgerichtes vom 7.11.2006[125] ist die Angemessenheit wie folgt zu ermitteln:

106 Eine Unterkunft ist angemessen, wenn das Produkt aus Wohnungsgröße und Wohnungsstandard, der sich in erster Linie im Preis niederschlägt, insgesamt angemessen ist.[126]

107 ■ **Ermittlung der Wohnraumgröße:** Hier ist die für Wohnberechtigte im sozialen Wohnungsbau anerkannte Wohnraumgröße zugrunde zu legen. Die angemessene Wohnungsgröße wird nach den in den jeweiligen Bundesländern erlassenen Verwaltungsrichtlinien zu § 10 des Gesetzes über die Förderung im sozialen Wohnungsbau (Wohnraumförderungsgesetz) bestimmt. Die Wohnungsgrößen betragen maximal für den alleinstehenden Leistungsberechtigten 45 bis 50 qm und für jede weitere Person jeweils weitere 10 bzw 15 qm.[127] Der Rückgriff auf diese Regelungen ist problematisch, weil mit den Höchstgrenzen zu den Wohnungsgrößen in der Wohnungsbauförderung teilweise andere Ziele verfolgt werden als mit dem SGB II.[128] Die Wohnfläche könnte alternativ anhand statistischer Daten über die in den unteren Einkommensschichten angemieteten Wohnflächen ermittelt werden. Maßgebliche bei der Beurteilung der angemessenen Wohnungsgröße ist die

---

120   BSG 24.11.2011 – B 14 AS 121/10 R, SozR 4-4200 § 22 Nr. 58.
121   BSG 29.11.2012 – B 14 AS 36/12 R, SozR 4-4200 § 22 Nr. 63.
122   BSG 25.6.2015 – B 14 AS 40/14R.
123   BSG 7.11.2006 – B 7 b AS 10/06 R.
124   BSG 7.11.2006 – B 7 b AS 18/06 R.
125   BSG 7.11.2006 – B 7 b AS 18/06 R Rn 57; vgl zuletzt BSG 16.6.2015 – B a AS 44/14 R Rn 13.
126   BSG 7.11.2006 – B 7 b AS 18/06 R Rn 20.
127   BSG 7.11.2006 – B 7 b AS 18/06 R; BSG 18.6.2008 – B 14/7 b AS 44/06 R.
128   BSG 19.2.2009 – B 4 AS 30/08 R.

Zahl der Mitglieder der Bedarfsgemeinschaft und nicht die Anzahl der Bewohner.[129]

■ Die **Wohnfläche ist nach der Wohnflächenverordnung** (WoFlV)[130] zu berechnen. **108**
Bei sogenannten **Altmietverträgen**, die vor dem 1.1.2004 abgeschlossen wurden,
sind die Wohnflächen nach der **II. Berechnungsverordnung** zu berechnen. Hiernach ist in erster Linie auf die Grundfläche abzustellen (§ 2 Abs. 1 WoFlV). Bei
Dachschrägen ist bei Unterschreitung der Stehhöhe von zwei Metern bis einem
Meter nur die Hälfte der Fläche als Wohnfläche anzurechnen(§ 4 WoFlV). Wird
die Höhe von einem Meter unterschritten, erfolgt keine Anrechnung auf die
Wohnfläche mehr. Balkone, die allenfalls eingeschränkt zur Wohnnutzung geeignet sind, werden mit einem Viertel der Fläche berücksichtigt (§ 4 Nr. 4 WoFlV).

Hinweis: Den Angaben in Mietverträgen und auch in Bauplänen sollte nicht unkri- **109**
tisch gefolgt werden, denn oftmals erfolgte die Wohnflächenberechnung nicht nach
der II. BVO oder der WoFlV, sondern zB der DIN 277. Diese Berechnung kommt regelmäßig zu einer größeren Fläche.

■ **Ermittlung des Wohnungsstandards:** Angemessen ist eine Wohnung nur dann, **110**
wenn sie nach Ausstattung, Lage und Bausubstanz einfachen und grundlegenden
Bedürfnissen genügt und keinen gehobenen Wohnstandard aufweist.[131]

Die Frage der **Ausstattung** dürfte in der Praxis kaum eine Rolle mehr spielen, weil
die Ausstattung der Wohnungen mit Bad, WC und Sammelheizung zwischenzeitlich zum allgemeinen (Mindest-)Wohnstandard gehört. Eine gehobene Ausstattung, Lage oder Bausubstanz wird sich daher nur über die Wohnkosten ermitteln
lassen.

Wohnungen, die einen gewissen Mindeststandard nicht aufweisen, sind den Leistungsberechtigten nicht zumutbar und deshalb bei der Bemessung des abstrakten
Mietpreisniveaus nicht zu berücksichtigen. Hierzu gehören Wohnungen mit Ofenheizung und lediglich mit fließendem Wasser ohne die Möglichkeit zu duschen.[132]

■ Die **Wohnkosten** müssen innerhalb des in Frage kommenden Bezirkes (in dem die **111**
Wohnung liegt) im unteren Segment der nach der Größe in Betracht kommenden
Wohnungen in dem räumlichen Bezirk, der den Vergleichsmaßstab bildet, liegen.

Maßgeblich ist nach dem Bundessozialgericht[133] der **konkrete Wohnort des Hilfebedürftigen** und zwar unabhängig davon, wie lange er an diesem Wohnort bereits
wohnt. Dies kann die politische Gemeinde sein, bei kleineren Orten kann es insbesondere im ländlichen Bereich geboten sein, ein größeres Gebiet als **Vergleichsgebiet** zusammenzufassen, wohingegen bei größeren Städten eine Unterteilung erforderlich ist.[134] Das Bundessozialgericht hat zwischenzeitlich seine Rechtspre-

---

129 BSG 18.2.2010 – B 14 AS 73/08 R.
130 BGBl. I 2003, 2346.
131 BSG 7.11.2006 – B 7 b AS 10/06 R.
132 BSG 19.10.2010 – B 14 AS 2/10 R, Rn 24.
133 BSG 7.11.2006 – 7 b AS 10/06 R.
134 BSG 7.11.2006 – 7 b AS 18/06 R.

chung zu den Vergleichsgebieten modifiziert und die Städte München[135] mit einem Jobcenter und Berlin mit mehreren Jobcentern als ein Vergleichsgebiet angesehen. Das Vergleichsgebiet dient nur der abstrakten Ermittlung der Wohnkosten und nicht dazu, den räumlichen Bereich zu bestimmen, innerhalb dessen der Leistungsberechtigte zumutbar verwiesen werden kann. Diese Feststellung wird im Rahmen der Ermittlung der konkreten Angemessenheit vorgenommen.

Beispiel: Die Frage, ob einer Bedarfsgemeinschaft mit schulpflichtigen Kindern ein Umzug während des laufenden Schuljahres und/oder eine Wohnung in zumutbarer Entfernung von der bisherigen Schule zugewiesen werden kann, ist eine Frage der konkreten Angemessenheit.[136]

112 Existiert ein einfacher oder qualifizierter **Mietspiegel** nach §§ 558 c bzw 558 d BGB, kann dieser herangezogen werden; dass Gleiche trifft für **Mietdatenbanken** nach § 558 e BGB zu. Existiert kein Mietspiegel oder eine Mietdatenbank, so wird der Grundsicherungsträger bzw das Gericht eigene Ermittlungen anstellen und einen Mietspiegel oder eine Tabelle erstellen müssen.[137] (Bei den Mietspiegeln ist zu beachten, dass diese vorzugsweise den Markt des frei finanzierten Wohnraumes darstellen. Hinweise zu zahlreichen Mietspiegeln im Internet finden sich auf den Webseiten der jeweiligen Städte oder unter www.pro-wohnen.de). Die herangezogenen Mietspiegel müssen selbst den wissenschaftlichen und statistischen Grundsätzen entsprechen, was in aller Regel nur durch ein Sachverständigengutachten nachgewiesen oder widerlegt werden kann.[138] Es empfiehlt sich daher bei Hinweisen auf eine fehlerhafte Datenermittlung bei einem Mietspiegel ein entsprechendes Sachverständigengutachten zu beantragen. Mietspiegel beruhen häufig nicht mehr auf aktuellen Daten, so dass aktuelle Preissprünge nicht einbezogen werden.[139]

113 In die Gesamtbetrachtung ist auch der **geförderte Wohnungsbau** einzubeziehen. Hierzu können die Wohnungsämter der jeweiligen Städte und Gemeinden Auskunft erteilen. Bei den Ermittlungen des abstrakten Mietpreises sind sowohl freie als auch vermietete Wohnungen mit einzubeziehen.[140] Im Verfahren auf einstweiligen Rechtsschutz kann jedoch der Rückgriff auf einen Mietspiegel ausreichend sein, weil sich bei Anwendung des Mietspiegels für den Leistungsberechtigten in aller Regel keine Nachteile ergeben. Orientiert sich das Gericht an den Mittelwerten der Mietspiegel, ist davon auszugehen, dass auch ausreichend freier Wohnraum vorhanden ist, ohne dass dies im Einzelnen im Verfahren des einstweiligen Rechtsschutzes geprüft werden müsste.[141]

114 Bei Bemessung des Wohnungsstandards, dh des angemessenen Preises pro Quadratmeter, sind die Nettokaltmiete und die kalten Betriebskosten mit einzubeziehen.[142]

---

135 BSG 19.2.2009 – B 4 AS 30/08 R.
136 LSG Berlin-Brb 30.3.2010 – L 28 AS 1266/08 Rn 62; BSG 19.2.2009 – B 4 AS 30/08 R Rn 23.
137 Vgl BSG 18.6.2008 – B 14/7 b AS 44/06 R.
138 BSG 10.9.2013 – B 4 AS 77/12 R, SozR 4-4200 § 22 Nr. 70.
139 BSG 17.2.2014 – B 14 AS 295/13 B.
140 BSG 19.2.2009 – B 4 AS 30/08 R.
141 Vgl LSG Berlin-Brb 13.9.2007 – L 29 B 883/07 AS ER.
142 BSG 20.10.2010 – B 14 AS 50/10 R.

Der Wohnungsstandard bestimmt sich maßgeblich nach der Wohnlage und nach der Art der bewohnten Gebäude, dh baulicher Zustand, Wohnumfeld, Hochhaus oder sonstiges Mehrfamilienhaus. Demgegenüber sind die sogenannten kalten Betriebskosten unabhängig vom jeweiligen Wohnungsstandard zu ermitteln und richten sich vorzugsweise nach lokalen Gegebenheiten, wie Wasser und Abwassergebühren, so dass hier auf regionale Übersichten zurückgegriffen werden kann. Wenn solche Übersichten nicht vorliegen, kann auf den Betriebskostenspiegel des Deutschen Mieterbundes zurückgegriffen werden.[143] Zu den regionalen Übersichten gehören wohl auch die von den jeweiligen Mietervereinen ermittelten lokalen Betriebskostenspiegel. Bei der Ermittlung der angemessenen Kosten pro qm ist es zulässig, bei Wohnungen für eine Person Wohnungen mit einem „Flächenkorridor" von 20 qm in die Ermittlung mit einzubeziehen, so dass die Mindestgröße bei einer angemessenen Höchstfläche von 45 qm 24 qm beträgt.[144]

Sofern der Leistungsträger einen Mietspiegel zur Ermittlung der Wohnraumkosten **115** heranzieht, ist zu prüfen, ob die ermittelten Daten noch ausreichend aktuell sind. Die eigenen Ermittlungen der Leistungsträger oder der Gerichte müssen auf einem schlüssigen Konzept beruhen, das eine hinreichende Gewähr dafür bietet, die aktuellen Verhältnisse des Wohnungsmarktes wiederzugeben.[145]

Ein schlüssiges Konzept liegt nach der Rechtsprechung des Bundessozialgerichtes[146] **116** nur vor, wenn es mindestens die folgenden Voraussetzungen erfüllt:

- Die Datenerhebung darf ausschließlich in dem genau eingegrenzten und muss über den gesamten Vergleichsraum erfolgen (keine Ghettobildung),

- es bedarf einer nachvollziehbaren Definition des Gegenstandes der Beobachtung, zB welche Art von Wohnungen (Differenzierung nach Standard der Wohnungen, Brutto- und Nettomiete, Differenzierung nach Wohnungsgröße),

- Angaben über den Beobachtungszeitraum,

- Festlegung der Art und Weise der Datenerhebung (Erkenntnisquellen, zB Mietspiegel),

- Repräsentativität des Umfangs der eingezogenen Daten,

- Validität der Datenerhebung,

- Einhaltung anerkannter mathematisch-statistischer Grundsätze der Datenauswertung und

- Angaben über die gezogenen Schlüsse (zB Spannoberwert oder Kappungsgrenze).

Hinweis: Ergeben sich Zweifel an dem Konzept oder der Datenlage, sollte gegenüber dem Gericht angeregt und notfalls durch Beweisantrag bekräftigt werden, dass der Grundsicherungsträger seine diesbezüglichen Ermittlungen vorlegt und in den Prozess einführt; denn nicht erst das Gericht, sondern bereits der

---

143 BSG 20.10.2010 – B 14 AS 50/10 R.
144 BSG 18.11.2014 – B 4 AS 9/14 R, SozR 4-4200 § 22 Nr. 81.
145 BSG 18.6.2008 – B 14/7 b AS 44/06 R; BSG 18.11.2014 – B 4 AS 9/14 R, SozR 4-4200 § 22 Nr. 81.
146 BSG 22.9.2009 – B 4 AS 18/09 R.

Grundsicherungsträger muss die abstrakt angemessenen Kosten der Unterkunft von Amts wegen ermitteln.[147]

117 Stellt sich im sozialgerichtlichen Verfahren heraus, dass der Leistungsträger ohne hinreichende Datengrundlage entschieden hat, muss ihm das Gericht zunächst Gelegenheit geben, seine Ermittlungen nachzuholen (§ 103 S. 1 Hs 2 SGG „die Beteiligten sind dabei heranzuziehen").[148] Das Gericht kann zur Behebung von Zweifeln auch ein Gutachten einholen.[149] Das Gericht kann den Leistungsträger im Rahmen seiner Mitwirkungspflicht auffordern, die Ermittlungen des abstrakt angemessenen Mietpreises anhand eines schlüssigen Konzeptes nachzuholen und hierzu eine Frist von sechs Monaten setzen. Der Leistungsberechtigte kann seine Rechte dadurch wahren, dass er beantragt, den Leistungsträger im Wege einer einstweiligen Regelung zu verpflichten, die tatsächlichen Kosten der Unterkunft und Heizung zu übernehmen (§ 131 Abs. 5 S. 3 SGG).[150] Führen auch die weiteren Ermittlungen des Leistungsträgers zu keinem Ergebnis oder sind die abstrakt angemessenen Kosten der Unterkunft aufgrund des zwischenzeitlich vergangenen Zeitraums nicht mehr ermittelbar, sind die abstrakt angemessenen Kosten der Unterkunft anhand der Tabelle zu § 12 Abs. 1 WoGG zu ermitteln.[151] Bevor das Gericht die Wohngeldtabelle zur Hilfe nimmt, muss es feststellen, dass Ermittlungen des Jobcenters oder des Gerichtes nicht (mehr) erfolgreich sein können.[152]

Tabelle zu § 12 WoGG (bis 31.12.2015):

Haushaltsmitglieder	Mietenstufe	Höchstbetrag (EUR)
1	I	292
	II	308
	III	330
	IV	358
	V	385
	VI	407
2	I	352
	II	380
	III	402
	IV	435
	V	468
	VI	501

---

147 BSG 22.9.2009 – B 4 AS 18/09 R Rn 26.
148 BSG 2.7.2009 – B 14 AS 33/08 R Rn 22.
149 BSG 20.8.2009 – B 14 AS 65/08 R Rn 21.
150 BSG 22.9.2009 – B 4 AS 18/09 R Rn 27.
151 BSG 17.12.2009 – B 4 AS 50/09 R Rn 27.
152 BSG 12.12.2013 – B 4 AS 87/12 R, SozR 4-4200 § 22 Nr. 73.

3	I	424
	II	451
	III	479
	IV	517
	V	556
	VI	594
4	I	490
	II	523
	III	556
	IV	600
	V	649
	VI	693
5	I	561
	II	600
	III	638
	IV	688
	V	737
	VI	787
Mehrbetrag für jedes weitere zu berücksichtigende Haushaltsmitglied		
	I	66
	II	72
	III	77
	IV	83
	V	88
	VI	99

Tabelle zu § 12 WoGG voraussichtlich ab dem 1.1.2016:[153]

Anzahl der zu berücksichtigenden Haushaltsmitglieder	Mietenstufe	Höchstbetrag (EUR)
1	I	312
	II	351
	III	390
	IV	434
	V	482
	VI	522

---

153   BT-Drucks. 18/4897, 8.

Anzahl der zu berücksichtigenden Haushaltsmitglieder	Mietenstufe	Höchstbetrag (EUR)
2	I	378
	II	425
	III	473
	IV	526
	V	584
	VI	633
3	I	450
	II	506
	III	563
	IV	626
	V	695
	VI	753
4	I	525
	II	591
	III	656
	IV	730
	V	811
	VI	879
5	I	600
	II	675
	III	750
	IV	834
	V	927
	VI	1004
Mehrbetrag für jedes weitere zu berücksichtigende Haushaltsmitglied	I	71
	II	81
	III	91
	IV	101
	V	111
	VI	126

Die jeweiligen Tabellenwerte zum Wohngeldgesetz sind um einen angemessenen Betrag zu erhöhen, damit der Leistungsberechtigte eine angemessene Wohnung finden kann. Das Bundessozialgericht hat die Werte der Wohngeldtabellen, zuzüglich des Sicherheitszuschlages in Höhe von 10 %, als einen Höchstwert angesehen.[154] Nicht berücksichtigt wurde in dieser Rechtsprechung, dass seit dem 1.1.2009 die Tabellen-

---

154 BSG 10.9.2013 – B 4 AS 4/13 R, SozR 4-4200 § 22 Nr. 72.

werte nicht angepasst wurden und dass die Tabellenwerte nicht mehr die aktuelle Situation am Wohnungsmarkt wiedergeben. Ab dem 1.1.2016 soll daher das Wohngeld angehoben werden.[155] Die Tabellenwerte werden um ca. 20 % im Durchschnitt angehoben, so dass der Anspruch auf Wohngeld um durchschnittlich 39 % steigt. Das Bundessozialgericht wird diese, auch vom Gesetzgeber, festgestellte Steigerung der Unterkunftskosten zur Kenntnis nehmen und wohl auch seine Rechtsprechung anpassen müssen.

Hinweis: In der gerichtlichen Praxis kann bei Kenntnis der fehlerhaften Ermittlungen des Leistungsträgers zur Höhe der abstrakten Kosten der Unterkunft ggf auf Basis der durch das Bundessozialgericht festgelegten „Höchstgrenze" ein gerichtlich protokollierter Vergleich über die tatsächlichen Kosten der Unterkunft geschlossen werden.

Von den Trägern der Grundsicherung für Arbeitsuchende und von den Gerichten ist nach der Feststellung der abstrakt angemessenen Kosten der Unterkunft in einer **konkreten Angemessenheitsprüfung** festzustellen, ob für den Hilfeempfänger eine bedarfsgerechte und kostengünstigere Unterkunft tatsächlich zur Verfügung steht, dh konkret verfügbar und zugänglich ist. Bei Ermittlung der konkreten Angemessenheit ist auch ggf ein erhöhter Wohnflächenbedarf, zB für Rollstuhlfahrer, oder die Zumutbarkeit eines Umzuges in ein anderes Stadtviertel zu prüfen. Der Leistungsträger und auch die Gerichte müssen überprüfen, ob dem Leistungsberechtigten ein zumutbarer freier Wohnraum konkret zur Verfügung steht. Auch bei der Verweisung auf eine preiswertere Wohnung, die abstrakt unangemessen ist, muss überprüft werden, ob eine Unterkunft konkret doch angemessen ist und zwar dann, wenn bestimmte Gründe, wie eine Behinderung, Krankheit, Pflegebedürftigkeit, Rücksichtnahme auf schulpflichtige Kinder, Alleinerziehung oder ähnliche Besonderheiten vorliegen.[156] Der Leistungsträger kann diese Überprüfung einschränken, wenn er dem Leistungsberechtigten eine konkrete Wohnung benennt und die Wohnung tatsächlich für den Leistungsberechtigten verfügbar ist.[157] **118**

Die von den Leistungsträgern herausgegebenen **Richtlinien,** nach denen sich die Sachbearbeiter richten müssen, entsprechen häufig nicht den vom Bundessozialgericht benannten Vorgaben. Aus ihnen lässt sich oftmals nicht entnehmen, welche Nettokaltmiete als angemessener Mietpreis angesehen wird. Als Nettokaltmiete werden die Mietkosten ohne die Kosten für Heizung und die im Mietvertrag vereinbarten Betriebskosten nach § 2 der Betriebskostenverordnung (BetrKV) bezeichnet. Die Ausführungsvorschriften binden lediglich die Sachbearbeiter der Leistungsträger. Eine darüber hinausgehende Bindungswirkung kommt ihnen nicht zu.[158] **119**

Hinweis: Im Verfahren des einstweiligen Rechtsschutzes nach § 86 b SGG wird es dem Gericht regelmäßig nicht möglich sein, die Richtlinien des Leistungsträgers bzw **120**

---

155 BT-Drucks. 18/4897 und 18/5324.
156 BSG 164.2013 – B 14 AS 28/12 R, SozR 4-4200 § 22 Nr. 67.
157 Vgl BSG 18.6.2008 – B 14/7 b AS 44/06 R.
158 LSG Berlin-Brb 18.12.2008 – L 25 B 2222/08 AS ER.

ob er die Kosten der Unterkunft nach den Vorgaben des Bundessozialgerichtes richtig ermittelt hat, zu überprüfen. Das Gericht darf die Richtlinien des Leistungsträgers nicht als alleinigen Maßstab nehmen und ist verpflichtet, die Angemessenheit der Kosten selbst zu prüfen.[159] Eine Überprüfung muss auch im Eilverfahren vom Gericht durchgeführt werden.[160]

Des Weiteren sollte darauf hingewiesen werden, dass Leistungen für Unterkunft und Heizung zumindest ab Stellung des Antrags auf einstweiligen Rechtsschutz gewährt werden müssen, weil andernfalls eine fristlose Kündigung und damit ein Wohnungsverlust droht.

b) Angemessene Heizkosten

121 Die nach den Richtlinien der Leistungsträger festgelegten Obergrenzen und Pauschalierungen für **Heizkosten** sind unzulässig.[161] Die Prüfung der Angemessenheit der Heizkosten ist grundsätzlich getrennt von den übrigen Kosten der Unterkunft vorzunehmen. Ist die Wohnungsgröße unangemessen, lässt sich hieraus noch nicht auf unangemessene Heizkosten schließen. Ein Indiz für unangemessene Heizkosten besteht dann, wenn die Höchstwerte des durch die co2online gGmbH in Kooperation mit dem Deutschen Mieterbund ermittelten „Kommunalen Heizspiegels" bzw, soweit ein solcher nicht besteht, des „Bundesweiten Heizspiegels" deutlich überschritten werden.

Der Grenzwert für die (vermutete) Angemessenheit ist das Produkt aus dem Wert extrem hoher Heizkosten, bezogen auf den jeweiligen Energieträger und die Größe der Wohnanlage, und der abstrakt festgelegten angemessenen Quadratmeterzahl (§ 10 WoFG).[162] Die näheren Einzelheiten können unter www.heizspiegel.de abgefragt werden. Auf den angegebenen Seiten lässt sich auch in Erfahrung bringen, für welche Orte kommunale Heizspiegel bestehen.

122 **Beispiel:** Der Leistungsberechtigte wohnt in einen Gebäude mit 350 qm Gesamtwohnfläche. Seine Wohnung ist 60 qm groß. Die angemessene Wohnungsgröße beträgt 50 qm. Das Gebäude verfügt über eine Gaszentralheizung. Er zahlt monatlich einen Abschlag an den Gasversorger in Höhe von 75 EUR. Der Grenzwert ergibt sich aus dem bundesweiten Heizkostenspiegel für das Jahr 2014.[163]

Gesamtfläche des Gebäudes	angemessene Wohnfläche	Grenzwert pro Jahr 19,30 EUR pro qm	Grenzwert pro Monat
350 qm	50 qm	965 EUR	80,42 EUR

Im vorliegenden Fall ist der Grenzwert der „Unangemessenheit" noch nicht überschritten, so dass ohne weitere Prüfung hier von angemessenen Heizkosten ausgegan-

---

159 BSG 7.11.2006 – B 7 b AS 18/06 R.
160 LSG Berlin-Brb 9.12.2008 – L 32 B 2223/08 AS ER.
161 BSG 2.7.2009 – B 14 AS 36/08 R.
162 BSG 2.7.2009 – B 14 AS 36/08 R Rn 22.
163 http://www.heizspiegel.de/fileadmin/hs/heizspiegel/heizspiegel-pdf/heizspiegel-bund-2014-abrechnungsjahr-2013-web.pdf, letzter Aufruf 22.10.2015.

gen werden kann. Wird der Grenzwert (hier 80,42 EUR monatlich) überschritten, so ist in einem weiteren Schritt auch hier noch konkret zu überprüfen, ob die Heizkosten gleichwohl angemessen sind. Der Leistungsberechtigte muss dann im Prozess darlegen, warum die Kosten für die Heizung überschritten werden.[164] Dem Grenzwert aus einem bundesweiten oder kommunalen Heizkostenspiegel kommt nicht die Funktion eines Quadratmeterhöchstwerts für angemessene Aufwendungen im Sinne des SGB II zu.[165] Eine Unterkunft mit unangemessenen Heizkosten kann daher gleichwohl konkret angemessen sein, wenn durch einen Umzug die Kosten der Unterkunft insgesamt nicht gesenkt werden kann.[166]

Erfolgt die Heizung mit einem **Brennstoffvorrat**, zB Heizöl, Kohle oder Holz, besteht **123** ein Anspruch auf Leistung dann, wenn die Vorräte im Leistungszeitraum erschöpft sind, denn auch hier ist ein aktueller Bedarf zu decken und kann nicht auf den Leistungszeitraum verteilt werden.[167] Die Leistungen müssen auch hier monatsweise erbracht werden und zwar dann, wenn der Bedarf für den Brennstoffvorrat (zB die Heizöllieferung) entsteht, dh wenn die Heizperiode naht und der Brennstoffvorrat zur Verfügung stehen muss. Sofern die Kosten für Brennstoffe vor der Stellung des Antrags auf Leistungen nach dem SGB II entstanden und vom Leistungsberechtigten geleistet wurden, besteht kein Anspruch auf Kostenübernahme. Falls der Brennstoff vor dem Antrag auf Leistungsbezug bestellt und geliefert wurde und danach ganz oder teilweise noch nicht bezahlt ist, kommt eine Übernahme der Kosten durch den Leistungsträger als Darlehen in Betracht (§ 22 Abs. 5).

Bei Bestellung von Brennstoffen im Leistungszeitraum sind mindestens die Kosten für **124** den Leistungszeitraum zu übernehmen. Dies kann nach Ansicht des Bundessozialgerichtes[168] auch ein Anspruch auf **Anschaffung eines Brennstoffvorrates** für einen längeren Zeitraum als den Bewilligungszeitraum sein und zwar für **bis zu einem Jahr**, sofern nur der Bezug von Leistungen nach dem SGB II hinreichend wahrscheinlich ist.

c) Weiterzahlung der unangemessenen Kosten für Unterkunft und Heizung

Unangemessene Kosten der Unterkunft sind vom Leistungsträger solange weiterzu- **125** zahlen, als eine Senkung der Kosten der Unterkunft nicht möglich oder zumutbar ist (§ 22 Abs. 1 S. 3). Die **Weiterzahlung** soll in der Regel längstens für einen Zeitraum von sechs Monaten erfolgen. Die Frist von sechs Monaten ist eine Regelhöchstfrist und nur dann anzuwenden, wenn der Leistungsberechtigte sich um eine Kostensenkung bemüht.[169]

Beispiel: Der Leistungsberechtigte wird vom Leistungsträger aufgefordert, die Kosten sei- **126** ner Unterkunft zu senken. Daraufhin erklärt er, die Wohnung sei angemessen, ein Umzug oder andere Kostensenkungsmaßnahmen kämen für ihn auf keinen Fall infrage.

---

164 BSG 2.7.2009 – B 14 AS 36/08 R Rn 23.
165 BSG 12.6.2015 – B 14 AS 60/12 R.
166 BSG 12.6.2013 – B 14 AS 60/12 R, BSGE 114, 1–11.
167 BSG 16.5.2007 – B 7b AS 40/06 R; BSG 29.11.2012 – B 15 AS 36/12 R, SozR 4-4200 Nr. 63.
168 BSG 16.5.2007 – B 7b AS 40/06 R Rn 15.
169 BSG 19.3.2008 – B 11b AS 41/06 R Rn 20.

Sofern die Wohnung nicht angemessen ist, kann der Leistungsträger die Kosten für Unterkunft und Heizung in verminderter angemessener Höhe vom Zeitpunkt der Erklärung des Leistungsberechtigten, ein Umzug käme nicht in Frage, an erbringen. Das ergibt sich aus dem Zweck des Gesetzes, das dem Leistungsberechtigten lediglich eine „Suchfrist" für die Wohnungssuche einräumt. Er soll nicht gezwungen werden, sein Mietverhältnis mit der gesetzlichen Frist nach § 580 a Abs. 1 Nr. 3 BGB von drei Monaten zu kündigen, um sich dann erst eine neue Wohnung zu suchen und sich der Gefahr auszusetzen, dass er durch die „voreilige" Kündigung wohnungslos wird. Die Frist zur Kostensenkung gilt nur dann, wenn der Leistungsberechtigte sich tatsächlich um eine Kostensenkung bemüht.

d) Kostensenkungsobliegenheit, Kostensenkungsaufforderung

127   Neben dem Anspruch des Leistungsberechtigten lediglich auf Übernahme der angemessenen Kosten der Unterkunft und Heizung (§ 22 Abs. 1 S. 1) besteht für ihn die (Obliegenheit) Verpflichtung die Kosten der Unterkunft auf den angemessenen Umfang zu senken. Diese Obliegenheit besteht nicht, soweit es dem Leistungsberechtigten nicht möglich oder nicht zumutbar ist die Kosten der Unterkunft zu senken (§ 22 Abs. 1 S. 3). Dem Leistungsberechtigten ist die Senkung der Kosten der Unterkunft und Heizung subjektiv nur möglich, wenn er positive Kenntnisse von seiner Kostensenkungspflicht hat.[170]

128   Diese Kenntnis wird der Leistungsberechtigte in der Regel nur haben, wenn er vom Leistungsträger zur **Kostensenkung** aufgefordert wurde.[171] Wie die Kostensenkungsaufforderung im Einzelfall aussehen muss ist bisher nicht abschließend geklärt. Das Bundessozialgericht hat zunächst nur geringe Anforderungen an eine wirksame Kostensenkungsaufforderung gestellt, weil diese allein Aufklärungs- und Warnfunktion habe.[172] Besondere Anforderungen an den Umfang und die Genauigkeit dieser Aufforderung bestehen deshalb nicht. Die Kostensenkungsaufforderung müsse nur die Rechtsfolgen aufzeigen und angeben, dass die bisherigen Kosten der Unterkunft unangemessen sind.[173] Ergeben sich die unangemessenen Kosten der Unterkunft aus einer zivilrechtlichen Unwirksamkeit des Mietervertrages, muss der Leistungsträger den Leistungsberechtigten in die Lage versetzen, seine Rechte gegenüber dem Vermieter durchzusetzen.[174] Aus dem Wortlaut des § 22 Abs. 1 S. 3 lässt sich entnehmen, dass der Leistungsträger dem Leistungsberechtigten gegenüber auch die Art der Kostensenkung angeben muss, dh durch Wohnungswechsel, Vermietung oder in sonstiger Weise. Nach einer Entscheidung des für die Sozialhilfe zuständigen 8. Senates des Bundessozialgerichtes ist es sogar erforderlich, dass bei einer Kostensenkung in sonstiger Weise (zB durch Vereinbarung einer Mietminderung mit dem Vermieter) der Leistungsträger angeben muss, welche Kostensenkungsbemühungen vom Leistungsberechtigten verlangt werden.[175]

---

170   BSG 17.12.2009 – B 4 AS 19/09 R, Rn 15.
171   BSG 22.9.2009 – B 4 AS 8/09 R.
172   BSG 7.5.2009 – B 14 AS 14/08 R.
173   BSG 19.3.2008 – B 11 b AS 43/06 R.
174   BSG 22.9.2009 – B 4 AS 8/09 R.
175   BSG 23.3.2010 – B 8 SO 24/08 R.

Die Aufklärungs- und Warnfunktion der Kostensenkungsaufforderung erfordert es, dass der Leistungsberechtigte Kenntnis davon hat, welche Kosten der Unterkunft nach der Produkttheorie aus der Sicht des Grundsicherungsträgers angemessen sind.[176] Da das Bundessozialgericht eine erweiterte Produkttheorie unter Einschluss der Heizkosten nicht anerkennt, muss der Leistungsträger zumindest die Höchstbeträge für die Unterkunft und die Heizkosten gesondert angeben.[177] Der Leistungsberechtigte kann andernfalls nicht die für ihn angemessene Unterkunft herausfinden, weil insbesondere die Heizkosten vom Verbrauchsverhalten abhängig sind. Gleichwohl wird in der Rechtsprechung die Ansicht vertreten, die Angabe einer Bruttowarmmiete sei für eine ordnungsgemäße Kostensenkungsaufforderung ausreichend.[178]

129

Darüber hinaus wird der Leistungsträger in seiner Kostensenkungsaufforderung die Nettokaltmiete angeben müssen, denn nur aus dem Produkt der Nettokaltmiete und der Wohnungsgröße lässt sich der angemessene Preis der Unterkunft bestimmen. Andere Faktoren, wie die sogenannten kalten Betriebskosten können nur dann Einfluss auf den wertbildenden Mietpreis haben, wenn es sich um besondere Komfortmerkmale, wie einen Aufzug in Häusern mit niedriger Geschoßzahl oder aufwendigen Hausmeisterdienst handelt. Die kalten Betriebskosten haben zumeist keinen Bezug zu den wertbildenden Faktoren und ergeben sich aus dem örtlichen Preisniveau zB für Wasser und Abwasser.[179] Zur Begründung der hier vertretenen Ansicht kann auch die Entscheidung des Bundessozialgerichtes zur Berliner Ausführungsvorschrift Wohnen (AV), die als Obergrenze eine Bruttowarmmiete vorsah, herangezogen werden.[180]

130

Die Aufklärungs- und Warnfunktion entfällt, wenn für den Leistungsberechtigten erkennbar ist, dass die Kosten der Unterkunft in seinem Fall unangemessen sind. Dies wird in aller Regel nur dann der Fall sein, wenn die Unangemessenheit offensichtlich ist oder dem Leistungsberechtigten die Unangemessenheit bei der Anmietung bekannt[181] oder er bei der Anmietung der Wohnung bösgläubig war.[182]

131

Der Leistungsträger ist verpflichtet, den Leistungsberechtigten über seine Rechte und Pflichten zu beraten (§ 14 SGB I). Unmittelbare Folgen und Ansprüche aus einer fehlerhaften Beratung ergeben sich für den Leistungsberechtigten nicht. Eine fehlerhafte Kostensenkungsaufforderung kann zu einer Unmöglichkeit der Kostensenkung bei dem Leistungsempfänger führen, wenn er dadurch bei seiner Suche in wesentlichem Umfang beschränkt wird.[183] Die Kosten sind daher bei fehlender Kostensenkungsaufforderung in tatsächlicher Höhe zu leisten.[184] Bei Fehlberatungen kommen zusätzlich der sozialrechtliche Herstellungsanspruch oder ein Amtshaftungsanspruch in Betracht (vgl § 1 Rn 50 f).

132

---

176   BSG 1.6.2010 – B 4 AS 78/09 R, Rn 16.
177   Vgl BSG 2.7.2009 – B 14 AS 36/08 R, Rn 19.
178   LSG Berlin-Brb 30.3.2010 – L 28 AS 1266/08.
179   BSG 19.10.2010 – B 14 AS 2/10 R, Rn 29.
180   BSG 19.10.2010 – B 14 AS 50/10 R, SozR 4-4200 § 22 Nr. 42.
181   BSG 17.12.2009 – B 4 AS 19/09 R.
182   BSG 30.8.2010 – B 4 AS 10/10 R, Rn 21.
183   BSG 19.2.2009 – B 4 AS 30/08 R.
184   BSG 7.5.2009 – B 14 AS 14/08 R.

aa) Bedeutung der Kostensenkungsbemühungen

133 Die **Kostensenkung** ist eine **Obliegenheit** des Leistungsberechtigten (§ 22 Abs. 1 S. 3 iVm § 2 Abs. 1 S. 1). Der Leistungsberechtigte ist zur Beseitigung oder zur Verringerung seiner Hilfebedürftigkeit verpflichtet (§ 2 Abs. 1 S. 1). In aller Regel muss er sich umfassend um eine neue Wohnung bemühen, dh die örtlichen Anzeigenblätter nach Wohnungsanzeigen durchsuchen, Anfragen bei größeren Wohnungsbaugesellschaften tätigen und weitere ihm zugängliche Quellen nutzen (Wohnungsplattformen im Internet). Diese Bemühungen müssen wohl nach vereinzelter Ansicht der Rechtsprechung vom Beginn der Kostensenkungsaufforderung bis zur Entscheidung der Sozialgerichte durchgeführt werden.

Der Leistungsberechtigte hat sich bei dem zuständigen Wohnungsamt um einen Wohnberechtigungsschein (§ 5 Wohnungsbindungsgesetz WoBindG iVm § 27 Gesetz über die Wohnraumförderung WoFG) zu bemühen und sich nach gefördertem Wohnraum zu erkundigen. Ist er bei seinen Bemühungen erfolglos, sollte er den Leistungsträger über seine Bemühungen informieren und mit dessen Mitarbeitern in „einen Dialog" treten, welche weiteren Bemühungen von ihm angesichts der bisherigen Erfolglosigkeit erwartet werden.

134 Ist der Leistungsberechtigte zu solchen Bemühungen nicht in der Lage, kann er **Leistungen zur Überwindung sozialer Schwierigkeiten** nach dem SGB XII in Form der Hilfe zur Wohnungsbeschaffung in Anspruch nehmen (§ 68 Abs. 1 SGB XII). Führen seine Kostensenkungsbemühungen trotz Ausschöpfung aller gemeinsam mit dem Mitarbeiter des Leistungsträgers besprochenen Maßnahmen nicht zum Erfolg, muss der Leistungsträger dem Leistungsberechtigten eine Wohnung nachweisen oder die abstrakt unangemessenen Kosten der Unterkunft als konkret angemessen ansehen und übernehmen. Der vom Leistungsberechtigten zu leistende Umfang der Bemühungen zur Wohnungssuche kann nicht Gegenstand einer Eingliederungsvereinbarung sein. In einer Eingliederungsvereinbarung können nur Maßnahmen zur Eingliederung in eine Arbeit oder andere Beschäftigung vereinbart werden (§ 15).

bb) Unzumutbarkeit der Kostensenkung

135 Die Obliegenheit des Leistungsberechtigten zur Kostensenkung kann im Einzelfall etwa aus gesundheitlichen Gründen, wegen schwerer körperlicher, psychischer oder seelischer Leiden und einer besonderen Bindung an das soziale Umfeld unzumutbar sein.[185]

136 **Beispiel:** Die Leistungsberechtigte lebt mit ihrem schwerkranken Ehemann in einer unangemessen teuren Wohnung. Der Ehemann hat nur noch eine geringe Lebenserwartung, die durch einen Umzug noch verkürzt werden würde.

In einem solchen Ausnahmefall ist ein Umzug unzumutbar. Die bisher innegehabte Wohnung wird als angemessen angesehen, solange der Zustand anhält, auf dem die Unzumutbarkeit beruht. So wird er ggf zumutbar sein, wenn bei schulpflichtigen Kindern ein

---

185 Berlit in: LPK-SGB II § 22 Rn 84 mwN; BSG 23.3.2010 – B 8 SO 24/08 R.

Wohnungswechsel zum Schuljahresende[186] erfolgt oder wenn der Leistungsberechtigte oder sein mit ihm in Bedarfsgemeinschaft lebender Angehöriger von einer schweren Erkrankung wieder genesen ist.

e) Ausgleichsanspruch – Mehrbedarf bei dezentraler Warmwasserversorgung

Leistungsberechtigte, in deren Unterkunft die Warmwasserversorgung über die in der Unterkunft vorhandenen Einrichtungen und nicht über eine Zentralheizungsanlage erfolgt, erhalten für ihren Mehraufwand einen pauschalen Mehrbedarf in Höhe eines Anteils an ihrem Regelbedarf (§ 21 Abs. 7), soweit nicht im Einzelfall ein abweichender Bedarf besteht. Der abweichende Bedarf kann zB dadurch entstehen, dass die Wassererwärmung durch einen Gaskessel betrieben wird, für den ein separater Anschluss besteht. Die Leistungsträger sind verpflichtet auf den Anspruch auf zusätzliche Warmwasserkosten hinzuweisen, was dadurch geschehen kann, dass der Bedarf in den Antragsformularen für Leistungen nach dem SGB II abgefragt wird.[187] In den Antragsformularen der Bundesagentur für Arbeit wird die Frage nach der separaten Warmwasserversorgung ausdrücklich gestellt.[188]

137

Hinweis: Lässt sich im Einzelfall der genaue Anteil an einem Verbraucht zB von Gas oder Strom für die Warmwasserbereitung nicht nachweisen, können die Sozialgericht, sofern ausreichend Anhaltspunkt vorhanden sind, den Anteil schätzen (§ 202 SGG iVm § 287 Abs. 2 ZPO).[189] Der abweichende Bedarf muss vom Leistungsberechtigten nicht objektiv nachgewiesen werden. Es müssen nur genügend Anhaltspunkte dafür vorliegen, dass die Pauschalen überschritten werden.

f) Nachzahlungen und Nachforderungen von Mietnebenkosten

Erhält der Leistungsberechtigte aus seinen Kosten für Unterkunft und Heizung eine Rückzahlung oder ein Guthaben, so mindert sich der Anspruch für Unterkunft bzw Heizung in dem Monat, der auf die Rückzahlung folgt (§ 22 Abs. 3). Der gesetzliche Fall einer Anspruchsminderung ist von Amts wegen zu beachten und bewirkt eine Änderung der Verhältnisse (§ 48 Abs. 1 S. 2 Nr. 3 SGB X), so dass der Leistungsbescheid wegen nachträglicher Änderung aufzuheben ist und ggf überzahlte Leistungen zurück verlangt werden müssen (§ 50 Abs. 1 S. 1 SGB X).

138

Bei der Rückzahlung von Nebenkosten handelt es sich um anrechenbare Einnahmen, die allerdings anders als die sonstigen anrechenbaren Einnahmen (§§ 11, 11 a) nicht um die Absetzbeträge (§ 11 b) bereinigt werden.[190]

Wird der Leistungsberechtigte mit einer Nachforderung belastet, liegt hierin ebenfalls eine von Amts wegen zu beachtende Änderung der Verhältnisse vor (§ 48 Abs. 1 S. 2 Nr. 1 SGB X).[191] Bei der Nachforderung handelt es sich um einen aktuellen Bedarf

---

186 Vgl LSG Berlin-Brb 21.10.2009 – L 28 AS 1395/08; BSG 22.8.2012 – B 14 AS 13/12 R, SozR 4-4200 § 22 Nr. 64.
187 BSG 28.3.2013 – B 4 AS 47/12 R.
188 http://www.arbeitsagentur.de/web/wcm/idc/groups/public/documents/webdatei/mdaw/mdk1/~edisp/l60190 22dstbai378207.pdf?_ba.sid=L6019022DSTBAI378210, letzter Aufruf 22.10.2015.
189 LSG NRW 3.1.2011 – L 5 AS 423/09 B ER.
190 BSG 16.5.2012 – B 4 AS 159/11 R = info also 2012, 232.
191 BSG 22.3.2010 – B 4 AS 62/09 R, Rn 15.

der Kosten für Unterkunft und Heizung und nicht um Schulden.[192] Hinsichtlich der Nachforderung muss der Leistungsberechtigte dem Leistungsträger lediglich den zusätzlichen Bedarf anzeigen. Eines gesonderten Antrags bedarf es nicht, weil die Nebenkostennachforderung nach dem Grundsatz der Meistbegünstigung von dem für den jeweiligen Bedarfszeitraum gestellten Antrag erfasst wird. Der Grundsatz der **Meistbegünstigung** besagt, dass ein bereits gestellter Antrag auf Unterhaltsleistungen nach dem SGB II alle ernsthaft in Betracht kommenden Ansprüche erfasst.[193]

Auch die Nachforderungen bzw Guthaben werden auf die Mitglieder der Bedarfs- oder Haushaltsgemeinschaft nach Kopfteilen ausgeteilt, wenn keine andere Aufteilung getroffen wurde. Dabei kommt es auf den Zeitpunkt des Zuflusses an und nicht darauf, wie das Guthaben erwirtschaftet wurde.[194]

139 **Beispiel:** Der Leistungsberechtigte steht seit Januar 2011 bei dem Leistungsträger im Leistungsbezug. Am 1.10.2014 erhält er von seinem Vermieter eine Betriebskostenabrechnung für das Jahr 2013 über einen Betrag in Höhe von 600 EUR, zahlbar spätestens zum 31.10.2014. Der Leistungsberechtigte beantragt am 1.1.2015 unter Vorlage der Abrechnung seines Vermieters bei dem Leistungsträger die Übernahme der Kosten.

Der Leistungsträger kann die Kostenübernahme hier nicht ablehnen, weil durch Verstreichen der Zahlungsfrist die Nebenkostennachforderung weiterhin ein aktueller Bedarf des Leistungsberechtigten für Unterkunft und Heizung bleibt und nicht dadurch zu Schulden wird.[195] Selbst wenn die Nebenkostennachforderung aus einem bereits vor Antragstellung bzw vor Eintritt der Hilfebedürftigkeit stammenden Mieterverhältnis stammt.

140 Der Leistungsträger wird sich nicht darauf berufen können, dass die Kosten der Unterkunft und Heizung durch die Betriebskostennachforderung unangemessen geworden ist. Unangemessene Kosten der Unterkunft und Heizung sind so lange zu berücksichtigen, wie es dem Leistungsberechtigten nicht möglich ist, die Kosten der Unterkunft und Heizung zu senken (§ 22 Abs. 1 S. 3). Eine Kostensenkung ist dem Leistungsberechtigten so lange nicht möglich, wie er keine Kenntnis von den unangemessenen Kosten hat.[196]

141 Zu den Kosten der Unterkunft gehören auch wirksam auf den Mieter abgewälzte

■ Schönheitsreparaturen[197] und

■ Kosten für **Ein- und Auszugsrenovierung**.[198]

Auch die Renovierungskosten müssen mietvertraglich geschuldet sein und sich im Rahmen der Angemessenheit bewegen.

g) Kosten der Unterkunft bei Eigentumswohnungen und Eigenheimen

142 Die selbst genutzte Eigentumswohnung oder das selbst genutzte Eigenheim in angemessener Größe ist nach § 12 Abs. 3 Nr. 4 nicht als Vermögen zu verwerten. Aus dem

---

192 BSG 22.3.2010 – B 4 AS 62/09 R, Rn 17.
193 BSG 2.7.2009 – B 14 AS 75/08 R, Rn 11.
194 BSG 22.3.2012 – B 4 AS 139/11 R, BSGE 110, 294–301.
195 BSG 22.3.2010 – B 4 AS 62/09 R, Rn 17.
196 BSG 17.12.2009 – B 4 AS 19/09 R, Rn 15.
197 BSG 19.3.2008 – B 11 b AS 31/06 R.
198 BSG 16.12.2008 – B 4 AS 49/07 R.

Verwertungsverbot folgt nicht, dass auch die **Kosten für Eigenheim** oder **Eigentumswohnung** als **angemessen** anzusehen sind.[199]

Beispiel: Das Eigenheim der Leistungsberechtigten A und B ist von angemessener Größe, dh unter 130 m². Hierfür müssen sie eine monatliche Rate iHv 1.500 EUR aufbringen in denen ein Zinsanteil iHv 1.300 EUR enthalten ist. Eine Mietwohnung von 60 m² ist zu einem angemessenen Mietzins von monatlich 380 EUR einschließlich aller Nebenkosten erhältlich.   143

Der Leistungsträger ist nur zur Übernahme der angemessenen Kosten der Unterkunft und Heizung verpflichtet. Mieter und Eigentümer sind gleich zu behandeln.[200] Finanzierungskosten für die Zinsbelastung sind daher nur insoweit zu übernehmen, als sie bei einer angemessenen Mietwohnung anfallen.[201] Der Leistungsträger muss allerdings die Finanzierungskosten bis zur angemessenen Höhe von 380 EUR übernehmen und kann sich nicht darauf berufen, nicht angemessene Unterkunftskosten müssten nicht übernommen werden, denn Letzteres ergibt sich aus dem Wortlaut des § 2, wo es „soweit" heißt.[202]   144

Bisher nicht abschließend geklärt ist die Frage, inwieweit **Tilgungsleistungen** übernommen werden müssen. Tilgungsleistungen seien nach der bisherigen Rechtsprechung nicht zu übernehmen, weil hierdurch eine Vermögensmehrung eintrete, die im Gesetz nicht vorgesehen sei; das SGB II diene nur zur Behebung einer aktuellen Notlage.[203]   145

Diese Rechtsprechung berücksichtigt jedoch nicht, dass eine Vermögensmehrung durch die Tilgung jedenfalls nicht zwingend eintritt. Eine Vermögensmehrung tritt nur ein, wenn der Wert der Immobilie seit Beginn der Tilgung zumindest unverändert bleibt und nicht gesunken ist. Ein grundsätzliches Verbot der Vermögensbildung lässt sich dem SGB II nicht entnehmen. Nach dem SGB II werden Leistungen für besondere Bedarfe nur ausnahmsweise erbracht (§ 24 Abs. 3). Durch die Orientierung an statistischen Durchschnittswerten verfolgt der Gesetzgeber im RBEG, im SGB II und SGB XII eine Ansparkonzeption, nach der ein Leistungsberechtigter die Beträge für im Regelbedarf enthaltene langlebige Gebrauchsgüter ansparen muss.[204] Diese Regelungen werden durch einen zusätzlichen Vermögensfreibetrag in Höhe von 750 EUR für jeden in der Bedarfsgemeinschaft lebenden Leistungsberechtigten und die Gewährung eines Darlehens für einen im Regelbedarf enthaltenen unabweisbaren Bedarf (§ 24 Abs. 1 S. 1) flankiert.

Der **Wertverfall durch Abnutzung** wird nicht berücksichtigt. Auch Wohngebäude haben wie jedes Wirtschaftsgut eine Höchstnutzungsdauer. Zu einem Vermögenszuwachs kommt es nur, wenn die Tilgungsrate über dem Wertverfall liegt. Da die Rechtsprechung der Sozialgerichte die steuerlichen „Vereinfachungsregeln" in Form der Absetzungen für Abnutzungen (AFA) nicht anwendet, muss sie den Wert jeweils ermitteln, will sie den Eigentümer nicht schlechter stellen als den Mieter, der mittel-   146

---

199   BSG 18.6.2008 – B 14/11 b AS 67/06 R.
200   BSG 18.6.2008 – 14/11 b AS 6706 R.
201   BSG 2.7.2009 – B 14 AS 32/07 R.
202   BSG 7.11.2006 – B 7 b AS 10/06 R.
203   BSG 18.6.2008 – B 14/11 b AS 67/06 R.
204   Vgl BVerfG 9.2.2010 – 1 BvL 1/09, BvL 3/09 und BvL 4/09, Rn 150.

bar zur Vermögensbildung seines Vermieters durch Leistung des Mietzinses beiträgt. Die Frage des Wertverfalls kann auch in anderer Weise gelöst werden, als durch Einbeziehung von Tilgungsleistungen in die Kosten der Unterkunft bei Eigentümern, und zwar durch Ersatz der im Bewilligungszeitraum anfallenden Reparaturkosten ohne Rücksicht auf deren tatsächliche Höhe.

Der Rechtsprechung ist es bisher noch nicht gelungen, die Grenze zwischen dem vom Gesetzgeber geschützten Wohneigentum und den Kosten für Unterkunft und Heizung als Lebensbedarf, der durch den Einsatz des Wohneigentums als Vermögenswert gedeckt wird, aufzuzeigen. Formelhafte Bekundungen, wie der Verwertungsschutz für Wohneigentum (§ 12 Abs. 3 Nr. 4), dienten nicht dem Schutz der Immobilie als Vermögensgegenstand, sondern allein dem Schutz der Wohnung im Sinne der Erfüllung des Grundbedürfnisses „Wohnen" als räumlicher Lebensmittelpunkt.[205]

147 Nach einer Entscheidung des Bundessozialgerichtes vom 18.6.2008 sind Tilgungsleistungen im Rahmen der für Mieter abstrakt angemessenen Kosten der Unterkunft zu übernehmen, sofern der Leistungsberechtigte andernfalls gezwungen wäre, die Unterkunft aufzugeben und nur noch wenige Tilgungsleistungen zu erbringen sind. Grundsätzlich seien Tilgungsleistungen jedoch nicht zu übernehmen.[206] Das Landessozialgericht Nordrhein-Westfalen[207] vertritt die Ansicht, dass eine Gefährdung des Verbleibs in der Wohnung konkret vorliegen muss. Selbst wenn die Kosten der Unterkunft bei dem selbst genutzten Eigentum geringer als eine vergleichbare, abstrakt angemessene, Mietwohnung sind, müssen die Kosten der Unterkunft nur abzüglich der Tilgungsleistungen erbracht werden.

148 Im Wohngeldrecht werden Tilgungsleistungen grundsätzlich als Belastungen aus dem Kapitaldienst berücksichtigt (§ 10 Abs. 1 WoGG iVm § 12 Abs. 1 S. 1 Nr. 2 WoGV).

149 Nach der Ansicht des Landessozialgerichts Niedersachsen-Bremen[208] sind **Tilgungsleistungen** im Sinne der „Gleichbehandlung" von Mietern und Eigentümern von Wohnraum in Höhe der vergleichbaren Miete zu übernehmen und nicht auf das absolut notwendige Maß zu beschränken.[209]

Eine **Pflicht zur Senkung der Tilgungsleistungen** besteht nur dann, wenn die Kosten der Unterkunft unangemessen sind. Eine über diese Kostensenkungspflicht hinausgehende Verpflichtung, etwa aus der Pflicht zur Selbsthilfe (§ 2 Abs. 1 S. 1), ist für die Eigentümer nicht zumutbar. Der Gesetzgeber hat die „Selbsthilfeverpflichtung" auch programmsatzartig verfasst und sie nicht sanktionsbewehrt.[210]

150 Aus dem Gesetz lässt sich ein Anspruch auf monatliche Zahlung einer **Instandsetzungspauschale**, mit der Aufwendungen für möglicherweise anfallende Reparaturen abgegolten werden, nicht herleiten, denn hierbei handelt es sich nicht um tatsächliche

---

205 BSG 15.4.2008 – B 14/7 b AS 34/06 R.
206 BSG 4.6.2014 – B 14 AS 42/13 R, SozR 4-4200 § 22 Nr. 78.
207 LSG NRW 25.11.2010 – L 7 AS 57/08, nr, anhängig beim BSG B 4 AS 14/11 R.
208 LSG Niedersachsen-Bremen 19.11.2009 – L 6 AS 374/06, nr, anhängig beim BSG B 14 AS 79/10 R.
209 Vg. LSG Berlin-Brb 25.9.2009 – L 32 AS 412/08 Rn 42.
210 Berlit in: LPK-SGB II § 2 Rn 15.

Aufwendungen des Leistungsberechtigten.[211] Die Instandsetzungspauschale wird aus § 7 Abs. 2 S. 1 Nr. 4 der Verordnung zu § 82 SGB XII hergeleitet und nach § 28 der 2. Berechnungsverordnung in nach Baualtersklassen und nach Quadratmeteranzahl gestaffelter Höhe festgelegt.

Die Leistungsberechtigten haben einen Anspruch auf Leistungen für Reparaturkosten an Eigenheimen oder Eigentumswohnungen, sofern diese in den Leistungszeitraum fallen und angemessen sind.[212]   151

h) Aufteilung der Unterkunftskosten

Nutzen mehrere Personen gemeinsam eine Wohneinheit, dann erfolgt eine Aufteilung der Kosten der Unterkunft. Bestehen Untermietverhältnisse oder sonstige unter den Beteiligten rechtsverbindliche Regelungen, dann sind diese maßgeblich.[213]   152

Bestehen keine Regelungen, so erfolgt die **Aufteilung** der Kosten, wenn zwischen den Bewohnern eine Haushalts- oder Bedarfsgemeinschaft besteht, **nach Kopfteilen**.[214] Eine Aufteilung nach Köpfen erfolgt auch dann, wenn ein Mitglied der Bedarfsgemeinschaft von den Leistungen nach dem SGB II ausgeschlossen ist.[215] Besteht eine solche Gemeinschaft nicht, sind stets der tatsächliche Wohnbedarf und die tatsächliche Aufteilung der Kosten der Unterkunft zu ermitteln. Eine Ausnahme von der Aufteilung nach Kopfteilen wird dann gemacht, wenn Partner der Bedarfsgemeinschaft getrennt leben und der Trennungswille nicht vorhanden ist.[216] In der Regel ist ebenfalls vom Kopfteilprinzip abzuweichen, wenn ein Mitglied der Bedarfsgemeinschaft wegen einer Sanktion keine Leistungen mehr für Unterkunft und Heizung erhält und diese auch nicht aus seinem sonstigen Einkommen oder Vermögen aufbringen kann.[217] Ob das Kopfteilprinzip anzuwenden ist, richtet sich nach den Verhältnissen, wie sie zu der Zeit bestanden, als der Bedarf bestand oder das Einkommen erzielt wurde.[218]

Hinweis: Ein Kind scheidet aus der Bedarfsgemeinschaft aus, wenn es seinen Unterhalt aus seinem Einkommen oder Vermögen decken kann. Die Kinder bilden jedoch in aller Regel weiterhin eine Haushaltsgemeinschaft mit ihren Eltern, so dass auch hier eine Aufteilung nach Köpfen erfolgt. Selbst wenn keine Haushalts- sondern nur eine schlichte Wohngemeinschaft besteht, kann die Kopfteilmethode mangels anderweitiger vertraglicher Abmachung angewendet werden.[219]

i) Leistungen bei Umzug

Bei dem Leistungsberechtigten wird, außer im Fall einer Verpflichtung zur Mietsenkung, oftmals der Wunsch nach einem **Wohnungswechsel** vorhanden sein. Da ein   153

---

211 BSG 3.3.2009 – B 4 AS 38/08 R.
212 BSG 3.3.2009 – B 4 AS 38/08 R.
213 BSG 18.6.2008 – B 14/11 b 61/06 R.
214 BSG 15.4.2008 – B 14/7 b AS 58/06 R.
215 BSG 27.1.2009 – B 14/7 b AS 8/07 R; BSG 22.8.2013 – B 14 AS 86/12 R, SozR 4-4200 § 22 Nr. 71.
216 BSG 20.10.2010 – B 14 AS 2/10 R.
217 BSG 2.12.2014 – B 14 AS 50/13 R, SozR 4-4200 § 22 Nr. 82; BSG 23.5.2013 – B 4 AS 67/12 R, BSGE 113, 270–277.
218 BSG 22.3.2012 – B 4 AS 139/11 R, BSGE 110, 294–301.
219 BSG 22.8.2013 – B 14 AS 85/12 R, SozR 4-4200 § 22 Nr. 71.

Wohnungswechsel regelmäßig Kosten verursacht, schränkt der Gesetzgeber bei den Empfängern von Leistungen nach dem SGB II die Beteiligung der Leistungsträger an den Umzugskosten und den Kosten der neuen angemieteten Wohnung ein. Ein Anspruch auf höhere Kosten einer angemessenen Unterkunft besteht nicht, wenn sie allein durch einen Umzug in eine andere Wohnung entstanden sind (§ 22 Abs. 1 S. 2).

154 Diese Regelung ist auf **Umzüge** innerhalb des Einzugsbereichs des Leistungsträgers beschränkt, so dass eine Begrenzung der Kosten auf die Kosten der bisherigen Unterkunft nicht erfolgt.[220]

155 Das Gesetz unterscheidet zwischen vom Leistungsträger veranlassten, erforderlichen (§ 22 Abs. 6 S. 2) und sonstigen Umzügen (§ 22 Abs. 1 S. 2).[221] Die **Umzugskosten** sind nach § 22 Abs. 6 S. 2 vom Leistungsträger in der Regel zu übernehmen, wenn der Umzug von ihm veranlasst oder in sonstiger Weise erforderlich ist.[222] Ein Umzug ist vom Leistungsträger veranlasst, wenn er zB zur geforderten Kostensenkung erfolgt und erforderlich, wenn auch ein Nichthilfeempfänger einen plausiblen, nachvollziehbaren und verständlichen Grund für einen Umzug hat.[223] Dies sind zB die bevorstehende Geburt eines Kindes, gesundheitliche Gründe, Konflikte mit Mitbewohnern, Kündigung durch den Vermieter, Vollendung des 25. Lebensjahres und der Wille einen eigenen Hausstand zu gründen, Aufnahme einer Arbeit außerhalb des Tagespendelbereiches usw.

156 Der Leistungsberechtigte soll bezüglich der Notwendigkeit des Umzuges und der Angemessenheit der anzumietenden Wohnung die **Zusicherung des kommunalen Trägers einholen**. Die Zusicherung ist ein der Bewilligung vorgeschalteter Verwaltungsakt.[224] Diese Zusicherung ist nicht zwingend, sondern erfüllt lediglich eine Warnfunktion und ist Voraussetzung für die Übernahme von Wohnungsbeschaffungs- und Umzugskosten.

157 Davon zu unterscheiden sind die **Wohnungsbeschaffungs- und Umzugskosten** (§ 22 Abs. 3). Diese Kosten sind vom Leistungsträger nur dann zu übernehmen, wenn der Leistungsberechtigte vor dem Umzug eine **Zusicherung** erhalten hat, in der ihm bestätigt wird, dass die Aufwendungen für die neue Unterkunft angemessen sind. Liegt eine Zusicherung vor, dann liegt es im Ermessen des Leistungsträgers, die Kosten des Umzuges und der Wohnungsbeschaffung zu übernehmen. Die Zusicherung muss vor dem Umzug erteilt worden sein, es sei denn der Leistungsträger verzögert die Zusicherung treuwidrig.[225]

158 **Hinweis:** Bei der vom Leistungsträger treuwidrig (es besteht Anspruch auf eine Zusicherung) nicht erteilten Zusicherung zur Übernahme der Umzugskosten und der Angemessenheit einer anzumietenden Wohnung kann der Leistungsberechtigte im Wege der Klage oder des einstweiligen Rechtsschutzes die Umzugskosten geltend ma-

---

220 BSG 1.6.2010 – B 4 AS 60/09 R.
221 BSG 6.5.2010 – B 14 AS 7/09 R.
222 BSG 6.5.2010 – B 14 AS 7/09 R.
223 Berlit in: LPK-SGB II § 22 Rn 131.
224 BSG 18.2.2010 – B 4 AS 28/09 R, Rn 24.
225 BSG 6.5.2010 – B 14 AS 7/09 R.

chen.[226] Er muss hierzu eine konkrete Wohnung unter Angabe der Größe, der Netto-kaltmiete, der sonstigen (variablen) Neben- und Heizkosten angeben, andernfalls ist der Leistungsanspruch nicht hinreichend bestimmt, denn das Gericht muss nachprü-fen können, ob die Wohnung, in die der Leistungsberechtigte umziehen will, ange-messen ist.

Das Ermessen des Leistungsträgers bezüglich der Zusicherung zum Wohnungswech-sel (Übernahme der Wohn- und Umzugskosten) ist eingeschränkt, sofern der Umzug durch den kommunalen Träger veranlasst wurde oder aus anderen Gründen notwen-dig ist (§ 22 Abs. 6 S. 2). Dieses **Sollermessen** ermöglicht eine Ablehnung nur in einem **atypischen Fall**, etwa wenn der Leistungsberechtigte nicht unwesentlich Anteil an einem Streit zwischen Mietparteien hat, aus denen sich ein erforderlicher Umzug ergibt und der Leistungsberechtigte den Umzug aus seinem Schonvermögen bestreiten kann. Bei einem vom Leistungsträger veranlassten oder notwendigen Umzug hat er die Kosten in aller Regel zu übernehmen.[227]   **159**

Den Begriffen **Notwendigkeit** und **Erforderlichkeit** kommt kein unterschiedlicher Wertgehalt zu, andernfalls hätte der Gesetzgeber hier von einem dringenden Erfor-dernis oder einer zwingenden Notwendigkeit gesprochen. Sofern der Umzug erforder-lich oder notwendig ist, wird das Ermessen des Leistungsträgers regelmäßig beson-ders eingeschränkt sein, zB bei der Aufnahme einer Arbeit außerhalb des Tagespen-delbereichs aus dem Zweck des Gesetzes heraus,[228] bei der Familienzusammenfüh-rung (Art. 6 GG) und bei Kündigung des Mietvertrages durch den Vermieter.

Die **Umzugskosten** sind in der Höhe nur insoweit zu übernehmen, als diese **angemes-sen** sind. Der Leistungsberechtigte hat regelmäßig nur Anspruch auf Übernahme der Kosten eines selbstorganisierten Umzugs.[229] Die Einschaltung eines Umzugsunterneh-mens kann im Einzelfall, etwa bei einer Körperbehinderung, notwendig sein.   **160**

Beispiel: Die alleinstehende hochschwangere Leistungsberechtigte musste nach einem   **161**
Streit mit dem zukünftigen Vater des Kindes B die gemeinsame Wohnung verlassen und fand vorübergehend Unterkunft in einem Frauenhaus. Sie findet niemanden, der ihr bei einem erforderlichen Umzug hilft. Ihr selbst wird durch den B das Betreten der Wohnung verweigert.

Hier wird die Leistungsberechtigte einen Anspruch auf Übernahme der Kosten für die Be-auftragung eines Umzugsunternehmens haben, weil sie selbst den Umzug aufgrund ihres körperlichen Zustandes nicht durchführen kann und auch keine Helfer zum Umzug findet.

Hat der Leistungsträger rechtswidrig die Zusicherung verweigert, hat der Leistungs-berechtigte die Möglichkeit, die Zusicherung bis zur Anmietung der Unterkunft durch Klage oder einstweiligen Rechtsschutz zu erstreiten. Die Zusicherung ist ein Verwaltungsakt (Zusage) dahin gehend einen Verwaltungsakt bestimmten Inhaltes zu   **162**

---

226 LSG NRW 3.7.2009 – L 19 B 138/09 AS ER.
227 BSG 6.5.2010 – B 14 AS 7/09 R.
228 BSG 15.12.2010 – B 14 AS 23/09 R, Rn 16, bei einer Pendelzeit von 2½ bis 3½ Stunden täglich.
229 BSG 6.5.2010 – B 14 AS 7/09 R.

erlassen (hier: dass die Kosten der Unterkunft in der angemessenen Höhe übernommen werden).[230]

163   Zu den **Wohnungsbeschaffungskosten** zählt insbesondere die Übernahme einer **Mietsicherheit (Kaution)**. Diese ist regelmäßig in Form eines Darlehens zu gewähren (§ 22 Abs. 6 S. 3). Über die Ausgestaltung des Darlehens gibt es unterschiedliche Meinungen.

164   **Beispiel:** Der Leistungsträger gewährt dem Leistungsberechtigten für die Stellung einer Mietsicherheit Zug um Zug gegen Abtretung der Forderung aus dem Kautionsguthaben und Herausgabe des Kautionssparbuches eine Mietsicherheit über drei Monatsmieten zu einem Betrag von 990 EUR. Das Darlehen ist nach dem zwischen den Parteien vereinbarten Darlehensvertrag in monatlichen Raten à 25 EUR zurückzuzahlen. Die Rückzahlung erfolgt durch Einbehalt aus dem laufenden Regelbedarf.

Variante: Die darlehensweise Hingabe der Mietsicherheit wird mit dem Hinweis verweigert, der Leistungsberechtigte könne dazu sein Guthaben aus seinem Schonvermögen, welches auf einem Sparbuch liegt, verwerten. Die Verwertung sei zumutbar, weil er auf dem Kautionssparbuch auch keine höheren Zinsen als auf seinem Sparbuch erhalte.

Die Übernahme der Mietsicherheit durch den Leistungsträger ist ein Darlehen im Sinne des § 24 Abs. 1, Abs. 4.[231] Allerdings ergibt sich bereits aus dem Wortlaut des § 22 Abs. 6 S. 3 SGB II, dass eine Mietkaution nicht als Darlehen im Sinne des § 24 gewährt werden kann, denn die Mietkaution soll als Darlehen erbracht werden (§ 22 Abs. 6 S. 3), so dass der Leistungsberechtigte nicht nur von der Kautionszahlung, sondern auch von der Belastung durch die Kaution befreit werden soll. Die Rechtsfrage, ob ein Kautionsdarlehen nach 42 a Abs. 2 S. 1 durch Rückzahlungen in Höhe von monatlich 10 % des maßgeblichen Regelbedarfes getilgt werden kann, ist bisher noch nicht entschieden. Für Mietkautionsdarlehen, die vor dem 1.4.2011 gewährt wurden ist diese Regelung jedenfalls noch nicht anwendbar.[232] Ein aktueller Fall steht noch zur Entscheidung beim Bundessozialgericht an.[233] Angesichts der Nichtberücksichtigung der Kautionen mit Regelbedarf, dürfte die Rückzahlung des Kautionsdarlehens während des Leistungsbezuges zu einer verfassungsrechtlich nicht hinnehmbaren Unterdeckung führen.[234]

165   Von einer Kautionsübernahme kann nur abgesehen werden, wenn ausreichend Wohnraum zur Verfügung steht, bei dem die Vermieter aufgrund der Lage auf dem örtlichen Wohnungsmarkt keine Kautionszahlung durchsetzen können. Hier muss allerdings bereits bei der Überprüfung der Angemessenheit und der Zusicherung vom Leistungsträger die Übernahme der laufenden Wohnkosten abgelehnt werden, weil die Wohnung nur mit Kaution angemietet werden kann. Dieser Umstand kann nur in solchen Fällen eine Rolle spielen, in denen der Leistungsberechtigte eine Wohnung ohne vorherige Zusicherung angemietet hat und die Zusicherung bei Kenntnis des

---

230   BSG 22.11.2011 – B 4 AS 219/10 R, SozR 4-4200 § 22 Nr. 57.
231   Berlit in: LPK SGB II § 22 Rn 168.
232   BSG 25.6.2015 – B 14 AS 28/14 R, SozR 4-4200 § 22 Nr. 80.
233   BSG B 4 AS 14/15 R, http://www.bsg.bund.de/SharedDocs/Publikationen/Rechtsfragen/Senat_4.pdf?__blob=publicationFile, letzter Aufruf 22.10.2015.
234   BVerfG 23.7.2014 – 1 BvL 10/12, 1 BvL 12/12, 1 BvR 1691/13, BGBl. I 2014, 1581 Rn 132.

Mietvertrages durch den Mitarbeiter des Leistungsträgers erfolgte, denn der Vermieter kann eine Mietsicherheit nur verlangen, wenn diese vertraglich vereinbart ist. Eine solche Vereinbarung kann bei einem Wohnungsmietvertrag nur schriftlich erfolgen (§ 550 BGB). Lässt sich der Mitarbeiter des Leistungsträgers vom Leistungsberechtigten den Mietvertrag nicht vorlegen, kann an einen Aufklärungsmangel und einen Herstellungsanspruch gedacht werden.

Der Leistungsträger kann die Übernahme der **Mietkaution** nicht mit Hinweis auf das 166 **Schonvermögen** verweigern, denn dann kann er über seinen als Mietkaution hingegebenen Vermögensteil nicht mehr verfügen. Nach § 12 Abs. 1 sind bestimmte Vermögensteile nicht zu berücksichtigen. Diese Regelung liefe leer, wenn der Leistungsberechtigte sein Vermögen für eine Kaution einsetzen müsste.

Der Leistungsberechtigte wird allerdings nicht mehr mit einem Gesuch auf einstweilige Anordnung nach § 86 b Abs. 2 S. 2 SGG durchdringen, denn ihm droht kein wesentlicher Nachteil. Er kann die Mietkaution zunächst selbst aus seinem Vermögen übernehmen und droht nicht wohnungslos zu werden. Es ist kein wesentlicher Nachteil, wenn er zunächst sein Schonvermögen auf seinem Sparbuch verbraucht und den Leistungsträger dann im Widerspruchs- und Klageverfahren auf Leistung der Mietsicherheit in Anspruch nimmt.

j) Übernahme von Mietschulden

Werden vom Leistungsträger Kosten für Unterkunft und Heizung übernommen, kön- 167 nen zusätzlich auch **Schulden** übernommen werden, sofern dies zur Sicherung der Wohnung (Wohnkosten) oder zur Abwendung einer dem Wohnungsverlust vergleichbaren Notlage gerechtfertigt ist (§ 22 Abs. 5). Die Übernahme von Mietschulden und ähnlichen Schulden ist gerechtfertigt, wenn die konkret bewohnte Wohnung angemessen ist und der konkrete Verlust dieser Wohnung droht. Sind die Schulden durch ein Fehlverhalten des Leistungsberechtigten entstanden oder wurden die Kosten der Unterkunft von ihm zweckwidrig verwendet, liegt ein drohender Verlust der Unterkunft nur vor, wenn kein Ersatzwohnraum zur Verfügung steht.[235] Weiterhin ist zusätzlich zu verlangen, dass die Übernahme geeignet ist, die Wohnung langfristig zu sichern.[236] Ist ein Räumungsurteil rechtskräftig geworden, kann die Wohnung nur dann nachhaltig gesichert werden, wenn der Vermieter das Mietverhältnis fortsetzen will. Liegt drohende Wohnungslosigkeit vor, besteht nur in atypischen Fällen die Möglichkeit, die Schuldenübernahme zu verweigern.[237] Anspruchsberechtigt für das Darlehen zur Begleichung der Mietschulden sind, abweichend von dem Kopfteilprinzip, die Personen der Bedarfsgemeinschaft, die aus dem Mietvertrag verpflichtet sind,[238] so dass Kläger oder Antragsteller im einstweiligen Rechtsschutzverfahren nur die Mieter sind.

---

235 BSG 17.6.2010 – B 14 AS 58/09 R, Rn 26.
236 LSG Sachsen-Anhalt 16.9.2010 – L 5 AS 288/10 B ER.
237 BSG 17.6.2010 – B 14 AS 58/09 R, Rn 31.
238 BSG 18.11.2014 – B 4 AS 3/14 R, SozR 4-4200 § 22 Nr. 80.

168 Hinweis: Die Übernahme von Miet- oder Stromschulden wird im Allgemeinen im Wege des einstweiligen Rechtsschutzes gerichtlich geltend gemacht. Neben dem Anordnungsanspruch, der sich aus dem Tatbestand des § 22 Abs. 5 ergibt, muss ein Anordnungsgrund vorliegen, dh die einstweilige Anordnung muss zur Abwendung wesentlicher Nachteile notwendig erscheinen (§ 86 b Abs. 2 S. 2 SGG). Wohnungslosigkeit ist als wesentlicher Nachteil anzusehen. Diese tritt nicht ein, wenn zB alternativer Wohnraum zur Verfügung steht. Wohnungslosigkeit droht allerdings bereits dann, wenn der Verlust der Wohnung wahrscheinlich und die erfolgreiche Anmietung einer Ersatzwohnung bis zur Räumung nicht wahrscheinlich erscheint. Das ist der Fall, wenn der Vermieter das Mietverhältnis fristlos gekündigt hat und mit der Räumungsklage alsbald gerechnet werden muss. Zu weitgehend ist die Forderung, dass ein Anordnungsgrund erst dann vorliegt, wenn die Zwangsvollstreckung aus einem Räumungstitel bereits angekündigt ist.[239]

Eine mit drohender Wohnungslosigkeit vergleichbare Notlage sind insbesondere die drohende Unterbrechung der Versorgung mit Strom und Gas bzw Wärme gemeint.[240]

169 Beispiel: Die Leistungsberechtigten, das Ehepaar A und B, leben mit ihren beiden schulpflichtigen Kindern im Alter von sieben und neun Jahren zusammen. Am 15.11.2014 erhalten sie von dem Stromversorger RAG AG die Aufforderung die rückständigen Stromschulden in Höhe von 1.200 EUR bis zum 6.12.2014 zu zahlen, andernfalls wird die Versorgung eingestellt. Der Leistungsträger verweigert die Übernahme der Stromkosten, weil diese durch A und B schuldhaft verursacht worden seien, dies sei nicht das erste Mal, dass sie Kosten der Unterkunft nicht zahlten.

Der Leistungsträger wird die Kosten der Stromversorgung übernehmen müssen, weil hier eine der Wohnungslosigkeit vergleichbare Notlage eingetreten ist. Die schulpflichtigen Kinder müssten wegen der jahreszeitlichen Dunkelheit morgens im Dunkeln frühstücken und könnten auch ggf ihre Schulaufgaben nicht ohne Kunstlicht erledigen. Die fehlende Stromversorgung ist im Winter der Wohnungslosigkeit gleichzustellen.[241]

Etwas anderes könnte sich ggf ergeben, wenn der Leistungsberechtigte alleinstehend ist und die Stromsperre im Sommer erfolgt. Sofern der Leistungsträger keine Leistungen erbringt, wird der Anspruch auf Übernahme der Schulden im Wege des einstweiligen Rechtsschutzes erfolgen müssen und wegen der vorher geschilderten wesentlichen Nachteile (§ 86 b Abs. 2 S. 2 SGG) auch erfolgreich sein, wenn hier kein Schonvermögen eingesetzt werden kann. Die Stromkosten sind allerdings vom Leistungsträger im Rahmen des § 24 Abs. 8 nur als Darlehen zu gewähren. Die Kosten für die Stromlieferung gehören zu den Kosten der Haushaltsenergie und sind Bestandteil des Regelbedarfes (§ 20 Abs. 1).

k) Zuschuss zu den Wohnkosten nach § 27 Abs. 3 bei Empfängern von Berufsausbildungsbeihilfen uÄ

170 Empfänger von Berufsausbildungsbeihilfe oder Ausbildungsgeld nach dem SGB III oder Leistungen nach dem BAföG in bestimmter Höhe haben einen Anspruch auf einen Zuschuss zu den ungedeckten angemessenen Kosten der Unterkunft und Heizung (§ 27 Abs. 3) wenn sie bei ihren Eltern wohnen. Letzteres ergibt sich aus § 27

---

239 LSG Berlin-Brb. 22.7.2010 – L 5 AS 1049/10 B ER.
240 LSG NRW 12.12.2008 – L 7 B 384/08 AS.
241 AA, ohne Berücksichtigung dieser Tatsachen LSG RPf 27.12.2010 – L 3 AS 557/10 B ER.

Abs. 3 S. 1, wonach ein Anspruch auf Zuschuss nur besteht, wenn der Bedarf für Schüler und Studenten berücksichtigt wird, die bei ihren Eltern leben. Das Gleiche trifft auf Auszubildende zu, die entsprechende Leistungen nach dem SGB III zur Ausbildung erhalten. Der Anspruch besteht darüber hinaus nur dann, wenn der Auszubildende sich nicht selbst versorgen kann und ein ungedeckter Bedarf (§ 19 Abs. 3) nicht besteht.[242]

Ausgenommen von dieser Leistung sind Empfänger von „Mini-BAföG" oder „Miniberufsausbildungsbeihilfe" (§ 7 Abs. 6 Nr. 2). Diese haben ggf den vollen Anspruch auf Leistungen nach dem SGB II.

Der Zuschuss zu den Kosten der Unterkunft bemisst sich nach den ungedeckten Kosten der Unterkunft unter Berücksichtigung des von dem Anspruchsberechtigten erzielten Einkommens einschließlich der Ausbildungsbeihilfe, begrenzt durch die Differenz zwischen dem Unterkunftsbedarf nach dem SGB II und dem in der Ausbildungsförderungsleistung enthaltenen Unterkunftsanteil.[243] Bei dem Anspruchsberechtigten ist daher eine Bedarfsberechnung nach dem SGB II vorzunehmen und anhand dessen der verbleibende Bedarf für Unterkunft und Heizung zu ermitteln. Dieser Bedarf ist auf die Differenz zwischen dem nach dem BAföG oder dem SGB III als Unterkunftsbedarf anerkannten Betrag und den tatsächlich zu leistenden Unterkunftskosten beschränkt. Bezieht der Anspruchsberechtigte Unterhaltsleistungen nach dem BAföG, so ist von dem als insgesamt als bedarfsdeckend angesehenen Unterhaltsanspruch eine Absetzung für ausbildungsbedingte Aufwendungen iHv 20 % vorzunehmen.[244] Erhält der Anspruchsberechtigte Unterhaltsleistungen nach dem SGB III (§§ 61 ff SGB III), erfolgt ein solcher Abzug nicht.[245]

Beispiel: 1. Variante: Der B ist 26 Jahre alt und studiert im fünften Semester Rechtswissenschaften an der Freien Universität Berlin. Er erhält Leistungen nach § 13 Abs. 1 Nr. 2, Abs. 2 Nr. 2 BAföG iHv 597 EUR. Seine Wohnung kostet einschließlich aller Nebenkosten und Heizung monatlich 378 EUR. **171**

2. Variante: Der B lebt bei seiner 50 Jahre alten Mutter, die Leistungen nach dem SGB II bezieht, und erhält Leistungen nach § 13 Abs. 1 Nr. 2, Abs. 2 Nr. 1 BAföG iHv 373 EUR und 49 EUR.[246] Die Kosten der Unterkunft betragen monatlich 444 EUR.

3. Variante: Wie Variante 2 der B ist allerdings erst 22 Jahre alt.

4. Variante: Wie Variante 1; der B hat die Förderungshöchstdauer überschritten und erhält keine Leistungen nach dem Bundesausbildungsförderungsgesetz mehr.

In der ersten Variante hat der B zwar einen ungedeckten Wohnkostenbedarf (404 EUR + 378 EUR = 782 EUR − 597 EUR = 185 EUR) in Höhe von 185 EUR, diesen erhält er allerdings nicht, weil er nicht bei seinen Eltern wohnt (§ 27 Abs. 3 iVm § 13 Abs. 1 Nr. 1, Abs. 2 Nr. 1 BAföG).

---

242 BSG 16.6.2015 – B 4 AS 37/14 R.
243 BSG 22.3.2010 – B 4 AS 69/09 R.
244 BSG 17.3.2009 – B 14 AS 63/07 R.
245 BSG 22.3.2010 – B 4 AS 69/09 R, Rn 31.
246 Leistungen nach dem BAföG ab dem 1.8.2016 statt 373 = 399 EUR, statt 49 = 52 EUR und statt 224 = 250 EUR, BR-Drucks. 375/14 vom 28.8.2014.

In der zweiten Variante erhält er, weil er bei seiner Mutter lebt, Ausbildungsförderung nach § 13 Abs. 1 Nr. 2 iVm Abs. 2 Nr. 1 BAföG und ist daher anspruchsberechtigt (§ 27 Abs. 3). Auf ihn entfallen Unterkunftskosten in Höhe von 222 EUR.

Sein fiktiver Anspruch auf Leistungen nach dem SGB II setzt sich zusammen aus seinem Regelbedarf und seinen anteiligen Kosten der Unterkunft, über 25 = 404 EUR + 222 EUR = 626 EUR und unter 25 = 324 EUR + 222 EUR = 546 EUR. Hierauf ist sein Einkommen wie folgt anzurechnen:

		über 25	unter 25
Bedarf nach dem SGB II		626,00 EUR	546,00 EUR
Einkommen			
BAföG 373 + 49 =	422,00 EUR		
Abzüglich Ausbildungsanteil,			
20 % des Anspruchs nach § 13			
Abs. 1 Nr. 2, Abs. 2 Nr. 2 BAföG	-119,40 EUR		
Versicherungspauschbetrag,			
§ 11 b Abs. 1 Nr. 3 iVm § 6			
Abs. 1 Nr. 1 Alg II-V	-30,00 EUR		
Anrechenbares Einkommen	272,60 EUR	-272,60 EUR	-272,60 EUR
fiktiver Leistungsbetrag		353,40 EUR	273,40 EUR

Der B hat demnach einen ungedeckten Bedarf an fiktiven Leistungen. Dieser ist allerdings, auf die Differenz zwischen dem Anteil an den Wohnkosten iHv 49 EUR (§ 13 Abs. 2 Nr. 1 BAföG) und den tatsächlichen Wohnkosten iHv 222 EUR, dh 173 EUR beschränkt.

In der 3. Variante vermindert sich der Bedarf des B, weil er mit seiner Mutter eine Bedarfsgemeinschaft bildet. Er ist noch nicht 25 Jahre alt und hat daher nur einen Regelbedarf iHv 324 EUR (§ 20 Abs. 2 S. 2 Nr. 2), so dass sein Gesamtbedarf nur 546 EUR (324 + 222) und sein fiktiver Leistungsbetrag 273,40 EUR beträgt. Auch in dieser Variante erfolgt nur ein Zuschuss in Höhe der Differenz zwischen den Kosten der Unterkunft und dem in der Leistung nach dem BAföG enthaltenen Kosten der Unterkunft iHv 173 EUR.

In der 4. Variante besteht nach dem Wortlaut kein Anspruch auf Leistung eines Zuschusses, weil der B wegen Überschreiten der Förderungshöchstdauer von den Leistungen nach dem BAföG ausgeschlossen ist (Umkehrschluss § 27 Abs. 3).[247] Demgegenüber besteht ein Anspruch auf Zuschuss, wenn der Anspruch nach dem BAföG wegen der Verschriften zur Berücksichtigung von Einkommen oder Vermögens ausgeschlossen ist (§ 27 Abs. 3).

I) Regelung der angemessenen Kosten der Unterkunft und Heizung durch Satzung

172 Die Länder können die Kreise und kreisfreien Städte in einem Gesetz ermächtigen, durch Satzung zu bestimmen, in welcher Höhe Aufwendungen für Unterkunft und Heizung angemessen sind (§ 22 a Abs. 1). In der Satzung soll abweichend von der bis zum 31.12.2010 allein geltenden Rechtslage auch eine Bruttowarmmiete festgelegt werden können.[248] Das Bundessozialgericht hatte die Angemessenheit der Kosten der Unterkunft und die Angemessenheit der Heizkosten dem Wortlaut des § 22 Abs. 1 S. 1 folgend unabhängig voneinander beurteilt.[249] Die Gesamtpauschalierung mit

---

247 BSG 6.9.2007 – B 14/7 b AS 36/06 R.
248 BT-Drucks. 17/3404.
249 BSG 22.9.2009 – B 4 AS 70/08 R, Rn 19.

einer einheitlichen Obergrenze kann, wenn denn eine solche Satzung wirksam bleibt, erhebliche Nachteile mit sich bringen. Gerade Heizkosten unterliegen starken Schwankungen, die von den Leistungsberechtigten kaum beeinflusst werden können. Ein langer und harter Winter führt aufgrund höheren Wärmebedarfes zu steigenden Heizkosten, die von den Leistungsberechtigten nicht aus ihrem Regelbedarf aufgefangen oder durch sparsamen Verbrauch beeinflusst werden können. Die Anpassung der „Pauschalen" innerhalb eines Zeitraumes von zwei Jahren bei den Kosten der Unterkunft und von einem Jahr bei den Heizkosten (§ 22 c Abs. 2) könnte ein nicht ausreichender Anpassungszeitraum sein. Von der Möglichkeit, die Kosten für Unterkunft und Heizung zu pauschalieren, hat bisher nur das Land Berlin Gebrauch gemacht, indem es die Wohnaufwendungenverordnung (WAF) vom 3.4.2012 erlassen hatte. Die Verordnung wurde mit Urteil des Bundessozialgerichtes vom 4.6.2014 für unwirksam erklärt.[250]

Nach den Vorgaben des Bundesverfassungsgerichtes hat der Gesetzgeber durch Parlamentsgesetz Vorkehrungen zu treffen, auf Änderungen der wirtschaftlichen Rahmenbedingungen, wie zum Beispiel Preissteigerungen oder Erhöhungen von Verbrauchssteuern, zeitnah zu reagieren, um zu jeder Zeit die Erfüllung des aktuellen Bedarfs sicherzustellen, insbesondere wenn er wie in § 20 Abs. 2 einen Festbetrag vorsieht.[251] Diese Vorgabe betraf bisher nur den Regelbedarf. Erfolgt eine Pauschalierung der Kosten für Unterkunft und Heizung sind die vom Bundesverfassungsgericht aufgestellten Grundsätze ebenfalls anzuwenden. Anhand dieser Vorgabe scheint es fraglich, ob der Gesetzgeber die Anpassung dem Satzungsgeber überlassen konnte und ob die jährliche Anpassung ausreicht den pauschalisierten Heizbedarf zu decken.[252] **173**

Ziel des Gesetzgeber ist die vom Bundessozialgericht[253] über den Verweis auf die Verwaltungsvorschriften zu § 10 WoBauG gezogene Obergrenze für die angemessene Wohnungsgröße von ca. 50 qm für einen Einpersonenhaushalt in Großstädten wie München, Hamburg oder Stuttgart mit einem hohen Mietpreisniveau durch Satzung zu senken (§ 22 Abs. 1 Nr. 1).[254] Auch für die sogenannten kalten Betriebskosten und die Heizkosten können Obergrenzen festgelegt werden (§ 22 b Abs. 1 S. 2). Werden Obergrenzen festgelegt, können sie nur dann einer Überprüfung standhalten, wenn sie so „großzügig" ausgelegt sind, dass damit auch größerer Schwankungen aufgefangen werden können. **174**

Darüber hinaus können in der Satzung die Kosten der Unterkunft und Heizung festgelegt und mit einer Pauschale abgegolten werden (§ 22 a Abs. 2). Voraussetzung ist ausreichend freier Wohnraum am Wohnungsmarkt und dass die Pauschalierung dem Grundsatz der Wirtschaftlichkeit entspricht. Die Kommunen müssen in ihren Satzungen die Wirtschaftlichkeit begründen. Wurde die Wirtschaftlichkeit nicht hinreichend beachtet, so kann sich der Leistungsberechtigte insoweit nicht auf die Unwirksamkeit **175**

---

250 BSG 4.6.2014 – B 14 AS 53/13 R, BSGE 116, 94–112.
251 BVerfG 9.2.2010 – 1 Bvl 1/09, 3/09, 4/09, Rn 140.
252 So im Ergebnis auch BSG 13.4.2011 – B 14 AS 98/10 R.
253 BSG 19.2.2009 – B 4 AS 30/08 R.
254 BT-Drucks. 17/3404, 101.

der Satzung berufen, denn das Gebot der Wirtschaftlichkeit dient ausschließlich dem Schutz der Staatskasse.

Die Anforderungen an die Tatsachenermittlung als Grundlage für eine Satzung werden in § 22 c SGB II beschrieben. Hier wird umschrieben, aus welchen Erkenntnisquellen sich die Kreise und kreisfreien Städte bedienen können, dh Mietspiegel, qualifizierte Mietspiegel, Mietdatenbanken, eigene Ermittlungen und auch die Tabellen nach dem Wohngeldgesetz.

Hinweis: Auch wenn in der Satzung Höchstgrenzen für die Betriebs- und Heizkosten festgelegt worden sind, schließt dies die Übernahme von Forderungen zB aus einer Nebenkostenabrechnung gegenüber dem Leistungsberechtigten nicht aus. Dem Leistungsberechtigten muss es subjektiv zumutbar sein, seine Kosten der Unterkunft und Heizung zu senken, bzw im Rahmen der Angemessenheit zu halten (§ 22 Abs. 1 S. 3 SGB II).[255] Werden die Kosten der Unterkunft erstmals durch die zumeist unerwartet hohen Nebenkosten unangemessen, müssen sie gleichwohl gezahlt werden, wenn der Leistungsberechtigte nicht zuvor zur Kostensenkung aufgefordert wurde.

176 Die Satzung ist ortsüblich bekannt zu machen, wobei auf § 10 Abs. 3 BauGB zurückgegriffen werden kann:[256]

(3) Die Erteilung der Genehmigung oder, soweit eine Genehmigung nicht erforderlich ist, der Beschluss des Bebauungsplans durch die Gemeinde ist ortsüblich bekannt zu machen. Der Bebauungsplan ist mit der Begründung und der zusammenfassenden Erklärung nach Absatz 4 zu jedermanns Einsicht bereitzuhalten; über den Inhalt ist auf Verlangen Auskunft zu geben. In der Bekanntmachung ist darauf hinzuweisen, wo der Bebauungsplan eingesehen werden kann. Mit der Bekanntmachung tritt der Bebauungsplan in Kraft. Die Bekanntmachung tritt an die Stelle der sonst für Satzungen vorgeschriebenen Veröffentlichung.

177 Fraglich bleibt hier, ob die ortsübliche Bekanntgabe, wie bei einem Bebauungsplan dem Rechtsstaatsgebot (Art. 20 Abs. 3 GG) entspricht. Das Bundesverfassungsgericht hat zwar den § 12 Abs. 3 BauGB mit dem Rechtsstaatsgebot für vereinbar erklärt, dabei aber ausdrücklich die Bebauungspläne und ihre Eigenheiten im Auge gehabt. Bebauungspläne bestehen aus einem zeichnerischen und einem textlichen Teil und betreffen nur ein eng begrenztes Gebiet. Hier konnte sich der Gesetzgeber mit der Regelung begnügen, dass die Gemeinden diese zu jedermanns Einsicht bereithalten. Diese Voraussetzungen liegen bei den Satzungen nach dem SGB nicht vor, denn sie bestehen ausschließlich aus einem textlichen Inhalt, der wie eine Satzung oder ein Gesetz verkündet werden kann. Durch die Auslegung wie bei einem Bebauungsplan wird daher der Rechtsschutz ohne zwingenden Grund verkürzt.

178 Die Satzung kann in einem Normenkontrollverfahren durch das Landessozialgericht, welches in erster Instanz zuständig ist, überprüft werden (§ 55 a Abs. 1 SGG). Antragsberechtigt sind auch die Leistungsberechtigten, wenn sie noch nicht unmittelbar durch einen für sie nachteiligen Leistungsbescheid beschwert sind, aber demnächst

---

255 Vgl BSG 7.5.2009 – B 14 AS 14/08 R, Rn 28.
256 BT-Drucks. 17/3404, 101.

hiervon betroffen sein können (§ 55 a Abs. 2 S. 1 SGG). Das Landessozialgericht kann die Rechtsvorschrift bzw Satzung für unwirksam erklären (§ 55 a Abs. 5 S. 2 SGG). Die Revision gegen die Entscheidung des Landessozialgerichtes kann nur darauf gestützt werden, dass Bundesrecht verletzt worden ist (§ 162 SGG), so dass die Vereinbarkeit der Satzung mit der landesrechtlichen Ermächtigungsnorm nicht überprüft werden kann. Die Zulässigkeit der Revision ist unabhängig davon, ob das Landessozialgericht durch Urteil oder Beschluss entscheidet (§ 160 Abs. 1 SGG). Die Revision ist allerdings nur dann zulässig, wenn sie vom Landessozialgericht im Urteil oder Beschluss zugelassen wurde (§ 160 Abs. 1 SGG) oder vom Bundessozialgericht auf die Nichtzulassungsbeschwerde hin zugelassen wird (§ 160 a SGG).

7. Leistungserbringung als Darlehen

Unter folgenden Umständen können die Leistungen als Darlehen erbracht werden: 179

- Wenn der Leistungsberechtigte über verwertbares Vermögen verfügt, das er jedoch nicht zur Deckung seines unmittelbaren Lebensbedarfes einsetzen kann (§ 24 Abs. 5),

- wenn der Leistungsberechtigte erst am Ende eines Monates für den laufenden Monat Einnahmen erzielt und bis zu diesem Zeitpunkt mittellos ist (§ 24 Abs. 4),

- wenn er einen unabweisbaren Bedarf nicht aus seinen Ansparungen decken kann (§ 24 Abs. 1).

- Auch Studenten und vergleichbare Auszubildende können bei Vorliegen einer besonderen Härte, auch wenn sie von den Leistungen nach dem SGB II ausgeschlossen sind, **Darlehensleistungen** für ihren Lebensunterhalt erhalten (§ 27 Abs. 4).

- Weiterhin können Mietschulden zur Sicherung der Unterkunft oder einer vergleichbaren Notlage übernommen (§ 22 Abs. 8) und als Darlehen geleistet werden.

Die Darlehensbedingungen sind in § 42 a geregelt.[257]

Soweit Darlehensleistungen den Regelbedarf nach dem SGB II umfassen, sollten sie 180 nur in Ausnahmefällen gewährt werden. Letztlich ergibt sich diese Absicht des Gesetzgebers aus dem Wortlaut des § 24 Abs. 1, wonach nur ein unabweisbarer Bedarf durch eine Darlehensleistung gedeckt werden soll. Dabei wurde vom Gesetzgeber jedoch übersehen, dass die Bedarfspositionen für langlebige Konsumgüter, zB für die Anschaffung eines Kühlschrankes, einer Waschmaschine usw, lediglich mit einem sehr geringen Betrag berücksichtigt sind. Dies trifft auch bei den oft sehr kostspieligen Sehhilfen (Gleitsichtbrille) zu.[258] Hier besteht die Gefahr, dass der verfassungsrechtlich gesicherte Anspruch auf Gewährleistung eines menschenwürdigen Existenzminimums nicht gesichert ist. Eine verfassungskonforme Auslegung, wie bei der Übernahme von Fahrkosten, die bei Aufsuchen der geförderten Freizeitveranstaltung

---

257 BGBl. I, 474 vom 29.3.2011 (Art. 14 Abs. 3).
258 Vgl BVerfG 2.9.2010 – BvL 1/09, 1 BvL 3/09, 1 BvL 4/09 Rn 120.

entstehen, scheint mir nicht möglich.[259] Der Begriff „unabweisbar" kann allerdings auf alle vom Regelbedarf erfassten Konsumgüter erstreckt werden, so dass auch die bisher nicht als notwendig angesehenen Konsumgüter, wie eine Geschirrspülmaschine, erfasst werden können.

Darlehensleistungen ersetzen nur dann die Leistung zum Lebensunterhalt, wenn es sich um eine Leistung an Auszubildende handelt (§ 27 Abs. 4). Sie dienen zur Überbrückung eines aktuellen Hilfebedarfes (§ 24) oder zur Verhinderung von Wohnungslosigkeit (§ 22 Abs. 8).

181 Darlehen werden nur geleistet, wenn die Notlage nicht durch anderweitige Hilfe beseitigt werden kann und auch nicht aus dem Ansparbetrag iHv 750 EUR für jedes Mitglied der Bedarfsgemeinschaft (§ 12 Abs. 2 Nr. 3) oder dem Vermögensgrundfreibetrag (§ 12 Abs. 2 Nr. 1) aufgebracht werden kann.[260] Der Vermögensgrundfreibetrag muss abweichend von der bisherigen Regelung auch im Falle eines unabweisbaren Bedarfes verwertet werden. Dies war bisher nur bei der Übernahme von Schulden zu Wohnungssicherung oder einer vergleichbaren Notlage der Fall.[261] Nach der Konzeption des Gesetzgebers dient der im Verhältnis zur Sozialhilfe höhere Vermögensfreibetrag dazu, die Reintegration des Leistungsberechtigten zu fördern, weil die Leistungen nach dem SGB II nur eine vorübergehende Hilfeleistung sein soll.

182 Darlehen können an einzelne Mitglieder einer Bedarfsgemeinschaft oder an mehrere gemeinsam erbracht werden (§ 42 a Abs. 1 S. 2). Die Rückzahlungsverpflichtung trifft dann die Darlehensnehmer als Gesamtschuldner (§ 42 a Abs. 1 S. 3).[262]

183 Die Rückzahlung der Darlehen erfolgt in der Regel durch monatliche Aufrechnung iHv 10 % des oder der maßgeblichen Regelbedarfe(s) (§ 42 a Abs. 2 S. 1). Die Aufrechnung erfolgt durch schriftlichen Verwaltungsakt. Neben den Voraussetzungen des § 42 a müssen auch die entsprechend anzuwendenden Vorschriften des Zivilrechtes (§§ 387, 389 BGB) beachtet werden (§ 61 S. 2 SGB X).[263] Die Forderungen müssen gleichartig und auch voll fällig sein (§ 387 BGB). Sie müssen auch einredefrei sein (§ 390 BGB). Eine Aufrechnung ist nicht möglich, wenn es sich um eine Leistung handelt, die den Regelbedarf ersetzt, bei von der Leistung ausgeschlossenen ehemaligen BAföG-Berechtigten (§ 27 Abs. 4) oder Personen die ein Darlehen erhalten, weil die sofortige Verwertung des Vermögens nicht zumutbar oder nicht möglich ist (§ 24 Abs. 5). Denn in diesen Fällen würde die Aufrechnung dazu führen, dass der existenzsichernde Bedarf nicht mehr gedeckt ist.

184 Bevor der Leistungsträger gegen die Regelleistungen aufrechnet, muss der Leistungsberechtigte, der von der Aufrechnung betroffen wird angehört werden, weil hier in seine Rechte eingegriffen wird (§ 24 Abs. 1 SGB X).

---

259 Vgl BverfG 2.9.2010 – 1 BvL 1/09, 1 BvL 3/09, 1 BvL 4/09 Rn 132.
260 BSG 4.6.2014 – B 14 AS 30/13 R, BSGE 116, 86–94.
261 Vgl BSG 17.6.2010 – B 14 AS 58/09 R.
262 BT-Drucks. 17/3404, 116.
263 BSG 12.6.2008 – B 3 P 1/07 R, Rn 13.

Ein Darlehen, das bis zur Verwertung von Vermögensgegenständen gewährt wird, **185** wird mit der Verwertung fällig soweit der Verwertungsbetrag die Darlehensleistung deckt (§ 42 a Abs. 3 S. 1). Die übrigen Darlehen werden mit Beendigung des Leistungsbezuges fällig (§ 42 a Abs. 4). Über die fälligen Darlehen soll eine Vereinbarung über die Rückzahlung des noch nicht getilgten Teiles erfolgen (§ 42 a Abs. 3 S. 2, Abs. 4 S. 2). Neben der Vereinbarung der Tilgung eines Darlehens muss von Amts wegen stets der Erlass des Darlehensbetrages geprüft werden (§ 44). Endet des Leistungsbezug, weil der Leistungsberechtigte die Altersgrenze erreicht hat und hat er nunmehr eine Anspruch auf Grundsicherung im Alter hat (§§ 44 ff SGB XII), so wird der Leistungsträger in aller Regel den Darlehensbetrag erlassen müssen, weil der Anspruch auf Grundsicherung im Alter nur das Existenzminimum sichert.

Die Aufrechnung von Darlehensleistungen ist in der Höhe auf 10 % des jeweiligen **186** Regelbedarfes beschränkt und zwar auch dann, wenn mehrere Darlehen hintereinander aufgerechnet werden (§ 42 a Abs. 6). Insbesondere bei Darlehen für unabweisbare Bedarfe führt die dauernde Kürzung des Bedarfes dazu, dass der existenzsichernde Bedarf des Leistungsberechtigte nicht mehr gedeckt ist, weil Ansparungen für langlebige Gebrauchsgüter von dem Leistungsberechtigten nicht mehr durchgeführt werden können. Das Bundesverfassungsgericht hat daher eine Minderung des Bedarfes durch die Belastung mit Darlehen nur für einen begrenzten Zeitraum zugelassen, allerdings ohne eine genaue Einschränkung vorzunehmen.[264]

II. Leistung zur Eingliederung in Arbeit

1. Persönlicher Ansprechpartner

Die Leistungsträger sollen dem Leistungsberechtigten einen persönlichen Ansprech- **187** partner (**Fallmanager**) nennen (§ 14 S. 2). Ein einklagbarer Anspruch des Leistungsberechtigten und der mit ihm in der Bedarfsgemeinschaft lebenden Personen auf einen persönlichen Ansprechpartner lässt sich hieraus nicht herleiten.[265] Mit der Benennung des persönlichen Ansprechpartners soll wie mit der Eingliederungsvereinbarung lediglich der Eingliederungsprozess strukturiert werden. Selbst bei einem persönlichen Zerwürfnis zwischen dem Leistungsberechtigten und seinem persönlichen Ansprechpartner, soll für den Leistungsberechtigten kein Anspruch auf einen bestimmten oder anderen Ansprechpartner bestehen.[266]

Hinweis: Hier könnte letztlich nur die Ablehnung des Ansprechpartners wegen Be- **188** fangenheit (§ 17 SGB X) erfolgreich sein.

2. Eingliederungsvereinbarung

In der **Eingliederungsvereinbarung** wird festgelegt, welche Eingliederungsleistungen **189** der Leistungsberechtigte erhält, welche Bemühungen der erwerbsfähige Leistungsberechtigte in welcher Häufigkeit zur Eingliederung in Arbeit mindestens unternehmen

---

264 BVerfG 9.2.2010 – 1 BvL 1/09, 1 BvL 3/09, 1 BvL 4/09, Rn 150.
265 BSG 22.9.2009 – B 4 AS 13/09 R.
266 Berlit in: LPK-SGB II § 14 Rn 15.

muss, in welcher Form diese Bemühungen nachzuweisen sind und welche Leistungen er bei anderen Sozialleistungsträgern beantragen soll (§ 15 Abs. 1 S. 2). Diese Aufzählung ist nicht abschließend. Eine **Weigerung** des Leistungsberechtigten eine Eingliederungsvereinbarung abzuschließen, führt regelmäßig dazu, dass der Leistungsträger die Verpflichtungen des Leistungsberechtigten durch Verwaltungsakt festlegen kann.

190 Bei der Eingliederungsvereinbarung handelt es sich nach einer Ansicht in der Literatur um einen **öffentlich-rechtlichen Vertrag**[267] (§ 40 Abs. 1 S. 1 iVm §§ 53 ff, 61 SGB X), auf den die Regeln des BGB ergänzend anzuwenden sind.

191 Nach anderer Ansicht handelt es sich um eine **hoheitliche Vereinbarung besonderer Art** auf die die Regeln über Verwaltungsakte Anwendung finden.[268]

Nach dem Wortlaut des § 15 Abs. 1 S. 6 kann eine Eingliederungsvereinbarung nur durch Verwaltungsakt ersetzt werden, wenn die Vertragsverhandlungen endgültig scheitern.[269]

192 Die Eingliederungsvereinbarung dient zur Strukturierung des vom Leistungsträgers nach seinem Ermessen gestalteten Eingliederungsprozess, denn der Leistungsträger entscheidet über die Eingliederungsleistungen nach § 3 Abs. 1 unter Beachtung seines pflichtgemäßen Ermessens. Dabei hat der Leistungsträger insbesondere die

- Eignung,
- individuelle Lebenssituation,
- voraussichtliche Dauer der Hilfebedürftigkeit und
- Dauerhaftigkeit der Eingliederung zu beachten.

Dieses Ermessen ist auf Ermessensfehlgebrauch zu überprüfen, wobei der Ermessensspielraum des Leistungsträgers nicht weit ist, sondern sich streng daran auszurichten hat, ob die Maßnahme die unmittelbare Aufnahme einer Erwerbstätigkeit ermöglicht oder der Leistungsberechtigte durch sie an die Aufnahme der Erwerbstätigkeit in einem ggf erforderlichen Zwischenschritt herangeführt werden kann. Eine Eingliederungsvereinbarung, die andere Leistungen als Leistungen zur Eingliederung festsetzt, ist nichtig.[270]

193 Der Leistungsberechtigte kann nicht durch Verhandlungen den Eingliederungsprozess steuern, weil er in der Regel keinen Anspruch auf eine bestimmte Maßnahme hat. Seine Vorstellungen, Neigungen und Wünsche müssen allerdings im Rahmen der Amtsermittlung durch den Leistungsträgers bei seiner Ermessensausübung beachtet werden. Es handelt sich daher nicht um einen auf Gleichordnung gerichteten öffentlich-rechtlichen Vertrag, sondern um eine Maßnahme besonderer Art,[271] so dass der Leistungsträger zwischen „Vereinbarung" und Verwaltungsakt frei wählen kann.[272]

---

267 Berlit in: LPK-SGB II § 15 Rn 8 mwN.
268 Abler in: NK-SGB III § 37 Rn 8 mwN; noch nicht entschieden BSG 2.4.2014 – B 14 AS 26/13 R, BSGE 115, 210–225.
269 BayLSG 18.11.2008 – L 11 421/08 NZB.
270 BSG 2.4.2014 – B 4 AS 26/13 R, BSGE 115, 210–225.
271 So wohl auch BSG 22.9.2009 – B 4 AS 13/09 R.
272 BSG 22.9.2009 – B 4 AS 13/07 R, Rn 19.

Ein Anspruch des Leistungsberechtigten auf Abschluss einer Eingliederungsvereinbarung besteht demgemäß nicht.[273]

Demzufolge ist die Eingliederungsvereinbarung eine besondere Rechtsfigur, auf die die Regeln über Verwaltungsakte Anwendung finden.

Hinweis: So lange nicht abschließend geklärt ist, wie gegen eine Eingliederungsvereinbarung vorzugehen ist, empfiehlt es sich, den Leistungsträger bei Uneinigkeit zu bitten, durch Verwaltungsakt zu entscheiden. Dieser kann dann mit Widerspruch oder Anfechtungsklage angegriffen werden. Widerspruch und Anfechtungsklage haben allerdings gegen die in dem Eingliederungsverwaltungsakt festgelegten Pflichten und Eingliederungsleistungen keine aufschiebende Wirkung (§ 39 Nr. 1). Wird in dem Eingliederungsbescheid festgelegt, dass der Leistungsberechtigte eine Arbeitsgelegenheit mit einer Mehraufwandsentschädigung (§ 16 d S. 2 Ein-Euro-Job) wahrnehmen soll, so kann der Leistungsberechtigte durch einen Widerspruch oder eine Klage den Antritt der Maßnahme nur verhindern, wenn er gleichzeitig einen Antrag auf Herstellung der aufschiebenden Wirkung bei dem Leistungsträger (§ 86 a Abs. 3 S. 1 SGG) oder bei dem Sozialgericht (§ 86 b Abs. 1 S. 1 Nr. 2 SGG) stellt. **194**

3. Leistungen zur Eingliederung im Einzelnen

Rechtsstreitigkeiten um Leistungen zur Eingliederung stehen nicht im Vordergrund der Streitigkeiten um Leistungen nach dem SGB II. In der Praxis der Leistungsträger spielt auch nur die **Arbeitsgelegenheit mit Mehraufwandsentschädigung** (§ 16 d S. 2) eine nennenswerte Rolle, obwohl das Ziel des SGB II die Aufnahme einer Erwerbstätigkeit ist (§ 1 Abs. 2 S. 2) und die Eingliederungsleistungen, die unmittelbar zur Aufnahme einer Erwerbstätigkeit führen vor anderen Maßnahmen Vorrang haben (§ 3 Abs. 1 S. 3). Nach diesen Grundsätzen müssten Arbeitsgelegenheiten mit Mehraufwandsentschädigung(§ 16 d S. 2) an letzter Stelle der Eingliederungsmaßnahmen stehen. Eine Arbeitsgelegenheit mit Mehraufwandsentschädigung kommt erst dann infrage, wenn der Leistungsberechtigte keine Arbeit finden kann, dh alle anderen Maßnahmen entweder keinen Erfolg gezeigt haben oder nach den besonderen Umständen des Einzelfalles keinen Erfolg versprechen. Wegen der übrigen Eingliederungsmaßnahmen wird hier auf weiterführende Literatur verwiesen.[274] **195**

4. Arbeitsgelegenheit mit Mehraufwandsentschädigung/„Ein-Euro-Job"

Die Arbeitsgelegenheit mit Mehraufwandsentschädigung nach § 16 d ist eine Maßnahme zur Eingliederung.[275] **196**

---

273 BSG 22.9.2009 – B 4 AS 13/07 R, Rn 24.
274 Thie in: LPK-SGB II Anhang zu § 16 sowie die Kommentierung zu §§ 16 a ff.
275 BSG 16.12.2008 – B 4 AS 60/07 R.

Es muss sich um eine im öffentlichen Interesse liegende, zusätzliche Arbeit handeln:

■ Im öffentlichen Interesse liegen Arbeiten, wenn sie der Allgemeinheit in irgendeiner Weise dienen (§ 16 d Abs. 2).

■ Überwiegend erwerbswirtschaftliche Arbeiten liegen nicht im öffentlichen Interesse (§ 16 d Abs. 3 S. 2).

■ Zusätzlich sind die Arbeiten, wenn sie ohne Förderung nicht, nicht in diesem Umfang oder erst zu einem späteren Zeitpunkt durchgeführt werden (§ 16 d Abs. 2 S. 1).

■ Arbeiten, die aufgrund einer rechtlichen Verpflichtung von öffentlichen Trägern durchgeführt werden, sind nur zusätzlich, wenn sie ohne Förderung erst nach zwei Jahren durchgeführt werden (§ 16 d S. 2).

Der Kreis der zur Verfügung stehenden Tätigkeiten wird durch die Begrenzung auf im öffentlichen Interesse liegende zusätzliche Tätigkeiten erheblich eingeschränkt. Arbeiten im „öffentlichen Grünbereich" sind nur dann zusätzlich, wenn es sich um Arbeiten handelt, die nicht notwendig sind und regelmäßig weder durch eigenes Personal der Kommunen, noch durch beauftragte Fremdfirmen erledigt werden.

197 **Beispiel:** Der Leistungsberechtigte wird vom Leistungsträger als Reinigungskraft in einer öffentlichen Schule der Stadt S mit einer Mehraufwandsentschädigung in Höhe von 1,30 EUR pro Stunde eingesetzt. Die Einsetzung erfolgt durch Verwaltungsakt, indem die Maßnahme „Hilfshausmeistertätigkeit in Schulen der Stadt S" beschrieben wird. Die Maßnahme wird von dem Maßnahmenträger Job e.V., der für den Leistungsträger die Maßnahme durchführt, organisiert. Die Stadt S muss an den Job e.V. keine Zahlungen für die eingesetzten Kräfte entrichten. Der Job e.V. erhält von dem Leistungsträger ein Entgelt für die Organisation der Beschäftigung der „Ein-Euro-Jobber". Der Leistungsberechtigte tritt die Arbeit an, weil er sich freut, endlich wieder eine Beschäftigung gefunden zu haben. Bei der Arbeit lernt er eine „Kollegin" kennen, die ihm mitteilt, sie sei die letzte bei der Stadt S als Reinigungskraft beschäftigte Mitarbeiterin und erhalte einen Stundenlohn in Höhe von 12,80 EUR. Darüber ist der Leistungsberechtigte so wütend, dass er anschließend einen Rechtsanwalt aufsucht.

Dieser erklärt dem Leistungsberechtigten, selbst wenn die Beschäftigung in dem Ein-Euro-Job rechtswidrig sei, bestehe zwischen dem Leistungsberechtigten und der Stadt S oder dem Leistungsträger kein Arbeitsverhältnis. Die Regelung des § 16 d, dass nur zusätzliche Arbeiten als Maßnahmen mit Mehraufwandsentschädigung zulässig sind, diene allein dem Schutz privatwirtschaftlicher Unternehmen vor Konkurrenz.[276] Auch die Einschaltung eines Dritten, hier dem Job e.V., ändert nichts daran, dass zwischen dem Leistungsberechtigten und dem Leistungsträger ein öffentlich-rechtliches Rechtsverhältnis besteht.[277]

198 Die Rechtswidrigkeit kann dazu führen, dass der Leistungsberechtigte gegenüber dem Leistungsträger einen öffentlich-rechtlichen Erstattungsanspruch hat.[278]

In der Rechtsprechung des Bundesverwaltungsgerichts ist geklärt, dass es sich bei dem allgemeinen öffentlich-rechtlichen Erstattungsanspruch um ein aus allgemeinen Grundsät-

---

276 BAG 26.9.2007 – 5 AZR 858/06 Rn 11.
277 BAG 26.9.2007 – 5 AZR 858/06 Rn 9.
278 BVerwG 16.12.2004 – 5 C 71.03.

zen des Verwaltungsrechts, insbesondere der Gesetzmäßigkeit der Verwaltung, abgeleitetes eigenständiges Rechtsinstitut des öffentlichen Rechts handelt, dessen Anspruchsvoraussetzungen und Rechtsfolgen, soweit sie nicht spezialgesetzlich geregelt sind (vgl etwa § 12 BBesG), denen des zivilrechtlichen Bereicherungsanspruchs entsprechen.[279] Die Voraussetzungen der §§ 812 ff BGB müssen daher auch in dem Beispielsfall vorliegen.

Der Leistungsträger müsste durch die Leistung des Leistungsberechtigten etwas rechts- **199** grundlos erlangt haben (§ 812 Abs. 1 BGB).

Es könnte hier an einem wirksamen Rechtsgrund zwischen dem Leistungsberechtigten und dem Leistungsträger fehlen, weil es sich bei der Tätigkeit als Hilfshausmeister/Reinigungskraft nicht um eine zusätzliche Tätigkeit im Sinne des § 16 d S. 1 handelt. Die Maßnahme muss zusätzlich sein und im öffentlichen Interesse liegen (§ 16 d Abs. 3 S. 1). Zusätzliche Tätigkeiten liegen vor, wenn sie ohne Förderung nicht, nicht in diesem Umfang oder erst zu einem späteren Zeitpunkt durchgeführt werden (§ 16 d Abs. 2 S. 1).

Bei der vom Leistungsberechtigten ausgeübten Beschäftigung handelt es sich nicht um eine zusätzliche Tätigkeit. Das Arbeitsergebnis liegt zwar im öffentlichen Interesse, die Maßnahme ist jedoch keine zusätzliche Tätigkeit, denn die Reinigung der Schule gehört zu den Pflichtaufgaben (technische Unterhaltung der Schule) der Gemeinde.

Fraglich erscheint jedoch, ob dieser Mangel geeignet ist, den Rechtsgrund für die Beschäf- **200** tigung des Leistungsberechtigten entfallen zu lassen.

Rechtsgrund für die Beschäftigung in einer Maßnahme nach § 16 d ist das zwischen dem Leistungsberechtigten und dem Leistungsträger bestehende Sozialrechtsverhältnis, hier das Verhältnis der Eingliederungsmaßnahme „Tätigkeit als Hilfshausmeister". Die fehlende „Zusätzlichkeit" führt nur dann zur Unwirksamkeit der öffentlich-rechtlichen Beziehung, wenn das Erfordernis der „Zusätzlichkeit" auch dem Schutze des Leistungsberechtigten dienen würde.[280] Die zwischenzeitlich außer Kraft getretene Regelung des § 261 Abs. 2 SGB III[281] wurde durch Art. 1 des AFRG vom 24.3.1997 eingeführt und entspricht dem in diesem Zeitpunkt geltenden § 19 Abs. 2 BSHG. Die späteren Änderungen lassen keine andere Sichtweise des Gesetzgebers erkennen. Es ist daher davon auszugehen, dass § 261 SGB III wie § 19 Abs. 2 BSHG nicht nur Dritte (Unternehmer), sondern auch die Betroffenen selbst schützen soll.[282] Der Meinung des Bundesarbeitsgerichtes,[283] die sich mit der Entstehung der Regelung nicht auseinandersetzt, hinsichtlich der Schutzwirkung des § 16 d und des § 261 SGB III ist daher nicht zu folgen.

Das Bundessozialgericht ist der Meinung des BVerwG gefolgt.[284] Der ursprüngliche Ver- **201** waltungsakt, in dem die Klägerin in die Maßnahme eingewiesen worden, ist rechtswidrig, so dass ein Rechtsgrund für das „Behaltendürfen" – eine wirksame Zuweisung – nicht vorliegt.

Der Leistungsträger müsste durch die Leistung des Leistungsberechtigten etwas erlangt **202** haben. Dies ist hier der Wert der Arbeitsleistung des Leistungsberechtigten. Dieser kann

---

279 BVerwG 16.11.2007 – 9 B 36/07 Rn 12, BSGE 16, 151, 153 = SozR Nr. 1 zu § 28 BVG.
280 Zweifelnd BSG 16.12.2008 – B 4 AS 60/07 R.
281 Vgl EinglVerbG. 20.12.2011, BGBl. I 2011, 2854.
282 BVerwG 16.12.2004 – 5 C 71.03, Rn 17; wohl aA ohne nähere Begründung LSG BW 2.11.2009 – L 1 AS 746/09, Rn 20.
283 BAG 26.9.2007 – 5 AZR 858/06.
284 BSG 13.4.2011 – B 14 AS 98/10 R, BSGE 108, 116–123.

nicht herausgegeben werden, so dass in entsprechender Anwendung des § 818 Abs. 2 BGB Wertersatz zu leisten ist.[285]

203   Es kommt zwischen dem Leistungsberechtigten und dem Leistungsträger eine sogenannte Leistungskondiktion in entsprechender Anwendung des § 812 Abs. 1 S. 1 Alt. 1 BGB in Betracht. Der Leistungsträger müsste etwas durch die Leistung des Leistungsberechtigten erlangt haben. Dies ist hier bereits deshalb zweifelhaft, weil der wirtschaftliche Vorteil der Arbeit des Leistungsberechtigten nicht dem Leistungsträger, sondern der Stadt S und auch nicht dem Job e.V. zugute kommt (die Identität von Leistung und Gegenleistung ablehnend).[286]

204   Nach einer Ansicht in der Literatur[287] erfolgt eine Leistung des Leistungsberechtigten an den Leistungsträger im Rechtssinne auch dann, wenn der Leistungsberechtigte an einen Dritten, einen Maßnahmeträger (hier den Job e.V.) leistet. Dieser Meinung ist entgegen der Ansicht des Landessozialgerichtes Baden-Württemberg[288] zu folgen. Die Maßnahmeträger treten an die Stelle des LT (§ 17 SGB I). Das Rechtsverhältnis des HB zu dem LT bleibt hiervon unberührt und ist weiterhin öffentlich-rechtlicher Natur.[289] Der Maßnahmeträger ist damit bereicherungsrechtlich lediglich als unselbstständige Zwischenperson anzusehen. Die Empfangnahme der Leistung erfolgt allein durch den Maßnahmeträger für den Leistungsträger.

205   Die vorstehend geschilderte Meinung löst allerdings nicht das Problem, dass letztlich weder der Leistungsträger noch der in seinem Lager stehende Maßnahmeträger bereichert sind, sondern nur die Stadt S.

Das Bereicherungsrecht zielt anders als (Schadens-)Ersatzansprüche und damit auch der allgemeine öffentlich-rechtliche Erstattungsanspruch nicht auf den Ausgleich einer beim Gläubiger entstandenen Vermögenseinbuße, sondern auf die Rückabwicklung eines dem Schuldner nicht gebührenden Vermögenszuwachses ab.[290]

Ein Anspruch gegen den Leistungsträger besteht daher mangels eigener Bereicherung nicht. Auch bei dem Maßnahmeträger tritt keine Bereicherung ein. Der Leistungsberechtigte wird jedoch seinen Anspruch entsprechend § 822 BGB gegenüber der Stadt S als Bereicherungsschuldner geltend machen können, denn der Leistungsträger bzw der Maßnahmeträger hat den Gegenstand der Bereicherung (Arbeitsleistung) der Stadt S unentgeltlich zugewandt.

206   **Hinweis:** Es empfiehlt sich, den Anspruch sowohl gegenüber dem Leistungsträger als auch gegenüber dem Maßnahmeträger und dem „Drittbegünstigten" gerichtlich geltend zu machen. Der Rechtsweg vor die Sozialgerichte ist auch bei der Geltendmachung gegen den „Dritten" gegeben, denn es handelt sich um eine öffentlich-rechtliche Streitigkeit in Angelegenheiten der Grundsicherung für Arbeitsuchende (§ 51 Abs. 1 Nr. 4 a SGG). Auch dadurch, dass der Leistungsberechtigte bei der Stadt S tätig wird, handelt es sich weiterhin um Ansprüche aus dem Beschäftigungsverhältnis mit Mehraufwandsentschädigung (§ 16 d). Bestehen Zweifel, wer durch die Leistung

---

285   BVerwG 16.12.2004 – 5 C 71.03, Rn 103.
286   LSG BW 2.11.2009 – L 1 AS 746/09, Rn 28.
287   Thie in: LPK-SGB II zu § 16 d, Rn 35.
288   LSG BW 2.11.2009 – L 1 AS 746/09, Rn 20.
289   BAG 6.9.2007 – 5 AZR 857/06, Rn 20.
290   BVerwG 27.1.2006 – 6 P 5.05.

bereichert ist, sollten alle infrage kommenden Bereicherungsschuldner verklagt werden. Der Leistungsberechtigte zahlt keine Gerichtsgebühren und muss eine Kostenerstattungspflicht des Bereicherten nicht fürchten (§ 183 SGG, § 193 Abs. 4 SGG). Gegenüber dem Leistungsträger kommen auch Ansprüche auf Amtshaftung in Betracht. Diese sind allerdings bei dem örtlich zuständigen Landgericht geltend zu machen (§ 71 Abs. 2 Nr. 2 GVG). Hinsichtlich der Höhe der Ansprüche sind die erhaltenen Sozialleistungen abzuziehen und ggf tarifliche Ansprüche geltend zu machen.[291]

Die Arbeitsgelegenheit ist auf keine bestimmte Dauer von Stunden in der Woche beschränkt.[292] Eine **wöchentliche Arbeitszeit von bis zu 40 Stunden** ist daher zulässig. Die zeitliche Dauer der Beschäftigung ist jedoch am Zweck der Maßnahme und an den allgemeinen Zielen des Gesetzes zu orientieren (§ 3 Abs. 1). Sie wird also nur so lange dauern dürfen, wie es für den Zweck der Maßnahme, die Vorbereitung auf die Vermittlung in eine Erwerbstätigkeit, notwendig ist. Dies wird bereits nach einer jeweils kurzen Zeit der Fall sein und zwar wenn die Gewöhnung an eine Arbeit regelmäßig erreicht ist. Mit einem oder höchstens zwei Monaten dürfte das Ziel in einer einfachen Maßnahme erreichbar sein. Die Leistungsberechtigten, die innerhalb eines solchen Zeitabschnittes nicht wieder an einen Arbeitsrhythmus gewöhnt werden können, müssen besonders sozialpädagogisch betreut werden. Einfache Arbeitsgelegenheiten mit Mehraufwandsentschädigung sind hierzu nicht geeignet.

207

Das dem Leistungsberechtigten unterbreitete Arbeitsangebot muss hinreichend, hinsichtlich der Art, des zeitlichen Umfangs und der zeitlichen Verteilung bestimmt sein,[293] dh der Leistungsberechtigte muss erkennen können, welche Tätigkeit er ausüben soll.

208

Die Zuweisung einer Arbeitsgelegenheit ist nur dann ermessensfehlerfrei, gemessen am Eingliederungsziel des SGB II, wenn sie im Einzelfall geeignet und erforderlich ist, den Leistungsberechtigten dadurch unabhängig von der Leistungsgewährung zu machen, dass er in Zukunft seinen Lebensunterhalt unabhängig von der Grundsicherung aus eigenen Mitteln und Kräften bestreiten kann. Hierzu gehört auch, dass der Leistungsberechtigte den Nutzen seiner Tätigkeit im Hinblick auf die Eingliederung erkennen und einsehen kann.

Bei Personen, die aufgrund von **Vermittlungshemmnissen** nur sehr schlecht in eine reguläre Beschäftigung vermittelt werden können, ist als Dauerlösung die Vermittlung in ein nach § 16 e gefördertes Beschäftigungsverhältnis die richtige Maßnahme, denn die Arbeitsgelegenheit nach § 16 d ist nach den Erkenntnissen des Institutes für Arbeitsmarkforschung der Bundesagentur für Arbeit nur in Ausnahmefällen geeignet, eine Integration in eine Erwerbstätigkeit zu ermöglichen.[294]

Die Feststellung, dass eine Maßnahme, wie die Arbeitsgelegenheit mit Mehraufwandsentschädigung, wenig geeignet ist, einen Leistungsberechtigten in den Arbeits-

---

291   Zu den Einzelheiten BVerwG 16.12.2004 – 5 C 71.03.
292   BSG 16.12.2008 – B 4 AS 60/07 R, Rn 20.
293   BSG 16.12.2008 – B 4 AS 60/07 R, Rn 30.
294   Wolff/Hohmeyer, Wirkungen von Ein-Euro-Jobs: Für ein paar Euro mehr, http://doku.iab.de/kurzber/2008/kb0208.pdf, letzter Aufruf 27.10.2015.

markt zu integrieren, führt allerdings nicht zu dem Schluss, dass diese Maßnahme generell nicht hierzu geeignet ist.

§ 4 Anrechnung von Einkommen und Vermögen

I. Anrechnung von Einkommen

Anspruch auf Leistungen zur Sicherung des Lebensunterhalts nach dem SGB II hat   1
nur derjenige, der seine Hilfebedürftigkeit nicht anderweitig beseitigen kann, und
zwar insbesondere durch die Aufnahme einer Arbeit oder den Einsatz des anrechenbaren Einkommens oder Vermögens (§§ 3 Abs. 3, 9 Abs. 1).

1. Unterschied Einkommen – Vermögen

Nach der Rechtsprechung des Bundessozialgerichtes wird die **modifizierte Zufluss-**   2
theorie angewendet.[1] Sozialhilferechtlich (hierzu zählen im weiteren Sinne auch die
Leistungen nach dem SGB II)[2] ist Einkommen alles das, was jemand in der Bedarfszeit wertmäßig dazu erhält, und Vermögen das, was er in der Bedarfszeit bereits hat.
Dabei ist grundsätzlich vom tatsächlichen Zufluss auszugehen, es sei denn, rechtlich
wird ein anderer Zufluss als maßgeblich bestimmt.[3] Ein Zufluss liegt immer dann
nicht vor, wenn eine fällige und liquide Forderung bewusst nicht geltend gemacht,
sondern angespart wurde.[4] Wenn zB ein Darlehen nicht zum Fälligkeitszeitpunkt zurückverlangt wird, sondern zu einem späteren Zeitpunkt. Im SGB II ist hinsichtlich
der Unterscheidung, ob Einkommen oder Vermögen vorliegt, abweichend von den
Regelungen bei der Leistung zur Sicherung des Lebensunterhaltes in der Sozialhilfe
nicht auf den Bedarfszeitraum, sondern darauf abzustellen, ob der Leistungsberechtigte vor oder nach Antragstellung einen Zufluss an geldwerten Gegenständen hatte.[5]

Beispiel: Der Leistungsberechtigte A lebt mit der B seit Januar 2014 in einer Bedarfsge-   3
meinschaft. Die Bedarfsgemeinschaft erhielt seit dem 1.7.2014 Leistungen nach dem SGB II
iHv monatlich 435 EUR. Der Leistungsberechtigte A übte in der Zeit von Juli bis Dezember
2014 eine sozialversicherungspflichtige Tätigkeit aus und erhielt monatlich 1.250 EUR
brutto = 927 EUR netto. Von dem Bruttobetrag waren Steuern nach der Lohnsteuerklasse I
iHv monatlich 52 EUR zu entrichten. Unter Abzug der Pauschale nach § 11 b Abs. 1 S. 2 und
der weiteren Pauschale nach § 11 b Abs. 2 Abs. 3 ergibt sich hieraus ein zu berücksichtigen-
des Einkommen iHv 655 EUR. Seit Februar 2015 erhält die Bedarfsgemeinschaft Leistungen
iHv 1.082 EUR. Im Monat März erhält der Leistungsberechtigte L eine Steuererstattung
iHv 312 EUR. Der Leistungsträger rechnet die Steuererstattung unter Abzug des Versiche-
rungspauschbetrages iHv 312 EUR auf den Bedarf für den Monat April 2015 an.

Die Steuererstattung ist eine sonstige Einnahme und kein angespartes Vermögen, weil die
Ansparung nicht freiwillig erfolgte.[6] Der Leistungsträger musste die Steuererstattung auf
den Folgemonat April anrechnen, weil es sich bei der Steuererstattung um eine einmalige
Einnahme handelt und die Leistung ohne Berücksichtigung der Steuererstattung für den
Monat März bereits erbracht war (§ 11 Abs. 3 S. 2).

---

1   BSG 30.7.2008 – B 14/7 b AS 12/07 R – B 14 AS 17/07 R – B 14 AS 43/07 R und BSG 30.9.2008 B 4 AS
    29/07 R – B 4 AS 57/07 R.
2   BSG 19.10.2010 – B 14 AS 23/10 R, Rn 33.
3   Normativer Zufluss, BVerwG 18.2.1999 – 5 C 35/97.
4   BVerwG aaO Rn 2.
5   BSG 7.5.2009 – B 14 AS 4/08 R, Rn 17.
6   BSG 13.5.2009 – B 4 AS 49/08 R.

Eine Verteilung der Einnahme auf mehrere Monate muss hier nicht erfolgen. Einmalige Einnahmen, wie eine Steuererstattung, sind nur dann auf einen Zeitraum von sechs Monaten zu verteilen, wenn der Anspruch auf Leistungen für diesen Monat entfällt (§ 11 Abs. 3 S. 3 SGB II).

4   Der Leistungsberechtigte hätte im Jahr 2014 durch Eintrag eines Steuerfreibetrages, in Form der „Unterhaltsverpflichtung" gegenüber der B, nach §§ 33, 33 a, 33 b iVm 39 a Abs. 1 Nr. 3 EStG den Lohnsteuerabzug iHv 60 EUR vermeiden können. Mit der Folge, dass sein Einkommen in der Zeit von Juli bis Dezember 2014 jeweils um 60 EUR höher gewesen wäre. Der Leistungsberechtigte hatte alle möglichen Freibeträge nach §§ 11 b Abs. 1 ausgeschöpft, so dass durch die Anrechnung als Steuererstattung im Nachhinein hier sogar ausnahmsweise aufgrund des Abzuges des weiteren Freibetrages iHv 30 EUR (= Versicherungspauschbetrag § 6 Abs. 1 Nr. 1 Alg II-V) eine Vergünstigung eintritt.

5   **Hinweis:** War ein Leistungsberechtigter vor dem Leistungsbezug selbstständig tätig, kann er mangels Lohnsteuerkarte keinen Freibetrag eintragen lassen. Leistet er Vorauszahlungen auf die Einkommensteuer, empfiehlt es sich, die Vorauszahlungen nach § 37 Abs. 3 EStG herabsetzen zu lassen. Der Leistungsberechtigte kann hierdurch eine Steuererstattung während eines Leistungsbezuges nach dem SGB II vermeiden. Hierzu dürfte er nach Aufforderung durch den Leistungsträger im Rahmen der Selbsthilfe auch verpflichtet sein (§ 2 Abs. 1 S. 1).

2. Laufende und einmalige Einnahmen

6   Das SGB II unterscheidet zwischen einmaligen (§ 11 Abs. 2) und laufenden Einnahmen (§ 11 Abs. 3). Laufende Einnahmen, die monatlich oder in kürzeren Zeitabschnitten gezahlt werden, sind in dem Monat anzurechnen, in dem sie zufließen. Zu den laufenden Einnahmen gehören auch Einnahmen, die infolge eines kurzzeitigen Beschäftigungsverhältnisses zufließen.

Laufende Einnahmen sind solche, die auf demselben Rechtsgrund beruhen und regelmäßig erbracht werden, bei einmaligen Einnahmen erschöpft sich das Geschehen in einer einzigen Leistung.[7] Sozialleistungen und Arbeitsentgelt werden regelmäßig aufgrund Gesetzes oder Vertrages, dh eines Rechtsgrundes wie ein zivilrechtlicher Vertrag oder aufgrund eines Sozialrechtsverhältnisses als monatliche Leistungen erbracht.[8]Auf die Art und Weise der Auszahlung kommt es nicht an, denn auch wenn die laufende Leistung in einem Gesamtbetrag zur Auszahlung kommt, wird sie im Auszahlungsmonat angerechnet.[9]

Ein kurzzeitiges Beschäftigungsverhältnis liegt vor, wenn die Dauer der Beschäftigung zwei Monate nicht übersteigt (§ 8 Abs. 1 S. 1 Nr. 2 SGB IV) und ihrer Art nach nicht berufsmäßig ausgeübt wird, wie zB Ferienjobs von Schülern und Studenten. Werden laufende Einnahmen in längeren Zeitabschnitten, dh jährlich oder quartalsweise ge-

---

7   BSG 7.5.2009 – B 14 AS 13/08 R, Rn 26 mwN.
8   Vgl BSG 18.2.2010 – B 14 AS 86/08 R.
9   BSG 24.4.2015 – B 4 AS 32/14 R, SozR 4-4200 § 11 Nr. 72.

zahlt, werden sie wie einmalige Einnahmen behandelt (§ 11 Abs. 2 S. 3).[10]Laufende Einnahmen, die als Nachzahlungen geleistet werden sind keine einmaligen Einnahmen und werden nicht wie eine solche behandelt.[11]

Einmalige Einnahmen werden in dem Monat berücksichtigt in dem sie zufließen (§ 11 Abs. 2 S. 1). Wurden bereits Leistungen nach dem SGB II ohne Berücksichtigung der einmaligen Einnahmen erbracht, werden die einmaligen Einnahmen im Folgemonat berücksichtigt (§ 11 Abs. 3 S. 2). Entfällt der Anspruch auf die Leistung nach dem SGB II durch die einmalige Einnahme mindestens in einem Monat vollständig, so ist die einmalige Einnahme grundsätzlich auf den Zeitraum von sechs Monaten gleichmäßig zu verteilen (§ 11 Abs. 3 S. 3). Der Leistungsträger kann daher abweichend von der bisherigen Rechtsprechung des Bundessozialgerichtes die Einmalzahlung weder auf einen kürzeren noch auf einen längeren Zeitraum als sechs Monate aufteilen. Einmalige Einnahmen sind daher nicht mehr grundsätzlich bis zu ihrem Verbrauch anzurechnen.[12] Führt die Aufteilung der einmaligen Einnahme, zB aus einer Erbschaft, dazu, dass der Anspruch für den gesamten Verteilzeitraum von sechs Monaten entfällt, kann dies nur dazu führen, dass der unverbrauchte Teil der Einnahme zum Vermögen wird, weil ein Übertrag auf den nächsten Leistungszeitraum nicht möglich ist.[13] Bei Überwindung der Hilfebedürftigkeit, etwa durch Erwerbseinkommen für mindestens einen Monat, wandelt sich nach der Rechtsprechung des Bundessozialgerichts die Einnahme in Vermögen um. Die einmalige Einnahme wurde hiervon bisher ausgenommen und zwar wohl auch, weil sie über den Bewilligungszeitraum hinaus angerechnet werden konnte.[14] Tritt daher erneute Hilfebedürftigkeit erst nach Ablauf eines weiteren Monats ein, wurde die Hilfebedürftigkeit zwischenzeitlich beendet und die Anspruchsberechtigung muss unter Berücksichtigung des nunmehr vorhandenen Vermögens erneut geprüft werden.

II. Ausnahmen von der Anrechnung

Im SGB II sind als Einkommen grundsätzlich alle Einnahmen in Geld oder Geldeswert zu berücksichtigen (§ 11 Abs. 1 S. 1SGB II). **Ausgenommen** von der Anrechnung sind bestimmte, im SGB II und in der ALG II-V genannte Einnahmen. 7

1. Einnahmen nach dem SGB II

Leistungen nach dem **SGB II** werden nicht als Einkommen berücksichtigt (§ 11 a Abs. 1).[15] Hierzu gehören insbesondere Nachzahlungen von Leistungen auf ALG II und Sozialgeld, Zahlungen auf Einstiegsgeld (§ 16 b), Leistungen zur Eingliederung Selbstständiger (§ 16 c), Mehraufwandsentschädigungen im Rahmen einer Arbeitsgelegenheit (§ 16 d) und Leistungen der freien Förderung (§ 16 f). Hierzu gehören, un- 8

---

10 Vgl hierzu BSG 18.2.2010 – B 14 AS 76/08 R; Anmerkung: Es kommt wohl nicht darauf an, ob die Leistungen regelmäßig aufgrund eines Vertrages oder Gesetzes monatlich zu zahlen sind, sondern wie sie tatsächlich gezahlt werden; BSG 24.4.2015 – B 4 AS 32/12 R, SozR 4-4200 § 11 Nr. 72.
11 BSG 16.12.2008 – B 4 AS 70/07 R.
12 BSG 30.9.2008 – B 4 AS 29/07 R.
13 BSG 25.1.2012 – B 14 AS 101/11 R, SozR 4-4200 § 11 Nr. 47.
14 BSG 30.9.2008 – B 4 AS 29/07 R, Rn 31.
15 Vgl die Parallelvorschrift § 82 Abs. 1 S. 1 SGB XII.

abhängig vom Wortlaut, auch Leistungen nach dem AsylbLG, denn auch diese Leistungen dienen als Transferleistungen dem gleichen Sicherungszweck, wie Leistungen nach dem SGB II.[16]

2. Grundrenten

9   Grundrenten nach dem Bundesversorgungsgesetz und den Gesetzen, nach denen das BVG entsprechend angewendet wird, sind nicht als Einkommen zu berücksichtigen (§ 11 a Abs. 1 Nr. 2).

10 **Beispiel:** Der Leistungsberechtigte erhält als Opfer einer Straftat, bei der er seinen linken Unterarm verloren hatte, eine Grundrente iHv 233 EUR monatlich.

Nach § 1 Abs. 1 OEG haben Opfer von Straftaten einen Anspruch auf Entschädigung in entsprechender Anwendung des BVG. Der Leistungsberechtigte hat einen Grad der Behinderung von 50 und erhält eine nicht anrechenbare Grundrente in Höhe von 243 EUR monatlich (§ 31 Abs. 1 BVG).

11 Als weitere Gesetze, auf die das BVG entsprechende Anwendung findet, sei hier das Infektionsschutzgesetz (§ 63 IfSG) und das Häftlingshilfegesetz (Entschädigung für sozialistisches Unrecht nach § 4 HHG) genannt.

Nach dem BVG werden neben den Gesundheitsschäden durch Kriegseinwirkungen, vor allem im Zweiten Weltkrieg, auch während des Wehrdienstes erlittene Schäden entschädigt (§ 1 Abs. 1 S. 1 BVG).

12 Der Leistung einer Grundrente nach dem BVG steht die Leistung einer Verletztenrente aus der gesetzlichen Unfallversicherung nach § 56 SGB VII nicht gleich; sie ist daher als Einkommen nach § 11 Abs. 1 anrechenbar.[17] Sogar eine Verletztenrente, die aufgrund einer Wehrdienstbeschädigung bei der Nationalen Volksarmee der DDR gewährt wurde, wird einer Grundrente nach dem BVG gleichgestellt.[18] Leistungen nach dem **Bundesentschädigungsgesetzes** (BEG) in Höhe der Grundrente nach dem BVG bleiben anrechnungsfrei, weiter gehende Leistungen können angerechnet werden. Leistungen und Renten nach dem BEG werden für nationalsozialistisches Unrecht gewährt.

3. Schmerzensgeld

13 Schmerzensgelder und Schmerzensgeldrenten sind nicht als Einkommen anzurechnen (§ 11 a Abs. 2).

4. Zweckbestimmte Einnahmen aufgrund öffentlich-rechtlicher Vorschriften

14 Leistungen, die aufgrund einer öffentlich-rechtlichen Vorschrift einem ausdrücklich genannten **Zweck** dienen, sind nur insoweit als Einkommen zu berücksichtigen, als sie im Einzelfall demselben Zweck wie Unterhaltsleistungen nach dem SGB II dienen (§ 11 a Abs. 3 S. 1).

---

16   BSG 25.6.2015 – B 14 AS 17/14 R.
17   BSG 6.12.2007 – 14/7 b AS 20/07 R.
18   BSG 17.3.2009 – B 14 AS 15/08 R, vgl nunmehr § 1 Abs. 6 S. 1 ALG II-V.

Ausgenommen vom Anrechnungsverbot sind damit alle Einnahmen, die lediglich aufgrund einer privatrechtlichen Vereinbarung zweckbestimmt sind. Der Zweck muss in der Leistungsnorm ausdrücklich benannt werden. Leistungen zur Ausbildungsförderung für Schüler und Studenten werden zum Lebensunterhalt und für die Ausbildung geleistet (§ 11 Abs. 1 BAföG). Der für die Förderung der Ausbildung bestimmte Teil ist daher nicht anrechenbar. Das Bundessozialgericht hat einen Anteil iHv 20 % der nach dem BAföG insgesamt als bedarfsdeckend angesehen wird, als zweckbestimmte Einnahmen von der Anrechnung freigestellt.[19]

Beispiel: Die 21-jährige B lebt bei ihrer Mutter A, die Leistungen nach dem SGB II bezieht. Die B erhält Mini-BAföG nach § 12 Abs. 1 Nr. 1 BAföG iHv monatlich 216 EUR.[20] Die angemessenen Kosten der Unterkunft, um die Warmwasserkosten bereinigt, betragen monatlich 414 EUR. Die A erhält für die B noch Kindergeld iHv 190 (bis zum 31.12.2015: 188) EUR monatlich. Der Leistungsträger gewährt Leistungen wie folgt (Leistungssätze bis zum 31.12.2015 in Klammern):

	A	B	
Regelbedarf	404 (399) EUR	306 (302) EUR	
+ ½ der Kosten für Unterkunft und Heizung	+ 207 EUR	+ 207 EUR	
Gesamtbedarf A = Leistungssatz	= 611 (606) EUR		
Gesamtbedarf B		= 513 (509) EUR	513 (509) EUR
./. Anrechnung Kindergeld B			- 190 (188) EUR
./. Anrechnung Mini-BAföG B			- 216 EUR
+ Abzug Versicherungspauschale			+ 30 EUR
Leistungssatz B			= 137 (135) EUR

Der Leistungsträger hat hier nach § 11 Abs. 1 S. 3 das Kindergeld, welches nach §§ 32 Abs. 1 Nr. 1, 62, 63 EStG idR einem Elternteil zusteht, nicht der Mutter A, sondern der B als Einkommen angerechnet. Der Leistungsträger hat auch in richtiger Weise keine Verteilung des Einkommens auf die gesamte Bedarfsgemeinschaft, nämlich die A und die B, nach der horizontalen Methode (§ 9 Abs. 2 S. 3), vorgenommen, sondern das Einkommen der B nach § 9 Abs. 1 S. 1 ausschließlich auf ihren Bedarf angerechnet (vgl oben § 2 Leistungsberechtigte Rn 34). Der Leistungsträger hat jedoch das gesamte Einkommen nach dem BAföG als Einkommen nach § 11 angerechnet.

In der Leistung nach § 12 Abs. 1 Nr. 1 BAföG (**Mini-BAföG**) ist neben der Leistung zum Lebensunterhalt zusätzlich ein **Anteil für den ausbildungsbedingten Bedarf** enthalten. Da das Mini-BAföG iHv 216 EUR von vornherein nicht zur Deckung des Lebensbedarfes ausreicht, ist zur Bestimmung des ausbildungsbedingten Bedarfes nach der Rechtsprechung des BSG von dem Bedarf auszugehen, den ein (Berufsfach-)Schüler hat, der nicht bei seinen Eltern wohnt und der einen Wohnbedarf hat, der einen Betrag von 57 EUR monatlich übersteigt. Hierbei handelt es sich um die Ansprüche nach § 12 Abs. 2 Nr. 1 BAföG iVm Abs. 3 BAföG. Da nach dem seit dem 28.10.2010 geltenden § 12 BAföG[21] nicht mehr zwischen einfachem und erhöhtem Wohnbedarf unterschieden wird, ist bei der Ermittlung des ausbildungsbedingten Bedarfes der volle Bedarf für Berufsfachschüler (§ 12 Abs. 2 Nr. 1 BAföG) iHv 465 EUR zugrunde zu legen:

---

19 BSG 17.3.2009 – B 14 AS 63/07 R.
20 BAföG ab dem 1.8.2016 statt 216 EUR = 231 EUR, BR-Drucks. 375/14 vom 28.8.2014.
21 BGBl. I 2010, 1952.

Bedarf § 12 Abs. 2 Nr. 1 BAföG		465 EUR
Davon ausbildungsbedingter Bedarf 20 %[22]		93 EUR

Der Bedarf der B ist daher wie folgt zu berechnen:

Regelbedarf B	306 (302) EUR	
+ ½ der Kosten für Unterkunft und Heizung	+ 207 EUR	
Gesamtbedarf B	= 513 (509) EUR	513 (509) EUR
./. Anrechnung Kindergeld		- 190 (188) EUR
./. Anrechnung Mini-BAföG		- 216 EUR
+ Abzug Versicherungspauschale		+ 30 EUR
+ ausbildungsbedingter Bedarf nach BAföG		+ 93 EUR
Leistungssatz B		= 230 (228) EUR

Nicht allen gesetzlichen Regelungen lässt sich die Zweckbestimmung zur Ausbildungsförderung so deutlich entnehmen wie der Regelung über die Ausbildungsförderung nach dem BAföG. Bei der Berufsausbildungsförderung (§§ 65, 66 SGB III) wird lediglich der Bedarf für den Lebensunterhalt gedeckt. Ausbildungskosten, wie Fahrt- und Lehrgangskosten werden gesondert übernommen (§§ 67, 69 SGB III), so dass hier kein Abzug für zweckbestimmte Leistungen vorgenommen werden kann.[23]

15 **Beispiel:** A und B leben in einer Bedarfsgemeinschaft. Der B ist selbstständig tätig und erhält von der Agentur für Arbeit einen Gründungszuschuss nach §§ 93, 94 Abs. 21 SGB III iHv 300 EUR monatlich. Der Leistungsträger rechnet den Gründungzuschuss als Einkommen auf das Alg II an.

Die Anrechnung erfolgt hier zu Recht, denn der Existenzgründungszuschuss nach § 93 SGB III dient dem Zweck der Existenzsicherung. Dies lässt sich dem Gesetzestext zwar nicht unmittelbar entnehmen, allerdings muss der Existenzgründungszuschuss nicht für die Anschaffung von Investitionsgütern verwendet werden. Nach der Gesetzesbegründung soll der Leistungsberechtigte hieraus seine Sozialversicherungsbeiträge zahlen.

16 Das Überbrückungsgeld für Haftentlassene (§ 51 Abs. 1 StVollzG) dient dazu, den notwendigen Unterhalt in den ersten vier Wochen nach der Entlassung zu sichern. Fließt dieses Einkommen dem Haftentlassenen vor Stellung eines Antrages nach dem SGB II zu, so kommt es zunächst darauf an, ob der Zufluss im Antrags- oder im Folgemonat erfolgte. Bei Zufluss im Antragsmonat, ist das Überbrückungsgeld für den Zeitraum zu berücksichtigen, der zwischen dem Zeitpunkt der Haftentlassung und dem Leistungsanspruch nach der Antragstellung noch verbleibt. War die Haftentlassung am 1. des Monats und erfolgt die Antragstellung am 15. des Monats, so ist nur die Hälfte der Entlassungsentschädigung anzurechnen.[24] Erfolgt die Antragstellung einen Monat später, ist die Entlassungsentschädigung als Vermögen zu berücksichtigen.

17 Von der Anrechnung von Einkommen auf den Bedarf ist die Bedarfsminderung zu unterscheiden. Der Unterschied zwischen den beiden Arten der Anspruchskürzung besteht darin, dass Absetzungsbeträge bei einer Minderung nicht geltend gemacht

---

22   Vgl BSG 17.3.2009 – B 14 AS 63/07 R.
23   So bereits zur Rechtslage vor dem 1.1.2011 BSG 22.3.2010 – B 4 AS 69/09 R, Rn 31.
24   BSG 28.10.2014 – B 14 AS 36/13 R, SozR 4-4200 § 37 Nr. 7.

werden können. Andere Leistungen, die den gleichen Zweck wie die Leistungen zum Lebensunterhalt nach dem SGB II erfüllen, sind jedoch bereits wegen der im Gesetz vorgesehenen strengen Pauschalierung (§ 19 iVm § 3 Abs. 3 S. 2) nicht **bedarfsmindernd** (als Einkommen) zu berücksichtigen.[25] Hierzu zählen Verpflegungsleistungen, die außerhalb eines selbstständigen oder nicht selbstständigen Dienst-, Wehr- oder Ersatzdienstverhältnisses geleistet werden (§ 1 Abs. 1 Nr. 11 ALG II-V). Sind die Leistungen nicht pauschaliert, ist eine unmittelbare Bedarfsminderung möglich. Die Leistungen aus einer Betriebskostenabrechnung mindern zwar auch die Kosten der Unterkunft und Heizung (§ 22 Abs. 3), hierbei handelt es sich aber nach der Ansicht des Bundessozialgerichtes um Einnahmen, die nicht den Anrechnungsvorschriften der §§ 11 ff unterliegen.[26] Nach der Rechtsprechung des für die Sozialhilfe zuständigen 8. Senates des Bundessozialgerichtes ist eine Minderung des Bedarfes bei Empfängern von Sozialhilfe und Grundsicherung im Alter und bei voller Erwerbsminderung nur bei Leistungen der Sozialhilfe (§ 27 a Abs. 4), die nach § 82 Abs. 1 S. 1 SGB XII nicht als Einkommen angerechnet werden, möglich.[27] Hier sollen Doppelleistungen und eine mehrfache Deckung des Bedarfes verhindert werden. Im Rechtskreis des SGB II kann daher nur im Bereich der Kosten der Unterkunft eine Minderung eintreten, zB durch Zahlung eines kommunalen Wohnungszuschusses.[28] Bisher nicht vom Bundessozialgericht entschieden ist die Frage, ob Untermietzahlungen die Kosten der Unterkunft mindern oder als Einnahmen zu berücksichtigen sind.[29]

Zuwendungen der freien **Wohlfahrtspflege** werden ebenfalls nicht angerechnet und **18** zwar sofern sie die Lage des Leistungsberechtigten nicht so günstig beeinflussen, dass daneben eine Leistung nach dem SGB II nicht mehr gerechtfertigt ist (§ 11 a Abs. 4). Hier dürfte nur der Erwerb von Kleidungs- oder Möbelstücken und Einrichtungsgegenständen aus Kleiderkammern, die kostenlose Überlassung von Lebensmitteln sowie die kostenfreien Mahlzeiten in Suppenküchen oder Tafeln in Betracht kommen. Werden Mahlzeiten außerhalb eines Dienstverhältnisses zur Verfügung gestellt, werden sie nicht als Einnahmen angerechnet (§ 1 Abs. 1 Nr. 11 Alg II-V). Kostenlos oder zu einem symbolischen Preis hingegebene Kleidungs- und Möbelstücke verbessern die Lage des Leistungsberechtigten nicht so sehr, dass daneben die Leistung nach dem SGB II nicht gerechtfertigt sind. Die Gerechtfertigungsprüfung dient dazu, mildtätige Zuwendungen von wesentlichen, einkommensähnlichen Leistungen abzugrenzen. Erhält der Leistungsberechtigte wirtschaftlich erhebliche Werte an Waren und Dienstleistungen, die auch bei Nichtleistungsbeziehern nachgefragt werden, ist eine Anrechnung als Einkommen gerechtfertigt. Die Überlassung von Lebensmittel, deren Haltbarkeitsdatum abgelaufen ist oder bei denen das Haltbarkeitsdatum alsbald abläuft und ein sofortiger Verbrauch nicht sichergestellt werden kann, haben keinen bei Nichthilfeempfängern gängigen Marktwert. Das Gleiche gilt für gebrauchte Serien-

---

25 Vgl BSG 18.6.2008 – B 14 AS 22/07 R.
26 BSG 22.3.2012 – B 4 AS139/11 R, BSGE 110, 294–301.
27 BSG 23.3.2010 – B 8 SO 17/09 R, Rn 36.
28 BSG 22.9.2009 – B 4 AS 8/09 R.
29 BSG 29.11.2012 – B 14 AS 161/11 R, SozR 4-4200 § 22 Nr. 66.

möbel oder gebrauchte Kleidungsstücke, die in der Regel von Nichthilfeempfängern nicht erworben werden.

19 Ein weiterer Ausschluss der Anrechnung ergibt sich aus gesetzlichen Regelungen wie § 5 MuKStiftG. Erziehungsgeld oder Elterngeld wird bei Leistungsberechtigten, die vor der Geburt des Kindes lediglich Leistungen nach dem SGB II bezogen haben, seit dem 1.1.2011 als Einkommen angerechnet (§ 10 Abs. 5 S. 1 und S. 2 BEEG). Nur wenn der Leistungsberechtigte vor der Geburt des Kindes Einkommen iHv 300 EUR oder mehr erzielte, bleibt das Elterngeld vollständig unberücksichtigt. Erzielte der Leistungsberechtigte ein Einkommen unter 300 EUR monatlich, erfolgt eine teilweise Anrechnung.

5. Nicht zu berücksichtigende Einnahmen nach § 1 ALG II-V/Sozialgeldverordnung

20 In § 1 ALG II-V werden weitere Einnahmen nicht als Einkommen berücksichtigt. Hierzu gehört u.a.:

21 Nicht als Einkommen angerechnet werden **Einnahmen, wenn sie im Kalendermonat 10 EUR nicht übersteigen** (§ 1 Abs. 1 Nr. 1 Alg II-V). Bei den 10 EUR handelt es sich nicht um einen Freibetrag in dem Sinne, dass die ersten 10 EUR unabhängig von der Einkommensart anrechnungsfrei bleiben und der darüber hinausgehende Betrag angerechnet wird.[30] Bisher ungeklärt ist die Frage, ob Einnahmen bis zu 10 EUR monatlich unabhängig von der Häufigkeit ihrer Zahlungen nicht als Einkommen angerechnet werden. Der Wortlaut lässt die Nichtberücksichtigung auch bei mehrfacher Zahlung von Beträgen unter 10 EUR zu. Geht man von der Vorgängernorm aus, scheinen allerdings die 10 EUR eine Höchstgrenze zu sein, so dass eine mehrfache Berücksichtigung nicht in Betracht kommt.

Weitere Einnahmen werden aus sozialpolitischen Gründen von der Anrechnung ausgenommen und zwar:

- Weitergegebenes **Pflegegeld** (§ 1 Abs. 1 Nr. 4 Alg II-V);

- **Kindergeld** für nicht im Haushalt lebende volljährige Kinder, wenn es nachweislich an diese weitergeleitet wird (§ 1 Abs. 1 Nr. 8 Alg II-V);

- 100 EUR anrechnungsfreie Einnahmen aus Erwerbstätigkeit für Sozialgeldempfänger, die noch nicht das 15. Lebensjahr vollendet haben (§ 1 Abs. 1 Nr. 9 Alg II-V);

- **Ferienjob** für Schüler, wenn hieraus die Einnahmen einen Betrag von 1.200 EUR nicht übersteigen (§ 1 Abs. 4 Alg II-V);

- Leistungen der **Ausbildungsförderung**, soweit diese für Fahrtkosten zur Ausbildungsstätte oder für Ausbildungsmaterial verwendet werden;[31]

- **Verpflegung**, die nicht als Teil des Einkommens durch den Arbeit- bzw Auftraggeber im Rahmen einer nicht selbstständigen/selbstständigen Arbeit, den Gewerbe-

---

30 Vgl BSG 30.9.2008 – B 4 AS 57/07 R zur Vorgängerregelung Rn 20.
31 Vgl BSG 17.3.2009 – B 14 AS 63/07 R.

betrieb oder die Land- und Forstwirtschaft sowie im Wehr-/Ersatzdienstverhältnis bereitgestellt wird;

- **Geldgeschenke** an Minderjährige zur Kommunion, Konfirmation und ähnlichen Ereignissen bis zur Höhe von 3.100 EUR;

- ein Betrag iHv 60 EUR von dem **Taschengeld** für Teilnehmer an einem Jugendfreiwilligendienst;

- bei Soldaten der **Auslandsverwendungszuschlag** und Leistungszuschlag;

- **Überbrückungsbeihilfen** an ehemalige Arbeitnehmer bei den Stationierungsstreitkräften nach dem NATO-Truppenstatut.

6. Elterngeld

Das Elterngeld wird grundsätzlich als Einkommen bei Beziehern von Leistungen nach dem SGB II und SGB XII sowie dem Kinderzuschlag (§ 6 a BKKG) angerechnet (§ 10 Abs. 5 S. 1 BEEG). Das Elterngeld wird nicht als Einkommen angerechnet, wenn der Leistungsberechtigte vor dem Elterngeldbezug Einkommen erzielt hatte, das einen Betrag von 300 EUR oder mehr bei einer Bezugsdauer von bis zu 14 Monaten oder bei der auf 24 Monate verlängerten Bezugsdauer iHv 150 EUR überstieg (§ 10 BEEG iVm § 11 Abs. 3).   **22**

III. Anrechnung von Einkommen

Sofern die Einnahmen in Geld oder Geldeswert nicht nach dem SGB II und der ALG II-V von der **Anrechnung** ausgenommen sind, werden sie grundsätzlich angerechnet (§ 11 Abs. 1).   **23**

Von dem zu berücksichtigenden Einkommen sind **Absetzbeträge** abzuziehen (§ 11 b). Aus den Absetzbeträgen lässt sich ersehen, dass das Gesetz von den Bruttoeinnahmen ausgeht, denn erst nach Abzug der entrichteten Steuern und der Pflichtbeiträge zur Sozialversicherung und zur Arbeitsförderung ergibt sich das zur Verfügung stehende (Netto-)Einkommen (vgl § 11 b Abs. 1 Nr. 1 und 2).

Der Teil des Einkommens, der dem unmittelbaren Abzug durch Steuern und soziale Abgaben unterliegt, steht dem Leistungsberechtigten nicht zur Verfügung, so dass er nicht zur Bedarfsdeckung eingesetzt werden kann (§ 3 Abs. 3). Die Bruttoeinnahmen sind auch Grundlage für die Berechnung der Freibeträge bei Erwerbstätigkeit (§ 11 b Abs. 3).

1. Steuern auf das Einkommen

Vom Einkommen sind die auf das Einkommen entrichteten **Steuern** abzuziehen (§ 11 b Abs. 1 Nr. 1). Hierzu zählt die durch Lohnabzug einbehaltene Lohn- und Kirchensteuer sowie der Solidaritätszuschlag; weiterhin die auf die Einnahmen entfallende Umsatz- und Gewerbesteuer.[32] Wobei nach der Rechtsprechung des Bundessozialgerichtes nur die im Bewilligungszeitraum tatsächlich anfallenden Umsatzsteuern ab-   **24**

---

32   Geiger in: LPK-SGB II § 11 b Rn 2.

gezogen werden können. Rückstellungen für die zukünftigen Umsatzsteuerzahlungen können daher nicht erfolgen.[33] Das Bundessozialgericht sieht die Umsatzsteuer nicht als Steuer im Sinne des § 11 b Abs. 1 Nr. 1 an, weil keine Steuer vom Einkommen (entrichtet) sei. Diese Rechtsprechung ist sehr problematisch. Dies gilt besonders in den Fällen, bei denen ein Umsatzrückgang zu verzeichnen ist und in einem folgenden Bewilligungszeitraum keine Liquidität für die Zahlung der Umsatzsteuer zur Verfügung steht. Der Leistungsberechtigte hat auch keinen Einfluss darauf, zu welchem Zeitpunkt die Umsatzsteuer (Vorauszahlung) abzuführen ist, denn diese richtet sich nach der bisher gezahlten Steuer (§ 18 Abs. 2 UStG). Es empfiehlt sich daher für die Leistungsberechtigten umsatzsteuerpflichtigen Personen nicht die Befreiung von der Umsatzsteueranmeldung und Entrichtung zu wählen, wenn nicht sicher ist, ob die Umsatzsteuer in einem weiteren Bewilligungszeitraum fällig wird, zu entrichten ist und ggf nicht gezahlt werden kann.

2. Pflichtbeiträge zur Sozialversicherung

25   Pflichtbeiträge zur Sozialversicherung, einschließlich der Beiträge zur Arbeitsförderung, sind vom Einkommen abzuziehen (§ 11 b Abs. 1 Nr. 2). Pflichtbeiträge sind Beiträge, die aufgrund einer Versicherungspflicht zur Sozialversicherung geleistet werden. Die Versicherungspflicht kann auch darauf beruhen, dass der Leistungsberechtigte auf Antrag zB der gesetzlichen Rentenversicherung beigetreten ist (Antragspflichtversicherung nach § 4 SGB VI). Ein ähnlicher, in der Praxis weitaus häufigerer Fall, betrifft die sogenannten Minijobber, die bei Aufnahme der Tätigkeit vor dem 1.1.2013 auf Antrag einen eigenen Beitrag zur gesetzlichen Rentenversicherung leisteten (§ 5 Abs. 2 S. 2 SGB VI). Diese waren bis zu dem vorgenannten Zeitpunkt in der gesetzlichen Rentenversicherung nicht versicherungspflichtig (§ 229 Abs. 5 Alt. 2 SGB VI) und konnten die Versicherungspflicht frei wählen. Erfolgte die Aufnahme der geringfügigen Tätigkeit nach dem 31.12.2012, so sind die Beschäftigten in der gesetzlichen Rentenversicherung versicherungspflichtig (§ 1 S. 1 Nr. 1 SGB VI), sie können sich jedoch auf Antrag von der Versicherungspflicht befreien lassen (§ 6 Abs. 1 b SGB VI).

26   **Beispiel:** Der Leistungsberechtigte ist geringfügig beschäftigt (§ 8 Abs. 1 Nr. 1 SGB IV) und erzielt ein monatliches Entgelt iHv 450 EUR. Damit seine Altersrente nicht so niedrig ausfällt, hat er gegenüber seinem Arbeitgeber auf seine Versicherungsfreiheit in der gesetzlichen Rentenversicherung für diese Beschäftigung verzichtet (Erklärung nach § 5 Abs. 2 SGB VI). Der Leistungsberechtigte zahlt außerdem monatlich für ein nichteheliches Kind einen Unterhaltsbeitrag iHv 180 EUR. Ein Unterhaltstitel hierüber besteht nicht.

Variante: Das Arbeitsverhältnis wird in einem Haushalt ausgeübt.

Der Leistungsberechtigte kann seinen Beitrag zur Rentenversicherung iHv 3,7 % und in der Variante im Haushalt iHv 13,7 % von seinen Einkünften abziehen.

27   Der Leistungsberechtigte kann daneben von seinem Einkommen, unabhängig von den tatsächlichen Aufwendungen, für

---

33   BSG 22.8.2013 – B 14 AS 1/13 R, BSGE 114, 136–147.

- öffentliche und private Versicherungen (§ 11 b Abs. 1 Nr. 3),

- geförderte Altersvorsorgebeiträge (§ 11 b Abs. 1 Nr. 4) und

- Werbungskosten (§ 11 b Abs. 1 Nr. 5)

einen Pauschbetrag iHv 100 EUR abziehen (§ 11 b Abs. 2 S. 2). Höhere Abzugsbeträge sind nach dem Gesetzeswortlaut bei einem Minijob von bis zu 400 EUR nach § 11 b Abs. 2 S. 2 auch bei höheren Aufwendungen nicht möglich. Ab einem monatlichen Einkommen von mehr als 400 EUR sind auch höhere Abzugsbeträge möglich.

Der Leistungsberechtigte kann außerdem einen Freibetrag bis 1.000 EUR bei Erwerbstätig-   28
keit für den Teil des monatlichen Einkommens, der den Betrag von 100 EUR übersteigt, iHv 20 % des übersteigenden Betrages geltend machen (§ 11 b Abs. 3).

Demgegenüber kann der Leistungsberechtigte den gezahlten Unterhalt nicht abziehen,   29
auch wenn er gesetzlich zum Unterhalt verpflichtet ist. Nach dem eindeutigen Gesetzeswortlaut des Gesetzes können nur Unterhaltsleistungen bis zur Höhe des in einem Unterhaltstitel oder einer notariellen Urkunde festgelegten Betrag abgezogen werden (§ 11 b
Abs. 1 Nr. 7).

Das anrechenbare Einkommen des Leistungsberechtigten errechnet sich daher wie folgt:

	im Unter- nehmen	im Haushalt
Einkommen	450,00 EUR	450,00 EUR
./. Eigenanteil zur Rentenversicherung 3,7 %	- 16,65 EUR	
./. Aufstockungsbetrag zur Rentenversicherung 13,7 %		- 61,65 EUR
./. Aufwendungspauschale (§ 11 II 3–5, II 2)	- 100,00 EUR	- 100,00 EUR
./. Freibetrag für Erwerbstätige:	- 70,00 EUR	- 70,00 EUR
20 % von 450 EUR-100 EUR = 350 EUR		
Anrechenbares Einkommen	= 263,35 EUR	= 218,35 EUR

3. Beiträge zu privaten Versicherungen

a) Gesetzlich vorgeschriebene Versicherungen

Gesetzlich vorgeschrieben sind: 30

- nach § 1 PflVG die Kfz-**Haftpflichtversicherung,**

- nach § 193 VVG die Versicherung in der privaten **Krankenversicherung,**

- die private **Pflegeversicherung** (§ 23 SGB XI), falls keine Versicherungspflicht in der gesetzlichen Kranken- oder Pflegeversicherung besteht,

- die **Berufshaftpflichtversicherung** der Rechtsanwälte (§ 51 BRAO),

- Beiträge zu einer **berufsständischen Versorgungseinrichtung** (§ 6 Abs. 1 SGB VI), wie Versorgungswerke der Ärzte, Steuerberater, Rechtsanwälte usw.

Hinweis: Die **Prämien für die Kfz-Versicherung** werden von den Leistungsträgern oftmals, obwohl dies in den Anweisungen der Bundesagentur für Arbeit nicht ausdrücklich vorgesehen ist, **auf die einzelnen Monate des Kalenderjahres** verteilt. Die Anrechnung hat zu erfolgen, wenn das Einkommen belastet wird. Der Leistungsberechtigte
hat als Versicherungsnehmer gegen Zahlung eines Prämienaufschlages bei seiner Versicherung regelmäßig die Möglichkeit, die Prämie in zwei bis vier Jahresraten zu zah-

len. Der Leistungsberechtigte kann daher ggf bei einer Prämie die Grenze der Abzugsbeträge nach § 11 b Abs. 1 Nr. 3–5 durch Vereinbarung der Prämienzahlung verschieben. Sofern in der Vereinbarung über den Prämienaufschlag kein effektiver Jahreszins angegeben ist, liegt ein Verstoß gegen die Verpflichtung einen effektiven Zins anzugeben (§§ 499 Abs. 1, 492 Abs. 2 BGB) vor. Wird der effektive Zinssatz nicht angegeben, so gilt der gesetzliche Zins iHv 4 % p.a.[34]

Hinsichtlich des Abzuges einer gesetzlich vorgeschriebenen Versicherung vom Einkommen, wird auf das Bespiel im nächsten Gliederungspunkt verwiesen.

31   **Hinweis:** Gesetzlich vorgeschrieben sind auch Versicherungen, die aufgrund eines Tarifvertrages, einer Satzung usw geleistet werden müssen. Hierzu zählen zB die von den Arbeitnehmern des öffentlichen Dienstes zu leistenden Beiträge zur Versorgungseinrichtung des Bundes und der Länder (VBL) und die Beiträge der kraft Satzung einer Berufsgenossenschaft zu leistenden Versicherungsbeiträge zur Unfallversicherung der Unternehmer.

b) Beiträge zu Versicherungen, die nach Grund und Höhe angemessen sind

32   Hierzu gehören nach dem Wortlaut des Gesetzes die

- Beiträge zur **privaten Krankenversicherung** für Personen, die in der gesetzlichen Krankenversicherung nicht pflichtversichert sind (§ 11 b Abs. 1 Nr. 3 a), sowie die

- Beiträge von Leistungsberechtigten zur privaten Altersvorsorge (§ 11 b Abs. 1 Nr. 3 b), die von der Versicherungspflicht in der gesetzlichen **Rentenversicherung** befreit sind.

Bei der privaten Krankenversicherung spielt die Regelung des § 11 b Abs. 1 Nr. 3 a SGB II nur noch insofern eine Rolle, als die Versicherung über eine Versicherung im Basistarif (§ 12 Abs. 1 a VAG) hinausgeht, denn nur diese Versicherung unterliegt nicht der Versicherungspflicht (§ 193 VVG).

33   Von dieser Regelung (§ 11 b Abs. 1 Nr. 3 b) sind nicht die Beiträge zur **Altersvorsorge** für Personen, die von der Versicherungspflicht in der gesetzlichen Rentenversicherung befreit sind und stattdessen in einem berufsständischen Versorgungswerk pflichtversichert sind, erfasst.[35] Hiervon sind nur die Beiträge zur privaten Alterssicherung von Personen betroffen, die nach § 6 Abs. 1 a SGB VI oder als selbstständige Handwerker nach Zahlung von Pflichtbeiträgen über einen Zeitraum von 18 Jahren aufgrund eines Antrags von der Versicherungspflicht in der gesetzlichen Rentenversicherung befreit sind (§ 6 Abs. 1 S. 1 Nr. 4 SGB VI).

34   Neben den gesetzlich vorgesehenen Versicherungen sind weitere private Versicherungen, die nach Grund und Höhe angemessen sind, abzuziehen (§ 11 b Abs. 1 Nr. 3). Hierzu zählen unter anderem **Hausrat-**, **Haftpflichtversicherung** und ähnliche Versicherungen.

---

34   § 494 Abs. 1 S. 2 iVm § 246 BGB, vgl BGH 29.7.2009 – I ZR 22/07.
35   Zur Abzugsfähigkeit von Beiträgen zu einem gesetzlich vorgeschriebenen Versorgungswerk vgl BSG 30.7.2008 – B 14 AS 44/07 R.

Beiträge für Versicherungen, die nicht gesetzlich vorgeschrieben sind, und nach 35
Grund und Höhe angemessen sind, werden bei volljährigen Leistungsberechtigten,
die Einkommen erzielen, iHv 30 EUR als Versicherungspauschale abgezogen (§ 6
Abs. 1 Nr. 1 ALG II-V).

Inwieweit über die Pauschale hinaus Versicherungsbeiträge nach § 11 Abs. 2 Nr. 3
Alg II-V vom Einkommen abgezogen werden können, kann nur im Einzelfall entschieden werden. So ist es durchaus denkbar, dass auch Beiträge zum Aufbau einer
zusätzlichen Altersversorgung, die nach § 12 Abs. 2 Nr. 3 geschützt sind und über
einen Betrag von 30 EUR hinausgehen, abgezogen werden können. In der Rechtsprechung wird die Ansicht vertreten, dass Versicherungsbeiträge, die der Kapitalbildung
dienen, nicht vom Einkommen abziehbar sind und nicht dem Grunde nach angemessen sind.[36] Bei der Alterssicherung ist die gesetzgeberische Entscheidung zu beachten,
dass das zur Altersvorsorge dienende Vermögen umfangreich geschützt wird (§ 12
Abs. 2 Nr. 4). Auch können Versicherungsbeiträge zur Altersvorsorge im Bereich der
öffentlichen und privaten Versicherungen (§ 11 b Abs. 1 Nr. 3) zu den angemessenen
Versicherungen gerechnet werden.[37] Diese sind jedenfalls in Höhe der Mindesteigen-
beträge, wie sie nach § 86 EStG vorgesehen sind, angemessen.[38] Der Mindesteigenbetrag beträgt 4 % der im vorangegangenen Kalenderjahr erzielten beitragspflichtigen
Einnahmen aus der gesetzlichen Rentenversicherung (§ 86 Abs. 1 S. 2 Nr. 1 EStG).
Die Altersvorsorgeleistung kann auch unabhängig von der Versicherungspauschale
iHv 30 EUR monatlich zusätzlich abgesetzt werden.[39] Die Versicherungspauschale
beinhaltet einen Betrag für private Versicherungen für volljährige Personen, die vom
Verordnungsgeber insgesamt als angemessen angesehen wird. Eine private Kinderunfallversicherung und eine Zusatzkrankenversicherung für ein unter 14-jähriges Kind
wurde vom Bundessozialgericht als nicht angemessene private Versicherung (§ 11 b
Abs. 1 Nr. 3) angesehen.[40]

Beispiel: Der Leistungsberechtigte A, seine Lebensgefährtin B und deren fünfjähriges Kind 36
K leben in einer Bedarfsgemeinschaft. Der Leistungsberechtigte bezieht eine Unfallrente
iHv 240 EUR monatlich, die B Unterhalt von ihrem geschiedenen Ehemann iHv 180 EUR.
Für K wird ein Kindergeld iHv 190 (bis zum 31.12.2015: 188) EUR monatlich gezahlt. A hat
einen PKW, für den er monatlich eine Haftpflichtprämie iHv 12,17 EUR zahlt. Der Leistungsberechtigte unterhält eine Hausrat-, eine Haftpflicht- und eine Lebensversicherung, die
erst ab dem 60. Lebensjahr in Anspruch genommen werden kann. Für die Hausrat- und
Haftpflichtversicherung zahlt er monatlich einen Betrag iHv 18,50 EUR. Bei der Lebensversicherung beträgt die monatliche Prämie 40 EUR. Der Leistungsberechtigte ist der Ansicht,
dass der Leistungsträger 58,50 EUR von seiner Unfallrente abziehen muss. Der Leistungsträger berechnet die Leistungen der Bedarfsgemeinschaft wie folgt (in Klammern Regelbedarfe bis zum 31.12.2015):

36 BayLSG 25.6.2010 – L 7 AS 404/10 B ER.
37 BSG 9.11.2010 – B 4 AS 7/10 R, Rn 20.
38 BSG 9.11.2010 – B 4 AS 7/10 R, BSGE 107, 97–106.
39 Vgl BSG 9.11.2010 – B 4 AS 7/10 R, Rn 5.
40 BSG 16.2.2012 – B 4 AS 89/11 R, SozR 4-4200 § 11 Nr. 49.

	A	B	K
Regelbedarfe (für A und B jeweils 90 %, für K 60 %) § 20 Abs. 4, 23 Nr. 1 iVm § 77 Abs. 4 Nr. 2	364 (360) EUR	364 (360) EUR	237 (234) EUR
+ Anteilige Kosten der Unterkunft	+ 160 EUR	+ 160 EUR	+ 160 EUR
Gesamtbedarf	= 524 (520) EUR	= 524 (520) EUR	= 397 (394) EUR

Zunächst ist das Einkommen des Kindes K zu bereinigen und auf seinen Bedarf vertikal anzurechnen, da das Einkommen der Eltern oder der Partner bei dem Kind berücksichtigt wird, aber nicht umgekehrt (§ 9 Abs. 2 S. 2). Das Kindergeld wird als Einkommen des Kindes angesehen, solange es seinen Bedarf nicht aus eigenem Einkommen decken kann (§ 11 Abs. 1 S. 3 S. 4). Vom Einkommen des Kindes K kann keine Versicherungspauschale abgezogen werden, weil es keine eigene Versicherung abgeschlossen hat (§ 6 Abs. 1 Nr. 2 ALG II-V).

	A	B	K
Bedarf K			397 (394) EUR
./. Einkommen K			- 190 (188) EUR
Bereinigter Bedarf	524 (520) EUR	524 (520) EUR	207 (206) EUR
in %	41,75 (41,73) %	41,75 (41,73) %	16,49 (16,53) %

Der bereinigte Gesamtbedarf beträgt somit 1.255 (1.246) EUR.

Im nächsten Schritt ist das Einkommen von A und B auf ihren jeweiligen Bedarf und den verbleibenden Bedarf des K zu verteilen (§ 9 Abs. 2 S. 3). Der Leistungsberechtigte wird hier über die Versicherungspauschale iHv 30 EUR monatlich hinaus die tatsächlich anfallenden Versicherungsbeiträge vom Einkommen absetzen können. Diese dürfte, anders als die Kinderunfallversicherung und die zusätzliche Krankenversicherung für ein Kind, angesichts der Tatsache, dass der A keine Möglichkeit hat der gesetzlichen Rentenversicherung als Pflichtmitglied beizutreten (§ 4 Abs. 3 SGB VI), ein noch angemessener Beitrag zu einer privaten Versicherung sein, weil der A anders als im Falle der zusätzlichen betrieblichen Altersversorgung keine Rentenversicherung hat.[41]

	A/B	
Einkommen A/B	240,00 EUR	180,00 EUR
./. Versicherungspauschale		- 30,00 EUR
./. tatsächliche Versicherungsbeiträge	- 58,50 EUR	
./. Kfz-Haftpflichtversicherung	- 12,17 EUR	
	= 169,33 EUR	= 150,00 EUR

Das Gesamteinkommen beträgt somit 319,33 EUR. Dieses Einkommen muss nun entsprechend dem zuvor ermittelten Anteil am Gesamtbedarf auf die drei Personen verteilt werden:

A und B: je 41,75 (41,73) % von 319,33 EUR = je 133,32 (133,26) EUR anzurechnendes Einkommen

K: 16,49 (16,53) % von 319,33 EUR = 52,66 (52,79) EUR anzurechnendes Einkommen

Der Leistungsbetrag berechnet sich demzufolge wie folgt:

	A	B	K
Bedarf	524,00 (520,00) EUR	524,00 (520,00) EUR	207,00 (206,00) EUR
./. Einkommen	- 133,32 (133,26) EUR	- 133,32 (133,26) EUR	- 52,66 (52,79) EUR
Leistungsbetrag	= 390,68 (386,74) EUR	= 390,68 (386,74) EUR	= 154,34 (153,21) EUR

---

41 Vgl BSG 9.11.2010 – B 4 AS 7/10 R, BSGE 107, 97–106.

Der Leistungsberechtigte unterliegt als „Unfallrentner" nicht der gesetzlichen Rentenversicherung. Die Unfallrente dient als Schadensausgleich für die Minderung der Erwerbsfähigkeit und tritt demgemäß an Stelle einer entgangenen Verdienstmöglichkeit. Hätte der Leistungsberechtigte den Unfall nicht erlitten, könnte er seine Arbeitskraft besser einsetzen und aus dem erzielten Arbeitsverdienst Beiträge in eine gesetzliche oder private Rentenversicherung einzahlen. Man wird daher davon ausgehen können, dass er über die Versicherungspauschale und den Mindesteigenbetrags (§ 86 EStG) absetzen kann. Wird kein versicherungspflichtiges Einkommen erzielt ist vom Sockelbetrag iHv 5 EUR monatlich als Eigenbetrag zu leisten (§ 86 Abs. 1 S. 4 und 5 EStG). Der Altersvorsorgebetrag wird in einem solchen Fall bis zur Höhe des Betrags zur gesetzlichen Rentenversicherung (18,7 % im Jahr 2015/2016) als angemessene Altersvorsorge anzusehen sein. Diese dürfte allerdings nur dann abzugsfähig sein, wenn der L bei einer Versicherung auf sein Kündigungsrecht (§ 193 VVG) verzichtet und auf den Kapitalbetrag nicht zurückgreifen kann. Die Grenze der Abzugsfähigkeit von 100 EUR gilt in diesem Fall des Leistungsberechtigten nicht, da diese nach ihrem Wortlaut nur Einkommen aus einer Erwerbstätigkeit erfasst.

c) Geförderte Altersvorsorgebeiträge „Beiträge zur Riesterrente"

Die Aufwendungen für die geförderten Altersvorsorgebeiträge unterliegen bei Beziehern von Einkommen aus Erwerbstätigkeit nur dann dem Abzug, wenn die Grenze von 100 EUR überschritten ist und der Erwerbstätige mehr als 400 EUR Bruttoeinkommen hat (§ 11 b Abs. 1 Nr. 4). Eine Zulage zur Altersvorsorge („**Riestervertrag**") erhalten Personen, die in der gesetzlichen Rentenversicherung versicherungspflichtig sind und vergleichbare Personen, dh Empfänger von Leistungen nach dem SGB II (§ 10 a EStG). Der Abzug der Beiträge zur nach § 10 a EStG geförderten Altersvorsorge vom Einkommen des Leistungsberechtigten kann bis zur Höhe des sich aus § 82 EStG ergebenden **Mindesteigenbetrages** erfolgen. Wird der Mindesteigenbetrag unterschritten, wird nicht die volle Zulage nach §§ 84, 85 EStG gezahlt. Der Leistungsberechtigte sollte daher immer den Mindesteigenbetrag einzahlen. **37**

Der **Mindesteigenbetrag** errechnet sich aus den beitragspflichtigen Einnahmen in der gesetzlichen Rentenversicherung (§ 82 EStG). **38**

Bei Beschäftigten werden die beitragspflichtigen Einnahmen nach § 162 Abs. 1 Nr. 1 SGB VI und bei Beziehern von Alg II nach § 166 Abs. 1 Nr. 2 a SGB VI bestimmt. Leistungsberechtigte nach dem SGB II haben hinsichtlich der Leistungen nach dem SGB II keine beitragspflichtigen Einnahmen, so dass nur die beitragspflichtigen Einnahmen aus einem Hinzuverdienst berücksichtigt werden können. Sind keine beitragspflichtigen Einnahmen vorhanden, wie beim Kindergeld von Kindern ab Vollendung des 15. Lebensjahres, dann ist ein Mindesteigenbetrag in Höhe des Sockelbetrags (= 60 EUR) jährlich zu leisten.

Personen, die eine geförderte Altersvorsorge abgeschlossen haben erhalten jährlich eine Zulage. Die **Höhe der Zulage** richtet sich nach §§ 84, 85 EStG. Sie beträgt bei Alleinstehenden 154 EUR jährlich und bei Verheirateten 308 EUR jährlich. Für jedes Kind eines kindergeldberechtigten bzw Zulageberechtigten wird eine weitere Zulage iHv 184 EUR bzw 300 EUR (§ 85 Abs. 1 S. 2 EStG). gezahlt. **39**

40 **Beispiel:** Der A verfügt über eine Verletztenrente iHv 100 EUR und die B hat Einnahmen aus nicht selbstständiger Erwerbstätigkeit iHv 100 EUR. Beide haben eine Riesterrente iHv jeweils 5 EUR monatlich abgeschlossen.

Einkommen A Verletztenrente		100 EUR	
Einkommen B Erwerbstätigkeit			100 EUR
./. Erwerbstätigenpauschbetrag			- 100 EUR
./. Versicherungspauschale	-	30 EUR	- 0 EUR
./. Beitrag Riesterrente	-	5 EUR	- 0 EUR
Bereinigtes Einkommen	=	65 EUR	= 0 EUR

Vom Einkommen des A sind die Versicherungspauschale und der Beitrag für die Riesterrente abzuziehen (§ 11 b Abs. 1 Nr. 3 iVm § 6 Abs. 1 Nr. 1 ALG II-V, § 11 b Abs. 1 Nr. 4). Bei der B sind diese in dem Grundfreibetrag für Erwerbstätige bereits enthalten und nicht gesondert abzugsfähig (§ 11 b Abs. 3 S. 1).

d) Abzug von Werbungskosten und Betriebskosten

41 Vom Einkommen sind die mit der Erzielung der Einnahmen verbundenen notwendigen Ausgaben abzusetzen (§ 11 b Abs. 1 Nr. 5). Hierzu zählen die **Werbungskosten** bei nicht selbstständiger Arbeit, Vermietung und Verpachtung, Kapitalvermögen und sonstigen Einkünften (vgl § 2 Abs. 2 EStG). Werbungskosten sind Aufwendungen, die zur Erwerbung, Sicherung und Erhaltung der Einnahmen dienen.

42 Zu den Werbungskosten können steuerlich auch die Kosten der Kinderbetreuung gehören, wenn sie auf die Erwerbstätigkeit des Steuerpflichtigen zurückzuführen sind (§ 9 c Abs. 1 EStG). Grundsätzlich spielen steuerliche Gesichtspunkte bei der Bemessung der Einkünfte nach dem SGB II keine Rolle, allerdings sind Kinderbetreuungskosten abzuziehen, wenn die Betreuungsaufwendungen infolge der Erwerbstätigkeit entstanden sind.[42] Eine Betreuung ist nicht erforderlich, wenn die Betreuung durch einen Partner oder ein Elternteil durchgeführt werden kann und gilt im Einkommensteuerrecht daher nur, wenn beide zusammenlebenden Eltern erwerbstätig sind (§ 9 c Abs. 1 S. 2 EStG).[43]

Hinweis: Entstehen den Leistungsberechtigten Kosten für die Betreuung ihrer Kinder in Einrichtungen nach dem Gesetz zur Kinder- und Jugendhilfe (§ 43 Abs. 1 SGB VIII), so können diese auf Antrag vom Träger der öffentlichen Jugendhilfe übernommen werden (§ 90 Abs. 3 SGB VIII). Die Belastung mit diesen Kosten muss für den Leistungsberechtigten unzumutbar sein. Hinsichtlich der Zumutbarkeit der Belastungen verweist das Gesetz auf Vorschriften zum SGB XII (§ 90 Abs. 4 SGB VIII).[44]

43 Die Betriebsausgaben fallen bei Einnahmen aus Land- und Forstwirtschaft, Gewerbebetrieb und selbstständiger Arbeit an (§ 2 Abs. 1 Nr. 1-3 iVm § 4 EStG). Hiervon geht auch der Gesetzgeber aus, denn in § 3 ALG II-V findet sich die Terminologie wieder.

---

42 BSG 9.11.2010 – B 4 AS 7/10 R, Rn 17.
43 Vgl zu Verfassungsgemäßheit der Regelung FG Hamburg 23.10.2009 6 K 123/09; anhängig BFH 20.1.2010 – III R 80/09.
44 Vgl zur Berechnung Schindler in: FK-SGB VIII § 90 Rn 21.

Das SGB II unterscheidet die Einnahmen danach, ob sie aus Erwerbstätigkeit erzielt **44** werden oder ob es sich um sonstige Einnahmen handelt. Erwerbstätigkeit ist die auf Erwerb gerichtete Tätigkeit. **Einnahmen aus Erwerbstätigkeit** sind deshalb die Einnahmen aus selbstständiger und nicht selbstständiger Arbeit sowie aus Land- und Forstwirtschaft und Gewerbebetrieb, sofern sie auf eigener Mitarbeit und nicht aufgrund einer Kapitalbeteiligung beruhen.

Werbungskosten können vom Erwerbseinkommen als **Pauschbeträge** iHv 15,33 EUR **45** monatlich abgezogen werden, wenn sie nicht unter die Pauschale nach § 11 Abs. 2 S. 3 fallen (§ 6 Abs. Abs. 1 Nr. 3 ALG II-V). Bei anderem Einkommen, etwa Vermietung und Verpachtung oder Kapitalvermögen, können Werbungskosten nur in der tatsächlich entstandenen Höhe abgezogen werden.

Beim Erwerbseinkommen können für die Benutzung eines Kraftfahrzeuges für die **46** Fahrt zwischen Wohnung und Arbeitsstätte und für Wegstrecken zur Ausübung der Erwerbstätigkeit für jeden Entfernungskilometer die kürzeste Straßenverbindung abgesetzt werden(§ 6 Abs. 1 Nr. 3 ALG II-V) und eine Werbungskostenpauschale (§ 6 Abs. 1 Nr. 3 a Alg II-V), das sind derzeit 15,33 EUR pro Monat.

Hinsichtlich der **Nutzung eines Kraftfahrzeuges** für den Weg zur Arbeit sind die Kos- **47** ten nur insoweit absetzbar sind, als sie im Vergleich zu den Kosten der Nutzung eines öffentlichen Verkehrsmittels nicht **unangemessen** hoch sind (§ 6 Abs. 2 ALG II-V). Dies ist allenfalls dann der Fall, wenn die Kosten der Nutzung des eigenen Kfz erheblich über den Kosten der Nutzung eines vergleichbaren öffentlichen Verkehrsmittels liegen, also um mehr als 10–20 %. Selbst bei höheren Kosten ist die Nutzung öffentlicher Verkehrsmittel dann **unzumutbar**, wenn hierdurch die Arbeitsstelle nicht mehr in zumutbarer Zeit erreicht werden kann oder die Nutzung von öffentlichen Verkehrsmitteln das Erreichen der Arbeitsstelle erheblich behindert. Ein Fall der **Unzumutbarkeit** dürfte insbesondere dann vorliegen, wenn die zumutbaren **Pendelzeiten** von bis zu zwei Stunden bei einer Arbeitszeit bis sechs Stunden und von bis zu zweieinhalb Stunden bei einer Arbeitszeit von mehr als sechs Stunden bei der Nutzung eines öffentlichen Verkehrsmittels überschritten werden (§ 140 Abs. 4 SGB III).

Bei Fahrten zu unterschiedlichen Einsatzorten dürfte, zumindest im ländlichen Raum, die Nutzung von öffentlichen Verkehrsmitteln aufgrund oft mangelhafter Infrastruktur nicht zumutbar sein.

Hinweis: Höhere Kosten für die Kfz-Nutzung, die über die pauschale Abgeltung von **48** 0,20 EUR hinausgehen, können in tatsächlicher Höhe abgezogen werden, wenn der Leistungsberechtigte diese höheren Kosten nachweist (§ 1 Abs. 1 Nr. 2 lit. b ALG II-V). Der Leistungsberechtigte muss dann seine Kfz-Kosten exakt ermitteln und durch ein Fahrtenbuch und eine Kostenaufstellung nachweisen.

Bei selbstständig tätigen Leistungsberechtigte kann eine Pauschale für Werbungskos- **49** ten nicht abgezogen werden (§ 6 Abs. 1 Nr. 3 a, Hs 2 ALG II-V).

e) Freibetrag bei Erwerbstätigkeit: Pauschbetrag iHv 100 EUR
aa) Grundfreibetrag

50 Leistungsberechtigten, die Einkommen aus einer Erwerbstätigkeit (zum Begriff vgl oben § 4 Rn 44) erzielen, werden die **Aufwendungen** für

■ Versicherungen (§ 11 b Abs. 1 Nr. 3), die nach Grund und Höhe angemessen sind,

■ Beiträge zur geförderten Altersvorsorge (§ 11 Abs. 2 Nr. 4) und

■ Werbungskosten (§ 11 b Abs. 1 Nr. 5)

pauschaliert (§ 11 b Abs. 2 S. 1).

Beträgt das Einkommen bis zu 400 EUR monatlich, dann ist ein pauschaler Abzug iHv 100 EUR für die vorgenannten Aufwendungen vorzunehmen.

51 Übersteigt das monatliche Einkommen den Betrag von 400 EUR, ist statt des pauschalen Abzugs iHv 100 EUR eine Einzelberechnung vorzunehmen, wenn die Summe der Beiträge (§ 11 b Abs. 1 Nr. 3–5) zu den privaten Versicherungen, der geförderten Altersvorsorge und den Werbungskosten höher als 100 EUR sind. Dabei kann der Leistungsberechtigte hinsichtlich der Werbungs- und der Fahrtkosten mit einem selbst genutzten Kraftfahrzeug wiederum statt der Pauschalierung iHv 0,20 EUR pro Entfernungskilometer für die Wegstrecke zwischen Wohnung und Arbeitsstätte (§ 6 Abs. 1 Nr. 3 ALG II-V) die tatsächlichen Kosten seiner Kraftfahrzeugnutzung geltend machen.

Der pauschale Abzug von 100 EUR bei Leistungsberechtigten, die 400 EUR oder weniger Einnahmen haben, kann sich für die Leistungsberechtigten sehr ungünstig auswirken, wenn sie zwangsläufig höhere tatsächliche Ausgaben haben. Dies kann die Aufnahme oder Beibehaltung einer Tätigkeit zur Minderung der Hilfebedürftigkeit durch den Leistungsberechtigten behindern.

Bei selbstständigen erwerbstätigen Leistungsberechtigten ist auch bei Einnahmen bis zu 400 EUR von ihren Betriebseinnahmen auszugehen und ein pauschaler Abzug iHv 100 EUR zusätzlich vorzunehmen.[45] Selbstständige werden regelmäßig bei Betriebseinnahmen auch unter 400 EUR **Betriebsausgaben** haben, die regelmäßig über einem Betrag iHv 100 EUR liegen Werbungskosten fallen bei selbstständig erwerbstätigen Leistungsberechtigten in einer selbstständigen Tätigkeit nicht an (vgl § 9 EStG). Fraglich erscheint nur, ob die vorbenannte Regelung in der ALG II-V mit § 11 b Abs. 2 S. 1 zu vereinbaren ist, denn die Verordnung weicht insofern von der gesetzlichen Regelung ab. Die Abweichung nach § 3 Abs. 1 ALG II-V ist nach der hier vertretenen Auffassung mit der Ermächtigungsnorm (§ 13 Abs. 1 Nr. 1) vereinbar, weil diese festlegt, welche Einnahmen nicht zu berücksichtigen sind und welche Abzüge vorgenommen werden können (Berechnung der Einnahmen).

52 Problematisch dürfte der Abzug demnach nur für Arbeitnehmer werden, die höhere Werbungskosten als 15,33 EUR monatlich haben und deren Absetzbeträge die Grenze von 100 EUR übersteigen. Diese werden gegenüber den selbstständig tätigen Leis-

---

45 Anders wohl Bay LSG 11.5.2010 – L 7 AS 232/10 B ER, Rn 31.

tungsberechtigten ungleich behandelt. Ob die Ungleichbehandlung mit Art. 3 GG zu vereinbaren ist, erscheint fraglich.

bb) Freibeträge für Erwerbstätige

Wird über den Grundfreibetrag iHv 100 EUR hinaus Einkommen erzielt, erhält der 53 Erwerbstätige Freibeträge für Erwerbstätige (§ 11 b Abs. 3).

- Übersteigt das Einkommen 100 EUR, so sind von dem Betrag zwischen 100 und 1.000 EUR 20 % abzuziehen.

- Beträgt das Einkommen über 1.000 und bis zu 1.200 EUR so sind hiervon 10 % als Freibetrag abzuziehen.

- Lebt der Leistungsberechtigte mit einem minderjährigen Kind in der Bedarfsgemeinschaft oder hat er ein minderjähriges Kind, so erhöht sich der Betrag von 1.200 EUR auf 1.500 EUR.

Die Freibeträge gelten für jeden erwerbsfähigen Leistungsberechtigten in einer Bedarfsgemeinschaft.

Nach dem Wortlaut des § 11 b Abs. 3 haben nicht erwerbsfähige Leistungsberechtigte 54 keinen Anspruch auf einen Freibetrag, obwohl sie bis unter drei Stunden täglich erwerbstätig sein könnten (§ 8 Abs. 1) und zwar ohne dass sie ihrer Restgesundheit Schaden zufügen. Offensichtlich hat der Gesetzgeber hier etwas übersehen, denn die Regelung betrifft nur Personen, die mit einem erwerbsfähigen Leistungsberechtigten in einer Bedarfsgemeinschaft leben. Sofern er alleine lebt und ein Einkommen erzielt, hätte er Anspruch auf Sozialhilfe oder Grundsicherung im Alter und bei voller Erwerbsminderung nach dem SGB XII. Dann wären zumindest 30 % des Einkommens als Freibetrag abzusetzen (§ 82 Abs. 3 SGB XII), höchstens jedoch ½ des Eckregelsatzes also 199,50 EUR anrechnungsfrei; bei Beschäftigung in einer Werkstatt für behinderte Menschen vgl § 82 Abs. 3 S. 2 SGB XII.

Die Erwerbstätigenfreibeträge (§ 11 b Abs. 3 SBG II) sind auch auf die nicht erwerbsfähigen Leistungsberechtigten entsprechend anzuwenden. Aus § 11 b Abs. 3 ergeben sich höchstens folgende Freibeträge:

	§ 11 b Abs. 3 S. 2	§ 11 b Abs. 3 S. 3
Grundfreibetrag	100 EUR	100 EUR
Freibetrag bis 1.000 EUR	180 EUR	180 EUR
Freibetrag bis 1.200 EUR	20 EUR	
Freibetrag bis 1.500 EUR		50 EUR
Höchstfreibetrag	300 EUR	330 EUR

Kann der Leistungsberechtigte bei einem Einkommen über 400 EUR höhere Wer- 55 bungskosten, Kosten für angemessene Versicherungen und für Beiträge zur gesetzlich geförderten Altersvorsorge geltend machen, sind die Kosten zusätzlich von seinem Einkommen abzusetzen.

56 **Beispiel:** Der A lebt mit der erwerbsfähigen B in einer Bedarfsgemeinschaft (eheähnliche Gemeinschaft). In der Wohnung lebt die achtjährige Tochter C der B. Als Bedarf werden von dem Leistungsträger der jeweilige Regelbedarf nach dem SGB II und die tatsächlichen angemessenen Kosten der Unterkunft und Heizung iHv 542 EUR anerkannt.

Der A hat Einkünfte aus nicht selbstständiger Arbeit iHv 1.250 EUR brutto, dh 927 EUR netto. Die B erhält für das Kind C monatlich 190 EUR (Wert bis zum 31.12.2015 188 EUR) Kindergeld. Die C erhält monatlich Unterhalt iHv 382 EUR.

Folgende Absetzbeträge sind ggf zu berücksichtigen:

Der A zahlt seine Kfz-Haftpflichtprämie iHv jährlich 240 EUR. A fragt, ob die Umstellung der Prämie auf monatliche Zahlungen für ihn günstiger ist.

Der A zahlt in einen „Riestervertrag" monatlich 15 EUR ein.

Der A fährt fünfmal in der Woche mit seinem PKW zu seiner 40 km von der Wohnung entfernt liegenden Arbeitsstelle und leistet Unterhaltszahlungen aus einem titulierten Anspruch für einen fünfjährigen Sohn iHv monatlich 120 EUR. Die Nutzung öffentlicher Verkehrsmittel ist nicht zumutbar.

Die B hat keine Versicherung abgeschlossen.

Für die C wird eine private Unfallversicherung mit einem monatlichen Versicherungsbeitrag iHv 5,80 EUR unterhalten.

Die B könnte hier einen Anspruch auf Mehrbedarf für Alleinerziehende iHv 12 % (§ 21 Abs. 3 Nr. 2) des für sie maßgeblichen Regelbedarfes haben. Der A müsste sich an der Erziehung der C beteiligen, was auch bei einer Partnerschaft nicht nach dem SGB II vermutet wird.[46] Beteiligt sich der A nicht an der Erziehung der C, so erhöht sich der Regelbedarf bei der B auf 36 % des für sie maßgeblichen Regelbedarfes (§ 21 Abs. 3 Nr. 1). In dem nachfolgenden Beispiel wird davon ausgegangen, dass kein Mehrbedarf für Alleinerziehende besteht. Es ist zunächst der Bedarf zu ermitteln (in Klammern Werte bis zum 31.12.2015):

	A	B	C
Regelbedarfe	364 (360) EUR	364 (360) EUR	270 (267) EUR
+ Anteilige Kosten der Unterkunft und Heizung	+ 181 EUR	+ 181 EUR	+ 180 EUR
Bedarf	= 545 (541) EUR	= 545 (541) EUR	= 450 (447) EUR

57 Nach Ermittlung des Bedarfs ist zu prüfen, inwieweit das Einkommen der C anzurechnen ist, weil sich bei überschlägiger Berechnung ergibt, dass C ihren eigenen Bedarf (§ 7 Abs. 3 Nr. 4) decken kann und somit das Einkommen von C nicht der Bedarfsgemeinschaft zur Bedarfsdeckung zur Verfügung steht, da es nicht mehr zur Bedarfsgemeinschaft gehört. Erzielt ein Kind unter 25 Jahren Einkommen, das seinen Bedarf übersteigt, ist die Anrechnung seines Einkommens im Rahmen der zwischen dem Kind unter 25 Jahren und seinen Eltern bestehenden Haushaltsgemeinschaft möglicherweise zu berücksichtigen (§ 9 Abs. 5 iVm § 1 Abs. 2 ALG II-V).

In einer gesonderten Berechnung ist also zunächst zu prüfen, ob die C zur Bedarfsgemeinschaft gehört und ob ggf das überschießende Einkommen bei den übrigen Mitgliedern der Bedarfsgemeinschaft angerechnet wird.

---

46 Boetticher/Münder in: LPK-SGB II § 21 Rn 9.

Bedarf	450 (447) EUR
Einkommen Unterhalt	382 EUR
+ Einkommen Kindergeld	+ 190 (188) EUR
./. Einkommensbereinigung wegen absetzbarer Kinderversicherung (§ 6 Abs. 1 Nr. 2 ALG II-V)[47]	- 30 EUR
Anrechenbares Einkommen	542 (540) EUR - 542 (540) EUR
Saldo Einkommensüberschuss	= 92 (93) EUR

Da das Einkommen der C bestehend aus Kindergeld und Unterhalt ihren Bedarf um 92 (93) EUR übersteigt, hat sie keinen Anspruch auf Leistungen nach dem SGB II. Da es sich bei dem den Bedarf übersteigenden Einkommen um Kindergeld handelt, ist dieses Einkommen der Kindergeldempfängerin – also der B – zuzurechnen.[48] Eine Anrechnung des überschießenden Einkommens im Rahmen der Haushaltsgemeinschaft findet daher nicht statt (§ 1 Abs. 2 ALG II-V).

Das Einkommen der B ergibt sich aus der folgenden Aufstellung:

Einkommen B Kindergeld	92 (93) EUR
./. Versicherungspauschale (§ 6 Abs. 1 Nr. 1 ALG II-V)	- 30 EUR
Anrechenbares Einkommen	= 62 (63) EUR

Anders als bei der C kommt es für die Abzugsfähigkeit der Versicherungspauschale iHv 30 EUR nicht darauf an, ob die B selbst eine Versicherung unterhält.[49]

Auf den ersten Blick reicht das gemeinsame Einkommen von A und B iHv 1.335 EUR aus, um den verbleibenden Gesamtbedarf von A und B iHv 1.008 EUR abzudecken. Allerdings verfügt A über ein Erwerbseinkommen iHv mehr als 400 EUR, so dass zunächst sein anrechenbares Einkommen anhand des Grundfreibetrages und des Freibetrags für Erwerbstätige (§ 11 b Abs. 3) zu ermitteln ist. Im Anschluss daran ist zu prüfen, ob vom Einkommen des A wegen Überschreiten des Grundfreibetrages nicht noch weitere Beträge abzusetzen sind. Dabei ist Folgendes zu berücksichtigen: 58

Die KfZ-Versicherung ist nicht in der Versicherungspauschale nach § 6 Abs. 1 Nr. 1 ALG II-V enthalten, da diese nur die angemessenen und nicht die gesetzlich vorgeschriebenen Versicherungen umfasst.[50]

Der A kann für die Fahrt zu seiner Arbeitsstelle die Kosten für die Nutzung seines eigenen, angemessenen Kfz geltend machen (§ 6 Abs. 1 Nr. 3 b Alg II-V) und zwar iHv 0,20 EUR je einfachen Entfernungskilometer.[51] Die Bundesagentur für Arbeit geht in ihren Anweisungen hinsichtlich der anzurechnenden Arbeitstage bei der Berechnung der **Fahrtkosten mit dem PKW** von einem **Durchschnittswert von 19 Arbeitstagen** im Monat aus. Im Gesetz findet sich hierzu keine Grundlage, denn nach § 41 Abs. 1 wird lediglich die Leistung einheitlich für 30 Tage monatlich pauschaliert. Der Leistungsträger wird daher die in dem jeweils maßgeblichen Monat angefallenen Arbeitstage zu ermitteln und hiernach die Fahrtkosten festzusetzen haben.[52]

---

47 Vgl wegen der Angemessenheit einer privaten Unfallversicherung BSG 10.5.2011 – B 4 AS 139/10 R, SozR 4-4200 § 11 Nr. 38.
48 Umkehrschluss aus § 11 Abs. 1 S. 2 SGB II; vgl BSG 1.7.2009 B 4 AS 9/09 R.
49 BSG 19.9.2008 – B 14 AS 56/07 R, Rn 14.
50 BSG 21.12.2009 – B 14 AS 42/08 R, Rn 28.
51 Nicht Hin- und Rückfahrt, LSG Berlin-Brb. 20.1.2009 – L 28 AS 1072/07.
52 LSG Berlin-Brb. 20.1.2009 – L 28 AS 1072/07.

59 **Hinweis:** Aufgrund der Berechnung der Leistungsträger[53] der Kilometerpauschale mit 19 Tagen im Monat sind die Bescheide jedenfalls rechtswidrig. Im Einzelfall kann es jedoch am Rechtsschutzbedürfnis fehlen, weil in die Monatsberechnungen Urlaubs- und Feiertage mit einberechnet werden, so dass bereits bei dem Mindesturlaub nach § 3 BUrlG von 20 Arbeitstagen bei der Fünf-Tage-Woche die Anzahl der tatsächlichen Arbeitstage unterschritten wird.

Daraus ergibt sich das anrechenbare Einkommen des A:

	pauschal	konkret
Anrechenbares Bruttogehalt	1.250,00 EUR	1.250,00 EUR
Nicht bereinigtes Nettoeinkommen nach Abzug von Steuern und Sozialversicherungsbeiträgen	927,00 EUR	927,00 EUR
./. Grundfreibetrag	- 100,00 EUR	
./. Freibetrag § 11 b Abs. 3 Nr. 1	- 180,00 EUR	- 180,00 EUR
./. Freibetrag § 11 b Abs. 3 Nr. 2	- 25,00 EUR	- 25,00 EUR
./. Freibetrag § 11 b Abs. 3 S. 3	- 0,00 EUR	
./. Freibetrag § 11 b Abs. 1 Nr. 7 Unterhaltszahlungen nach Unterhaltstitel	- 120,00 EUR	- 120,00 EUR
./. Fahrkosten 40 km * 0,20 EUR * 21 Arbeitstage		- 168,00 EUR
./. § 11 b Abs. 1 Nr. 4 (Riester)		- 15,00 EUR
./. § 11 b Abs. 1 Nr. 3 Alt. 1 (Kfz-Haftpflicht)		- 240,00 EUR
./. Werbungskosten		- 15,33 EUR
./. Versicherungspauschale		- 30,00 EUR
Anrechenbares Einkommen	= 502,00 EUR	= 133,67 EUR

Wie sich aus der Berechnung ergibt, hat der A einen wesentlich höheren Anspruch auf Leistungen nach dem SGB II, wenn die Absetzbeträge (§ 11 b Abs. 1 Nr. 3–5) nicht pauschal, sondern konkret vorgenommen werden. In beiden Fällen reicht das gemeinsame anrechenbare Einkommen von A und B nicht aus, um den Bedarf zu decken.

Berechnung der Leistungen an A und B

Gesamtbedarf A		545,00 (541,00) EUR	
+ Gesamtbedarf B		545,00 (541,00) EUR	
Summe		1.090,00 (1.082,00) EUR	1.090,00 (1.082,00) EUR
Anrechenbares Einkommen A		133,67 EUR	
+ Anrechenbares Einkommen B	+	95,00 EUR	
Gesamteinkommen (wird jeweils hälftig auf den Bedarf angerechnet)	=	228,67 EUR	- 228,67 EUR
Saldo: Ungedeckter Bedarf		=	861,33 (853,33) EUR
Leistungsbetrag für A und B jeweils:			430,67 (426,67) EUR

60 **Hinweis:** Der A stellt sich für den laufenden Monat übrigens schlechter, wenn er seine Versicherungsprämie in zwölf Monatsraten an die Versicherung zahlen würde. Allerdings würde dies nur zu einer Umschichtung führen, da die Leistungsbezüge in den anderen Monaten entsprechend höher ausfallen würden.

---

53 FH BA zu §§ 11 SGB II Rn 11.83.

Nochmals anders stellt sich die Lage dar, wenn die Werbungskosten unter der Pauschale von 100 EUR pro Monat liegen. In diesem Fall kann es für A sinnvoll sein, die Versicherungssumme einmal jährlich abbuchen zu lassen, weil er in diesem Monat einen höheren Leistungsanspruch hat, in den anderen Monaten aber mindestens die Pauschale von seinem Erwerbseinkommen absetzen kann.

Hinweis: Die Bundesagentur für Arbeit berechnet die Kfz-Versicherung jeweils monatlich, obwohl eine solche Verteilung im Gesetz keine Grundlage findet. 61

An dem Beispiel zeigt sich sehr deutlich, dass verschiedene Berechnungen und Dispositionen zu unterschiedlichen Ergebnissen führen können. Die Pauschale ist immer günstiger, wenn der Leistungsberechtigte keine oder nur geringe Absetzbeträge hat. Eine konkrete Berechnung kann im Einzelfall zu wesentlich günstigeren Ergebnissen führen. 62

f) Abzug von laufenden Unterhaltszahlungen

Die **Unterhaltszahlungen** werden nur abgezogen, wenn ein **Unterhaltstitel vorliegt** 63 (§ 11 b Abs. 1 Nr. 7). Zu den Unterhaltstiteln zählen neben Urteilen und Vergleichen insbesondere auch die vollstreckbaren Urkunden des Jugendamtes (§ 59 Abs. 1 Nr. 3 SGB VIII).[54] Der Unterhalt kann bis zu dem im Unterhaltstitel genannten Betrag abgezogen werden. Nicht im Unterhaltstitel genannte Beträge, wie Vollstreckungskosten, werden nicht abgezogen, es sei denn, diese wurden bereits bei der Zwangsvollstreckung vom Lohn/Gehalt abgezogen. Dann handelt es sich bei dem insoweit nicht ausgezahlten Lohn/Gehalt nicht mehr um bereite Mittel, die zum Unterhalt zur Verfügung stehen und die deshalb auch nicht angerechnet werden können.[55] Auch bei einem Unterhaltstitel erfolgt der Abzug nur, wenn der Unterhalt tatsächlich geleistet wird. Dem Unterhaltsverpflichteten kann nicht entgegengehalten werden, dass er zur Herabsetzung seines Unterhaltes verpflichtet ist, weil er hierdurch selbst leistungsberechtigt nach dem SGB II wird. Soweit seine Verpflichtung zur Unterhaltsleistung nach dem Familienrecht im Einzelfall weiter geht als seine Pflicht zur Beseitigung der Hilfebedürftigkeit (§§ 2, 3), kann diese dahingestellt bleiben, denn der Gesetzgeber hat mit § 11 b Abs. 1 Nr. 7 zum Ausdruck gebracht, dass eine solche weitgehende Verpflichtung nicht besteht.[56] Im Gegensatz zu den laufenden Unterhaltszahlungen kann ein Unterhaltsrückstand, auch wenn dieser in einem Unterhaltstitel festgeschrieben ist, nicht vom Einkommen abgezogen werden, denn hierbei handelt es sich um nichtabzugsfähige Schulden.[57]

g) Kinderfreibetrag für Empfänger von BAföG oder BAB-Leistungen

Empfänger von Leistungen nach dem BAföG können für jedes ihrer Kinder den **an-** 64 **rechnungsfreien Betrag** iHv 485 EUR monatlich (§ 23 Abs. 1 Nr. 3 BAföG), der bereits bei der Berechnung von Leistungen nach dem BAföG berücksichtigt wurde, von ihrem Einkommen abziehen (§ 11 b Abs. 1 Nr. 8).

---

54 BSG 9.11.2010 – B 4 AS 78/10 R, Rn 14.
55 Geiger in: LPK-SGB II § 11 Rn 25.
56 BSG 9.11.2010 – B 4 AS 78/10 R, Rn 23.
57 BSG 20.2.2014 B 14 AS 53/12 R, SozR 4-4200 § 11 b Nr. 4.

65 **Beispiel:** Der Leistungsberechtigte zahlt für seine 19 Jahre alte Tochter T, die nicht bei ihm wohnt und Leistungen nach dem BAföG erhält, einen monatlichen Unterhalt iHv 250 EUR. Ein Unterhaltstitel besteht nicht. Der Leistungsberechtigte kann den an die T geleisteten Unterhalt bis zu einem Betrag von höchstens 485 EUR (§ 25 Abs. 3 Nr. 3 BAföG) von seinem Einkommen abziehen. Eines Unterhaltstitels bedarf es hier nicht. Die Regelung des § 11 b Abs. 1 Nr. 8 bezweckt lediglich, den „unterhaltspflichtigen BAföG-Empfänger" dem Unterhaltsschuldner gleichzustellen (§ 11 b Abs. 1 Nr. 7).[58] Das Einkommen des Leistungsberechtigte wird im Verwaltungsverfahren nach dem BAföG überprüft und berücksichtigt, so dass der Leistungsberechtigte von der Berechtigung zum Abzug der Leistung einem Unterhaltsverpflichteten, der aufgrund eines vollstreckbaren Titels leistet, gleichzustellen ist.

4. Einkommen aus selbstständiger Arbeit – Einmalige Einnahmen

66 Die Berechnung von **Einkommen aus selbstständiger Tätigkeit** richtet sich nach § 3 ALG II-V. Der Einkommensbezieher muss neben seiner kaufmännischen und steuerlichen noch eine grundsicherungsrechtliche Buchführung durchführen. Hierbei ist von den Betriebseinnahmen auszugehen (§ 3 Abs. 1 ALG II-V). Dies sind alle im Bewilligungszeitraum tatsächlich zufließenden Einnahmen. Wird eine Erwerbstätigkeit nur während eines Teils des Bewilligungszeitraumes ausgeübt, ist das Einkommen nur für diesen Zeitraum zu berechnen. Hiermit soll wohl nur gemeint sein, dass eine Einnahme, die aus einer selbstständigen Arbeit erzielt wird, nur dann als im Bewilligungszeitraum als Einkommen aus selbstständiger Arbeit angesehen wird, wenn eine selbstständige Tätigkeit ausgeübt wird. Dies bedeutet wohl nicht, dass die Einnahme nicht als Einkommen angerechnet wird, sondern nur nicht als Einkommen aus einer selbstständigen Tätigkeit.

67 **Beispiel:** Der Leistungsberechtigte war in der Zeit vom 1.1.2012 bis zum 30.6.2015 als selbstständiger Rechtsanwalt tätig. Ab dem 1.7.2015 ist er als angestellter Rechtsanwalt bei einem Fachanwalt für Sozialrecht für 450 EUR monatlich tätig und beantragt am 1.7.2015 ergänzende Leistungen nach dem SGB II. Seine angemessenen Kosten der Unterkunft betragen 350 EUR monatlich. Der Leistungsberechtigte ist aus seiner selbstständigen Tätigkeit privat kranken- und pflegeversichert und zahlt hierfür monatlich einen Betrag iHv insgesamt 270 EUR. Der Leistungsberechtigte ist Mitglied des Versorgungswerkes der Rechtsanwälte und von der Beitragspflicht in der gesetzlichen Rentenversicherung befreit.

Im Juli erzielt er aus seiner vorherigen Tätigkeit als selbstständiger Rechtsanwalt noch eine Zahlung iHv 770 EUR aus einem Prozesskostenhilfemandat, für das er bereits im Jahr 2011 eine Rechnung erstellt hatte. In dem Betrag ist die Umsatzsteuer iHv 19 % enthalten. Weitere offene Forderungen aus der selbstständigen Tätigkeit bestehen nicht mehr.

Der Leistungsträger lehnt die Leistungen an den Leistungsberechtigten für den Monat Juli 2015 ab, weil er in dieser Zeit wegen der Einnahme aus selbstständiger Tätigkeit nicht bedürftig sei und gewährt ihm Leistungen ab dem 1.8.2015. Die Berechnung des Leistungsträgers für den Monat Juli 2015 sieht wie folgt aus:

---

58   BT-Drucks. 16/1410, 50.

	1.7.–31.7.2015	
Regelbedarf § 20 Abs. 2	399,00 EUR	
+ Unterkunft und Heizung § 22 Abs. 1 S. 1	+ 350,00 EUR	
+ Zuschuss Krankenversicherung und Pflegeversicherung § 26 Abs. 1, Nr. 1, Abs. 2 S. 1 SGB II	+ 270,00 EUR	
Gesamtbedarf	=1.019,00 EUR	1019,00 EUR
Berechnung des anrechenbaren Einkommens		
Bruttoeinkommen	450,00 EUR	
./. Pauschbetrag § 11 b Abs. 2 S. 1	- 100,00 EUR	
./. Freibetrag § 11 b Abs. 3 Nr. 1	- 70,00 EUR	
Zwischensumme: Anrechenbares Einkommen	= 280,00 EUR	
+ Weiteres Einkommen	+ 770,00 EUR	
Gesamteinkommen	= 1050,00 EUR	- 1050,00 EUR
Saldo: Einkommensüberschuss		- 31,00 EUR
Leistungsanspruch		0,00 EUR

Im Widerspruchsbescheid teilt die Beklagte mit, bei der Einnahme von 770 EUR handele es sich um eine einmalige Einnahme, die in voller Höhe anzurechnen sei. Die Einnahme sei auch nicht als Einnahme aus einer Erwerbstätigkeit anzusehen, weil der Leistungsberechtigte seine selbstständige Tätigkeit aufgegeben habe. Die Berücksichtigung der Einnahme iHv 670 EUR als Erwerbseinkommen und die damit verbundene weitere Absetzung für Erwerbstätigkeit (§ 11 b Abs. 3 Nr. 1) erfordere, dass die Erwerbstätigkeit weiter ausgeübt werde. Ab dem Monat August werden dem Leistungsberechtigten folgende Leistungen bewilligt:

	1.8.–31.12.2015	
Regelbedarf § 20 Abs. 2	399,00 EUR	
+ Unterkunft und Heizung § 22	+ 350,00 EUR	
+ Zuschuss Kranken- und Pflegeversicherung § 26 Abs. 2, 2. Hs, Abs. 3 S. 2	+ 270,00 EUR	
Gesamtbedarf	= 1019,00 EUR	1019,00 EUR
Berechnung des anrechenbaren Einkommens		
Bruttoeinkommen	450,00 EUR	
./. Pauschbetrag § 11 b Abs. 3 Nr. 1	- 100,00 EUR	
./. Freibetrag § 11 b Abs. 3 Nr. 1 SGB II	- 70,00 EUR	
Anrechenbares Einkommen	= 280,00 EUR	- 280,00 EUR
Saldo: Leistungsanspruch		739,00 EUR

Der Leistungsträger vertritt folgende Ansicht: Die Einnahmen von 770 EUR werden nicht mehr als Einnahmen aus einer selbstständigen Tätigkeit angesehen, sondern als sonstige Einnahmen, denn Einnahmen aus selbstständiger Tätigkeit seien nach § 3 Abs. 1 ALG II-V nur solche, die aus einer im Bewilligungszeitraum tatsächlich ausgeübten selbstständigen Tätigkeit stammen. Von diesen Einnahmen sind keine Abzüge für Erwerbstätigkeit (§ 11 Abs. 3) vorzunehmen, weil es sich nicht um Einnahmen aus einer Beschäftigung handele. Der Leistungsberechtigte hätte seine selbstständige Tätigkeit nicht vollständig aufgeben dürfen.

Fraglich erscheint bereits, ob dem Leistungsberechtigten der Betrag iHv 770 EUR als präsentes Einkommen zum Unterhalt zur Verfügung steht. Der Leistungsberechtigte hat zwar den Betrag in voller Höhe aus der Staatskasse erhalten, der Betrag ist jedoch mit einer Forderung der Finanzverwaltung auf die Umsatzsteuer iHv 19 % des Gesamtbetrages belastet

68

(§ §§ 13 Abs. 1 Nr. 1 b, 18 Abs. 2 UStG). Der Umsatzsteueranteil beträgt (670./. 119 * 19) = 106,97 EUR. Die Umsatzsteuer ist jeweils zum Ende des Quartals, in dem die Einnahme erfolgt, fällig und bis zum jeweils 10. des Folgemonats zu zahlen. Der Betrag iHv 670 EUR steht dem Leistungsberechtigten nicht zum Bestreiten seines Lebensunterhaltes zur Verfügung, so dass als Einkommen nur der um die Umsatzsteuer verminderte Betrag anzusetzen ist.[59] Der Leistungsberechtigte kann den Betrag für die zu entrichtende Umsatzsteuer allerdings nur dann von seinem Einkommen abziehen, wenn die Steuer in dem laufenden Bewilligungszeitraum fällig ist und auch gezahlt wird.[60]

69 Eine andere Lösung kann sich ergeben, wenn man die Einnahmen aus der selbstständigen Tätigkeit als Betriebseinnahmen ansieht und die selbstständige Tätigkeit wenigstens bis zur Beendigung aller Abwicklungsarbeiten (Liquidation) als ausgeübt ansieht. Für die Ausübung einer hauptberuflichen selbstständigen Tätigkeit reicht es aus, wenn die Arbeit auch ohne Ausübung vorgehalten wird.[61] Die Liquidation eines Unternehmens ist ein Teil der selbstständigen Tätigkeit, die sich zwingend bei Aufgabe derselben ergibt (vgl § 66 Abs. 1 GmbHG). Genauso wie die Berechnung, Anmeldung und Zahlung der Umsatzsteuer gehört sie zur unternehmerischen/selbstständigen Tätigkeit auch im Sinne des § 3 ALG II-V. Der Leistungsträger kann daher nur einen Betrag iHv 563,03 EUR (670 EUR – 106,97 EUR) als Einkommen zugrunde legen und die selbstständige Tätigkeit bis zur vollständigen Abwicklung durch den Leistungsberechtigten als ausgeübt ansehen. Sieht man die selbstständige unternehmerische Tätigkeit als nicht beendet an, ist die Einnahme des Leistungsberechtigten vom Juli 2015 keine einmalige Einnahme im Sinne des § 2 Abs. 4 ALG II-V. Die Berechnung der Einnahmen erfolgt nach § 3 Abs. 2 und 4 ALG II-V und wird im Monat des Zuflusses als Einkommen angerechnet.

Die Umsatzsteuer ist als Betriebsausgabe (§ 3 Abs. 2 ALG II-V) im gesamten Bewilligungszeitraum abzuziehen und die Betriebseinnahmen (Überschuss über die Ausgaben) sind für jeden Monat als Teil zu berücksichtigen (§ 3 Abs. 4 S. 1 ALG II-V).

Dem Einkommen aus der geringfügigen Tätigkeit sind daher die Einnahmen aus selbstständiger Tätigkeit iHv monatlich 93,84 EUR (563,03 EUR ÷ 6) hinzuzurechnen. Die Einnahmen aus der selbstständigen Tätigkeit sind abweichend von der Regelung bei nicht selbstständig Beschäftigten nicht in dem Monat in dem sie zufließen anzurechnen (§ 11 Abs. 3), sondern werden auf die Monate im Bewilligungszeitraum verteilt (§ 3 Abs. 4 Alg II-V). Die Kosten für die private Kranken- und Pflegeversicherung sind darüber hinaus in voller Höhe vom Einkommen abzuziehen, weil eine günstigere Versicherungsmöglichkeit für den Leistungsberechtigten etwa im verminderten Basistarif bei seiner gesetzlichen Krankenversicherung nicht besteht,[62] denn die Versicherung im abgesenkten Basistarif kostet 285 EUR monatlich. Der Leistungsträger müsste ggf auch den vollen Beitrag zur Kranken- und Pflegeversicherung als Zuschuss nach § 26 Abs. 1, Nr. 1 und § 26 Abs. 2 S. 2 übernehmen.[63] Zusätzlich sind beim Leistungsberechtigten die Beiträge zum Versorgungswerk der Rechtsanwälte von seinen Einkünften abzuziehen (wenn er nicht wie hier in der Darstellung auf die Versicherungspflicht verzichtet hat), denn hierbei handelt es sich entweder um eine Versicherung aufgrund gesetzlicher Pflicht oder die Beiträge können bis zur Höhe des Beitrags zur gesetzlichen Rentenversicherung von 19,9 % als angemessene Beiträge zu

---

59 Vgl LSG Sachsen-Anhalt 26.6.2009 – L 5 AS 143/09 B ER.
60 BSG 22.8.2013 – B 14 AS 1/13 R, BSGE 114, 136–147.
61 Vgl Thie in: LPK-SGB II § 16 c Rn 1 f.
62 Zur Verpflichtung des Leistungsträgers nicht nur die Beiträge iHv der gesetzlichen Krankenversicherung (ca. 128 EUR) zu übernehmen, sondern den halben Basistarif (= 285 EUR), BSG 18.1.2011 – B 4 AS 108/10 R.
63 Vgl HessLSG 14.12.2009 – L 7 SO 165/09 B ER; BSG 18.1.2011 – B 4 AS 108/10 R.

einer Versicherung abgesetzt werden, wenn die jeweilige Versorgungsordnung eine Befreiung im Falle der geringfügigen Tätigkeit vorsieht (§ 11 b Abs. 1 Nr. 3). Der Anspruch des Leistungsberechtigten errechnet sich daher wie folgt:

Leistungsansprüche des Leistungsberechtigten	1.7.–31.12.2015		70
Regelbedarf § 20 Abs. 2	399,00 EUR		
+ Unterkunft und Heizung § 22 Abs. 1 S. 1	+ 350,00 EUR		
Gesamtbedarf	= 749,00 EUR	749,00 EUR	
Berechnung des anrechenbaren Einkommens			
Einkommen aus Beschäftigung	450,00 EUR		
+ Einkommen aus selbstständiger Tätigkeit	+ 93,84 EUR		
Gesamteinkommen	= 543,84 EUR		
./. Kranken- und Pflegeversicherung	- 270,00 EUR		
./. Grundfreibetrag	- 100,00 EUR		
./. Freibetrag für Erwerbstätige § 30:	- 88,77 EUR		
20 % von 543,84 EUR – 100 EUR			
Saldo: Anrechenbares Einkommen	= 85,07 EUR	-85,07 EUR	
Saldo: Monatlicher Leistungsbetrag		663,93 EUR	

Gegebenenfalls ist auch zu berücksichtigen, dass auf **nachträglich** gezahlte Einnahmen noch Einkommensteuer zu entrichten ist. Diese kann allerdings grundsätzlich berücksichtigt werden, weil nur auf das Einkommen entrichtete Steuern abgezogen werden können (§ 11 b Abs. 1 Nr. 1). Diese Regelung ist auf Arbeitnehmer und den Lohnsteuerabzug zugeschnitten. **71**

Im Einzelfall kann streitig sein, was zu den Betriebseinnahmen gehört und wie diese im Rahmen der Einnahmen- und Ausgabenrechnung (§ 3 Abs. 2 Alg II-V) zu behandeln sind. Was Betriebseinnahmen sind, ist im Gesetz nicht definiert. In der Steuerrechtsprechung werden Betriebseinamen als durch den Betrieb veranlasste Zugänge von Wirtschaftsgütern in Geld oder Geldeswert bezeichnet (§ 8 EStG).[64] Nach dem Wortlaut dieser Definition können auch betrieblich veranlasste Darlehen (Betriebsmitteldarlehen) als Einnahmen angesehen werden.[65] Darlehen sind jedoch nicht als Einnahmen im Sinne einer Vermögensmehrung anzusehen, weil sie dem Leistungsberechtigten nicht endgültig verbleiben, sondern mit der Verpflichtung zur Rückzahlung verbunden sind.[66] Ein Betriebsmitteldarlehen kann daher auch nicht als eine zweckbestimmte Leistung angesehen werden.[67] Seit dem 1.1.2011 führt eine Zweckbestimmung nur dann zur Nichtanrechnung einer Einnahme, wenn sie in einer öffentlich-rechtlichen Vorschrift zu einem ausdrücklich genannten Zweck erbracht wird (§ 11 a Abs. 3). Die Rechtsprechung zu einem Privatdarlehen ist auch auf ein Betriebsmitteldarlehen anzuwenden, weil auch hier die persönliche Vermögenslage des Betriebsinhabers, auf den es bei der Gewährung von Leistungen nach dem SGB II ankommt, nicht verbessert wird. **72**

---

64 BFH 22.7.1988 – III R 175/85.
65 So LSG NRW 24.11.2010 – L 19 AS 1755/10 B.
66 BSG 24.11.2010 – L 19 AS 1755/10 B, Rn 19.
67 So aber LSG Berlin-Brb. 1.7.2009 – L 32 AS 316/09.

Selbst wenn man der Ansicht folgt, dass ein Betriebsmitteldarlehen eine Einnahme ist, wird ihr in der Regel eine betrieblich veranlasste Ausgabe gegenüber stehen, so dass bei dem Leistungsberechtigten kein unterhaltsrelevantes Einkommen zur Verfügung steht.

73 Da steuerliche Gesichtspunkte bei der Bemessung des Einkommens Selbstständiger keine Rolle spielen, können Abschreibungen aus Absetzung für Abnutzungen von Betriebsmitteln nicht geltend gemacht werden.

Beispiel: Der leistungsberechtigte Rechtsanwalt R hat für sein Büro einen Rechner mit Drucker, Bildschirm und Software mithilfe seines Schonvermögens im Wert von 1.200 EUR am 2.5.2015 gekauft. R kann den Kauf des Rechners als Absetzung zur Abnutzung für die betriebsgewöhnliche Laufzeit von drei Jahren steuerlich geltend machen und sein zu versteuerndes Einkommen dadurch mindern und zwar wie folgt:

Absetzung zur Abnutzung 2015 1200./. 36 = 33,33 * 8 = 266,67, 2016./. 33,33 * 12 = 400 EUR, 2013 = 400 EUR und für das Jahr 2017 33,33 * 4 = 133,32 EUR.

Hinsichtlich seines Bedarfes nach dem SGB II wird die Abschreibung aufgrund der Wertminderung des Rechners nicht berücksichtigt, weil hier keine tatsächlichen Ausgaben vorliegen (§ 3 Abs. 3 S. 1 Alg II-V). Wenn der Rechner verschlissen ist, kann er für die Neuanschaffung vom Leistungsträger nach dessen Ermessen bis zu 5.000 EUR einen Zuschuss und darüber hinaus ein Darlehen für die Anschaffung von Betriebsmitteln erhalten (§ 16 c Abs. 2). Hat er vor dem Leistungsbezug zur Anschaffung des Rechners ein Darlehen aufgenommen, sind die von R zu leistenden Darlehensraten gleichwohl als notwendige Ausgaben absetzbar.[68] Bei den Darlehensraten handelt es sich allein deshalb um notwendige Ausgaben, weil R andernfalls mit einem Insolvenzverfahren oder anderen Pfändungsmaßnahmen rechnen kann, die letztlich zur Einstellung der Tätigkeit führen können.

74 Von den Betriebseinnahmen sind die tatsächlich geleisteten **notwendigen Ausgaben abzuziehen** und zwar ohne Rücksicht auf steuerrechtliche Vorschriften (§ 3 Abs. 2 ALG II-V). Ob eine Ausgabe notwendig ist, unterliegt der vollen gerichtlichen Überprüfung.[69] Der selbstständige Leistungsberechtigte hat daher keine Möglichkeit eine unternehmerische Entscheidung zu treffen, ohne dass seine Investitionen auf Angemessenheit überprüft werden, denn tatsächliche Aufwendungen sollen nicht abgesetzt werden, soweit diese ganz oder teilweise vermeidbar oder offensichtlich nicht den Lebensumständen während des Bezugs der Grundsicherung für Arbeitsuchende entsprechen (§ 3 Abs. 3 ALG II-V). Personalkosten oder Kosten für Dienstleistungen Dritter können daher nur dann abgesetzt werden, wenn sie zur Durchführung des Geschäftsbetriebes notwendig sind und vom Leistungsberechtigten zur Verbesserung des Betriebsergebnisses nicht selbst bzw in eigener Person geleistet werden können.[70]

Beispiele: 1. Der leistungsberechtigte Rechtsanwalt hat ein kleines Büro angemietet. Obwohl er nur halbtags tätig ist, beschäftigt er ein Reinigungsunternehmen mit der Reinigung seines Büros.

---

68 So wohl auch LSG Sachsen-Anhalt 26.6.2009 – L 5 AS 143/09 B ER; LSG NRW 24.11.2010 – L 19 AS 1755/10 B.
69 Vgl LSG Sachsen 14.6.2010 – L 7 AS 223/09 B ER.
70 Vgl LSG Sachsen 14.6.2010 – L 7 AS 163/10 B PKH.

2. Der Leistungsberechtigte ist selbstständiger Hausmeister und bietet seinen Kunden Gartenarbeiten und Hausreinigung an. Er beauftragt einen Rechtsanwalt mit der Anfertigung der Buchführung, der Steuererklärungen und der Anlage EKS zur Antragstellung bei dem Jobcenter.[71]

3. Der V ist selbstständiger Versicherungsvertreter und hat nur Abschlüsse mit geringem Provisionsaufkommen und ist deshalb hilfebedürftig nach dem SGB II. Aus seiner Erklärung EKS sind im Jahr 2014 drei Ausgaben für auswärtiges Essen in gehobenen Restaurants mit Rechnungen iHv jeweils mehr als 150 EUR ausgewiesen. In zwei Rechnungen ist jeweils ein einzelnes alkoholisches Getränke im Wert von 20 EUR pro Glas aufgeführt.

Das Jobcenter erkennt in allen drei Fällen die Betriebsausgaben nicht an.

Im Fall Nr. 1 (Rechtsanwalt) hat das Jobcenter richtig entschieden, im Fall Nr. 2 (Hausmeister) ist der Entscheidung nicht zu folgen und im Fall Nr. 3 (Versicherungsvertreter) kommt es auf die Begründung im Einzelfall an. Ob die Ausgaben im Einzelfall angemessen sind, ergibt sich aus folgenden Erwägungen:

Im ersten Fall ist es dem Rechtsanwalt zumutbar, die Reinigungsarbeiten selbst durchzuführen (§§ 2, 3, 10). Hier hilft ein „Drittvergleich" weiter. In beengten wirtschaftlichen Verhältnissen und bei ausreichender Arbeitszeit wird ein sparsamer Unternehmer kein Personal beschäftigen, wenn er die Arbeiten selbst erledigen kann. Die Anerkennung als Betriebsausgabe wird daher zu Recht versagt.

Bei dem selbstständigen Hausmeister ist davon auszugehen, dass er seine Buchführung nicht selbst erledigen kann, weil hierbei eine Vielzahl von steuerlichen und auch sozialrechtlichen Normen zu beachten ist, die von einem Handwerker nicht erwartet werden können. Die Inanspruchnahme eines externen Dienstleisters, hier eines Rechtsanwaltes, ist daher notwendig, so dass die Versagung des Abzugs hier rechtswidrig ist. Hinsichtlich der Beratung zur Umsetzung der kaufmännischen und steuerlichen Buchführung in die grundsicherungsrechtliche Buchführung ist die Einschaltung eines Rechtsanwaltes allein deshalb erforderlich, weil hier die einzelnen Positionen erklärt werden müssen, weil nur die notwendigen und angemessenen Betriebsausgaben abgezogen werden. In der steuerlichen Buchführung, werden zum großen Teil Buchungspositionen nicht näher beschrieben, wie sonstige betriebliche Aufwendungen, verschiedene Aufwendungen usw. Hinsichtlich der steuerlichen Buchführung kommt es lediglich darauf an, ob diese Positionen betrieblich oder privat veranlasst sind und daher der privaten Lebensführung zuzuordnen sind. Bei der grundsicherungsrechtlichen Buchführung müssen die Ausgabenpositionen notwendig und angemessen sein, da sie wesentlich genauer belegt und erklärt werden als bei der steuerlichen Buchführung.[72]

Im dritten Fall dürften die genannten Ausgaben in der Regel nicht angemessen sein. Werden in Folge der Einladungen Provisionen in erheblicher Höhe erzielt oder waren diese zu erwarten, so sind auch teure Geschäftsessen als abzugsfähige Betriebsausgaben anzuerkennen und zwar unabhängig von deren ggf ungünstigeren steuerlichen Behandlung. Die Ausgaben stehen dann nicht in einem offensichtlichen Missverhältnis zu den Einnahmen und sind auch nicht vermeidbar (§ 3 Abs. 3 S. 1 Alg II-V). Die kostspieligen alkoholischen Getränke sind jedenfalls nicht abzugsfähig, wenn der Leistungsberechtigte sie allein zu sich

---

71 Anlage zum Antrag auf Leistungen nach dem SGB II = EKS Erklärung zum Einkommen aus selbständiger Tätigkeit, Gewerbebetrieb oder Land- und Forstwirtschaft im Bewilligungszeitraum.
72 Vgl LSG BW 4.4.2008 – L 7 AS 5626/07 AS ER.

nimmt. Werden sie dem Kunden oder Geschäftspartner weitergereicht, so können diese Ausgaben notwendig sein, wenn sie im Geschäftsverkehr üblich sind.

Hinweis: Der Leistungsberechtige sollte daher vor jeder Investition den Leistungsträger um Zustimmung ersuchen.

Abzugsfähig sind auch nur Ausgaben, die in dem jeweiligen **Bewilligungszeitraum** geleistet werden (§ 3 Abs. 2 ALG II-V). Das Einkommen selbstständiger Leistungsberechtigter wird für den Bewilligungszeitraum von sechs bis zwölf Monaten ermittelt und durch die Anzahl der Monate im Bewilligungszeitraum geteilt (§ 3 Abs. 4, Abs. 5). Sofern die Höhe der Einnahmen und Ausgaben nicht vorhersehbar ist, wird der Leistungsträger die Leistung vorläufig festsetzen (§ 40 Abs. 1 S. 2 iVm § 328 SGB III) (zur vorläufigen Leistung siehe oben § 1 Rn 30).

IV. Kinderzuschlag und Wohngeld

75 Der Leistungsberechtigte könnte ggf einen Anspruch auf Kinderzuschlag und auf Wohngeld haben.

1. Kinderzuschlag

76 Der Kinderzuschlag richtet sich nach § 6 a BKGG. Die Voraussetzungen für den Kinderzuschlag werden im Einzelnen wie folgt geregelt:

- ▪ mindestens ein Kind, für das ein Rechtsanspruch auf Kindergeld besteht;

- ▪ das Einkommen muss abzüglich Wohngeld und Kindergeld bei Alleinstehenden mindestens 600 EUR, bei Elternpaaren mindestens 900 EUR betragen;

- ▪ das unter Berücksichtigung der Abzugsbeträge nach §§ 11, 12 ermittelte Einkommen des Leistungsberechtigten darf bei dem Anspruch auf den vollen Kinderzuschlag iHv 140 EUR (ab 1.7.2016 160 EUR) seinen Anspruch auf Leistungen nach dem SGB II nicht übersteigen. Dabei werden Mehrbedarfe (§ 21), wie der Mehrbedarf für Alleinerziehende und Mehrbedarfe für Behinderte (§ 23 Nr. 4) nicht berücksichtigt.

77 Der Bedarf der Eltern oder hier der Leistungsberechtigten ist hinsichtlich der Regelbedarfe nach dem SGB II zu ermitteln. In einem weiteren Schritt sind die angemessenen Kosten für Unterkunft und Heizung wie bei einem Empfänger von Leistungen nach dem SGB II zu ermitteln. Die ermittelten Wohnkosten sind allerdings nicht nach Kopfteilen aufzuteilen, sondern werden nach den Ergebnissen des Existenzminimumberichts der Bundesregierung für 2015 und 2016[73] auf die Eltern und Kinder aufgeteilt. Die Kosten für Alleinstehende, Ehepaare und Kinder ergeben sich aus der nachfolgenden Tabelle:

---

73 Siebenter Existenzminimumbericht BT-Drucks. 16/11065, 5 Übersicht 3.

	Alleinstehende	Ehepaare	Kinder
Regelbedarf 2015/2016	4.788/4.872 EUR	8.784 EUR	3.168/3.228 EUR
Kosten der Unterkunft	2.988/3.060 EUR	4.788 EUR	936/960 EUR
Bildung und Teilhabe			228/228 EUR
Heizkosten	696/720 EUR	900 EUR	180/192 EUR
Summe = sächliches Existenzminimum	8.472/8.652 EUR	14.472 EUR	4.512/4.608 EUR
Steuerlicher Freibetrag	8.354/8.354 EUR	16.708 EUR	4.368/4.368 EUR

Beispiel: Die Leistungsberechtigte (L) lebt mit ihrem Kind (K 8 Jahre alt) zusammen, für das sie 190 EUR (bis zum 31.12.2015: 188 EUR) Kindergeld erhält. Die angemessenen Wohnkosten betragen 444 EUR monatlich. Die L verfügt über ein anrechenbares bereinigtes Einkommen iHv 1.000 EUR monatlich. K ist acht Jahre alt.

Bei einem Alleinstehenden beträgt der statistisch ermittelte Unterkunftsbedarf für das Jahr 2016, bestehend aus Kosten der Unterkunft und Heizung, somit 2.988 EUR + 720 EUR = 3.708 EUR, bei einem Kind 960 EUR + 192 EUR = 1.152 EUR. Die jeweilige Quote errechnet sich wie folgt:

Anteil der L		3.708 EUR	entsprechen 76,3 %
Anteil des K	+	1.152 EUR	entsprechen 23,7 %
Gesamtbedarf	=	4.860 EUR	

Im nächsten Schritt sind die tatsächlichen Anteile an den Wohnkosten von L und K zu ermitteln.

Kostenanteil L: 76,3 % von 444 EUR = 338,77 EUR
Kostenanteil K: 23,7 % von 444 EUR = 105,23 EUR

Nunmehr wird der Gesamtbedarf der L ermittelt. Werte in Klammern bis zum 31.12.2015:

Regelbedarf	404,00 (399,00) EUR	
+ Mehrbedarf für Alleinerziehende		
§ 21 Abs. 3 Nr. 2 iVm § 77 Abs. 5	+ 48,48 (47,88) EUR	
+ Kosten Unterkunft und Heizung	+ 337,00 EUR	
Gesamtbedarf	= 789,48 (783,88) EUR	789,40 (783,88) EUR
./. Anrechenbares Einkommen		- 950,00 EUR
Überdeckung		= - 160,52 (-166,12) EUR

Der Gesamtbedarf iHv 789,48 (783,88) EUR liegt also unter dem anzurechnenden Einkommen iHv 950 EUR. Die Überdeckung führt zu einer Kürzung des Kinderzuschlags, der sich um jeden vollen Unterschiedsbetrag von 10 EUR um jeweils 5 EUR verringert. Werte in Klammern bis zum 30.6.2016.

Kinderzuschlag	160,00 (140,00) EUR
./. Minderungsbetrag 160,52 (166,12) EUR ÷ 10 * 5	- 80,00 (80,00) EUR
= verbleibender Leistungsbetrag[74]	= 80,00 (60,00) EUR

---

74 Gem. § 6 a Abs. 4 S. 6 BKGG werden die Beträge auf 80 bzw 60 EUR gerundet. Ab dem 1.7.2016 beträgt der Kinderzuschlag maximal 160 EUR.

Die L erhält somit einen Kinderzuschlag iHv 80 EUR ab 1.7.2016 (60 EUR bis 30.6.2016). Durch die Zahlung dieses Kinderzuschlages wird die Hilfebedürftigkeit nach dem SGB II vermieden, da der Kinderzuschlag höher ist, als die Leistungen nach dem SGB II iHv insgesamt bis 31.12.2015 20 und ab dem 1.1.2016 26 EUR, die sich aus der folgenden Bedarfsberechnung ergeben:

Regelbedarf K	270 (267) EUR		
+ Bedarf K Unterkunft und Heizung (50 %)	+ 222 EUR		
Gesamtbedarf K	= 492 (489) EUR	492 (489) EUR	
Abzüglich Kindergeld		- 190 (188) EUR	
Restbedarf		= 302 (301) EUR	302 (301) EUR
Regelbedarf L	404 (399) EUR		
+ Bedarf L Unterkunft und Heizung (50 %)	+ 222 EUR		
+ Mehrbedarf für Alleinerziehende	+ 48 EUR		
Gesamtbedarf L	= 674 (669) EUR		+ 674 (669) EUR
Gesamtbedarf K und L			= 976 (970) EUR 976 (970) EUR
Abzüglich bereinigtes Einkommen			- 950 EUR
Bedarf K und L			= 26 (20) EUR

Hier kann gegebenenfalls noch ein Anspruch auf Wohngeld in Betracht kommen (siehe dazu weiter Nr. 2).

Weil K und L ohne Berechnung des Kinderzuschlages einen Anspruch nach dem SGB II und zwar in Höhe von 26 (20) EUR haben, muss zusätzlich durch den Kinderzuschlag die Hilfebedürftigkeit nach dem SGB II vermieden werden.

Der Kinderzuschlag wird als Einkommen des Kindes angerechnet (§ 11 Abs. 1 S. 3). Hierdurch ergibt sich ein anrechenbares Einkommen iHv bis zum 30.12.2015 248,00 EUR (188 + 60), 250 EUR (190 + 60 EUR) ab 1.1.2016 und 270 EUR (190 + 80 EUR) ab dem 1.7.2016 für K und 950 EUR für den Leistungsberechtigten (L). Das Gesamteinkommen von K und L von bis zum 31.12.1215 1.198 EUR, ab 1.1.2016 1.200 EUR, ab dem 1.7.2016 1.220 EUR liegt über dem Bedarf von bis zum 31.12.2015 von 1.158 EUR bzw ab dem 1.1.2016 von 1.166 EUR, so dass die Hilfebedürftigkeit hier vermieden wird.

2. Anspruch auf Wohngeld

78 Das bewilligte **Wohngeld** wird bei der Einkommensermittlung zur Berechnung des Kinderzuschlages nicht berücksichtigt (§ 6 a Abs. 1 Nr. 2 BKGG). Der Anspruch auf Wohngeld kann also zusätzlich zum Kinderzuschlag geltend gemacht werden. Das Wohngeld wird einkommensabhängig gewährt. Einkommen ist die Summe der positiven Einkünfte nach dem § 2 EStG (§ 14 Abs. 1 WoGG). Einkommen des Leistungsberechtigten, der Einkünfte aus nichtselbstständiger Arbeit bezieht, ist der Überschuss der Einnahmen über die Werbungskosten (§ 2 Abs. 2 Nr. 2 EStG). Hiervon sind die Aufwendungen für Sozialversicherungsbeiträge und Steuern mit insgesamt 30 % von den Bruttoeinnahmen abzuziehen (nach § 16 WoGG). Das Einkommen wird als Jah-

reseinkommen berechnet. Die Werbungskosten sind, sofern nicht höhere Werbungskosten nachgewiesen werden können, in Höhe der steuerlichen Pauschbeträge abzuziehen, also bei den Einkünften aus nicht selbstständiger Arbeit 920 EUR im Jahr = 76,67 EUR im Monat (§ 9 a Nr. 1 a EStG). Weiterhin kann ein Alleinerziehender einen weiteren Pauschbetrag iHv jährlich 600 EUR abziehen (§ 17 Nr. 4 WoGG).

Beispiel: Das Einkommen des Leistungsberechtigten errechnet sich wie folgt:

Einkommen § 2 Abs. 1, 2 EStG: 1.750 EUR * 12 Monate	=	21.000 EUR
./. Abzug Werbungskostenpauschale	-	920 EUR
./. Abzug § 16 WoGG: 30 % von 21.000	-	6.300 EUR
./. Freibetrag § 17 Nr. 4 WoGG	-	600 EUR
Anrechenbares Einkommen		13.180 EUR
		oder 1.098 EUR pro Monat

Zusätzlich muss die anrechenbare Miete ermittelt werden. Diese wird bis zu einem gewissen Höchstbetrag angerechnet (§ 12 Abs. 1 WoGG). Es wird davon ausgegangen, dass nach dem Anhang zur Wohngeldverordnung die Mietenstufe IV (zB Berlin) angewendet wird. Dann ist für die Miete und die Heizkosten bei zwei Personen nach § 12 WoGG ein Höchstbetrag iHv 466 EUR (435 EUR + 31 EUR) anzunehmen. Der Zahlbetrag des Mietzuschusses errechnet sich nach der Wohngeldformel (§ 19 WoGG). Die recht schwierige Berechnung kann mittels eines im Internet zur Verfügung stehenden Berechnungsprogramms ermittelt werden.[75] Im vorliegenden Fall besteht kein zusätzlicher Anspruch auf Wohngeld mehr. Das Wohngeld wird ab dem 1.1.2016 um durchschnittlich 39% erhöht, so dass bei Geringverdienern im Einzelfall die Kombination aus Kindergeld, Kinderzuschlag zusammen mit dem Wohngeld eine Alternative zu den Leistungen nach dem SGB II sein kann.[76]

79

V. Anrechnung von Vermögen

Grundsätzlich sind für die Anrechnung von Vermögen alle verwertbaren Vermögensgegenstände zu berücksichtigen (§ 12 Abs. 1).

80

1. Unverwertbare Vermögensgegenstände

Vermögensgegenstände, die aufgrund rechtlicher oder tatsächlicher Hindernisse auf absehbare Zeit **nicht verwertet** werden können, gehören nicht zum verwertbaren Vermögen.

81

2. Vertragliche Verwertungshindernisse

Wie Einkommen, das nicht gezahlt wird, nicht zur unmittelbaren Bedarfsdeckung eingesetzt werden kann, so handelt es sich bei dem nicht verwertbaren Vermögen gleichfalls **nicht um präsente Mittel.**

82

Beispiel: Der 51 Jahre alte Leistungsberechtigte war bis zum 31.12.2014 selbstständig tätig. Er besitzt ein Leasingfahrzeug, Mercedes S 350 Baujahr 02/2013 Restwert 48.000 EUR. Für das Fahrzeug besteht eine Leasingratenversicherung. Der Leistungsberechtigte kann bis

83

---

75 http://www.wohngeld-online-rechner.de/wohngeldrechner/index.aspx?zugang=f54ecefc7, letzter Aufruf 22.10.2015.
76 BR-Drucks. 128/15, 33.

zum Ablauf des Leasingvertrages aufgrund der Versicherung sein Fahrzeug weiterfahren. Nach § 5 des Leasingvertrages ist eine Weitergabe des Fahrzeuges an Dritte aufgrund eines Miet- oder Leihvertrages nicht gestattet.

Das Fahrzeug steht nicht im Eigentum des Leistungsberechtigten und kann daher nicht verwertet werden. Dem Leistungsberechtigten steht lediglich ein Nutzungsrecht aus dem Leasingvertrag zu. Durch die Ratenversicherung steht ihm das Nutzungsrecht weiterhin kostenfrei zu. Das Nutzungsrecht ist aufgrund der Einschränkung im Leasingvertrag nicht verwertbar. An diesem Beispiel wird auch deutlich, dass zum Vermögen nicht nur Eigentum, sondern auch Forderungen, hier aus einem Leasing-/Mietvertrag gehören. Der Leistungsberechtigte kann das Nutzungsrecht nicht zur Deckung seines hilferechtlichen Bedarfes, dh des Regelbedarfs und seines Bedarfes für Unterkunft und Heizung, verwenden, weil er das Nutzungsrecht aufgrund vertraglicher Bindung nicht weitergeben kann und der Vermögenswert nicht zur Verfügung steht.

3. Gesetzliche begünstigte Verwertungshindernisse

a) „Rürup" – Basisrente

84 Personen, die nicht in der gesetzlichen Rentenversicherung pflichtversichert sind, können einen sogenannten **Basisrentenvertrag** abschließen.

Der Gesetzgeber knüpft nach § 10 Abs. 1 Nr. 2 b EStG an die steuerliche Abzugsfähigkeit von Beträgen zur sogenannten Basisrente (**„Rüruprente"**) die Voraussetzung, dass die Verwertung der angesparten Leistungen auf Altersvorsorge nicht vor Eintritt des Leistungsfalles (dh Eintritt des Rentenalters von 60 Jahren) verwertet werden dürfen. Voraussetzung für die steuerliche Abzugsfähigkeit ist die Vereinbarung eines vertraglichen Verwertungsverbotes.

Die Basisrente wird außerdem vor dem Zugriff der Gläubiger weitestgehend geschützt (§§ 851 c Abs. 1, 851 d ZPO), wenn sie weder vererblich, noch übertragbar, noch beleihbar, noch veräußerbar, noch kapitalisierbar ist und auch nicht vor Vollendung des 60. Lebensjahres ausgezahlt werden darf.

b) Versicherung zur Alterssicherung

85 Handelt es sich bei dem Basisrentenvertrag um einen Versicherungsvertrag, dessen Verwertung vor Eintritt in den Ruhestand ausgeschlossen ist, so ist auch die ordentliche Kündigung des Versicherungsvertrages ausgeschlossen (§ 168 Abs. 3 VVG). Nicht ausgeschlossen sein soll eine außerordentliche Kündigung durch den Versicherungsnehmer nach §§ 313 Abs. 3, 314 BGB, etwa wenn die Leistungen nach dem SGB II wegen Bestehens eines „geschützten" Versicherungsvertrages versagt werden.[77]

c) Tatsächliche Verwertungshindernisse

86 Von den gesetzlichen und vertraglichen Einschränkungen der Verwertbarkeit sind tatsächliche Verwertungshindernisse zu unterscheiden. An einer tatsächlichen Verwertbarkeit fehlt es bereits dann, wenn der Zeitpunkt der Verwertung bei Antragstellung nicht absehbar ist.

---

77 BT-Drucks. aaO; so nunmehr auch Geiger in: LPK-SGB II § 12 Rn 14.

Beispiel: Der 40-jährige Leistungsberechtigte ist Eigentümer eines Einfamilienhauses, in 87 dem seine 62-jährige Mutter lebt, die ein lebenslanges Nießbrauchrecht (Wohnrecht) an dem Grundstück hat. Der Leistungsträger gewährt dem Leistungsberechtigten Leistungen nach dem SGB II nur als Darlehen. Da der Leistungsberechtigte kein Recht auf Beitritt zur gesetzlichen Krankenversicherung hat, muss er einen privaten Krankenversicherungsvertrag abschließen. Die private KV bietet dem Leistungsberechtigten nur die Versicherungsmöglichkeiten im Basistarif für 639 EUR monatlich an.

Für den Leistungsberechtigten besteht die Versicherungspflicht in der gesetzlichen Krankenversicherung nur, wenn das Alg II nicht lediglich als Darlehen gewährt wird (§ 5 Abs. 1 Nr. 2 a SGB V). Der Leistungsträger zahlt dem Leistungsberechtigten für die private KV lediglich die Beiträge zur privaten KV, die für einen gesetzlich krankenversicherten Leistungsberechtigten gezahlt werden müssen (ca. 130 EUR). 88

Das Einfamilienhaus ist hier nicht verwertbar, da es nicht absehbar ist, wann die Mutter 89 verstirbt und ihr lebenslanges Nießbrauchrecht endet.[78] Nicht absehbar ist eine Verwertung in der Regel, wenn völlig ungewiss ist, wann die Verwertung eintreten kann oder eine Verwertung innerhalb des Bewilligungszeitraumes von regelmäßig sechs Monaten nicht erfolgen kann.[79]

Anders sind die Fälle zu behandeln, in denen ein Gegenstand übersichert ist, in diesen 90 Fällen ist die Verwertbarkeit zwar auch eingeschränkt, hier fehlt es allerdings bereits an einem Vermögenswert.

Hinweis: Weigert sich der private Krankenversicherer den Leistungsberechtigten zum 91 abgesenkten Basistarif (319,50 EUR) zu versichern, kann der Leistungsberechtigte den Leistungsträger auf Gewährung des vollen Zuschusses oder auf Gewährung von Leistungen nach dem SGB II im Wege des einstweiligen Rechtsschutzes in Anspruch nehmen. Selbst wenn durch die Darlehensgewährung der Lebensunterhalt zunächst gesichert ist, erhält er hierdurch keinen Versicherungsschutz in der gesetzlichen Kranken- oder Pflegeversicherung. Der Leistungsberechtigte wird erst durch Gewährung des Regelbedarfs und ggf der Kosten für Unterkunft und Heizung als Zuschuss in der gesetzlichen Krankenversicherung versicherungspflichtig. Der Leistungsträger kann sich nicht darauf berufen, dass der Leistungsberechtigte durch die Darlehensgewährung ausreichenden Unterhalt hat.

4. Abzusetzendes Vermögen

Darüber hinaus sind bestimmte im Gesetz genannte Vermögensgegenstände als Ver- 92 mögen nicht zu berücksichtigen (§ 12 Abs. 3). Von dem verwertbaren Vermögen sind bestimmte Beträge abzusetzen (§ 12 Abs. 2).

a) Grundfreibetrag

Jedem volljährigen Leistungsberechtigten und seinem Partner steht gemeinsam ein 93 (Vermögens-)**Grundfreibetrag** iHv mindestens 3.100 EUR und 150 EUR für jedes weitere vollendete Lebensjahr zu (§ 12 Abs. 2 Nr. 1).

---

78 BSG 6.12.2007 – B 14/7 b AS 46/06 R.
79 BSG 30.8.2010 – B 4 AS 70/09 R.

Ein Betrag iHv jeweils

- 9.750 EUR (Höchstbetrag) für vor dem 1.1.1958 Geborene,

- 9.900 EUR (Höchstbetrag) für vor dem 1.1.1964 und nach dem 31.12.1957 Geborene und

- 10.050 EUR (Höchstbetrag) für nach dem 31.12.1963 Geborene

darf nicht überschritten werden.

b) Grundfreibetrag Minderjähriger

94 Jedem minderjährigen Kind steht ein Grundfreibetrag iHv 3.100 EUR zu (§ 12 Abs. 2 Nr. 1 a). Fraglich könnte sein, ob es sich hierbei um Vermögen der Kinder handeln muss oder ob der Vermögensfreibetrag der Kinder den in Bedarfsgemeinschaft lebenden volljährigen Leistungsberechtigten hinzugerechnet werden kann.

95 **Beispiel:** Eine Familie bestehen aus zwei Erwachsenen im 38. und 41. und zwei Kindern im 8. und 10. Lebensjahr.

1. Freibetrag: 40 * 150 EUR	6.000 EUR
+ 2. Freibetrag: 37 * 150 EUR	+ 5.550 EUR
+ 3. Freibetrag	+ 3.100 EUR
+ 4. Freibetrag	+ 3.100 EUR
+ Anschaffungsfreibetrag	+ 3.000 EUR
Summe der Freibeträge	= 20.750 EUR

Nach dem beschriebenen Beispiel liegt es nahe, dass das Vermögen der Bedarfsgemeinschaft zusammengerechnet wird (§ 9 Abs. 2 S. 1). Allerdings ist zu berücksichtigen, dass bei unverheirateten Kindern unter 25 Jahren zwar das Einkommen und Vermögen der Eltern, nicht aber der Kinder berücksichtigt wird (§ 9 Abs. 2 S. 2).

Nach dem Wortlaut des § 12 Abs. 2 Nr. 1 a könnte auch angenommen werden, dass in einer Bedarfsgemeinschaft mit Kindern ein jeweils um 3.100 EUR erhöhter Freibetrag anzunehmen ist, unabhängig davon, wem der jeweilige Vermögensbestandteil gehört. Aus der Entstehungsgeschichte[80] des Abs. 1 a ergibt sich jedoch, dass der Freibetrag nur dann besteht, wenn das Vermögen dem jeweiligen Kind zugeordnet ist.[81] Es kann sich daher empfehlen, vor Antragstellung die einzelnen Vermögenswerte den Kindern zuzuordnen.

c) Verwertungsausschluss bei verschiedenen Vermögenswerten

96 Neben den Absetzbeträgen sind **weitere Vermögensgegenstände** von der Verwertung ausgenommen (§ 12 Abs. 3). Bei der Fallbearbeitung ist darauf zu achten, dass die beiden Gruppen nicht unabhängig voneinander betrachtet werden und von der Verwertung ausgenommene Vermögensgegenstände bei den Freibeträgen mit berücksichtigt werden oder ein nicht mehr angemessener Vermögenswert hinsichtlich seines unangemessenen Teils nicht bei den Freibeträgen berücksichtigt wird.[82]

97 **Beispiel:** Der am 2.5.1957 geborene Leistungsberechtigte besitzt einen PKW im Wert von 15.000 EUR. Sonstiges Vermögen hat er nicht.

---

80 BT-Drucks. 16/1516, 12; 16/3674, 8/11.
81 BSG 13.5.2009 – B 4 AS 79/08 R.
82 Vgl BSG 6.9.2007 – B 14 AS 66/06 R.

Der Leistungsberechtigte hat einen Vermögensfreibetrag von 150 EUR je vollendetem Lebensjahr, höchstens aber 9.750 EUR (§ 12 Abs. 2 Nr. 1). Mit 58 Jahren beträgt der Freibetrag somit 8.700 EUR.

Zudem wird nach Nr. 4 ein Betrag iHv weiteren 750 EUR für jeden Leistungsberechtigten in der Bedarfsgemeinschaft für Anschaffungen freigelassen. Nach Abs. 3 Nr. 2 steht jedem erwerbsfähigem Leistungsberechtigten ein angemessenes Kraftfahrzeug mit einem Wert von bis zu 7.500 EUR zu.[83]

Vermögensfreibetrag § 12 Abs. 2 Nr. 1	8.700 EUR
+ Anschaffungsfreibetrag § 12 Abs. 2 Nr. 4	+ 750 EUR
+ Angemessenes Kfz § 12 Abs. 3 Nr. 2	+ 7.500 EUR
Summe	= 16.950 EUR

Der Wert des Kraftfahrzeuges erreicht hier nicht den für den Leistungsberechtigten maßgeblichen Vermögensfreibetrag von 16.950 EUR, so dass es nicht der Verwertung unterliegt. Bei Ermittlung des Wertes eines Kraftfahrzeuges ist nicht der Händlerverkaufspreis, sondern der im privaten Verkauf von dem Leistungsberechtigten erzielbare Wert anzunehmen und zwar der Händlereinkaufspreis.[84]

Bei diesem Grundfreibetrag handelt es sich um ein verwertbares, zugängliches Vermögen, also um Bargeld, Guthaben auf Girokonten, Sparbücher, Forderungen, Wertpapiere, Grundvermögen und Verwertungsrechte.

d) Gefördertes Altersvorsorgevermögen

Das nach Bundesrecht ausdrücklich **geförderte Altersvorsorgevermögen** wird nicht angerechnet (§ 12 Abs. 2 Nr. 2). Dieses Vermögen unterliegt nach dem SGB II keiner Beschränkung in der Höhe. Es muss allerdings beachtet werden, dass die Förderung beschränkt ist und sich dadurch mittelbar Grenzen der Freilassung dieses Vermögens ergeben. Hierzu zählt die zusätzliche private Altersvorsorge (§ 10 a Abs. 1 EStG = **Riesterrente**) für Personen, die in der gesetzlichen Rentenversicherung pflichtversichert sind.[85] Ein gefördertes Altersvorsorgevermögen können allerdings auch Kinder haben, die minderjährig sind und das 15. Lebensjahr vollendet haben und als Bezieher von Alg II nach § 3 Nr. 3 a SGB VI oder aufgrund einer Berufsausbildung oder wegen entgeltlicher Beschäftigung in der gesetzlichen Rentenversicherung versichert sind (§ 1 Abs. 1 Nr. 1 SGB VI). **98**

e) Besondere Altersvorsorge Basisrente

Fraglich ist, ob auch die nach § 10 Abs. 1 Nr. 2 b EStG iVm § 2 Abs. 1 AltZertG sogenannten **Basisrentenverträge** („Rürup-Rente") zur geförderten Altersvorsorge im Sinne des § 12 Abs. 2 Nr. 2 gehören.[86] **99**

Beispiel: Der 52 Jahre alte Leistungsberechtigte war bis zum 30.6.2013 selbstständig tätig. In der gesetzlichen Rentenversicherung war er nie versichert. Er verfügt bei Antragstellung über einen nach § 5 a AltZertG zertifizierten privaten Rentenversicherungsvertrag mit einem Wert von 100.000 EUR. Der Leistungsträger verweigert die Leistungen nach dem **100**

---

83 BSG 6.9.2007 – B 14/7 b AS 66/06 R.
84 BSG aaO.
85 BT-Drucks. 15/1516, 53.
86 So wohl LSG RPf 25.11.2008 – L 3 AS 118/07; offen gelassen BSG 15.4.2008 – B 14 AS 27/07 R.

SGB II, weil der Leistungsberechtigte sein Kapital kündigen kann und nicht hilfebedürftig ist.

Nach dem Wortlaut des § 12 Abs. 2 Nr. 2 wird nicht nur das zusätzlich zur gesetzlichen Rentenversicherung angesparte Vermögen zur Altersversorgung vom anrechenbaren Vermögen abgesetzt, sondern auch anderes gefördertes Vermögen. Unklar ist, was der Gesetzgeber unter gefördertem Vermögen versteht. Die Förderung nach § 10 a EStG kann auf zweierlei Arten geschehen, und zwar durch die Altersvorsorgezulage nach § 83 EStG oder einen Abzugsbetrag für Sonderausgaben iHv jährlich 2.100 EUR. Das Finanzamt prüft wie beim Kindergeld, ob die Zulage (nach § 82 EStG oder Kindergeld) oder der steuerliche Freibetrag günstiger ist und zahlt die Zulage aus oder gewährt den Freibetrag in der Regel durch eine Steuerrückzahlung.

Bei den Beiträgen zur Basisrente (§ 10 Abs. 1 Nr. 2 b EStG) erfolgt lediglich eine mittelbare Förderung durch Abzug bis zu einem Betrag iHv höchstens 20.000 EUR jährlich (§ 10 Abs. 3 EStG). Anwartschaften in der gesetzlichen Rentenversicherung sind bereits deshalb nicht als Vermögen anzurechnen, weil es an der Verwertbarkeit fehlt, denn die Anwartschaften in der gesetzlichen Rentenversicherung sind nicht „kapitalgedeckt". Bei Leistungsberechtigten, die von der gesetzlichen Rentenversicherung befreit sind (§ 6 SGB VI) und Anwartschaften (auch in Form eines Kapitals) in einem Versorgungswerk oder als Handwerker in der gesetzlichen Rentenversicherung erworben haben, ergibt sich die Sicherung der (weiteren) privat angesparten Anwartschaften unmittelbar aus dem Gesetz (§ 12 Abs. 3 Nr. 3). Sowohl die Basisrente als auch die Rente in der gesetzlichen Rentenversicherung oder einem Versorgungswerk dienen der Sicherung der Altersversorgung. Hinsichtlich der vorzeitigen Verwertbarkeit unterscheiden sich die genannten Basisversorgungen nicht voneinander.

Die Auszahlung der Anwartschaft aus der gesetzlichen Rentenversicherung ist nur in Form der Witwenrentenabfindung (§ 107 SGB VI) möglich, bei den Versorgungswerken ist eine vorzeitige Auszahlung ebenfalls nicht möglich und die vorzeitige Nutzung der Basisrente ist auch nicht möglich. Wenn schon die zusätzliche Rentenversicherung nach § 10 a EStG nach dem SGB II geschützt ist, so ist die Basisrente nach § 10 Nr. 2 b EStG ebenfalls schutzbedürftig. Nach dem Willen des Gesetzgebers soll auch die Basisrente vor dem Zugriff Dritter geschützt werden. Der Kapitalbetrag der Basisrenten unterliegt einem umfassenden Pfändungsschutz (§ 851 c Abs. 2 ZPO). Die Kapitalbeträge der zertifizierten Basisrenten (§ 5 a AltZertG) unterliegen daher ebenso wie Kapitalbeträge nach § 10 a EStG nicht der Verwertung (§ 12 Abs. 2 Nr. 2). Demgemäß wird der Leistungsträger in dem o.g. Beispielsfall die Leistung nicht verweigern dürfen. Derart geschütztes Ansparvermögen des Leistungsberechtigten unterliegt bis zu einem Betrag 124.000 EUR nicht der Zwangsvollstreckung (§ 851 c ZPO) und kann daher anrechnungsfrei angespart werden.

Altersstufe			Summe der pfändungsfreien Beträge
18–29:	12 Jahre * 2.000 EUR		24.000 EUR
30–39:	10 Jahre * 4.000 EUR	+	40.000 EUR
40–47:	8 Jahre * 4.500 EUR	+	36.000 EUR
48–51:	4 Jahre * 6.000 EUR	+	24.000 EUR
Summe		=	124.000 EUR

Außerdem kann der Leistungsberechtigte sich von der Versicherungspflicht in der gesetzlichen Rentenversicherung befreien lassen (§ 6 Abs. 1 a Nr. 1 und 2 SGB VI).

f) Zur Altersvorsorge bestimmtes Vermögen

Weiter sind die zur Altersversorgung bestimmten Teile des Vermögens nach ge- **101** schützt, sofern sie aufgrund einer vertraglichen Vereinbarung vor dem Eintritt in den Ruhestand nicht verwertet werden können (§ 12 Abs. 2 Nr. 3). Diese zur Alterssicherung dienenden Vermögensteile unterscheiden sich wesentlich von den vorgenannten zertifizierten Alterssicherungen. Sie können durchaus verwertet werden, etwa durch Beleihung einer Lebensversicherung oder wenn der Leistungsberechtigte die Altersgrenze erreicht. Bei Versicherungen ist die Verwertung vor Eintritt in den Ruhestand, dh vor Vollendung des 60. Lebensjahres auszuschließen (§ 168 Abs. 3 VVG).

Jedem volljährigen Leistungsberechtigten und seinem Partner steht gemeinsam ein **Freibetrag** für das zur Altersvorsorge bestimmte Vermögen iHv jeweils mindestens 750 EUR je vollendetem Lebensjahr zu (§ 12 Abs. 2 Nr. 3),

- 11.250 EUR Mindestbetrag und

- 48.750 EUR Höchstbetrag für vor dem 1.1.1958 Geborene,

- 49.500 EUR Höchstbetrag für vor dem 1.1.1964 und nach dem 31.12.1957 Geborene,

- 50.250 EUR Höchstbetrag für nach dem 31.12.1963 Geborene.

Bei dem zur Altersversorgung bestimmten Vermögen ergibt sich ein Mindestbetrag nicht unmittelbar aus dem Gesetz. Allerdings kann das Altersvermögen erst ab Vollendung des 15. Lebensjahres angespart werden, denn ein Altersvorsorgevermögen ist nur bei erwerbsfähigen Leistungsberechtigten und ihren Partnern von der Verwertung ausgeschlossen, so dass sich auch hier ein Mindestbetrag iHv 11.250 EUR ergibt. Bei Erreichen der Altersgrenze von 65 Jahren ist der Höchstbetrag 48.000 EUR.

Hinweis: Der Leistungsberechtigte sollte darauf achten, dass die Vereinbarung auf **102** den Zeitpunkt ausgerichtet ist, in dem er einen möglichst ungeminderten Anspruch auf Altersrente geltend machen kann. Der Leistungsberechtigte kann nicht verpflichtet werden, seine Rente vor Vollendung des 63. Lebensjahres in Anspruch zu nehmen (§ 12 a). Hinsichtlich des Auszahlbetrages ist darauf zu achten, dass die Vermögensfreibeträge in der Grundsicherung im Alter wesentlich geringer sind als nach dem SGB II und er gegebenenfalls sein zusätzliches Altersvorsorgevermögen verbrauchen muss. Dies betrifft insbesondere auch Personen, die Grundsicherung neben einer Rente wegen voller Erwerbsminderung erhalten. Ggf ist die Umschichtung in Vermögen vorzunehmen, das auch in der Grundsicherung im Alter geschützt ist. Zusätzlich sind mögliche Ansprüche nach dem WoGG in die Überlegungen mit einzubeziehen.

g) Ansparfreibetrag

Für jedes hilfebedürftige Mitglied in einer Bedarfsgemeinschaft ist ein **Ansparungs-** **103** **freibetrag** über 750 EUR nicht als Vermögen anzurechnen (§ 12 Abs. 2 Nr. 4).

5. Nicht zu berücksichtigendes Vermögen

104 In § 12 Abs. 3 sind Vermögensgegenstände genannt, die nicht zu berücksichtigen sind. Diese sind wie die in Abs. 2 genannten Gegenstände verwertbar, sollen jedoch aus besonderen sozialpolitischen Motiven heraus nicht verwertet werden.

a) Angemessener Hausrat

105 Nach Nr. 1 ist angemessener Hausrat nicht zu verwerten. Diese aus der Sozialhilfe übernommene Regelung hat angesichts eines eher schwachen Marktes für gebrauchten Hausrat nur eine relativ geringe Bedeutung. Eine Ausnahme können allenfalls zum Hausrat gehörende Antiquitäten sein. Hier sind allerdings auch die Vermögensfreibeträge nach Abs. 2 zu beachten. Es ist bei Erbstücken weiterhin zu prüfen, ob sich der Leistungsberechtigte bei einem Verwertungsverlangen des Leistungsträgers auf eine Härte berufen kann oder die Verwertung unwirtschaftlich ist.

b) Angemessenes Kraftfahrzeug

106 Für jeden erwerbsfähigen Leistungsberechtigten ist ein angemessenes Kraftfahrzeug im Werte von 7.500 EUR[87] als Vermögen nicht zu berücksichtigen. Mit Kraftfahrzeug sind nicht nur Automobile, sondern auch Krafträder und Fahrräder mit Hilfsmotor gemeint. Nach dem Wortlaut kann eine Familie mit zwei Kindern über 15 Jahren und zwei Erwachsenen vier Kraftfahrzeuge mit einem Wert von 30.000 EUR halten. Fraglich dürfte sein, ob in einer solchen Bedarfsgemeinschaft auch ein einzelnes Kraftfahrzeug, welches von allen Mitgliedern der Bedarfsgemeinschaft genutzt wird oder gar im gemeinsamen Eigentum steht, diesen Wert haben kann und als Vermögen nicht berücksichtigt wird. Vom Wortlaut ist eine „Werterhöhung" bei einem gemeinschaftlichen Kraftfahrzeug erfasst. Dem Gesetzeszweck, den Leistungsberechtigten mobil zu halten, um zu dem Ort einer Beschäftigung zu gelangen, kann eine solche Auslegung zuwiderlaufen. Den Gesetzesmaterialien lässt sich eine solche Auslegung nicht entnehmen.[88] Die Begründung für den Verwertungsausschluss eines Kraftfahrzeuges bei dem erwerbsfähigen Bezieher von Leistungen nach dem SGB II gegenüber dem Bezieher von Grundsicherung und Sozialhilfe kann auch sein, dass eine schnelle Wiedereingliederung in den Arbeitsmarkt nur dann erfolgreich sein kann, wenn ein Abkoppeln vom Lebensstandard der übrigen Bürger nicht augenfällig wird. Der Besitz eines Kraftfahrzeuges gehört bei über 40 Mio. zugelassenen Personenkraftwagen zum allgemeinen Lebensstandard. Für einen höheren Wert bei einem einzelnen Kfz ist auch die Größe der Bedarfsgemeinschaft und die Anzahl der Kfz im Haushalt maßgeblich.[89] Die Entscheidung des Bundessozialgerichtes vom 6.9.2007 betraf nur eine Einzelperson und trifft keine Aussage darüber, welchen Wert ein Kraftfahrzeug in einem Mehrpersonenhaushalt haben darf.[90] Wird die vom BSG entwickelte Wertgrenze überschritten, ist der volle Wert im Rahmen der Freibeträge zu berücksichtigen (§ 12 Abs. 2). Ist der angemessene Wert eines Kraftfahrzeuges überschritten, ist

---

87 BSG 6.9.2007 – B 14/7 b AS 66/06 R.
88 BT-Drucks. 15/1516, 53.
89 BSG 16.5.2007 – B 11 b AS 37/06 R.
90 BSG 6.9.2007 – B 14/7 b AS 66/06 R.

dieser Wert dem Grund- (§ 12 Abs. 2 Nr. 1) und Ansparfreibetrag (§ 12 Abs. 2 Nr. 2) hinzuzurechnen.[91]

Beispiel: Der alleinstehende 38 Jahre alte Leistungsberechtigte L besitzt ein Motorrad mit einem Wert von 8.000 EUR. Zusätzlich ist er im Besitz eines Bundesschatzbriefes mit einem Wert von 800 EUR und Festgeldkonto mit einer dreimonatigen Kündigungsfrist und einem Nennbetrag iHv 2.000 EUR.

Vermögen des L			
Motorrad		8.000 EUR	
Bundesschatzbrief	+	800 EUR	
Festgeldkonto	+	2.000 EUR	
Gesamtvermögen	=	10.800 EUR	10.800 EUR
Freibeträge			
Grundfreibetrag § 12 Abs. 2 Nr. 1 38 * 150 EUR =		5.700 EUR	
Ansparfreibetrag § 12 Abs. 2 Nr. 3	+	750 EUR	
Vermögensfreibetrag	=	6.450 EUR -	6.450 EUR
Saldo = Verwertbares Vermögen		=	4.350 EUR

Allein, weil das Motorrad die Wertgrenze von 7.500 EUR überschreitet, muss der Leistungsberechtigte einen Teil seines Vermögens verbrauchen. In solchen Fällen kann jedoch eine Verwertung unwirtschaftlich sein oder eine besondere Härte darstellen (§ 12 Abs. 3 Nr. 6). Hinsichtlich der Verwertung des Motorrades liegt eine besondere Härte hier nicht allein deshalb vor, weil der Wert des angemessenen Kfz hier nur geringfügig überschritten wird.

c) Angemessene Altersversorgung

Als Vermögen nicht zu berücksichtigen ist ein angemessener Vermögenswert, der von 107 seinem Inhaber als zur Altersversorgung bestimmt bezeichnet wurde, wenn der erwerbsfähige Leistungsberechtigte oder dessen Partner **von der gesetzlichen Rentenversicherung befreit ist.**

Beispiel: Der am 23.4.1964 geborene Leistungsberechtigte war bis zum 30.5.2014 selbst- 108 ständiger Handwerksmeister. Er ist seit dem 30.11.2000 von der Versicherungspflicht in der gesetzlichen Rentenversicherung befreit. Er lebt in Bedarfsgemeinschaft mit seiner am 10.2.1967 geborenen Ehefrau E. Sie war jahrelang als mithelfende Familienangehörige unentgeltlich in dem Handwerksbetrieb tätig.

Der Leistungsberechtigte hat einen Anspruch auf 600 EUR und E auf 300 EUR Rente aus der gesetzlichen Rentenversicherung bei Erreichen der Altersgrenze von 66 Jahren und zwei Monaten bzw 66 Jahren und acht Monaten.

Der Leistungsberechtigte hat eine auf ihn lautende Kapitallebensversicherung mit einer Ablaufleistung iHv 240.000 EUR, die am 1.3.2029 fällig wird. Der Rückkaufswert dieser Lebensversicherung beträgt zum Zeitpunkt der Antragstellung 100.000 EUR. Das Kapital kann nicht vor Vollendung des 60. Lebensjahres des Leistungsberechtigten in Anspruch genommen werden.

Über sonstige anrechenbare Vermögenswerte verfügen der Leistungsberechtigte und die E nicht. Beide stellen am 1.11.2014 einen Antrag auf Leistungen nach dem SGB II. Der Leis-

---

91 Vgl BSG 16.5.2007 – B 11 b AS 37/06 R.

tungsträger lehnt die Gewährung von Leistungen ab, weil das Vermögen zu hoch sei (§ 12 Abs. 2 Nr. 1, 3 und 4). Eine weitere Anrechnung von Vermögen sei auch unter Berücksichtigung von § 12 Abs. 3 Nr. 3 und 6 nicht geboten.

109   Der Leistungsträger ermittelt das verwertbare Vermögen wie folgt:

Anzurechnendes Vermögen			100.000 EUR
Grundfreibetrag Leistungsberechtigter, § 12 Abs. 2 Nr. 1	50 * 150 EUR	7.500 EUR	
Altersvorsorge, § 12 Abs. 2 Nr. 3	50 * 750 EUR +	37.500 EUR	
Anschaffungsfreibetrag Leistungsberechtigter, § 12 Abs. 2 Nr. 4	+	750 EUR	
Summe der Freibeträge des Leistungsberechtigten	=	45.750 EUR	- 45.750 EUR
Grundfreibetrag E	47 * 150 EUR	7.050 EUR	
Altersvorsorge nach Abs. 2 Nr. 3	47* 750 EUR +	35.250 EUR	
Anschaffungsfreibetrag	+	750 EUR	
Summe der Freibeträge E	=	43.050 EUR	- 43.050 EUR
Verwertbares Vermögen		=	11.200 EUR

Der Leistungsberechtigte und die E fallen unter die Regelung des § 6 Abs. 3 Nr. 3 SGB VI, weil der ehemals als Handwerker versicherungspflichtige Leistungsberechtigte (§ 2 Nr. 8 SGB VI) sich nach 18 Jahren Beitragszahlung in die gesetzliche Rentenversicherung (§ 6 Abs. Abs. 1 Nr. 4 SGB VI) von der Versicherungspflicht hat befreien lassen.[92] Eine entsprechende Anwendung der Regelung auf Personen, die nie versicherungspflichtig waren, ist nicht möglich.[93]

110   Nach der Gesetzessystematik sind die Vermögensteile, die zur **Altersvorsorge** nach Abs. 2 Nr. 3 dienen und die Vermögensteile, die bei Befreiung von der gesetzlichen Rentenversicherung absetzbar sind, unabhängig voneinander zu behandeln. Die Altersvorsorge nach Abs. 3 Nr. 3 ist allerdings auf ihre **Angemessenheit** zu überprüfen, wobei nach Abs. 3 S. 2 die Lebensumstände während des Bezugs der Leistung zu berücksichtigen sind. Hinsichtlich der Angemessenheit können die in § 851 c ZPO getroffenen Regelungen herangezogen werden. Hier ist zu berücksichtigen, dass der Leistungsberechtigte und die E bereits Anwartschaften auf eine Alterssicherung in der gesetzlichen Rentenversicherung haben. Der Kapitalwert der Rentenanwartschaft in der gesetzlichen Rentenversicherung ist deshalb herauszurechnen und bei der Prüfung der Angemessenheit der zusätzlichen Altersvorsorge zu berücksichtigen. Der Kapitalwert beträgt nach einer Faustformel für je 100 EUR Rente (Zahlbetrag) ca. 20.000 EUR.[94] Genaue Daten müssen durch Sachverständigengutachten ggf der Deutschen Rentenversicherung ermittelt werden.

Beispiel:

18–29:	12 Jahre * 2.000 EUR		24.000 EUR
30–39:	10 Jahre * 4.000 EUR	+	40.000 EUR
40–47:	8 Jahre * 4.500 EUR	+	36.000 EUR

---

92 BSG 15.4.2008 – B 14/7 b AS 68/06 R.
93 BSG 15.4.2008 – B 14/7 AS 68/06 R.
94 Ohsmann/Stolz DAng Vers 2004, 59.

48–50:	3 Jahre * 6.000 EUR	+	18.000 EUR
Summe		=	118.000 EUR

Der pfändungsfreie Kapitalbetrag der Altersvorsorge des Leistungsberechtigten beträgt hier 118.000 EUR.

Hiervon ist der fiktive Kapitalwert der in der gesetzlichen Rentenversicherung bereits erworbenen Alterssicherung abzuziehen. Der Rentenanspruch iHv 600 EUR entspricht einem Kapitalwert von 120.000 EUR, da für jeweils 100 EUR Rentenanspruch ein Kapitalwert von 20.000 EUR anzusetzen ist.

Der Leistungsberechtigte hat bei Antragstellung somit noch keinen zusätzlichen Kapitalbedarf für eine Grundversorgung in der Alterssicherung und einen Überschuss iHv 2.000 EUR aus seiner gesetzlichen Rentenversicherung. Zusätzlich sind die Altersvorsorgeansprüche der E zu prüfen.

18–29:	12 Jahre * 2.000 EUR		24.000 EUR
30–39:	10 Jahre * 4.000 EUR	+	40.000 EUR
40–47:	8 Jahre * 4.500 EUR	+	36.000 EUR
Summe: Pfändungsfreier Kapitalbetrag		=	100.000 EUR

Von diesem Betrag muss wiederum der Kapitalwert der bereits erworbenen Rentenversicherungsansprüche iHv 40.000 EUR (200 EUR ÷ 100 * 20.000) abgezogen werden. Die E hat demnach einen zusätzlichen Kapitalbedarf für eine angemessene Grundsicherung im Alter iHv 60.000 EUR, der Leistungsberechtigte einen „Überschuss" iHv 2.000 EUR.

Rentenkapitalbedarf der E	60.000 EUR	
./. Rentenkapitalüberschuss Leistungsberechtigter	- 2.000 EUR	
Rentenkapitalbedarf Leistungsberechtigter und E § 851 c ZPO	= 58.000 EUR	58.000 EUR
./. Vorhandene Altersvorsorge		-100.000 EUR
Saldo: „Überschuss" = zusätzlicher Kapitalbedarf		- 42.000 EUR

Von dem Überschuss von 42.000 EUR sind noch der jeweilige Grundfreibetrag für L und E, der jeweilige Altersvorsorgebetrag für L und E und die doppelte Anschaffungspauschale iHv 88.800 EUR (wie vorher berechnet) abzuziehen, so dass eine Verwertung der Lebensversicherung im Wert von 100.000 EUR bei einem zusätzlichen Kapitalbedarf iHv 42.000 EUR hier nicht verlangt werden kann. L und E können ihren Kapitalbedarf nur iHv 11.200 EUR aus ihrem Altersvorsorgevermögen decken. So dass Ihre Lebensversicherung sogar noch mehr wert sein könnte, ohne dass sie diese verwerten müssten.

Die Lebensversicherung ist hinreichend zur Altersvorsorge bestimmt, denn sie kann nicht vor Vollendung des 60. Lebensjahres in Anspruch genommen werden (§ 12 Abs. 3 Nr. 3). Die Altersversorgung ist auch angemessen. Die **Angemessenheit** ergibt sich hier aus der entsprechenden Anwendung des § 851 c Abs. 2 ZPO. Die Voraussetzungen des § 851 c Abs. 1 ZPO müssen darüber hinaus nicht erfüllt sein, denn nach § 12 Abs. 3 Nr. 3 ist es ausreichend, wenn die Lebensversicherung hinreichend zur Altersvorsorge bestimmt ist.

Die Angemessenheit der Anwartschaften in einer vor dem Leistungsbezug angesparten Altersversorgung ist daher nicht nochmals anhand der konkreten Lebensumstände zu Beginn des Leistungsbezuges zu überprüfen.

Allein dadurch, dass für die Altersversorgung in der privaten Rentenversicherung während des Leistungsbezuges durch den Leistungsträger keine Beträge mehr geleistet werden und ein erheblicher Eigenbetrag nur in Höhe eines ggf zur Verfügung stehenden Hinzuverdienstes oder unter Entbehrungen aus dem Regelbedarf geleistet werden kann, ergibt sich bereits eine Anpassung an die Lebensverhältnisse zur Zeit der Leistung nach dem SGB II. Eine weitere Angemessenheitsprüfung (§ 12 Abs. 3 S. 2) ist daher bei einer Altersversorgung nach Abs. 3 Nr. 3 nicht vorzunehmen.

d) Selbst genutztes Hausgrundstück

111 Ein selbst genutztes Hausgrundstück **angemessener Größe** oder eine entsprechende **Eigentumswohnung** ist als Vermögen nicht zu berücksichtigen. Was mit angemessener Größe gemeint ist, bleibt unklar und unterliegt als unbestimmter Rechtsbegriff der vollen richterlichen Überprüfung.[95] Nach einer Entscheidung des Bundessozialgerichtes[96] wurde ein von einem hilfebedürftigen Ehepaar bewohntes Hausgrundstück mit einer Wohnfläche von 91,89 m² nicht als unangemessen angesehen. Grundsätzlich bestehen bei selbst genutzten Hausgrundstücken höhere Angemessenheitsgrenzen als bei einer Eigentumswohnung.

112 Nach § 39 II. Wohnungsbauförderungsgesetz sind selbst genutzte Eigentumswohnungen bis zu einer Größe von 120 m² und Familienheime bis zu einer Größe von 130 m² förderfähig. Bei der Eigentumswohnung macht das Bundessozialgericht Abzüge von der Grenzgröße von 120 m², wenn die Wohnung von weniger als vier Personen bewohnt ist, und zwar um jeweils 20 m² je Person. Wird eine Wohnung nur von einer Person bewohnt, beträgt die Untergrenze bei Eigentumswohnungen 80 m².[97] Wendet man diese Rechtsprechung auf das selbst genutzte Wohngrundstück an, so ergibt sich hier eine Mindestfläche von 90 m². Wird das Haus oder die Wohnung von mehr als vier Personen bewohnt, so kann ein Zuschlag von 20 m² pro Person gemacht werden.[98] Diese Anwendung wird vom Bundessozialgericht mittlerweile als strikte Grenze angesehen, die nur um eine 10% Überschreitung korrigiert werden darf.[99] Wird ein Eigenheim also nur noch von wenigen Personen bewohnt, dürfte der Schutz des § 12 Abs. 3 Nr. 1 leerlaufen, da eine Fläche von unter 100 m² bei Eigenheimen kaum vorkommt. Hierauf hat auch das Bundessozialgericht in einer früheren Entscheidung hingewiesen.[100] Für die Arbeitslosenhilfeverordnung, der die Regelung des Abs. 3 Nr. 4 nachgebildet ist, wurde vom Bundessozialgericht über die Größe ebenfalls nicht entschieden.[101] Nach Ansicht des Landessozialgerichtes NRW beträgt die Obergrenze für die angemessene Wohnfläche bei Eigenheimen 130 m².[102] Nach der Entscheidung eines anderen Senates des Landessozialgerichtes NRW ist ein von zwei Personen be-

---

95 BSG 19.9.2008 – B 14 AS 54/07 R.
96 BSG 15.4.2008 – B 14/7 b AS 34/06 R.
97 BSG 7.11.2006 – B 7 b AS 2/05 R.
98 BayLSG 18.6.2008 – L 16 AS 200/07.
99 BSG 12.12.2013 – B 14 AS 90/12 R, SozR 4-4200 § 12 Nr. 22.
100 BSG 7.11.2006 – B 7 b AS 2/05 R.
101 BSG 20.10.2005 – B 7a/7 AL 76/04 R.
102 LSG NRW 1.6.2010 – L 6 AS 15/09 nr, anhängig beim BSG B 4 AS 179/10 R.

wohntes Eigenheim nur dann angemessen, wenn es eine Fläche von 90 m² nicht übersteigt.[103]

Hinweis: Einschlägig für die Wohnflächenberechnung ist die II. Berechnungsverord- 113
nung[104] oder die Wohnflächenverordnung.[105] Bei Anwendung dieser Regelungen ergeben sich teilweise erheblich geringere Wohnflächengrößen als bei einer Berechnung
nach der von Bauträgern, Architekten und Bauingenieuren angewendeten DIN 277.
Wohnflächenangaben der stolzen Hausbesitzer sind daher zu ihren Gunsten zu überprüfen. Ggf sind die Wohnflächen durch Sachverständigengutachten zu ermitteln.

Inwieweit die Grundstücksgröße eine Rolle spielt, ist in der Rechtsprechung noch 114
nicht abschließend geklärt. Es ist allerdings bei einem größeren Grundstück stets zu
prüfen, ob nicht eine gesonderte Verwertung in Betracht kommt.[106] Nach den Durch-
führungsanweisungen der BA sind im städtischen und ländlichen Bereich jeweils
Grundstücke von 500 bzw 800 m² als angemessen anzusehen.[107] Auf den Wert des
Grundstückes kommt es grundsätzlich nicht an, es sei denn, der Wert des Wohn-
grundstückes, ermittelt aus erzielbarem Veräußerungserlös abzüglich der im Grund-
buch eingetragenen Belastungen, unterschreitet ausnahmsweise den Grundfreibetrag
(§ 12 Abs. 2 Nr. 1).

Hinweis: Die Nutzung eines selbst genutzten Hausgrundstücks oder einer Eigen- 115
tumswohnung als Altersversorgung („Wohnriester") nach § 12 Abs. 2 Nr. 3 kann
eine Rolle spielen.

e) Vermögen zur Beschaffung oder Erhaltung von Wohnraum für behinderte oder pflegebedürftige Menschen

Die durch Nr. 5 des dritten Absatzes geschützten **Beschaffungskosten** spielen im 116
SGB II praktisch nur eine untergeordnete Rolle.[108]

f) Allgemeine Härteregelung

Bei der Anrechnung von Vermögenswerten ist, unabhängig von der Verwertbarkeit 117
und der Verpflichtung des Leistungsberechtigten, sein Vermögen zur Bestreitung des
eigenen und des Unterhaltes der mit ihm in Bedarfsgemeinschaft lebenden Personen
einzusetzen, immer zu prüfen, ob die Verwertung für den Betroffenen nicht **offensichtlich unwirtschaftlich** ist oder eine **besondere Härte** bedeutet. Die besondere Härte kann auch darin liegen, dass eine Verwertung nach den Regeln des SGB XII ausgeschlossen ist.[109] Die Verwertungspflicht nach § 90 Abs. 1 Nr. 8 SGB XII richtet sich
nach der Zahl der Bewohner, dem Wohnbedarf, der Grundstücksgröße, der Haus-
größe, dem Zuschnitt und der Ausstattung des Wohngebäudes, sowie dem Wert des
Grundstückes, einschließlich des Wohngebäudes. Ob ein Grundstück verwertet werden muss, richtet sich daher insbesondere auch nach dem Wert, der bei größeren Ge-

---

103 LSG NRW 17.12.2010 – L 19 AS 1323/10 B.
104 BGBl. I 1990, 2178.
105 BGBl. I 2003, 2346; BSG 15.4.2008 – B 14/7 b AS 34/06 R.
106 BSG 15.4.2008 – B 14/7 b AS 34/06 R.
107 Vgl BSG 12.12.2013 – B 14 AS 90/12 R, SozR 4-4200 § 12 Nr. 22.
108 Hier ist beim BSG ein Verfahren anhängig: BSG B 4 AS 179/10 R.
109 BSG 12.12.2013 – B 14 AS 90/12 R, SozR 4-4200 § 12 Nr. 22.

bäuden in strukturschwachen Gebieten erheblich unter dem Wert eines kleinen Einfamilienhauses in einer Gegend mit einer guten Arbeitsmarktlage liegen kann. Übt der Leistungsberechtigte in seiner Eigentumswohnung oder seinem Eigenheim ein Gewerbe oder eine berufliche Tätigkeit aus, kann sich die angemessene Wohnfläche nach dem zweiten Wohnungsbaugesetz um den gewerblich oder beruflich genutzten Teil erhöhen, so dass auch deshalb ein Verwertung ausgeschlossen sein kann.[110]

Offensichtlich unwirtschaftlich ist eine Verwertung, wenn der zu erzielende Gegenwert in deutlichem Missverhältnis zum wirklichen Wert des zu verwertenden Vermögensgegenstandes steht.[111]

118 **Beispiel:** Der Leistungsberechtigte ist Eigentümer eines unbebauten Baugrundstückes mit einer Größe von 600 m², welches im Einzugsbereich einer süddeutschen Großstadt liegt. Nach dem Bodenrichtwert hat das Grundstück einen Wert von 300.000 EUR. Der Leistungsberechtigte versucht das Grundstück seit Jahren zu verkaufen, er erhält allerdings nur Angebote bis 50.000 EUR.

Dieser etwas konstruierte Fall offenbart, dass es einen Unterschied zwischen dem wirklichen Wert und dem zu erzielenden Gegenwert eigentlich nicht geben kann, denn der Wert bestimmt sich danach, zu welchem Preis (Gegenwert) ein Gegenstand veräußert werden kann. Letztlich soll der Leistungsberechtigte davor geschützt werden, dass er einen wertvollen Vermögensgegenstand verschleudern muss. Dies dürfte hier der Fall sein, weil nur 1/6 des möglichen Wertes erzielt werden kann.

Bei Lebensversicherungen dürfte ein Missverhältnis bei einer Differenz von mehr als 20 % zwischen Rückkaufswert und eingezahltem Kapital liegen.[112] Die Wertdifferenz wird in erster Linie dann anzuwenden sein, wenn der Vermögenswert einer Verfügungsbeschränkung unterliegt, die nur unter Hinnahme eines erheblichen Verlustes erfolgen kann. Dies betrifft insbesondere langfristige Vermögensanlagen, die nach § 314 BGB vom Leistungsberechtigten wegen Wegfalls der Geschäftsgrundlage (Verarmung) vor Ablauf eines vereinbarten Auszahlungszeitpunktes außerordentlich gekündigt werden. In diesen Fällen wird die Rückzahlung des Kapitals durch Schadenersatzansprüche des Versicherers oder eines sonstigen Vertragspartners belastet sein. Bei Versicherungen, bei denen nach § 168 Abs. 3 VVG (vorher § 165 Abs. 3 VVG) die Kündigung ausgeschlossen ist, kann durch eine außerordentliche Kündigung nach § 314 BGB auch immer ein Fall der Unwirtschaftlichkeit eintreten. Bei einer Lebensversicherung ist auch darauf abzustellen, ob ein Verlust dadurch eintritt, dass das ausgezahlte Kapital erheblich unter den eingezahlten Beiträgen liegt. Dabei kann es keine festen Grenzen geben. Es kommt immer darauf an, wie die konkrete Vertragssituation ist, zB wie sich die Vertragslaufzeit bemisst oder ob eine Beleihung vorliegt.[113]

119 Liegt kein Fall der Unwirtschaftlichkeit vor, kann immer noch eine **besondere Härte** vorliegen. Die besondere Härte muss über die allgemeine Härte, die mit einer Vermögensaufgabe verbunden ist, hinausgehen.[114] Bei einer Altersversorgung, die nicht bereits durch die übrigen Regelungen über die Freistellung von Altersvorsorgebeiträgen

---

110   BSG 18.9.2014 – B 14 AS 58/13 R, SozR 4-4200 § 12 Nr. 24.
111   BSG 15.4.2008 – B 14 AS 27/07 R; 6.9.2007 – B 14/7 b AS 66/06 R; 17.10.1990 – 11 RAr 133/88.
112   BSG 6.9.2007 – B 14/7 b AS 66/06 R 48,2 % Differenz = unwirtschaftlich.
113   BSG 20.2.2014 – B 14 AS 10/13 R, BSGE 115, 148–158.
114   BSG 7.5.2009 – B 14 AS 35/08 R.

erfasst wird, werden an die besondere Härte allerdings nicht in gleicher Weise Anforderungen gestellt, wie bei der Gewährung von Leistungen nach § 7 Abs. 5 an Studenten, die dem Grunde nach förderfähig nach BAföG sind. Ein Härtefall liegt dann vor, wenn der Leistungsberechtigte kurz vor Erreichen der Altersgrenze seine Ersparnisse einsetzen muss und bei ihm eine Versorgungslücke in der gesetzlichen Rentenversicherung vorliegt.

Beispiel: Die 62 Jahre alte Leistungsberechtigte war überwiegend selbstständig tätig und   120
hat verschiedene Lebensversicherungen mit einem Rückkaufswert von insgesamt
120.000 EUR, mit einer garantierten Ablaufleistung iHv 135.800 EUR angelegt. Diese werden mit Vollendung des 60. Lebensjahres fällig. Nach der Rentenauskunft der gesetzlichen Rentenversicherung hat sie einen Rentenanspruch iHv 190 EUR monatlich.

Hier wird es der Leistungsberechtigten nicht zumutbar sein, das Vermögen aufzubrauchen, denn es dient ihrer Altersversorgung. Es wurde zwar kein Verwertungsausschluss vereinbart, so dass hier kein geschütztes Altersvorsorgevermögen vorliegt (§ 12 Abs. 2 Nr. 3), allerdings hat sie eine deutliche Versorgungslücke, die sie nur durch die Lebensversicherungen schließen kann (vgl hier auch Rn 101 ff).

Eine Härte liegt auch dann vor, wenn das Vermögen auf Einnahmen wie etwa   121
Schmerzensgeld beruht, die als Einkommen nicht angerechnet werden können.[115]
Dies gilt allerdings nicht, wenn der Leistungsberechtigte durch Ansparungen aus seinem Regelbedarf seine Vermögensfreigrenzen überschreitet.

Darüber hinaus unterliegen auch Vermögensgegenstände, die zur Ausübung der Berufsausbildung und Berufstätigkeit unentbehrlich sind, nicht der Verwertung (§ 7 Abs. 1 ALG II-V). Hierzu können zB das Ackerland des Landwirtes oder ein LKW zusätzlich zu einem PKW zählen.

6. Umschichtung von Vermögenswerten

Nach der vom Bundesverwaltungsgericht entwickelten und vom Bundessozialgericht   122
aufgegriffenen und **modifizierten Zuflusstheorie** ist die Unterscheidung zwischen Einkommen und Vermögen danach zu treffen, dass alles, was bei Antragstellung bereits vorhanden war, zum Vermögen gehört und alles, was nach Antragstellung hinzukommt, als Einkommen zu berücksichtigen ist. Der Antragszeitpunkt ist daher maßgeblich für die Frage, ob ein Gegenstand zu dem weitestgehend geschützten Vermögen oder zu den Einnahmen gehört, die zum Lebensunterhalt verbraucht werden müssen.

Darüber hinaus sind **Vermögensgegenstände** je nach deren Eigenschaften unterschiedlich zu berücksichtigen. Ist die Verteilung des Vermögens optimal vorgenommen, können erhebliche Vermögenswerte bei dem Leistungsberechtigten verbleiben.

Fraglich erscheint in diesem Zusammenhang, inwieweit der Leistungsberechtigte auch angesichts nahender Hilfebedürftigkeit sein ungeschütztes Vermögen in geschütztes Vermögen umwandeln und damit dem Vermögensverbrauch entgegenwirken kann. Nach § 31 Abs. 4 Nr. 1 werden die Regelbedarfe um 30 % abgesenkt,

---

115 BSG 15.4.2008 – B 14/7 b AS 6/07 R.

wenn der Leistungsberechtigte sein Vermögen in der Absicht vermindert, die Hilfebedürftigkeit nach dem SGB II herbeizuführen.

123 Ebenso führt eine bewusste Vermögensminderung zu einem **Schadenersatzanspruch** des Leistungsträgers (§ 34 Abs. 1 S. 1). Von dieser Norm werden nur Fälle erfasst, in denen der Leistungsberechtigte in sozialwidriger Weise seine Hilfebedürftigkeit herbeigeführt hat.[116] Es handelt sich um eine eng begrenzte Ausnahmeregelung, bei der sich der Leistungsberechtigte zudem der Sozialwidrigkeit seines Verhaltens bewusst gewesen sein muss. Ob ein **Verhalten sozialwidrig** ist, bestimmt sich nach den Umständen des Einzelfalles. Zwischen der Herbeiführung der Hilfebedürftigkeit und dem sozialwidrigen Verhalten muss ein „spezifischer Bezug" bestehen.[117] Der Leistungsberechtigte muss sich in missbilligender Weise selbst, oder Mitglieder seiner Bedarfsgemeinschaft, in die Lage versetzt haben, Leistungen nach dem SGB II in Anspruch zu nehmen.[118] Wenn ein Leistungsberechtigter sein Vermögen kurz vor Antragstellung so umschichtet, dass es zum vom SGB II geschützten Vermögen wird, kann dies nicht sozialwidrig sein, denn der Leistungsberechtigte macht von seinem Dispositionsrecht im Rahmen des Art. 14 GG Gebrauch. Dabei kann es keinen Unterschied machen, ob die Vermögensdisposition in engem zeitlichen Zusammenhang mit einem Antrag auf Unterhaltsleistungen nach dem SGB II erfolgt oder längere Zeit vor Antragstellung. Es ist daher zulässig, wenn der Leistungsberechtigte vor Antragstellung sein nicht geschütztes Aktiendepot in ein kleines Eigenheim umschichtet oder mit seinen Ersparnissen mit einer Grundschuld gesicherte Kredite seines Eigenheimes ganz oder teilweise ablöst.[119] Dies betrifft auch den Fall einer Sanktion (§ 31 Abs. 2 Nr. 1), der allerdings zusätzlich voraussetzt, dass Vermögen des Leistungsberechtigten durch die Handlung gemindert wird. Dies wird bei einer Umschichtung nur ausnahmsweise der Fall sein, wenn sich wertmäßig zwischen dem erworbenen Gegenstand und dem aufgegebenen Gegenstand ein großer Unterschied ergibt („zu teuer gekauft"). Wurde der Leistungsberechtigte nach dem Einkommens- oder Vermögenszufluss auf die Art und Weise der Verwendung zur Sicherung des Lebensunterhaltes durch das Jobcenter hingewiesen und hält sich der Leistungsberechtigte nicht daran, kann dieses Verhalten zu missbilligen sein.[120] Der Leistungsberechtigte kann somit verpflichtet sein, sein Vermögen oder Einkommen zum Lebensunterhalt, und nicht zur Schuldentilgung, einzusetzen.[121]

124 Der Leistungsträger ist allerdings nicht verpflichtet, den Leistungsberechtigten darüber aufzuklären, wie er Unterhaltsleistungen nach dem SGB II erhalten kann.[122]

125 **Nicht geschütztes Vermögen ist zu verwerten.** Dem Leistungsberechtigten bleibt es überlassen, wie eine Verwertung vorzunehmen ist. Die Verwertung muss sich allerdings daran orientieren, dass der Hilfebedarf durch die Verwertung gedeckt ist. Der

---

116 BVerwG 23.9.1999 – 5 C 22/99.
117 BSG – 2.11.2012 – B 4 AS 39/12 R, BSGE 112, 135–141.
118 BSG 16.4.2013 – B 14 AS 55/12 R, SozR 4-4200 § 34 Nr. 2.
119 BSG 16.5.2007 – B 11 b AS 37/06 R.
120 BSG 12.6.2013 – B 14 AS 73/12 R = info also 2014, 39.
121 BSG 17.10.2013 – B 14 AS 38/12 R = info also 2014, 137.
122 Zur Arbeitslosenhilfe BSG 9.2.2006 – B 7 a AL 36/05 R.

Leistungsberechtigte kann also nicht auf Mittel verwiesen werden die nicht geeignet sind seinen konkreten Bedarf in dem jeweiligen Monat zu sichern.[123] Verwendet der Leistungsberechtigte die Leistungen zur Schuldentilgung, so steht ihm die Leistung nicht mehr zur Verfügung, er ist somit mittellos. In dieser Situation kann das Jobcenter ihn nicht mittellos lassen und muss Leistungen erbringen, kann allerdings die zu erbringenden oder erbrachten Leistungen nach § 34 bzw § 48 SGB X zurückverlangen.[124] Wird durch eine Einnahme ein Dispositionskredit ausgeglichen, so führt dies nicht, soweit der Negativsaldo ausgeglichen wird, zur Leistungslosigkeit, denn der Leistungsberechtigte kann nach dem Ausgleich wieder über seinen Dispositionskredit verfügen.[125] Der Leistungsberechtigte kann also nur zwischen Verwertungsarten wählen, die den Hilfebedarf decken.[126] Bei Hausgrundstücken kommen die Veräußerung und die Beleihung in Betracht. Nur ausnahmsweise wird sich der Bedarf des Leistungsberechtigten, oder der Bedarfsgemeinschaft, durch Vermietung eines selbst genutzten Hausgrundstückes decken lassen, so dass die Wahl sich auf den Verkauf und die Belastung beschränkt, die bei Fortdauer der Hilfebedürftigkeit letztlich doch zur Veräußerung zwingt. Letztlich führt die zitierte Rechtsprechung dazu, dass der Leistungsberechtigte mit einem nicht angemessenen Hausgrundstück besser beraten ist, mit seiner Antragstellung zuzuwarten und zu versuchen, sein unangemessenes Hausgrundstück in ein angemessenes „auszutauschen", um anschließend einen Antrag auf Alg II zu stellen.

Ist ein Vermögensgegenstand zwar in absehbarer Zeit verwertbar, kann er aber nicht sofort verwertet werden, sind die Leistungen als Darlehen zu gewähren (§ 24 Abs. 4).

Beispiel: Der Leistungsberechtigte ist im Besitz eines Waldgrundstückes mit einem Wert von 20.000 EUR. Er hat noch weiteres Vermögen, welches allerdings geschützt ist (§ 12 Abs. 2 und 3). Der Leistungsberechtigte wollte das Grundstück seit längerer Zeit verkaufen und hat zwischenzeitlich einen Käufer gefunden. Da der Kaufpreis erst nach Eintragung der Auflassungsvormerkung durch das Amtsgericht fällig ist, was voraussichtlich drei Monate in Anspruch nimmt, steht ihm erst nach drei Monaten der Kaufpreis zur Verfügung. Der Leistungsträger gewährt ihm ein Darlehen zum Lebensunterhalt (§ 24 Abs. 4). 126

Anders als bei den wirtschaftlichen, rechtlichen und tatsächlichen Verwertungshindernissen, die eine **faktische Unverwertbarkeit** und damit die Leistung nach dem SGB II als Zuschuss zur Folge haben, ist den vorübergehenden Verwertbarkeitshindernissen mit der Zahlung eines Darlehens zu begegnen.

Dies trifft nur in Fällen zu, in denen ein sofortiger Verbrauch, dh eine sofortige Umwandlung in liquide Mittel („Versilberung") nicht möglich ist. Im vorliegenden Fall ist allerdings die Versilberung bereits durchgeführt worden, es fehlt allein der Zufluss des Vermögens. Die Regelung dürfte hier allerdings entsprechend anzuwenden sein, weil die zeitweise Unmöglichkeit der Verwertung tatsächlich die gleichen Auswirkungen hat, wie die Zeit bis zur Auszahlung eines Kaufpreises.

---

123 BSG 29.11.2012 – B 14 AS 33/12 R, BSGE 112, 229–235.
124 BSG 29.11.2012 – B 14 AS 33/12 R, BSGE 112, 229–235; BSG 30.9.2008 – B 4 AS 29/07 R, BSGE 101, 291–301.
125 Vgl BSG 29.4.2015 – B 14 AS 10/14 R, SozR 4-4200 § 11 Nr. 70.
126 BSG 16.5.2007 – B 11 b AS 37/06 R.

127 Nach der Rechtsprechung des Bundessozialgerichtes schlägt ein **vorübergehendes** Verwertungshindernis in ein **dauerhaftes Verwertungshindernis** um, wenn die Verwertung regelmäßig innerhalb des Bewilligungszeitraumes nicht möglich ist.[127]

---

127 BSG 30.8.2010 – B 4 AS 70/09 R.

§ 5 Sanktionen

Das SGB II stellt umfangreiche **Anforderungen** an den Leistungsberechtigten zur Be- 1
endigung seiner Hilfebedürftigkeit. Er ist verpflichtet alles zu tun, um seine Hilfebedürftigkeit zu beseitigen und zwar insbesondere durch die Aufnahme einer zumutbaren Arbeit (§ 2 Abs. 1 S. 3 iVm § 10 SGB II). Um die aktive Mitarbeit zur Beseitigung
der Hilfebedürftigkeit sicherzustellen, sieht das Gesetz neben Leistungsanreizen, wie
der Nichtanrechnung eines Teils des Arbeitseinkommens (§ 11 b Abs. 2, 3 SGB II),
auch die Sanktionierung von Fehlverhalten, insbesondere gegen die Integration in Arbeit, vor (§ 31 a Abs. 1 SGB II). Das Gesetz unterscheidet zwischen einer Pflichtverletzung (§ 31 Abs. 1 Abs. 2) mit einer Leistungsabsenkung um mindestens 30 % des
nach § 20 maßgebenden Regelbedarfes (§ 31 a Abs. 1 SGB II) und den Pflichtverlet-
zungen bei Meldeversäumnis mit einer Absenkung von 10 % des maßgebenden Regelbedarfes (§ 32 Abs. 1).

I. Gemeinsame Voraussetzungen von Sanktionen

Die Sanktionstatbestände sind den Sperrzeittatbeständen aus dem Arbeitsförderungs- 2
recht (§ 159 SGB III) nachgebildet. Auf die hierzu ergangene Rechtsprechung kann
im Einzelfall zurückgegriffen werden. Bei Übertragung dieser Rechtsprechung ist jedoch zu berücksichtigen, dass an die Prüfung der Tatbestandsvoraussetzungen der
Sanktionstatbestände höhere Anforderungen gestellt werden müssen als bei einer
Sperrzeit, weil sich hierbei um einen Eingriff in das Grundrecht auf Sicherung der
Existenz handelt.[1]

1. Anforderungen an eine Rechtsfolgenbelehrung

Bereits in einer Eingliederungsvereinbarung müssen die Rechtsfolgen für den Fall der 3
Verwirklichung eines Sanktionstatbestandes **hinreichend bestimmt** sein, andernfalls
liegt keine ordnungsgemäße **Belehrung über die Rechtsfolgen** vor. Die Rechtsfolgenbelehrung muss den von der Rechtsprechung zu den Sperrzeittatbeständen nach
§ 159 SGB III entwickelten Grundsätzen entsprechen.[2] Sie muss konkret, verständ-
lich, inhaltlich richtig und vollständig sein. Die Belehrung muss auf den Einzelfall
ausgerichtet sein und darf sich nicht in dem Übergeben eines Merkblattes oder der
Widergabe des Gesetzestextes erschöpfen, aus dem der Leistungsberechtigte die
Rechtsfolgen entnehmen kann. Erforderlich ist insbesondere eine Umsetzung der in
Betracht kommenden Verhaltensanweisungen und möglicher Maßnahmen auf die
Verhältnisse des konkreten Einzelfalls. Die Rechtsfolgenbelehrung muss zB bei einer
Eingliederungsmaßnahme, diese ausreichend konkret beschreiben, so dass sich der
Leistungsberechtigte ein Bild davon machen kann, ob sie zumutbar, erforderlich und
geeignet ist.[3] Das gleiche trifft für ein Arbeitsangebot zu. Hier muss die Tätigkeit so
genau beschrieben werden, dass der Leistungsberechtigte prüfen, kann, ob die Tätig-

---

1 BSG 15.12.2010 – B 14 AS 92/09 R Rn 24.
2 BSG 16.12.2008 – B 4 AS 60/07 R.
3 LSG München 28.6.2012 – L 7 AS 985/11.

keit ihm, nach seinen körperlichen und geistigen Fähigkeiten, zumutbar ist und diese auch nicht gegen geltendes Recht verstößt.[4] Diese strengen Anforderungen an den Inhalt der Rechtsfolgenbelehrung sind vor allem deshalb geboten, weil es sich bei der Herabsetzung der Grundsicherungsleistungen, wie aus der Entscheidung des Bundesverfassungsgerichts vom 9.2.2010[5] hervorgeht, um einen schwerwiegenden Eingriff in die Grundrechte der Betroffenen handelt.[6] Die **Belehrung muss außerdem zeitnah** zum geforderten Verhalten erfolgen und für den Leistungsberechtigten verständlich sein.[7] Bei der Rechtsfolgenbelehrung ist auch der Erkenntnishorizont des Adressaten zu beachten. Werden Leistungen nach dem SGB II auf die Leistungen für Unterkunft und Heizung beschränkt, muss ersichtlich sein, dass auch dieser (Rest-)Anspruch noch durch Einkommen gemindert wird.[8] Eine Rechtsfolgenbelehrung muss nicht zwingend schriftlich, sondern kann auch mündlich erfolgen, wenn sie den Anforderungen entspricht.[9]

4 **Beispiel:** In der Eingliederungsvereinbarung vom 20.3.2015 wird festgehalten, dass der Leistungsberechtigte ein Bewerbungstraining durchlaufen soll. Die Eingliederungsvereinbarung enthält den Hinweis, dass im Falle eines Verstoßes gegen den Inhalt dieser Vereinbarung eine Absenkung der Leistungen nach dem SGB II um 30 % erfolgen kann. Am 12.6.2015 erhält der Leistungsberechtigte eine Aufforderung, bei der B GmbH ein Bewerbungstraining zu absolvieren. Der Leistungsberechtigte erscheint zu dem Bewerbungstraining nicht, weil er bereits im Dezember 2013 bei der B GmbH ein Bewerbungstraining absolviert hatte. Der Leistungsträger erlässt am 20.6.2015 einen Sanktionsbescheid, in dem der Leistungsbescheid vom 2.2.2015 mit dem Leistungszeitraum vom 1.5.2015 bis zum 31.10.2015 für die Zeit vom 1.7. bis zum 30.9.2015 teilweise aufgehoben wird und zwar wird der Regelbedarf in Höhe von 399 EUR auf 279 EUR reduziert.

Im vorliegenden Fall fehlt es bereits an einer hinreichenden Belehrung über die Rechtsfolgen, denn dem Leistungsberechtigten muss im Einzelnen dargelegt werden, wie sich der Pflichtverstoß auf seinen Leistungsbezug auswirkt. Ihm muss konkret der Absenkungsbetrag und die Dauer der Absenkung mitgeteilt werden. Zusätzlich scheint es hier fraglich, ob eine Belehrung im Zusammenhang mit der Eingliederungsvereinbarung ausreicht. Die Eingliederungsvereinbarung datiert hier von Ende März 2015. Die Eingliederungsmaßnahme erfolgt fast drei Monate später, so dass kein enger Zusammenhang mit der Eingliederungsvereinbarung mehr gegeben ist. Der Leistungsträger muss in solchen Fällen die Rechtsfolgenbelehrung wiederholen.

5 Die **Minderungsbeträge** oder die geminderten Auszahlbeträge müssen konkret angegeben werden, es sei denn, dass sich die Minderung aus einem dem Sanktionsbescheid beigefügten Änderungsbescheid ergibt.

---

4 Vgl Gesetz zur Regelung des allgemeinen Mindestlohns (MiLoG) 11.8.2014 BGBl. I S. 1348.
5 BVerfG 9.2.2010 – 1 BvL 1/09, 3/09, 4/09.
6 BSG 18.2.2010 – B 14 AS 53/08 R.
7 BSG 10.12.1981 – 7 RAr 24/81, SozR 4100 § 119 AFG Nr. 18.
8 LSG Celle 26.5.2015 – L 7 AS 1059/13.
9 LSG Halle 4.4.2013 – L 5 AS 279/13 B ER, NZS 2013, 673.

Die Minderungsbeträge ergeben sich aus der folgenden Tabelle (Werte bis zum 31.12.2015 in Klammern):

%	Höhe der ungeminderten Regelbedarfe		
	404,00 (399,00) EUR	364,00 (360,00) EUR	324,00 (320,00) EUR
	Minderungsbetrag		
10	40,40 (39,90) EUR	36,40 (36,00) EUR	32,40 (32,00) EUR
20	80,80 (79,80) EUR	72,80 (72,00) EUR	64,80 (64,00) EUR
30	121,20 (119,70) EUR	109,20 (108,00) EUR	97,20 (96,00) EUR
40	161,60 (159,60) EUR	145,60 (144,00) EUR	129,60 (128,00) EUR
50	202,00 (199,50) EUR	182,00 (180,00) EUR	162,00 (160,00) EUR
60	242,40 (239,40) EUR	218,40 (216,00) EUR	194,40 (192,00) EUR
70	282,80 (279,30) EUR	254,80 (252,00) EUR	226,80 (224,00) EUR
80	323,20 (319,20) EUR	291,20 (288,00) EUR	259,20 (256,00) EUR
90	363,60 (359,10) EUR	327,60 (324,00) EUR	291,60 (288,00) EUR

Der Leistungsberechtigte muss in der Rechtsfolgenbelehrung darauf hingewiesen wer- 6
den, dass er keinen Anspruch auf Leistungen zum Lebensunterhalt nach dem SGB XII hat (§ 31 b Abs. 2) und die Leistungsträger bei einer Minderung von mehr als 30% in angemessenem Umfang ergänzende Sachleistungen oder geldwerte Leistungen zur Sicherung seines Lebensunterhalts erbringen könnten (§§ 31 b Abs. 2, 31 a Abs. 3 S. 1).[10] Der Leistungsberechtigte muss über Beginn und Dauer der Sanktion (drei Monate) hingewiesen werden (§ 31 b Abs. 1) sowie auf die Möglichkeit der Verkürzung der Sanktionsdauer auf sechs Wochen bei Leistungsberechtigten, die das 25. Lebensjahr noch nicht vollendet haben. Bei einem Leistungsberechtigten, der das 25. Lebensjahr noch nicht vollendet hat ist auf der anderen Seite auch anzugeben, dass sich die Leistung bereits bei einem ersten Verstoß auf den Anspruch für Unterkunft und Heizung beschränkt (§ 31 a Abs. 2 S. 1).

2. Sanktion ohne Rechtfolgenbelehrung

Hat der Leistungsberechtigte Kenntnis von den Rechtsfolgen einer Sanktion, so kann 7
diese auch ohne konkrete Rechtsfolgenbelehrung festgestellt werden (§ 31 Abs. 1 S. 1 SGB II). Der Leistungsberechtigte muss dafür allerdings positive Kenntnis von den Rechtsfolgen haben. Ein „Kennenmüssen" reicht also nicht aus. Die objektive Beweislast für die positive Kenntnis trägt der Leistungsträger.[11] Da es sich bei einer Sanktion um einen schwerwiegenden Eingriff in das Recht auf Existenzsicherung (Art. 1 Abs. 1, 20 Abs. 1 GG) handelt, müssen an den Nachweis der positiven Kenntnis hohe Anforderungen gestellt werden.[12] Von einer positiven Kenntnis wird man

---

10 BSG 18.2.2010 – B 14 AS 53/08 R.
11 LSG München 18.6.2014 – L 16 AS 297/13, NZS 2014, 794.
12 Vgl BSG 15.12.2010 – B 14 AS 92/09 R, Rn 24.

daher nur ausgehen können, wenn der Leistungsberechtigte zeitnah bereits einmal einschlägig sanktioniert wurde.

3. Zeitlicher Zusammenhang zwischen Verstoß und Sanktion

8 Die Sanktion muss in einem **engen zeitlichen Zusammenhang** mit dem Verstoß gegen eine Obliegenheit durch den Leistungsberechtigten erfolgen. Die Feststellung der Minderung ist nur innerhalb von sechs Monaten ab dem Zeitpunkt der Pflichtverletzung zulässig (§ 31 b Abs. 1 S. 5). Erfolgt die Sanktionierung durch einen Feststellungsbescheid und erfolgt die Herabsetzung durch einen später wirksamen Änderungsbescheid, kommt es auf den Zeitpunkt des Beginns der Minderung an. Nicht abschließen geklärt ist, ob es ausreicht, einen Sanktionsbescheid zu erlassen oder es zusätzlich erforderlich ist, dass der Leistungsbescheid, der die Leistung ohne die Sanktion gewährt, nach § 48 SGB X geändert wird. Eine Änderung des Leistungsbescheides ist hier erforderlich, weil dieser, unabhängig von seiner Rechtmäßigkeit, im Wege der reinen Leistungsklage (§ 54 Abs. 4 SGG) bzw des einstweilige Rechtsschutzes auf Leistung (§ 86 b Abs. 2 S. 2 SGG) verfolgt werden kann.[13]

4. Subjektiv zurechenbarer Pflichtverstoß

9 Befand sich der Leistungsberechtigte in einer unverschuldeten Unkenntnis seiner Verpflichtung, etwa weil ihm nicht hinreichend bekannt war, dass er sich trotz einer ärztlich bescheinigten Erkrankung bei dem Leistungsträger melden muss, hat er unverschuldet gegen seine Meldepflicht verstoßen.[14] Im Falle eines unverschuldeten Verstoßes ist dem Leistungsberechtigten sein Verhalten subjektiv nicht vorwerfbar. Dieses ungeschriebene Tatbestandsmerkmal ist in der Rechtsprechung des Bundessozialgerichtes zu den Sperrzeittatbeständen anerkannt und auf die Sanktionen nach dem SGB II übertragbar.[15]

5. Verhältnis von Einkommen, Sanktion und Schadenersatz

10 In der Rechtsprechung ist umstritten, ob Einkommen dessen Zufluss der Leistungsberechtigte böswillig verhindert hat, fiktiv angerechnet werden kann,[16] oder ob die Regelungen über die Sanktion bei unwirtschaftlichem Verhalten (§ 31 Abs. 2 Nr. 1 Nr. 2) bzw sozialwidrigem Verhalten (§ 34 Abs. 1) als spezielle Norm diesen Regeln vorgehen.[17] Die fiktive Anrechnung von Einkommen widerspricht auch dem im SGB II herrschenden Faktizitätsprinzip,[18] wonach nur tatsächliche Einnahmen zum Unterhalt zur Verfügung stehen. Ausdruck des Faktizitätsprinzips ist die Gewährung von Darlehen, bei nicht sofort veräußerbarem Vermögen (§ 24 Abs. 5). Die Regelungen über die Sanktionen und die Ansprüche auf Rückforderung bzw Schadenersatz tragen diesem Grundsatz zumindest teilweise Rechnung, so dass daneben für eine fiktive Anrechnung kein Raum bleibt.

---

13 Vgl LSG Darmstadt 24.4.2015 – L 9 AS 828/14.
14 BSG 9.11.2010 – B 4 AS 27/10 R, Rn 28.
15 BSG 25.5.2005 – B 11a/11 AL 81/04 R.
16 So wohl LSG Bay 13.4.2007 – L 7 AS 309/06.
17 LSG NRW 22.4.2010 – L 7 AS 107/09 nr, anhängig beim BSG B 14 AS 94/10 R.
18 BVerwGE 29, 108; Rothkegel, Sozialhilferecht, II 7 Rn 17 mwN.

Im Falle einer **wiederholten Pflichtverletzung** erfolgt eine weitere Absenkung des Re- 11
gelbedarfes um 60 % (§ 31 a Abs. 1 S. 2), dh es erfolgt zB eine Absenkung von
279,30 EUR auf 159,60 EUR.

Beispiel (Werte bis zum 31.12.2015 in Klammern):

Absenkungsquote	Absenkungsbetrag	Regelbedarf nach Absenkung
30 % von 404,00 (399,00) EUR	121,20 (119,70) EUR	282,80 (279,30) EUR
60 % von 404,00 (399,00) EUR	242,40 (239,40) EUR	161,60 (159,60) EUR

Bei einer weiteren (dritten) Pflichtverletzung erfolgt die Absenkung um 100 % (§ 31 a
Abs. 1 S. 3) und zwar nicht nur des Regelbedarfes (§ 20), sondern auch der Kosten
für Unterkunft und Heizung (§ 22 Abs. 1).

Verfügt der Leistungsberechtigte bei einer **Absenkung um 100 %** nicht über ein 12
„Schonvermögen", aus dem er seinen Bedarf vorübergehend, dh für den Zeitraum
der Sanktion, decken kann, wird er durch die Sanktion mittellos gestellt. In der Literatur wurde diese Regelung als gegen das Übermaßverbot verstoßend und damit als
verfassungswidrig angesehen.[19] In der Rechtsprechung wurde die mögliche Verfassungsmäßigkeit entweder nicht erwähnt[20] oder angesichts der Abhilfemöglichkeit bei
einer Wohlverhaltenserklärung des Leistungsberechtigten mit der Rücknahme auf
60 % und mehr als verfassungsgemäß angesehen.[21] Tatsächlich dürften die Sanktionen jedenfalls dann nicht grundsätzlich verfassungswidrig sein, wenn die Geldleistungen in Sachleistungen umgewandelt werden. Denn es steht dem Gesetzgeber wohl
weitgehend frei, ob er die Leistungen der Grundsicherung als Geld- oder Sachleistungen erbringt.[22]

Dem Leistungsberechtigten können auf Antrag Sachleistungen oder geldwerte Leis- 13
tungen erbracht werden (§ 31 a Abs. 3). In der Rechtsprechung ist umstritten, ob der
Leistungsträger über die Sachleistungen von Amts wegen entscheiden muss[23] oder der
Leistungsberechtigte auf das Angebot der Sachleistung in irgendeiner Weise reagieren
muss.[24]

Nach der Entscheidung des Bundesverfassungsgerichtes[25] ergibt sich aus Art. 1 GG
ein unmittelbarer Leistungsanspruch auf Sicherung des Existenzminimums, wenn
dem Menschen die zur Gewährleistung eines menschenwürdigen Daseins notwendigen materiellen Mittel fehlen, weil er sie weder aus seiner Erwerbstätigkeit, noch aus
eigenem Vermögen noch durch Zuwendungen Dritter erhalten kann.[26] Hieraus ergibt
sich, dass ein vollständiger Ausschluss von Existenzsicherungsleistungen jedenfalls
dann nicht mit den Vorgaben der Verfassung zu vereinbaren ist, wenn der Leistungs-

---

19 Berlit in: LPK-SGB II § 31 Rn 13 ff.
20 LSG Sachsen-Anhalt 31.8.2009 – L 5 AS 287/09 B ER.
21 LSG NRW 2.5.2006 – L 20 B 37/06 AS ER.
22 BVerfG 9.2.2010 – 1BvL 1/09,3/09,4/09 Rn 138.
23 LSG Berlin-Brb. 16.12.2008 – L 10 B 2154/08 AS ER.
24 LSG Berlin-Brb. 8.10.2010 – L 29 AS 1420/10 B ER, Rn 13.
25 BVerfG 9.2.2010 – 1BvL 1/09, 3/09, 4/09, Rn 132.
26 BVerfG 9.2.2010 – 1BvL 1/09, 3/09, 4/09, Rn 134 ff.

berechtigte die Folgen der Sanktion nicht durch eigene Handlungen abwenden kann. Dies ist aber dann der Fall, wenn der Leistungsberechtigte keine Möglichkeit hat, seine Existenz durch die Aufnahme einer Beschäftigung, den Verbrauch von (Schon-)Vermögen oder durch die Inanspruchnahme Dritter (Unterhaltsleistungen) zu sichern. Daher reicht es nicht aus, wenn sich der Leistungsberechtigte im Falle einer Sanktion auf das Angebot von Sachleistungen bzw den Hinweis, er könne Sachleistungen beantragen, nicht meldet. Vielmehr muss der Leistungsträger von Amts wegen zugleich mit der Sanktion über die Sachleistungen entscheiden und diese dem Leistungsberechtigten auch gewähren. Will der Leistungsträger sichergehen, dass der Leistungsberechtigte die Voraussetzungen der weiteren Berechtigung nachweist, muss er sich der §§ 60 ff SGB I bedienen.

14 Mit Art. 1 Abs. 1, 20 Abs. 1 GG ist es auch nicht zu vereinbaren, wenn dem Leistungsberechtigten infolge der Sanktion die Wohnungslosigkeit droht. Auch die Regelbedarfe dürften nur auf das unerlässliche Maß beschränkt werden. Neben den Kosten der Unterkunft sind auch die Kosten für Nahrung und Haushaltsenergie unerlässlich, so dass eine Absenkung unter 30 % des monatlichen Regelbedarfes ohne eine Substitution durch Sachleistungen nicht mit Art. 1 Abs. 1, 20 Abs. 1 GG zu vereinbaren ist.

15 Hieraus ergibt sich auch, dass der Leistungsträger bei fehlendem Schonvermögen statt des Regelbedarfes ergänzende **Sachleistungen** und Geldleistungen für die Unterkunft und Heizung durch Zahlung an den Vermieter erbringen muss (§ 31 a Abs. 3 S. 1). Ob eine vollständige Beschränkung auf Sachleistungen mit der Menschenwürde und dem Übermaßverbot (Art. 1 Abs. 1, 2 GG) zu vereinbaren ist, erscheint zweifelhaft. Eine solch schwerwiegende Sanktion hätte den Charakter einer Strafe. Das Übermaßverbot wäre verletzt, wenn die Intensität des Grundrechtseingriffs außer Verhältnis zum angestrebten Zweck steht.[27] Durch die Sanktionen will der Gesetzgeber den Leistungsberechtigten dazu anhalten, an seiner Integration in Arbeit und an der Minderung seiner Hilfebedürftigkeit mitzuwirken. Die Leistungsberechtigten nach dem SGB II lassen sich aber häufig selbst mit einem erheblichem finanziellen Aufwand über längere Zeiträume nicht in den Arbeitsmarkt integrieren. So haben sich insbesondere die Arbeitsgelegenheiten mit Mehraufwandsentschädigung (§ 16 d), jedenfalls in der bisher praktizierten Form, nicht als „Brücke" in den ersten Arbeitsmarkt erwiesen. Es ist daher unangemessen, wenn Leistungsberechtigte trotz einer generell schlechten Eingliederungsprognose vollständig auf Sachleistungen verwiesen werden. So nunmehr auch der Vorlagebeschluss des Sozialgerichtes Gotha vom 26.5.2015 zum Bundesverfassungsgericht.[28]

16 **Hinweis:** Für die anwaltliche Praxis sollten allerdings im Interesse einer schnellen und sachgerechten Lösung vorzugsweise andere Gesichtspunkte eine Rolle spielen. Die Sanktionsfälle nach § 31 Abs. 1 zeichnen sich häufig dadurch aus, dass die Leistungsberechtigten über **mangelnde soziale Anpassung** verfügen, was teilweise auf psy-

---

27 BVerfG 14.7.1999 – 1 BvR 2226/94, 1 BvR 2420/95, 1 BvR 2437/95, Rn 270.
28 SG Gotha 26.5.2015 – S 15 AS 5157/14, NZS 2015, 676.

chische Erkrankungen oder andere soziale Schwierigkeiten zurückzuführen ist. Hierzu zählen insbesondere phobische Störungen sowie Suchterkrankungen. In solchen Fällen ist an ergänzende Hilfe zur Überwindung besonderer sozialer Schwierigkeiten nach §§ 67 ff SGB XII zu denken und zwar insbesondere durch eine persönliche Betreuung in Form der Einzelfallhilfe. Die Hilfen gemäß den §§ 67 ff SGB XII sind neben den Leistungen nach dem SGB II zu gewähren, denn nach § 5 Abs. 2 S. 1 schließt der Anspruch auf Unterhalt nach dem SGB II nur den Anspruch auf Unterhalt nach dem SGB XII (Drittes Kapitel) aus.

Wiederholte Meldeversäumnisse (§ 32 Abs. 1) haben zur Folge, dass die Leistung jeweils um weitere 10 % gemindert wird. Die zweite Sanktion führt daher zu einer Absenkung um 20 %, die dritte um 30 % und jede weitere um weitere 10%.   **17**

Hinweis: Bei Meldeversäumnissen ist immer darauf zu achten, dass die Meldeaufforderungen nicht schikanös sind, was durchaus vorkommt. Hieran ist immer zu denken, wenn in relativ kurzen Zeitabständen unter Benennung unterschiedlicher Gründe Meldeaufforderungen an den Hilfebedürftigen ergehen, obwohl der Leistungsträger die Termine hätte zusammenfassen können.   **18**

Bei **Jugendlichen und jungen Erwachsenen** bis zum 25. Lebensjahr, die erwerbsfähig, aber hilfsbedürftig sind, erfolgt bereits beim ersten Verstoß im Bereich der großen Sanktion die vollständige Einstellung der Leistungen für den Regelbedarf (§ 31 a Abs. 2 S. 1). Dem Jugendlichen oder jungen Erwachsenen können Sachleistungen erbracht werden. Leben solche Leistungsberechtigten mit ihren Eltern in einer Bedarfsgemeinschaft, müssen diese zunächst für den Leistungsträger Unterhaltsleistungen erbringen. Auch in diesen Fällen und bei der weiteren Absenkung eines „Folgeverstoßes" auf 100 % können ergänzende Sachleistungen zB in Form von Nahrungsmittelgutscheinen erbracht werden. Diese müssen in der Regel nicht nur erbracht werden, wenn der Leistungsberechtigte mit minderjährigen Kindern zusammenlebt (§ 31 b Abs. 3 S. 2).[29] Angesichts eines unmittelbaren Anspruchs des Leistungsberechtigten aus Art. 1 GG muss diese Regelung dahin gehend verfassungskonform ausgelegt werden, dass auch in den anderen Fällen einer Totalsanktion in aller Regel Sachleistungen erbracht werden müssen. Der völlige Wegfall der Leistung bei einer wiederholten Pflichtverletzung (§ 31 b Abs. 2 S. 2) ist auch deshalb verfassungswidrig, weil bei gleichartigen Verstößen keinerlei abgestufte Sanktionsmaßnahmen möglich sind, so dass hier das Übermaßverbot verletzt ist. Eingriffszweck und Eingriffsintensität müssen in einem angemessenen Verhältnis zueinander stehen. Die gesetzliche Regelung darf schließlich auch keine übermäßige und unzumutbare Belastung für die Betroffenen darstellen.[30] Warum die Sanktionswirkung bei jungen Erwachsenen und Jugendlichen nicht bereits durch eine einfache Absenkung um 30 % erreicht werden kann, lässt sich dem Gesetz nicht entnehmen. Ein Grund für die unterschiedliche Behandlung von jungen und alten Erwachsenen ist nicht ersichtlich, denn eine Rechtfer-   **19**

---

29   LSG NRW 9.9.2009 – L 7 B 211/09 AS ER.
30   BVerfG 30.3.2004 – 2 BvR 1520/01, 2 BvR 1521/01.

tigung findet sich nicht.[31] Die Ungleichbehandlung dürfte deshalb nicht gerechtfertigt sein, weil es sich um eine Einschränkung des (Grund-)Rechtes auf Sicherung der Existenz handelt (Art. 1 Abs. 1 GG iVm Art. 20 Abs. 1 GG) und die Besonderheiten bei bestimmten Personengruppen nicht pauschal bestimmt werden können.[32]

20 Die Absenkung tritt mit **Wirkung ab dem Beginn des Folgemonats** nach Wirksamwerden des Absenkungsbescheides ein, dh, dass der Absenkungsbescheid nach § 39 Abs. 1 SGB X erst mit der Bekanntgabe wirksam wird. Bei schriftlichen Bescheiden kann die Zustellung nach § 4 Abs. 2 S. 2 VwZG bzw den entsprechenden Zustellgesetzen der Länder durch einfachen Brief erfolgen. Das Schreiben gilt dann am dritten Tag nach Aufgabe zur Post als bekannt gegeben (37 Abs. 2 S. 1 SGB X). Wird der Sanktionsbescheid zum Monatsende verschickt, wird er nicht im Monat der Bekanntgabe, sondern erst im Folgemonat wirksam. Der Verfügungssatz des Sanktionsbescheides bestimmt aber, dass die Sanktion bereits in dem Monat wirksam wird, in dem er dem Leistungsberechtigten bekannt gegeben wurde. Die Wirkung der Sanktion tritt daher erst einen Monat später ein. Die Leistungsträger gehen in einem solchen Fall aber davon aus, dass die Sanktion bereits einen Monat früher wirkt und reduzieren die Zahlungen bereits für diesen Monat (bzw stellen die Zahlungen ganz ein), weil der Widerspruch gegen den Sanktionsbescheid keine aufschiebende Wirkung hat (§ 39 Nr. 1). In diesen Fällen ist zu beachten, dass der Bescheid dann hinsichtlich des Beginns der Sanktion offensichtlich rechtswidrig ist, so dass die Herstellung der aufschiebenden Wirkung nach §§ 86 a, 86 b SGG unproblematisch sein dürfte.

Hinweis: Ist der Sanktionsbescheid hinsichtlich des Absenkungszeitraums fehlerhaft, stellt sich die Frage, ob dieser Fehler den gesamten Bescheid erfasst, so dass dieser insgesamt rechtswidrig wird. Diese Frage wurde vom Bundessozialgericht in seinem Urteil vom 15.12.2010 in Erwägung gezogen, aber letztlich offen gelassen.[33] Der spätere Beginn und das spätere Ende des Sanktionszeitraums führt richtigerweise dazu, dass der gesamte Sanktionsbescheid rechtswidrig wird, weil nur der zweite Sanktionsmonat nicht betroffen ist, so dass in entsprechender Anwendung des § 40 Abs. 4 SGB X der wesentliche Teil des Verwaltungsaktes rechtswidrig ist.[34]

21 Bei einer Sperrzeit nach § 159 SGB III folgt die Sanktion der Sperrzeit, dh die **Wirkungen treten mit Beginn der Sperrzeit** ein. Hier ist der Zugang des Sperrzeitbescheides entscheidend.

22 Bei **Jugendlichen und jungen Erwachsenen**, also erwerbsfähigen Leistungsberechtigten, kann die **Sanktionsdauer**, die regelmäßig drei Monate dauert, **auf sechs Wochen verkürzt** werden (§ 31 b Abs. 1 S. 4). Auch hier dürfte ein Ermessen des Leistungsträgers im Hinblick auf den Anspruch auf Existenzsicherung wegen des Übermaßverbo-

---

31 BVerfG 11.7.20106 – 1 BvR 293/5, BVerGE 116, 229–242.
32 BVerfG 18.7.2015 – 1 BvL 10/10, 1 BvL 2/11, BGBl. I 2012, 1715–171 zu den Regelsätzen nach dem AsylbLG.
33 BSG 15.12.2010 – B 14 AS 92/09 R, Rn 25.
34 Zur entsprechenden Anwendung des § 40 Abs. 4 SGB X auf die Rechtswidrigkeit vgl BSG 26.10.1989 – 9 RV 7/89.

tes stark eingeschränkt sein: Da keine abgestufte Sanktionierung vorgesehen ist, muss in der Regel zunächst eine Verkürzung gewährt werden. Das widerspricht zwar dem Gesetzestext, der ein weiteres Ermessen einräumt. Diese Auslegung ist aber nach der hier vertretenen Meinung zum Geltungserhalt erforderlich, weil diese Regelung andernfalls gegen das Übermaßverbot verstoßen würde und verfassungswidrig wäre.

Eine **wiederholte Pflichtverletzung** liegt nur dann vor, wenn der Beginn des vorange- 23 gangenen Sanktionszeitraumes nicht länger als ein Jahr zurückliegt (§ 31 a Abs. 1 S. 4). Weiterhin muss die frühere Pflichtverletzung durch Verwaltungsakt festgestellt worden sein (§ 31 a Abs. 2 S. 5).[35]

Beispiel: Der Leistungsberechtigte erhält in kurzen zeitlichen Abständen zwei Meldeaufforderungen und zwar jeweils zum 23.3.2015 und zum 7.4.2015. Zu beiden Meldeterminen erscheint der Leistungsberechtigte ohne wichtigen Grund nicht. Hier darf der Leistungsträger nicht durch einen einzigen Bescheid die Leistungen um 20 % herabsetzen, wenn das Meldeversäumnis vom 23.3.2015 nicht zuvor durch einen vorhergehenden gesonderten Bescheid sanktioniert wurde.

6. Keine Sanktion bei wichtigem Grund für das Fehlverhalten

Eine Sanktion tritt nicht ein, wenn der Leistungsberechtigte einen **wichtigen Grund** 24 für sein Verhalten hat (§ 31 Abs. 1 S. 2). Wie sich aus der Gesetzesformulierung („darlegen und nachweisen") entnehmen lässt, trägt die objektive Darlegungs- und Beweislast für den wichtigen Grund der Leistungsberechtigte.[36] Durch die Formulierungen „darlegen und nachweisen" wird der Amtsermittlungsgrundsatz nicht beseitigt, andernfalls wäre auf die Nichtanwendung des § 20 Abs. 1 SGB X hingewiesen worden.

Die Rechtsprechung zum SGB III, dem die Sanktionsregeln nachgebildet sind, ver- 25 steht unter einem wichtigen Grund alle Umstände des Einzelfalles, die unter Berücksichtigung der Interessen des Einzelnen in Abwägung mit den Belangen der Allgemeinheit (bzw im Falle des SGB III der Versichertengemeinschaft) das Verhalten des Hilfebedürftigen rechtfertigen, weil ihm kein anderes Verhalten zuzumuten ist.[37] Ein wichtiger Grund liegt nicht allein deshalb vor, weil ein Arbeitnehmer angesichts einer Kündigungswelle in seinem Betrieb einer sicher drohenden Kündigung durch Abschluss eines mit einer Abfindung verknüpften Aufhebungsvertrages zuvorkommt. Ein wichtiger Grund muss objektiv vorliegen, so dass es nicht ausreicht, wenn der Leistungsberechtigte diesen nur angenommen hat.[38] Als wichtiger Grund wurden von der Rechtsprechung der Zuzug eines Ehepartners, Glaubensgründe, erhebliche Lohnrückstände, gesundheitliche Gründe und die Unzumutbarkeit der Fortführung des Ar-

---

35 BSG 9.11.2010 – B 4 AS 27/10 R, Rn 19.
36 LSG Mainz 16.12.2014 – L 3 AS 505/13, Sozialrecht aktuell 2015, 175–176.
37 BSG 29.11.1989 – 7 Rar 86/88, SozR 4100 zu § 119 AFG Nr. 36; BSG 17.10.2007 – B 11 a AL 51/06 R;
    BSG 12.7.2006 – B 11 a AL 55/05 R, Rn 19.
38 Vgl LSG Essen 22.4.2013 – L 19 AS 1303/12, NZS 2013, 794.

beitsverhältnisses wegen „Mobbing" angesehen.[39] Wichtige Gründe im SGB II sind insbesondere sittenwidrige Arbeitsverhältnisse und Lohnwucher (vgl Rn 33).

II. Einzelne Sanktionstatbestände

1. Nichterfüllung der Pflichten in der Eingliederungsvereinbarung

26 Erfüllt der Leistungsberechtigte die in einer Eingliederungsvereinbarung oder in einem die Eingliederungsvereinbarung ersetzenden Verwaltungsakt festgelegte **Pflicht,** wie etwa die vereinbarten Eigenbemühungen, nicht, so hat der Leistungsträger durch Bescheid den Wegfall des für den Leistungsberechtigten maßgeblichen Regelbedarfes festzustellen (§§ 31 Abs. 1, Nr. 1, 31 a Abs. 1). Bei der rechtlichen Überprüfung der Sanktion wird die Eingliederungsvereinbarung, auf der die Sanktion beruht und die hierin vereinbarte Eingliederungsmaßnahme mit untersucht.[40]

27 **Beispiel:** Der Leistungsberechtigte ist seit acht Monaten als selbstständiger Rechtsanwalt tätig. Sein Arbeitsumfang beträgt in der Woche ca. 15–20 Stunden. Da er nur über unzureichende Einnahmen verfügt, erhält er ergänzende Leistungen nach dem SGB II. In dem Eingliederungsbescheid, den er nach einem Gespräch mit seiner Fallmanagerin erhält, wird er verpflichtet, an einer Maßnahme teilzunehmen: Coaching und Internet zwei Wochen bei der Quartia AG. Die Veranstaltung besteht darin, dass er mit 20 weiteren Teilnehmern an Computern im Internet „surfen" kann. Ein Betreuer steht nicht zur Verfügung. Es wird lediglich die Teilnahme vom Veranstalter registriert. Der Leistungsberechtigte versucht, dass die Fallmanagerin ihn von der Verpflichtung zur Anwesenheit entbindet, kann sie jedoch auch nach dreimaligem fernmündlichen Versuch über ein „Callcenter" des Leistungsträgers nicht erreichen. Am nächsten Tag teilt er einem Mitarbeiter der Quartia AG mit, dass er am Folgetag nicht mehr erscheinen werde. Hierauf wird sein Bewilligungsbescheid für drei Monate dahin gehend abgeändert, dass er nur noch einen Regelbedarf in Höhe von 279,30 EUR erhält.

28 **Hinweis:** Gegen den Sanktionsbescheid kann der Leistungsberechtigte mit verschiedenen Rechtsbehelfen vorgehen. Er kann gegen den Sanktionsbescheid Widerspruch einlegen. Der Widerspruch hat allerdings keine aufschiebende Wirkung (§ 39 SGB II), so dass die aufschiebende Wirkung durch Antrag beim Leistungsträger (§ 86 a Abs. 3 SGG) oder durch Antrag beim Sozialgericht (§ 86 b Abs. 1 Nr. 2 SGG) wiederhergestellt werden muss.

29 Der Antrag auf Herstellung der aufschiebenden Wirkung: Widerspruch und Klage werden hier erfolgreich sein, weil die in der Eingliederungsvereinbarung aufgenommene Teilnahme an der Maßnahme unzumutbar ist, denn sie ist nicht geeignet, die Eingliederung des Leistungsberechtigten in seiner konkreten Situation sinnvoll zu befördern.[41]

30 Die in der Eingliederungsvereinbarung festgelegten **Pflichten müssen hinreichend bestimmt sein,** so dass der Leistungsberechtigte sein Verhalten hiernach einrichten kann. Wenn zB von dem Leistungsberechtigten verlangt wird, er habe einmal im Mo-

---

39 Wegen der umfassenden Kasuistik Scholz in: Mutschler/Schmidt-de Caluwe/Coseriu SGB III § 159 SGB III Rn 7–113.
40 Berlit in: LPK-SGB II § 31 Rn 19.
41 LSG Berlin-Brb. 15.7.2008 – L 14 B 568/08 AS ER.

nat eine Anzahl von fünf Bewerbungen pro Woche nachzuweisen, dann muss im Einzelnen in der Eingliederungsvereinbarung aufgenommen sein, ob die Bewerbungen schriftlich oder (fern-)mündlich zu erfolgen haben und wie der Nachweis der Bewerbungen geführt werden soll.

2. Ablehnung einer zumutbaren Arbeit

Sofern der Leistungsberechtigte eine zumutbare Arbeit ablehnt, erfolgt eine Absen- 31
kung um mindestens 30 % (§ 31 Abs. 1 Nr. 2 SGB II). Die **Zumutbarkeit** einer Arbeit bestimmt sich nach § 10 SGB II, wonach grundsätzlich jede Arbeit zumutbar ist. Ausnahmen ergeben sich aus § 10 Abs. 1 Nr. 1–5. Die in Nr. 1–4 genannten Gründe sind von praktisch geringer Bedeutung. Eine Arbeit ist zB auch dann zumutbar, wenn der Leistungsberechtigte ein Kind unter drei Jahren zu versorgen hat und die Betreuung des Kindes in einer Tageseinrichtung oder in der Tagespflege (§§ 43, 45 SGB VIII) sichergestellt ist (§ 10 Abs. 1 Nr. 3 SGB II). Hier ist der rechtliche Maßstab, ob die Erziehung des Kindes sichergestellt ist.[42]

Die Zumutbarkeitsgesichtspunkte gelten auch für Eingliederungsmaßnahmen, insbe- 32
sondere für die Eingliederungsmaßnahme (§ 16 d SGB II) – Arbeitsgelegenheiten „**Ein-Euro-Job**" – (§ 10 Abs. 3 SGB II). Die Grenze der Zumutbarkeit bei „Ein-Euro-Jobs" ist erreicht, wenn der Leistungsberechtigte mehr Aufwendungen hat, als er von dem Leistungsträger als Mehraufwandsentschädigung erhält.

Die Arbeitsgelegenheit (§ 16 d SGB II) kann allerdings auch dann unzumutbar sein, wenn dem Leistungsberechtigte neben seinen Aufwendungen **kein Restbetrag zur eigenen Verwendung** mehr bleibt.[43] Hier handelt es sich um einen sonstigen Grund nach Nr. 5.

Als unzumutbar im Sinne des § 10 Abs. 1 Nr. 5 wurden insbesondere Beschäftigungen 33
angesehen, bei denen die Entlohnung unangemessen niedrig ist und ein Fall des **Lohnwuchers** vorliegt. Von Lohnwucher kann ausgegangen werden, wenn ein auffälliges Missverhältnis zwischen Leistung und Gegenleistung vorliegt (§ 138 Abs. 2 BGB). Das ist der Fall, wenn die Arbeitsvergütung nicht einmal 2/3 des in der Branche und der Wirtschaftsregion üblicherweise gezahlten Tariflohnes entspricht.[44] Unzumutbar ist auch die Annahme einer Tätigkeit, für die ein Tarifvertrag gilt, wenn ein Entgelt unterhalb des Tarifes bezahlt wird. Dies trifft insbesondere auf Branchen zu, in denen ein **allgemeinverbindlicher Tarifvertrag** gilt oder in denen der Tarifvertrag nach dem Arbeitnehmerentsendegesetz[45] allgemeinverbindlich ist.

Als unzumutbar wurde ein Stundenlohn von 6,20 EUR im Jahre 2010 in Berlin angesehen.[46] Stundenlohn von 4,50 EUR im Jahr 2008 im Einzugsbereich Dortmund.[47] Kein Fall des Lohnwuchers bei einer Beschäftigung in einer Arbeitsbeschaffungsmaß-

---

42 BSG 15.12.2010 – B 14 AS 92/09 R, Rn 22.
43 BSG 13.11.2008 – B 14 AS 66/07 R bei einer Mehraufwandsentschädigung von 130 EUR und einem Aufwand von 51,90 EUR verneint.
44 LSG Hamburg 16.7.2009 – L 5 AS 20/07 mwN; BAG 22.4.2009 – 5 AZR 436/08.
45 BGBl. I 2009, 799.
46 SG Berlin 1.9.2010 – S 55 AS 24521/10 ER.
47 SG Dortmund 2.2.2009 – S 31 AS 317/07.

nahme im Jahr 2005 in Mecklenburg-Vorpommern mit einem Stundenlohn von 5,66 EUR.[48] Eine Beschäftigung ab dem 1.1.2015 zu einem Lohn von weniger als 8,50 EUR brutto pro Stunde (§ 1 Abs. 1 MiLoG)[49] ist, wenn keine im Gesetz normierte Ausnahme vorliegt, insbesondere eine Übergangsregelung in bestimmten Branchen, unzumutbar.

3. Ablehnung einer zumutbaren Arbeitsgelegenheit oder einer geförderten Arbeit (§ 16 c SGB II)

34　Neben der Weigerung eine zumutbaren Arbeit aufzunehmen, wird auch die Ablehnung einer zumutbaren Ausbildung, Arbeitsgelegenheit nach § 16 d SGB II und einer subventionierten Arbeit (§ 16 c SGB II) sanktioniert (§ 31 Abs. 1 Nr. 2 SGB II). Mit Arbeitsgelegenheiten sind nicht nur die **Arbeitsgelegenheiten in der Entgeltvariante** (§ 16 d S. 1 SGB II), sondern auch die Arbeitsgelegenheiten mit Mehraufwandsentschädigung (§ 16 d S. 2 SGB II) gemeint.

35　Die **Arbeitsgelegenheit mit Mehraufwandsentschädigung** ist eine Maßnahme zur Eingliederung in Arbeit.[50] Eingliederungsmaßnahmen werden zusätzlich in Nr. 3 erfasst (§ 31 Abs. 1 Nr. 3 SGB II).

36　Bei der mit einem Beschäftigungszuschuss geförderten Arbeit handelt es sich um die Beschäftigung in einem Arbeitsverhältnis (§ 16 e Abs. 8 SGB II). Das geförderte Beschäftigungsverhältnis wird nur deshalb gesondert erwähnt, weil hier keine Versicherungspflicht in der Arbeitslosenversicherung besteht (§ 27 Abs. 3 Nr. 5 SGB III). Hiermit soll wohl zum Ausdruck gebracht werden, dass die Beschäftigung nicht bereits deshalb unzumutbar ist, weil bei Verlust der Beschäftigung ein Anspruch auf Arbeitslosengeld nicht besteht.

4. Nichtantritt und Abbruch von Eingliederungsmaßnahmen

37　Tritt der Leistungsberechtigte eine Eingliederungsmaßnahme nicht an, bricht er sie ab oder gibt er Anlass zum Abbruch einer solchen Maßnahme ist auch dann eine Sanktion festzustellen, wenn diese nicht in eine Eingliederungsvereinbarung aufgenommen wurde (§ 31 Abs. 1 Nr. 3 SGB II).

38　**Beispiel:** Der Leistungsberechtigte erhält von dem Leistungsträger durch Schreiben vom 12.4.2015 ein Angebot einer Eignungsfeststellung/Trainingsmaßnahme. Das Angebot enthält eine ordnungsgemäße Belehrung über die Rechtsfolgen, die eintreten, wenn die Trainingsmaßnahme nicht angetreten wird. Eine Eingliederungsvereinbarung über die vorgenannte Maßnahme findet sich zwar in den Akten, wurde aber von dem Leistungsberechtigten nicht unterschrieben. Der Leistungsberechtigte tritt die Trainingsmaßnahme nicht an und der Leistungsträger erlässt daraufhin einen Sanktionsbescheid mit einer Absenkung in Höhe von 121,20 (bis zum 31.12.2015: 119,70) EUR bei einem Regelbedarf von 404,00 (bis zum 31.12.2015: 399,00) EUR.

48　LSG MVP 8.1.2009 – L 8 AS 59/06.
49　MiLoG 11.8.2014, BGBl. I, 1348.
50　BSG 16.12.2008 – B 4 AS 60/07 R, Rn 18.

Bis zum Inkrafttreten der Neuregelung des § 31 Abs. 1 Nr. 3 SGB II konnte der Abbruch einer Eingliederungsmaßnahme nur sanktioniert werden, wenn sie in die Vereinbarung mit aufgenommen worden war.

5. Sanktion bei „Quasi-Sperrzeit"

Die Tatsache, dass der Leistungsberechtigte die Trainingsmaßnahme nicht angetreten hatte, könnte nach § 31 Abs. 2 Nr. 3 iVm § 159 Abs. 1 Nr. 4 SGB III zu einer Sanktion nach Abs. 1 führen, denn die **Sperrzeittatbestände werden hier entsprechend angewendet**. Diese Regelung findet jedoch nur dann Anwendung, wenn ein Bezug zu den Leistungen nach dem SGB III besteht. § 31 Abs. 3 Nr. 3 ist kein Auffangtatbestand, der hilfsweise zur Anwendung kommt. Für die Anwendung der Regelung ist in der Regel erforderlich, dass der Leistungsberechtigte in einem Versicherungsverhältnis zur Bundesagentur für Arbeit steht.[51] Die Regelung des § 31 Abs. 2 Nr. 4 sieht vor, dass auch in den Fällen, in denen der Bezug von Leistungen nach dem SGB III nur deshalb nicht ruht, weil mangels Vorliegen der versicherungsrechtlichen Voraussetzungen (keine Vorbeschäftigungszeit) ohnehin kein Anspruch nach dem SGB III besteht, eine Leistungskürzung nach dem SGB II vorgenommen werden kann (Quasisperrzeit). Diese Regelung betrifft also nur solche Fälle, bei denen zwar die Voraussetzung für eine Sperrzeit vorliegen, die Agentur für Arbeit aber keine Feststellung der Sperrzeit getroffen hat, weil kein Anspruch auf Leistungen besteht.

Wird Abs. 2 Nr. 3 uneingeschränkt angewendet, laufen die in Abs. 1 genannten Voraussetzungen – Benennung in einer Eingliederungsvereinbarung und Belehrung über die Rechtsfolgen – teilweise leer. Bei gleichen Sachverhalten ergeben sich somit unterschiedliche Anforderungen. Dies entspricht nicht dem Gedanken der Förderung der Leistungsberechtigten. Außerdem ist Ziel des SGB II – anders als beim SGB III (vgl § 2 SGB III) – nicht allein die Wiedereingliederung in Arbeit, sondern auch die Sicherung des Lebensunterhaltes. Leistungen nach dem SGB III werden, abgesehen von Einkommen aus Erwerbstätigkeit (§ 155 SGB III), unabhängig von der Hilfebedürftigkeit gewährt, so dass bei Beziehern von Alg I zunächst keine Existenzgefährdung anzunehmen ist. Die Regelungen des Abs. 2 sollen lediglich verhindern, dass bei niedrigen Leistungen nach dem SGB III das versicherungswidrige Verhalten allein deshalb leerläuft, weil der Arbeitslose „seine" Leistungen nach dem SGB II vollständig erhält. Abs. 2 Nr. 3 beschränkt sich auf Fälle, in denen der Leistungsberechtigte noch nicht im Leistungsbezug steht und er durch rechtzeitige „Abmeldung" bei der Bundesagentur die Feststellung einer Sperrzeit verhindert.[52]

6. Sanktion bei Sperrzeit

Nach § 31 Abs. 2 Nr. 3 wird ein Verhalten sanktioniert, welches zu einer **Sperrzeit** **nach § 159 SGB III** oder zum Wegfall des Leistungsanspruches nach dem SGB III geführt hat. Die Sanktion knüpft an die verhängte Sperrzeit an. Der Leistungsträger

39

40

41

---

51 BSG 22.3.2010 – B 4 AS 68/09 R.
52 Ähnlich LSG BW 18.2.2009 – L 3 AS 3530/08; 17.12.2009 – B 4 AS 20/09 R.

kann die Entscheidung der Agentur für Arbeit, die eine Sperrzeit feststellt, nicht eigenständig überprüfen.

42 **Hinweis:** Will der Leistungsberechtigte vermeiden, dass die Sperrzeit auf seinen Anspruch nach dem SGB II durchschlägt, muss er gegen den Sperrzeitbescheid vorgehen.

7. Sanktion bei Vermögensminderung und unwirtschaftlichem Verhalten

43 Eine Sanktion wird auch für den Fall ausgesprochen, dass der Leistungsberechtigte sein Einkommen oder Vermögen in der Absicht mindert, die Hilfebedürftigkeit herbeizuführen (§ 31 Abs. 2 Nr. 1). **Das absichtliche Herbeiführen der Vermögensminderung erfordert einen zielgerichteten Vorsatz.** Dem Leistungsberechtigten muss es darauf ankommen, seine Hilfebedürftigkeit herbeizuführen.[53]

44 **Beispiel:** Der 47-jährige Leistungsberechtigte ist arbeitslos und bezieht bis zum 31.10.2014 Arbeitslosengeld. Als die Arbeitsagentur ihn darauf hinweist, dass der Anspruch auf Arbeitslosengeld zum 31.10.2014 ausläuft, lässt er sich von einem Rechtsanwalt, den er in seine Pläne nicht einweiht, beraten, welches Schonvermögen ihm abstrakt zusteht. Nach der Beratung löst er mehrere Lebensversicherungen, bei denen er nur einen Rückkaufswert von unter 50 % der eingezahlten Beiträge erhält, auf und verschenkt das Geld an seine Freunde mit der Bemerkung: „Macht euch ein paar schöne Stunden mit dem Geld, wenn ich demnächst Hartz IV kriege, muss ich sowieso alles hergeben."

Hier zeigt der Leistungsberechtigte deutlich, dass es ihm darauf ankommt, Leistungen nach dem SGB II zu erhalten. Der Leistungsträger wird hier einen Sanktionsbescheid zu Recht erlassen.

45 Auch ein **unwirtschaftliches Verhalten** kann eine Sanktion zur Folge haben (§ 31 Abs. 2 Nr. 2). Ein unwirtschaftliches Verhalten liegt vor, wenn der Leistungsberechtigte vorwerfbar, dh schuldhaft, die ihm bereitgestellten Mittel in verschwenderischer, sinnloser und mit normalen Maßstäben nicht zu vereinbarender Weise verschleudert.

46 **Beispiel:** Die Leistungsberechtigte lebt mit ihren drei Kindern im Alter von drei, zehn und zwölf Jahren zusammen. Sie hat einen verschwenderischen, exzessiven Stromverbrauch. Statt ca. 4.500 kWh (durchschnittlicher Vierpersonenhaushalt) im Jahr verbraucht sie 9.000 kWh, weil sie u.a. ihren Elektrobackofen rund um die Uhr nutzt. Die monatlichen Abschläge betragen demzufolge 127,50 EUR:

9.000 kWh * 0,17 EUR/kWh   = 1.530,00 EUR pro Jahr oder 127,50 EUR pro Monat

Sie ist weder gewillt, den Stromverbrauch auf das normale Maß zu reduzieren, noch zahlte sie in der Vergangenheit die monatlichen Abschlagszahlungen an den Energieversorger und will dies auch zukünftig nicht tun.[54]

In dem vorgenannten Fall kann ohne Weiteres von einem unwirtschaftlichen Verhalten ausgegangen werden. Der Leistungsträger kann gegen die Leistungsberechtigte einen Sanktionsbescheid erlassen, kann aber gleichzeitig wegen der Kinder dazu verpflichtet sein, Stromschulden zur Verhinderung einer Stromsperre zu übernehmen.[55]

---

53 BSG 18.3.2008 – B 8/9 b SO 9/06 R.
54 Vgl LSG Berlin-Brb. 11.12.2007 – L 28 B 2169/07 AS ER.
55 LSG Berlin-Brb. 11.12.2007 – L 28 B 2169/07 AS ER.

Der Leistungsträger kann neben dem Sanktionstatbestand bei unwirtschaftlichem   47
Verhalten (§ 31 Abs. 2 Nr. 1) ggf auch den Regress wegen sozialwidrigen Verhaltens
geltend machen (§ 34 Abs. 1 S. 1), weil der Regress auf die Wiedergutmachung (Schadenersatz) und die Sanktion auf eine zukünftige Verhaltensänderung gerichtet ist.[56]

8. Sanktion bei Meldeversäumnis

Kommt der Leistungsberechtigte einer Meldeaufforderung oder einer Aufforderung   48
zu einer ärztlichen Untersuchung nicht nach und weist er für sein Verhalten keinen
wichtigen Grund nach, so erfolgt eine Sanktion durch Absenkung des Regelbedarfes
um 10 % (§ 32 Abs. 1).

Ein Sanktionsbescheid, der sich auf eine Verletzung der Meldepflicht nach § 59 iVm
§§ 309, 310 SGB III stützt, muss den Anforderungen des § 309 SGB III genügen und
die Aufforderung, die Zeit und den Ort der bezeichneten Stelle enthalten und wegen
eines in § 309 Abs. 2 SGB III genannten Zweckes, wie

■ Berufsberatung,

■ Vermittlung in Arbeit,

■ Vorbereitung aktiver Arbeitsförderungsleistung,

■ Vorbereitung von Entscheidungen im Leistungsverfahren und

■ Prüfung des Vorliegens der Voraussetzungen für den Leistungsanspruch,

erfolgen.[57]

Wird mit der Meldung nicht einer der vorgenannten Zwecke verfolgt, ist die Melde-
aufforderung bereits deshalb rechtswidrig, so dass auch die sich hieraus ergebende
Sanktion rechtswidrig wird. Eine Aufforderung sich bei einem Leiharbeitgeber zur
Teilnahme an einer Messe zu melden ist daher kein nach § 309 SGB III rechtmäßiger
Meldezweck.[58]

Hinweis: Wird gegen den Bewilligungsbescheid Widerspruch oder Klage eingereicht   49
und ist dieser noch nicht bestandskräftig geworden, wird ein gleichzeitig oder nach-
folgend erlassener Sanktionsbescheid nicht Gegenstand des Widerspruchsverfahrens
oder der nachfolgenden Klage nach § 86 SGG bzw § 96 SGG. Gegenstand des Widerspruchsverfahrens wird nur ein in Folge des Sanktionsbescheides erlassener Änderungsbescheid (48 SGB X), weil nur der Änderungsbescheid und nicht der Sanktionsbescheid den Ausgangsbescheid abändert. Das Klageverfahren steht dem Verfahren
auf einstweiligen Rechtsschutz gleich.[59] Geht der Leistungsberechtigte gleichzeitig gegen den noch nicht bestandskräftigen Bewilligungsbescheid vor, handelt es sich nach
der zitierten Entscheidung des LSG Berlin-Brb um einen sogenannten Höhenstreit, so
dass als Rechtsbehelf gegen den Ausgangsbescheid und den Änderungsbescheid als
Folge des Sanktionsbescheides nur die Regelungsanordnung nach § 86 b Abs. 2 S. 2

---

56 Vgl LSG Essen 22.4.2013 – L 19 AS 1303/12, NZS 2013, 794.
57 Berlit in: LPK-SGB II § 32 Rn 6.
58 LSG Celle 10.2.2014 – L 7 AS 1058/13 B, NZS 2014, 394–396.
59 LSG Berlin-Brb. 16.1.2008 – L 28 B 2119/07 AS ER.

SGG und nicht die Herstellung der aufschiebenden Wirkung nach § 86 b Abs. 1 Nr. 2 SGG möglich ist. Die Regelungsanordnung bedarf hier des Anordnungsgrundes, dass dem Leistungsberechtigten wesentliche Nachteile drohen (§ 86 b Abs. 2 S. 2 SGG). Letzteres dürfte bei einer Absenkung der Leistungen um 10 % oder sogar 20 % für drei Monate regelmäßig nicht der Fall sein.[60] Der Ansicht des Landessozialgerichts Berlin-Brb. kann nicht gefolgt werden, denn Rechtsschutzziel bei dem Vorgehen gegen den Absenkungsbescheid ist allein dessen Aufhebung (§ 54 Abs. 1 SGG) bzw die (Wieder-)Herstellung der aufschiebenden Wirkung.[61]

Demgegenüber sind die Anforderungen an den Erlass der (Wieder-)Herstellung der aufschiebenden Wirkung scheinbar geringer, hier hat nämlich lediglich eine Abwägung zwischen den Belangen des Leistungsberechtigten auf unverminderte Leistung und denjenigen des Leistungsträgers auf sofortigen Vollzug zu erfolgen. Auch hier kann allerdings das Fehlen eines wesentlichen Nachteils eher zu einer Entscheidung zulasten des Leistungsberechtigten führen, so dass bei sachgerechter Anwendung der Regelungen durch das Gericht kein Unterschied in der Entscheidung vorliegen wird. Sind keine wesentlichen Beeinträchtigungen der existenzsichernden Leistungen zu erwarten, was bei einer Absenkung um lediglich 10 % oder 20 % der Fall sein kann, so kann das Gericht eine summarische Prüfung anhand der Erfolgsaussichten des Rechtsbehelfes vornehmen und muss bei Unaufklärbarkeit des Sachverhaltes im einstweiligen Rechtsschutzverfahren keine abschließende Prüfung des Sachverhaltes durchführen. Nach anderer Ansicht in der Rechtsprechung ist auch eine Absenkung des Regelbedarfes auch für eine kurze Zeit um 10 % ein erheblicher Eingriff, der einen Sofortvollzug nur bei Abwesenheit jeglichen Zweifels an der Maßnahme zulässt.[62] Unter dem Eindruck des zwischenzeitlich ergangenen Urteils des Bundesverfassungsgerichtes vom 9.2.2010, das eine Pflicht zur Einlösung des verfassungsrechtlichen Anspruch auf Leistung zur Existenzsicherung gebietet, erscheint auch zweifelhaft, ob das Bundesverfassungsgericht bei einer erneuten Anrufung wiederum eine Absenkung um 20 % als hinnehmbar akzeptieren würde.

50 Die **Meldeaufforderung** ist ein Verwaltungsakt[63] und muss dem Leistungsberechtigten zugegangen sein. Die **objektive Beweislast für den Zugang trägt der Leistungsträger**.[64] Allerdings besteht die Gefahr, wenn der Leistungsberechtigte „ständig" keine Post erhält, obwohl an seinem Aufenthaltsort/Wohnadresse ein ausreichend beschrifteter Briefkasten vorhanden ist, dass die Gerichte bei einem derart argumentierenden Leistungsberechtigten höhere Anforderungen an dessen objektive Darlegungs- und Beweislast stellen. Nach dem gewöhnlichen Verlauf kann nämlich nicht davon ausgegangen werden, dass Schriftstücke einer Behörde den Bürger trotz eines funktionsfähigen Briefkastens ständig nicht erreichen. Das Gericht kann aus den Gesamtumständen schließen, dass ein Schreiben trotz gegenteiliger Behauptung zugegangen ist. So-

---

60 BVerfG 12.5.2005 – 1 BvR 569/05, Rn 26; SG Düsseldorf 16.2.2005 – S 35 SO 28/05 ER, Rn 26.
61 Vgl BSG 15.12.2010 – B 14 AS 92/09 R, Rn 14.
62 LSG Bay 23.12.2009 – L 8 AS 815/09 B ER.
63 LSG Darmstadt 20.6.2011 – L 7 AS 255/10.
64 LSG BW 14.3.2008 – L 8 AS 5579/07; BVerfG 15.5.1991 – BvR 1441/90.

fern der Leistungsberechtigte einen wichtigen Grund für das Meldeversäumnis hat, kann eine Sanktion nicht verhängt werden. Für den wichtigen Grund trägt der Leistungsberechtigte die objektive Darlegungs- und Beweislast (§ 32 Abs. 1 S. 2). Wichtige Gründe für ein Meldeversäumnis sind zB Witterung (Glatteis), Erkrankung des Leistungsberechtigten, wenn er dadurch gesundheitlich nicht in der Lage ist, der Meldeaufforderung nachzukommen,[65] kurzfristig anberaumtes Vorstellungsgespräch bei einem potenziellen Arbeitgeber, Erkrankung eines nahen Angehörigen, wenn eine Versorgung durch weitere Angehörige nicht möglich ist.

Hinweis: Die ärztlich festgestellte Arbeitsunfähigkeit hat nicht stets zur Folge, dass 51 dem Leistungsberechtigten ein wichtiger Grund, den Meldetermin nicht wahrzunehmen, zur Seite steht. Eine ärztliche Bescheinigung führt aber regelmäßig zu der Vermutung, dass der Leistungsberechtigte den Meldetermin nicht wahrnehmen konnte. Die Sozialgerichte müssen daher, wenn der Leistungsträger vorträgt, dass der Leistungsberechtigte gleichwohl der Meldeaufforderung nachgehen konnte, den Sachverhalt von Amts wegen ermitteln und zB durch Zeugnis des die Arbeitsunfähigkeit bescheinigenden Arztes feststellen, ob der Leistungsberechtigte durch die Krankheit tatsächlich gehindert war den Meldetermin wahrzunehmen.[66]

Hinweis: Der Widerspruch gegen einen Sanktionsbescheid und auch derjenige gegen 52 einen, in dessen Folge erlassenen, Änderungsbescheid nach § 48 SGB X, hat keine aufschiebende Wirkung, weil er eine Pflichtverletzung feststellt bzw den Leistungsanspruch mindert (§ 39 Nr. 1). Die aufschiebende Wirkung kann vom Leistungsträger (§ 86 a Abs. 3 SGG) oder durch Antrag beim Sozialgericht (§ 86 b Abs. 1 Nr. 2 SGG) hergestellt werden. Obwohl nach dem Gesetz der Widerspruch gegen einen Sanktionsbescheid oder einen Änderungsbescheid keine aufschiebende Wirkung hat, muss der Leistungsträger sowohl bei Erlass des Sanktionsbescheides als auch im Falle eines Widerspruchs von Amts wegen prüfen, ob die aufschiebende Wirkung des Widerspruchs herzustellen ist. Dies folgt sowohl aus dem Wortlaut des § 86 a Abs. 3 S. 1 SGG, wonach der Leistungsträger (von Amts wegen) die aufschiebende Wirkung herstellen kann, als auch aus dem Gebot des effektiven Rechtsschutzes (Art. 19 Abs. 4 GG). Der Gesetzgeber hat zwar mit § 39 Nr. 1 eine allgemeine Wertung getroffen, dass die aufschiebende Wirkung bei einem Sanktionsbescheid und Änderungsbescheid in der Regel entfallen soll, dies entbindet jedoch den Leistungsträger nicht von der Prüfung der Herstellung der aufschiebenden Wirkung. Gemessen am Grundrecht auf effektiven Rechtschutz (Art. 19 Abs. 4 GG) und dem Grundrecht auf Sicherung der menschenwürdige Existenz Art. 1 Abs. 1, 20 Abs. 1 GG) bedarf es auch bei der sofortigen Vollziehung des Sanktionsbescheides eines besonderen öffentlichen Interesses. Dabei sind die Belastungen des Leistungsberechtigten mit dem Vollzugsinteresse des Leistungsträgers abzuwägen.[67] Ein Eingriff in die Existenzsicherung ist stets von erheblicher Tragweite. Da in dem Regelbedarf auch Beiträge für langlebige Güter des

---

65 BSG 9.11.2010 – B 4 AS 27/10 R, Rn 32.
66 Vgl hierzu die Ausführungen BSG 9.11.2010 – B 4 AS 27/10 R, Rn 32.
67 BVerfG 13.6.2005 – 2 BvR 485/05.

täglichen Bedarfes enthalten sind, führt eine vorübergehende Minderung nicht sogleich zur Gefährdung der physischen Existenz, so dass nach der Intensität des Eingriffes unterschieden werden muss. Das besondere öffentliche Interesse muss dem Interesse des Betroffenen im Einzelfall dennoch immer vorgehen.[68] Auch kleinste Bedenken hinsichtlich der Rechtfolgenbelehrung oder der wirksamen Anhörung vor Erlass des Sanktionsbescheides müssen so zumindest zur Herstellung der aufschiebenden Wirkung führen.

---

68   Vgl BVerfG 8.4.2010 – 1 BvR 2709/09.

§ 6 Rückforderung und Inanspruchnahme Dritter

I. Rückforderung von Leistungen

Die Rechtsprobleme, die sich aus den **Rückforderungen** von Leistungen ergeben, nehmen einen breiten Raum in der praktischen Tätigkeit der Leistungsträger, Rechtsanwälte und Gerichte ein. Die Bedarfsgemeinschaften unterliegen ständig Veränderungen: es kommen Personen hinzu oder verlassen die Bedarfsgemeinschaft, Leistungsberechtigte nehmen eine Arbeit auf und erzielen Einkommen oder erhalten andere oder höhere Sozialleistungen (zB ein um 2 EUR erhöhtes Kindergeld ab dem 1.1.2016 = 190 EUR). **1**

Werden Leistungen zu Unrecht erbracht, können diese vom Leistungsträger nach § 50 Abs. 1 oder Abs. 2 SGB X, der nach § 40 Abs. 1 S. 1 auch im SGB II angewendet wird, zurückgefordert werden. Dabei ist zu unterscheiden, ob die unrechtmäßig erbrachten Leistungen aufgrund eines Leistungsbescheides (Verwaltungsakt) oder ohne Verwaltungsakt vom Leistungsträger erbracht wurden. **2**

1. Aufhebung von Verwaltungsakten

Da Leistungen nach dem SGB II durch Bescheide (= Verwaltungsakte) gewährt werden, bewirken die Änderungen der Verhältnisse, dass der der Leistung zugrunde liegende Verwaltungsakt nicht oder nicht mehr der wirklichen Rechtslage entspricht. Der Anspruch auf Leistungen zur Sicherung des Lebensunterhaltes entsteht **nach § 40 SGB I**, da es sich um gesetzliche **Pflichtleistungen handelt, sobald die Tatbestandsvoraussetzungen für die Leistungen erfüllt sind.** Ein Leistungsbescheid hat demnach, wenn er rechtmäßig ist, nur deklaratorische Bedeutung. **3**

Ist der Bescheid fehlerhaft, muss der Leistungsträger die Leistungen nach der im Verfügungssatz des Bescheides ausgewiesenen Höhe erbringen, denn der Bescheid ist ein Verwaltungsakt, der Rechtswirkungen nach außen hat und das Sozialrechtsverhältnis zwischen Leistungsberechtigten und den Leistungsträgern regelt (§ 31 S. 1 SGB X). Die **Regelungen des SGB X** sind nach § 40 Abs. 1 S. 1 auf das Verfahren nach dem SGB II anzuwenden. **4**

Nach § 31 SGB I sind die Leistungsträger verpflichtet nach dem **Vorbehalt des Gesetzes** zu handeln und Leistungen nur zu gewähren, soweit ein Anspruch nach dem Gesetz besteht. Andererseits muss der Leistungsträger die Leistungen gewähren, sofern das Gesetz sie vorschreibt (Gesetzmäßigkeit der Verwaltung). **5**

Zur (Wieder-)Herstellung des gesetzmäßigen Zustandes dienen die Regelungen der §§ 44 ff SGB X. Da der fehlerhafte Leistungsbescheid (Verwaltungsakt) konstitutive Bedeutung hat und „einen Anspruch gewährt", muss er vor Rückforderung der Leistung nach § 50 Abs. 1 SGB X aufgehoben werden. Wegen der **Rücknahme** rechtswidrig belastender Bescheide nach § 44 SGB X (s. § 1 Rn 53 ff). **6**

Rechtswidrige begünstigende Bescheide können, wenn sie bereits bei ihrem Wirksamwerden rechtswidrig waren, nach § 45 SGB X zurückgenommen werden. Leistungs- **7** bescheide mit Dauerwirkung, die während ihrer Wirkungsdauer rechtswidrig werden, können unter den Voraussetzungen des § 48 SGB X geändert werden.

a) Rücknahme von rechtswidrigen begünstigenden Verwaltungsakten nach § 45 SGB X

8 Ein rechtswidriger begünstigender Verwaltungsakt darf, nachdem er unanfechtbar geworden ist, ganz oder teilweise (bei teilweiser Rechtswidrigkeit) nur unter den Voraussetzungen des § 45 SGB X zurückgenommen werden. Die Rücknahme eines begünstigenden Verwaltungsaktes/Leistungsbescheides ist nach § 45 Abs. 2 S. 1 SGB X immer dann nicht möglich, wenn der Leistungsberechtigte auf die **Richtigkeit des Bescheides vertrauen konnte und sein Vertrauen schutzwürdig** ist. Das Vertrauen ist in der Regel schutzwürdig, wenn der Leistungsberechtigte die Leistung verbraucht oder Vermögensdispositionen getroffen hat, die er nicht rückgängig machen kann. Bei einem Leistungsberechtigten wird dies angesichts seines engen Lebenszuschnittes in der Regel der Fall sein.

9 **Darlegung der Gutgläubigkeit:** Bei einer gerichtlichen Überprüfung sollte der Leistungsberechtigte sich darauf berufen, dass er im guten Glauben die Leistungen des Leistungsträgers verbraucht hat,[1] ebenso im Widerspruchsverfahren oder bei der Anhörung.

10 **Bindung der Verwaltung an den Verwaltungsakt auch ohne Bestandskraft:** Aus dem Wortlaut des § 45 Abs. 1 SGB X „… nachdem er unanfechtbar geworden ist" kann nicht geschlossen werden, dass damit das Verböserungsverbot (reformatio in peius) im Widerspruchsverfahren aufgehoben wird. Der Leistungsbescheid bleibt soweit und solange wirksam, wie er nicht zurückgenommen, widerrufen, anderweitig aufgehoben oder durch Zeitablauf oder anderweitig erledigt ist (§ 39 Abs. 2 SGB X). Der Leistungsträger kann daher nicht im Widerspruchsverfahren den Ursprungsbescheid zulasten des Leistungsberechtigten abändern.[2] Der Leistungsträger muss vielmehr in einem neuen Verwaltungsverfahren den rechtswidrigen Leistungsbescheid nach den §§ 45 und 48 SGB X aufheben.[3]

11 Bei der Rücknahme eines rechtswidrigen Verwaltungsaktes nach § 45 Abs. 2 S. 1 SGB X muss der **Leistungsträger Ermessen ausüben** und die Belange des Leistungsberechtigten und des Leistungsträgers gegeneinander abwägen. Das Ermessen des Leistungsträgers wird durch S. 2 eingeschränkt, wenn der Begünstigte die Leistungen verbraucht hat oder Vermögensdispositionen getroffen hat, die er nicht oder nur unter unzumutbaren Nachteilen rückgängig machen kann. Leistungsberechtigte werden die an sie gezahlten Leistungen wegen ihrer engen wirtschaftlichen Verhältnisse in der Regel verbrauchen, so dass eine Rückforderung in Fällen des § 45 Abs. 2 S. 1 und 2 SGB X nicht in Betracht kommt.

12 Demgegenüber ist die Rücknahme nach § 45 Abs. 2 S. 3 SGB X wesentlich erleichtert. Liegt ein Fall der **Unredlichkeit nach § 45 Abs. 2 S. 3 SGB X vor,** greift der Vertrau-

---

1 BSG 27.1.2009 – B 14 AS 52/07 R.
2 BSG 18.6.2008 – B 14/11 b AS 67/06 R.
3 Vgl hierzu nur BSG 14.9.2010 – B 7 AL 21/09 R, Rn 17.

ensschutz nicht ein. Nach § 40 Abs. 1 Nr. 1 iVm § 330 Abs. 2 SGB III muss der Leistungsträger auch kein Ermessen mehr bei der Rücknahme des Bescheides für die Vergangenheit ausüben,[4] es handelt sich somit um eine gebundene Entscheidung. Soweit der Bescheid für die Zukunft aufgehoben wird, ist auch bei Anwendung des § 330 Abs. 2 SGB III, Ermessen auszuüben.[5]

Die häufigsten Fälle der Unredlichkeit sind:

- Der Bescheid beruht auf **Angaben,** die in den **wesentlichen Beziehungen** vorsätzlich oder grob fahrlässig unrichtig oder unvollständig sind.

- Der Leistungsberechtigte **kannte** die Rechtswidrigkeit des Verwaltungsaktes oder kannte sie infolge grober Fahrlässigkeit nicht.

Bei der Prüfung, ob **grobe Fahrlässigkeit** (zB hinsichtlich der Rechtswidrigkeit des   13
Verwaltungsaktes) vorliegt, ist ein subjektiv individueller Maßstab anzuwenden. Grobe Fahrlässigkeit liegt nur dann vor, wenn der Leistungsberechtigte die Rechtswidrigkeit des Bescheides aufgrund einfachster und naheliegender Überlegungen sicher hätte erkennen (wissen) können.[6] Grobe Fahrlässigkeit liegt zB dann nicht vor, wenn der Fehler im Bescheid erst durch eine Rechenoperation ermittelt werden kann. Grobe Fahrlässigkeit wird andererseits vorliegen, wenn der Leistungsberechtigte einen naheliegenden Gesichtspunkt, wie die Tatsache, dass ein erhebliches Einkommen oder Vermögen auf die einkommens- und vermögensabhängigen Leistungen nicht angerechnet wird, nicht beachtet.

Den Leistungsberechtigten treffen neben speziellen im SGB II geregelten **Mitwir-**   14
kungspflichten, wie zB die Verpflichtung eine Arbeitsunfähigkeit nach § 56 mitzuteilen, die allgemeinen verfahrensrechtlichen Mitwirkungspflichten (§§ 60 ff SGB I). Nach § 60 Abs. 1 SGB I hat der Leistungsberechtigte insbesondere alle Tatsachen mitzuteilen, die für die Leistung erheblich sind, und Änderungen in den Verhältnissen, die für die Leistung erheblich sind, mitzuteilen[7] sowie Beweismittel zu bezeichnen und auf Verlangen vorzulegen bzw einer Vorlage (durch Dritte) zuzustimmen.

Der Leistungsberechtigte ist zB dazu verpflichtet, Angaben über sein Vermögen voll-   15
ständig und wahrheitsgemäß zu machen und die Antragsformulare des Leistungsträgers entsprechend auszufüllen, sofern er dazu körperlich und geistig in der Lage ist.

Beispiel: Falsche Angaben im Leistungsantrag Der Leistungsberechtigte stellt bei dem Leis-   16
tungsträger am 29.3.2015 einen Fortsetzungsantrag für den Zeitraum ab dem 1.4.2015. Bei Antragstellung gibt er nicht an, dass er ab dem 1.3.2015 eine geringfügige Beschäftigung aufgenommen und am 29.3.2015 hieraus 320 EUR erhalten hatte. Im Fragebogen zum Fortsetzungsantrag wird ausdrücklich nach den aktuellen Einkommensverhältnissen gefragt. Der Leistungsträger erlässt daraufhin einen Leistungsbescheid, in dem das Einkommen des Leistungsberechtigten nicht berücksichtigt wird. Dem Leistungsberechtigten ist bekannt, dass das Alg II einkommensabhängig geleistet wird.

---

4 BSG 16.12.2008 – B 4 AS 48/07 R.
5 BSG 21.6.2001 – B 7 AL 6/00 R.
6 BSG 26.8.1987 – 11 a RA 30/86, Soz-R 1300 zu § 48 Nr. 39.
7 BSG 19.9.2008 – B 14 AS 45/07 R.

17   Der Leistungsberechtigte hat die Fragen zu den aktuellen Einkommensverhältnissen falsch beantwortet und damit die für die Leistung erhebliche Tatsache nicht richtig mitgeteilt, so dass hier ein Fall des § 45 Abs. 2 S. 3 Nr. 2 SGB X vorliegt. Der Leistungsberechtigte hat es zusätzlich unterlassen den Leistungsberechtigten über die Aufnahme der Tätigkeit ab dem 1.3.2010 zu informieren. Auch das vorsätzliche oder grob fahrlässige Unterlassen einer Mitteilung erfüllt den Tatbestand des § 45 Abs. 2 S. 3 Nr. 2 SGB X.[8]

18   Darüber hinaus liegt auch ein Fall des § 45 Abs. 2 S. 3 Nr. 3 SGB X vor, denn dem Leistungsberechtigten war es bekannt, dass die Leistungen nach dem SGB II vom Einkommen abhängen und er konnte somit aus dem Bewilligungsbescheid anhand der nicht ausgefüllten Spalte „Einkommen" erkennen, dass der Bescheid rechtswidrig ist.

19   Die Rückforderung bei Bösgläubigkeit (§ 45 Abs. 2 S. 2 Nr. 3 SGB X) kann dadurch eingeschränkt sein, dass anrechenbares Einkommen oder Vermögen, welches vor dem Wirksamwerden der Entscheidung über die Leistung verbraucht wurde, bei Wirksamwerden des Rückforderungsbescheides nicht mehr vorhanden war.

Beispiel: Der A steht aufgrund des Bescheides vom 29.9.2014 im Leistungsbezug und erhält seit dem 1.10.2014 Leistungen nach dem SGB II. Am 24.12.2014 bekommt er einen Betrag in Höhe von 15.000 EUR ausgezahlt. Hiervon erfährt das Jobcenter zunächst nichts, weil der A, aufgrund der Weihnachtstage, „vergessen" hatte, den Zufluss des Betrages dem Jobcenter mitzuteilen. Auf Antrag des A vom 25.3.2015 erhält er durch Bescheid vom 5.4.2015 ab dem 1.4.2015 wieder Leistungen nach dem SGB II. Am 24.4.2015 erfährt das Jobcenter von dem Geldzufluss am 24.12.2014 und hebt mit Bescheid vom 29.4.2015 den Bescheid vom 29.9.2014 ab dem 24.12.2014 und den Bescheid vom 5.4.2015 ab dem 1.4.2015 auf. Der A wendet ein, er habe mit dem Betrag am 30.12.2014 Schulden in Höhe von 5.000 EUR beglichen und für den Rest habe er sich im Januar 2015 einen PKW gekauft. Mit diesem sei er noch am Tag des Kaufes selbstverschuldet verunfallt und der PKW sei damit wertlos geworden.

Das Jobcenter muss hier berücksichtigen, dass der A zum Zeitpunkt der Antragstellung mittellos war und daher einen Anspruch auf Leistungen ab dem 1.4.2015 gehabt hätte. Zwar ist die im Dezember 2014 erzielte Einnahme ab dem 1.1.2015 für eine Zeit von sechs Monaten bis zum 30.6.2015 anzurechnen (§ 11 Abs. 3 S. 3), hier muss jedoch berücksichtigt werden, dass der A bereits zu Beginn des neuen Bewilligungsabschnittes nicht mehr über den Betrag verfügen konnte. Gegenüber dem A kann das Jobcenter daher allenfalls ein Anspruch auf Rückzahlung wegen sozialwidrigen Verhaltens geltend machen.[9]

20   Der auf unredlichem Verhalten beruhende Bescheid kann auch für die Vergangenheit zurückgenommen werden. Die **Rücknahme muss innerhalb eines Jahres** seit Kenntnis der Behörde von den Tatsachen, welche die Rücknahme eines rechtswidrigen begünstigenden Bescheides für die Vergangenheit rechtfertigen, erfolgen. Die Jahresfrist beginnt, wenn die Behörde der Ansicht ist, dass die ihr vorliegenden Tatsachen für eine Rücknahme bzw Aufhebung der Bewilligung genügen.[10] Das ist unter anderem dann der Fall, wenn der Leistungsträger den Leistungsberechtigten angehört hat, die von

---

8   BSG 1.6.2006 – B 7 a AL 76/05 R.
9   Vgl hierzu BSG 10.9.2013 – B 4 AS 89/12 R, BSGE 114, 188–199.
10   BSG 6.4.2006 – B 7 a AL 64/05 R.

dem Leistungsträger gesetzte Anhörungsfrist unbeantwortet verstrichen ist oder der Leistungsträger einen Rücknahme- bzw Aufhebungsbescheid erlassen hat.

Die Frist beginnt zu laufen, sobald dem **zuständigen Sachbearbeiter der Behörde die für die Rücknahmeentscheidung erheblichen Tatsachen** bekannt sind. Dazu gehören alle Umstände, deren Kenntnis es der Behörde objektiv ermöglicht, ohne weitere Sachaufklärung unter sachgerechter Ausübung ihres Ermessens über die Rücknahme zu entscheiden.[11]

Vor dem Erlass eines Rücknahme- oder Widerrufsbescheides muss der Leistungsbe- **21** rechtigte nach § 24 SGB X **angehört** werden. Die Anhörung kann bis zum Schluss der letzten mündlichen Verhandlung in der Tatsacheninstanz, also vor dem Landessozialgericht, nachgeholt werden (§ 41 Abs. 1 Nr. 3 iVm § 41 Abs. 2 SGB X).

Die **Anhörung unterliegt keinen formellen Anforderungen,** sie kann auch mündlich **22** ergehen, dem Betroffenen müssen nur die für die Entscheidung erheblichen Tatsachen mitgeteilt werden (§ 24 Abs. 1 SGB X). Der Leistungsträger muss lediglich mitteilen, welche Erstattungsforderungen gegenüber dem Leistungsberechtigten geltend gemacht werden und auf welchen Sachverhalt sie sich insoweit stützen.[12] Will der Leistungsträger die Rücknahme eines Leistungsbescheides auf die Voraussetzungen des § 45 Abs. 2 S. 3 Nr. 3 SGB X stützen, muss er den Leistungsberechtigten auch zur grob fahrlässigen Unkenntnis anhören.[13]

Wird die **Anhörung** im Gerichtsverfahren **nachgeholt,** kann der Leistungsträger die **23** Anhörung nicht im Gerichtsverfahren durch Wechsel von Schriftsätzen durchführt, sondern muss das Gericht um Aussetzung des Rechtsstreites nach § 114 Abs. 2 S. 2 SGG ersuchen, außerhalb des Rechtsstreites das Verwaltungsverfahrens wieder aufnehmen und die Anhörung nachholen.[14] In der Revisionsinstanz kann eine Anhörung nicht mehr nachgeholt werden (§ 41 Abs. 2 SGB X).

Liegt ein Fall des § 45 Abs. 2 S. 2 SGB X (Leistungsberechtigter war redlich) vor oder **24** soll eine **Aufhebung für die Zukunft** erfolgen, muss der Leistungsberechtigte Ermessen ausüben. Bei Aufhebung eines Verwaltungsaktes für die Zukunft muss der Leistungsträger Ermessen ausüben, weil § 40 Abs. 1 Nr. 1 iVm § 330 Abs. 2 SGB III das Ermessen nur für die Aufhebung in der Vergangenheit entfallen lässt. Fehlt es an der Anhörung des Leistungsberechtigten, wird bei einem Rücknahmebescheid das Ermessen regelmäßig an einem Abwägungsdefizit leiden und zwar dann, wenn der Leistungsberechtigte redlich war, die Leistungen verbraucht hat und der Leistungsträger Letzteres nicht berücksichtigt.

Hinweis: Keine Verurteilung zur Neubescheidung bei Ablauf der Jahresfrist Ein Er- **25** messensfehlgebrauch kann mit der Bescheidungsklage, eine besondere Form der Verpflichtungsklage, nach § 54 Abs. 1 Alt. 2 SGG geltend gemacht werden. Das Gericht wird bei Begründetheit der Klage nach § 131 Abs. 3 SGG ein Bescheidungsurteil er-

---

11 BSG 31.1.2008 – B 13 R 23/07 R, SozR 3-1300 § 50 Nr. 19 S. 57 f.
12 BSG 6.2.2003 – B 7 AL 102/01 R.
13 BSG 9.11.2010 – B 4 AS 37/09 R.
14 BSG 9.11.2010 – B 4 AS 37/09 R.

lassen. Ein Bescheidungsurteil, dh eine Verurteilung zur Neubescheidung, kommt nicht mehr in Betracht, wenn die Jahresfrist des § 45 Abs. 4 S. 2 SGB X abgelaufen ist. Im Prozess ist in einem solchen Fall von der Bescheidungs- zur Anfechtungsklage überzugehen.

26 **Beispiel: Ablauf der Jahresfrist** Der Leistungsberechtigte hat in seinem Antrag vom 20.2.2014 (Bewilligungszeitraum 1.3. bis 31.8.2014) angegeben, dass er ab dem 1.3.2014 eine Beschäftigung aufnimmt und hierbei Einkünfte in Höhe von 600 EUR erzielt. Der Leistungsträger erlässt mit Datum vom 2.3.2014 einen Leistungsbescheid, der am gleichen Tag zur Post geht, unter Berücksichtigung eines anrechenbaren Einkommens in Höhe von 250 EUR. Richtig wäre es gewesen, ein anrechenbares Einkommen in Höhe von 350 EUR anzunehmen. Als der für Rücknahmen zuständige Sachbearbeiter den Fehler bemerkt, verfügt er am 31.5.2015 einen Rücknahmebescheid für den Bewilligungszeitraum. Die Verfügung wird zunächst nicht weiter bearbeitet. Am 31.3.2015 sieht ein anderer Mitarbeiter die Verfügung in den Akten des Leistungsträgers und erlässt wegen des drohenden Ablaufs der Jahresfrist einen Aufhebungs- und Erstattungsbescheid, der am gleichen Tag zur Post gegeben wird. Eine Anhörung des Leistungsberechtigten erfolgt nicht. Im Klageverfahren beruft sich der Leistungsträger mit Schriftsatz vom 1.6.2015 darauf, wegen der Eilbedürftigkeit habe hier auf eine Anhörung verzichtet werden können. Das Ermessen sei zwar nicht im Rücknahmebescheid oder im Widerspruchsbescheid zum Ausdruck gebracht, es sei jedoch bei Erlass des Rücknahmebescheides ausgeübt worden. Im Klageverfahren teilt der Leistungsberechtigte mit, er habe auf die Richtigkeit des Bescheides vertraut und sein Geld vollständig ausgegeben. Mit den Mehreinnahmen habe er Schulden bezahlt, die ihm bereits länger ein schlechtes Gewissen bereitet hätten.

27 Der Leistungsberechtigte war nicht unredlich, denn er konnte den Fehler im Leistungsbescheid vom 2.3.2014 nicht erkennen. Aus den Leistungsbescheiden lässt sich nicht entnehmen, wie das anrechenbare Einkommen ermittelt wird. Die Rechenschritte, wie aus dem Bruttoeinkommen das anrechenbare Einkommen ermittelt wird, sind den Bescheiden des Leistungsträgers nicht zu entnehmen.

28 Dass der Leistungsträger die Rechenschritte im Rücknahmebescheid ggf wiedergibt, führt nicht zu nachträglicher Unredlichkeit. Hinsichtlich des Zeitpunktes der Kenntnis der Rechtswidrigkeit kommt es auf die Bekanntgabe des Verwaltungsaktes an. Ein Verwaltungsakt gilt mit dem dritten Tag nach Aufgabe zur Post als bekannt gegeben (§ 37 Abs. 2 S. 1 SGB X), folglich im Beispiel der 5.3.2014. Nachträgliche Kenntnis des Leistungsberechtigten von der Rechtswidrigkeit kann allenfalls zur Rücknahme für die Zukunft, nicht aber für die Vergangenheit führen.

29 Der Leistungsträger wusste mangels Anhörung nicht, wie der Leistungsberechtigte die erhaltenen Leistungen verwendet hatte, konnte daher nicht sachgerecht zwischen den Belangen des Leistungsberechtigten und den berechtigten Interessen des Leistungsträgers abwägen, so dass hier zumindest ein Ermessensfehlgebrauch vorliegt. Es kann daher dahingestellt bleiben, ob der Leistungsträgers, wie im Prozess behauptet, bei Erlass des Rücknahmebescheides von seinem Ermessen Gebrauch gemacht hatte. Unabhängig davon konnte der Leistungsträger nicht auf die Anhörung verzichten, denn die Jahresfrist ist keine Frist im Sinne des § 24 Abs. 2 Nr. 2 SGB X. Der Leistungsträger kann allerdings einen neuen Bescheid erlassen, dieser scheitert hier jedoch an der Jahresfrist des § 45 Abs. 4 S. 2 SGB X.

Liegt ein Fall der **Redlichkeit** des Leistungsberechtigten nach § 45 Abs. 2 S. 1 SGB X **30** vor, kann der Verwaltungsakt nach § 45 Abs. 3 SGB X nur innerhalb einer Frist von **zwei Jahren** nach seinem Erlass zurückgenommen werden. Bei falschen Angaben und Kenntnis davon beträgt die Rücknahmefrist zehn Jahre gemäß § 45 Abs. 3 S. 3 SGB X, wenn ein Fall der Unredlichkeit nach Abs. 2 Nr. 2 oder Nr. 3 vorliegt.

Hinweis: Ein Verwaltungsakt gilt auch dann mit dem dritten Tag nach Aufgabe zur **31** Post als aufgegeben, wenn der Dritte Tag ein Samstag, Sonntag oder Feiertag ist. Die Widerspruchs- oder Klagefrist beginnt daher abweichend von § 193 BGB nicht erst mit dem folgenden Montag.[15]

b) Rücknahme von Verwaltungsakten nach § 44 SGB X
Rechtswidrig belastende Verwaltungsakte werden nach § 44 SGB X zurückgenommen **32** (vgl § 1 Rn 53 ff).

c) Aufhebung von Verwaltungsakten nach § 48 SGB X
In § 45 SGB X wird die anfängliche Rechtswidrigkeit behandelt. § 48 SGB X regelt **33** die nachträgliche Rechtswidrigkeit eines Dauerverwaltungsaktes.

Ein **begünstigender Verwaltungsakt mit Dauerwirkung ist für die Zukunft aufzuhe- 34 ben,** sofern eine wesentliche Änderung in den tatsächlichen oder rechtlichen Verhält- nissen eingetreten ist (§ 48 Abs. 1 S. 1 SGB X). Eine Änderung ist wesentlich, wenn sie rechtserheblich ist, dh der Verwaltungsakt wäre zum Zeitpunkt seines Wirksam- werdens nicht erlassen (§ 37 SGB X) worden, wenn die Änderung bekannt gewesen wäre.

War die zukünftige Änderung bereits bei Erlass des Verwaltungsaktes bekannt, ist sie, **35** auch wenn sie erst während der Laufzeit des Verwaltungsaktes eintritt, bereits bei Er- lass des Verwaltungsaktes zu berücksichtigen.

Der Ausgangsbescheid ist auch mit **Wirkung zum Zeitpunkt der Änderung der Ver- 36 hältnisse aufzuheben,** sofern die Änderung zugunsten des Leistungsberechtigten er- folgt oder ein Fall der Unredlichkeit nach § 48 Abs. 1 S. 2 Nr. 2 oder Nr. 4 SGB X vorliegt oder Einkommen bzw anrechenbares Vermögen erzielt wurde. § 48 Abs. 1 S. 2 sieht nur ein sogenanntes „Sollermessen" vor.[16] Im Rechtskreis des SGB II hat eine Aufhebung eines Verwaltungsaktes mit Dauerwirkung stets zum Zeitpunkt der Änderung der Verhältnisse zu erfolgen (§ 40 Abs. 1 Nr. 1 iVm § 330 Abs. 3 S. 1 SGB III). Ein Ermessen ist somit vom Leistungsträger nicht auszuüben. Als Zeitpunkt der Änderung der Verhältnisse gilt in den Fällen, in denen aufgrund des SGB II eine Anrechnung von Einkommen oder Vermögen erfolgen soll, der Beginn des Anrech- nungszeitraumes. Einkommen wird für den Zeitraum angerechnet in dem es zufließt (§ 11 Abs. 2 Abs. 3). Die Anrechnung erfolgt jeweils für den Monat (§ 41 Abs. 1).

Ist eine Änderung der Verhältnisse durch Zufluss von Einkommen, das der Leistungs- **37** berechtigte erzielt, eingetreten, so sind die Regeln des § 11 Abs. 2 und 3 und der §§ 2,

---

15 BSG 6.5.2010 – B 14 AS 12/09 R.
16 Wegen der Einzelheiten siehe KassKomm/Steinwedel § 48 SGB X Rn 35.

3 ALG II-V zu beachten. Laufende Einnahmen aus nicht selbstständiger Arbeit sind in dem Monat zu berücksichtigen, in dem sie zufließen (§ 11 Abs. 2). Einmalige Einnahmen werden entweder in dem Monat berücksichtigt, in dem sie anfallen oder, wenn die Leistungen nach dem SGB II bereits erbracht sind, von dem Folgemonat an (§ 11 Abs. 3). Bei nach Ablauf des Abrechnungszeitraumes gezahltem Arbeitsentgelt gemäß § 614 BGB, ist der Fälligkeitstag immer der Erste des Folgemonates. Auf die Fälligkeit kommt es im SGB II nicht an, weil nur der tatsächliche Zufluss zu anrechenbarem Einkommen führt. Denn andernfalls wird die Hilfebedürftigkeit nicht beseitigt.

38 Da nach § 41 Abs. 1 die Unterhaltsleistungen nach dem SGB II immer monatlich erbracht werden, erfolgt die **Anrechnung** von nachträglich erzieltem Einkommen auch **monatsweise.** Bis zum Inkrafttreten des SGB II Änderungsgesetzes 2011 erfolgten die Leistung und die Anrechnung von Einkommen immer teilweise, wenn eine Leistung lediglich für einen Teil des Monats erbracht wurde.[17] Mit dem SGB II Änderungsgesetz wirkt der Antrag auf Leistungen auf den ersten des Antragsmonates zurück (§ 37 Abs. 2 S. 2). Dies hat zur Folge, dass Einnahmen, die vor der Antragstellung im Antragsmonat erzielt wurden in dem Antragsmonat angerechnet werden, Leistungen allerdings nicht für die Zeit vor der Antragstellung erbracht werden. Der Leistungsberechtigte kann nach der Rechtsprechung des Bundessozialgerichtes auch nicht durch Rücknahme des Antrages auf Leistungen und durch Verzicht auf die Leistungen für diesen Monat die Einnahmen in Vermögen verwandeln.[18]

39 Die Verwaltungsakte mit Dauerwirkung müssen **nicht anfänglich rechtmäßig gewesen sein, denn** § 48 SGB X verlangt nach seinem Wortlaut keinen rechtmäßigen Verwaltungsakt. Dies führt allerdings bloß dazu, dass der rechtswidrige Verwaltungsakt nach § 48 SGB X erst ab Änderung der Verhältnisse und nicht von Anfang an nach § 48 SGB X aufgehoben werden kann. Will der Leistungsträger den rechtswidrigen Bewilligungsbescheid vor einer Änderung der Verhältnisse aufheben, müssen gleichzeitig die Voraussetzungen des § 45 SGB X für eine Rücknahme vorliegen.

40 Der Leistungsträger kann in dem Fall, in dem die Rücknahme des ursprünglich rechtswidrigen Verwaltungsaktes (§ 45 SGB X) am Ablauf der Jahresfrist scheitert, die Leistungen nach § 48 Abs. 3 S. 2 SGB X **abschmelzen.** Werden Leistungen aufgrund einer gesetzlich vorgesehenen Anpassung erhöht, nimmt der rechtswidrige Verwaltungsakt, der eine zu hohe Leistung bewilligt, nicht an der Erhöhung teil. Erst wenn die durch den Verwaltungsakt bewilligte Leistung wieder dem rechtmäßigen Zustand entspricht, erfolgt eine gesetzliche Erhöhung der Leistung.

41 **Beispiel:** Der Leistungsberechtigte erhält ab dem 1.1.2015 die Anpassung seines Regelbedarfes in Höhe von 3 EUR (Sachverhalt sonst wie im vorhergehenden Beispiel).

Hier kann der Leistungsträger den Leistungsberechtigten von der Anpassung des Regelbedarfes ausnehmen (§ 48 Abs. 3 SGB X).

---

17 BSG 30.7.2008 – B 14 AS 26/07 R Rn 28.
18 BSG 24.4.2015 – B 4 AS 22/14 R, SozR 4-4200 § 11 Nr. 71.

Beispiel: Der Leistungsberechtigte stellt am 20.3.2015 einen Antrag auf Leistung für den 42
Bewilligungszeitraum ab dem 1.4.2015. Im Antragsformular ist der Hinweis enthalten, dass
der Leistungsberechtigte alle Vermögenswerte anzugeben hat. Der Leistungsträger bewilligt dem Leistungsberechtigten mit Bescheid vom 3.4.2015 ab dem 1.4.2015 uneingeschränkt Leistungen ohne Anrechnung von Vermögen. Der Bescheid geht dem Leistungsberechtigten am 6.4.2015 zu. Der Leistungsberechtigte erhält ab dem 1.4.2015 monatlich
Alg II in Höhe von 749 EUR. Bei Antragstellung verschweigt er, dass er im Besitz eines Sparbuches ist, dessen Wert den Grundfreibetrag nach § 12 Abs. 2 Nr. 1 und des Anschaffungs-
betrages nach Nr. 4 um 800 EUR überschreitet. Für das Sparbuch hat er seiner kontofüh-
renden Bank einen Freistellungsauftrag erteilt (§ 44 a Abs. 2 Nr. 2 EStG). Nach einem Da-
tenabgleich des Leistungsträgers mit dem Bundeszentralamt für Steuern (§ 52 Abs. 1 Nr. 3
iVm § 2 Abs. 3 GrSiDAV) stellt der Leistungsträger fest, dass der Leistungsberechtigte ein
Sparbuch mit einem Freistellungsauftrag hat. Der Leistungsträger fordert den Leistungsberechtigten unter Belehrung über die Möglichkeit der Versagung (§§ 60 Abs. 1 Nr. 3, 66
Abs. 3 SGB I) auf, das Sparbuch vorzulegen. Als der Leistungsberechtigte der Aufforderung
nachkommt, hebt der Leistungsträger die Bewilligung ab dem 1.4.2015 nach § 48 SGB X
teilweise auf und zwar mit folgendem Verfügungssatz: Wegen Änderung der Verhältnisse
wird der Leistungsbescheid vom 3.4.2015 ab dem 1.4.2015 ganz aufgehoben.

Der Bescheid kann nicht nach § 48 SGB X zurückgenommen werden, weil nach der Be- 43
kanntgabe des Bescheides (§ 37 SGB X) keine wesentliche Änderung eingetreten ist. Der
Leistungsträger hätte den Bescheid allerdings nach § 45 SGB X ohne Ermessensentscheidung zurücknehmen können, weil der Leistungsberechtigte den Tatbestand der Unredlichkeit durch Verschweigen des Sparbuches erfüllt hat. Der Leistungsbescheid war hier auch
zum Zeitpunkt der Bekanntgabe an den Leistungsberechtigten rechtswidrig, so dass er
von Anfang an zurückgenommen werden kann.

Die Rückforderung der gezahlten Geldleistung erfolgt nach § 50 Abs. 1 SGB X. Der Bescheid 44
könnte für den Monat April 2015 ganz aufgehoben werden, weil nur für diesen Monat der
Anspruch in Höhe von 749 EUR aus dem verwertbaren Vermögen in Höhe von 800 EUR
gedeckt scheint.

Die Aufhebung der Leistung für diesen Monat führt zusätzlich dazu, dass nach § 40 Abs. 1 45
Nr. 3 iVm § 335 SGB III die von dem Leistungsträger geleisteten Kranken- und Pflegeversi-
cherungsbeiträge zurückverlangt werden. Diese betragen 130 EUR + 19 EUR = 149 EUR, so
dass von dem Leistungsberechtigten 905 EUR zurückverlangt werden können, obwohl er
nur einen Betrag von 858 EUR hätte einsetzen müssen. Hier greift § 45 Abs. 1 S. 1 SGB X ein,
denn der Verwaltungsakt, dh der Leistungsbescheid vom 3.4.2015, ist nur insoweit aufzuheben, als er rechtswidrig ist und dies trifft nur hinsichtlich eines Betrages in Höhe von
800 EUR zu. Der Leistungsberechtigte muss daher nur einen Betrag in Höhe von 800 EUR
zurückzahlen, und zwar 709 EUR für erhaltene Regelleistung und die Kosten für Unterkunft und Heizung sowie einen anteiligen Betrag in Höhe von 91 EUR für Sozialversicherungsbeiträge. Weil das Vermögen im vorliegenden Fall auch nicht den Bedarf für einen
Monat deckt, kann dem Leistungsberechtigten auch nicht entgegengehalten werden, er
habe sein Vermögen zunächst vollständig zu verbrauchen, bevor er einen Leistungsanspruch geltend machen kann.[19]

---

19   BSG 13.5.2009 – B 4 AS 79/08 R, B 4 AS 58/08 R, BSGE 103, 153–161.

2. Erstattung von zu Unrecht erbrachten Leistungen

46 Allein mit der Aufhebung des Verwaltungsaktes kann der Leistungsträgers noch nicht die zu Unrecht erbrachten Leistungen zurückfordern. Hierzu bedarf es eines zweiten Verwaltungsaktes: des **Erstattungsbescheides** (§ 50 Abs. 1 und 3 SGB X), der die zu erstattende Leistung festsetzt. Soweit Leistungen ohne Verwaltungsakt erbracht worden sind, was bei Leistungen nach dem SGB II durchaus vorkommt, bedarf es keiner Aufhebung eines Verwaltungsaktes, die Regelungen der § 45 und 48 SGB X sind allerdings entsprechend anzuwenden (§ 50 Abs. 2 SGB X).

47 Der Erstattungsbescheid (§ 50 Abs. 1 SGB X) soll mit dem Aufhebungsbescheid (§§ 45 oder 48 SGB X) verbunden werden und zwar als kombinierter **Aufhebungs- und Erstattungsbescheid** (§ 50 Abs. 3 S. 2 SGB X). Gleichwohl kommt es nicht selten vor, dass die Aufhebung des Bescheides in einem einzelnen Bescheid vorgenommen wird und anschließend ein gesonderter Erstattungsbescheid erlassen wird. Die Trennung der Aufhebung und Erstattung in zwei Bescheide ist möglich, weil es sich um zwei abtrennbare Streitgegenstände handelt. Die Verfügungssätze sollen zwar in einem Bescheid verbunden werden. Geschieht dies nicht, sind hieran aber keine Sanktionen gebunden.[20] Der Aufhebungsbescheid wird häufig als „Änderungsbescheid" bezeichnet. Die falsche Bezeichnung schadet hier nicht.[21]

48 **Hinweis: Aufhebungsbescheid nicht bestandskräftig werden lassen** Da es sich oft um Leistungen für die Vergangenheit handelt und der Leistungsberechtigte aktuell nicht von der Änderung betroffen ist, legen die Leistungsberechtigten gegen den isolierten Aufhebungsbescheid keinen Widerspruch ein, so dass der Bescheid bestandskräftig wird. Legt der Leistungsberechtigte dann erst gegen den anschließend bekannt gegebenen Erstattungsbescheid Widerspruch ein, beruft sich der Leistungsträger auf den zwischenzeitlich bestandskräftigen Aufhebungsbescheid.

49 Bei dem Aufhebungsbescheid nach § 45 SGB X wird es allerdings oft an einer erforderlichen **Anhörung** fehlen (§ 24 SGB X), die nicht nachgeholt werden kann (§ 41 Abs. 1 Nr. 3 SGB X), weil das Verwaltungsverfahren beendet ist, dh der Aufhebungsbescheid ist bestandskräftig geworden. In der Anhörung hätte der Leistungsberechtigte auf die Rechtsfolgen, die sich aus der Änderung ergeben, hingewiesen werden müssen und zwar die drohende Rückforderung.

50 Fehlt es bei dem isolierten Aufhebungsbescheid an der erforderlichen **Anhörung**, kann dieser rechtswidrige Aufhebungsbescheid beseitigt werden (§ 44 SGB X). Der Leistungsträger kann bei einer Rückforderung in zwei Akten, bei Rechtswidrigkeit des Aufhebungsbescheides die Jahresfrist (§ 45 Abs. 4 S. 2 SGB X) durchaus eher versäumen als bei der Rücknahme in einem Akt. Zusätzlich ist zu berücksichtigen, dass bei fehlender Begründung oder Anhörung und dadurch verursachter versäumter Widerspruchsfrist, diese als nicht versäumt gilt (§ 41 Abs. 3 S. 1 SGB X).

---

20 KassKomm/Steinwedel § 59 SGB X Rn 47.
21 BSG 6.4.2006 – B 7 a AL 65/05 R.

3. Besonderheiten bei Rückforderung von Leistungen nach dem SGB II

a) Reduzierter Rückforderungsbetrag bei Aufhebung nach § 45 Abs. 1 S. 1 und § 48 Abs. 1 S. 2 Nr. 3 und 4 SGB X

Liegt weder ein Fall der Unredlichkeit (§ 45 Abs. 1 S. 3 SGB X) vor und beruht die **51** unterlassene Änderung eines Verwaltungsaktes (§ 48 SGB X) auch nicht auf einer Verletzung der Pflicht zur Mitteilung wesentlicher nachteiliger Änderungen (§ 48 Abs. 1 S. 2 Nr. 2 SGB X), muss der Leistungsträger (§ 40 Abs. 4 iVm § 50 SGB X) 56 % der Kosten der Unterkunft vom Erstattungsbetrag abziehen. Der Leistungsberechtigte muss also nur 44 % der Kosten der Unterkunft, abzüglich der Aufwendungen für die Heizung, neben den sonstigen Grundsicherungsleistungen erstatten. Diese Regelung gilt nicht, sofern der Leistungsbescheid nur teilweise aufgehoben wird. Dies soll dazu dienen, den Verlust des Wohngeldes bei nachträglicher Aufhebung eines Bescheides nach dem SGB II auszugleichen.

Hinweis: Die Regelung des § 40 Abs. 4 wird häufig übersehen.[22]

b) Rückforderung von Leistungen für den Schul- und Teilhabebedarf (§ 28)

Wird die Leistung eines Schul- oder Teilhabebedarfes aufgehoben, der in Form von **52** Gutscheinen geleistet wurde, so sind die Gutscheine in Geld zu erstatten (§ 40 Abs. 3 S. 1). Die Erstattung kann auch durch Rückgabe des Gutscheines erfolgen (§ 40 Abs. 3 S. 2). Eine Erstattung allein wegen der nach § 28 gewährten Ansprüche erfolgt nicht (§ 40 Abs. 3 S. 3).

c) Aufrechnung bei Unredlichkeit

Der Leistungsträger kann gegenüber laufenden Leistungen des Leistungsberechtigten **53** mit seinen Forderungen in einer Höhe bis zu 30% des für ihn maßgeblichen Regelbedarfs **aufrechnen**, wenn es sich um Ansprüche auf Erstattung oder Schadenersatz handelt, und zwar

- Erstattungsansprüche aus Vorschussleistungen (§ 40 Abs. 2 S. 2 SGB I),

- Erstattungsansprüche wegen vorläufiger Leistungen (§ 43 Abs. 2 S. 2 SGB I),

- Erstattungsansprüche wegen vorläufig erbrachter Leistungen, zB weil der Leistungsberechtigte schwankende Einnahmen hat und die endgültige Höhe bei Erlass des Leistungsbescheides nicht ermittelt werden kann (§ 328 Abs. 3 S. 2 SGB III) und

- Erstattungsansprüche wegen unrechtmäßig erbrachter Leistungen (§ 50 SGB X) sowie

- die Schadenersatzansprüche wegen sozialwidrigen Verhaltens (§ 34) und wegen vorsätzlich oder grob fahrlässig verursachter Überzahlung zugunsten Dritter (§ 34 a).

Durch die erweiterte Ausrechnungsmöglichkeit sollen Rückforderungsansprüche effektiver durchgesetzt werden.[23]

---

22 Vgl BSG 10.9.2013 – B 4 AS 89/12 R, BSGE 114, 188–199.
23 BT-Drucks. 17/3404, 116.

Erfolgt die Aufrechnung bei einer Erstattung nach dem SGB I oder in Abwicklung einer vorläufig erbrachten Leistung, sowie bei Aufhebung eines Verwaltungsaktes mit Dauerwirkung wegen Erzielung von Einkommen (§ 48 Abs. 1 S. 2 Nr. 3 SGB X), so beträgt die Aufrechnung 10 %, in den übrigen Fällen 30 % (§ 43 Abs. 2 S. 1). Die Höhe der Aufrechnung wird auch dann auf 30 % beschränkt, wenn mehrere Aufrechnungen hintereinander oder gleichzeitig aus verschiedenen Gründen erfolgen (§ 34 Abs. 2 S. 2). Der Leistungsträger hat nicht nur ermessensfehlerfrei darüber zu entscheiden, ob die Aufrechnung durchgeführt wird (§ 34 Abs. 1 S. 1), sondern auch darüber, in welchem Umfang die Aufrechnung erfolgen soll, da es sich bei den Beträgen von 10 % und 30 % um Höchstbeträge handelt. Allein durch den geänderten Wortlaut (bis zum 31.3.2011 war explizit davon die Rede, dass die Aufrechnung „bis zu" dem jeweiligen Prozentsatz zulässig sein sollte) kann hier nicht davon ausgegangen werden, dass der Leistungsträger hinsichtlich der Höhe kein Ermessen mehr ausüben muss. Aus den Gesetzesmaterialien lässt sich Gegenteiliges nicht entnehmen.[24]

Die Aufrechnung erfolgt durch schriftlichen Verwaltungsakt und endet spätestens drei Jahre nach dem Beginn (§ 43 Abs. 4). Bei der Bestimmung der Höhe der Aufrechnung sind weitere Belastungen zu beachten, etwa die Darlehenstilgung an den Leistungsträger. Ggf können die Höchstbeträge daher nicht ausgeschöpft werden.

54 Der Leistungsträger wird bei der Ausübung des Ermessens zu beachten haben, dass der existenzsichernde Bedarf stets gewährleistet sein muss.[25] Das Bundesverfassungsgericht hat zwar in einer früheren Entscheidung einen Abschlag iHv 20 % des Regelbedarfes im Zusammenhang mit der Gewährung von einstweiligem Rechtsschutz gebilligt. Das Gericht ging jedoch in dieser Entscheidung offensichtlich davon aus, dass auch mit einem Abschlag von 20 % das Existenzminimum noch gewährleistet ist. Dabei ist zu beachten, dass auch bei einer verminderten Leistung die physische Existenz nicht bedroht ist, weil ein Teil der Leistung nach dem gesetzgeberischen Konzept für langlebige Verbrauchsgüter angespart werden soll. Im Falle der Aufrechnung besteht diese Ansparmöglichkeit, insbesondere bei einer längeren Aufrechnung, nur noch sehr eingeschränkt.[26] Dies sieht wohl auch das Bundesverfassungsgericht, wenn es in seinem Urteil vom 9.2.2010 die Aufrechnung iHv 10 % des Regelbedarfes lediglich für einen begrenzten Zeitraum als zumutbar ansieht.[27]

55 Soweit eine Überzahlung nicht durch den Leistungsberechtigten verursacht wurde, wird eine Aufrechnung nur dann über längere Zeit zulässig sein, wenn der Leistungsberechtigte über Einkommen oder Vermögen verfügt, welches er ggf zusätzlich einsetzen kann. Dabei ist jedoch zu beachten, dass dann die Anreize, eine Erwerbstätigkeit aufzunehmen oder zu behalten, entfallen können.

---

24 BT-Drucks. 17/3404, 116, 117.
25 BVerfG 9.2.2010 – 1 BvL 1/09, 3/09, 4/09, Rn 136.
26 Siehe hierzu jetzt auch BVerfG 23.7.2014 – 1 BvL 10/12, 1 BvL 12/12, 1 BvR 1691/13, BVerfGE 137, 34–103.
27 BVerfG 9.2.2010 – 1 BvL 1/09, 3/09, 4/09, Rn 150.

Die **Aufrechnung** muss außerdem den Anforderungen des § 51 **SGB I** genügen.[28]   56
Über die einzelnen Voraussetzungen der Aufrechnung ergibt sich aus den genannten
Vorschriften kein Anhaltspunkt, so dass die Regelungen der §§ 387 ff BGB hier herangezogen werden müssen.[29] Es müssen also die Voraussetzungen des § 387 BGB,
wie Gegenseitigkeit und Gleichartigkeit, erfüllt sein. Des Weiteren müssen die Forderungen vollwirksam und fällig sein. Insbesondere muss die Forderung des Schuldners,
hier der Rückforderungsanspruch, hinreichend bestimmt sein, weil die Aufrechnung
nur mittels eines gesonderten Verwaltungsaktes erfolgen kann.

4. Umdeutung eines fehlerhaften Bescheides nach §§ 45, 48 SGB X

Ein fehlerhafter Verwaltungsakt kann in einen anderen Verwaltungsakt umgedeutet   57
werden (§ 43 SGB X). Die Umdeutung eines fehlerhaften Verwaltungsaktes in einen
anderen Verwaltungsakt **setzt voraus**, dass der Verwaltungsakt, in den umgedeutet
wird, auf das gleiche Ziel gerichtet ist, von der erlassenden Behörde in der geschehe-
nen Verfahrensweise und Form rechtmäßig erlassen werden könnte und die Voraussetzungen für den Erlass dieses Verwaltungsaktes erfüllt sind.[30] Eine Umdeutung, zB
eines Aufhebungsbescheides in einen Aufhebungs- und Erstattungsbescheid, scheitert
bereits daran, dass der letztgenannte aus zwei Verfügungssätzen, nämlich der Aufhebung und der Erstattung, besteht.

5. Verhältnis der Rückforderung zu Erstattungsansprüchen der Leistungsträger

In der Praxis kommt es häufig vor, dass ein Leistungsträger irrtümlich seine Leis-   58
tungspflicht annimmt oder zur Behebung einer aktuellen Notlage bis zur endgültigen
Klärung der Leistungspflicht in Vorlage tritt. Obwohl ein Fall der Erstattung der
Leistungsträger untereinander vorliegt und der Leistungsberechtigte nur in Anspruch
genommen werden kann, wenn er tatsächlich ein Zuviel an Leistungen erhielt,
kommt es häufig vor, dass die ursprünglichen Verwaltungsakte aufgehoben werden,
obwohl dies bei Anwendung der §§ 102 ff SGB nicht notwendig gewesen wäre.

a) Erstattungsanspruch bei vorläufigen Sozialleistungen

War ein Leistungsträger nach dem Gesetz zur Vorleistung verpflichtet und hat er   59
rechtmäßig **vorgeleistet**, so hat er gegenüber dem zur Leistung Verpflichteten einen
Anspruch auf Erstattung der erbrachten Leistungen (§ 102 Abs. 1 SGB X).

Beispiel: Herrscht zwischen verschiedenen Leistungsträgern Streit über die Erwerbsfähig-   60
keit eines Leistungsberechtigten und hat einer der Leistungsträger der Entscheidung der
Bundesagentur für Arbeit widersprochen, erbringt der Leistungsträger nach dem SGB II bis
zur Vorlage der gutachtlichen Stellungnahme des Rentenversicherungsträgers vorläufige
Leistungen (§ 44a Abs. 1 S. 3).

§ 102 Abs. 1 SGB X regelt die Erstattung von Leistungen zwischen den einzelnen
Leistungsträgern. Wenn der Leistungsträger aufgrund gesetzlicher Vorschriften vor-

---

28 BSG 22.3.2012 – B 4 AS 26/10 R, BSGE 110, 288–294.
29 BSG 24.7.2003 – B 4 RA 60/02 R.
30 BSG 28.10.2008 – B 8 SO 33/07 R.

läufig Sozialleistungen erbracht hat, dann ist der zur Leistung verpflichtete Leistungsträger dem anderen Leistungsträger gegenüber **erstattungspflichtig.**

Als gesetzliche Vorschrift kommt hier § 44 a Abs. 1 S. 7 in Betracht, so dass § 102 SGB X zur Anwendung kommen könnte. § 44 a Abs. 3 erklärt jedoch § 103 SGB X in einem solchen Fall für entsprechend anwendbar. Als Anwendungsfall des § 102 SGB X kommt beim SGB II die vorläufige Leistung (§ 43 Abs. 1 SGB I) in Betracht, wenn zB zwischen dem Träger der Sozialhilfe und den Trägern nach dem SGB II ein Zuständigkeitsstreit besteht.

b) Erstattungsanspruch bei nachträglichem Wegfall und Ruhen eines anderen Sozialleistungsanspruchs

61 Der Erstattungsanspruch kann gemäß § 103 SGB X von dem Leistungsträger nicht nach dem SGB II geltend gemacht werden, wenn er gegenüber einem an sich vorleistungspflichtigen Leistungsträger vorgeleistet hat. Für diese Fälle ist § 104 SGB X vorgesehen.

62 **Beispiel:** Der Leistungsberechtigte hat Anspruch auf Arbeitslosengeld nach dem SGB III in noch unbekannter Höhe. Da er keinerlei Ersparnisse mehr hat, wendet er sich nach dem SGB II am 29.10.2013 an den Leistungsträger und erhält auch von diesem für den Monat November 2013 Regelleistungen und Leistungen für Unterkunft und Heizung. Die Arbeitsagentur ist im Verhältnis zum Leistungsträger nach dem SGB II vorleistungspflichtig (§§ 3 Abs. 3, 5 Abs. 1 S. 1). Wenn die Arbeitsagentur rechtzeitig geleistet hätte, etwa durch einen Vorschuss, dann wäre der Leistungsträger nach dem SGB II nicht leistungspflichtig gewesen (§ 104 Abs. 1 S. 2 SGB X). § 103 Abs. 1 SGB X kommt für den Leistungsträger nach dem SGB II nur in der entsprechenden Anwendung über § 44 a Abs. 1 S. 3 in Betracht, denn er setzt voraus, dass ein Anspruch auf Sozialleistungen nachträglich entfallen ist. Ein Anspruch kann nur nachträglich wegfallen, wenn er vorher bestand, dh bei Leistungsbeginn müssen die Voraussetzungen für die Leistungen gegenüber dem vorleistenden Leistungsträger bestanden haben. Im Sozialrecht ergibt sich der „nachträgliche Wegfall" aus den Ruhens- und Entfallvorschriften des materiellen Sozialrechtes.

63 Beispielsweise ruht Krankengeld, welches im Rahmen eines Krankenversicherungsverhältnisses gewährt wird, bei einem Anspruch auf Versorgungskrankengeld nach dem BVG (§ 49 Abs. 1 Nr. 3 SGB V) oder es ist ausgeschlossen, wenn ein Anspruch auf Rente wegen voller Erwerbsminderung besteht (§ 50 Abs. 1 Nr. 1 SGB V). Andererseits ruht der Anspruch auf Arbeitslosengeld (§ 156 Abs. 1 Nr. 2 SGB III), wenn eine Person Anspruch auf Krankengeld hat. In diesen Fällen bestehen die Ansprüche auf die Leistungen gegenüber dem vorrangig leistenden Leistungsträger weiter, wenn nicht die Ruhens- oder Ausschlussvorschriften nachträglich bei Gewährung der anderen Leistungen eingreifen.

64 Die Regelung des § 103 SGB X wird auf den Erstattungsanspruch des Leistungsträgers nach dem SGB II entsprechend angewandt, wenn dem Leistungsberechtigten zB bei einem Streit um die Erwerbsfähigkeit im Rahmen des § 44 a nachträglich vom Träger der gesetzlichen Rentenversicherung eine Rente wegen voller Erwerbsminderung gewährt wird. Einer Ruhensvorschrift, vergleichbar der Regelung des § 156 SGB III, bedarf es im SGB II nicht, weil die Leistungen zum Lebensunterhalt hier nur nachrangig gewährt werden.

Der **Umfang des Erstattungsanspruchs** richtet sich nach den für den Leistungsträger   65
geltenden Rechtsvorschriften des SGB II. Hierbei ist darauf zu achten, dass in einer
Bedarfsgemeinschaft jeder Leistungsberechtigte einen eigenen Anspruch auf Leistungen hat und der Träger nach dem SGB II nicht gleich die Ansprüche der übrigen Mitglieder der Bedarfsgemeinschaft gegenüber dem nachrangig verpflichteten Leistungsträger geltend macht.

c) Erstattungsanspruch des nachrangigen Leistungsträgers

Nach § 104 Abs. 1 SGB X hat der nachrangig verpflichtete Leistungsträger gegenüber   66
dem Leistungsträger, gegen den der Berechtigte einen vorrangigen Anspruch hat,
einen **Erstattungsanspruch**. Hat der andere Leistungsträger vorgeleistet, dann kann
der nachrangig verpflichtete Leistungsträger insoweit keine Erstattung mehr verlangen. Nachrangig ist ein Leistungsträger, soweit er bei rechtzeitiger Erfüllung des anderen Leistungsträgers nicht zur Leistung verpflichtet gewesen wäre. Die Unterhaltsleistungen nach dem SGB II sind vom Einkommen oder Vermögen abhängig, so dass,
bei einem rechtzeitigen Bezug einer anderen – ggf nicht einkommens- oder vermögensabhängigen – Leistung, der Anspruch entfällt.

Beispiel: Der Leistungsberechtigte erhält vom Leistungsträger nach dem SGB II den für ihn   67
maßgeblichen Regelbedarf und die angemessenen Kosten der Unterkunft in Höhe von
360 EUR. Der Leistungsberechtigte hat einen Riestervertrag über 5 EUR monatlich und
zahlt für eine Kfz-Haftpflichtversicherung monatlich 12 EUR. Am 15.11.2014 erleidet er
einen Schlaganfall. Nach einer medizinischen Rehabilitation im März 2014 erkennt die gesetzliche Rentenversicherung einen Anspruch auf Rente wegen teilweiser Erwerbsminderung auf Dauer in Höhe von monatlich 350 EUR seit dem 1.12.2014 an. Der Leistungsträger
nach dem SGB II hat bis einschließlich Mai 2015 Leistungen erbracht und fordert vom Träger der Rentenversicherung seine erbrachten Leistungen zurück. Die Rentenversicherung
leistet ab dem Monat Juni 2015 die Rente.

Der Leistungsträger kann seine Leistungen nach § 104 Abs. 2 SGB X zurückfordern, soweit   68
er nicht zur Leistung verpflichtet gewesen wäre. Der Umfang der Rückforderung richtet
sich nach den Vorschriften des SGB II, § 104 Abs. 1 SGB X, so dass der Leistungsträger hier
eine Anrechnung von Einkommen nach § 11 b bei der Abrechnung mit dem Rentenversiche-
rungsträger vornehmen muss. Der Mitarbeiter N des Leistungsträgers rechnet wie folgt ab
und fordert die Rentenversicherung zur Zahlung auf, die auch umgehend geleistet wird:

		Bedarf des Leistungsberechtigten Dezember 2014 bis Mai 2015	
Regelleistung bis Dezember 2014	391 EUR * 1 =		391 EUR
Regelleistung Januar bis Mai 2015	399 EUR * 5 =	+	1.995 EUR
Kosten der Unterkunft und Heizung	360 EUR * 6 =	+	2.160 EUR
Gesamtleistung		=	4.546 EUR
Erstattung			
Anrechnung Rente	350 EUR * 6	=	2.100 EUR

Der Leistungsträger verlangt den Betrag von 2.100 EUR von der Rentenversicherung und
erhält diesen auch. Der Leistungsberechtigte erhält keine Nachzahlung mehr. Die vorste-
hende Berechnung ist fehlerhaft, denn sie berücksichtigt nicht, dass von dem Einkommen
des Leistungsberechtigten nach § 11 b Abs. 1 Absetzungen vorzunehmen sind und zwar für

die im Beispielfall genannten Beträge sowie 30 EUR monatlich für die Versicherungspauschale nach § 6 Abs. 1 ALG II-V. Denn der Leistungsträger nach dem SGB II ist gemäß § 104 Abs. 1 S. 2 SGB X nur insofern nachrangig verpflichtet, als er bei rechtzeitiger Leistung des anderen Versicherungsträgers nicht zur Leistung verpflichtet gewesen wäre.[31]

Bereinigte Erstattung

Anrechnung Rente: 350 EUR * 6		2.100 EUR
./. Riestervertrag: 6 * 5 EUR	-	30 EUR
./. Kfz Haftpflicht: 6 * 12 EUR	-	72 EUR
./. Versicherungspauschale: 6 * 30 EUR	-	180 EUR
Erstattungsbetrag	=	1.818 EUR

69 Der Leistungsberechtigte erhält von seiner Rentenversicherung lediglich eine Mitteilung über den an den Leistungsträger nach dem SGB II gezahlten oder zu zahlenden Erstattungsbetrag. Diese Mitteilung ist kein Verwaltungsakt, so dass diese nicht angefochten werden kann. Auch gegenüber dem Leistungsträger nach dem SGB II besteht kein Anspruch des Leistungsberechtigten wegen fehlender Absetzung der Beträge (§ 11 b).

70 Der Leistungsberechtigte kann nur gegen den Träger der Rentenversicherung vorgehen, denn seine Anspruch auf Zahlung der Rente wegen teilweiser Erwerbsminderung gilt ihm gegenüber (§ 107 Abs. 1 SGB X) nur insoweit als erfüllt, als ein Erstattungsanspruch besteht. Die Rentenversicherung teilt in dem Rentenbescheid zunächst lediglich mit, dass die Leistung für die Vergangenheit vorläufig bis zur Erstattung einbehalten wird und erlässt nach erfolgter Anmeldung durch den erstattungsberechtigten Leistungsträger ggf einen Abrechnungsbescheid, der den Rentenbescheid teilweise aufhebt. Dieser Bescheid kann mit Widerspruch und Klage angefochten werden. Erfolgt kein Abrechnungsbescheid, besteht der Anspruch des Leistungsberechtigten auf Zahlung aus dem ursprünglichen Rentenbescheid. Leistet die Rentenversicherung hierauf nicht, kann wegen des Anspruchs auf Rente Leistungsklage erhoben werden.

71 Die Rentenversicherung hat gegenüber dem Leistungsträger nach SGB II einen **Rückerstattungsanspruch**, sofern die Erstattung zu Unrecht erfolgte (§ 112 SGB X).

72 **Hinweis:** Die Erfüllungswirkung (§ 107 Abs. 1 SGB X) kann nicht mehr eintreten, wenn der Erstattungsanspruch nicht innerhalb der Ausschlussfrist von zwölf Monaten geltend gemacht wurde (§ 111 SGB X).

d) Verhältnis der Erstattungsansprüche zur Rücknahme und Aufhebung von Verwaltungsakten

73 Sobald der **Erstattungsanspruch** entstanden ist – dh besteht – gilt der Anspruch des Berechtigten gegen den zur Leistung Verpflichteten als erfüllt (§ 107 Abs. 1 SGB X). Die Leistung auch des Leistungsträgers nach dem SGB II gilt als rechtmäßige Leistung aus der Renten- oder Krankenversicherung bzw auf Arbeitslosengeld. Für die Rücknahme und Aufhebung eines Leistungsbescheides durch den Leistungsträger nach §§ 45, 48 SGB X ist daher kein Raum mehr, denn der ursprüngliche Leistungsbescheid war rechtmäßig und kann auch nicht durch Änderung der Verhältnisse rechtswidrig werden.[32] Der Erstattungsanspruch nach § 102 Abs. 1 SGB X entsteht, sobald

31 Vgl BSG 3.4.1990 – 10 RKg 29/89, SozR 3 5870 § 11 a Nr. 1 S. 3.
32 Vgl BSG 26.4.2005 – B 5 RJ 36/04 R.

die Leistung erbracht worden ist. Das Gleiche gilt für den Erstattungsanspruch des nachrangig verpflichteten Leistungsträgers (§ 104 Abs. 1 SGB X). Bei dem Anspruch nach § 103 Abs. 1 SGB X entsteht der Erstattungsanspruch erst mit dem „späteren" Wegfall des ursprünglichen Leistungsanspruchs, dh mit dem Wirksamwerden des Verwaltungsaktes, der den späteren Wegfall bewirkt.[33]

Beispiel: Der Träger der Rentenversicherung stellt nach Einholung eines ärztlichen Gutachtens fest, dass der Leistungsberechtigte nicht erwerbsfähig ist und kein Anspruch nach dem SGB II, sondern nach dem SGB XII besteht. Der Erstattungsanspruch entsteht mit Zugang der Entscheidung des Rentenversicherungsträgers beim Leistungsträger nach dem SGB XII. **74**

Der Erstattungsanspruch des Leistungsträgers nach dem SGB II wird gegenüber dem Leistungsträger nach dem SGB XII daher erst mit Zugang der Entscheidung des Trägers der Rentenversicherung **wirksam.** Bis zu diesem Zeitpunkt kann der Leistungsträger ggf auch aus anderen Gründen den Leistungsbescheid oder die Leistungsbescheide gegenüber dem Leistungsberechtigten nach den §§ 45, 48 SGB X aufheben und nach § 50 SGB X Leistungen zurückverlangen. Der Erstattungsanspruch des Jobcenters gegenüber dem Träger der Sozialhilfe erstreckt sich nicht auf, die vom Jobcenter geleisteten, Beträge zur Kranken- und Rentenversicherung.[34] **75**

II. Ansprüche gegen Dritte und Rechtsnachfolger

1. Übergang von Ansprüchen des Leistungsberechtigten

§ 33 Abs. 1 regelt den Übergang von Ansprüchen des Leistungsträgers gegen Dritte. Hierbei handelt es sich vorzugsweise um Unterhaltsansprüche. Ein weiterer häufiger Anwendungsfall des § 33 ist der Anspruch eines Arbeitnehmers gegen seinen Arbeitgeber auf Arbeitsentgelt. Diese gehen durch **gesetzliche Übertragung** (cessio legis) der Ansprüche in Höhe der Leistungen des Leistungsträgers an den Leistungsberechtigten auf den Leistungsträger über. **76**

a) Allgemeine Regelungen

Ein Forderungsübergang auf den Leistungsträger ist nur möglich, wenn **Leistungen zur Sicherung des Lebensunterhaltes** an den Leistungsberechtigten erbracht worden sind. Dies sind namentlich die in den §§ 19 ff und §§ 28 genannten Leistungen. Auch die Sozialversicherungsbeiträge und die Zuschüsse zu Versicherungsbeiträgen nach § 26 gehören nicht zu den Leistungen des Lebensunterhaltes.[35] Eine Zahlung an den Leistungsberechtigten ist nicht erforderlich, allerdings muss die Leistung bereits in einem Bescheid festgestellt worden sein. **77**

Für die Rechtmäßigkeit der Leistungen nach dem SGB II wird in der Literatur verlangt, dass die Unterhaltsleistungen rechtmäßig gewährt worden sind.[36] Diese Frage dürfte bei Leistungen nach dem SGB II nur geringe praktische Bedeutung haben, **78**

---

33 Vgl BSG 9.8.1995 – SozR 3-2500 zu § 50 SGB V Nr. 3 S. 8.
34 BSG 25.9.2014 – B 8 SO 6/13 R, SozR 4-4200 § 44 a Nr. 1.
35 Vgl Münder in: LPK-SGB II § 33 Rn 9.
36 Münder aaO; anders für die Überleitung nach § 90 BSHG; BVerwG 4.6.1992 – 5 C 5788.

denn im Unterhaltsstreit kann der Unterhaltsverpflichtete auch unterhaltsrechtlich einwenden, es habe keine Bedürftigkeit bestanden. Nach § 33 Abs. 1 geht der Unterhaltsanspruch nur **bis zur Höhe der vom Leistungsträger erbrachten Leistung** über.

79 **Beispiel:** Das Kind K ist fünf Jahre alt und erhält von dem Leistungsträger monatlich Leistungen wie folgt (Leistungen bis zum 31.12.2015 in Klammern):

Leistungsbetrag des K

Regelbedarf/Sozialgeld nach § 24	237 (234) EUR	
+ Anteilige Kosten für Unterkunft und Heizung nach § 22 Abs. 1 S. 1	+ 145 EUR	
./. Einkommen nach § 11 Abs. 1 S. 3 Kindergeld	- 190 (188) EUR	
Leistungsbetrag	= 192 (191) EUR	192 (191) EUR

Unterhaltsanspruch

Unterhaltsanspruch K nach Düsseldorfer Tabelle	328 EUR	
./. Abzüglich ½ Kindergeld nach § 1612 b Abs. 1 BGB	- 95 (94) EUR	
Verbleibender Unterhaltsanspruch	= 233 (234) EUR	- 233 (234) EUR
Differenz zum Leistungsbetrag		- 41 (43) EUR

In dem Beispielfall bleiben 41 (43) EUR des Unterhaltanspruches unberücksichtigt und gehen mangels Leistungen des Leistungsträgers auf diesen nicht über. Den restlichen Unterhaltsanspruch kann der unterhaltsberechtigte Leistungsberechtigte selbst weiter geltend machen; er muss sich den Unterhaltsanspruch im Falle der Leistung des Unterhaltsberechtigten als Einkommen nach § 11 anrechnen lassen.

80 **Hinweis:** Wegen der Abzugsmöglichkeiten nach § 11 b Abs. 1 und §§ 1 und 6 ALG II-V kann es für den unterhaltsberechtigten Leistungsberechtigten günstiger sein, seinen Anspruch auf Unterhalt gegenüber dem Verpflichteten selbst geltend zu machen.

81 Der Anspruch auf Unterhalt oder andere Leistungen geht nur über, wenn **bei rechtzeitiger Leistung des anderen** Unterhaltsleistungen nach dem SGB II nicht erbracht worden wären, § 33 Abs. 1. Das ist der Fall, wenn die Leistungen des Dritten zB nicht als Einkommen angerechnet werden können, wie Leistungen auf Schmerzensgeld, die von der Anrechnung ausgenommen sind (§ 11 Abs. 3 Nr. 2).

82 Ein **Unterhaltsregress** ist auch dann möglich, wenn aufgrund der **Zurechnung von Kindergeld** an das unterhaltsberechtigte Kind, für dieses keine Leistungen erbracht worden sind. Wirkt sich die Anrechnung von Kindergeld als Einkommen des Kindes (§ 11 Abs. 1 S. 3) allerdings so aus, dass die übrigen Mitglieder der Bedarfsgemeinschaft höhere Ansprüche auf Leistungen nach dem SGB II haben, kann der Unterhaltsanspruch des Kindes auch insoweit geltend gemacht werden.

83 Mit dem Anspruch auf Unterhalt (§ 33 Abs. 1 S. 4) geht auch der **zivilrechtliche Auskunftsanspruch** auf den Leistungsträger über. Dieser kann neben dem **Auskunftsanspruch** nach § 60 Abs. 2 geltend gemacht werden. § 60 Abs. 2 verweist auf die Anwendung des § 1605 Abs. 1 BGB. Der Leistungsträger kann gegen den Unterhalts-

schuldner auch die Vorlage eines Bestandsverzeichnisses nach §§ 260, 261 BGB verlangen. Gegenüber dem Leistungsträger kann der Unterhaltsverpflichtete sich nicht darauf berufen, er habe innerhalb der letzten zwei Jahre bereits eine Auskunft erteilt, denn der Leistungsträger kann jederzeit Auskunft verlangen.[37]

Der Unterhaltpflichtige kann gegen den Auskunftsanspruch nach § 60 nur geltend machen, ein Unterhaltsanspruch bestehe offensichtlich unter allen erdenklichen Gesichtspunkten nicht, sogenannte **Negativevidenz**.[38]   84

b) Besondere Regelungen für Unterhaltsansprüche

Vom Anspruchsübergang sind einige Unterhaltsansprüche ausdrücklich ausgenommen (§ 33 Abs. 3):   85

- Unterhaltsansprüche von unterhaltsberechtigten Leistungsberechtigten, die mit dem Verpflichteten in einer Bedarfsgemeinschaft leben;
- Unterhaltsansprüche von Verwandten, wenn diese untereinander nicht geltend gemacht werden, es sei denn,
  - es handelt sich um minderjährige Kinder oder
  - um Leistungsberechtigte, die das 25. Lebensjahr noch nicht vollendet und ihre Erstausbildung noch nicht abgeschlossen haben und
- Unterhaltsansprüche von Kindern gegenüber ihren Eltern, wenn die Kinder
  - schwanger sind oder
  - ein leibliches Kind bis zur Vollendung des sechsten Lebensjahres betreuen.

Aufgrund der Ausnahmen von der Inanspruchnahme werden im Wesentlichen nur **Unterhaltsansprüche minderjähriger Kinder**, sowie Unterhaltsansprüche getrennt lebender oder geschiedener Ehegatten oder Lebenspartner nach dem Lebenspartnerschaftsgesetz von den Leistungsträgern geltend gemacht. Als weiterer übergangsfähiger Anspruch kommt noch der Unterhaltsanspruch des einen Elternteils für den anderen Elternteil bei Pflege und Versorgung eines gemeinsamen Kindes nach § 1615l Abs. 2 BGB in Betracht.   86

Besteht bereits ein Unterhaltstitel gegen den Verpflichteten, kann der Leistungsträger den Titel auf sich umschreiben lassen (§§ 727, 795 ZPO). Der Übergang des Unterhaltes ist ausgeschlossen, soweit die Leistungen vom Verpflichteten durch Zahlung erfüllt werden.

Ein Anspruchsübergang findet auch dann nicht statt, wenn der Unterhaltsverpflichtete durch die Unterhaltsleistungen selbst nach dem SGB II anspruchsberechtigt wird (§ 33 Abs. 2 S. 3). Der Leistungsträger muss daher bei dem Unterhaltsverpflichteten wie beim dem Leistungsberechtigten eine Bedarfsberechnung einschließlich der Ermittlung von Einkommen und Vermögen durchführen.

37 LSG NRW 11.1. 2006 – L 1 B 18/05 AS ER.
38 Schoch in: LPK-SGB II § 60 Rn 28.

87 **Beispiel:** Gegen den unterhaltspflichtigen B liegt ein rechtskräftiges Urteil auf Zahlung von Unterhalt in Höhe von 275 EUR monatlich vor. Der B hat angemessene Wohn- und Heizkosten in Höhe von 341 EUR und anrechnungsfähiges Einkommen (ohne den Unterhaltsbedarf) in Höhe von 750 EUR (Regelbedarf bis zum 31.12.2015 in Klammern).

Berechnung des Alg II-Anspruchs des unterhaltspflichtigen B

Regelbedarf	404 (399) EUR
+ Bedarf Leistung für Unterkunft und Heizung	+ 341 EUR
= Anspruch ALG II	= 745 (740) EUR
./. Anrechenbares Einkommen § 11 b	- 750 EUR
= Leistungsbetrag	0 EUR

Der B kann hier, weil er durch die Unterhaltszahlung selbst hilfebedürftig wird, vom Jobcenter nicht in Anspruch genommen werden. Zahlt er jedoch freiwillig den Unterhalt, kann er diesen zusätzlich von seinem Einkommen abziehen und hat seinerseits einen Anspruch auf Leistungen nach dem SGB II und zwar in Höhe von 270 bzw 265 EUR.

88 **Hinweis:** Wenn der B Antrag auf Leistungen nach dem SGB II stellt, seinen Unterhaltstitel vorlegt und die Zahlung des Unterhaltes nachweist, wird die Unterhaltszahlung von seinem Einkommen nach § 11 b Abs. 1 Nr. 7 abgezogen, so dass er den Fehlbetrag als Alg II erhält. Der Unterhaltsberechtigte erhält hierdurch Einnahmen, von denen er Absetzungen nach § 11 b Abs. 1 und der Alg II-V vornehmen kann.

c) Geltendmachung des Anspruchs durch den Leistungsträger

89 Leistungen für die Vergangenheit kann der Leistungsträger nur unter den Einschränkungen des § 33 Abs. 3 geltend machen. Die Leistungserbringung durch den Leistungsträger an den Leistungsberechtigten muss dem Verpflichteten schriftlich angezeigt worden sein. Diese „Leistungsanzeige" modifiziert die nach dem BGB notwendige Geltendmachung des Unterhaltsanspruchs für den Leistungsträger. Nach § 1613 Abs. 1 BGB kann **Unterhalt für die Vergangenheit** nur geltend gemacht werden,

- wenn der Verpflichtete aufgefordert wurde, Auskunft über Vermögen und Einkommen zu erteilen,
- er in Verzug gesetzt wurde oder
- der Unterhaltsanspruch rechtshängig geworden ist.

Durch die einfache Leistungsanzeige können diese Wirkungen der „Mahnung" herbeigeführt werden. Eine bestimmte Form der Leistungsanzeige, um die Wirkung einer Mahnung zu erreichen, ist im Gesetz nicht vorgeschrieben. Bei einer Mahnung muss der Schuldner erkennen können, dass und inwieweit er in Anspruch genommen wird. Eine Zuviel-Forderung schadet nicht.[39] Demnach wird der Leistungsträger in der Leistungsanzeige angeben müssen, dass er Leistungen erbringt und die Höhe der Leistungen.

90 Der Leistungsträger wird den Unterhaltsverpflichteten sodann zur **Auskunft** über seine Einkommens- und Vermögensverhältnisse auffordern. Die Auskünfte kann der Leistungsträger vom Unterhaltspflichtigen verlangen (§ 60 Abs. 2). Bei der Feststel-

---

39 Palandt/Heinrichs § 286 BGB Rn 19.

lung einer Unterhaltsverpflichtung gilt die Frist von zwei Jahren für das erneute Verlangen einer Auskunft nach § 1605 Abs. 2 BGB nicht, denn § 60 Abs. 2 S. 3 verweist nur auf Abs. 1 und nicht auf Abs. 2. [40]

Der **Auskunftsanspruch** nach § 60 kann **mittels Verwaltungsakt** geltend gemacht werden. Diejenigen Leistungsträger, die gemeinsame Einrichtungen sind, können sich nach §§ 6 ff VwVG des Bundes, die anderen nach den jeweiligen Ländergesetzen, des Verwaltungszwanges bedienen und den Auskunftsanspruch durchsetzen.   91

Daneben besteht bei dem Übergang von Unterhaltsansprüchen auch ein **zivilrechtlicher Auskunftsanspruch,** dieser kann allerdings nur mittels Klage vor dem ordentlichen Gericht durchgesetzt werden. Wird die Auskunft erteilt, so wird dieser ggf eine Zahlungsaufforderung und bei Nichtzahlung eine Klage vor dem Zivilgericht folgen. Dabei sind die Zivilgerichte auch hinsichtlich der sozialrechtlichen Korrektur prüfungsbefugt (§ 33 Abs. 2 S. 3).   92

Der Anspruch gegen den Dritten kann von dem Leistungsträger im Einvernehmen mit dem anspruchsberechtigten Leistungsberechtigten auf diesen zur gerichtlichen Geltendmachung **zurückübertragen** werden (§ 33 Abs. 4). Kosten, mit denen der Leistungsträger selbst belastet wird, sind von diesem zu übernehmen. Hierbei handelt es sich um eine Vorschusspflicht,[41] die allerdings nur soweit geht, als Ansprüche des Leistungsträgers geltend gemacht werden. Für diesen Teil des Anspruchs besteht kein Anspruch auf Prozesskostenhilfe mangels Bedürftigkeit des Leistungsberechtigten. Hinsichtlich der rückübertragenen Ansprüche führt der Leistungsberechtigte eine Geschäftsbesorgung (Auftrag) nach § 662 BGB durch. In diesem Zusammenhang kann er auch Aufwendungsersatz nach § 670 BGB verlangen.   93

Hinweis: Gleichwohl sollte bei einer Rückübertragung vereinbart werden, in welchem Umfang die Leistungsträger die Kosten der Prozessführung übernimmt. Der Rechtsanwalt kann dann einen Vorschuss der Rechtsanwaltsgebühren nach § 669 BGB für seinen Mandanten verlangen.   94

2. Einzelne Ansprüche

Bei den nach § 33 übergegangenen Ansprüchen wird es sich zumeist um **Ansprüche des Leistungsberechtigten auf Unterhalt** handeln. Hinsichtlich der Geltendmachung und der Abwehr von Unterhaltsansprüchen wird hier auf weiterführende Literatur verwiesen.[42]   95

Neben Unterhaltsansprüchen können auch **Ansprüche wegen Verarmung des Schenkers nach § 528 BGB** auf den Leistungsträger übergehen. Nach § 1613 Abs. 1 BGB kann Unterhalt für die Vergangenheit nur geltend gemacht werden, wenn der Unterhaltsschuldner zur Auskunft aufgefordert wurde, mit seiner Unterhaltsleistung in Verzug geraten (dh eine qualifizierte Mahnung erhalten hatte) oder der Unterhaltsanspruch rechtshängig geworden ist. Bei einem Schenkungswiderruf kommt es demge-   96

---

40 Münder in: LPK-SGB II § 60 Rn 29.
41 BGH 2.4.2008 – XII ZB 266/03.
42 Vgl Schultz/Hauß in: HK-Familienrecht.

genüber nicht auf die Geltendmachung des Notbedarfs durch den Leistungsträger, sondern nur auf dessen Eintritt (Leistung) gegenüber dem Leistungsberechtigten an.[43] Der Leistungsträger kann daher für die von ihm vor Erfüllung der Schenkung und Feststellung der Leistung erbrachten Leistungen keinen Anspruch auf Rückforderung geltend machen. Der Rückgewährschuldner kann gegenüber dem Leistungsträger mit eigenen Ansprüchen gegen den Leistungsberechtigten aufrechnen. Auch durch den Tod des Schenkers erlischt der Rückforderungsanspruch des Leistungsträgers gegen den Beschenkten nicht, wenn dieser bereits vor dessen Tod auf den Leistungsträger übergegangen war. Der Übergang des Widerrufsanspruchs erfolgt bereits durch die Gewährung der Leistung durch den Leistungsträger nach dem SGB II und ist an keine weiteren Voraussetzungen gebunden. Ist der Übergang erfolgt, kann auch eine spätere Behebung der Notlage den Übergang nicht mehr beseitigen.

97 **Beispiel:** Der 48-jährige Leistungsberechtigte besitzt neben seinem Schonvermögen nach § 12 noch ein unbebautes Grundstück im Wert von 200.000 EUR. Der Leistungsberechtigte verschenkt das Grundstück durch notariellen Vertrag vom 20.2.2012 an seinen Sohn S. Der Leistungsberechtigte erhält ab dem 1.7.2015 Leistungen nach dem SGB II in Höhe von monatlich 740 EUR bis zum 31.10.2015. Ab dem 1.11.2015 nimmt der Leistungsberechtigte eine Arbeit auf und kann sich selbst versorgen. Mit Schreiben des Leistungsträgers vom 11.11.2015 wird der S aufgefordert das Grundstück an den Leistungsträger herauszugeben.

Die Rückabwicklung des Schenkungsvertrages richtet sich nach den Grundsätzen der §§ 812 ff BGB. Es kann dabei dahingestellt bleiben, ob die Schenkung bereits vollzogen ist, dh die Eintragung des Eigentumswechsels nach § 873 Abs. 1 BGB bereits bei Bewilligung der Leistungen an den Leistungsberechtigten erfolgte.[44] Der Leistungsträger kann nicht von dem S die Herausgabe des Grundstückes verlangen, denn sein Anspruch geht nicht über den Betrag hinaus, den der Leistungsträger selbst aufgewendet hat, das sind 4 * 740 EUR sowie die Aufwendungen für die in vier Monaten zu zahlenden Beträge zur Sozialversicherung, § 40 Abs. 1 Nr. 3 iVm § 335 Abs. 1, 2 und 5 SGB III.

98 Der Leistungsträger kann von dem S mangels Teilbarkeit des Grundstückes auch keinen Grundstücksteil, sondern nach § 818 Abs. 2 BGB nur Wertersatz, dh den selbst aufgewendeten Betrag verlangen. Die Beschränkung auf die Aufwendungen des Leistungsträgers ergibt sich hier nach § 33 Abs. 1 daraus, dass die Überleitung nur im Umfang der eigenen Leistungen erfolgt und des Weiteren, dass ein Anspruch auf Herausgabe des Geschenkes gemäß § 528 Abs. 1 iVm § 812 BGB lediglich in dem Umfang besteht, in welchem der Schenkungsgegenstand zur Deckung des angemessenen Unterhaltes des Schenkers erforderlich ist, so dass bei einem nicht teilbaren Geschenk, wie einem Grundstück, dieser von vornherein auf die wiederkehrende Zahlung eines der jeweiligen Bedürftigkeit des Schenkers entsprechenden Wertanteils gerichtet ist, bis der Wert des Geschenkes erschöpft ist.

99 **Hinweis:** Der Leistungsträger muss den Rückgewähranspruch aus dem Schenkungswiderruf oder auch den übergegangenen Unterhaltsanspruch vor den Zivilgerichten geltend machen. Im Falle der Schenkung trägt er die Darlegungs- und Beweislast für eine Schenkung. Gemischte Schenkungen sind nach ihren jeweiligen Teilen zu beurteilen.

---

43 BGH 7.11.2006 – X ZR 184/04 Rn 19.
44 BGH 20.5.2003 – X ZR 246/02.

3. Ansprüche gegen Rechtsnachfolger

Der Leistungsberechtigte muss Leistungen, die er von dem Leistungsträger nach dem SGB II erhält, grundsätzlich nicht zurückzahlen. Eine unerwartete Erbschaft oder die Aufnahme einer ungewöhnlich lukrativen Beschäftigung führt lediglich dazu, dass die Hilfebedürftigkeit ab dem Zeitpunkt des Zuflusses nicht mehr besteht.   **100**

Ganz anders die Erben:

- Nach § 35 Abs. 1 müssen die Erben des Leistungsberechtigten alle Leistungen zur Sicherung des Lebensunterhaltes, wozu wiederum die Leistungen von Alg II und das Sozialgeld gehören, innerhalb eines Zeitraumes von 10 Jahren vor dem Erbfall erstatten. Die Erstattung ist auf den Wert des Nachlasses beschränkt. Ein Schutz des Vermögens nach § 12 und der Alg II-V besteht nicht mehr. Die Erbenhaftung ist lediglich ausgeschlossen, wenn die Leistungen zum Lebensunterhalt nicht mehr als 1.700 EUR betragen hatten.

- Der Anspruch erlischt 3 Jahre nach dem Tod des Leistungsberechtigten.

- Für Erben, die Partner des Leistungsempfängers oder mit ihm verwandt waren, bis zu seinem Tod mit ihm in häuslicher Gemeinschaft lebten und den Leistungsberechtigten nicht nur vorübergehend gepflegt haben, wird der Wert des Nachlasses bis zur Höhe von 15.500 EUR nicht beansprucht. Eine Inanspruchnahme erfolgt auch nicht, wenn diese für den Erben unter Berücksichtigung des Einzelfalles eine besondere Härte bedeutet.

Für die Angehörigen des Leistungsberechtigten kann es aufgrund der Regelung des § 34 zu unangenehmen Konsequenzen kommen, wenn nicht rechtzeitig Vorsorge getroffen wird.   **101**

Beispiel: Der 63 Jahre alte Leistungsberechtigte lebt mit seiner Ehefrau in einem angemessenen Einfamilienhaus. Beide beziehen seit dem 1.1.2005 Leistungen zum Lebensunterhalt nach dem SGB II. Das Hausgrundstück gehört beiden jeweils zur Hälfte. Aus der Ehe sind die beiden Kinder C und D hervorgegangen. Die Kinder leben nicht mehr bei den Eltern. Ein Testament besteht nicht. Am 2.2.2015 will der Leistungsberechtigte bei seinem Leistungsträger seinen Folgeantrag für Alg II-Leistungen abgeben, denn der letzte Bescheid lief am 31.12.2014 aus. Auf eisglatter Fahrbahn verliert er die Kontrolle über seinen Pkw, prallt gegen einen Baum und verunglückt tödlich. Die Ehefrau teilte dem Leistungsträger am 6.2.2015 mit, dass der Leistungsberechtigte auf dem Weg zu ihm tödlich verunglückt sei.   **102**

Durch den Tod des Leistungsberechtigten tritt der Erbfall nach § 1922 BGB ein. Da kein Testament besteht, erbt seine Ehefrau die Hälfte seines Anteils und die andere Hälfte seine Kinder C und D. Der Leistungsträger wird zunächst, solange der Antrag bei ihm noch nicht eingegangen ist, die Leistungen an die überlebende Ehefrau nicht weiterzahlen. Eine Wiedereinsetzung in den vorigen Stand nach § 27 Abs. 1 SGB X ist nicht möglich, weil keine gesetzliche Frist versäumt wurde. Denkbar ist allerdings, dass man den § 37 Abs. 2 dahin gehend auslegt, dass lediglich eine unverzügliche Antragstellung erforderlich ist, so dass der Antrag hier noch zurückwirkt.[45] Diese weite Auslegung erfasst jedoch nicht die Fälle, in   **103**

---

45   So Schoch in: LPK-SGB II § 37 Rn 20.

denen am Tag der Antragstellung Dienstbereitschaft des Leistungsträgers besteht. M.E. sind diese Fälle ggf dadurch zu lösen, dass sich der Leistungsträger auf eine verspätete Antragstellung nicht berufen kann, wenn der Leistungsberechtigte alles getan hat, damit der Antrag eintrifft. Der Leistungsträger wird gegenüber den Kindern des Leistungsberechtigten den Anspruch auf Erstattung der Leistungen zum Lebensunterhalt bis zum Wert des Nachlasses der Kinder geltend machen. Diese könnten die Erbschaft ausschlagen, so dass auch der übrige Erbteil der Ehefrau zuwächst. Für die Ehefrau ist das selbst genutzte Hausgrundstück geschütztes Vermögen (zur angemessenen Größe beachte § 4 Rn 111 ff).

104 **Hinweis:** Haben Leistungsberechtigte ein geschütztes Vermögen, wie ein selbstgenutztes Hausgrundstück angemessener Größe, ist immer an eine Haftung der Erben zu denken. Hier könnte an eine Übertragung im Wege der vorweggenommenen Erbfolge an nicht Hilfebedürftige gedacht werden.[46]

4. Schadenersatzansprüche gegen den Leistungsberechtigten

a) Schadenersatz bei sozialwidrigem Verhalten

105 § 34 Abs. 1 verschafft dem Leistungsträger gegenüber dem Leistungsberechtigten einen außerordentlichen Schadenersatzanspruch bei **vorsätzlicher oder grob fahrlässiger Herbeiführung der Hilfebedürftigkeit.** Hierbei handelt es sich nach der Rechtsprechung um eine eng auszulegende Ausnahmevorschrift,[47] die ein **sozialwidriges Verhalten** voraussetzt. Das Verhalten des Leistungsberechtigten muss objektiv sozialwidrig sein. Das ist wohl der Fall, wenn der Leistungsberechtigte den Leistungsfall bewusst herbeiführt und seinen Arbeitsplatz als Beamter ohne Grund aufgibt, um Leistungen nach dem SGB II oder XII zu erhalten. Dies wird nicht der Fall sein, wenn er sein Vermögen in geschütztes Vermögen umwandelt.

106 **Beispiel:** Der Leistungsberechtigte löst vor der Antragstellung auf Leistungen zum Lebensunterhalt nach dem SGB II sein Wertpapierdepot im Werte von 85.000 EUR auf und erwirbt hierfür eine Eigentumswohnung, die er gemeinsam mit seinem minderjährigen Sohn bewohnt.

Der Leistungsberechtigte hat zwar seine Hilfebedürftigkeit durch Auflösung des Wertpapierdepots herbeigeführt. Diese Handlung ist jedoch nicht als sozialwidrig anzusehen, weil hier der Erwerb von Wohneigentum auch zur Alterssicherung nicht als sozialwidrig anzusehen ist.[48]

b) Schadenersatz bei Abbruch von Bildungsmaßnahmen

107 Ein weiterer Anspruch des Leistungsträgers gegen den Leistungsberechtigten auf Schadenersatz kann sich aus § 15 Abs. 3 iVm § 40 Abs. 1 S. 1 und § 53 SGB X ergeben. Sind in einer Eingliederungsvereinbarung **Bildungsmaßnahmen** vereinbart, so muss der Leistungsträger mit dem Leistungsberechtigten nach § 15 Abs. 3 für den Fall des durch diesen schuldhaft verursachten **Abbruchs** der Maßnahme eine Regelung über den Schadenersatz vereinbaren. Diese Schadenersatzvereinbarungen unter-

---

46 Schwitzky in: LPK-SGB II § 35 Rn 4 ff.
47 BVerwG 23.9.1999 – 5 C 22/99, BVerwGE 109, 331.
48 LSG Berlin-Brb. 10.7.2007 – L 5 B 410/07 AS ER.

liegen der gerichtlichen Inhaltskontrolle. Die Regelungen des BGB zur Inhaltskontrolle von allgemeinen Geschäftsbedingungen sind ergänzend anzuwenden (§ 61 SGB X).

Hinweis: Sofern eine Eingliederungsvereinbarung durch Verwaltungsakt erfolgt und   108
hierin eine Bildungsmaßnahme einseitig festgesetzt wird, muss der Leistungsträger einen Schadenersatzanspruch vor den Sozialgerichten im Wege der Leistungsklage verfolgen.[49] Eine Festsetzung des Schadenersatzanspruchs durch Leistungsbescheid ist daher in solchen Fällen nicht möglich.

---

49   Berlit in: LPK-SGB II § 15 Rn 51.

§ 7 Verfahren vor den Sozialgerichten

I. Verfahren im ersten Rechtszug vor dem Sozialgericht

1. Rechtsweg

1 Die Sozialgerichte entscheiden über die öffentlich-rechtlichen Streitigkeiten in Angelegenheiten der Grundsicherung für Arbeitsuchende (§ 51 Abs. 1 Nr. 4 a SGG).

2. Örtliche Zuständigkeit

2 Die **örtliche Zuständigkeit** richtet sich danach, wo der Kläger bei Klageerhebung seinen Wohnsitz oder seinen Aufenthaltsort hat (§ 57 Abs. 1 SGG). Vereinbarungen über die Zuständigkeit sind nichtig (§ 59 SGG). Zieht der Kläger nach Erhalt eines Widerspruchsbescheides um und kommt er dadurch in den Bezirk eines anderen Gerichts, ist nunmehr das für seinen Wohnsitz bzw Aufenthaltsort zuständige Gericht anzurufen. Ein Umzug nach Klageerhebung wirkt sich auf die Zuständigkeit nicht aus.

3. Klagearten

3 In Verfahren um Leistungen nach dem SGB II kommen in erster Linie die kombinierte Anfechtungs- und Leistungsklage, die kombinierte Anfechtungs- und Verpflichtungsklage, die reine Anfechtungsklage und die Untätigkeitsklage in Betracht. Daneben ist noch an die Leistungsklage, die Feststellungsklage und die Fortsetzungsfeststellungsklage zu denken.

a) Anfechtungsklage

4 Die **Anfechtungsklage** hat die Beseitigung eines belastenden Verwaltungsaktes zum Gegenstand (§ 54 Abs. 1 S. 1 Alt. 1 SGG).

5 **Beispiel:** Der Leistungsträger gewährt dem Leistungsberechtigten L durch Bewilligungsbescheid vom 29.1.2015 für die Zeit vom 1.2. bis zum 30.7.2015 Leistungen zum Lebensunterhalt in Höhe von insgesamt 805 EUR. Am 5.2.2015 um 8.30 Uhr sucht ihn Mitarbeiter M des Außendienstes des Leistungsträgers in seiner Wohnung auf. In der Wohnung ist auch die Freundin F des L anwesend, die der M durch die geöffnete Tür sieht. Der L ist über den unerwarteten Besuch sehr mürrisch und schließt nach kurzer sachlicher, allerdings lautstarker Auseinandersetzung die Tür. Daraufhin versagt der Leistungsträger durch Bescheid vom 10.2.2015 die Leistungen vollständig wegen mangelnder Mitwirkung (§ 66 SGB I). Der Widerspruch des L gegen den Versagungsbescheid bleibt ohne Erfolg. Der L stellt keinen Antrag auf einstweiligen Rechtsschutz, sondern verbraucht zunächst sein geschütztes Vermögen (§ 12 Abs. 2 Nr. 1, Nr. 4).

6 Die richtige Klageart gegen den Versagungsbescheid nach § 66 SGB I vom 10.2.2015 ist die Anfechtungsklage.[1] Durch die Beseitigung des Versagungsbescheides wird der vorhergehende Bewilligungsbescheid vom 29.1.2015 wieder wirksam und der Leistungsträger muss aus diesem Bescheid Leistungen erbringen. Der L wird mit seiner Klage erfolgreich sein, denn der Leistungsträger durfte die Leistung nicht versagen, weil der L den Mitarbeiter des Außendienstes nicht hereingelassen hatte. Im Rahmen seiner Mitwirkungspflichten

---

1 BSG 1.7.2009 – B 4 AS 78/08 R.

hatte der L nur Tatsachen anzugeben, Änderungen mitzuteilen und Beweismittel zu bezeichnen, nicht jedoch den Mitarbeitern Zutritt zur Wohnung zu verschaffen (§ 60 SGB I). Der Leistungsträger konnte deshalb die Leistung hier nicht versagen. Sofern der Leistungsträger, nachdem das Sozialgericht den Versagungsbescheid vom 10.2.2015 aufgehoben hat, aus dem Bescheid vom 29.1.2015 keine Leistungen erbringt, kann der L seinen Anspruch auf Leistungen hieraus im Wege der reinen Leistungsklage verfolgen (§ 54 Abs. 5 SGG). Ein Vorverfahren ist nicht erforderlich, denn § 78 SGG benennt nur die Anfechtungs- und Verpflichtungsklage.

Hinweis: Die Klage gegen den Versagungsbescheid vom 10.2.2015 kann nicht mit einer Klage auf Erbringung von Leistungen über den 30.7.2015 hinaus verbunden werden. Der Leistungsberechtigte muss, um Leistungen über den 30.6.2015 hinaus zu erhalten, einen neuen Antrag stellen und, falls dieser abgelehnt wird, hiergegen Widerspruch und Klage erheben.[2] **7**

Die Anfechtungsklage ist auch die richtige Klageart im Falle eines Aufhebungs- und Erstattungsbescheides.[3] **8**

b) Kombinierte Anfechtungs- und Leistungsklage

Da auf die Leistungen zum Lebensunterhalt nach dem SGB II ein Rechtsanspruch besteht, kommt in den meisten Klagefällen eine **kombinierte Anfechtungs- und Leistungsklage** in Betracht (§ 54 Abs. 4 SGG).[4] Hiermit begehrt der Kläger die Aufhebung eines Bescheides, soweit die Leistungen vom Leistungsträger nicht gewährt wurden. Anders als im Zivilrecht muss der Klageanspruch auf **Leistung nicht beziffert** werden, denn das Sozialgericht kann den Leistungsträger bei Leistungen, auf die ein Rechtsanspruch besteht, zur Leistung dem Grunde nach verurteilen (§ 130 Abs. 1 SGG).[5] **9**

c) Anfechtungs- und Verpflichtungsklage

Die **Verpflichtungsklage** findet sich zumeist als kombinierte Anfechtungs- und Verpflichtungsklage (§ 54 Abs. 1 S. 1 SGG). Sie ist eine Leistungsklage auf Erlass eines begünstigenden Verwaltungsaktes.[6] Sie kommt am häufigsten in Form der **Bescheidungsklage** vor, wenn der Leistungsträger Ermessen ausüben muss und das Gericht das Ermessen der Behörde nicht an deren Stelle ausüben kann. **10**

Beispiel: Der Leistungsberechtigte beantragt ihm Beihilfe zur Erstausstattung der Wohnung zu gewähren (§ 24 Abs. 3 S. 1 Nr. 1). Die Leistung zur Erstausstattung kann als Sachleistung oder Geldleistung und auch in Form von Pauschbeträgen erbracht werden (§ 24 Abs. 3 S. 5). Der Leistungsträger hat bezüglich der Art, wie er die Leistung erbringen will ein Auswahlermessen, dh er kann entscheiden, ob er Einrichtungsgegenstände und Haushaltsgeräte in einem Lager selbst bevorratet, ggf Dritte hiermit beauftragt oder dem Leistungsberechtigten die hierzu notwendigen Geldmittel zur Verfügung stellt.[7] **11**

---

2 BSG 1.7.2009 – B 4 AS 78/08 R.
3 BSG 18.1.2011 – B 4 AS 90/10 R, Rn 13.
4 Vgl BSG 3.3.2009 – B 4 AS 37/08 R, Rn 14; BSG 18.11.2014 – B 4 AS 4/14 R, SozR 4-4200 § 21 Nr. 19.
5 Vgl BSG 27.1.2009 – B 14/7 b AS 8/07 R.
6 Castendiek in: HK-SGG § 54 SGG Rn 124 f.
7 BSG 20.8.2009 – B 14 AS 45/08 R, Rn 19; BSG 29.9.2011 – B 4 AS 202/10 R, SozR 4200 § 23 Nr. 13.

12 Der Leistungsträger hat kein Auswahlermessen hinsichtlich der Frage, welche Einrichtungsgegenstände und Haushaltsgeräte zur Erstausstattung einer Wohnung gehören. Die Verpflichtungsbescheidungsklage ist daher, solange der Leistungsberechtigte noch keine Einrichtungsgegenstände im Wege der Selbsthilfe beschafft hat, die richtige Klageart.[8]

d) Untätigkeitsklage

13 Die **Untätigkeitsklage** nach § 88 SGG ist eine besondere Form der Verpflichtungsklage. Sie ist auf Vornahme eines Verwaltungsaktes oder auf Bescheidung eines Widerspruchs gerichtet.

Der Leistungsträger muss ohne zureichenden Grund innerhalb einer Frist von sechs Monaten nicht über den Anspruch des Leistungsberechtigten entschieden haben. Über einen Widerspruch muss innerhalb einer Frist von drei Monaten entschieden worden sein. Ein zureichender Grund für eine Entscheidung außerhalb der gesetzlichen Fristen kann in sozialrechtlichen Angelegenheit außerhalb des Bereiches der Existenzsicherung zB die auf Gesetzesänderungen beruhende Geschäftsbelastung sein.[9] Bei den Leistungen zum Lebensunterhalt handelt es sich um Leistungen zur Sicherung des Existenzminimums. Neben der Pflicht der Leistungsträger zur allgemeinen Beschleunigung des Verwaltungsverfahrens (§ 17 Abs. 1 Nr. 1 SGB I) besteht aufgrund des Gebots, die Menschenwürde zu schützen (§ 1 Abs. 1), eine besonderes Beschleunigungsgebot.

14 Die Untätigkeitsklage ist auch dann begründet, wenn die Frist von drei oder sechs Monaten zwar noch nicht bei Klageeinreichung, allerdings während der Rechtshängigkeit der Klage entsteht.[10]

Kein zureichender Grund für die fehlende Entscheidung ist eine vom Leistungsberechtigten unterlassene Mitwirkungspflicht (§ 60 SGB I). In diesem Fall kann der Leistungsträger nur den Weg des Versagungsbescheides nach § 66 SGB I wählen.[11] Der Leistungsträger muss auch unzulässige Widersprüche in einer Frist von drei Monaten, abgesehen von Fällen des Missbrauchs, entscheiden, so dass auch hier grundsätzlich von der Zulässigkeit der Untätigkeitsklage auszugehen ist.[12]

15 **Hinweis:** Eine außergerichtliche schriftliche oder fernmündliche Aufforderung vor Erhebung der Untätigkeitsklage mit Setzung einer Nachfrist an den Leistungsträger führt zwar oft zur umgehenden Entscheidung, verpflichtet allerdings nicht zur Übernahme hieraus entstehender Kosten für einen Bevollmächtigten. War der Rechtsanwalt im Widerspruchsverfahren beauftragt, so erhält der Leistungsberechtigte eine Kostenerstattung nur insoweit der Widerspruch erfolgreich war (§ 63 SGB X). War er hierzu nicht beauftragt und sollte er nur die Tätigkeit des Leistungsträgers beschleunigen, ergibt sich ein Kostenerstattungsanspruch gegen den Leistungsträger auch

---

8 BSG 19.8.2010 – B 14 AS 10/09 R.
9 Binder in: HK-SGG § 88 Rn 16.
10 BSG 26.8.1994 – 13 RJ 17/94, BSGE 75, 66.
11 LSG Berlin-Brb 19.2.2008 – L 28 B 244/08 AS PKH.
12 BSG 11.11.2003 – B 2 U 36/02 R, SozR 4-1500 § 88 Nr. 1; LSG RPf. 15.12.2010 – L 4 U 124/10.

nicht aus dem Gesichtspunkt des Verzuges, denn § 63 SGB X geht den Verzugsvorschriften des BGB als abschließende Norm vor.

4. Beschränkung der Überprüfung des Bescheides durch den Klageantrag

Hinweis: Begehrt der Leistungsberechtigte höhere Leistungen für Unterkunft und 16
Heizung, kann der Klageantrag etwa wie folgt lauten: „Die Beklagte wird unter Abänderung des Bescheides vom ..., in der Fassung des Widerspruchsbescheides vom ...,
verurteilt, dem Kläger höhere Leistungen nach dem SGB II zu gewähren".

Der Leistungsberechtigte könnte auch beantragen, den Leistungsträger zu verurteilen 17
lediglich höhere Leistungen für Unterkunft und Heizung zu gewähren, also die Überprüfung des Bescheides auf die Kosten für Unterkunft und Heizung zu **beschränken**,[13]
denn es handelt sich um einen im Bescheid abtrennbaren Verfügungssatz.

Die Einschränkung ist nicht empfehlenswert, weil stets die Möglichkeit besteht, dass 18
ein Gesichtspunkt übersehen wird, der bei Beschränkung der Überprüfung ggf auch
in der höheren Instanz nur noch schwer korrigiert werden kann.

Hinweis: Es empfiehlt sich den Klagegegenstand möglichst allgemein und weit zu 19
fassen, denn auch bei der gerichtlichen Anwendung des SGB II gilt der **Meistbegünstigungsgrundsatz**, nach dem im Zweifel davon auszugehen ist, dass ein Kläger mit seiner Klage ohne Rücksicht auf den Wortlaut des Antrags das begehrt, was ihm den
größten Nutzen bringen kann.[14]

5. Klage einer Bedarfsgemeinschaft – Klagehäufung

Nach § 38 wird, soweit Anhaltspunkte nicht entgegenstehen, **vermutet**, dass der er- 20
werbsfähige Leistungsberechtigte **bevollmächtigt** ist, die Bedarfsgemeinschaft zu vertreten. Bei mehreren erwerbsfähigen Leistungsberechtigten wird die Vermutungswirkung auf den Antragsteller ausgedehnt. Die Vermutungswirkung betrifft allerdings
nur das Verwaltungsverfahren, dh das Antragsverfahren und das sich möglicherweise
anschließende Widerspruchsverfahren.

Die **Durchführung eines Klageverfahrens ist nicht von der Vermutungswirkung des** 21
§ 38 umfasst.[15] Ob der kraft Vermutung Bevollmächtigte eine weitere Person bevollmächtigen kann, ist umstritten.[16]

Die Vermutungswirkung **erfasst jedenfalls nicht die Bevollmächtigung eines Rechts-** 22
anwalts im Antrags-, Widerspruchs- und Klageverfahren. Vom Wortlaut des § 38 ist
eine solche Weitergabe der Vollmacht nicht gedeckt. Die Beauftragung eines Rechtsanwalts ist zudem ein anderes Rechtsgeschäft, welches mit Kosten für die Betroffenen
verbunden sein kann.

Hinweis: Richtet sich der Bescheid in der Fassung des Widerspruchsbescheides an 23
mehrere Personen, so ist die Klage mindestens im Namen aller im Bescheid genann-

---

13 BSG 7.11.2006 – B 7 b AS 14/06 R.
14 BSG 31.10.2007 – B 14/11 b AS 5/07 R.
15 BSG 7.11.2006 – B 7 b AS 8/06 R.
16 Schoch in: LPK-SGB II § 38 Rn 15.

ten Personen zu erheben, denn anderenfalls wird der angefochtene Bescheid gegenüber den nicht klagenden Personen durch Fristablauf bestandskräftig (§ 87 Abs. 1 SGG).

24 Da es sich bei den Ansprüchen nach dem SGB II um **Individualansprüche** handelt, können die im Bescheid bezeichneten Personen Ansprüche auch einzeln verfolgen.[17] Dies ist besonders dann angezeigt, wenn die hilfebedürftigen Personen geltend machen wollen, es bestehe mit der jeweils anderen Person keine Bedarfsgemeinschaft.

25 **Beispiel:** Der A bewohnt mit der B eine gemeinsame Wohnung. Eine Haushaltsgemeinschaft besteht zwischen ihnen nicht.

Hier kann eine gemeinsame Klage auch durch beide Leistungsberechtigte geführt werden. Da das Bestehen einer Bedarfsgemeinschaft anhand von Indizien ermittelt wird, kann auch die gemeinsame Klageführung als Hinweistatsache gewertet werden. Dies ist besonders dann der Fall, wenn ein Rechtsanwalt beauftragt wird und dessen Kosten durch eine Rechtsschutzversicherung übernommen werden.

26 Ein sonstiger Lebenspartner, ehe- oder lebenspartnerschaftsähnlicher Lebenspartner, wird in die **Rechtsschutzversicherung** einbezogen, wenn er im Versicherungsvertrag genannt ist.[18] Die Rechtsschutzversicherung kann den Versicherungsschutz gegenüber dem im Versicherungsvertrag aufgeführten angeblichen sonstigen Lebenspartner versagen, weil keine ehe- oder partnerschaftsähnliche Lebensgemeinschaft besteht und deshalb kein Versicherungsschutz für diese Person gewährt werden kann (§ 7 Abs. 3 Nr. 3 c). Die Versicherung könnte den Versicherungsvertrag ggf wegen Täuschung anfechten (§ 123 BGB).

6. Klage betrifft nur den angefochtenen Bewilligungszeitraum

27 Die Klage erstreckt sich nur auf den im Bewilligungsbescheid genannten Zeitraum.[19] Nachfolgende **Bewilligungszeiträume** werden von einer Klage gegen den ersten Bewilligungsbescheid nicht erfasst. Eine Klageerweiterung auf einen folgenden Bewilligungszeitraum ist nicht möglich (§ 99 SGG). Eine entsprechende Anwendung des § 86 SGG im Widerspruchsverfahren oder § 96 SGG im Klageverfahren ist im Gesetz nicht vorgesehen.[20]

28 **Beispiel:** Der Leistungsberechtigte erhebt Klage gegen einen Bescheid vom 2.1.2015 in der Gestalt des Widerspruchsbescheides vom 5.3.2015 für den Leistungszeitraum vom 1.1. bis 30.6.2015, weil sein Einkommen zu hoch angerechnet wurde. Der Zeitraum ab dem 1.7.2015 ist von seiner Klage nicht erfasst.

29 Der Leistungsberechtigte muss für die **Weitergewährung der Leistung einen neuen Antrag nach § 37 Abs. 1 stellen.** Nur wenn der Leistungsträger Leistungen zum Lebensunterhalt nach dem SGB II vollständig abgelehnt hat, wird der weitere Leistungszeitraum bis zum Zeitpunkt der letzten mündlichen Verhandlung vor dem Tatsachengericht erfasst.[21]

---

17 BSG 7.11.2006 – B 7 b AS 8/06 R, Rn 13/14/15 (mit grundlegenden Ausführungen).
18 Vgl § 25 Abs. 1 iVm § 3 Abs. 4 lit. b der Musterbedingungen des Gesamtverbandes der Versicherungswirtschaft (ARB 2000).
19 BSG 7.11.2006 – B 7 b AS 14/06 R, Rn 30.
20 BSG 7.11.2006 – B 7 b AS 14/06 R, Rn 30.
21 BSG 30.9.2008 – B 4 AS 29/07 R, Rn 34.

Hinweis: Der Rechtsanwalt wird seinen Mandanten in dem Falle der „Totalableh- 30
nung" auch bei einem Erfolg der Klage vor dem Sozial- oder Landessozialgericht raten, einen Folgeantrag zu stellen, denn anderenfalls erhält der Leistungsberechtigte
für die Zukunft keine weiteren Leistungen.

Wird das Klageverfahren vor dem Sozialgericht durch Klageabweisung beendet und
will der Leistungsberechtigte gegen das Urteil Berufung einlegen, kann er mit der erneuten Antragstellung bis zur letzten mündlichen Verhandlung im Berufungsverfahren abwarten. Das Landessozialgericht kann die Berufung ohne mündliche Verhandlung durch einstimmigen Beschluss zurückweisen (§ 153 Abs. 4 SGG). Dann bleibt es
dabei, dass die Verhandlung vor dem Sozialgericht die letzte mündliche Verhandlung
war, so dass in jedem Fall der Rat erteilt werden muss, einen Folgeantrag zu stellen.

Bereits im Klageverfahren vor dem Sozialgericht besteht die Gefahr, dass ohne münd- 31
liche Verhandlung aufgrund eines Gerichtsbescheides entschieden wird (§ 105 Abs. 1
SGG). Durch Gerichtsbescheid kann allerdings nur entschieden werden, wenn die Beteiligten hierzu gehört worden sind (§ 105 Abs. 1 S. 2 SGG). Sobald die Anhörung
hierzu erfolgt, sollte der Hinweis auf Stellung des Folgeantrags erfolgen.

Nachfolgende Bewilligungsabschnitte können nach erfolgtem Vorverfahren durch 32
Klageerweiterung nach § 99 Abs. 2 SGG im Wege der **Klagehäufung nach § 56 SGG**
in das laufende Verfahren miteinbezogen werden. Die Klageerweiterung durch Klage-
änderung ist nach § 99 Abs. 1 SGG nur zulässig, wenn das Gericht sie für sachdienlich erachtet und die übrigen Beteiligten (§ 69 SGG), dies wird idR nur der Leistungsträger sein, der Klageerweiterung zustimmen, entweder durch ausdrückliche Zustimmung oder indem sich der Leistungsträger auf die geänderte Klage rügelos einlässt.
Keine Klageerweiterung liegt bei einem Beteiligtenwechsel (Rechtsnachfolge aufgrund
Erbgangs oder Sonderrechtsnachfolge, § 51 SGB I) vor.[22]

Hinweis: Der Leistungsträger wird der Klageerweiterung regelmäßig nicht wider- 33
sprechen, weil er im Falle eines Obsiegens des oder der Leistungsberechtigten nur einmal Kosten erstatten muss.

Hinweis: Nicht nur bei einer Klageerweiterung, sondern auch wenn jeweils für einen 34
gesonderten Bewilligungsabschnitt eine neue Klage erhoben wird, empfiehlt es sich,
bereits im Klageantrag den Bewilligungszeitraum genau zu bezeichnen. Eine solche
Bezeichnung ist zwar nicht erforderlich, dient aber der besseren eigenen Orientierung
und der der übrigen Verfahrensbeteiligten. Durch die enge Folge der Bewilligungsabschnitte kann es sonst leicht zur mehrfachen Klageerhebung in derselben Angelegenheit kommen. Die Klagen werden dann als unzulässig verworfen.

7. Anforderungen an eine wirksame Klageschrift

Die Klage kann schriftlich oder zu Protokoll der Geschäftsstelle eingereicht werden 35
(§ 90 SGG).

---

22 BSG 2.2.2012 – B 8 SO 15/10 R, BSGE 110, 93–97.

36   Anders als nach der VwGO ist zur **Schriftform** nicht die **eigenhändige Unterschrift** erforderlich (§ 126 Abs. 1 BGB).[23] Es reicht vielmehr aus, wenn der Wille, eine Klage zu erheben, und die Person, von der der Wille ausgeht, hinreichend zu erkennen sind.[24] § 126 Abs. 1 BGB ist wegen der Eigenart des sozialgerichtlichen Verfahrens nicht anwendbar. Diese Rechtsprechung ist auch nach der Änderung des § 92 Abs. 1 SGG mit Wirkung vom 1.4.2008[25] aufrechtzuerhalten, weil die Unterschrift eine bloße Sollvorschrift ist.

37   Die schriftlich eingereichte Klage muss lediglich den Voraussetzungen des § 92 Abs. 1 SGG entsprechen. In der Klage **muss der Kläger**, der **Beklagte** und der **Gegenstand des Klagebegehrens** bezeichnet werden. Das Klagebegehren ist ausreichend dargelegt, wenn der angefochtene Bescheid bezeichnet und mitgeteilt wird, welche Leistungen (zusätzlich) begehrt werden oder das ein Verwaltungsakt aufgehoben werden soll. Nicht ausreichend ist die Rüge einer allgemeinen Rechts- oder Verfassungswidrigkeit.[26] Eine Klagebegründung in der die zugrunde liegenden Tatsachen angegeben werden müssen, dh der Gegenstand und Grund der Klage (§ 53 Abs. 2 Nr. 2 ZPO), ist nicht erforderlich. Gleichwohl empfiehlt es sich, auch zur Beschleunigung des Verfahrens, die Klage mit Tatsachen zu unterlegen.

38   **Hinweis:** Es empfiehlt sich in der Klageschrift zur Bezeichnung des Klagebegehrens einen Antrag zu stellen, denn mit der Formulierung eines eindeutigen und korrekten Klageantrags iVm der Nennung des Klägers und des Beklagten ist der Pflicht zur Angabe des „Streitgegenstandes" im Sinne des § 92 Abs. 1 SGG Genüge getan.[27] § 92 SGG ist § 82 VwGO nachgebildet, so dass die hierzu ergangene Rechtsprechung der Verwaltungsgerichte für die Auslegung dieser Vorschrift herangezogen werden kann.

39   Kann wegen drohendem Ablauf der Klagefrist nicht hinreichend festgestellt werden, wogegen sich das Begehren des Leistungsberechtigten richtet, sollten notfalls alle möglichen Unterlagen, Bescheide usw beigefügt werden und kein bestimmter Antrag hinsichtlich eines konkreten Sachverhaltes gestellt werden. Ist dieser Antrag nämlich hinreichend bestimmt, wird dadurch regelmäßig die Auslegung nicht mehr möglich sein, der Leistungsberechtigte habe sich auch gegen weitere Bescheide gewandt.[28]

40   Auch nach der Änderung des § 92 SGG durch das SGG Änderungsgesetz vom 26.3.2008[29] können Unterlassungen der zwingenden Vorschriften des § 92 Abs. 1 S. 1 SGG während des Klageverfahrens nachgeholt werden.[30]

Eine dauerhafte Verletzung der in § 92 Abs. 1 S. 1 SGG genannten Erfordernisse macht die Klage unzulässig, soweit der Mangel nicht bis zum Schluss der mündlichen

---

23 Vgl BVerwG 26.8.1983 – 8 C 28/83.
24 BSG 11.2000 – B 13 Rj 3/99 R.
25 BGBl. I 2008, 444.
26 LSG Potsdam 25.6.2015 – L 11 VU 15/15.
27 Vgl BVerwG 6.2.1990 – 9 B 498/89.
28 Vgl BSG 9.8.2006 – B 12 KR 22/05 Ra.
29 BGBl. I 2008, 2809.
30 Vgl BVerwG 6.2.1990 – 9 B 498.89, Buchholz 310 § 82 VwGO Nr. 13; 17.5.2004 – 9 B 29/04.

Verhandlung geheilt bzw innerhalb der nach § 92 Abs. 2 S. 2 SGG gesetzten Frist beseitigt wird.[31]

Die Klageschrift soll einen **bestimmten Antrag** enthalten und die zur Begründung die- 41
nenden **Tatsachen und Beweismittel** angeben. Sofern der Kläger keinen Antrag stellt, wird hierdurch eine wirksame Klageerhebung nicht gehindert.[32]

Die Klageschrift soll auch von dem Kläger oder seinem Vertreter mit **Orts- und Tagesangabe unterzeichnet sein.** Ebenfalls wird die fehlende Unterschrift, weil es sich insoweit um eine Sollvorschrift handelt, nachholbar sein. Eine Übersendung der Klage mittels E-Mail ist nur zulässig, wenn die Übermittlung durch Rechtsverordnung nach § 65 a Abs. 1 SGG zugelassen ist.[33] Sie sollte nur per E-Mail übersandt werden, wenn sie mit einer elektronischen Signatur nach dem Signaturgesetz (SigG) versehen ist. Der oder die angefochtenen Verwaltungsakt(e) und der Widerspruchsbescheid sollen der Klageschrift in Urschrift oder in Abschrift beigefügt werden.

8. Zurückweisung verspäteten Vorbringens

a) Korrektur der Klageschrift

Soweit die Klage nicht den Anforderungen des § 92 Abs. 1 SGG entspricht, hat der 42
Vorsitzende den Kläger innerhalb einer bestimmten Frist zur **Ergänzung** aufzufordern. Die Aufforderung muss hinreichend bestimmt sein. Dabei wird zunächst nicht zwischen den zwingenden und den nicht zwingenden Vorschriften unterschieden.

Der Vorsitzende kann nach § 92 Abs. 2 S. 2 SGG hinsichtlich der zwingenden Verfah- 43
rensvorschriften des § 92 Abs. 1 S. 1 SGG und zwar der Bezeichnung von Kläger und Beklagten und dem Gegenstand des Klagebegehrens dem Kläger eine **Frist** mit ausschließender Wirkung setzen. Bei der Ermessensausübung sind die im sozialgerichtlichen Verfahren herrschenden Grundsätze der Barriere- und Formfreiheit zu beachten.[34]

Hinweis: Der Gegenstand des Klagebegehrens ist bereits dadurch hinreichend darge- 44
stellt, dass die Klageschrift einen bestimmten Antrag enthält.[35]

b) Fristbestimmung durch den Vorsitzenden

Wenn eine Partei im sozialgerichtlichen Verfahren nicht zu Tatsachen Stellung nimmt 45
oder Unterlagen, die sich in ihren Händen befinden, auf Verlangen nicht vorlegt, verringern sich hierdurch zusätzlich die Anforderungen an die **Amtsermittlungspflicht.**[36]

Bei der Frage, ob eine Frist gesetzt werden kann, sind die im sozialgerichtlichen Verfahren herrschenden Grundsätze der Barriere- und Formfreiheit zu beachten.[37] Dabei

---

31 Vgl Kopp/Schenke, VwGO, § 82 Rn 1; BT-Drucks. 16/7716.
32 BSG 9.8.2006 – B 12 KR 22/05 R.
33 LSG NRW 26.4.2007 – L 9 SO 25/06.
34 BT-Drucks. 16/7716.
35 Vgl BSG 9.8.2006 – B 12 KR 22/05.
36 BSG 16.12.2008 – B 1 KN 3/08 KR R.
37 BT-Drucks. 16/7716, 18 Nr. 15.

sollen wohl an die Last zum Vortrag bei einer Vertretung durch Rechtsanwälte höhere Anforderungen gestellt werden, als wenn der Kläger selbst tätig wird.[38]

46 Der Vorsitzende kann dem Kläger eine Frist zur Angabe von Tatsachen, durch deren Berücksichtigung oder Nichtberücksichtigung im Verwaltungsverfahren er sich beschwert fühlt, setzen (§ 102 a Abs. 1 SGG). Mit der Angabe von Tatsachen, die auch nach dem Erlass des Widerspruchsbescheides entstanden sein können, ist der Sachvortrag des Klägers in der Klagebegründung und den ergänzenden Schriftsätzen gemeint.

§ 87 b Abs. 1 VwGO schafft dem Gericht die Möglichkeit, den Kläger unter Fristsetzung und Belehrung über die gemäß § 87 b Abs. 3 VwGO eintretenden Folgen zur **Abgabe einer Klagebegründung aufzufordern.** Diese Rechtsprechung kann auf den wortgleichen § 106 a Abs. 1 SGG angewendet werden. Der Kläger soll sich nicht darauf verlassen können, dass sich die Klage begründenden Tatsachen aus dem Akteninhalt ergeben.[39]

47 Darüber hinaus kann der Vorsitzende den Beteiligten (§ 69 SGG) eine **Frist** setzen, zu bestimmten Vorgängen **Tatsachen anzugeben oder Beweismittel zu bezeichnen** (§ 106 a Abs. 2 SGG). Hiermit ist hinsichtlich der Tatsachen die Substantiierung eines Sachverhaltes und hinsichtlich der Beweismittel die Stellung eines Beweisantrages gemeint. Weiterhin kann der Vorsitzende die Beteiligten auffordern, Urkunden vorzulegen.

48 Im Gegensatz zur Aufforderung nach § 106 a Abs. 1 SGG müssen die angeforderten Tatsachen, Beweismittel und Urkunden vom Vorsitzenden genau bezeichnet werden und zwar so weit, dass die Beteiligten der Aufforderung ohne weitere Nachfrage nachkommen können.[40]

49 Angesichts der erhöhten Anforderung an die vertretenden Rechtsanwälte und ihr erheblich vergrößertes Haftungsrisiko hätte der Gesetzgeber auch die **Gebühren für Rechtsanwälte** an die gesteigerten Anforderungen anpassen müssen. Eine Gebührenanpassung ist zwar mit der RVG-Reform 2013 vorgenommen worden, ob sich hieraus allerdings eine Verbesserung der Einnahmensituation der im Sozialrecht tätigen Rechtsanwälte ergibt, erscheint fraglich, denn die restriktive Auslegung des § 14 RVG durch die Sozialgerichte zu Lasten der Rechtsanwälte kann jegliche Gebührenerhöhung verwässern. Da nicht einmal ansatzweise feststeht, was ein durchschnittlicher Fall ist, können die Jobcenter und denen folgend die Sozialgerichte fast beliebige Anforderungen an einen solchen Fall stellen, so dass die meisten Fälle als unterdurchschnittlich bewertet werden können. Da häufig die Anzahl und die Länge der verfassten Schriftsätze als Bewertungsmaßstab herangezogen werden, können allein dadurch, dass nur „ein einziger" Schriftsatz verfasst wurde und der Durchschnitt bei vier Schriftsätzen liegen soll, die Gebühren beliebig herabgesetzt werden, so dass

---

38 BT-Drucks. 16/7716, 18 Nr. 15.
39 BVerwG 30.9.1993 – 7 A 14/93 Rn 49.
40 Zu § 79 b FGO BFH 14.8.2008 – X B 212/07 Rn 12.

selbst die Annahme von Mindestgebühren als ausreichende Vergütung angesehen wird.

Hinweis: Soweit im sozialgerichtlichen Verfahren vom Vorsitzenden oder Berichter- 50
statter Ausschlussfristen nach § 92 Abs. 2 S. 2 SGG gesetzt werden, sollte dies bei der Kostenfestsetzung oder der Festsetzung der Kosten im Prozesskostenhilfeverfahren als kostenerhöhender Umstand geltend gemacht werden.

Art und Umfang der Belehrung können sich danach unterscheiden, wie rechtskundig 51
der Beteiligte vertreten ist. Er muss zumindest formlos darauf hingewiesen werden, dass das Gericht nachteilige Schlüsse aus seinem Verhalten ziehen will.

Der Vorsitzende muss dem Kläger eine angemessene Frist setzen. Inwieweit die **Frist** 52
angemessen ist, bestimmt sich nach dem Einzelfall.

Beispiel: Der Leistungsberechtigte geht im Wege der Anfechtungsklage gegen einen Auf- 53
hebungs- und Erstattungsbescheid vor. Nach Klageerhebung wird der Bescheid zurückgenommen. Das Sozialgericht fordert den anwaltlich vertretenen Leistungsberechtigten auf,
innerhalb einer Frist von zwei Wochen die Hauptsache für erledigt zu erklären oder die
Klage zurückzunehmen. Der Leistungsberechtigte nimmt die Klage weder zurück, noch erklärt er die Hauptsache für erledigt. Daraufhin beraumt das Sozialgericht Termin zur
mündlichen Verhandlung an, in dem der Leistungsberechtigte und sein Anwalt die Hauptsache für erledigt erklären, weil das SG sonst die Klage mangels Beschwer abgewiesen
hätte. Die Kosten des Rechtstreites werden daraufhin dem Leistungträger zur Hälfte auferlegt, weil der Leistungsberechtigte die Hauptsache nicht innerhalb der gesetzten Frist
für erledigt erklärt hat. Das Gericht entscheidet bei anderweitiger Erledigung (statt durch
Urteil) durch Beschluss nach seinem Ermessen, wer und in welchem Umfang Kosten zu
tragen hat (§ 193 Abs. 1 S. 3 SGG). Anders als nach §§ 91 ff ZPO oder § 154 VwGO ist die Kos-
tentragung nicht streng an den Ausgang des Verfahrens gebunden, so dass das Veranlasserprinzip hier zum Tragen kommen kann.[41] Hier hätte der Leistungsberechtigte die Klage
auch ohne gerichtlichen Hinweis für erledigt erklären können. Da das Gericht über den
Klageanspruch nicht ohne mündliche Verhandlung entscheiden konnte, musste hier eine
mündliche Verhandlung anberaumt werden (§ 124 SGG). Hier setzt § 192 Abs. 1 Nr. 1 SGG allerdings eine deutliche Grenze, denn Verschuldenskosten können nur bei einer Vertagung
auferlegt werden.

Hinweis: Gegen die isolierte Kostengrundentscheidung nach § 192 Abs. 1 S. 3 SGG 54
ist die Beschwerde an das Landessozialgericht nach § 172 Abs. 2 Nr. 3 nicht statthaft.[42] Die Entscheidung des Sozialgerichtes ist zwar falsch, doch verstößt sie nicht
gegen das Willkürverbot.[43]

9. Klagerücknahmefiktion

Nach § 102 Abs. 2 S. 1 SGG **gilt eine Klage als zurückgenommen,** wenn der Kläger 55
das Verfahren trotz Aufforderung durch das Gericht länger als drei Monate nicht be-
treibt. Die Aufforderung muss zusätzlich eine Rechtsfolgenbelehrung enthalten.

---

41 BSG 16.5.2007 – B 7 b AS 40/06 R.
42 Klarstellend BayLSG 18.6.2009 – L 18 SO 80/09 B.
43 BVerfG 1.10.2009 – 1 BvR 1969/09 Rn 15.

56 Die Gerichte machen zwischenzeitlich von der Aufforderung reichhaltig Gebrauch. Damit wurden sicherlich viele Rechtsanwälte in „Angst und Schrecken" versetzt und zu hektischen Aktivitäten veranlasst.

57 Die Regelung über die **Rücknahmefiktion** ist § 92 Abs. 2 S. 2 VwGO nachgebildet, daher können die hierzu von den Verwaltungsgerichten entwickelten Grundsätze auf die Regelung des § 102 Abs. 2 SGG angewendet werden. Dazu zählt insbesondere das vom Bundesverwaltungsgericht im Hinblick auf Art. 19 Abs. 4 und Art. 103 Abs. 1 GG entwickelte weitere ungeschriebene Tatbestandsmerkmal der **sachlich begründeten Anhaltspunkte für einen Wegfall des Rechtsschutzinteresses**.[44] Dieses zusätzliche Tatbestandsmerkmal macht, bei richtigem Verhalten, den § 102 Abs. 2 SGG zu einem nur für seltene Ausnahmefälle anwendbaren Ausnahmetatbestand. So kann das fehlende Rechtsschutzbedürfnis nicht aus einer fehlenden Stellungnahme hergeleitet oder eine Mitwirkungshandlung verlangt werden, die der Kläger nicht erfüllt hat. Gelingt dem Kläger zB ein Nachweis nicht, weil er zB einen Kontoauszug nicht vorlegen kann, so kann daraus nicht geschlossen werden, dass Rechtsschutzinteresse sei entfallen.[45] Die Rücknamefiktion ist keine Sanktion für prozessuales Fehlverhalten und die verlangte Mitwirkungshandlung muss hinreichend genau bestimmt sein.[46]

Erhebt der Kläger allerdings die Klage ohne Begründung und teilt mit, dass eine Begründung demnächst erfolgen soll, kann aus der Nichtbegründung geschlossen werden, dass das Rechtsschutzinteresse entfallen ist. Dies ist nicht der Fall, wenn der Kläger nur einmal erfolglos zur Klagebegründung aufgefordert wurde. Allein eine vorwerfbare Nachlässigkeit des Prozessbevollmächtigten kann nicht zur Annahme führen, dass das Rechtsschutzinteresse des Klägers nicht mehr besteht.[47] Verlangt das Jobcenter von dem Kläger eine Rückzahlung in erheblicher Höhe, die man bei den engen wirtschaftlichen Verhältnissen der Leistungsberechtigten bereits bei einem Leistungsbedarf in Höhe des Arbeitslosengeldes II/Sozialgeldes zuzüglich der jeweiligen Kosten für Unterkunft und Heizung annehmen kann, wird man generell nicht von einem Wegfall des Rechtsschutzbedürfnisses sprechen können.

58 **Beispiel:** Der Junganwalt A hat sich in Studium und Referendariat nie mit Sozialrecht befasst. Seit dem 1.1.2015 ist er als Rechtsanwalt zugelassen und erhält vom Leistungsberechtigten L den Auftrag gegen vier Rückforderungsbescheide/Widerspruchsbescheide vorzugehen. Er erhebt fristgerecht Klage unter Beifügung umfangreich begründeter Bescheide und Widerspruchsbescheide. Er begründet die Klage damit, dass die Rückforderung rechtswidrig sei, sein Mandant habe eine Überzahlung nicht verursacht und teilt mit, er werde die Klage nach Akteneinsicht näher begründen. Jungrichter R, seit dem 1.1.2014 bei dem Sozialgericht als Proberichter tätig, fordert den A dreimal, am 2.5., 7.9. und 11.11.2015 jeweils unter Setzung einer Frist von drei Wochen, auf, die Klage zu begründen. Mit Schriftsatz vom 1.12.2015 teilt der A mit, wegen Arbeitsüberlastung sei er nicht dazu gekommen, die Klagen zu begründen. Daraufhin setzt R formal einwandfrei die Frist nach

---

44 LSG Berlin-Brb 6.8.2009 – L 14 AS 1005/09; BVerwG 12.4.2001 – 8 B 2.01.
45 Vgl hierzu LSG Halle 17.7.2014 – L 5 AS 586/13.
46 LSG Stuttgart 17.4.2013 – L 5 KR 605/12.
47 BVerwG 5.07.2000 – 8 B 119.00 Rn 7.

§ 102 Abs. 2 SGG in Gang, die unbeantwortet verstreicht. A war mit der Bearbeitung des Falles völlig überfordert.

Hier ist zu berücksichtigen, dass eine Klagebegründung nach § 92 SGG nicht erforderlich 59 ist und eine kurze Begründung bereits der Klageschrift zu entnehmen ist. Aus dem Verhalten des Prozessbevollmächtigten kann hier nicht geschlossen werden, der Kläger wolle den Prozess nicht weiter betreiben.

Auch der Kläger wäre nach entsprechender Akteneinsicht kaum in der Lage gewesen, die 60 Vorschriften des §§ 45, 48 SGB X auf den Sachverhalt richtig anzuwenden und sich mit der richtigen oder falschen Begründung in den Bescheiden der Beklagten auseinanderzusetzen. Die Klage gilt deshalb nicht als zurückgenommen. Bei einem Streit um Leistungen nach dem SGB II, insbesondere Unterhaltsleistungen, dürfte nur ausnahmsweise ein Wegfall des Rechtsschutzinteresses anzunehmen sein.[48]

Hinweis: Gegen den Beschluss, durch den das Gericht fehlerhaft die Rücknahme der 61 Klage feststellt, ist die Beschwerde nach § 172 Abs. 1 SGG zulässig, obwohl nach § 103 Abs. 3 S. 2 SGG der Beschluss als unanfechtbar bezeichnet wird. Der Antrag lautet auf Fortsetzung des Verfahrens vor dem Sozialgericht.[49]

10. Verfahrensgang, Verfahrensbeendigung

a) Amtsermittlung

Das Gericht ermittelt den Sachverhalt **von Amts wegen** (§ 103 SGG). Der Vorsitzende 62 ist zur Aufklärung verpflichtet und fordert den Leistungsträger nach § 104 SGG unter Fristsetzung zur Gegenäußerung auf.

Der Kläger hat nach § 120 SGG ein Recht zur **Akteneinsicht**, dem Rechtsanwalt wer- 63 den die Verwaltungsakten gewöhnlich zur Einsicht in seine Büroräume überlassen.

Der Vorsitzende ist umfassend **zur Aufklärung verpflichtet** (§ 106 SGG). Er hat dafür 64 zu sorgen, dass Formfehler beseitigt, sachdienliche Anträge gestellt, ungenügende Angaben tatsächlicher Art ergänzt (Substantiierung) sowie alle für die Feststellung und Beurteilung des Sachverhaltes wesentlichen Erklärungen abgegeben werden. Der Vorsitzende ist verpflichtet, den Termin zur mündlichen Verhandlung so umfassend vorzubereiten, dass der Rechtsstreit in einer mündlichen Verhandlung erledigt werden kann (§ 106 Abs. 2 SGG).

b) Grundsatz der mündlichen Verhandlung

Das Gericht entscheidet aufgrund **mündlicher Verhandlung** (§ 124 Abs. 1 SGG), es 65 kann einen Erörterungstermin anberaumen (§ 106 Abs. 3 Nr. 7 SGG). Dies wird es machen, wenn es die Klage für aussichtslos hält, den oder die angefochtenen Bescheide für rechtswidrig erachtet und/oder ein Vergleich abgeschlossen werden kann. Im Einverständnis der Parteien kann es ohne mündliche Verhandlung entscheiden (§ 124 Abs. 2 SGG). In einfachen Angelegenheiten kann das Gericht ohne mündliche Verhandlung durch Gerichtsbescheid entscheiden (§ 105 SGG).

---

48 LSG Sachsen-Anhalt 16.6.2010 – L 5 AS 217/10.
49 LSG Berlin-Brb. 6.8.2009 – L 14 AS 1005/09 B, Rn 17.

c) Beendigung des Verfahrens
aa) Klagerücknahme

66 Die Verfahrensbeendigung kann durch Klagerücknahme, die ohne Einwilligung des Beklagten erfolgen kann, bis zur Rechtskraft des Urteils erfolgen (§ 102 Abs. 1 SGG). Bei **Klagerücknahme** sind abweichend von den §§ 91–107 ZPO die Kosten nicht zwingend dem Kläger aufzuerlegen (§ 102 Abs. 3 SGG).

67 **Hinweis:** Die Klagerücknahme sollte, wenn der Beklagte Anlass zur Klage gegeben hat, mit einem Antrag auf Beschluss zur Einstellung des Verfahrens und zur Auferlegung der Kosten, insbesondere über die Kosten für die Hinzuziehung eines Rechtsanwaltes im Vorverfahren, verbunden werden. Dabei ist es günstig ggf darauf hinzuweisen, dass der Beklagte die Klage durch eine fehlerhafte Rechtsmittelbelehrung verursacht hat und daher die Kosten ganz oder teilweise zu tragen hat.

68 **Beispiel:** Der Widerspruchsbescheid war mit einer normalen Rechtsmittelbelehrung versehen. Nach Klageerhebung erkennt der erstmals von dem Leistungsberechtigten L beauftragte Rechtsanwalt, dass es sich um einen Bescheid handelt, der bereits Gegenstand eines Rechtsstreites geworden ist (§ 96 SGG). Der Leistungsträger hätte dies bei Erlass des Bescheides bei sorgfältiger Bearbeitung erkennen können. Für den L und seinen Anwalt war dies nicht ersichtlich. Nach Rücksprache mit dem Gericht, dem Leistungsträger und dem L nimmt der Rechtsanwalt die Klage zurück. Hier wird der Leistungsträger die außergerichtlichen Kosten des Gerichtsverfahrens zu tragen haben.

69 **Hinweis:** Wird die Rücknahme der Klage von dem Leistungsberechtigten oder dessen Rechtsanwalt schuldhaft verzögert, kann das Gericht auch zu einer anderen Entscheidung kommen. In einem solchen Fall können auch die Kosten eines vorherigen erfolglosen Widerspruchsverfahrens als Kosten des Rechtsstreites dem beklagten Leistungsträger nach dem Veranlasserprinzip auferlegt werden, denn § 63 SGB X, der in der Regel einen erfolgreichen Widerspruch erfordert, findet bei der Kostenfestsetzung nach § 193 SGG keine Anwendung.[50] Die Behörde entscheidet über die Kosten des Widerspruchs nur soweit sie abschließend über den Widerspruch entschieden hat. Geht das Widerspruchsverfahren im Übrigen in ein Klageverfahren über, wird über die Kosten durch das Sozialgericht im Urteil oder durch Beschluss entschieden (§ 193 SGG).

70 Die Veranlassung zur Klage hat Vorrang vor den Erfolgsaussichten einer Klage.[51]

bb) Anerkenntnis

71 Ein **sofortiges Anerkenntnis** des Leistungsträgers kann dazu führen, dass ihm die Kosten nicht aufzuerlegen sind. Ein sofortiges Anerkenntnis wird allerdings nur dann zu einer Kostenentscheidung zugunsten des Leistungsträgers führen, **wenn sich die Rechtslage während des Rechtsstreites so ändert**, dass nunmehr Leistungen erbracht werden müssen.

---

50 BSG 20.10.2010 – B 13 R 15/10 R, Rn 19.
51 LSG Berlin-Brb 26.5.2008 – L 20 B 1661/07 AS mwN.

Ein **sofortiges Anerkenntnis** liegt nicht vor, wenn der Leistungsträger einen rechts- 72
widrigen Bescheid erlässt und nach Klageerhebung den Anspruch des Leistungsberechtigten sofort nach Erhalt der Klageschrift anerkennt. Ein sofortiges Anerkenntnis
liegt nur vor, wenn während des Rechtsstreites erst die Voraussetzungen für den Anspruch entstehen.

Beispiel: Der Leistungsberechtigte L lebt mit der B in einem eheähnlichen Verhältnis zu- 73
sammen. Die B hat ein anrechenbares Einkommen in Höhe von 2.500 EUR. Der Bedarf von
L und B beträgt 1.020 EUR. Der L erhebt Klage gegen den Ablehnungsbescheid vom
3.2.2015 in der Fassung des Widerspruchsbescheides vom 9.3.2015. Nach Klageerhebung
vom 12.3.2015 trennt er sich von der B. Der Leistungsträger erkennt nach Kenntnis der Trennung am 14.3.2015 den Anspruch des L mit Schriftsatz vom 16.3.2015 ab dem 12.3.2015 an
und erteilt dem L einen Ausführungsbescheid.

In dem vorliegenden Fall wird man dem Leistungsträger kaum die Kosten des Rechtsstrei- 74
tes auferlegen können, denn er hätte auch ohne Rechtsstreit dem L die notwendigen Leistungen gewährt. Außerdem war der Ablehnungsbescheid jedenfalls bis zum 12.3.2015
rechtmäßig.

cc) Angenommenes Anerkenntnis

Das angenommene Anerkenntnis ist ein im sozialgerichtlichen Verfahren geschaffener 75
besonderer **Vollstreckungstitel**. Das angenommene Anerkenntnis erledigt den Rechtsstreit in der Hauptsache (§ 199 Abs. 1 Nr. 3 SGG). Das Anerkenntnis kann, anders
als der Vergleich, schriftlich erfolgen und auch schriftlich angenommen werden. Anders als in der VwGO bedarf es keiner Feststellung der anderweitigen Erledigung
(§ 92 Abs. 2 VwGO). Eine Erledigung tritt allerdings nur dann ein, wenn der Anspruch des Klägers insgesamt anerkannt wird. Wird nur ein Teilanerkenntnis abgegeben, bedarf es zur Erledigung des Rechtsstreites einer weiteren prozessbeendenden Erklärung des Klägers. Diese wird neben der Annahme des (Teil-)Anerkenntnisses
durch den Kläger, die Klagerücknahme im Übrigen oder die Erledigung der Hauptsache durch den Kläger sein.

Sowohl die im Vergleich abgegebene Erklärung, den Anspruch im Übrigen nicht wei- 76
terzuverfolgen, als auch die Rücknahme der Klage bei einem angenommenen **Teilanerkenntnis** stellen einen Verzicht im Sinne des § 46 Abs. 1 SGB I dar. Der ursprüngliche Verwaltungsakt kann nicht mehr nach § 44 SGB X überprüft und bei Rechtswidrigkeit aufgehoben werden.[52] Dies trifft auch zu, wenn ein Verfahren durch angenommenes Teilanerkenntnis und Klagerücknahme im Übrigen endet.[53]

dd) Teilanerkenntnis

Auch bei einem **nicht angenommenen Teilanerkenntnis** ist § 307 ZPO im sozialge- 77
richtlichen Verfahren gemäß § 202 SGG entsprechend anzuwenden.[54] Die Verurtei-

---

52   Vgl BSG 15.10.1985 – B 11 a RA 58/84, SozR 2200 § 1251 Nr. 115, S. 320 f; LSG Niedersachsen 3.3.1993
     – L 2 J 182/91, E-LSG J-012, S. 4; Wiesner in: v. Wulffen, SGB X, 5. Aufl., Vor §§ 44–49 Rn 7; Vogelsang
     in: Hauck/Noftz, SGB X, § 44 Rn 6 a.
53   LSG HH 1.2.2007 – L 6 R 93/06.
54   BSG 12.7.1988 – 4/11 a RA 16/87.

lung hat hier allerdings nach mündlicher Verhandlung zu erfolgen, denn eine Entscheidung ohne mündliche Verhandlung ist im sozialgerichtlichen Verfahren nur möglich, wenn die Parteien einer Entscheidung ohne mündliche Verhandlung zustimmen oder das Sozialgericht nach Anhörung einen Gerichtsbescheid erlässt (§§ 124 Abs. 2, 105 SGG). Wird das Anerkenntnis nicht angenommen, muss das Sozialgericht den Beklagten gemäß dem Anerkenntnis verurteilen.[55]

78 **Hinweis:** Für Klageverfahren, die vor dem 1.8.2013 begonnen haben, gilt Folgendes: Nach dem wohl überwiegenden Teil der Rechtsprechung[56] löst ein Teilanerkenntnis die fiktive Terminsgebühr nicht aus, weil der Rechtsstreit nicht durch das Anerkenntnis erledigt wird (§ 101 Abs. 1 SGG). Diese Rechtsprechung übersieht, dass der Wortlaut des Nr. 3106 Nr. 3 VV RVG nur voraussetzt, dass der Rechtstreit durch angenommenes Anerkenntnis endet. Eine Erledigung, gerade durch das Anerkenntnis als alleinige Ursache, wird nicht verlangt. Hier sei dringend empfohlen, den Klageantrag umzustellen und zwar auf Verurteilung gemäß dem Anerkenntnis der Beklagten. Das Gericht muss dann Termin zur mündlichen Verhandlung anberaumen bzw einen Gerichtsbescheid erlassen. Hinsichtlich des weitergehenden Antrages kann dieser nach Einwirkung auf den Beklagten in der mündlichen Verhandlung oder bei Ankündigung des Gerichtsbescheides zurückgenommen werden. Wirkt der Rechtsanwalt auf den Kläger ein, entsteht zusätzlich die Erledigungsgebühr (VV Nr. 1006). Die Erledigungsgebühr fällt immer dann an, wenn der Rechtsanwalt an der Erledigung mitgewirkt und einen Ursachenanteil gesetzt hat. Dies ist regelmäßig dann der Fall, wenn der Rechtsanwalt den Kläger zur Rücknahme seiner Klage bewegt und das Gericht kein Sachurteil mehr fällen muss. Bietet der Gegner stattdessen einen schriftlichen Vergleich an, sollte hierauf ein Termin zur mündlichen Verhandlung unter dem Hinweis darauf erfolgen, dass im sozialgerichtlichen Verfahren nur ein, vor Gericht geschlossener, Vergleich ein Vollstreckungstitel ist. Eine andere Möglichkeit ist, auf das Gericht einzuwirken, dass ein schriftlicher Vergleich geschlossen wird. Bei einem schriftlichen Vergleich, der auf Anregung des Gerichtes ergeht, fällt die Terminsgebühr (Nr. 3106 Nr. 1 VV RVG) an.

Für Klageverfahren, die nach dem 31.7.2013 begonnen haben, gilt hinsichtlich der fiktiven Terminsgebühr zunächst das Gleiche. Hier kann jedoch darauf hingewirkt werden, dass ein schriftlicher Vergleich geschlossen wird. Wird ein solcher Vergleich geschlossen, kann eine Termins- und eine Vergleichsgebühr geltend gemacht werden. Das Teilanerkenntnis ist nämlich ein teilweises Nachgeben des Beklagten in der Sache und der Kläger hat es in der Hand, den Rest der Klage zu erledigen. Macht er dies nicht, kann das Gericht entweder die mündliche Verhandlung anberaumen oder einen Gerichtsbescheid erlassen. Der Gerichtsbescheid ist für den Rechtsanwalt gebührenrechtlich die ungünstige Variante, weil dann keine Terminsgebühr anfällt. In diesem Fall kann, wenn eine Berufung nicht möglich ist, mündliche Verhandlung be-

55 Bay LSG 26.3.2009 – L 10 AL 150/08 Rn 27.
56 LSG NRW 10.5.2006 – L 10 B 13/05 SB; ebenso SG Berlin 24.2.2010 – S 164 SF 1396/09 E, S 165 SF 1629/09 E, S 164 SF 1512/09 E; LSG FST 29.7.2009 – L 6 B 15/09 SF; aA SG Trier 25.3.2010 – S 5 SB 88/09; SG Chemnitz 17.5.2010 – S 35 SF 189/10 E; SG Dortmund 28.1.2010 – S 47 SF 6/10 E.

antragt werden (§ 105 Abs. 2 S. 2 SGG), welche jedoch mit zusätzlichem Aufwand verbunden ist. Auch die Berufung ist nicht immer ein Mittel der Wahl, denn wenn die Berufung keine Aussicht auf Erfolg hat, wird man bei einem Prozesskostenhilfemandat keine Berufung einlegen. Verweigert das Gericht die Mitwirkung an einem gerichtlichen Vergleich, bleibt dem Rechtsanwalt nur noch die Einwirkung auf den Mandanten, um damit wenigstens die Erledigungsgebühr entstehen zu lassen.

Nach § 101 Abs. 1 SGG kann ein Vergleich zur Niederschrift des Gerichtes, des Vorsitzenden oder des beauftragten oder ersuchten Richters abgeschlossen werden. Darüber hinaus kann ein Vergleich auch dadurch geschlossen werden, dass die Parteien einen gerichtlichen Vorschlag annehmen und dessen Inhalt in einem Beschluss festgestellt wird (§ 101 Abs. 1 S. 2 SGG).[57]   79

Ein im **schriftlichen Verfahren geschlossener Vergleich** ist daher ein außergerichtlicher Vergleich, der nicht nach § 199 Abs. 1 Nr. 3 SGG vollstreckbar ist. Der Prozessvergleich vor den Sozialgerichten wird im Übrigen ebenso behandelt wie ein Prozessvergleich vor den Zivilgerichten. Er hat eine Doppelnatur bestehend aus einem materiellrechtlichen Vertrag und einer Prozesshandlung, die den Rechtsstreit unmittelbar beendet.[58]   80

Prozesshandlungen – wie die Zustimmung zu einem gerichtlichen Vergleich – können nur unter engen Voraussetzungen, zB bei Vorliegen eines Wiederaufnahmegrundes im Sinne von § 179 SGG, §§ 578 ff ZPO, **widerrufen** werden oder dann, wenn sich aufgrund des Grundsatzes von Treu und Glauben ein Festhalten an der Prozesshandlung verbietet.[59]   81

Ein Vergleich kann in seinem materiellen Teil nur nach den Regeln des § 779 Abs. 1 BGB bzw §§ 112 ff BGB angefochten werden.[60]

ee) Urteil – Gerichtsbescheid

Das Sozialgericht kann statt eines Urteils ohne mündliche Verhandlung einen **Gerichtsbescheid** (§ 105 SGG) erlassen, wenn folgende Voraussetzungen vorliegen: 82

- Die Rechtssache weist keine besonderen Schwierigkeiten tatsächlicher oder rechtlicher Art auf.

- Der Sachverhalt ist geklärt.

- Die Beteiligten des Rechtsstreites wurden vorher angehört (§ 69 SGG).

Liegen diese Voraussetzungen nicht vor, ist eine Entscheidung durch Gerichtsbescheid nicht zulässig. Entscheidet das Sozialgericht in Verkennung der Voraussetzungen, liegt ein Verstoß gegen Art. 101 Abs. 1 S. 2 GG vor, denn das Sozialgericht entscheidet nach § 12 Abs. 1 S. 1 SGG grundsätzlich unter Einbeziehung der ehrenamtlichen Richter und der grundrechtliche Anspruch des Klägers auf den gesetzlichen Richter   83

---

57 Diese Möglichkeit besteht seit dem 25.10.2013, BGBl. 2013 I, 3836.
58 LSG Berlin-Brb 20.8.2008 – L 3 U 226/08.
59 BGHZ 33, 73.
60 BSG 24.1.1991 – 2 RU 51/90.

ist verletzt.[61] Auch das Einverständnis der Parteien ändert an der Unzulässigkeit des Gerichtsbescheides nichts.

84 Wird durch einen Gerichtsbescheid entschieden, kann, wenn hiergegen mangels Erreichen der Berufungssumme nach § 144 SGG eine Berufung nicht zulässig ist, Antrag **auf mündliche Verhandlung** oder Antrag auf Nichtzulassungsbeschwerde gestellt werden. Der Antrag auf mündliche Verhandlung geht dem Antrag auf Nichtzulassungsbeschwerde vor. Wenn er gleichzeitig gestellt wird, ist die Nichtzulassungsbeschwerde unzulässig.[62]

ff) Beendigung des Verfahrens durch Urteil

85 Urteile werden im Termin zur mündlichen Verhandlung verkündet, wenn sich die Parteien nicht nach § 124 Abs. 2 SGG mit einer Entscheidung ohne mündliche Verhandlung einverstanden erklärt haben (§ 132 Abs. 1 S. 1 SGG). Ausnahmsweise kann ein gesonderter Verkündungstermin anberaumt werden (§ 132 Abs. S. 2 SGG).

86 **Ausnahmsweise** kann das Sozialgericht die Sache nach § 131 Abs. 5 SGG an den Leistungsträger **zurückverweisen, ohne in der Sache selbst zu entscheiden,** soweit nach Art und Umfang die noch erforderlichen Ermittlungen erheblich sind und die Aufhebung auch unter Berücksichtigung der Belange der Beteiligten sachdienlich ist. Eine solche Zurückverweisung kommt in erster Linie bei Ermittlungen vor, die der Leistungsträger zur ordnungsgemäßen Entscheidung über einen Antrag selbst anstellen muss. Hierzu gehören die Ermittlungen zu den abstrakt angemessenen Kosten der Unterkunft oder die Ermittlungen der Pauschalen für die Erstausstattung der Wohnung und mit Bekleidung oder bei Schwangerschaft oder Geburt (§ 24 Abs. 3 S. 6).[63] Das Gericht muss diesbezüglich eine Entscheidung innerhalb von sechs Monaten nach Eingang der Verwaltungsakte(n) treffen. Keine erheblichen Ermittlungen im Sinne des § 131 Abs. 4 SGG sind die Einholung eines ärztlichen Sachverständigengutachtens und die Einholung von Befundberichten von Ärzten.

87 **Sachdienlich** ist eine Zurückverweisung an den Leistungsträger nur dann, wenn dieser die Ermittlungen nach seiner personellen und sachlichen Ausstattung besser als das Gericht durchführen kann und es auch unter übergeordneten Gesichtspunkten sachgerechter wäre, die Behörde tätig werden zu lassen. Die Belange des Leistungsberechtigten werden durch die aufgrund der Aufhebungs- und Zurückverweisungsentscheidung nach § 131 Abs. 5 SGG eintretenden Verzögerung jedenfalls in kombinierten Anfechtungs- und Verpflichtungssachen insoweit belastet, als er die begehrte Leistung ohne Sachentscheidung des Gerichts (vorerst) nicht erhält.[64]

88 Dieses Verfahren dürfte daher in Verfahren auf Leistungen nach dem SGB II wegen den Belastungen der Kläger im Hinblick auf den existenzsichernden Charakter der Unterhaltsleistungen nach dem SGB II kaum eine Rolle spielen und das, obwohl die

---

61 BSG 16.3.2006 – B 4 RA 59/04 R, SozR 4-1500 § 105 Nr. 1.
62 LSG Berlin-Brb 14.1.2008 – L 25 B 795/07 AS NZB.
63 BSG 22.9.2009 – B 4 AS 18/09 R, Rn 27 (Ermittlung der angemessenen Kosten der Unterkunft).
64 LSG Berlin-Brb 27.1.2009 – L 4 R 1519/08.

Gerichte angesichts der oftmals mangelhaften Ermittlung der Leistungsträger zur Angemessenheit der Wohnkosten hierzu Anlass haben könnten.

gg) Inhalt des Urteils

Das Urteil muss bestimmten **Anforderungen** genügen (zu den Einzelheiten siehe **89** § 136 SGG). Hier seien nur exemplarisch die Rechtsmittelbelehrung und Urteilsbegründung erwähnt. Eine fehlerhafte Rechtsmittelbelehrung führt nicht zur Zulässigkeit eines Rechtsmittels. So wird eine Berufung, die den Beschwerdewert von 750 EUR nicht erreicht, nicht durch eine fehlerhafte Rechtsmittelbelehrung zulässig (vgl § 144 Abs. 1 Nr. 1 SGG).

Beispiel: Wird gegen ein Urteil aufgrund fehlerhafter Rechtsmittelbelehrung Berufung **90** statt einer Nichtzulassungsbeschwerde eingelegt, so ist die Berufung unzulässig. Die Nichtzulassungsbeschwerde kann wegen fehlerhafter Rechtsmittelbelehrung nach § 66 Abs. 2 SGG innerhalb eines Jahres seit Zustellung, Eröffnung oder Verkündung der Entscheidung noch eingelegt werden.

Fehlende Entscheidungsgründe sind ein wesentlicher Verfahrensfehler (§ 144 Abs. 2 **91** SGG) und ein absoluter Revisionsgrund (§ 202 SGG iVm § 547 Nr. 6 ZPO).[65] Fehlende Entscheidungsgründe führen zu einem Verstoß gegen das allgemeine Freiheitsrecht und das Rechtsstaatsprinzip (Art. 2 Abs. 1 GG iVm Art. 20 Abs. 3 GG).[66]

Enthält das Urteil gar keine Entscheidungsgründe, ist es bereits deshalb aufzuheben. **92**

An den erforderlichen Entscheidungsgründen fehlt es nach der Rechtsprechung auch **93** dann, wenn ein Urteil nicht binnen **fünf Monaten nach Verkündung** schriftlich niedergelegt, von den beteiligten Berufsrichtern unterschrieben und der Geschäftsstelle übergeben worden ist.[67]

Eine **mangelhafte**, der Nichtbegründung gleichstehende **Begründung**, liegt immer **94** dann vor, wenn auf die ausführlichen Begründungen des Klägers in seiner Klage im Urteil nicht eingegangen wird oder wenn ihm hinreichende Gründe objektiv nicht entnommen werden können, etwa weil die angeführten Gründe unverständlich oder verworren sind, nur nichtssagende Redensarten enthalten oder zu einer vom Beteiligten aufgeworfenen, eingehend begründeten und für die Entscheidung erheblichen Rechtsfrage nur ausführen, dass diese Auffassung nicht zutreffe.[68]

Eine **unzureichende Begründung** liegt auch dann vor, wenn eine Beweiswürdigung im **95** Urteil völlig fehlt oder wenn den Entscheidungsgründen nicht zu entnehmen ist, aufgrund welcher Tatsachen und Erwägungen das Gericht zu seinen Tatsachenfeststellungen und rechtlichen Folgerungen gekommen ist.[69] Fehlt die Beweiswürdigung oder ist sie nach dem zuvor genannten Maßstab unzureichend, liegt ein Verfahrensmangel vor, mit dem erfolgreich die Nichtzulassungsbeschwerde vor dem Landessozi-

---

65 Vgl HK SGG/Bolay zu § 136 SGG Rn 22.
66 Vgl BVerfG 26.3.2001 – 1 BvR 383/00.
67 Gemeinsamer Senat der obersten Gerichtshöfe des Bundes <GemSOGB> Beschluss vom 27.4.1993 – GemSOGB 1/92, SozR 3-1750 § 551 Nr. 4.
68 Vgl BSG 14.2.2006 – B 9 a SB 22/05 B mwN.
69 LSG NRW 19.3.2008 – L 8 R 264/07.

algericht (§ 144 SGG), nicht aber die Nichtzulassungsbeschwerde vor dem Bundessozialgericht, begründet werden kann. Letztere kann nur auf einen Verfahrensmangel, der kein absoluter Revisionsgrund ist (§ 202 SGG iVm § 547 ZPO), gestützt werden, wenn das Landessozialgericht einem Beweisantrag ohne zureichenden Grund nicht gefolgt ist (§ 160 Abs. 2 Nr. 3 SGG).

II. Kosten des Klageverfahrens

96   In sozialgerichtlichen Verfahren um die Leistungen nach dem SGB II werden **keine Gerichtskosten** erhoben (§ 183 SGG).

97   Eine Verpflichtung die Kosten des Leistungsträgers zu tragen, auch wenn dieser sich durch einen Rechtsanwalt vertreten lässt, besteht nicht, denn die Leistungsträger können keine Erstattung ihrer Kosten vom Leistungsberechtigten verlangen (§ 193 Abs. 4 iVm § 184 SGG).

1. Kostenerstattungsansprüche der Kläger gegen Beklagte und Beigeladene (Kostengrundentscheidung)

a) Kostenerstattungsansprüche gegen Beigeladene nach § 193 SGG

98   Die Kosten des Klägers für die Hinzuziehung eines Rechtsanwaltes sind in Höhe der gesetzlichen Gebühren stets erstattungsfähig (§ 193 Abs. 3 SGG). Vergütungsvereinbarungen haben demzufolge keine Wirkung auf die **Verpflichtung zur Kostenerstattung**. Nach dem RVG muss daher eine Vergütungsvereinbarung den Hinweis an den Mandanten enthalten, dass eine Kostenerstattung der vereinbarten Vergütung allenfalls bis zur Höhe der gesetzlichen Vergütung erfolgen kann (§ 3 a Abs. 1 S. 3 RVG).

b) Kostenerstattungsansprüche gegen den Beklagten

99   Das Sozialgericht entscheidet im Urteil, inwieweit die Beteiligten einander Kosten zu erstatten haben (§ 193 Abs. 1 SGG). Endet der Rechtsstreit auf andere Weise als durch Urteil, dann erfolgt die Kostengrundentscheidung auf Antrag durch Beschluss des Gerichtes (§ 193 Abs. 1 S. 2 SGG).

100   **Hinweis:** Bei Vergleichen ist stets darauf zu achten, dass eine Einigung über die Kosten erzielt wird, es sei denn, dem Leistungsberechtigten wurde Prozesskostenhilfe ohne Ratenzahlung bewilligt und es ist absehbar, dass der Leistungsberechtigte in den nächsten vier Jahren keine Einkünfte erzielt, die zur Aufhebung der Prozesskostenhilfebewilligung führen können (§ 124 Nr. 3 ZPO). Denn nach § 195 SGG hat jeder seine Kosten selber zu tragen, wenn der Rechtsstreit durch Vergleich erledigt wird. Es ist auch zu berücksichtigen, dass der Kostenerstattungsanspruch verzinst wird (§ 202 SGG iVm § 104 Abs. 1 S. 2 ZPO), der Anspruch auf Prozesskostenhilfe demgegenüber nicht, weil § 55 Abs. 5 RVG auf § 104 Abs. 2 ZPO und nicht auf Abs. 1 verweist. Hat der Leistungsberechtigte eine Rechtsschutzversicherung, trägt diese die Kosten bei einem Vergleich nur im Verhältnis des Obsiegens und Unterliegens (§ 5 ARB). War der Kläger bereits im Widerspruchsverfahren durch einen Rechtsanwalt

vertreten, wird durch das Gericht auch über die Kosten des Widerspruchsverfahrens entschieden.[70]

Anders als nach den §§ 91 ff ZPO bestehen bei der **Kostenfestsetzung im sozialge-** 101 **richtlichen Verfahren** keine strengen Vorgaben für das Gericht. Bei seiner Kostenentscheidung wird sich das Gericht aber danach richten, ob der Kläger mit seiner Klage Erfolg hatte und entsprechend dem Obsiegen und Unterliegen entscheiden. Ein wichtiger Grundsatz der Kostengrundentscheidung ist das **Veranlasserprinzip.** Das Gericht kann dem beklagten Leistungsträger auch dann die Kosten auferlegen, wenn die Klage nicht erfolgreich war, weil er zB seiner Mitwirkungspflicht im Vorverfahren zur Vorlage von Unterlagen, die den Leistungsträger zu rechtmäßigem Handeln bewegt hätten, nicht nachgekommen ist.[71] Grundsätzlich wird eine Kostenregelung zulasten des Leistungsberechtigten auch möglich sein, wenn er ausdrücklich und ausreichend konkret zur Vorlage von Unterlagen aufgefordert wurde und bei rechtzeitiger Vorlage der Unterlagen der Leistungsträger diese erst im Klageverfahren vorlegt und der Leistungsträger daraufhin den Anspruch anerkennt.[72] Auf der anderen Seite wird der Kläger häufig durch fehlerhafte Rechtsmittelbelehrungen des Leistungsträgers zur Erhebung einer Klage veranlasst. Wurde der leistungsberechtigte Kläger bereits zur Erhebung des Widerspruches durch eine fehlerhafte Rechtsbehelfsbelehrung veranlasst, so kann dieser Gesichtspunkt, anders als bei der Kostenfestsetzung nach § 63 SGB X, die in der Regel einen Erfolg in der Sache erfordert, bei der Kostenfestsetzung nach § 193 SGG berücksichtigt werden.

Nach § 193 Abs. 3 SGG ist die **gesetzliche Vergütung eines Rechtsanwaltes stets zu** 102 **erstatten.**

Mit dieser Regelung wird lediglich klargestellt, dass der Urkundsbeamte die Erstattung der Kosten für die Hinzuziehung eines Rechtsanwaltes nicht ablehnen kann, etwa weil er die Hinzuziehung eines Rechtsanwaltes nicht für notwendig erachtet (vgl § 63 SGB X).

2. Kostenfestsetzung durch Urkundsbeamten (Entscheidung über die Höhe und den Anfall von Gebühren)

Die Kosten werden durch den Urkundsbeamten der Geschäftsstelle des ersten Rechts- 103 zuges festgesetzt (§ 197 Abs. 1 SGG). Die Kosten werden auf Antrag ab Antragstellung mit fünf Prozentpunkten über dem Basiszinssatz verzinst (§ 197 Abs. 1 S. 2 iVm § 104 Abs. 1 S. 1 ZPO).

Hinweis: Da die Entscheidungen über die Kostenerstattung durch die Gerichte teil- 104 weise erst nach Monaten oder gar nach Jahren erfolgen, kann es für unstreitige Kostensachen angezeigt sein, die Kostenerstattung beim Gericht zu beantragen und gleichzeitig eine Kostennote an den Leistungsträger, mit dem Hinweis auf die Stellung des Kostenantrages und der Bitte die Kosten unmittelbar auszugleichen, zu übersen-

---

70 BSG 20.10.2010 – B 13 R 15/10 R, SozR 4-1500 § 193 Nr. 6.
71 LSG NRW 30.3.2009 – L 19 B 66/08 AS.
72 LSG Berlin-Brb. 24.1.2008 – L 28 B 2139/07 AS PKH.

den. Für den Leistungsträger ist es dann in unstreitigen Kostensachen wegen der Zinsen günstiger, die Kostenerstattung unmittelbar an den Mandanten oder an den Rechtsanwalt vorzunehmen.

a) Erinnerung gegen Entscheidungen des Kostenbeamten

105 Lehnt der Kostenbeamte die Festsetzung der Kosten gegen den Gegner ganz oder teilweise ab, kann hiergegen das Gericht angerufen werden (§ 197 Abs. 2 SGG). Das Sozialgericht entscheidet endgültig, dh **ein Rechtsmittel hiergegen ist nicht gegeben.**

b) Anhörungsrüge

106 Der Leistungsberechtigte kann gegen die Entscheidung des Gerichtes die **Anhörungsrüge** erheben, denn gegen diese Entscheidung ist kein Rechtsmittel möglich (§ 178 a SGG). Die Anhörungsrüge ist innerhalb einer Frist von zwei Wochen nach Kenntnis der Verletzung des rechtlichen Gehörs zu erheben.

107 In Kostenerstattungsverfahren findet regelmäßig **keine mündliche Verhandlung** statt, es ist daher häufig nicht erkennbar, von welchen Gesichtspunkten sich der letztentscheidende Richter hat leiten lassen. Häufig werden auch Stellungnahmen der Gegenseite nicht weitergeleitet, so dass hierzu nicht erwidert werden kann. Bei der Kostenfestsetzung sind grundsätzlich zwei verschiedene Streitpunkte entscheidend und zwar

- die Frage, ob eine Gebühr angefallen ist oder
- ob die Berechnung des Rechtsanwalts nach § 14 RVG unbillig ist.

Der Rechtsanwalt hat oftmals keine Gelegenheit, Stellung zu nehmen.

c) Verfassungsbeschwerde

108 Gegen eine endgültige Entscheidung kann der Leistungsberechtigte Verfassungsbeschwerde vor dem Bundesverfassungsgericht erheben. Er wird mit seinem Begehren, die Kosten in vollem Umfang erstattet zu erhalten, allerdings kaum erfolgreich sein. Zunächst einmal muss er beschwert sein. Eine Beschwer liegt nur vor, wenn er von seinem Rechtsanwalt hinsichtlich der Kostenberechnung in die gesetzlichen Gebühren über seinen Erstattungsanspruch hinaus in Anspruch genommen wird.

109 Das ist hinsichtlich der Gebührenhöhe durchaus möglich, denn der Mandant kann gegenüber dem Rechtsanwalt die Unbilligkeit nicht nach § 14 RVG, sondern nur nach § 315 Abs. 3 BGB geltend machen. Aufgrund der geringen Höhe des Streitwertes findet ein Rechtsstreit zwischen dem Mandanten und dem Rechtsanwalt regelmäßig vor den Amtsgerichten statt. Diese sind nach § 14 Abs. 2 RVG verpflichtet, ein Gutachten der Rechtsanwaltskammer einzuholen. Die Zivilgerichte folgen im Allgemeinen den Ausführungen der Gutachten der Rechtsanwaltskammern, so dass es dazu kommen kann, dass die Erstattungspflicht des Gegners – über die die Sozialgerichte entscheiden – und die Vergütungspflicht des Mandanten gegenüber seinem Rechtsanwalt auseinander fallen.

110 Der Rechtsuchende könnte sich m. E. lediglich auf Art. 3 GG stützen, weil hier eine Ungleichbehandlung zwischen den Anspruchsberechtigten aus ein und demselben Rechtsstreit vorliegt. Allerdings könnte man insofern einwenden, dass diese Ungleich-

behandlung von den erfolgreichen Klägern hinzunehmen ist, weil die Belastung durch die gesetzlichen Gebühren in sozialrechtlichen Angelegenheiten nicht sehr hoch ist.

Sowohl die Entscheidung über die Kostenfestsetzung im Prozesskostenhilfeverfahren 111 (§ 55 Abs. 1 RVG) als auch die Entscheidung im Kostenerstattungsverfahren (§ 197 SGG) nimmt bei den Sozialgerichten häufig Zeiträume in Anspruch, die die jeweiligen Hauptsacheverfahren in ihrer Dauer überschreiten. Für das Kostenerstattungsverfahren hat das Bundessozialgericht nunmehr entschieden, dass es sich um ein eigenständiges gerichtliches Verfahren handelt, in dem wirksam die Verzögerungsrüge (§ 198 Abs. 3 GVG) und Klage auf Entschädigung (§ 198 Abs. 5 GVG) erhoben werden kann.[73]

III. Rechtsanwaltsvergütung im sozialgerichtlichen Verfahren

Bis zur Einführung des RVG ab dem 1.7.2004 wurden Gebühren des Rechtsanwalts 112 für sozialgerichtliche Verfahren nach § 116 BRAGO geregelt. § 116 Abs. 1 S. 1 Nr. 1 BRAGO sah für das Verfahren vor dem Sozialgericht eine Gebühr zwischen 50 und 660 EUR vor. Die sogenannte Mittelgebühr, also die Summe der Mindest- und Höchstgebühr durch zwei geteilt, ergab einen Betrag in Höhe von 355 EUR.

Mit Einführung des **RVG** wurde auch in den sozialgerichtlichen Angelegenheiten zwi- 113 schen **Verfahrens-** und **Terminsgebühren** unterschieden. Zusätzlich wurden Erledigungs- und Vergleichsgebühren sowie gesonderte Gebührentatbestände für das Beschwerdeverfahren und die Nichtzulassungsbeschwerde eingeführt. Auf den ersten Blick erfolgte durch die Einführung des RVG in sozialrechtlichen Angelegenheiten eine umfassende Verbesserung. Hiervon kann jedoch angesichts der im Folgenden beschriebenen Rechtsprechung und einiger gebührenrechtlicher Kuriositäten nicht die Rede sein.

1. Verfahrensgebühr nach Nr. 3102

Diese Gebühr fällt an, wenn der Rechtsanwalt den unbedingten Auftrag erhält, vor 114 dem Sozialgericht tätig zu sein, etwa eine Klage gegen einen Bescheid in der Gestalt eines Widerspruchsbescheides zu erheben.

Hinweis: Der Gegenstand der Klage sollte in der Vollmacht genau beschrieben sein 115 und zwar auch durch Aufzählung aller am Klageverfahren beteiligten Personen, der Bescheide und Widerspruchsbescheide, gegen die Klage erhoben werden soll sowie deren Bewilligungszeiträume. Ohne genaue Bezeichnung der Angelegenheit und der beteiligten Personen kann es zu Nachweisschwierigkeiten zulasten des Rechtsanwalts hinsichtlich der durchgeführten Tätigkeiten kommen. Kann der Rechtsanwalt den Auftrag nicht nachweisen, wird er im Gebührenprozess gegenüber dem Mandanten seinen Vergütungsanspruch nicht durchsetzen können.

Die **Höhe des Gebührenrahmens** bei der Verfahrensgebühr richtete sich bis zum 116 31.7.2013 danach, ob der Rechtsanwalt bereits im Vorverfahren tätig war. Diese Un-

---

73 BSG 10.7.2014 – B 10 ÜG 8/13 R, SozR, 4-1700 § 198 Nr. 2.

terscheidung wurde durch die Anrechnungsvorschrift (Anlange I RVG Teil 3 Vorbemerkung 3 Ziffer 4) ersetzt.

Verfahrensgebühr Nr. 3102 VV		
Mindestgebühr	Höchstgebühr	Mittelgebühr
50 EUR	550 EUR	600 EUR ÷ 2 = 300 EUR

117 Nach dem Willen des Gesetzgebers sind die sogenannten **Mittelgebühren** die Regelgebühren, dh ein Abweichen hiervon bedarf der Begründung durch den Rechtsanwalt. Die Mittelgebühr wurde in „Normalfällen" zur billigen BRAGO-Gebühr. Sie ist in den Fällen zugrunde zu legen, in denen sich die Tätigkeit des Rechtsanwalts nicht nach oben oder unten vom Durchschnitt abhebt. Diese Vorgehensweise trägt Vereinfachungs- und Zweckmäßigkeitsgründen sowie dem verfassungsrechtlichen Gebot des Art. 3 Abs. 1 GG Rechnung, gleichliegende Fälle gleich und unterschiedliche Fälle entsprechend ihren Unterschieden ungleich zu behandeln. Diese Gesichtspunkte rechtfertigen es auch unter der Geltung des RVG, weiterhin jedenfalls im Grundsatz, jedoch nunmehr unter Beachtung der zusätzlich durch die Schwellengebühr gezogenen Grenze (dazu Rn 121), so zu verfahren und in einem ersten Schritt von der Mittelgebühr auszugehen.[74]

118 Hiervon kann die Rechtsprechung, will sie das Gebot der Gleichbehandlung nicht verletzen, **nicht abweichen**, etwa indem sie einen besonderen Gebührenrahmen für Fälle nach dem SGB II schafft oder die Festsetzung der Mittelgebühr davon abhängig macht, dass der Rechtsanwalt sich in umfangreichen Schriftsätzen mit ungeklärten Rechtsfragen des SGB II auseinandersetzt.[75]

119 Die Rechtsprechung der Sozialgerichte muss sich entgegenhalten lassen, dass sie **keinerlei Versuch unternimmt zu ermitteln, wann ein durchschnittlicher Fall vorliegt**. Es wird nicht angegeben, ob das Gericht von einem statistisch ermittelten Durchschnitt ausgeht oder ob sich die Rechtsprechung an einem Standardfall orientiert. Stellvertretend sollen hier die Ausführungen eines Gerichtes zitiert werden: „Dementsprechend vermag die Kammer auch eine durchschnittliche Schwierigkeit des Klageverfahrens nicht zu erkennen, weil eine Auseinandersetzung mit schwierigen oder komplexen rechtlichen Fragestellungen des Falles nicht erforderlich war und auch nicht erfolgt ist."[76] Mit solcherlei Scheinargumenten kann jedes Ergebnis begründet werden.

120 Diese Rechtsprechung lässt sich insgesamt auf eine Formel reduzieren:

Die Gebührenberechnung des Rechtsanwaltes ist, auch wenn sie noch so ausführlich begründet wird und auf fundierten Erfahrungen und Kenntnissen in der Fallbearbeitung beruht, völlig nach Belieben herabsetzbar.

Was ein durchschnittliches sozialgerichtliches Verfahren ist, wird in fast allen Gerichtsentscheidungen zur Höhe der Gebühren nicht mitgeteilt.

---

74 BSG 1.7.2009 – B 4 AS 21/09 R.
75 Vgl LSG NRW 28.7.2008 – L 19 AS 24/08.
76 SG Lüneburg 27.4.2009 – S 12 SF 39/09.

Durchschnittliche sozialgerichtliche Verfahren weisen in der Regel keine besonderen **121** rechtlichen Schwierigkeiten auf, denn es handelt sich um Massenverfahren. Hier liegt die Rechtswidrigkeit oft auf der Hand oder erschließt sich nach mehr oder minder langem Aktenstudium. Die Arbeit am Sachverhalt und nicht die Lösung von Rechtsfragen steht regelmäßig im Vordergrund. Ein Zeitaufwand des Rechtsanwalts von 1 ½ bis 3 Stunden wird bei einem durchschnittlichen Gerichtsverfahren vor den Sozialgerichten ausreichend aber auch notwendig sein. Der Zeitaufwand für die Wahrnehmung von Terminen ist hier nicht eingerechnet.

Kriterien hinsichtlich des **Umfangs und der Schwierigkeit** der Tätigkeit, die nach An- **122** sicht des Verfassers zu einer Erhöhung der Mittelgebühr führen können, sind folgende:

- Auseinandersetzung, auch ohne Schriftsatz, mit mehr als einem ärztlichen oder anderem Gutachten,

- Sachverhaltsermittlung aus den Akten, wenn diese den Umfang von mehr als ca. 200 bis 300 Seiten überschreiten,

- Recherchen des Rechtsanwalts, Ermittlung des Sachverhalts für den Mandanten,

- Überdurchschnittliche Betreuung des Mandanten auch durch Mitarbeiter; schwieriger Mandant, der seitenweise handgeschriebene, wenig leserliche Schreiben mit ständigen Wiederholungen an den Rechtsanwalt schickt und (Haftungsgefahr!) in die Wiederholungen rechtlich Relevantes einstreut,

- Auseinandersetzung mit der Rechtsprechung, die nicht in Schriftsätzen ihren Ausdruck gefunden haben muss, denn der Rechtsanwalt darf Rechtsprechung nicht heranziehen, die zulasten seines Mandanten geht,

- Bearbeitungszeit liegt bei sachgemäßer Bearbeitung durch einen geübten Rechtsanwalt bei mehr als 3 Stunden.

Kriterien, die zu einem Abweichen von der Mittelgebühr nach unten führen können: **123**

- Vorzeitige Beendigung des Auftrags vor Klageerhebung,

- Klageschrift wurde nicht gefertigt, weil der Widerspruch als Klage verwertet werden konnte,

- der Gegenstand der Klage besteht nur aus einem übersichtlichen Sachverhalt und die Klageschrift bedarf nur formelhafter Ausführungen (Stichwort Untätigkeitsklage),

- Mandant bereitet einen einfachen Sachverhalt umfassend vor, so dass dieser lediglich rechtlich summarisch geprüft werden muss und durch Mitarbeiter in eine Klageschrift umgewandelt werden kann.

Ein Überschreiten der Mittelgebühr bei Abweichen der subjektiven Kriterien, über- **124** durchschnittlichem **Interesse** und guten **wirtschaftlichen Verhältnissen** des Mandanten, ist in folgenden Fällen gerechtfertigt:

- Mandant ist auf Unterhaltsleistungen in vollem Umfang angewiesen und der Anspruch wird im Ganzen abgelehnt. Mandant kann nicht auf familiäre Solidarität und nicht auf Ersparnisse zurückgreifen.

- Zusätzliche weitere besondere soziale Schwierigkeiten, Mandant wird durch Verhalten des Leistungsträgers auch seelisch in Mitleidenschaft gezogen.

- Mandant verfügt über umfangreiches Schonvermögen und kann niedrige Gebühren in Raten zahlen, Mandant hat zusätzliches Einkommen neben SGB II-Leistungen, Mandant erhält gelegentlich Unterstützung von Verwandten.

- Mandant hat ein besonderes Interesse, sein Vermögen zu schonen.

125 Kriterien, die zum **Unterschreiten der Mittelgebühr** bei Abweichen der subjektiven Kriterien führen können:

- Geringer Gegenstandswert und zwar unter 10 EUR im Monat bzw 60 EUR in sechs Monaten bei einem Leistungsberechtigten, der neben Leistungen nach dem SGB II über keine weiteren Einnahmen, die nicht angerechnet werden, verfügt.

- Mandant hat eine Vielzahl von kleineren Fällen, die ihn finanziell stark belasten.

126 Die **schlechten wirtschaftlichen Verhältnisse** werden in der Regel mit einem hohen Interesse des Klägers am Ausgang des Verfahrens verbunden sein, so dass die beiden Kriterien sich gegenseitig **kompensieren**.[77]

127 Das **Haftungsrisiko** will erkannt werden. Es liegt beispielsweise darin, dass bei Verbindung verschiedener Klagen nach § 113 SGG über mehrere Anspruchszeiträume verhandelt und entschieden wird.[78]

128 Zu einer Minderung wegen geringeren Aufwandes kann es nicht führen, dass der Rechtsanwalt eine Vielzahl von gleich gelagerten Fällen zu bearbeiten hat, denn dann wird in die Verfahren nach dem SGG ein **Rabattsystem** eingeführt, welches die Gebührenungleichbehandlung mit den Wertgebühren noch weiter vertieft.

129 In den Rechtsstreiten vor den Sozialgerichten wird eine Klagehäufung nicht hinreichend vergütet. Bei Wertgebühren werden demgegenüber die jeweiligen Werte addiert, so dass bei der Klage gegen mehr als zwei Bewilligungsabschnitte nach dem SGB II die Höchstgebühr nicht mehr eine ausreichende Kompensation bedeutet. Den Klägern kann es auch nicht verwehrt werden, in mehreren Klageverfahren mehrere Rechtsanwälte zu beauftragen. Die Gebühren nach dem RVG können daher nicht wegen geringeren Umfangs der Tätigkeit in diesen Fällen gemindert werden. Allerdings kann dies bei der Leistungsfähigkeit des Auftraggebers zu berücksichtigen sein.[79]

130 Fehlerhaft ist auch die Abgeltung verschiedener Fallkonstellationen nach einem **einheitlichen Gebührenmaßstab für bestimmte Klagen**, wie für die Untätigkeitsklagen

---

77 BSG 1.7.2009 – B 4 AS 21/09 R Rn 38.
78 LSG Berlin-Brb 26.3.2008 – L 26 B 2007/07 AS PKH.
79 SG Berlin 17.12.2013 – S 180 SF 7504/13 E; aA LSG Chemnitz 8.11.2012 – L 3 AS 1118/11.

eingeführt und in allen Fällen einheitlich festgesetzt, denn dann kann der Besonderheit des Einzelfalles nach § 14 RVG nicht mehr Rechnung getragen werden.

Beispiel: Der Leistungsberechtigte L erhebt Untätigkeitsklage gegen den Leistungsträger. **131** Dieser entscheidet über den Widerspruch gegen die Ablehnung eines Antrages auf Leistungen zum Lebensunterhalt nach dem SGB II seit mehr als drei Monaten nicht. Der Anspruch besteht unzweifelhaft, der L lebt von seinem Schonvermögen. Der L beauftragt den Rechtsanwalt mit der Durchführung des Widerspruchsverfahren und einer Untätigkeitsklage.

Hier hat der L ein hohes Interesse an der umgehenden Bewilligung von ALG II, allein um **132** die Kosten für die Sozialversicherung zu sparen und einen nahtlosen Versicherungsschutz zu haben. Wenn der Leistungsträger eine Entscheidung trifft, kann die nur positiv sein, weil der Anspruch unzweifelhaft besteht. Der prozessuale Anspruch des L auf Bescheidung wirkt sich effektiv als Leistungsanspruch aus.

Die Rechtsprechung, die lediglich auf den eingeschränkten Streitgegenstand der **Un-** **133** **tätigkeitsklage**[80] abstellt, verkennt, dass der Kläger hinsichtlich seines Interesses nicht danach differenziert, was mit der Klage erreicht werden kann, sondern wie das Erreichte sich bei ihm auswirkt. Auch hier handelt es sich wiederum um ein Einzelargument, um ein bestimmtes Ergebnis herbeizuführen. Für den obigen Beispielsfall ist dem Ergebnis des Landessozialgerichtes NRW nicht zuzustimmen. Für den konkret behandelten Fall des Landessozialgerichtes NRW, Entscheidung über die Übernahme der Stromkosten (Ablehnung), ist der Ansatz der halben Mittelgebühr nach Nr. 3202 VV in Höhe von 150 EUR eine angemessene Vergütung.

Zur Bestimmung der angemessenen Betragsrahmengebühr bei einer Untätigkeitsklage **134** finden sich verschiedenste Ansätze, die von der doppelten Mindestgebühr (100,00 EUR)[81] über die halbe Mittelgebühr[82] bis hin zu etwa 75 % der Mittelgebühr (187,50 EUR) reichen.[83]

Sofern **mehrere Personen** an der Klage beteiligt sind, erhöhen sich die Gebühren nach **135** Nr. 3102 und zwar die Mindest- und Höchstgebühr um jeweils 30 % für jeden weiteren Beteiligten, bis die dreifache Mindest- bis Höchstgebühr erreicht ist, so dass die Gebühr höchstens 1.650 EUR (3 * 550) betragen kann

2. Terminsgebühr Nr. 3106 VV

Die **Terminsgebühr** nach Nr. 3106 VV entsteht für die Vertretung in einem gerichtlich **136** anberaumten Termin oder die Mitwirkung an einer Besprechung auf Erledigung oder Beilegung des Verfahrens auch ohne Beteiligung des Gerichts. Es reicht nach dem Wortlaut nicht aus, wenn zwecks schneller Erledigung der Rechtsanwalt mit dem zuständigen Richter fernmündlich Kontakt aufnimmt und die Angelegenheit bespricht; erforderlich ist die auf Erledigung gerichtete Besprechung mit einem Mitarbeiter des Leistungsträgers.

---

80   LSG NRW 18.3.2009 – L 7 B 214/08 AS.
81   LSG Essen 7.1.2015 – L 12 SO 302/14 B.
82   LSG Darmstadt 13.1.2104 – L 2 AS 250/13B.
83   Hierzu Straßfeld SGB 2008, S. 705, 706.

137 Die Gebühr entsteht auch,

- wenn in einem Verfahren, indem eine mündliche Verhandlung vorgeschrieben ist, im Einverständnis mit den Parteien ohne mündliche Verhandlung entschieden oder in einem solche Verfahren ein schriftlicher Vergleich geschlossen wird,

- wenn in einem Verfahren, für das mündliche Verhandlung vorgeschrieben ist, im Einverständnis mit den Parteien ohne mündliche Verhandlung, nach § 105 Abs. 1 SGG durch Gerichtsbescheid entschieden wird und eine mündliche Verhandlung beantragt werden kann oder

- das Verfahren nach angenommenem Anerkenntnis ohne mündliche Verhandlung endet.

138 Die Terminsgebühr ist nach § 14 RVG **gesondert zu bestimmen**, denn nach § 14 Abs. 1 RVG ist die Gebühr zu bestimmen und nicht die in einer Angelegenheit angefallenen Gebühren. Die Gebühr beträgt zwischen 50 und 510 EUR. Die Mittelgebühr beträgt demnach:

Terminsgebühr Nr. 3106 VV		
Mindestgebühr	Höchstgebühr	Mittelgebühr
50 EUR	510 EUR	560 EUR ÷ 2 = 280 EUR

Sie ist in den Fällen, in denen kein Termin stattgefunden hat, nach der immer anfallenden Verfahrensgebühr zu bestimmen und beträgt 90 % der Verfahrensgebühr.

139 Nach einer verbreiteten Ansicht fällt die Terminsgebühr nicht an, wenn nur ein **Teilanerkenntnis** des Leistungsträgers vorliegt, weil durch das Teilanerkenntnis die Rechtssache nicht erledigt wird.[84] Auch nach Änderung des RVG durch Gesetz vom 23.7.2013 wird weiterhin von den Sozialgerichten die Meinung vertreten, dass bei einem Teilanerkenntnis eine Terminsgebühr nicht anfällt.[85]

140 **Hinweis:** Auf das Teilanerkenntnis sollte mit einem Antrag auf Erlass eines Anerkenntnisurteils geantwortet werden oder mit dem Vorschlag eines schriftlichen Vergleiches (vgl Rn 78). Vor dem Termin kann der Rechtsanwalt noch auf seinen Mandanten einwirken, um diesen zur Annahme des Teilanerkenntnisses zu bewegen. Die Einwirkung sollte dokumentiert werden. Es fällt dann noch die Einigungs- bzw Erledigungsgebühr nach Nr. 1006 VV an. Teilweise wird die Ansicht vertreten, dass die Einigungsgebühr bereits dann anfällt wenn durch den Rechtsanwalt ein Teilanerkenntnis auch ohne Rücksprache mit dem Mandanten angenommen wird. Die Einigungs-/Erledigungsgebühr fällt in Höhe der jeweiligen Verfahrensgebühr an.

141 Die Terminsgebühr nach Nr. 3106 VV entsteht nunmehr auch, wenn ein **schriftlicher Vergleich** geschlossen wurde. Hier ist auch die Einigungs- und Erledigungsgebühr nach Nr. 1006 VV anzuwenden. Ein schriftlicher Vergleich liegt allerdings nur dann

---

84 LSG FST 26.11.2008 L 6 B 130/08 SF.
85 LSG Celle 20.7.2015 – L 7/14 AS 64/14 B.

vor, wenn dieser auf Vorschlag des Gerichtes erfolgt. Der Rechtsanwalt soll dafür belohnt werden, dass er auf die mündliche Verhandlung verzichtet hat.[86]

Die Terminsgebühr muss hinsichtlich des Aufwandes, also **Umfang und Schwierigkeit** **142**
der Tätigkeit, gesondert bewertet werden. Bei der Bemessung der Terminsgebühr ist insbesondere der Tatsache Rechnung zu tragen, inwieweit der Richter den Termin vorbereitet hat. Ein durchschnittlicher Termin vor dem Sozialgericht dürfte durchaus in ca. 15 – 30 Minuten erledigt sein. Eine Beweisaufnahme ist eher die Ausnahme und kann deshalb keine Anforderung für die Berechtigung der Mittelgebühr sein. Fehlerhaft ist insofern eine Dauer von 50 Minuten als Durchschnitt zu nehmen.[87] Die mündlichen Verhandlungen vor den Landessozialgerichten dauern in aller Regel länger als Verhandlungen in der ersten Instanz. Hier kann grundsätzlich eine höhere Durchschnittsdauer angenommen werden, obwohl der Gesetzgeber dies bei der Gebührenbemessung nicht berücksichtigt hat. Nach der Rechtsprechung des LSG München sind Wartezeiten bei der Bemessung der Terminsgebühr,[88] dann nicht zu berücksichtigen, wenn sie einen geringfügigen Zeitraum nicht überschreiten (15 Minuten)[89] oder typische Begleiterscheinungen sind.[90] Wartezeiten sind dann keine typischen Begleiterscheinungen der anwaltlichen Tätigkeit, wenn die Gerichte so terminieren, dass ausreichend Zeit für unvorhergesehene Verlängerungen bestehen. Schwierigkeiten im Gerichtsablauf können nicht zulasten der Rechtsanwälte gehen.

Beispiele für die Überschreitung der Mittelgebühr: **143**

- Mehr als ein Verhandlungs- und/oder Erörterungstermin,

- Umfangreiche Beweisaufnahme mit mehr als einem Zeugen,

- Erstmalige Erarbeitung der Sach- und Rechtslage im Termin unter maßgeblicher Beteiligung des Rechtsanwalts.

Gründe für die Unterschreitung der Mittelgebühr: **144**

- Es wird lediglich ein Antrag zum Verfahren gestellt.

- Rechtsanwalt ist sowieso im Sozialgericht und der Termin dauert nur zwei bis drei Minuten.

Die übrigen Kriterien werden wie bei der Verfahrensgebühr bemessen. **145**

IV. Prozesskostenhilfe

Aufgrund der beengten finanziellen Verhältnisse der Hilfebedürftigen wird die Pro- **146**
zessführung in der Regel, falls keine Rechtsschutzversicherung eintritt, durch **Prozess-**
kostenhilfe finanziert werden müssen.

Da das Gerichtsverfahren nach § 183 SGG gerichtskostenfrei ist, wird die Prozess- **147**
kostenhilfe nur für die **Beiordnung eines Rechtsanwalts** benötigt. Die Bewilligung

---

86 BT-Drucks. 17/11471, 276.
87 LSG SH 12.9.2006 – L 1 B 320/05 SF SK.
88 LSG München 1.4.2015 – L 15 SF 259/14 F.
89 LSG Schleswig 13.5.2015 – L 5 SF 327/14 B E.
90 SG Berlin 2.8.2012 – S 180 SF 10908/11 E.

von Prozesskostenhilfe richtet sich nach § 73 a SGG. Dieser verweist auf die Vorschriften der ZPO, die entsprechend anwendbar sind. Nach § 114 ZPO darf der Beteiligte nach seinen persönlichen und wirtschaftlichen Verhältnissen nicht in der Lage sein, die Kosten der Prozessführung ganz oder teilweise zu tragen. Die Prozessführung muss Aussicht auf Erfolg haben und darf nicht mutwillig sein. Hinsichtlich der persönlichen und wirtschaftlichen Verhältnisse wird auf die Ausführungen in Kapitel § 1 verwiesen.

1. Erfolgsaussichten

148 Der Antrag auf Prozesskostenhilfe muss nach § 114 S. 1 ZPO **hinreichend Aussicht auf Erfolg haben** und die Beiordnung eines Rechtsanwaltes nach § 121 Abs. 2 ZPO muss erforderlich erscheinen.

149 **Erfolgsaussichten** bestehen, wenn das Gericht den Rechtsstandpunkt des Antragstellers aufgrund seiner Sachverhaltsschilderung und der vorliegenden Unterlagen zumindest für vertretbar erachtet und in tatsächlicher Hinsicht eine Beweisführung für möglich hält. Dabei muss die Chance, den Prozess zu gewinnen, mindestens genauso groß sein, wie ihn zu verlieren. Dies ist grundsätzlich zu bejahen, wenn die Entscheidung in der Hauptsache von einer schwierigen, bisher ungeklärten Rechtsfrage abhängt oder von **Amts wegen weitere Ermittlungen gemäß § 103 SGG durchzuführen sind**, bevor die streiterheblichen Fragen abschließend beantwortet werden können.[91]

2. Beiordnung eines Rechtsanwalts notwendig

150 Die **Beiordnung eines Rechtsanwalts ist erforderlich**, wenn der Leistungsberechtigte sich nicht hinreichend selbst vertreten kann. Entscheidend ist, ob ein Bemittelter in der Lage des Unbemittelten vernünftigerweise einen Rechtsanwalt mit der Wahrnehmung seiner Interessen beauftragt hätte. Davon ist regelmäßig dann auszugehen, wenn im Kenntnisstand und in den Fähigkeiten der Prozessparteien ein deutliches Ungleichgewicht besteht.[92] Im Bereich des SGB II kann deshalb die Beiordnung eines Rechtsanwalts mit Ausnahme von ganz einfachen Fällen in der Regel nicht versagt werden, weil die Regelungen kompliziert und schwer verständlich sind.

151 **Hinweis:** Wird ein Rechtsanwalt in eigener Sache tätig, weil er gegen einen ablehnenden Bescheid des Leistungsträgers klagen will, kann er sich selbst im Wege der Prozesskostenhilfe beigeordnet werden.[93]

3. Bagatellrechtsprechung

152 In der Rechtsprechung wurde Prozesskostenhilfe mit der Begründung abgelehnt, ein vernünftiger Rechtsuchender beauftrage keinen Rechtsanwalt, wenn die **Kosten eines Anwaltes nicht im Verhältnis zu dem möglichen Prozesserfolg** stehen.[94] Soweit er-

---

91 BVerfG – NJW 1991, 413 ff; LSG NRW 17.9.1997 – L 7 SVs 3/97.
92 BVerfG 6.5.2009 – 1 BvR 439/08.
93 KG Berlin 16.6.2009 – 1 W 492/07.
94 LSG Berlin-Brb 10.10.2008 – L 29 B 1244/08 AS PKH 37,50 EUR; anders noch derselbe vom 24.4.2008 – L 29 B 420/08 AS ER 77 EUR; LSG Berlin-Brb 30.3.2009 – L 25 B 2135/08 AS PKH 50 EUR.

sichtlich wird es ab einem Gegenstandswert von 50 EUR für sechs Monate problematisch. Die Frage, ob die Hinzuziehung eines Rechtsanwaltes notwendig ist, darf jedoch nicht auf eine Kosten-Nutzenanalyse reduziert werden, da andernfalls das Gebot der Rechtsschutzgleichheit verletzt würde (Art. 3 Abs. 1 iVm Art. 20 Abs. 3 GG). Bei der Frage, ob vernünftigerweise ein Rechtsanwalt eingeschaltet werden sollte, kommt es in erster Linie darauf an, ob zwischen den Prozessparteien ein deutliches Ungleichgewicht besteht. Dies ist in der Regel anzunehmen, wenn der juristisch nicht vorgebildete Betroffene dem rechtskundigen und prozesserfahrenen Vertreter einer Behörde gegenübersteht. Ein Betrag von 7 EUR monatlich ist nach der Rechtsprechung des Bundesverfassungsgerichtes jedenfalls für Empfänger laufender Leistungen nach dem SGB II von existentieller Bedeutung.[95] Daher wird auch bei einer scheinbar geringfügigen Leistung in aller Regel Prozesskostenhilfe zu bewilligen sein, es sei denn, der Kläger kann sich hinreichend selbst vertreten.

4. Entscheidungsreife des Prozesskostenhilfegesuchs

Die **Prozesskostenhilfe** muss bewilligt werden, wenn der Antrag **entscheidungsreif** ist.   **153**
Dies ist gewöhnlich der Fall, wenn die vollständig ausgefüllten Unterlagen sowie das Klagebegehren bei dem Gericht vorliegen § 73 a SGG iVm § 117 Abs. 2 ZPO und der Beklagte Gelegenheit hatte, innerhalb einer angemessenen Frist Stellung zu nehmen. Maßgeblicher Zeitpunkt für die Gewährung von Prozesskostenhilfe und die Beurteilung der Erfolgsaussichten ist der Zeitpunkt der Bewilligungsreife.[96] Vor Antragstellung wird keine Prozesskostenhilfe bewilligt. Der Antrag ist wie bei Stellung des Antrags auf Leistungen nach dem SGB II konstitutiv.[97] Nach Abschluss des Verfahrens ist die Bewilligung von Prozesskostenhilfe nicht mehr möglich.

Viele Sozialgerichte **entscheiden über die Prozesskostenhilfe nicht zeitnah**, so dass der   **154**
Leistungsberechtigte nicht weiß, ob er die Kosten seines Rechtsanwaltes tragen muss. Der Rechtsanwalt muss seinerseits um seine Vergütung fürchten, weil der Mandant aufgrund beengter wirtschaftlicher Verhältnisse die Vergütung allenfalls in kleinen Raten zahlen kann. Die zu späte Entscheidung führt zudem dazu, dass nach ca. einem Jahr eine neue Aufforderung durch das Gericht erfolgt, die persönlichen und wirtschaftlichen Verhältnisse erneut dazulegen.

Der Leistungsberechtigte könnte hier einen **isolierten Prozesskostenhilfeantrag**, ggf   **155**
mit einem Klageentwurf, stellen und zunächst die Entscheidung über die Bewilligung von Prozesskostenhilfe abwarten. Den Antrag auf Prozesskostenhilfe kann er selbst oder ein von ihm beauftragter Rechtsanwalt stellen. Wird der Rechtsanwalt für ihn tätig, so muss in dem isolierten Antrag auf Prozesskostenhilfe deutlich gemacht werden, dass der **Rechtsanwalt nur mit der Stellung des Antrags auf Prozesskostenhilfe beauftragt** ist. Entscheidet das Gericht über den Antrag auf Prozesskostenhilfe nicht innerhalb der Klagefrist und versäumt der Leistungsberechtigte diese, muss er nach § 67 **SGG Wiedereinsetzung in den vorigen Stand** beantragen. Nach ständiger und

---

95 BVerfG 24.3.2011 – 1 BvR 2493/10.
96 LSG NRW 26.8.2009 – L 6 B 47/09.
97 BGH NJW 1982, 446.

gefestigter Rechtsprechung aller oberen Bundesgerichte ist ein Rechtsmittelführer, der innerhalb der Rechtsmittelfrist die Bewilligung von Prozesskostenhilfe formgerecht beantragt hat oder hieran ohne sein Verschulden gehindert war, bis zur Entscheidung über den Antrag (auf Prozesskostenhilfe) als „ohne sein Verschulden an der Einlegung des Rechtsmittels verhindert" anzusehen.[98] Der Leistungsberechtigte kann allerdings keine Klage unter der Bedingung der Bewilligung von Prozesskostenhilfe erheben.[99]

156 Weitere Voraussetzung ist allerdings, dass er mit der Ablehnung des Prozesskostenhilfeantrags wegen seiner persönlichen und wirtschaftlichen Verhältnisse nicht rechnen durfte. Hinsichtlich der Ablehnung wegen des Bagatellwertes ist Vorsicht geboten. Dies gilt unabhängig davon, ob Gerichtskosten entstehen, das Rechtsmittel einem Anwaltszwang unterliegt oder der Amtsermittlungsgrundsatz gilt.[100] Das Sozialgericht wird somit nicht den Prozesskostenhilfeantrag mit der Begründung zurückweisen können, die Klage sei ohne Aussicht auf Erfolg, weil die Klagefrist versäumt sei.

157 Wird die Prozesskostenhilfe bewilligt, ist entweder innerhalb der Frist von einem Monat nach § 67 SGG der Antrag auf Wiedereinsetzung zu stellen oder die Klage innerhalb dieser Frist zu erheben. Sofern die Prozesskostenhilfe wegen fehlender Erfolgsaussichten abgelehnt wird, kann gegen den Beschluss ggf Beschwerde nach § 172 SGG eingelegt werden und dann, nach erfolgter Bewilligung durch das Landessozialgericht, die Klage erhoben werden oder die Klage wird, ohne dass eine Entscheidung des Landessozialgerichtes abgewartet wird, erhoben.

158 **Hinweis:** Ein isolierter Prozesskostenhilfeantrag kann dazu führen, dass der Leistungsberechtigte zwar erfolgreich mit seinem Anliegen in der Hauptsache ist, weil der Leistungsberechtigte bereits im Prozesskostenhilfeverfahren auf einen Hinweis des Gerichts hin den Anspruch anerkennt oder einen Abhilfebescheid erlässt, er jedoch die Kosten seines Bevollmächtigten selber tragen muss. Nach § 73 a SGG iVm § 118 Abs. 1 S. 4 ZPO findet eine Kostenerstattung im Prozesskostenhilfeverfahren nicht statt. Ein Erstattungsanspruch aufgrund des Verzuges des Leistungsträgers ist mangels abschließender Regelungen in § 193 SGG und § 63 SGB X nicht realisierbar. In Fällen eines auf der Hand liegenden Rechtsverstoßes ist die direkte Klage daher der sicherere Weg.

5. Teilweise Bewilligung von Prozesskostenhilfe

159 Nach § 73 a SGG iVm § 114 ZPO ist Prozesskostenhilfe zu gewähren, soweit die Klage Aussicht auf Erfolg hat. Eine teilweise Bewilligung von Prozesskostenhilfe wäre in den Rechtsstreitigkeiten vor den Sozialgerichten grundsätzlich möglich. Die anfallenden **Betragsrahmengebühren sind jedoch nicht teilbar**, so dass auch bei teilweisen Erfolgsaussichten der Klage oder des Rechtsmittels in vollem Umfang Prozesskostenhilfe zu bewilligen ist.[101]

---

98   BSG 23.1.1997 – 7-RA 102/95, SozR 3-1500 § 67 SGG Nr. 11.
99   LSG Berlin-Brb. 26.1.2010 – L 5 AS 1949/09 B PKH Rn 3 mwN.
100 BSG 13.10.1992 – 4 RA 36/92, SozR 3-1500 § 67 SGG Nr. 5.
101 LSG Berlin-Brb 1.9.2008 – L 23 B 170/08 SO ER.

6. Zeitpunkt der Bewilligung der Prozesskostenhilfe

Da die Höhe der Betragsrahmengebühren sich nach dem Umfang der Tätigkeit (§ 14   160
Abs. 1 RVG) richten, kommt es auf den Zeitpunkt an, ab wann die Wirkungen der
Prozesskostenhilfe eintreten. Die Prozesskostenhilfe wirkt auf den Zeitpunkt der Antragstellung, wenn von dem Gericht nichts anderes bestimmt worden ist (§ 48 Abs. 4
S. 1 RVG). Sie wird auch auf die Tätigkeit, die der Rechtsanwalt im Prozesskostenhilfeantragsverfahren und im vorbereitenden Verfahren (§ 48 Abs. 4 S. 2) vor der Antragstellung entfaltet, berücksichtigt. Nach dem Willen des Gesetzgebers soll die gesamte Tätigkeit des Rechtsanwaltes im Klageverfahren und nicht nur die Tätigkeit ab
der Bewilligung erfasst werden, so dass nunmehr auch die Tätigkeit bis zur Klagebegründung von der Prozesskostenhilfe erfasst ist. Etwas Anderes soll nur bestimmt
werden können, wenn der Antragsteller durch sein Verhalten hierzu Anlass gegeben
hat.[102] Problematisch bleiben daher nur noch solche Fälle, bei denen die Prozesskostenhilfe erst im laufenden Verfahren beantragt wurde, weil bei Beginn der Klage die
Hilfebedürftigkeit noch nicht vorlag.

Beispiel: Der Leistungsberechtigte L beauftragt seinen Anwalt mit der Durchführung einer   161
Klage am Tag des Ablaufs der Klagefrist gegen den Leistungsträger. Bei Auftragserteilung
legt er seinem Rechtsanwalt einen Versicherungsschein einer Rechtsschutzversicherung
vor. Dabei übersieht der Rechtsanwalt, dass die Rechtsschutzversicherung den Sozialge-
richtsrechtsschutz ausgeschlossen hat. Die Übernahme der Rechtsanwaltsvergütung wird
von der Rechtsschutzversicherung nach längerer Korrespondenz zu Recht abgelehnt. Der
Rechtsanwalt hat zwischenzeitlich alle Schriftsätze bei dem Sozialgericht eingereicht. Das
Verfahren ist nunmehr entscheidungsreif und der Richter R bestimmt Termin zur mündlichen Verhandlung. Daraufhin beantragt der Rechtsanwalt für seinen Mandanten Prozesskostenhilfe unter seiner Beiordnung. Die Prozesskostenhilfe wird vom Richter in der
mündlichen Verhandlung ab dem Eingang des Prozesskostenhilfeantrages, dem 2.2.2014
(drei Tage vor der mündlichen Verhandlung), gewährt, weil der Leistungsträger die Heizkosten des Leistungsberechtigten nicht nach der Rechtsprechung des Bundessozialgerichtes bewilligt hatte.[103] Im Termin erkennt der Leistungsträger den Anspruch des L bezüglich
der Heizkosten an und erklärt sich bereit 1/8 der außergerichtlichen Kosten zu übernehmen. Da die weitere Aufrechterhaltung der Klage keinen Erfolg verspricht, erklärt der
Rechtsanwalt nach Rücksprache und Überredung des L die Klage im Übrigen für erledigt.

Der Rechtsanwalt beantragt die Festsetzung seiner Gebühren aus der Staatskasse nach   162
§ 55 RVG in Höhe der jeweiligen Mittelgebühr. Für die Verfahrensgebühr nach Nr. 3102 beantragt er die Festsetzung von 300 EUR. Der Kostenbeamte lehnt die Festsetzung der Gebühr in dieser Höhe ab und setzt die Gebühr auf 50 EUR fest, weil die Prozesskostenhilfebewilligung erst erfolgt sei, nachdem der Rechtsanwalt den wesentlichen Teil seiner Arbeit im Klageverfahren erledigt habe.

In der Rechtsprechung ist umstritten, wie in solchen Fällen zu entscheiden ist. Nach einer   163
Meinung werden die **Gebühren danach bemessen, welche Tätigkeiten der Rechtsanwalt
nach seiner Beiordnung** entfaltet hat.[104] Nach anderer, richtiger Ansicht,[105] handelt es sich

---

102   BT-Drucks. 17/11471, 270.
103   BSG 27.2.2008 – B 14/11 b AS 15/07 R.
104   LSG SH 17.7.2008 – L 1 B 127/08 SG.
105   LSG NRW 24.9.2008 – L 19 B 21/08 AS.

bei den Gebühren nach dem 3. Kapitel VV RVG um Pauschalgebühren, bei denen auch die Tätigkeit vor der Beiordnung bewertet wird, weil der unbemittelte Kläger andernfalls benachteiligt wird. Er müsste dann dem Rechtsanwalt die Tätigkeit vor seiner Beiordnung vergüten. Im vorliegenden Fall wird man auch bei einem verspäteten Antrag auf Prozesskostenhilfe noch die Rechtsprechung zur ersten Ansicht heranziehen. Es empfiehlt sich dringend bei Bestehen einer Rechtsschutzversicherung den Umfang des Rechtsschutzes zu prüfen. Da es keine einheitlichen Rechtsschutzbedingungen gibt, kann es sein, dass zwar Rechtsschutz in sozialrechtlichen Angelegenheiten besteht, nicht aber in Angelegenheiten des SGB II. Auch kann das Widerspruchsverfahren mitversichert sein.

7. Wirkung der Bewilligung von Prozesskostenhilfe und Beiordnung

164 Die Bewilligung der Prozesskostenhilfe bewirkt, dass der Rechtsanwalt gegen seinen **Mandanten keinen Gebührenanspruch** mehr geltend machen kann, § 73 a SGG iVm § 122 Abs. 1 Nr. 3 ZPO. Eine Vergütungsvereinbarung, in der höhere als die Gebühren der Prozesskostenhilfe vereinbart werden, ist nach § 3 a Abs. 3 RVG nichtig.

Der Rechtsanwalt kann nach § **126 Abs. 1 ZPO den Anspruch auf Kostenerstattung im eigenen Namen gegen den Gegner beitreiben.** Sofern der Rechtsanwalt aus der Staatskasse Vorschüsse nach § 47 RVG oder Befriedigung erhalten hat, geht der Anspruch auf die Staatskasse (Sozialgerichtsfiskus) über, § 59 Abs. 1 RVG. Der Anspruchsübergang kann nicht zum Nachteil des Rechtsanwalts führen.

165 **Hinweis:** Der Rechtsanwalt hat gegenüber der Staatskasse keinen Anspruch auf Zinsen. Dies scheint zunächst unwichtig, weil der Rechtsanwalt Vorschüsse nach § 47 RVG verlangen kann. Regelmäßig dauert die Festsetzung von PKH-Gebühren oft mehrere Monate oder gar Jahre. Sofern ein Kostenerstattungsanspruch gegen den Gegner möglich ist, sollte dieser immer geltend gemacht werden, denn der Rechtsanwalt erhält dann wenigstens ab Stellung des Kostenfestsetzungsantrages die Zinsen gegen den Gegner nach § 126 ZPO, § 197 Abs. 1 SGG iVm § 104 Abs. 1 S. 2 ZPO in Höhe von 5 Prozentpunkten über dem Basiszinssatz. Ob es sich bei dem Verfahren auf Festsetzung der Prozesskostenhilfe (§ 48 RVG) um ein eigenständiges gerichtliches Verfahren zur Geltendmachung eines Anspruches auf Schadenersatz, wegen überlanger Verfahrensdauer (§ 198 GVG) handelt, ist bisher noch nicht entschieden.[106]

8. Anspruch auf Erstattung von Kosten verdrängt Anspruch auf Prozesskostenhilfe

166 Wurde über einen Prozesskostenhilfeantrag noch nicht entschieden und erwächst dem Antragsteller während des gleichzeitig anhängigen Rechtsstreits ein **Anspruch auf Kostenerstattung,** wird ein Anspruch auf Prozesskostenhilfe von den Gerichten abgelehnt, weil hierfür kein Rechtsschutzbedürfnis mehr besteht.[107] Erklärt wird diese Verfahrensweise damit, dass die Bewilligung von Prozesskostenhilfe, wie die Sozialhilfe, eine aktuelle Notlage beseitigen soll und nur gewährt werden kann, falls diese

---

106 Vgl BSG 10.7.2014 – B 10 ÜG 8/13 R, SozR 4-1700 § 198 Nr. 2 bejahend beim Kostenfestsetzungs- und Erinnerungsverfahren.
107 LSG Berlin-Brb 18.5.2009 – L 25 AS 770/09 B ER.

nicht anderweitig beseitigt werden kann.[108] Eine **anderweitige Hilfemöglichkeit sei der Kostenerstattungsanspruch.**[109]

Dieses Argument trifft aus Sicht des Leistungsberechtigten L allerdings nur dann zu, wenn er seinen Kostenerstattungsanspruch **umgehend durchsetzen** und seinen Rechtsanwalt aus der geleisteten Kostenerstattung voll befriedigen kann. Weigert sich der Leistungsträger (Gegner) den Kostenerstattungsanspruch zu befriedigen, kann es aufgrund der Arbeitsbelastung der Kostenbeamten bei den Sozialgerichten Monate oder Jahre dauern, bis der L seinen Kostenerstattungsanspruch durchsetzen kann. Außerdem kann der Rechtsanwalt seinen Mandanten weiterhin auf Zahlung seiner Kostenrechnung in Anspruch nehmen und gegen den Mandanten mit gerichtlicher Hilfe durchsetzen. **167**

Beispiel: Der L erhebt Klage vor dem Sozialgericht gegen einen Aufhebungs- und Erstattungsbescheid und stellt gleichzeitig einen Antrag auf Prozesskostenhilfe. Das Sozialgericht entscheidet über diesen Antrag nicht, weil die Stellungnahme des Leistungsträgers noch nicht vorliegt. Nach mehrmaliger Erinnerung des Gerichtes und des Prozessbevollmächtigten des L nimmt der Leistungsträger zu der Klage keine Stellung, sondern verweist darauf, dass der angefochtene Verwaltungsakt von ihm aufgehoben worden sei. Der Aufhebungsbescheid ist in Kopie beigefügt. Das Gericht fordert den L auf, die Angelegenheit für erledigt zu erklären. Der Rechtsanwalt teilt dem Gericht mit, dass die Angelegenheit noch nicht erledigt sei, weil eine Entscheidung über den Prozesskostenhilfeantrag ausstehe. **168**

Hier muss der L mit einer Klageabweisung rechnen, nachdem der Leistungsträger den L durch Aufhebung des angefochtenen Bescheides klaglos gestellt hat. **169**

9. Rechtsbehelfe gegen ablehnenden Prozesskostenhilfebeschluss

Gegen Beschlüsse, die Prozesskostenhilfe wegen der **persönlichen und wirtschaftlichen Verhältnisse ablehnen**, ist eine Beschwerde nicht zulässig (§ 172 Abs. 3 Nr. 2 SGG).[110] **170**

Wird Prozesskostenhilfe abgelehnt, weil das Gericht keine Erfolgsaussichten der Klage sieht oder aus sonstigen Gründen abgelehnt, zB weil die Klage mutwillig ist bzw der Tatbestand der Geringfügigkeit vorliegt, findet die Beschwerde nach § 172 Abs. 1 SGG statt. **171**

Die Beschwerde gegen den Beschluss, in dem die Prozesskostenhilfe, wegen fehlender Erfolgsaussichten abgelehnt wird, ist auch ausgeschlossen, wenn die Berufung der Zulassung bedarf (§ 172 Abs. 3 Nr. 2 b SGG). Das ist der Fall, wenn der Beschwerdewert von 750 EUR nicht erreicht wird und/oder die Leistung nicht über ein Jahr hinaus gewährt wird (§ 144 Abs. 1 S. 1 Nr. 1 SGG). Der Beschwerdewert gilt nach § 144 Abs. 1 S. 3 SGG nicht, wenn es bei der Berufung um wiederkehrende Leistungen für mehr als ein Jahr geht. Da Leistungen nach dem SGB II nach § 41 Abs. 1 S. 6

---

108 LSG NRW 4.12.2007 – L 20 B 53/07 AY.
109 LSG Essen 7.9.2012 – L 12 AS 1245/12 B.
110 LSG BW 23.2.2009 – L 7 SO 5829/08 PKH-B; LSG Berlin-Brb 12.10.2009 – L 19 AS 817/09 B PKH.

höchstens für ein Jahr gewährt werden können, ist bei diesen immer der Beschwerdewert in Höhe von 750 EUR erforderlich.

172 **Hinweis:** Der Auftraggeber schuldet dem Rechtsanwalt Gebühren im (isolierten) Prozesskostenhilfebeschwerdeverfahren in Höhe von 50 bis 420 EUR (VV RVG Nr. 3335). Diese Gebühren kann der Auftraggeber weder beim Gegner noch bei der Staatskasse als Kostenerstattung geltend machen.[111]

10. Rechtsbehelf gegen Entscheidungen des Gerichts im Verfahren auf Festsetzung der Gebühren gegen die Staatskasse

173 Nach § 55 RVG setzt der **Urkundsbeamte** des ersten Rechtszuges die **Kosten** des Rechtsanwaltes auf Prozesskostenhilfe gegen die Staatskasse **fest.** Gegen die Entscheidung kann der Rechtsanwalt, wenn nicht die Gebühren wie beantragt festgesetzt wurden, nach § 56 Abs. 1 RVG Erinnerung einlegen.

174 Gegen diese Entscheidung steht dem Rechtsanwalt nach **§ 33 Abs. 3 RVG die weitere Beschwerde** zu, wenn der Wert der **Beschwer 200 EUR** übersteigt. Gegen eine Entscheidung des Sozialgerichtes im Verfahren der Kostenfestsetzung gegen den Gegner nach § 197 Abs. 2 SGG ist eine Beschwerde nicht möglich. Bis zur Einführung des § 1 Abs. 1 RVG[112] vertrat ein Teil der Landessozialgerichte die Meinung, § 197 Abs. 2 SGG sei im Verhältnis zu § 33 Abs. 3 RVG eine abschließende Regelung.[113] Nach anderer Meinung gehen die Regelungen der §§ 56, 33 RVG der Regel des § 197 Abs. 2 SGG vor.[114] Der Meinungsstreit ist durch die Gesetzesänderung obsolet geworden, weil § 33 Abs. 3 klarstellt, dass die Beschwerde nicht wegen § 197 Abs. 2 SGG ausgeschlossen werden kann.

11. Gebühren im Prozesskostenhilfeantragsverfahren

175 Eine **Beiordnung** eines Rechtsanwaltes bereits im **Prozesskostenhilfeantragsverfahren** ist im Gesetz **nicht vorgesehen,** § 73 a SGG iVm § 114 ZPO, wonach Prozesskostenhilfe für die Prozessführung und nicht für die Stellung eines Antrags auf Prozesskostenhilfe gewährt wird.[115] Dies trifft auch für das Prozesskostenhilfebeschwerdeverfahren zu. Die Tätigkeit im Prozesskostenhilfeverfahren findet allerdings dann Berücksichtigung, wenn Prozesskostenhilfe gewährt worden ist (§ 48 Abs. 4 S. 2 RVG).

176 Nach dem Wortlaut des § 1 Abs. 1 BerHG wird **Beratungshilfe** nur für die Vertretung außerhalb eines gerichtlichen Verfahrens gewährt, so dass Beratungshilfe bei der Prozesskostenhilfe, einem gerichtlichen Verfahren, nicht anzuwenden ist. Hinsichtlich der Beratung über die Erfolgsaussichten einer Klage oder eines Prozesskostenhilfeantrages besteht Anspruch auf Beratungshilfe.

---

111 LSG Berlin-Brb. 14.3.2011 – L 6 R 131/11 B mwN.
112 BGBl. 2013 I, 2586 ab dem 1.8.2013.
113 LSG Berlin-Brb 24.2.2009 – L 15 SF 9/09 B und LSG Nds-Bremen 14.6.2007 – L 13 B 4/06 AS SF.
114 LSG NRW 18.3.2009 – L 7 B 214/08 AS; Bay LSG 12.11.2007 – L 15 B 863/07 SF KO u.A.
115 BGH 30.5.1984 – VIII ZR 298/83, NJW 1984, 2106.

Hinweis: Es bleibt dem Leistungsberechtigten unbenommen, für das Prozesskosten- 177
hilfeverfahren einen Antrag auf Beratungshilfe zu stellen. Der Antrag wird zwar in
der Regel ohne Aussicht auf Erfolg sein, kann allerdings wider Erwarten doch bewilligt werden. Der Rechtsanwalt wird seine Gebühren über die Beratungshilfe nur abrechnen können, wenn in dem Beratungshilfeschein die Vertretung im Prozesskostenhilfeverfahren ausdrücklich aufgenommen wurde.

Lässt sich der Leistungsberechtigte im Verfahren auf Prozesskostenhilfe durch einen 178
Rechtsanwalt vertreten, muss er seine Kosten stets selber zahlen.

Für den Antrag auf Prozesskostenhilfe entsteht in jedem Rechtszug eine Gebühr nach 179
Nr. 3336 VV:

Prozesskostenhilfegebühr (sozialgerichtlich) Nr. 3335 VV		
Mindestgebühr	Höchstgebühr	Mittelgebühr
50 EUR	420 EUR	470 EUR ÷ 2 = 235 EUR

Die Gebühr wird auf die im Rahmen der Prozesskostenhilfe bewilligte Verfahrensgebühr nach Nr. 3103, 3102 VV nach § 58 Abs. 2 RVG angerechnet.

Im Beschwerdeverfahren wegen Ablehnung der Prozesskostenhilfe entsteht eine Ge- 180
bühr nach Nr. 3501 VV:

Beschwerdegebühr Nr. 3501 VV		
Mindestgebühr	Höchstgebühr	Mittelgebühr
20 EUR	210 EUR	230 EUR ÷ 2 = 115 EUR

Im Verfahren auf Zahlung der Kosten aus der Staatskasse und in den Verfahren der 181
Rechtsbehelfe gegen Festsetzungen findet eine Kostenerstattung nach § 56 Abs. 2 S. 2
und 3 RVG nicht statt.

V. Vorläufiger Rechtsschutz vor den Sozialgerichten

Sofern der Leistungsträger einen Anspruch dem Grunde nach ablehnt, hilft dem Leis- 182
tungsberechtigten ein Antrag auf vorschussweise Zahlung nicht weiter. Um schnell an
seine notwendige Leistung zu gelangen, muss er gerichtliche Hilfe in Anspruch nehmen. Hier kommt in erster Linie wegen der Verfahrensdauer bei Klageverfahren von
mehreren Monaten bis über einem Jahr nur der **vorläufige Rechtsschutz** nach § 86 b
SGG in Betracht.

Aus § 86 b SGG ergeben sich zwei Grundformen des einstweiligen Rechtsschutzes. 183
Der einstweilige Rechtsschutz in Anfechtungssachen und der einstweilige Rechtsschutz in Vornahmesachen.

1. Einstweiliger Rechtsschutz in Anfechtungssachen

Der Leistungsträger hebt während des Leistungsbezuges den bestehenden Bescheid 184
durch Aufhebungsbescheid ganz oder teilweise auf und/oder stellt die Leistungen

ganz oder teilweise ein. Der Widerspruch des Leistungsberechtigten gegen den Aufhebungsbescheid hat keine aufschiebende Wirkung (§ 39 Nr. 1). Der Leistungsberechtigte kann bei dem Sozialgericht die Herstellung der aufschiebenden Wirkung beantragen (§ 8 b Abs. 1 Nr. 2), um die (Weiter-)Leistung durch den Leistungsträger zu erzwingen.

185   Auch ohne einen Aufhebungsbescheid kann der Leistungsträger die Leistung vorläufig einstellen (§ 40 iVm § 331 SGB III). Der Leistungsträger muss den Leistungsberechtigten über die Leistungseinstellung informieren und, falls ein Aufhebungsbescheid innerhalb von zwei Monaten nicht erlassen worden ist, die Leistung nachzahlen (§ 40 Abs. 1 Nr. 2 iVm § 331 SGB III).

186   Sofern nach einer vorläufigen Einstellung der Zahlung durch den Leistungsträger keine Nachzahlung für den Zeitraum der vorläufigen Einbehaltung geleistet wird, erfolgt die Weiterzahlung aufgrund des ursprünglichen Bewilligungsbescheides. Sofern keine weitere Zahlung erfolgt, kann der Leistungsberechtigte Klage auf Leistung erheben oder in Fällen der dringenden Notlage Antrag auf einstweilige Anordnung stellen.

a) Herstellung der aufschiebenden Wirkung durch den Leistungsträger

187   Wird der Bescheid über Unterhaltsleistungen nach dem SGB II aufgehoben, hat ein Widerspruch gegen den Aufhebungsbescheid keine aufschiebende Wirkung, denn mit dem Aufhebungsbescheid wird über die Leistung der Grundsicherung entschieden (§ 39 Nr. 1). Der Leistungsberechtigte kann in einem solchen Fall zunächst die Herstellung **der aufschiebenden Wirkung beim Leistungsträger beantragen** (§ 86 a Abs. 3 S. 1 SGG). In der Regel wird der Antrag auf Herstellung der aufschiebenden Wirkung gleichzeitig mit dem Widerspruch gegen den Aufhebungsbescheid eingelegt werden. Ein Antrag auf Herstellung der aufschiebenden Wirkung kann allerdings auch bereits vor oder nach dem Widerspruch vom Leistungsberechtigten gestellt werden.

188   Der **Antrag auf Herstellung der aufschiebenden Wirkung** eröffnet **kein neues Verwaltungsverfahren.** Die aufschiebende Wirkung ist lediglich eine Modifikation des Verwaltungsaktes ähnlich einer Nebenbestimmung (§ 32 Abs. 1 SGB X). Die „aufschiebende Wirkung" ist ohne einen zugehörigen Verwaltungsakt nicht denkbar, dh sie ergibt für sich betrachtet keinen Sinn. Anders als eine Auflage nach § 32 Abs. 2 SGB X kann die gesonderte Anfechtung der Ablehnung der Herstellung der aufschiebenden Wirkung nicht erfolgen. Sofern der Leistungsträger die Ablehnung allerdings in die Form eines gesonderten Verwaltungsaktes mit einer Rechtsbehelfsbelehrung über Form und Frist eines Widerspruches beifügt, kann daran gedacht werden, auch die gesonderte Ablehnung anzufechten und den Leistungsträger, weil er den Widerspruch veranlasst hat, auf Übernahme der Kosten des Widerspruchs nach § 63 SGB X in Anspruch zu nehmen.

189   Der Leistungsträger kann allerdings die Herstellung der aufschiebenden Wirkung jederzeit ändern, dh er ist an seine Entscheidung nicht gebunden (§ 86 a Abs. 3 S. 4 SGG).

b) Einstweilige Anordnung in Anfechtungssachen

In aller Regel wird der Leistungsberechtigte daher die Herstellung der aufschiebenden **190** Wirkung bei dem Sozialgericht im Wege der **einstweiligen Anordnung** (Einstweilige Anordnung in Anfechtungssachen) beantragen (§ 86 b Abs. 1 Nr. 2 SGG). Dieser Antrag kann mit einer Klage verbunden oder als isolierter Antrag gestellt werden (§ 86 b Abs. 3 SGG).

Hinsichtlich der Sachentscheidungsvoraussetzungen ergeben sich keine Besonderhei- **191** ten. Ein Rechtsschutzbedürfnis in einer Anfechtungssache wegen Aufhebung eines leistungsgewährenden Verwaltungsaktes wird nur dann vorliegen, wenn die Leistungen des Leistungsträgers tatsächlich eingestellt wurden. Bei Weiterzahlung der Leistung ist es zu verneinen.

Ob einem Antrag nach § 86 b Abs. 1 SGG entsprochen wird, richtet sich nach einer **192** Interessenabwägung zwischen dem öffentlichen Interesse an der sofortigen Vollziehung und dem privaten Aufschubinteresse.[116]

Dabei sind die Belastungen für den betroffenen Leistungsberechtigten L gegen das **193** Vollzugsinteresse des Leistungsträgers abzuwägen. Die **Erfolgsaussichten des Rechtsmittels in der Hauptsache** sind zu prüfen. Bestehen ernstliche Zweifel an der Rechtmäßigkeit des angefochtenen Verwaltungsaktes ist bereits hier dem Antrag durch das Gericht stattzugeben. Sofern der Verwaltungsakt nicht offensichtlich rechtswidrig ist, ist eine Interessenabwägung vorzunehmen. Dabei wird der Sachvortrag des L dahin gehend darzulegen sein, inwieweit sein Rechtskreis betroffen ist, inwieweit der L durch die Einstellung der Leistung belastet wird.

Bei existenzsichernden Leistungen, wie den Leistungen nach dem SGB II, werden die **194** Erfolgsaussichten regelmäßig hinten anstehen müssen. Wird die Leistung zB vollständig oder zum größten Teil, dh mindestens mehr als 20 % der bisherigen Leistung, abgelehnt, sind die vom Bundesverfassungsgericht aufgestellten Grundsätze anzuwenden.[117]

Hinweis: Hierbei ist zu berücksichtigen, dass ein solcher Fall dann in Betracht **195** kommt, wenn der Leistungsberechtigte seinen Lebensunterhalt fast ausschließlich aus Leistungen nach dem SGB II bestreitet und nicht, wenn er nur ergänzende Leistungen in geringem Umfang erhält.

In solchen Fällen müssen die Erfolgsaussichten einer Klage von den Gerichten ab- **196** schließend geprüft werden.[118]

Sofern sich der Sachvortrag des Leistungsberechtigten nicht ohne Beweisaufnahme **197** klären lässt, muss diese durchgeführt werden. Lässt sich der Sachverhalt bei grundrechtsrelevanten Eingriffen nicht vollständig aufklären, ist eine Entscheidung anhand einer **Folgen- und nicht nur einer Interessenabwägung** zu treffen. Bei einer weitgehenden Entziehung der Leistung wird diese in der Regel zugunsten des Leistungsberech-

---

116 Binder in: HK-SGG § 86 b Rn 21.
117 BVerfG 12.5.2005 – 1 BvR 569/05.
118 BVerfG 12.5.2005 – 1 BvR 569/05 Rn 25.

tigten ausfallen. Der Prozessvertreter wird daher in seiner Antragsschrift darauf hinweisen, darlegen und unter Beweis stellen, dass ein Anspruch auf Leistungen nach dem SGB II vorliegt, weil die Voraussetzungen der Anspruchsnormen der §§ 20 ff gegeben sind.

198 Dabei wird er entweder veranlassen, dass der Leistungsberechtigte eine Eidesstattliche Versicherung vor dem Sozialgericht zu Protokoll der Geschäftsstelle abgibt oder sie selbst mit dem Leistungsberechtigten anfertigen und präsente Beweismittel wie Kontoauszüge und andere Urkunden, aus denen sich die Mittellosigkeit ergibt, dem Gericht vorlegen.

c) Verfahrens- und Gebührenhinweis

199 Der Antrag auf **Herstellung der aufschiebenden Wirkung** nach § 86 a Abs. 3 S. 1 SGG bei der Verwaltungsbehörde und nach § 86 b Abs. 1 Nr. 2 SGG bei dem Sozialgericht stehen dem antragstellenden Leistungsberechtigten wahlweise zur Verfügung. Der **Antragsteller ist nicht verpflichtet vor Anrufung des Gerichtes zunächst bei dem Leistungsträger einen Antrag nach § 86 a Abs. 3 S. 1 SGG zu stellen.**[119]

200 Das Verfahren auf **(Wieder-)Herstellung der aufschiebenden Wirkung vor der Behörde ist kein gesondertes Verwaltungsverfahren,** wird aber nach **§ 17 Nr. 1 RVG** als gesonderte Angelegenheit behandelt und ist als solche nach der Gebührenziffer Nr. 2302 Nr. 1 VV RVG abzurechnen. Der Mandant wird jedoch regelmäßig nicht in der Lage sein, die Gebühren eines solchen Aussetzungsantrages zu zahlen. Hierfür kann allerdings gesondert Beratungshilfe gewährt werden. Die Gebühr hierfür beträgt nach Nr. 2503 VV RVG 85 EUR. Eine Kostenerstattungspflicht des Gegners nach § 63 SGB X kommt nicht in Betracht, weil diese ein erfolgreiches Widerspruchsverfahren voraussetzt.

201 **Bei dem Antrag auf Herstellung der aufschiebenden Wirkung bei dem Gericht nach § 86 b SGG handelt es sich um eine gesonderte Angelegenheit nach § 17 Nr. 1 RVG.** Hierfür kann dem Antragsteller Prozesskostenhilfe bewilligt werden (§ 73 a SGG iVm §§ 114 ff ZPO). Die vorherige Befassung des Rechtsanwalts mit der Angelegenheit im Verwaltungs- oder Widerspruchsverfahren führt nicht dazu, dass eine Absenkung der Gebühren für das einstweilige Rechtsschutzverfahren vorgenommen wird. Ein Synergieeffekt, wie er bei der Vorbefassung im Widerspruchsverfahren vorliegt, tritt nur ein, wenn sich der Rechtsanwalt zuvor bereits im Widerspruchsverfahren mit der Anordnung der aufschiebenden Wirkung auseinandergesetzt hat, also einen Antrag nach § 86 a Abs. 3 S. 1 SGG gestellt hat.[120]

2. Einstweiliger Rechtsschutz in Vornahmesachen

202 Für den neuen Bewilligungszeitraum wird bei bloß teilweiser Ablehnung der Leistung durch den Leistungsträger nur der Rechtsbehelf der einstweiligen Anordnung in

---

119 Binder in: HK-SGG § 86 b Rn 10.
120 So wohl auch LSG Sachsen 27.2.2008 – L 6 B 33/08 AS KO bei einer Vornahmesache ohne nähere Begründung; anders wohl LSG NRW 15.5.2008 – L 7 B 63/08 AS.

Form einer Regelungsanordnung, die den Leistungsträger zur vorläufigen Leistung verpflichtet, erfolgreich sein (§ 86 b Abs. 2 S. 2 SGG).

Anders als bei der (Wieder-)Herstellung der aufschiebenden Wirkung nach § 86 b Abs. 1 SGG ist hier das Vorliegen der aus dem Zivilprozessrecht bekannten Voraussetzungen – Anordnungsanspruch und Anordnungsgrund – erforderlich. Neben dem materiellrechtlichen Anspruch, der hinreichend glaubhaft zu machen ist, muss ein Anordnungsgrund, dh die Notwendigkeit einer vorläufigen Regelung zur Abwendung wesentlicher Nachteile vorliegen (§ 86 b Abs. 2 S. 2 SGG).

a) Anordnungsanspruch

Anordnungsanspruch ist der auch im Hauptsacheverfahren streitige Anspruch insbesondere auf eine Leistung nach dem SGB II. Der Anordnungsanspruch ist in § 86 SGG nicht ausdrücklich genannt, ergibt sich aus dem Verweis auf § 920 Abs. 2 ZPO.[121] Der geltend gemachte (Anordnungs-)Anspruch muss sich aus dem Anspruchsbegehren des Antragstellers ergeben, dh aus der Darlegung des Antragstellers muss sich ergeben, dass die Anspruchsvoraussetzungen einer Anspruchsnorm erfüllt sind. Ein Anordnungsanspruch ist dann gegeben, wenn der zu sichernde Hauptsacheanspruch dem Antragsteller mit (durch Glaubhaftmachung und Amtsermittlung herbeigeführter) überwiegender Wahrscheinlichkeit zusteht und nach summarischer Prüfung das Obsiegen im Hauptsacheverfahren überwiegend wahrscheinlich ist.[122]

203

Bei existenzsichernden Leistungen wie den Leistungen nach dem SGB II, die auf Art. 1 Abs. 1, Art. 20 GG zurückzuführen sind handelt es sich um einen grundrechtsrelevanten Eingriff.[123] In diesen Fällen ist der **Anordnungsanspruch** stets vorrangig zu prüfen. Auf der anderen Seite ist das Vorliegen des Anordnungsgrundes Indiz für einen Anordnungsanspruch.[124]

Stellt das Gericht auf die Erfolgsaussichten des Hauptsacheverfahrens ab, so muss es den Sachverhalt vollständig aufklären, andernfalls eine Folgenabwägung zwischen den Belangen des Anspruchstellers und der Behörde treffen.[125] Folgt es dem Sachvortrag des Antragstellers nicht, so muss es im Wege der Amtsermittlung den Sachverhalt aufklären.[126]

Zum Anordnungsanspruch gehört jedoch auch, dass der Leistungsberechtigte einen Leistungsantrag gestellt hat, denn nach § 37 Abs. 1 ist ein Antrag Anspruchsvoraussetzung für die Gewährung der Leistung. Zusätzlich wird es ohne Vorbefassung des Leistungsträgers an einer Eilbedürftigkeit regelmäßig fehlen. Der Leistungsträger muss wenigstens die Möglichkeit haben, den Anspruch zu prüfen und selbst die Leistung zu gewähren.

204

121 Binder in: HK-SGG § 86 b Rn 35.
122 Vgl Krodel, Das sozialgerichtliche Eilverfahren, Rn 334.
123 BVerfG 9.2.2010 BvL 1/09, 3/09, 4/09.
124 Vgl BVerfG 28.9.2009 – 1 BvR 1702/09 Rn 24.
125 Vgl BVerfG 25.2.2009 – 1 BvR 120/09 Rn 11.
126 BVerfG 25.2.2009 – 1 BvR 120/09 Rn 18.

b) Anordnungsgrund – Eilbedürftigkeit – Abwendung wesentlicher Nachteile

205   Ein **Anordnungsgrund** liegt vor, wenn dem Antragsteller **ein wesentlicher Nachteil droht** und ein Zuwarten bis zur Entscheidung in der Hauptsache nicht zumutbar ist. Ein Nachteil ist wesentlich, wenn eine Gefährdung der Existenz besteht.[127] Die Gefährdung der Existenzsicherung ist nicht nur ein wesentlicher Nachteil (§ 86 b Abs. 2 S. 2 SGG), sondern darüber hinaus auch ein besonders schwerer Nachteil (§ 93 a Abs. 2 b Hs 2 BVerfGG).[128] Dies wird allerdings nur dann der Fall sein, wenn die Regelleistungen um mehr als 10 % gekürzt werden,[129] denn nur dann kann von einer gegenwärtigen Existenzgefährdung ausgegangen werden. Der wesentliche Teil der Arbeit des Prozessvertreters wird darin bestehen, den Anordnungsgrund, dh die wesentlichen Nachteile herauszuarbeiten. Ob Eilbedürftigkeit vorliegt, richtet sich nach dem jeweiligen Einzelfall.

206   Es gibt allerdings einige typische Fallgestaltungen, bei denen Eilbedürftigkeit besteht und bei nicht umgehender Entscheidung die wesentliche Verschlechterung anzunehmen ist. Leistet der Leistungsträger an den Leistungsberechtigten **keine Kosten der Unterkunft**, so wird Eilbedürftigkeit vorliegen, wenn der Vermieter die fristlose **Kündigung des Mietverhältnisses** oder die finanzierende Bank bei einer Eigentumswohnung/Haus die Kündigung des Darlehensvertrages und die Zwangsversteigerung angedroht hat, weil der Leistungsberechtigte in Zahlungsverzug gekommen ist. In diesen Fällen droht ein wesentlicher Nachteil, nämlich die Obdachlosigkeit.

207   Die Prüfung des Anordnungsgrundes kann dann zurückstehen, wenn der Anordnungsanspruch offensichtlich nicht besteht. Nicht übernommen werden müssen daher Unterkunftskosten im einstweiligen Rechtsschutzverfahren, die **deutlich unangemessen sind**, dh **die Unterkunftskosten** für eine Wohnung, deren Größe deutlich die Höchstgrenze der Wohnungsgröße überschreitet. Weiterhin müssen Wohnkosten nicht übernommen werden, wenn die Wohnungslosigkeit auch bei Übernahme der Kosten eintritt.

208   Wesentliche Nachteile werden auch nur dann eintreten, wenn der Leistungsberechtigte keine verwertbaren Vermögensgegenstände, dh Geldvermögen, veräußerbare Wertpapiere etc. besitzt. Denn es ist ihm **zumutbar, zunächst sein Geldvermögen zu verbrauchen** und den Prozess in der Hauptsache abzuwarten. Ausnahmen wird man allerdings dann machen müssen, wenn eine Verwertbarkeit mit einem größeren Verlust verbunden ist.

209   Die Verwertung einer Kapitallebensversicherung, die vor Ablauf der allgemeinen Fälligkeit verwertet werden muss und bei der nur der sogenannte Rückkaufswert realisiert werden kann, muss, wenn die Vermögensfreibeträge des § 12 Abs. 2 nicht überschritten werden, regelmäßig nicht erfolgen.

---

127   Meyer-Ladewig/Keller/Leitherer, SGG, 8. Aufl., § 86 b Rn 28; BVerfG 12.5.2005 – 1 BvR 569/05 Rn 20.
128   BVerfG 12.5.2005 – 1 BvR 569/05 Rn 20.
129   Vgl BVerfG 12.5.2005 – 1 BvR 569/05 Rn 26 wohl 20 % mwN; SG Düsseldorf 16.2.2005 – S 35 SO 28/05 ER.

Wesentliche Nachteile liegen auch darin, dass eine Versicherung in der gesetzlichen   210
Krankenversicherung nicht mehr besteht und eine ärztliche Behandlung oder Medikamente erforderlich sind.

Schwere Nachteile können nur ausnahmsweise dadurch abgewendet werden, dass   211
Leistungen für die Vergangenheit erbracht werden.

Leistungen für die Vergangenheit können nur dann im Wege des einstweiligen
Rechtsschutzes durchgesetzt werden, **wenn sie in der Gegenwart fortwirken,** zB wenn
wegen ungerechtfertigter Leistungsablehnung Mietschulden entstanden sind, die den
Vermieter berechtigen, das Mietverhältnis fristlos zu kündigen und diese Kündigung
unmittelbar bevorsteht oder bereits ausgesprochen wurde und die Wirkungen der
fristlosen Kündigung nach § 543 BGB durch Nachentrichtung der Miete nach § 569
Abs. 3 Nr. 2 BGB noch verhindert werden können. Auch hier ist das ggf vorhandene,
ohne größeren Schaden einsetzbare Vermögen vorrangig einzusetzen (ähnlich wie zur
Übernahme von durch den Leistungsberechtigten verursachten Mietschulden § 22
Abs. 8 S. 2).

Ein weiterer Grund, Leistungen für die Vergangenheit zu erbringen, ist **die Gefahr,**   212
dass der Krankenversicherungsschutz erlischt (s. § 3 Rn 7 ff). Dieser **endet spätestens**
einen Monat nach Ende der Mitgliedschaft. Bei einem versicherungspflichtigen Arbeitnehmer ist dies der Ablauf des Tages, an dem das Beschäftigungsverhältnis endet,
§ 190 Abs. 2 SGB V. Da der nachgehende Versicherungsschutz noch einen Monat länger dauert, muss der Leistungsberechtigte spätestens ab dem 1. des Folgemonates
wieder als Mitglied oder Familienversicherter pflichtversichert sein oder eine freiwillige Krankenversicherung bzw private Krankenversicherung unterhalten. Eine Pflicht-
versicherung/Mitgliedschaft in der gesetzlichen Krankenversicherung besteht dann,
wenn dem Leistungsberechtigten Leistungen nach dem SGB II nicht nur darlehensweise gewährt werden (§ 5 Abs. 1 Nr. 2 a SGB V). Sie beginnt nach § 186 Abs. 2 a
SGB V mit dem Tag, von dem an der Leistungsberechtigte seine Leistung bezieht, dh
tatsächlich erhält.

Drei Monate nach Ende der Pflichtversicherung **endet auch die Möglichkeit, sich in**   213
der gesetzlichen Krankenversicherung freiwillig weiter zu versichern oder besteht keine Vorversicherungszeit für den Abschluss der freiwilligen Weiterversicherung (§ 9
SGB V). Sofern nämlich keine freiwillige oder Pflichtversicherung in der gesetzlichen
Krankenversicherung besteht, ist der nicht krankenversicherte Bürger verpflichtet,
mit einem privaten Krankenversicherer einen Krankenversicherungsvertrag abzuschließen (§ 193 Abs. 3 VVG). Wird der Versicherungsvertrag mangels liquider Mittel
des Leistungsberechtigten nicht abgeschlossen, so hat der Versicherer Anspruch auf
einen Prämienzuschlag und zwar für die ersten sechs Monate in Höhe von jeweils
einem Monatsbeitrag und ab dem sechsten Monat 1/6 des Monatsbeitrags. Außerdem ist der private Krankenversicherer bei Nichtzahlung der Prämie nur verpflichtet,
bei akuten Erkrankungen und Schmerzzuständen sowie Schwangerschaften Leistungen zu erbringen (§ 193 Abs. 6 VVG). Durch Nichtleistung der Versicherungsprämie

in der Vergangenheit kann es bei dem Leistungsberechtigten daher zu erheblichen Schäden für den Krankenversicherungsschutz kommen.

214 Sofern keine Unterleistung nach dem SGB II gewährt wird und eine Krankenversicherung nicht im Rahmen der Familienversicherung (§ 10 SGB V) erfolgt, ist der Krankenversicherungsschutz regelmäßig gefährdet.

c) Verpflichtung zur Leistung mit Abschlägen möglich

215 Nach der Rechtsprechung des Bundesverfassungsgerichtes[130] können die Gerichte die Leistungsträger zu vorläufigen Leistungen im Wege des einstweiligen Rechtsschutzes auch mit Abschlägen verpflichten. Bei der Höhe der Abschläge ist allerdings zu berücksichtigen, dass der Gesetzgeber mit der Festsetzung der Höhe der Regelbedarfe das Existenzminimum festgelegt hat[131] und eine Reduzierung der Leistung auf das Unerlässliche, dh 70 v.H. des Regelbedarfes nicht möglich sein dürfte.

216 Eine Reduzierung der gesamten Unterhaltsleistung auf 80 % ist problematisch, wenn nicht zwischen dem Regelbedarf und den Kosten für Unterkunft und Heizung differenziert wird.[132] Der Leistungsberechtigte muss nämlich die Kosten der Unterkunft regelmäßig in voller Höhe aufwenden, will er nicht die Verweigerung der Leistungen bei den Strom- und Wärmeversorgern sowie die Kündigung seines Mietverhältnisses riskieren. Wird gleichzeitig der Regelsatz um 20 % gekürzt, so muss er die restlichen Mietkosten aus dem Regelsatz aufbringen. Demgegenüber erscheint eine vorübergehende Reduzierung auf 90 % des Regelbedarfes gerechtfertigt, weil dann kein wesentlicher Nachteil für den Leistungsberechtigten vorliegt.[133]

217 Nicht gewährte **Mehrbedarfe für Ernährung** (§ 21 Abs. 5) werden allerdings teilweise, auch wenn sie den Betrag von 10 % des für den Leistungsberechtigten maßgeblichen Regelbedarfes unterschreiten, als wesentlicher Nachteil angesehen.[134]

d) Einstweiliger Rechtsschutz und Rechtskraft

218 Beschlüsse in Vornahmesachen nach § 86 b Abs. 2 SGG erwachsen wie Urteile in Rechtskraft.[135] Dies hindert allerdings nicht daran, bei veränderter Sach- und Rechtslage einen **neuen Antrag auf einstweilige Anordnung** zu stellen. Auch die Anhängigkeit des einstweiligen Anordnungsverfahrens in der Beschwerdeinstanz steht in einem solchen Fall einem neuen Antrag auf einstweiligen Rechtsschutz vor dem Sozialgericht nicht entgegen.

219 Ein erneutes Verfahren auf einstweiligen Rechtsschutz kann insbesondere notwendig werden, wenn ein Bewilligungszeitraum abläuft.

---

130 BVerfG 12.5.2005 – 1 BvR 569/05.
131 BVerfG 13.2.2008 – 2 BvL 1/06.
132 SG Düsseldorf 26.1.2005 – S 35 AS 6/05 ER.
133 BVerfG 2.9.2010 – 1 BvL 1/09, 3/09, 4/09 Rn 150.
134 LSG NRW 15.8.2007 – L 1 B 39/07 AS ER ernährungsbedingter Mehrbedarf 30,68 EUR = weniger als 10 %; bei einem ernährungsbedingten Mehrbedarf von 53 EUR = ca. 13 % des Regelsatzes in Höhe von 351 EUR im August 2008 bejaht LSG Nds-Bremen 21.10.2008 – L 6 AS 458/08 ER; für den Mehrbedarf für Ernährung 18,43 EUR monatlich = 5 % des Regelsatzes LSG Berlin-Brb 28.5.2008 – L 5 AS 1001/08 AS ER mit Recht verneint.
135 LSG BW 5.11.2007 – L 8 AL 3045/07 B.

Beispiel: Der Leistungsträger gewährt Leistungen und fordert den Leistungsberechtigten L   220
zu weiteren Auskünften auf. Da die Auskünfte nicht erteilt werden, werden die Leistungen
nach § 66 SGB I versagt. Hiergegen stellt der L Antrag auf Herstellung der aufschiebenden
Wirkung nach § 86 b Abs. 1 Nr. 2 SGG. Das Sozialgericht lehnt die Herstellung der aufschiebenden Wirkung ab. Hiergegen legt der L bei dem Landessozialgericht Beschwerde ein.
Der Bewilligungszeitraum, für den die Leistung versagt wurde, läuft in 1½ Monaten ab. Vor
Ablauf des Bewilligungszeitraumes stellt er für den folgenden Bewilligungszeitraum erneuten Leistungsantrag (Folgeantrag). Dieser Antrag wird vom Leistungsträger abgelehnt
mit dem Argument, die Hilfebedürftigkeit sei mangels vollständiger Auskunft nicht fest-
stellbar.

In diesem Fall hilft eine Entscheidung des Landessozialgerichts für den abgelaufenen Bewilligungszeitraum nicht weiter, denn der Anspruch des L ergibt sich aus dem Bescheid,
der später ergangen ist.

Für den neuen Bewilligungszeitraum reicht ein Antrag auf Herstellung der aufschieben-   221
den Wirkung (§§ 86 a, 86 b Abs. 1 Nr. 2 SGG) nicht aus, denn der Anspruch auf Leistung
wurde nicht ursprünglich gewährt und dann versagt, sondern für den neuen Bewilligungsabschnitt insgesamt nicht gewährt. Hier muss der L gleichzeitig für den neuen Bewilligungsabschnitt einstweiligen Rechtsschutz in Form der Regelungsanordnung beantragen.[136]

3. Rechtsbehelf gegen die Versagung des einstweiligen Rechtsschutzes

Das Sozialgericht entscheidet im Verfahren des einstweiligen Rechtsschutzes durch   222
Beschluss (§ 86 b Abs. 4 SGG). Gegen den Beschluss ist die **Beschwerde** zulässig
(§ 172 Abs. 1 SGG). In Verfahren des einstweiligen Rechtsschutzes ist die Beschwerde
ausgeschlossen, wenn eine Berufung in der Hauptsache nicht zulässig ist (§ 172
Abs. 3 Nr. 1 SGG).

Die Berufung gegen ein Urteil des Sozialgerichtes ist allerdings nur dann zulässig,
wenn die Klage eine Geld-, Dienst- oder Sachleistung oder einen hierauf gerichteten
Verwaltungsakt betrifft, bei dem der **Wert des Beschwerdegegenstandes 750 EUR
übersteigt,** es sei denn, es geht um wiederkehrende oder laufende Leistungen von
mehr als einem Jahr (vgl § 144 Abs. 1 Nr. 1 SGG). Die Leistungen der Grundsicherung werden höchstens für zwölf Monate bewilligt, so dass der Jahreszeitraum nicht
überschritten werden kann (§ 41 Abs. 1 S. 6). Vor Einlegung der Beschwerde ist zu
prüfen, ob der Beschwerdewert von 750 EUR erreicht wird, denn eine Zulassung der
Beschwerde oder eine Nichtzulassungsbeschwerde ist im einstweiligen Rechtsschutzverfahren nicht vorgesehen.[137]

4. Verhältnis Beschwerdeverfahren und Antragsverfahren beim einstweiligen Rechtsschutz

Sofern das Landessozialgericht vor dem Sozialgericht über die Herstellung der auf-   223
schiebenden Wirkung im Sinne des Leistungsberechtigten entscheidet und der Leistungsträger aufgrund dessen Leistungen erbringt, kann die Eilbedürftigkeit für das

---

136 Vgl LSG Berlin-Brb 14.6.2007 – L 28 B 769/07 AS ER.
137 Lüdtke in: HK-SGG § 172 SGG Rn 12.

Verfahren vor dem Sozialgericht entfallen, weil keine aktuelle Notlage mehr besteht. Das Landessozialgericht kann allerdings auch, weil es der Ansicht ist, im Wege des einstweiligen Rechtsschutzes sei nur eine aktuelle Notlage zu beseitigen, allein wegen Ablauf des Bewilligungszeitraumes die Herstellung der aufschiebenden Wirkung ablehnen.

224 **Beispiel:** Der Leistungsberechtigte L sucht einen Rechtsanwalt auf und legt ihm einen Beschluss des Sozialgerichtes vor, in dem der Erlass einer einstweiligen Verfügung in Form der Vornahme mit der Begründung abgelehnt wird, es bestehe kein Anordnungsgrund. Sein Lebensbedarf sei aktuell nicht gefährdet, er verfüge über Barvermögen in Höhe von 1.500 EUR (§ 12 Abs. 2 Nr. 1). Die Beschwerdefrist gegen den Beschluss ist noch nicht abgelaufen. Der L teilt mit, dass er sein Geld zwischenzeitlich verbraucht habe.

225 In diesem Fall ist davon auszugehen, dass die Beschwerde gegen den Beschluss des Sozialgerichtes insoweit keinen Erfolg hat, als über den Anspruch bis zum Verbrauch des Vermögens entschieden wurde, denn es ist dem L in der Regel zumutbar, zunächst ohne größeren Schaden verwertbares Vermögen bis zur Entscheidung in der Hauptsache vorläufig zu verbrauchen.[138]

226 In der Beschwerdeentscheidung sind zwischenzeitliche Änderungen in der Sach- und Rechtslage durch das Landessozialgericht zu berücksichtigen.[139] Sofern der Bewilligungszeitraum seit der Antragstellung noch nicht abgelaufen ist, kann der Vermögensverbrauch im Beschwerdeverfahren noch geltend gemacht werden. Für die Zeit nach dem Verbrauch des Vermögens und/oder für einen neuen Bewilligungsabschnitt kann ein neuer Antrag auf einstweiligen Rechtsschutz bei dem Sozialgericht gestellt werden.

227 Die Gerichte können den einstweiligen Rechtsschutz insofern auf die Zukunft **beschränken**, als sie den Leistungsträger erst ab dem Erlass der Entscheidung durch das Gericht zur Leistung verpflichten und zwar mit dem Argument, eine existenzgefährdende Notlage könne in der Vergangenheit nicht eingetreten sein, weil bis zum Zeitpunkt der Entscheidung eine Existenzgefährdung nicht mehr möglich sei, denn schließlich habe der Leistungsberechtigte sein Leben bis zu diesem Zeitpunkt gemeistert.

228 Eine solche Entscheidung dürfte allerdings dem **Gebot effektiven Rechtsschutzes** widersprechen. Im Hinblick auf die Dauer des Verfahrens, auf die der Leistungsberechtigte oftmals keinen oder nur geringen Einfluss hat, ist der maßgebliche Zeitpunkt der Eingang des Antrages auf einstweiligen Rechtsschutz bei dem Gericht erster Instanz.[140]

229 In den Gerichtsbezirken, in denen auf den Zeitpunkt der Gerichtsentscheidung abgestellt wird, empfiehlt es sich, die Lage des Leistungsberechtigten genau darzustellen, dh den genauen Stand des Restvermögens zum Zeitpunkt der Antragstellung anzugeben.

---

138 LSG Berlin-Brb 16.7.2009 – L 25 AS 769/09 B ER.
139 Krodel, Das sozialgerichtliche Eilverfahren, Rn 49.
140 Hess LSG 19.3.2009 – L 7 AS 53/09 B ER; anders LSG Berlin-Brb 28.11.2008 – L 25 B 2031/08 AS ER. Letzteres ergibt sich aus dem Gebot des effektiven Rechtsschutzes nach Art. 19 Abs. 4, 20 Abs. 3 GG (vgl Binder in: HK-SGG § 86 b Rn 52 ff).

Beispiel: Der Antragssteller verfügt derzeit über 25 EUR Bargeld und 2 Flaschen Milch, 2 kg Kartoffel und 3 Dosen Erbsen als Vorrat. Diese Vorräte sind bis zum Ablauf von 3 Tagen verbraucht. Ab dem 4. Tag benötigt er weitere 100 EUR bis zur Entscheidung über den Eilantrag. Es wird daher beantragt, die Antragsgegnerin zu verpflichten, 100 EUR im Wege des „**Hängebeschlusses**" anzuweisen.[141]

5. Dauer der Leistungsgewährung

Leistungen nach dem SGB II werden regelmäßig für eine **Dauer** von sechs Monaten gewährt. Sofern Änderungen in den Verhältnissen nicht zu erwarten sind, steht es im Ermessen des Leistungsträgers, den Bewilligungszeitraum auf bis zu zwölf Monate auszudehnen (§ 41 Abs. 1 S. 4). Das Gericht wird daher den Leistungszeitraum für die Zukunft berechtigt auf sechs Monate beschränken können.   **230**

Allerdings kann das Gericht den vorläufigen Rechtsschutz auch **bis zur rechtskräftigen Entscheidung in der Hauptsache der letzten Tatsacheninstanz** gewähren, denn bei vollständigem Leistungsversagen,[142] werden auch die weiteren Zeiträume über den nach § 41 regelmäßigen Bezugszeitraum miteinbezogen.[143] Dies trifft jedenfalls dann zu, wenn der Leistungsträger, wie bei einem Grundurteil, nur zur Leistung dem Grunde nach verpflichtet wird und er bei Änderung der wirtschaftlichen Verhältnisse der Leistungsberechtigten seine Leistung anpassen kann. Letztlich führt die zeitliche Beschränkung in der Anordnung des Gerichtes nur dazu, dass der Leistungsberechtigte bei Ablauf des im Beschluss genannten Zeitraums und bei weiterer Leistungsverweigerung des Leistungsträgers einen neuen Antrag auf einstweiligen Rechtsschutz stellen muss.   **231**

6. Antragstellung im einstweiligen Rechtsschutzverfahren (Vornahmesache)

Der Leistungsberechtigte kann im einstweiligen Rechtsschutzverfahren einen bezifferten **Antrag** stellen oder beantragen, ihm vorläufig Leistungen nach dem SGB II dem Grunde nach zu gewähren. Welche Art der Leistung er wählt, kommt auf die jeweilige Prozesssituation an. Hat er mit dem Antrag auf einstweiligen Rechtsschutz einen Antrag auf Prozesskostenhilfe gestellt, wird er bei teilweisem Erfolg Kostenerstattung vom Gegner hinsichtlich des teilweisen Obsiegens erhalten. Für den Teil, mit dem er nicht erfolgreich ist, erhält er Prozesskostenhilfe.   **232**

Hinweis: Es besteht bei dem bezifferten Antrag allerdings die Gefahr, dass das Gericht sich nicht mit allen infrage kommenden Ansprüchen auseinandersetzt und deshalb bei der im einstweiligen Rechtsschutzverfahren gebotenen Eile seitens des Leistungsberechtigte einen Anspruchsteil übersieht. Sofern er anwaltlich vertreten ist und den Anwalt selbst bezahlt, hat er nur Anspruch auf einen Teil der Kostenerstattung, wenn sein Rechtsanwalt einen bezifferten Antrag gestellt hat. Mit dem Antrag auf Erlass einer Grundentscheidung ist er jedenfalls auf der sicheren Seite, denn der Leis-   **233**

---

141 Krodel, Das sozialgerichtliche Eilverfahren, Rn 464.
142 Vgl Hess LSG 19.6.2008 – L 7 AS 32/08 B ER.
143 BSG 16.5.2007 – B 11 b AS 37/06 R.

tungsträger wird die Leistung nach der Verpflichtung im einstweiligen Anordnungsverfahren durch Leistungsbescheid festsetzen, der wiederum gesondert anfechtbar ist.

234 Auch wenn der Leistungsberechtigte eine **Rechtsschutzversicherung** unterhält, hat der Rechtsanwalt den sichersten Weg zu wählen und den kostengünstigsten Antrag zu stellen.

7. Prozesskostenhilfe im einstweiligen Rechtsschutzverfahren

235 Wegen der Eilbedürftigkeit wird das Gericht regelmäßig über die **Prozesskostenhilfe** und den Anspruch selbst in einem Beschluss entscheiden. Dies hat zur Folge, dass die Gewährung von Prozesskostenhilfe in aller Regel entweder mit dem Hauptantrag abgelehnt wird, weil keine gesonderte Prüfung der Erfolgsaussichten vorgenommen wird, oder aber der Leistungsberechtigte ist mit seinem Rechtsschutzbegehren erfolgreich. Dann wird bei einem vollen Obsiegen von der Rechtsprechung die Leistung der Prozesskostenhilfe abgelehnt, weil er einen Anspruch auf Kostenerstattung gegen den Gegner hat.

236 Diese Rechtsauffassung wird damit begründet, dass auch die Prozesskostenhilfe eine gegenwärtige Notlage beseitigen soll. Diese liege nach Abschluss des Verfahrens und Verurteilung des Beklagten in die Kosten nicht mehr vor. Diese Rechtsprechung übersieht, dass in dem Rechts-/Mandatsverhältnis zwischen Mandant und Rechtsanwalt anstelle der Zahlungspflicht des Mandanten die Verpflichtung der Staatskasse auf Befriedigung des Rechtsanwaltes tritt (§ 73 a Abs. 1 SGG iVm §§ 122 Abs. 1 Nr. 3 ZPO, 48 RVG).

237 **Hinweis:** Der Ablehnung des Prozesskostenhilfegesuchs kann ggf auch im Verfahren des einstweiligen Rechtsschutzes durch einen isolierten Prozesskostenhilfeantrag entgegengewirkt werden (vgl Rn 153 ff).

8. Gebühren im einstweiligen Rechtsschutzverfahren

238 Im Verfahren des einstweiligen Rechtsschutzes können die Gebühren in Verfahren vor den Sozialgerichten anfallen und zwar die Verfahrens-, Termins- und ggf Einigungs- und Erhöhungsgebühren nach den Nr. 3102, 3106, 1006, 1008 VV.

Die **Höhe der Gebühren im einstweiligen Rechtsschutzverfahren** wird von den Sozialgerichten in der Kostenfestsetzung gegen den Gegner oder bei der Festsetzung der Gebühren im Prozesskostenhilfeverfahren häufig unter der Mittelgebühr angesetzt. Eine Herabsetzung wird einzig mit dem Argument begründet, das einstweilige Rechtsschutzverfahren regele nur einen vorläufigen Zustand und sei deshalb generell niedriger zu bewerten, so dass Abschläge von der Mittelgebühr in Höhe von ⅓ bis zu ½ gemacht werden, dh die Gebühr nach Nr. 3102 VV auf 200 EUR oder gar 150 EUR festgelegt wird.[144] Andere Gerichte sehen keinen generellen Abschlag vor.[145] Die Rechtsprechung die einen generellen Abschlag vornimmt, verkennt, dass die Gebühr vom Rechtsanwalt nach § 14 Abs. 1 RVG im Einzelfall bestimmt werden muss und

---

144 LSG NRW 29.1.2009 – L 1 B 35/07 AS; LSG Essen 5.2.2015 – L 2 AS 2149/14 B.
145 LSG Saarbrücken 24.2.2104 – S 26 SF 48/13 E.

dass es kein standardisiertes einstweiliges Rechtsschutzverfahren gibt. Hinzu kommt, dass mit der Gebührennovelle ab dem 1.8.2013, die Beschwerden gegen Beschlüsse im einstweiligen Rechtsschutzverfahren nicht mehr nach der niedrigen Beschwerdegebühr (Nr. 3501 VV RVG), sondern nach der Gebühr im Berufungsverfahren bemessen wird (Nr. 3204 iVm Vorbemerkungen 3.2 Nr. 2). Der Gesetzgeber hat damit zum Ausdruck gebracht, dass er das einstweilige Rechtsschutzverfahren in sozialrechtlichen Angelegenheiten, gebührenrechtlich dem Hauptsacheverfahren grundsätzlich gleichstellen will. Ausgehend von den Bewertungskriterien des § 14 Abs. 1 RVG wird das Interesse des Antragstellers unterschiedlich sein. Wegen des Erfordernisses eines wesentlichen Nachteils ist allerdings bei der Regelungsanordnung stets von einem hohen Interesse des Antragstellers an der Angelegenheit auszugehen.

Bei vorläufigen Entscheidungen wird grundsätzlich ohne nähere Begründung ein Abschlag vorgenommen. Diese Entscheidungen sind mE nicht nachvollziehbar, stellen sie doch auf einen Umstand ab, der sich nicht in § 14 Abs. 1 RVG wiederfindet. Der Umstand, dass das Rechtsschutzbegehren beim einstweiligen Rechtsschutz auf eine vorläufige Leistung gerichtet ist, berührt lediglich das Interesse des Leistungsberechtigten am Ausgang des Rechtsstreites und ist kein sonstiger, in § 14 RVG nicht genannter Gesichtspunkt. Es wird weiterhin verkannt, dass die einstweilige Anordnung nach § 86 b Abs. 2 S. 2 SGG nicht nur einen vorläufigen Zustand regelt, sondern, wenn auch begrenzt, eine endgültige Regelung vornimmt. Durch den einstweiligen Rechtsschutz wird nämlich die Hilfebedürftigkeit für den Zeitraum, für den die Anordnung vom Gericht ausgesprochen wurde, in der Regel also dann, wenn der Leistungsträger der Anordnung nachkommt, vollständig beseitigt. Hinsichtlich der Bedeutung der Angelegenheit wird diese auch im einstweiligen Rechtsschutzverfahren nur dann unterdurchschnittlich sein, wenn der Gegenstandswert unter 54 EUR liegt.[146]

Bei einem Verfahren auf einstweilige Anordnung sind der **Umfang und die Schwierigkeit** der Tätigkeit des Rechtsanwalts grundsätzlich nicht geringer als in einem normalen Klageverfahren. Die Sachverhaltsermittlung wird wegen der kurzen Dauer des Verfahrens und der Verantwortung des Rechtsanwalts für das Wohl und Wehe des Mandanten in aller Regel sogar noch umfassender als im normalen Klageverfahren sein. Dass lediglich eine summarische Prüfung durch das Gericht stattfindet, betrifft die Tätigkeit des Richters und nicht die Tätigkeit des Rechtsanwalts.

Sowenig wie nach einzelnen Rechtsgebieten die Gebühren generell unterschiedlich festgelegt werden können,[147] sowenig können die Gebühren in bestimmten Verfahrensabschnitten unterschiedlich festgelegt werden. Jegliche Formalisierung widerspricht dem im Gesetz bestimmten Grundsatz, dass der Rechtsanwalt die Gebühren im Einzelfall festlegen muss (§ 14 RVG).

Die **Bedeutung der Angelegenheit** ist für den Leistungsberechtigten in aller Regel sehr hoch, denn von einer geringen Bedeutung kann nur gesprochen werden, wenn sich

239

240

---

146 Vgl BSG 1.7.2009 – B 4 AS 21/09 R.
147 BSG 5.5.2010 – B 11 AL 14/09 R, Rn 19.

die geforderten Beträge bis zu sechs Monaten im einstelligen Bereich bewegen. Diese Beträge werden bei der einstweiligen Anordnung grundsätzlich immer überschritten, denn andernfalls drohen keine wesentlichen Nachteile. Die Bedeutung der Angelegenheit wird bei der Regelungsanordnung auch nicht durch die schlechten wirtschaftlichen Verhältnisse des Leistungsberechtigten kompensiert, denn allein die drohenden wesentlichen Nachteile, Verstoß gegen die Menschenwürde, Wohnungslosigkeit, Verlust des Krankenversicherungsschutzes sind so gravierend, dass hier stets von einer überdurchschnittlichen Bedeutung auszugehen ist. Es ist nicht nachvollziehbar, wenn auf der einen Seite drohende wesentliche Nachteile im Beschluss über die einstweilige Anordnung festgestellt wurden und auf der anderen Seite im anschließenden Kostenfestsetzungsverfahren das Interesse des Antragstellers als unterdurchschnittlich angesehen wird, weil es sich nur um eine vorläufige Leistung handelt.

241   Die Rechtsprechung übersieht auch, dass im Verfahren zum einstweiligen Rechtsschutz ein **erhöhtes Haftungsrisiko** des Rechtsanwalts besteht. Der Rechtsanwalt muss den Leistungsberechtigten über die Folgen einer erfolgreichen, aber fehlerhaft herbeigeführten einstweiligen Anordnung belehren. Der Leistungsberechtigte läuft nämlich Gefahr nach § 86 a Abs. 2 S. 4 SGG iVm § 945 ZPO gegenüber dem Leistungsträger auf Schadenersatz zu haften, wenn sich die einstweilige Anordnung von Anfang an als ungerechtfertigt erweist. Dieser Schadenersatzanspruch ist verschuldensunabhängig. Des Weiteren muss der Rechtsanwalt, wenn er seinen Mandanten in der Lage findet, dass die Leistungen insgesamt abgelehnt wurden und der Mandant weder familien- noch anderweitig versichert ist, alles daran setzen, dass der Versicherungsschutz, insbesondere in der gesetzlichen Krankenversicherung, nicht gefährdet ist.

242   Für das **Beschwerdeverfahren** gegen die Entscheidungen im einstweiligen Rechtsschutzverfahren werden von den Sozialgerichten die Gebühren nach Nr. 3204, 3205 VV im Berufungsverfahren festgesetzt.

Beschwerdegebühr Nr. 3204 VV		
Mindestgebühr	Höchstgebühr	Mittelgebühr
60 EUR	680 EUR	740 EUR ÷ 2 = 370 EUR

243   In der Regel wird die **Tätigkeit des Rechtsanwalts** im einstweiligen Rechtsschutzverfahren **umfangreicher** sein als im Urteilsverfahren. Dem Leistungsberechtigten muss aus einer aktuellen Notlage herausgeholfen werden. In diese Notlage ist er oftmals aufgrund vielschichtiger Ursachen hineingeraten. Insbesondere sprachungewandte Bürger, die ihr Anliegen nicht günstig darlegen können, dringen mit ihren Anträgen bei den Leistungsträgern nicht durch. Die restlichen verfügbaren Mittel sind oftmals verbraucht und die Hilfe von Angehörigen steht nicht zur Verfügung. Die Zumutbarkeit eines vorzeitigen Vermögensverbrauchs muss ggf ermittelt werden.

244   Der Sachverhalt muss konzentriert in relativ kurzer Zeit ermittelt werden. Besprechungstermine müssen kurzfristig anberaumt werden. Der Rechtsanwalt muss teil-

weise Beweise erheben und zwar durch Abnahme einer Eidesstattlichen Versicherung. Obwohl auch im Verfahren zum einstweiligen Rechtsschutz der Untersuchungs-grundsatz gilt, werden Untersuchungen des Gerichtes, auch wenn sie nahe liegen, häufig ohne die Anregung durch den Rechtsanwalt vom Gericht nicht vorgenommen.

Auf Schriftsätze des Antragsgegners ist umgehend und zeitnah, ggf nach weiterer Rücksprachen mit den Mandanten, zu reagieren, denn andernfalls ist nach der Erfahrung des Autors davon auszugehen, dass das Gericht die Sachverhaltsangaben des Antragsgegners als Begründungsgerüst für die Ablehnung des Gesuchs auf einstweiligen Rechtsschutz und der Prozesskostenhilfe heranzieht. 245

9. Mündliche Verhandlung im einstweiligen Rechtsschutzverfahren

Da im Verfahren des **einstweiligen Rechtsschutzes eine mündliche Verhandlung nicht vorgesehen** ist, muss sich der Rechtsanwalt in der Regel mit der Geschäftsgebühr nach Nr. 3102 VVG begnügen. Zur Aufklärung des Sachverhaltes kann es allerdings angezeigt sein, beim Gericht auf eine fakultative mündliche Verhandlung oder einen Termin zur Erörterung hinzuwirken (§ 124 Abs. 3 iVm § 86 b Abs. 4 SGG). Hier können Unklarheiten im Sachverhalt beseitigt werden und das Gericht kann sich von den Antragstellern ein Bild machen, so dass die Schlüssigkeit, Glaubwürdigkeit und Glaubhaftigkeit des Sachvortrages überprüft werden kann. 246

Die **Parteivernehmung** ist im sozialgerichtlichen Verfahren nicht vorgesehen. Gleichwohl kann das Gericht seine Entscheidung auf eine Vernehmung des Klägers in der mündlichen Verhandlung stützen. Bei dieser Vernehmung müssen die Grundsätze der Zeugenvernehmung beachtet werden.[148] Insbesondere wenn die in der mündlichen Verhandlung gemachten Aussagen der Partei glaubhaft sind und der Lebenserfahrung entsprechen und nicht mit anderen festgestellten Tatsachen im Widerspruch stehen, kann hierauf das Urteil gestützt werden.[149] 247

Der Leistungsberechtigte kann auch eine **Versicherung an Eides** Statt abgeben, eine Lebenssituation schildern und Unklarheiten oder Widersprüche aufklären. Sofern im Bezirk des angerufenen Gerichtes die Verpflichtung zur Leistungsgewährung erst ab einer positiven Entscheidung des Gerichtes erfolgt, ist es erforderlich, dass der Sachverhalt umgehend aufgeklärt wird und eine Entscheidung getroffen wird, denn nur so lässt sich die Notlage umgehend beseitigen. Häufig treten im schriftlichen Verfahren zwischen den Beteiligten Missverständnisse auf, weil der Sachvortrag des Leistungsberechtigten nur unzureichend ist. 248

VI. Berufungsverfahren

Wie bereits beim Beschwerdeverfahren festgestellt, ist die **Berufung** bei Angelegenheiten nach dem SGB II nur zulässig, wenn der Beschwerdewert von 750 EUR überschritten ist (§ 144 Abs. 1 S. 1 Nr. 1 SGG). Auf den Beschwerdewert kommt es allerdings nur an, wenn die Klage eine Geld-, Dienst- oder Sachleistung zum Gegenstand 249

---

148   BSG 28.11.2007 – B 11 a/7 a AL 14/07.
149   BSG 11.12.2002 – B 6 KA 43/02 B.

hat, dh wenn zB um die Höhe der Kosten für Unterkunft und Heizung gestritten wird. Die Berufung ist grundsätzlich immer zulässig, wenn es um eine Feststellung oder Bescheidung geht. Nach der Rechtsprechung des Bundessozialgerichtes ist die Berufung in einem Klageverfahren das eine Untätigkeitsklage (§ 88 SGG) zum Gegenstand hat, nur dann zulässig, wenn der Gegenstandswert des erstrebten Bescheides, den Beschwerdewert von 750 EUR erreicht.[150]

250 Der **Beschwerdewert von 750 EUR** muss nicht erreicht werden, wenn die Berufung wiederkehrende oder laufende Leistungen für mehr als ein Jahr betrifft. Da die Leistungen nach § 41 Abs. 1 S. 6 höchstens für 12 Monate bewilligt werden, ist der Wert des Beschwerdegegenstandes von 750 EUR bei Angelegenheiten nach dem SGB II immer einschlägig, auch wenn der Leistungsberechtigte in der Regel stärker auf die Zahlungen angewiesen ist als ein Empfänger von Rente aus der gesetzlichen Rentenversicherung oder einer Verletztenrente aus der Unfallversicherung. Verfassungsrechtliche Bedenken wurden wegen dieser Ungleichbehandlung bisher nicht in Erwägung gezogen.[151] Grundsätzlich sollte vor der Einlegung der Nichtzulassungsbeschwerde, oder der Berufung, geprüft werden, ob die Berufung, abweichend von der Rechtsmittelbelehrung des Sozialgerichtes, nicht fehlerhaft ist. Hat das Sozialgericht die Berufung nicht zugelassen, weil es den Beschwerdewert unter 750 EUR angenommen hat, ist die Berufung gleichwohl zulässig.[152] Auch der Fall, dass irrtümlich von einem Gegenstandswert von mehr 750 EUR ausgegangen wurde, führt nicht zur Zulässigkeit der Berufung.[153] Die fehlerhafte Rechtsmittelbelehrung führt allerdings dazu, dass die Rechtsmittelfrist von einem Monat nicht läuft (§ 66 Abs. 2 SGG).[154]

251 **Berufung** kann dann nur eingelegt werden, wenn das Sozialgericht die Berufung im Urteil **zugelassen** hat oder gegen das Urteil erfolgreich Nichtzulassungsbeschwerde eingelegt worden ist (§ 144 SGG).

1. Zulassung der Berufung

252 Die **Berufung kraft Zulassung** spielt daher bei dem SGB II eine nicht unerhebliche Rolle. Nach § 144 Abs. 2 SGG ist die Berufung durch das Sozialgericht zuzulassen, wenn

- die Rechtssache grundsätzliche Bedeutung hat,

- das Urteil von einer Entscheidung des Landessozialgerichts, des Bundessozialgerichts, des gemeinsamen Senats der obersten Bundesgerichtshöfe oder des Bundesverfassungsgerichts abweicht und die Entscheidung auf dieser Abweichung beruht (Divergenzbeschwerde) und

- ein der Beurteilung des Berufungsgerichts unterliegender Verfahrensmangel geltend gemacht wird und vorliegt, auf dem die Entscheidung beruhen kann.

---

150 BSG 6.10.2011 – B 9 SB 45/11 B, SozR 4-1500 § 114 Nr. 7.
151 BSG 30.9.2008 – B 4 AS 57/07 R.
152 LSG München 23.2.2015 – L 10 AL 246/14 NZB.
153 BSG 14.12.2006 – B 4 R 19/06 R, SozR 4-3250 § 14 Nr. 3.
154 Vgl BSG 3.7.2013 – B 12 KR 8/11 R, BSGE 114, 69–83.

Liegt eine oder liegen mehrere der vorgenannten Voraussetzungen vor, muss das Sozi- 253
algericht die Berufung zulassen. Das Sozialgericht muss die Berufung nach § 144
Abs. 1 SGG in seinem Urteil zulassen. Die Zulassung in einem gesonderten Beschluss
ist keine wirksame Zulassung der Berufung. Nur die Zulassung im Urteilstenor bedeutet eine absolut sichere Zulassung.[155]

a) Grundsätzliche Bedeutung

Grundsätzliche Bedeutung im Sinne des § 160 Abs. 2 Nr. 1 SGG hat eine Rechtssa- 254
che, wenn sie eine Rechtsfrage aufwirft, die – über den Einzelfall hinaus – aus Gründen der Rechtseinheit oder der Fortbildung des Rechts einer Klärung durch das Revi-
sionsgericht bedürftig und fähig ist. Eine Frage ist grundsätzlich dann nicht klärungsbedürftig, wenn die Antwort darauf praktisch außer Zweifel steht oder sie bereits
höchstrichterlich entschieden ist. Abweichend von dieser Regel kann die Klärungsbe-
dürftigkeit einer Rechtsfrage ausnahmsweise zu bejahen sein, wenn der einschlägigen
höchstrichterlichen Rechtsprechung in nicht geringfügigem Umfange widersprochen
worden ist und gegen sie nicht von vornherein abwegige Einwendungen vorgebracht
werden.[156]

Insbesondere die Tatsache, ob die Beantwortung der Rechtsfrage außer Zweifel steht 255
und sich ohne Weiteres aus dem Text des Gesetzes ergibt, wird unterschiedlich gesehen. Allein die Tatsache, dass sich in der Literatur keine abweichende Meinung hinsichtlich der Auslegung einer gesetzlichen Regelung ergibt, führt nicht dazu, dass eine
Rechtsfrage nicht **klärungsbedürftig** ist.[157]

Anders als bei der Zulassung der Revision können auch Tatfragen von grundsätzli- 256
cher Bedeutung sein, denn das Landessozialgericht ist auch Tatsacheninstanz und die
Zulassung wegen Tatfragen ist nicht grundsätzlich ausgeschlossen.

b) Divergenz

Die Berufung ist nach § 144 Abs. 2 Nr. 2 SGG auch zuzulassen, wenn das Sozialge- 257
richt in seinem Urteil von einer Entscheidung des Landessozialgerichts, des Bundessozialgerichts, des gemeinsamen Senates der obersten Gerichtshöfe des Bundes oder des
Bundesverfassungsgerichts abweicht und die Entscheidung auf dieser Abweichung beruht. Hinsichtlich der Frage, ob eine **Divergenz** vorliegt, kann dies leicht übersehen
werden, denn die Rechtsprechung der Landessozialgerichte ist teilweise nicht zu über-
schauen.

Die Rechtsfrage muss auch zwingend dazu führen, dass es zu einer anderen Entschei- 258
dung des Berufungsgerichts kommen kann. Das ist nicht der Fall, wenn die Entscheidung nicht auf der Rechtsfrage beruht, weil das Sozialgericht sein Urteil gleichzeitig
auf eine alternative Begründung stützt.

---

155 Bei Zweifeln vgl Lüdtke in: HK-SGG § 160 Rn 9.
156 Vgl BSG 28.4.2005 – B 9a/9 VG 15/04 R mwN.
157 Zu weitgehend LSG Berlin-Brb 24.11.2008 L 29 B 414/08 R.

c) Verfahrensmangel

259 Das Sozialgericht muss auch die Berufung zulassen, wenn ein **Verfahrensmangel** vorliegt. Dies wird nur ausnahmsweise der Fall sein, etwa wenn das Sozialgericht nach der letzten mündlichen Verhandlung den Verfahrensmangel erkennt und ihn nicht selbst durch Wiedereröffnung der mündlichen Verhandlung heilen kann oder will. Das Sozialgericht muss nicht begründen, warum es die Berufung zulässt.[158]

2. Nichtzulassungsbeschwerde vor dem Landessozialgericht

260 Lässt das Sozialgericht die Berufung nicht zu, kann der Leistungsberechtigte wegen der Nichtzulassung **Nichtzulassungsbeschwerde** einlegen (§ 145 SGG). Die Nichtzulassungsbeschwerde kann nur auf die in § 144 Abs. 2 SGG genannten Zulassungsgründe gestützt werden. An die Begründung der Nichtzulassungsbeschwerde vor dem Landessozialgericht sind nicht dieselben Anforderungen wie an die Nichtzulassungsbeschwerde bei der Nichtzulassung der Revision zu stellen, denn vor dem Landessozialgericht herrscht kein Vertretungszwang.

261 Die materiellrechtlichen **Gründe**, wie grundsätzliche Bedeutung und Divergenz, müssen gleichwohl vorliegen. Die Nichtzulassungsbeschwerde kann auch auf „gut Glück" eingelegt werden und zwar in der Hoffnung, dass das Berufungsgericht eine Divergenz oder die grundsätzliche Bedeutung selbst herausfindet, denn nach § 145 Abs. 2 SGG müssen nur die zur Begründung dienenden Tatsachen und Beweismittel angegeben werden. Sofern ein Verfahrensmangel vorliegt, muss dieser allerdings geltend gemacht werden, dh der Beschwerdeführer muss sich auf die Verletzung seines Verfahrensrechts berufen.

262 Die Nichtzulassungsbeschwerde nach § 145 SGG ist hinsichtlich der Geltendmachung von **Verfahrensmängeln** nicht wie die Nichtzulassungsbeschwerde vor dem Bundessozialgericht beschränkt. Nach § 160 Abs. 2 Nr. 3 2. Hs SGG kann die Nichtzulassungsbeschwerde vor dem Bundessozialgericht nur unter engen Voraussetzungen erfolgreich auf einen Verfahrensmangel gestützt werden.

- ■ Die Entscheidung muss wie auch bei der Berufung (§ 144 Abs. 2 Nr. 3 SGG) auf dem Verfahrensmangel beruhen.

- ■ Die Rüge des Verfahrensmangels kann nicht darauf gestützt werden, dass ein bestimmter Arzt (Gutachten nach § 109 SGG) nicht angehört wurde.

- ■ Sie kann auch nicht darauf gestützt werden, dass das Gericht Tatsachen oder Beweise im Urteil fehlerhaft gewürdigt hat.

- ■ Ein Aufklärungsmangel (§ 103 SGG) kann nur dann erfolgreich geltend gemacht werden, wenn er sich auf einen Beweisantrag bezieht, dem das Landessozialgericht ohne hinreichende Begründung nicht gefolgt ist.

Die erfolgreiche Geltendmachung eines Verfahrensmangels außerhalb der sogenannten absoluten Revisionsgründe (vgl §§ 202 SGG iVm 547 ZPO), setzt daher einen

---

158 Littmann in: HK-SGG § 144 Rn 23.

Beweisantrag voraus, der in der letzten mündlichen Verhandlung vor dem LSG gestellt bzw wiederholt wurde.

Bei der Berufungszulassung kann der Antragsteller sich demgegenüber auch auf die 263 vor dem BSG ausgeschlossenen Rügen zum Verfahrensmangel erfolgreich berufen. Gleichwohl empfiehlt es sich für den Kläger in dem Verfahren vor dem Sozialgericht die **Aufklärungsrüge** durch einen sachgerechten Beweisantrag vorzubereiten. Der – ordnungsgemäße – Beweisantrag hat im sozialgerichtlichen Verfahren Warnfunktion und will der Tatsacheninstanz vor der Entscheidung vor Augen führen, dass der Antragsteller die gerichtliche Aufklärungspflicht noch nicht als erfüllt ansieht.[159]

Beispiel: Der Leistungsberechtigte L streitet mit dem Leistungsträger darum, ob seine 264 Wohnkosten angemessen sind. Der Entscheidung des Leistungsträgers liegt eine Erhebung der Wohnkosten aus dem Jahr 2007 durch Befragung von zwei großen Wohnungsbaugesellschaften in der Stadt S zugrunde. Außerdem verweist der Leistungsträger darauf, dass über 90 % der übrigen Leistungsberechtigten angemessenen Wohnraum haben. Der L teilt mit, dass er seit zwei Jahren eine günstigere Wohnung suche, aber keine freie gefunden habe und bietet Beweis dafür an, dass ihm freier Wohnraum zu den vom Leistungsträger für angemessen erachteten Miethöhen nicht zur Verfügung stehe. Hinsichtlich seiner Bemühungen, günstigeren Wohnraum zu finden, legt er eine Liste mit 60 Wohnungsangeboten seiner Klage bei. Wenn eine vormals angemessene Wohnung frei werde, werde diese zu höheren, nach den Richtlinien des Leistungsträgers nicht mehr angemessenen Preisen vermietet. Beweis solle durch Gutachten eines Sachverständigen für Wohnungsangelegenheiten erbracht werden.

Geht das Gericht dem Beweisantrag nicht nach, liegt hier ein Aufklärungsmangel nach 265 § 103 SGG vor, denn der Sachvortrag des L, er habe innerhalb von zwei Jahren trotz intensiver Bemühungen keine angemessene Wohnung gefunden, sollte das Gericht veranlassen den Sachverhalt näher zu ermitteln. Zwar lässt sich aus der Tatsache, dass der Leistungsberechtigte keine Wohnung gefunden hat, noch nicht zwingend schließen, dass kein ausreichender angemessener Wohnraum zur Verfügung steht, doch allein durch die umfangreiche Darlegung der Bemühungen eine Wohnung zu finden, wird das Gericht den Sachverhalt weiter aufklären müssen.

VII. Revision und Sprungrevision

Hat die Rechtssache grundsätzliche Bedeutung oder weicht das Landessozialgericht 266 von einer Entscheidung des Bundessozialgerichts, der obersten Gerichtshöfe des Bundes oder des Bundesverfassungsgerichts ab, so hat es die **Revision zuzulassen** (§ 160 Abs. 2 Nr. 1 und Nr. 2 SGG). Die Revision ist auch zuzulassen, wenn ein Verfahrensmangel vorliegt (§ 160 Abs. 2 Nr. 3 SGG). Letzterer Revisionsgrund wird regelmäßig nur auf die Nichtzulassungsbeschwerde hin zur Revision führen, denn es ist nicht anzunehmen, dass dem Gericht wissentlich ein Verfahrensmangel unterläuft und es deshalb die Revision zulässt. Das Gericht wird vielmehr den Verfahrensmangel zunächst beheben.

---

159 BSG 14.4.2009 – B 5 R 206/08 B.

Neben den in § 160 SGG genannten Zulassungsgründen sei hier noch auf die absoluten Revisionsgründe hingewiesen, etwa einen Verstoß gegen § 153 Abs. 4 SGG.

267 **Beispiel:** Der Berichterstatter des Landessozialgerichts gibt dem Leistungsberechtigten L auf, sich innerhalb einer Frist dazu zu äußern, was gegen eine Entscheidung über die Berufung durch Beschluss aus der Sicht des L einzuwenden ist. Vor Ablauf der Frist wird ein Beschluss vom LSG erlassen, mit der die Berufung zurückgewiesen wird. Hier kann sich der L auf die Fristsetzung verlassen und braucht nicht vorzutragen, dass die Entscheidung des Landessozialgerichtes auf dem Anhörungsmangel beruht.[160]

268 Ein weiterer **absoluter Revisionsgrund** sind die fehlenden Entscheidungsgründe, zB weil die Absetzung des Urteils nicht innerhalb einer Frist von fünf Monaten nach dessen Verkündung erfolgt. § 547 Nr. 6 ZPO, der über § 202 SGG auch im sozialgerichtlichen Verfahren gilt, bestimmt iVm § 136 Abs. 1 Nr. 6 SGG, dass eine Entscheidung stets als auf einer Verletzung des Rechts beruhend anzusehen ist, wenn sie nicht mit Gründen versehen ist.[161]

269 Kein absoluter Revisionsgrund ist die Entscheidung ohne mündliche Verhandlung ohne Einwilligung der Parteien. Dieser Verstoß ist allerdings so schwerwiegend, dass an die Darlegung der Kausalität für die Entscheidung keine allzu hohen Anforderungen gestellt werden.[162]

270 Ein absoluter Revisionsgrund ist die fehlerhafte Besetzung des erkennenden Gerichts (§ 202 SGG iVm § 547 Nr. 1 ZPO).

271 **Beispiel:** Der Richter schläft während der Verhandlung ein. Sich hierauf zu berufen, wird immer wieder versucht. Allein eine gewisse Teilnahmslosigkeit reicht nicht aus, es müssen schon deutliche Zeichen für anhaltenden tiefen Schlaf vorhanden sein.[163] Bei einer anwaltlichen Vertretung wird man auch von einem Anwalt des Klägers erwarten können, dass er den Vorsitzenden auf den Tiefschlaf eines Beisitzers aufmerksam macht und den Beisitzer über den Grund seiner Müdigkeit befragt. Bei einem übermüdeten Richter dürfte auch die Besorgnis der Befangenheit bestehen.

272 Auch gegen Urteile des Sozialgerichts kann die sogenannte **Sprungrevision** eingelegt werden (§ 161 SGG). Diese kann im Urteil oder auf Antrag durch Beschluss zugelassen werden. Erforderlich ist jeweils die Zustimmung des Gegners.

273 **Hinweis:** Die Sprungrevision ist nur empfehlenswert, wenn der Sachverhalt einfach ist oder das Sozialgericht sehr umfangreich und gründlich ermittelt hat und die Sache letztlich mit der Entscheidung durch das BSG steht oder fällt, andernfalls kommt es nur zu Verzögerungen des Rechtsstreites durch Zurückverweisung.

274 Gegen die Nichtzulassung der Revision ist die **Nichtzulassungsbeschwerde** nach § 160a SGG als außerordentlicher Rechtsbehelf möglich. Wegen der weiteren Einzel-

---

160 BSG 20.8.2009 – B 14 AS 52/09 B.
161 BSG 17.2.2009 – B 2 U 189/08 B.
162 BSG 20.8.2009 – B 14 AS 41/09 B.
163 Vgl BSG 8.4.2005 – B 2 U 414/04 B mwN.

heiten zur Nichtzulassungsbeschwerde vor dem Bundessozialgericht wird auf die weiterführende Literatur[164] verwiesen.

Bei der Nichtzulassungsbeschwerde und auch der Revision vor dem Bundessozialgericht müssen sich die Parteien durch Prozessbevollmächtigte **vertreten** lassen. Einer Vertretung bedarf es bei einem Antrag auf Prozesskostenhilfe nicht. An den Antrag auf Prozesskostenhilfe sind regelmäßig geringere Anforderungen zu stellen als an die Revisionsbegründung oder gar die Begründung der Nichtzulassungsbeschwerde.   **275**

Hier bieten sich zwei Verfahrensweisen an: Der Leistungsberechtigte beantragt selbst **Prozesskostenhilfe** mit einer Begründung aus seiner Sicht. Hierzu lässt er sich gegebenenfalls anwaltlich beraten. Die Kosten dieser Beratung können von der Beratungshilfe („Beratungshilfeschein") getragen werden. Die Unterlagen (Formulare) zur Prozesskostenhilfe sind vollständig ausgefüllt an das Bundessozialgericht zu übersenden. Der Mandant kann dem Rechtsanwalt auch eine auf die Geltendmachung der Prozesskostenhilfe eingeschränkte Vollmacht erteilen und beauftragt den Rechtsanwalt mit der Antragstellung der Prozesskostenhilfe. Versäumt der Leistungsberechtigte durch den isolierten Prozesskostenhilfeantrag die Frist zur Einlegung der Nichtzulassungsbeschwerde oder Revision, ist ihm bei Vorlage der vollständigen Prozesskostenhilfeunterlagen, bestehend aus der Erklärung über die persönlichen und wirtschaftlichen Verhältnisse und der Begründung des Antrages, Wiedereinsetzung in den vorigen Stand zu gewähren (§ 67 SGG).   **276**

VIII. Kontrolle von Satzungen über die angemessene Höhe der Kosten der Unterkunft und Heizung

Die Länder können die Landkreise oder kreisfreien Städte ermächtigen Satzungen über die angemessene Höhe der Kosten der Unterkunft und Heizung (§ 22 Abs. 1 S. 1) ermächtigen. Wird aufgrund einer Ermächtigung eine Satzung erlassen, so kann durch abstraktes Normenkontrollverfahren überprüft werden, ob die Satzung insgesamt, eine Norm der Satzung oder eine andere unter dem Rang eines Landesgesetzes stehende Norm, die nach § 22 a Abs. 1 erlassen wurde, gegen höherrangiges Rechts verstößt (§ 55 a Abs. 1 SGG).   **277**

Höherrangiges Recht sind in erster Linie die Anforderungen, die das SGB II an die Satzung stellt. Daneben kommt die Überprüfung der formellen Rechtmäßigkeit, dh ob die Satzung oder eine andere untergesetzliche Norm nach den Vorgaben des SGB II (§ 22 b Abs. 2 S. 1 und S. 2) oder der landesrechtlichen Ausführungsvorschrift erlassen wurde. Weiterhin kann die Satzung oder die Norm daraufhin überprüft werden, ob sie mit Verfassungsrecht, insbesondere dem Sozialstaatsgebot vereinbar ist (Art. 1 Abs. 1, 20 Abs. 1 GG).   **278**

Die Normenkontrolle findet grundsätzlich unabhängig von einem anhängigen Rechtsstreit statt. Sie kann bereits bei einer erst demnächst drohenden Rechtsverletzung erhoben werden (§ 55 a Abs. 2 S. 1). Stellt sich in einem anhängigen Verfahren   **279**

---

164 Namentlich Kummer „Die Nichtzulassungsbeschwerde", 2. Auflage Baden-Baden 2010.

vor dem Sozialgericht heraus, dass die Satzung oder eine andere untergesetzliche Norm nach § 22 a gegen höherrangiges Recht verstößt, kann das Sozialgericht weder das Verfahren aussetzen und die Gültigkeit der Satzung oder der Norm in Form eines Vorlagebeschlusses entsprechend Art. 100 Abs. 1 GG, § 80 BVerfGG überprüfen lassen noch die Satzung oder die Norm für unwirksam erklären. Es kann lediglich ein abstraktes Normenkontrollverfahren anregen und das eigene Verfahren bis zur Erledigung des abstrakten Normenkontrollverfahrens aussetzen (§ 114 Abs. 2 a SGG).

280 Zuständig für das abstrakte Normenkontrollverfahren sind die Landessozialgerichte in erster Instanz (§§ 29 Abs. 2 Nr. 3 SGG). Bei den Landessozialgerichten ist ein eigener Senat für das Normenkontrollverfahren zu bilden (§ 31 Abs. 2 SGG). Dies soll zu einer einheitlichen Rechtsprechung führen.[165]

Die Landessozialgerichte entscheiden über die Vereinbarkeit der Satzung mit höherrangigem Bundesrecht. Über die Vereinbarkeit mit höherrangigem Landesrecht entscheiden sie nur, wenn nicht gesetzlich vorgesehen ist, dass hierüber ausschließlich das Verfassungsgericht eines Landes entscheidet (§ 55 a Abs. 3 SGG).

281 Entscheidet das Landessozialgericht über die Vereinbarkeit der Satzung mit Bundesrecht, insbesondere über die Vereinbarkeit der Satzung mit dem SGB II, so ist gegen diese Entscheidung die Revision zulässig, wenn sie im Urteil oder Beschluss des Landessozialgerichtes zugelassen ist (§ 160 Abs. 1 SGG) oder auf die Beschwerde einer Partei durch das Bundessozialgericht zugelassen wird (§ 160 a Abs. 1 S. 1 SGG). Das Bundessozialgericht überprüft die Vereinbarkeit der Satzung nur mit Bundesrecht und nicht mit Landesrecht (§ 162 SGG). Ein Verstoß gegen Landesrecht könnte nur mit einer Verfassungsbeschwerde vor dem Landesverfassungsgericht angegriffen werden.

282 Die formalen Anforderungen an die Erhebung des abstrakten Normenkontrollverfahrens vor dem Landessozialgericht sind gering und entsprechen den Anforderungen an die Erhebung einer Klage vor den Sozialgerichten oder einer Berufung vor den Landessozialgerichten (vgl §§ 90, 92 SGG), denn eine Vertretung durch Rechtsanwälte ist ebenso wenig wie im Berufungsverfahren erforderlich.

283 **Hinweis:** Die Regelung über das Normenkontrollverfahren (§ 55 a SGG) ist der Regelung des Normenkontrollverfahrens im allgemeinen Verwaltungsrecht nachgebildet (§ 47 VwGO). Auf die hierzu ergangene Rechtsprechung und Literatur kann daher zurückgegriffen werden.

284 Ein Antrag im abstrakten Normenkontrollverfahren kann lauten: Die Satzung des Landkreises A über die Angemessenheit von Kosten für Unterkunft und Heizung vom 0.0.0000, veröffentlicht im Amtsblatt der Landkreises Nr. 10/12 vom 0.0.00, werden für unwirksam erklärt.

Das Normenkontrollverfahren hat in der Rechtsprechung der Sozialgerichte nur eine sehr geringe Rolle gespielt, da die Anforderungen an die Satzungen zu den Kosten der

---

165 BT-Drucks. 17/3404, 131.

Unterkunft vom Gesetzgeber recht hoch sind. Von der Satzungsbefugnis wurde deswegen bisher nur in einem sehr geringen Umfang Gebrauch gemacht. So wurde die Wohnaufwendungenverordnung (WAV) des Berliner Senates für unwirksam erklärt.[166]

---

166 BSG 4.6.2014 – B 14 AS 53/13 R, BSGE 116, 94–112.

Anhang

I. Muster: Isolierter Antrag auf Prozesskostenhilfe

Namens und mit Auftrag des Antragstellers wird beantragt,

dem Antragsteller unter Beiordnung der Unterzeichnenden Prozesskostenhilfe zu gewähren.

Der Antragsteller ist nach seinen persönlichen und wirtschaftlichen Verhältnissen nicht in der Lage, die Kosten der Prozessführung ganz oder teilweise zu tragen. Dies ergibt sich aus der anliegenden Erklärung über die persönlichen und wirtschaftlichen Verhältnisse. Der Antragsteller ist nicht Mitglied in einer in § 73 Abs. 2 S. 2 Nr. 5 bis 9 SGG genannten Vereinigung und unterhält auch keine Rechtsschutzversicherung, die in dem vorliegenden Verfahren eintrittspflichtig ist.

Die Klage ist nicht mutwillig und hat auch Aussicht auf Erfolg. Letzteres ergibt sich aus der nachfolgenden

Begründung:

Hinsichtlich der Begründung wird auf den in Anlage beigefügten Bescheid der Beklagten, den Widerspruch des Antragstellers und den Widerspruchsbescheid verwiesen und zusätzlich wie folgt vorgetragen: Die Antragsgegnerin hat die Übernahme der Nachzahlungsforderung des Vermieters gegen den Antragsteller über Heizkosten in Höhe von 750 EUR für das Jahr 2010 zu Unrecht abgelehnt. Entgegen der Rechtsauffassung der Antragsgegnerin handelt es sich bei der Nachforderung von Mietneben- und Heizkosten nicht um Mietschulden im Sinne des § 22 Abs. 5 SGB II (BSG 22.3.2010 – B 4 AS 62/09 R). Die Antragsgegnerin kann sich nicht darauf berufen, dass durch die Heizkostennachforderung die Grenze der angemessenen Unterkunftskosten durch die Nachforderung überschritten wird.

Selbst wenn durch die Heizkostennachforderung die Angemessenheitsgrenze überschritten wird, kann sich die Antragsgegnerin hierauf nicht berufen. Die Antragsgegnerin hätte den Antragsteller (vor Erhalt der Nachzahlung) darauf hinweisen müssen, dass die Kosten seiner Unterkunft durch die Nachzahlungsforderung unangemessen werden. Die Antragsgegnerin muss auch die unangemessenen Kosten für die Heizung bis zu einem halben Jahr übernehmen (BSG 19.9.2008 – B 14 AS 54/07 R).

Unterschrift

– Rechtsanwalt –

Erläuterungen: Prozesskostenhilfe ist eine Sozialleistung besonderer Art, die nur auf Antrag gewährt wird (§ 73 a Abs. 1 S. SGG iVm § 117 Abs. 1 S. 1 ZPO). Der Prozesskostenhilfeantrag kann zur Niederschrift der Geschäftsstelle des Gerichts der Hauptsache zu Protokoll erklärt oder schriftlich erklärt werden. Dem Antragsteller ist für das nachfolgende Klageverfahren ein Anwalt seiner Wahl beizuordnen, wenn eine Vertretung durch Rechtsanwälte nicht vorgeschrieben ist, die Vertretung durch einen Rechtsanwalt jedoch erforderlich erscheint (§ 73 a Abs. 1 S. 1 SGG iVm § 121 Abs. 2 ZPO). Sofern es sich bei einem Sozialgerichtsverfahren nicht um eine ganz einfache Angelegenheit handelt, wird die Beiordnung eines Rechtsanwaltes in der Regel erforderlich sein, weil es sich um eine Spezialmaterie handelt (BVerfG Beschluss vom 6.5.2009 – 1 BvR 439/08). Der Anspruch auf Prozesskostenhilfe besteht nur, wenn der Antragsteller nach seinen persönlichen und wirtschaftlichen Verhältnissen nicht in der Lage ist die Prozesskosten zu tragen (§ 73 a Abs. 1 S. 1 SGG iVm § 114 Abs. 1 ZPO). Bei der Antragstellung hat sich der Antragsteller hinsichtlich der persönlichen und wirtschaftlichen Verhältnisse der Vordrucke zu bedienen (§ 117 Abs. 3 ZPO iVm § 1 Abs. 1 PKHVV iVm der Anlage). Empfänger von Leistungen nach dem SGB II müssen den gesamten Vordruck ausfüllen (§ 2 Abs. 2 PKHVV). Ein Anspruch auf Prozesskostenhilfe besteht nicht, wenn eine kostenfreie Vertretung durch eine Gewerkschaft oder eine sonstige in § 73 Abs. 2 S. 2 Nr. 5 bis 9 SGG genannte Vereinigung möglich ist. Ein Anspruch auf Prozesskostenhilfe besteht auch nicht, wenn der Einsatz des Vermögens möglich ist (§ 115 Abs. 3 ZPO). Hierzu gehört auch eine eintrittspflichtige und eintrittswillige Rechtsschutzversicherung. Die Klage muss Aussichten auf Erfolg haben und darf nicht mutwillig sein (§ 114 Abs. 1 S. 1 ZPO). Der Antrag auf Prozesskostenhilfe muss begründet werden und zwar ist das Streitverhältnis unter Angabe der Beweismittel darzustellen (§ 73 a Abs. 1 S. 1 SGG iVm § 117 Abs. 1 S. 2 ZPO, vgl. BVerfG 14.4.2010 – 1 BvR 362/10). Die Regelung in der ZPO kann nicht vollständig auf das sozialgerichtliche Verfahren übertragen werden, denn die zur Begründung der Klage dienenden Tatsachen sind nicht zwingend anzugeben, sondern sollen nur angegeben und die Beweismittel bezeichnet werden (§ 92 Abs. 1 S. 4 SGG), eine Begründung ist nicht erforderlich, so dass zunächst zur Darstellung des Klagebegehrens und des Sachverhaltes auf ein Widerspruchsschreiben verwiesen werden kann. In dem hier dargestellten recht einfachen Sachverhalt geht es um zwei Rechtsfragen und zwar

1. ob es sich bei einer Nachforderung von Heiz- oder Betriebskosten um laufende Kosten für die Heizung handelt, die im angemessenen Rahmen in tatsächlicher Höhe geleistet werden müssen (§ 22 Abs. 1 S. 1) oder um Schulden (§ 22 Abs. 5). Letzteres ergibt sich aus der zitierten Entscheidung des Bundessozialgerichtes.

2. Strittig war weiterhin, ob bei unangemessenen Heizkosten sowohl eine Kostensenkungsaufforderung erforderlich war als auch eine Kostensenkungsfrist bis zu sechs Monaten bestand. Nach dem Wortlaut des § 22 Abs. 1 S. 3 besteht die Kostensenkungsfrist ausdrücklich nur für die Kosten der Unterkunft und nicht für die Heizkosten. Dass der Gesetzgeber diese Lösung nicht beabsichtigte, hat das Bundessozialgericht in der zitierten Entscheidung klargestellt.

Will der Rechtsanwalt den Antrag auf Prozesskostenhilfe nur gegen Zahlung eines Vorschusses einlegen, sollte eine Vereinbarung über die Verwendung des Vorschusses getroffen werden, wenn die Prozesskostenhilfe bewilligt wird, den andernfalls wird der vom Mandanten gezahlte Betrag angerechnet (§ 58 Abs. 2 RVG), so dass der Mandant insoweit er einen Vorschuss gezahlt hat, diesen trotz Bewilligung der Prozesskostenhilfe nicht zurück erhält.

Hinweis: Vereinbarung über die Verwendung eines Vorschusses bei Prozesskostenhilfe nach § 58 Abs. 2 RVG:

Der Mandant zahlt an den Rechtsanwalt einen näher bestimmten Vorschuss laut Kostenberechnung. Die Zahlung des Vorschusses erfolgt unter dem Vorbehalt, dass dem Mandanten Prozesskostenhilfe ohne Ratenzahlung bewilligt wird. Erfolgt die Gewährung von Prozesskostenhilfe ohne Ratenzahlung, wird der Vorschuss an den Mandanten zurückgezahlt. Wird Prozesskostenhilfe mit Ratenzahlung bewilligt, wird der Vorschuss angerechnet und mindert die zu zahlenden Raten. Im Falle der Ablehnung der Prozesskostenhilfe verbleibt der gezahlte Vorschuss beim Rechtsanwalt.

II. Muster: Beschwerde gegen die Ablehnung der Prozesskostenhilfe durch das Sozialgericht

Im Namen und mit Auftrag meiner Mandantin lege ich gegen den Beschluss des Sozialgerichts ... vom zur Geschäfts-Nr.: ...

Beschwerde

ein und beantrage, wie folgt zu erkennen:

Der Klägerin wird unter Aufhebung des Beschlusses des Sozialgerichts vom ... zur Geschäfts-Nr. ... Prozesskostenhilfe unter Beiordnung des Unterzeichnenden ab Antragstellung bewilligt.

Begründung:

Das Sozialgericht hat zu Unrecht die Erfolgsaussichten der Klage verneint.

Die Parteien streiten um die Aufrechnung laufender Leistungen mit einem Kautionsdarlehen über 1.200 EUR in Höhe von 10% des für die Klägerin maßgeblichen Regelbedarfes.

Das Sozialgericht hat die Prozesskostenhilfe abgelehnt, weil gegen die Aufrechnung eines Kautionsdarlehens keine verfassungsrechtlichen Bedenken bestehen. Durch die Rückzahlung erhalten die Kläger einen Gegenwert und sparen so die Kaution an.

Das Sozialgericht verlagert hier in unzulässiger Weise die in der Hauptsache anzustellenden Überlegungen in das Prozesskostenhilfeverfahren. Das Sozialgericht hat die Erfolgsaussichten einer Klage im Prozesskostenhilfeverfahren nur summarisch und ohne abschließende tatsächliche und rechtliche Würdigung zu prüfen. Das Sozialgericht übersieht, dass gegen die Anwendung des § 42 a Abs. 2 SGB II auf Kautionsdarlehen erhebliche verfassungsrechtliche Bedenken geäußert wurden. Hier müssen Kosten der Unterkunft, die bei der Berechnung der Regelbedarfe nicht berücksichtigt werden, dauerhaft aus diesem aufgebracht werden. Eine höchstrichterliche Klärung erfolgte bisher nicht (LSG Berlin-Potsdam 12.3.2015 – L 20 AS 261/13 anhängig BSG B 4 AS14/15R).

Ebenfalls wurde vom Sozialgericht hier die Rechtsprechung des Bundesverfassungsgerichtes nicht beachtet, die auf eine Unterdeckung bei Abzügen durch Darlehen hinweist (BVerfG 23.7.2014 – 1 BvL 10/12, 1 BvL 12/12, 1 BvR 1691/13, BVerfGE 137, 34–103). Sofern es um höchstrichterliche Klärung einer Rechtsfrage geht, würde einer unbemittelten Partei, im Gegensatz zu einer bemittelten Partei, die Möglichkeit genommen, ihren Rechtsstandpunkt im Hauptsachverfahren darzulegen und von dort aus in die höhere Instanz zu bringen (BVerfG Beschluss vom 14.6.2006 – 2 BvR 626/06). Das Sozialgericht hätte daher, ohne Vorwegnahme der Hauptsache, Prozesskostenhilfe bewilligen müssen.

...

Unterschrift

– Rechtsanwalt –

Erläuterungen: Über die Bewilligung oder Ablehnung der Prozesskostenhilfe entscheidet das Gericht (§ 73 a Abs. 1 S. 1 SGG iVm § 120 Abs. 1 ZPO). Die Entscheidung ergeht durch Beschluss (§ 142 SGG). Sofern über den Antrag auf Prozesskostenhilfe außerhalb der mündlichen Verhandlung entschieden wird, entscheidet der Vorsitzende alleine (§§ 142 Abs. 1, 129 SGG). Die Rechtsmittel gegen einen ablehnenden Prozesskostenhilfebeschluss sind geteilt. Die Beschwerde ist ausgeschlossen, wenn das Gericht ausschließlich die persönlichen und wirtschaftlichen Verhältnisse für die Prozesskostenhilfe verneint (§ 172 Abs. 2 Nr. 2 SGG). Gegen die Ablehnung der Prozesskostenhilfe durch das Sozialgericht wegen fehlender Erfolgsaussichten ist die Beschwerde an das Landessozialgericht zulässig (§ 172 Abs. 1 SGG). Die Beschwerdefrist beträgt einen Monat (§ 173 S. 1 SGG). Die Beschwerde ist beim Sozialgericht einzulegen (§ 173 S. 1 SGG). Die Beschwerdefrist ist auch bei Einlegung der Beschwerde beim Landessozialgericht gewahrt. Der Beschwerdewert von 750 EUR (§ 144 Abs. 1 Nr. 1 SGG) muss erreicht sein.

Bei der Begründung ist zu berücksichtigen, dass das Sozialgericht hier die Hauptsache vorweggenommen hat und den verfassungsrechtlichen Grundsatz des Gebotes der in Art. 3 Abs. 3 GG iVm Art. 20 Abs. 3 GG verbürgten Rechtsschutzgleichheit verkennt, wenn es die Lösung einer schwierigen Rechtsfrage in das Prozesskostenhilfeverfahren verlagert (BVerfG Beschluss vom 13.3.1990 – 2 BvR 94/88). Das Problem sollte, wie vorliegend, nach Möglichkeit in der Beschwerde dargestellt werden.

III. Muster: Einstweilige Anordnung, Regelungsanordnung nach § 86 b Abs. 2 S. 2 SGG

Im Namen und mit Auftrag des Antragstellers wird beantragt, wie folgt zu erkennen:

1. Die Antragsgegnerin wird im Wege der einstweiligen Anordnung verpflichtet, Leistungen nach dem SGB II an den Antragsteller zu erbringen.

2. Dem Antragsteller wird unter Beiordnung der Unterzeichnenden Prozesskostenhilfe gewährt.

Der Antragsteller ist nach seinen persönlichen und wirtschaftlichen Verhältnissen nicht in der Lage, die Kosten der Prozessführung ganz oder teilweise zu tragen. Dies ergibt sich aus der anliegenden Erklärung über die persönlichen und wirtschaftlichen Verhältnisse. Der Antragsteller ist nicht Mitglied in einer in § 73 Abs. 2 S. 2 Nr. 5 bis 9 SGG genannten Vereinigung und unterhält auch keine Rechtsschutzversicherung, die in dem vorliegenden Verfahren eintrittspflichtig ist.

Der Antrag ist nicht mutwillig und hat auch Aussicht auf Erfolg.

Begründung:

Der 28-jährige Antragsteller beantragte am 28.9.2014 bei der Antragsgegnerin Leistungen nach dem SGB II.

Mit Bescheid vom 3.10.2014 lehnte die Antragsgegnerin Leistungen vollständig ab, weil der Antragsteller angeblich mit einer Frau B in einer eheähnlichen Lebensgemeinschaft stehe und mit dieser einen gemeinsamen Haushalt führe. Der Antragsteller sei nicht hilfebedürftig, weil er mit Frau B eine Bedarfsgemeinschaft bilde. Frau B verfüge über ein monatliches Nettoeinkommen in Höhe von 2.800 EUR, so dass der Antragsteller nicht hilfebedürftig sei.

Gegen den ablehnenden Bescheid ließ der Antragsteller durch die gesondert beauftragte Rechtsanwältin S Widerspruch einlegen. Über den Widerspruch hat die Antragsgegnerin bisher noch nicht entschieden. Wegen weiterer Einzelheiten wird auf den in

Anlage A 1

beigefügten Bescheid vom 3.10.2014 verwiesen.

Der Antragsteller lebt mit Frau B nicht in einer Bedarfsgemeinschaft, sondern bei ihr zur Untermiete und zwar seit dem 1.8.2013. Ein schriftlicher Untermietvertrag besteht nicht. Der Antragsteller leistete bis zum 2.8.2014 regelmäßig Zahlungen in Höhe von 155 EUR für die Anmietung eines Zimmers in der Wohnung der B. Diesbezüglich werden in

Anlage A 2

Kontoauszüge im Original seit dem 1.8.2013 beigefügt.

Der Antragsteller war bis zur Exmatrikulation am 31.7.2014 als Student eingeschrieben und erhielt bis zum Auslaufen der Förderungshöchstdauer am 31.5.2014 Leistungen nach dem BAföG.

Diesbezüglich wird auf die in

Anlage A 3

beigefügte Exmatrikulationsbescheinigung vom 3.9.2014 verwiesen.

Außerdem hatte er bis zum 30.6.2014 noch Einnahmen in Höhe von monatlich 450 EUR aus einer Tätigkeit als Aushilfskellner. Das Arbeitsverhältnis wurde durch den Arbeitgeber gekündigt. Der Antragsteller hat keinerlei Ersparnisse und ist auch nicht im Besitz von Wertgegenständen, die er kurzfristig „versilbern" könnte. Der Antragsteller hat derzeit noch 56 EUR Bargeld und in seinem Kühlschrank, der im Flur der Wohnung der B steht, befinden sich noch Lebensmittelvorräte für ca. eine Woche (kleiner Wurstvorrat von ca. 400 g, 2 Flaschen Milch à 1 l, 4 Schweinekoteletts à 150 g, 2 Gläser Konfitüre à 450 g).

Frau B lebt mit dem Antragsteller nicht in einem gemeinsamen Haushalt.

Frau B ist auch nicht in der Lage, den Antragsteller zu unterhalten. Sie hat lediglich ein Einkommen in Höhe von 1.400 EUR brutto. Die B erhielt im November 2013 ein 13. Monatsgehalt, so dass ihr Nettoentgelt im Dezember 2013 aufgrund eines Bruttoentgeltes in Höhe von 2.800 EUR berechnet und ausgezahlt wurde. Die Antragsgegnerin kommt wohl auf diese Summe, weil anlässlich eines Hausbesuches von zwei Mitarbeitern (Außendienst) der Beklagten am 29.8.2014 um 9 Uhr die Gehaltsabrechnung der B auf dem Küchentisch lag.

Der Antragsteller und die B frühstückten an diesem Tag ausnahmsweise gemeinsam in der Küche der B. Die B hatte Urlaub und der Antragsteller sollte sie nach dem Frühstück mit dem Pkw zum Flughafen bringen, von dem aus die B eine drei Wochen dauernde Urlaubsreise antreten wollte. Weil die Mitarbeiter der Antragsgegnerin erschienen, musste die B mit einem Taxi zum Flughafen fahren.

Der Antragsteller ist hilfebedürftig, denn er verfügt seit dem Ende seines Studiums und seiner Berufstätigkeit über keinerlei Einnahmen mehr.

Der Antragsteller ist auch in einer existenziellen Notlage. Die B teilte dem Antragsteller bereits am Morgen des 29.8.2014 anlässlich des Frühstückes mit, dass sie dringend auf die Zahlungen aus dem Untermietverhältnis angewiesen sei. Sie könne die Wohnung aufgrund des hohen Mietzinses, den sie an den Vermieter zahlen müsse, auf keinen Fall alleine halten und müsse entweder den Untermietvertrag oder den Hauptmietvertrag kündigen. Der Antragsteller müsse sich um Hartz IV kümmern. Der Antragsteller ist nach seiner

Exmatrikulation zum 31.7.2014 ab dem 1.8.2014 verpflichtet, eine Krankenversicherung zu unterhalten, die er nicht bezahlen kann.

Wegen der Sachlage wird auf die in

    Anlage A 4

beigefügte Eidesstattliche Versicherung des Antragstellers vom 5.10.2014 verwiesen.

…

Unterschrift

– Rechtsanwalt –

Anlagen:

Vollmacht, Ablehnungsbescheid vom 3.10.2014, neun Kontoauszüge, Exmatrikulationsbescheinigung vom 3.9.2014, Eidesstattliche Versicherung vom 5.10.2014, Erklärung über die persönlichen und wirtschaftlichen Verhältnisse nebst Anlagen.

Erläuterungen: Hinsichtlich der Formulierung des Antrags bei der Regelungsanordnung gilt nichts anderes als bei einem Antrag im Klageverfahren (§§ 86 b Abs. 4, 142 Abs. 1, 54 Abs. 4, 5 SGG). Der Antrag richtet sich danach um welche Klageart es sich handelt. Bei der Regelungsanordnung handelt es sich um ein Gesuch, das mit der kombinierten Anfechtungs- und Leistungsklage (§ 54 Abs. 4 SGG) oder der reinen Leistungsklage (§ 54 Abs. 5 SGG) vergleichbar ist.

Bei einer Vornahmesache ist ein Vorverfahren/Widerspruchsverfahren (§ 78 Abs. 1 S. 1 SGG) nicht erforderlich. Das Verfahren auf einstweiligen Rechtsschutz kann mit einem Klageverfahren verbunden werden, wird aber von den Sozialgerichten in aller Regel wieder getrennt (§ 113 Abs. 1 SGG). Der Antrag auf einstweiligen Rechtsschutz ist auch ohne Klageerhebung möglich (§ 86 b Abs. 3 SGG).

Hinsichtlich des Antrags auf Prozesskostenhilfe wird auf die Ausführungen im Anhang 1 zum Muster: Prozesskostenhilfeantrag verwiesen.

Sowohl zum Anordnungsanspruch als auch zum Anordnungsgrund (§ 86 b Abs. 2 S. 4 SGG iVm § 920 Abs. 2 ZPO) gehört die vorherige Stellung eines Antrags auf Leistungen. Der Leistungsantrag ist konstitutiv für den Leistungsanspruch (§ 37 Abs. 1). Wurde vor dem Antrag auf einstweiligen Rechtsschutz kein Antrag beim Leistungsträger gestellt, hatte dieser auch keine Gelegenheit, die Notlage des Antragstellers zu beheben, so dass es regelmäßig an einer dringenden Notlage und einem Anordnungsanspruch fehlt (§ 86 b Abs. 2 S. 2 SGG, vgl BVerfG Beschluss vom 30.10.2009 – 1 BvR 2442/09).

Bei der Darstellung des Sachverhaltes ist in erster Linie die dringende Notlage darzustellen. Der Anordnungsgrund ist bei existenzsichernden Leistungen von den Gerichten vorrangig zu prüfen (BVerfG Beschluss vom 28.9.2009 – 1 BvR 1702/09, 25.2.2009 – 1 BvR 120/09). Gleichwohl empfiehlt es sich, vorab darzustellen, warum der Leistungsträger eine Leistung nicht gewährt. Die Frage, ob Personen lediglich zusammen in eine Wohnung wohnen oder in einem gemeinsamen Haushalt leben und/oder eine eheähnliche Gemeinschaft besteht, die zu einer Bedarfsgemeinschaft führt, wird sich in aller Regel nur durch eine Beweisaufnahme klären lassen.

Das Gericht muss, wenn es auf die Erfolgsaussichten des Verfahrens in der Hauptsache abstellt, den Sachverhalt abschließend ermitteln (BVerfG aaO). Die aktuelle Notlage ist deshalb ausführlich darzulegen. Diese besteht insbesondere nur dann, wenn der Leistungsberechtigte keine Ersparnisse hat, die er verwerten könnte. Der Leistungsberechtigte könnte ggf auf ausreichende Vorräte an Lebensmittel, Kleidungsstücken usw zurückgreifen. Auch der Besitz einer Monats- oder Jahreskarte zur Nutzung öffentlicher Verkehrsmittel oder ein ausreichender Brennstoffvorrat stellen ein Vermögen dar, auf das der Leistungsberechtigte zurückgreifen könnte. Eine aktuelle Notlage droht immer, wenn Obdachlosigkeit droht oder der Krankenversicherungsschutz gefährdet ist, worauf deshalb immer einzugehen ist.

Anordnungsgrund und Anordnungsanspruch sind glaubhaft zu machen (§ 86 b Abs. 2 S. 4 SGG iVm § 920 Abs. 2 ZPO). Die Glaubhaftmachung kann neben den in der ZPO vorgesehenen Beweisen (Zeugenaussage, Urkundenbeweis, Sachverständigengengutachten etc.) auch durch eidesstattliche Versicherung erfolgen (§ 202 SGG iVm § 294 Abs. 1 ZPO). Auch im Verfahren des einstweiligen Rechtsschutzes gilt der Amtsermittlungsgrundsatz (§ 103 SGG). Will das Sozialgericht nicht aufgrund der Sachverhaltsdarstellung entscheiden, weil es dieser Darstellung keinen Glauben schenkt und hat der Antragsteller keinen Beweis angeboten, muss es den Antragsteller zur eidesstattlichen Versicherung laden oder andere Ermittlungen anstellen. Zur Beschleunigung des Verfahrens empfiehlt es sich jedoch die Beweise „herbeizuschaffen". Sofern die Antragsgegnerin eine Gegenäußerung (Replik) abgibt, die von der eigenen Sachverhaltsdarstellung abweicht, sollte hierauf erwidert werden, damit das Gericht die Richtigkeit des gegnerischen Vortrags nicht als wahr unterstellt (geschieht des Öfteren).

IV. Muster: Beschwerde gegen ablehnenden Beschluss über den Antrag auf einstweiligen Rechtsschutz

Im Namen und mit Auftrag des Antragstellers wird gegen den Beschluss des Sozialgerichts ... vom 23.10.2015 zur Geschäfts-Nr.: 14 B 2015/15 AS ER

Beschwerde

eingelegt und beantragt, wie folgt zu erkennen:

1. Der Beschluss des Sozialgerichts ... vom 23.10.2015 zur Geschäfts-Nr.: 14 B 2015/15 AS ER wird abgeändert und die Antragsgegnerin wird verpflichtet, dem Antragsteller vorläufig Leistungen nach dem SGB II zu gewähren.

2. Dem Antragsteller wird unter Beiordnung des Unterzeichnenden Prozesskostenhilfe für das Beschwerdeverfahren bewilligt.

Begründung:

(Wegen Prozesskostenhilfe siehe Muster Antrag auf Prozesskostenhilfe beim Antrag auf einstweiligen Rechtsschutz.)

Begründung Antrag zu 1.:

Das Sozialgericht hat den Antrag auf Erlass einer einstweiligen Anordnung abgelehnt, weil der Antragsteller nicht hinreichend glaubhaft gemacht habe, dass er nicht mit Frau B eine Bedarfsgemeinschaft bilde. Der wegen der nicht erfolgreichen Beendigung seines Studiums als Aushilfskellner arbeitende Antragsteller lebe bereits seit dem 1.8.2012 bei der B, so dass die Vermutung bestehe, dass der Antragsteller und die B eine Bedarfsgemeinschaft bilden. Das Sozialgericht verkennt hier, dass die Vermutungswirkung des § 7 Abs. 3 a SGB II nur dann eingreift, wenn zwischen dem Antragsteller und der B eine Haushaltsgemeinschaft besteht. Für das Bestehen einer Haushaltsgemeinschaft trägt die objektive Darlegungs- und Beweislast die Antragsgegnerin.

Aus dem Sachvortrag der Antragsgegnerin kann auch nicht geschlossen werden, dass der Sachvortrag des Antragstellers unglaubhaft ist. Die Mitarbeiter der Antragsgegnerin entdeckten bei ihrem Hausbesuch am 29.8.2015 einen Korb mit Schmutzwäsche. In dem Korb fanden sich sowohl Wäschestücke des Antragstellers als auch der B. Auch hieraus lässt sich nicht mit hinreichender Sicherheit auf eine Lebensgemeinschaft des Antragstellers mit Frau B schließen. Frau B hatte dem Antragsteller mitgeteilt, wenn er seine Miete weiter nicht zahle, sei sie gezwungen, das Untermietverhältnis mit ihm zu kündigen. Der Antragsteller hatte der B versichert, er unternehme alles um von der Antragsgegnerin alsbald die Kosten für die Miete zu erhalten, auch versuche er eine Beschäftigung zu erhalten. Sie (die B) solle noch etwas Geduld haben. In der Zwischenzeit werde er sich im Haushalt so gut wie möglich nützlich machen. Wenn sie aus ihrem Urlaub zurückkomme, sei alles im Haushalt auf Vordermann gebracht. Da der Antragsteller wusste, dass die B besonders ungern Wäsche wäscht, habe er damit gleich angefangen. Weil der B äußerst sparsam ist und nicht unnötig Waschpulver verbrauchen wollte und allein die Wäsche der B nicht ausgereicht hätte eine Waschmaschine zu bestücken, hat er seine Schmutzwäsche hinzugefügt.

Das Sozialgericht verkennt auch, dass der Antragsteller in einer existenziellen Notlage ist. Bestehen Zweifel an dem Sachvortrag des Antragstellers, so hätte das Sozialgericht diese Zweifel durch eine Beweisaufnahme beseitigen müssen. Die Beweise hätten zB durch Vernehmung der B erhoben werden können. B war jedoch urlaubsabwesend, so dass eine Vernehmung nicht in der Zeit, die dem Sozialgericht bis zu seiner Entscheidung zur Verfügung stand, hätte erfolgen können.

Konnte das Sozialgericht den Sachverhalt nicht abschließend ermitteln, so hätte es eine Güterabwägung zwischen den Belangen des Antragstellers und den Belangen des Staates vornehmen müssen (BVerfG Beschluss vom 19.3.2004 – 1 BvR 131/04).

Bei gehöriger Abwägung der Belange des Antragstellers mit denen des Staates hätte das Sozialgericht den Belangen des Antragstellers Vorrang einräumen müssen. Der Krankenversicherungsschutz des Antragstellers ist konkret gefährdet und ihm droht Wohnungslosigkeit. Demgegenüber steht die geringe Gefahr des Staates, dass er seine Leistungen nicht zurückerhält. Auch wenn der Antragsteller sein Studium nicht erfolgreich abgeschlossen hat, zeigte er durch seine Tätigkeit in der berühmten Bar, dass seine Integration in Arbeit möglich ist und dass, selbst wenn die Leistungen von der Antragsgegnerin zu Unrecht erbracht wurden, eine Rückzahlung zu erwarten ist.

Zwischenzeitlich hat sich die Situation des Antragstellers noch weiter verschlechtert. Frau B hat den mit dem Antragsteller bestehenden Mietvertrag gekündigt und droht mit einer Räumungsklage. Der B hat sich bisher in der Suppenküche des Vereins Mahlzeit e.V. versorgen können. Seine Krankenversicherung, die BARMER GEK, forderte mit Schreiben vom 9.10.2015 den Antragsteller unter Hinweis auf den bestehenden Versicherungsschutz auf, ausstehenden Beiträge zur freiwilligen Krankenversicherung unverzüglich zu zahlen. Der Antragsteller benötigt dringend eine zahnärztliche Behandlung, denn bei dem Kläger sind mehrere Zähne kariös und verursachen bereits Schmerzen, so dass wahrscheinlich eine Wurzelbehandlung notwendig ist.

Hinsichtlich der geänderten Situation wird auf die in

Anlage A 1

beigefügte Eidesstattliche Versicherung des Antragstellers vom 12.10.2015 verwiesen.

...

Unterschrift

– Rechtsanwalt –

Erläuterungen: Gegen den ablehnenden Beschluss des Sozialgerichtes im Verfahren auf einstweilige Anordnung findet die Beschwerde statt (§ 86 b Abs. 4 iVm § 72 Abs. 1 SGG). Die Beschwerde ist nur zulässig, wenn die Berufung in der Hauptsache zulässig wäre (§ 172 Abs. 3 Nr. 1 SGG). Die Berufung ist in Verfahren nach dem SGB II bei Geld-, Dienst- und Sachleistungen nur zulässig, wenn der Wert des Beschwerdegegenstandes 750 EUR übersteigt (§ 144 Abs. 1 Nr. 1 SGG). Das ist hier zweifelsohne der Fall, denn allein die Regelleistung beträgt bei dem Leistungsberechtigten hier mindestens 6 * 399 EUR = 2.394 EUR (für den streitigen Leistungszeitraum bis 31.12.2015 und 6 * 404 = 2.424 EUR ab dem 1.1.2016) für einen Leistungszeitraum. Wird der Beschwerdewert nicht erreicht, besteht kein Rechtsbehelf.

Die Beschwerdeschrift bedarf keiner besonderen Form (§ 173 SGG). Es ist nicht erforderlich, dass ein bestimmter Antrag gestellt wird oder die zur Begründung dienenden Tatsachen und Beweismittel angegeben werden (§ 151 Abs. 3 SGG). Insbesondere ist auch eine Auseinandersetzung mit der angefochtenen Entscheidung nicht notwendig. Gleichwohl ist eine Auseinandersetzung sinnvoll, weil sich Gerichte nach den Erfahrungen des Autors auch von tragfähigen Argumenten überzeugen lassen.

Zusätzlich können, ohne dass die Gefahr der Präklusion besteht, neue Tatsachen vorgetragen werden, die zu einer anderen Entscheidung des Gerichtes führen. Es ist daher auch geboten, die im vorliegenden Fall von dem Sozialgericht unterlassene Güterabwägung im Sinne des Antragstellers/Beschwerdeführers vorzunehmen. Zu den neuen Tatsachen in diesem Sinne gehört zB die nunmehr erstmals erforderliche zahnärztliche Behandlung und die Mitteilung der Krankenkasse.

Zur Beschleunigung des Verfahrens und zur Darstellung der derzeitigen Lebenslage des Leistungsberechtigten ist eine Darstellung sinnvoll, aus der sich ergibt, wovon er bisher (über-)leben konnte. Für neue Tatsachen kann es erforderlich werden, dass hierüber eine neue eidesstattliche Versicherung abgegeben wird. Hier könnte es auch sinnvoll sein, dass der Beschwerdeführer seinen Arzt oder Zahnarzt von der Schweigepflicht entbindet und das Landessozialgericht fernmündlich von dem Zahnarzt Auskünfte einholt.

V. Muster: Anfechtungsklage gegen Versagungsbescheid

Anfechtungsklage

Geschäfts-Nr. der Beklagten:

In Namen und mit Auftrag des Klägers erhebe ich Klage und beantrage, wie folgt zu erkennen:

Der Bescheid der Beklagten vom 30.9.2014 über die Aufhebung der Leistungen (Bescheid vom 3.9.2014 Bewilligungszeitraum vom 1.9.2014 bis zum 28.2.2015) ab dem 1.10.2014 in der Fassung des Widerspruchsbescheides vom 5.11.2014, wird aufgehoben.

Begründung:

Die Beklagte hat mit Bescheid vom 30.9.2014 die durch den Bescheid vom 3.9.2014 für die Zeit vom 1.9.2014 bis zum 28.2.2015 gewährten Leistungen wegen angeblich fehlender Mitwirkung versagt.

Dem Versagungsbescheid liegt folgender Sachverhalt zu Grunde:

Am 5.9.2014 gegen 8:30 Uhr suchte ein Mitarbeiter der Beklagten den Kläger in seiner Wohnung auf. Eine vorherige Anmeldung des Hausbesuchs erfolgte nicht. Der Mitarbeiter bat um Einlass in die Wohnung des Klägers und erklärte, die Beklagte habe Hinweise erhalten, dass der Kläger mit einer Frau M. in einer Bedarfsgemeinschaft lebe, wenn er, der Kläger, den Verdacht ausräumen wolle, habe er jetzt Gelegenheit hierzu. Sofern er ihm keinen Zugang verschaffe, bestehe durchaus die Möglichkeit, dass die Leistung wegen mangelnder Mitwirkung versagt werde.

Der Kläger erklärte dem Mitarbeiter der Beklagten, er habe jetzt leider keine Zeit, denn er sei auf dem Weg zu einer Beerdigung. Als der Mitarbeiter der Beklagten daraufhin entgegnete, eine solche Ausrede habe er bisher noch nicht gehört, erwiderte der Kläger: „Sie sehen doch, ich bin auf dem Weg" und schlug wütend die Wohnungseingangstür zu.

Mit Bescheid vom 30.9.2014 versagte die Beklagte dem Kläger die Leistungen wegen mangelnder Mitwirkung, weil der Kläger dem Außendienstmitarbeiter der Beklagten am 5.9.2014 keinen Zutritt zu seiner Wohnung gewährt habe. Der hiergegen eingelegte Widerspruch blieb ohne Erfolg.

Die Beklagte durfte die Leistungen hier nicht wegen fehlender Mitwirkung versagen, denn der Kläger war im Rahmen seiner Mitwirkungspflicht nicht verpflichtet, den Mitarbeitern der Beklagten Zutritt zu seiner Wohnung zu verschaffen. Im Rahmen des § 60 SGB I ist der Kläger lediglich verpflichtet, den Mitarbeitern der Beklagten gegenüber Tatsachen anzugeben, Änderungen mitzuteilen und auf Anforderung Urkunden vorzulegen.

Es wird weiterhin beantragt,

dem Kläger Einsicht in die Verwaltungsakten der Beklagten zu gewähren und zwar durch Übersendung der Verwaltungsakten an den Unterzeichnenden.

...

Unterschrift

– Rechtsanwalt –

Anlagen:

Abschrift für die Beklagte, Vollmachtsurkunde im Original und Bescheid vom 30.9.2014 und Widerspruchsbescheid vom 5.11.2014 sowie Bewilligungsbescheid vom 3.9.2014 jeweils in Kopie

Erläuterungen: Der Leistungsträger kann eine bereits durch Bescheid bewilligte Leistung nachträglich entziehen oder versagen, wenn der Leistungsberechtigte seiner Mitwirkungspflicht nicht nachkommt (§ 60 Abs. 1 SGB I iVm §§ 60 – 66 SGB I). Die Versagung der Leistung erfolgt durch Verwaltungsakt, der den zuvor erlassenen Bewilligungsbescheid hinsichtlich seines Zahlungsanspruches vorübergehend hemmt, solange der Versagungsbescheid wirkt. Wird der Versagungsbescheid aufgehoben, lebt die Wirksamkeit des Bewilligungsbescheides wieder auf, soweit der Bewilligungszeitraum noch nicht abgelaufen ist.

Der Versagungsbescheid ist daher grundsätzlich mit der Anfechtungsklage (§ 54 Abs. 1 SGG) anzugreifen (BSG Urteil vom 25.10.1988 – 7 RAr 70/87), da es für die Erreichung des Klageziels ausreicht, den belastenden Verwaltungsakt aufzuheben.

Die Begründung der Klage erschöpft sich in der Darlegung, dass der Versagungsgrund der fehlenden Mitwirkung nur bei Erfüllung der Tatbestandsvoraussetzungen der §§ 60 bis 62 SGG iVm § 65 SGG vorliegt. Eine analoge Anwendung der Versagungs- oder Entziehungsgründe ist wegen der existenziellen Bedeutung der Leistung zur Grundsicherung nicht möglich (Art. 1 Abs. 1 iVm Art. 20 Abs. 1 GG).

Eine Vollmacht ist beim Sozialgericht schriftlich einzureichen und zwar bei Rüge durch den Gegner (§ 73 Abs. 6 S. 1 SGG). Der Klageschrift ist für jeden Beteiligten eine Abschrift beizufügen (§ 93 SGG). Hier reicht eine Abschrift für den Beklagten aus. Wird die Abschrift nicht beigefügt, kann das Sozialgericht auf Kosten desjenigen Beteiligten, der zur Einreichung der Abschrift verpflichtet ist, die Kosten einer Abschrift verlangen, wenn es selbst die Abschriften anfertigt (§ 93 S. 3 SGG).

Die Beifügung von Bescheid und Widerspruchsbescheid ist nicht erforderlich, empfiehlt sich aber immer, weil Mängel der Klage insbesondere hinsichtlich der Bezeichnung des Klagegegenstandes geheilt werden können.

VI. Muster Anfechtungs- und Leistungsklage

Namens und im Auftrag der Kläger erhebe ich Klage und beantrage, wie folgt zu erkennen:

Der Bescheid der Beklagten vom 8.10.2014 für den Leistungszeitraum vom 1.9.2014 bis zum 28.2.2015, in der Gestalt des Änderungsbescheides vom 2.10.2015 und der Fassung des Widerspruchsbescheides vom 10.10.2015 wird abgeändert und die Beklagte wird verpflichtet, den Klägern höhere Leistungen nach dem SGB II zu gewähren.

Begründung:

Die Kläger zu 1) bis 3) beziehen seit dem 1.3.2014 von der Beklagten Arbeitslosengeld II. Seit diesem Zeitpunkt erhält die Klägerin zu 4) Sozialgeld.

Die Kläger haben Anspruch auf höhere Leistungen zur Sicherung des Lebensunterhaltes nach dem SGB II. Der angefochtene Leistungsbescheid vom 8.10.2014 für den Leistungszeitraum vom 1.9.2014 bis zum 28.2.2015 ist daher rechtswidrig und verletzt die Kläger in ihren Rechten.

Die am 16.10.1998 geborene Klägerin zu 3) wohnt gemeinsam mit ihrer am 2.4.2008 geborenen Schwester, der Klägerin zu 4) im Haushalt ihrer Eltern, den Klägern zu 1) und 2).

Sie ist seit dem 1.9.2014 in einer Berufsvorbereitungsmaßnahme und erhält ausweislich des Bescheides vom 29.8.2014 der Agentur für Arbeit B für die Zeit vom 1.9.2014 bis zum 30.6.2015 Berufsausbildungsbeihilfe nach §§ 56 ff SGB III in Höhe von 263 EUR monatlich.

Die Beklagte berücksichtigte in dem Bescheid vom 8.10.2014 zunächst nicht, dass die Klägerin zu 3) über den 31.8.2014 hinaus Anspruch auf Leistungen nach dem SGB II hatte. Diesbezüglich wird auf den in Anlage beigefügten Bescheid vom 8.10.2014.

Anlage K 1

verwiesen. Auf den Widerspruch der Kläger vom 9.10.2014, eingelegt durch die gesondert beauftragte Rechtsanwältin S, gewährte die Beklagte durch Änderungsbescheid vom 2.10.2015 auch der Klägerin zu 3) Leistungen zum Unterhalt nach dem SGB II.

Der weitergehende Anspruch der Kläger wurde durch Widerspruchsbescheid vom 10.10.2015 zurückgewiesen.

Die Beklagte rechnete das Einkommen der Klägerin zu 3) aus der Berufsausbildungsbeihilfe in dem Änderungsbescheid vom 2.10.2015 wie folgt an:

Bedarf der Klägerin für die Zeit vom 1.9.2014 bis zum 1.12.2014 zu 3)				
Regelleistung		296 EUR		
+ Anteilige Kosten für Unterkunft und Heizung	+	230 EUR		
Gesamtbedarf	=	526 EUR		526 EUR
Einkommen Kindergeld		188 EUR		
+ Einkommen BAB	+	263 EUR		
Gesamteinkommen	=	451 EUR	-	451 EUR
Saldo = Leistungsanspruch				75 EUR

Für die Zeit vom 1.1. bis zum 28.2.2015 wurde dieselbe Berechnung unter Berücksichtigung des, ab dem 1.1.2015, auf 302 EUR erhöhten Regelbedarfes berechnet, so dass der Leistungsanspruch um den Betrag von 8 EUR erhöht wurde.

Der Bescheid der Beklagten vom 8.10.2015 ist auch in der Fassung des Änderungsbescheides vom 2.10.2015 rechtswidrig, denn die Beklagte hat nicht berücksichtigt, dass in der der Klägerin zu 3) gezahlten Berufsausbildungsbeihilfe nur ein Anteil von 216 EUR als Einkommen anzurechnen ist. Ein Betrag iHv von 47,30 EUR erhält die Klägerin zu 3) als ausbildungsbedingte Aufwendungen für Fahrtkosten, Lernmittel und Arbeitsbekleidung (§§ 63, 64 SGB III). Bei den an die Klägerin zu 3) gezahlte Kosten für die Ausbildung handelt es sich um nach einer Rechtsnorm (§§ 63, 64 SGB III) zweckbestimmte Leistungen, die nicht als Einkommen anzurechnen sind (§ 11 a Abs. 3 SGB II).

Es wird weiterhin beantragt,

den Klägern Einsicht in die Verwaltungsakten der Beklagten zu gewähren und zwar durch Übersendung der Verwaltungsakten an den Prozessbevollmächtigten der Kläger.

...

Unterschrift

– Rechtsanwalt –

Erläuterungen: Mit der kombinierten Anfechtungs- und Leistungsklage (§ 54 Abs. 1 S. 1 SGG Anfechtungsklage und § 54 Abs. 4 Leistungsklage) kann gleichzeitig der ganz oder teilweise belastende Verwaltungsakt aufgehoben werden und die Leistung, auf die ein Rechtsanspruch besteht, verlangt werden.

Die Klage ist zulässig, wenn der Kläger eine materielle Beschwer behauptete (§ 54 Abs. 1 S. 2 SGG).

Die Klage ist begründet, wenn der Empfänger eines die Leistung ablehnenden Bescheides beschwert und die Versagung der Leistung rechtswidrig ist, dh die Behörde den Anspruch nach der Anspruchsgrundlage nicht hinreichend erfüllt hat (§ 54 Abs. 2 S. 1 SGG).

In dem vorliegenden Fall sind alle vier Mitglieder der Bedarfsgemeinschaft Kläger, weil der Anspruch auf die Leistungen nach dem SGB II individuelle Ansprüche sind (BSG Urteil vom 7.11.2006 – B 7 b AS 8/06 R). Es sind auch alle Mitglieder der Bedarfsgemeinschaft beschwert, denn es geht hier um die Anrechnung von Einkommen eines Mitgliedes der Bedarfsgemeinschaft (§ 9 Abs. 2 S. 3). Allerdings ist das Einkommen unverheirateter Kinder wie der Klägerin zu 3) hier nicht im Rahmen der Bedarfsgemeinschaft anzurechnen (§ 9 Abs. 1 S. 1). Dies führt zunächst dazu, dass nur der Anspruch der Klägerin zu 3) betroffen ist, nicht aber der übrigen Kläger. Die übrigen Mitglieder der Bedarfsgemeinschaft können hier allerdings betroffen sein, weil das Einkommen der Klägerin zu 3) im Rahmen der Haushaltsgemeinschaft (§ 9 Abs. 5 iVm § 1 Abs. 2 Alg II-V) angerechnet werden kann oder bei dem Einkommen eines weiteren Mitgliedes der Bedarfsgemeinschaft der Anteil der Klägerin zu 3) sich an diesem Einkommen vermindert, weil sie durch ihr (höheres) eigenes Einkommen ihren Bedarf im weiteren Umfang decken kann. Bei einem Antrag auf Prozesskostenhilfe kann die Prozesskostenhilfe im Übrigen nicht teilweise gewährt werden (LSG Berlin-Brb Beschluss vom 21.5.2008 – L 23 B 103/08 SO PKH mwN).

Der (Leistungs-)Antrag muss abweichend von § 253 Abs. 2 Nr. 2, Abs. 3 ZPO nicht auf eine bestimmte Geldsumme lauten, wenn dieser nicht genau beziffert werden kann. Ein Grundurteil ist daher in aller Regel zulässig (§ 130 Abs. 1 S. 1 SGG, vgl auch BSG Urteil vom 16.5.2007 – B 11 b AS 37/06 R).

Aus dem der Klage beigefügten Bescheid der Agentur für Arbeit lässt sich ersehen, welche Leistungen zur Berufsausbildungsbeihilfe gewährt werden. Der Bescheid sollte möglichst in Kopie beigefügt werden, weil sich die Bescheide der Bundesagentur teilweise nicht in deren Akten befinden (sie werden maschinell erstellt und von der Bundesagentur in Nürnberg versandt), so dass die Beiziehung der Akten durch das Sozialgericht hier keine Aufklärung bringt. Aus den Bescheiden lässt sich auch ersehen, ob neben der Berufsausbildungsbeihilfe oder der Leistung nach dem BAföG Leistungen nach dem SGB II noch in Frage kommen und zB ein Fall der Leistung von „Mini-BAföG" vorliegt (§ 7 Abs. 6 Nr. 2).

Erhält der Leistungsberechtigte Unterhaltsleistungen nach dem BAföG werden von dem als insgesamt bedarfsdeckend angesehenen Betrag 20% als ausbildungsbedingter Bedarf nicht als Einkommen angerechnet (§ 11 a Abs. 3, vgl hierzu Kapitel § 4 Rn 14 ff). Bei einer Leistung nach dem SGB III wird diese Berechnung nicht durchgeführt, weil Ausbildungskosten, wie in dem vorliegenden Fall, gesondert erbracht werden.

Die genaue Berechnung des berufsbedingten Mehrbedarfs kann zu einem schnellen Klageerfolg führen, was im Interesse der Kläger ist. Sofern sich die Beklagte dann allerdings eines Änderungsbescheides und nicht des Anerkenntnisses bedient, besteht die Gefahr, dass der Rechtsanwalt keinen Anspruch auf eine Terminsgebühr mehr hat (Nr. 3106 S. 3 VV).

Der Hinweis auf die höchstrichterliche Rechtsprechung dient ebenfalls der Verfahrensbeschleunigung.

Der Hinweis auf den im Widerspruchsverfahren gesondert beauftragten anderen Rechtsanwalt soll nur verdeutlichen, dass bei der Abrechnung des Mandates bei der Gebühr nach Nr. 3102 keine Anrechnung der Gebühr aus dem Widerspruchsverfahren nach den Vorbemerkungen zum Teil Nr. 3 Abs. 4 der Anlage 1 VV RVG erfolgt. Bei Geltendmachung eines PKH-Vorschusses vermeidet der Hinweis auf die anderweitige Bevollmächtigung im Widerspruchsverfahren unnütze Nachfragen des Urkundsbeamten.

Die Akteneinsicht sollte stets beantragt werden, hieraus lassen sich oft weitere anspruchsbegründende aber auch anspruchsvernichtende Tatsachen entnehmen. Die Stellung des Akteneinsichtsgesuchs am Ende der Klageschrift verdeutlicht lediglich, dass es sich um einen reinen Verfahrensantrag handelt. Die Einsicht in die Gerichtsakten in der ersten Instanz ist in der Regel nicht erforderlich, weil das Gericht im Rahmen der Gewährung rechtlichen Gehörs (§ 62 SGG) alle Tatsachen mitteilen muss, auf die es seine Entscheidung stützt (vgl HK-SGG/Littmann zu § 62 Rn 5). Das Gericht muss demnach alle Ermittlungen und deren Ergebnisse den Parteien mitteilen. Nur bei einem Rechtsmittel kann eine Einsicht in die Gerichtsakten daher notwendig sein.

VII. Muster: Nichtzulassungsbeschwerde vor dem Landessozialgericht „Grundsätzliche Bedeutung"

Im Namen und mit Vollmacht des Klägers lege ich gegen die Nichtzulassung der Berufung in dem Urteil des Sozialgerichts ... vom ... zum Geschäftszeichen: S 14 AS 2345/13, zugestellt am ...

Nichtzulassungsbeschwerde

ein und beantrage, wie folgt zu erkennen:

Die Berufung gegen das Urteil des Sozialgerichts ... vom ... zum Geschäftszeichen: S 14 AS 2345/13, zugestellt am ..., wird zugelassen.

Begründung:

Der am 16.9.1978 geborene Kläger erhielt, aufgrund eines Bescheides vom 16.12.2013, in der Zeit vom 1.1.bis zum 30.6.2014 von der Beklagten Leistungen nach dem SGB II. Widerspruch und Klage gegen diesen Bescheid waren erfolglos.

Der Kläger übte im Leistungszeitraum zwei selbstständige Tätigkeiten aus und zwar einmal als Unternehmensberater und daneben als selbstständiger Handelsvertreter. Bei beiden Tätigkeiten nutzte er zB einen PKW betrieblich, setzte ihn allerdings nur in einer Tätigkeit als Betriebsausgabe an, so dass sich bei der Tätigkeit als Handelsvertreter im Leistungszeitraum ein Überschuss in Höhe von 1.200 EUR ergab und für bei der Tätigkeit als Unternehmensberater ein Fehlbetrag in Höhe von 600 EUR.

Die Beklagte hat mit dem angefochtenen Bescheid monatlich 200 EUR als Einkommen angerechnet.

Die Berufung ist zuzulassen, weil hier eine Rechtsfrage von grundsätzlicher Bedeutung zu entscheiden ist, die über den Rechtskreis des Klägers hinausgeht.

Die Entscheidung des Sozialgerichts beruht auf einer fehlerhaften Auslegung der §§ 11 b Abs. 1 Nr. 5 iVm § 3 Abs. 1 ALG II-V. Das Sozialgericht hat in seinem Urteil den Rechtssatz aufgestellt:

„Bei der Einkommensberechnung gem. § 11 SGB 2 iVm § 3 Abs. 1 ALG II-V sind Einnahmen aus mehreren nebeneinander betriebenen selbstständigen Tätigkeiten jeweils gesondert unter Anrechnung der jeweils für den einzelnen Betrieb anfallenden Ausgaben zu ermitteln. Eine Saldierung der jeweiligen Einnahmen aus den einzelnen Gewerbebetrieben zu Gesamteinnahmen, von denen dann die saldierten Ausgaben aus allen Betrieben abgezogen werden können, ist ausgeschlossen."

Durch diesen Rechtssatz kommt das Sozialgericht zu dem Ergebnis, dass der Überschuss der Einnahmen aus der Tätigkeit als Handelsvertreter angerechnet werden muss und nicht mit den Verlusten aus der Tätigkeit als Unternehmensberater verrechnet werden können. Bei dem Kläger wird ein monatlicher Betrag in Höhe von 200 EUR, und nicht nur 100 EUR, als leistungsmindernd angerechnet.

Die Entscheidung des Sozialgerichtes ist auch entscheidungserheblich, denn bei Berücksichtigung des Verlustes aus der Tätigkeit als Unternehmensberater, hätte der Kläger einen Anspruch auf höhere Leistungen von insgesamt 600 EUR im Bewilligungszeitraum.

Die Rechtsfrage ist auch klärungsbedürftig, denn eine höchstrichterliche Entscheidung hierüber besteht nicht. Es ergibt sich auch nicht ohne Weiteres aus dem Gesetz, dass die Berechnung nach § 3 ALG II-V betriebsbezogen ist. Der Wortlaut der Regelung lässt jedenfalls auch eine andere Auslegung zu, denn es wird grundsätzlich von einem Einkommen aus einer selbstständigen Tätigkeit gesprochen und nicht von Einkommen aus einer betrieblichen Tätigkeit. Darüber hinaus wurde nicht berücksichtigt, dass der Kläger sein Einkommen nicht aus verschiedenen Einkunftsarten, sondern nur aus seiner selbstständigen Arbeit im Sinne des § 3 ALG II-V bezieht. Das Verrechnungsverbot des § 5 ALG II-V betrifft nur die Einkommensarten die in den § 2, 3 und 4 ALG II-V genannt sind.

Die Rechtsfrage kann in dem Berufungsverfahren geklärt werden, weil keine alternative Begründung das Urteil des Sozialgerichts trägt.

...

Unterschrift

– Rechtsanwalt –

Anlage:

Vollmachtsurkunde, Urteil Sozialgericht vom ... zum Geschäftszeichen ... in Kopie

Erläuterungen: Die Berufung gegen ein Urteil über Geld-, Sach- und Dienstleistungen ist unzulässig, wenn die Berufungssumme von 750 EUR nicht überschritten ist (§ 144 Abs. 1 Nr. 1 SGG). Beträgt der Wert der Beschwerde 750 EUR oder weniger ist die Berufung nur zulässig, wenn das Sozialgericht die Berufung im Urteil zugelassen hat (§ 144 Abs. 1 SGG).

Lässt das Sozialgericht die Berufung nicht zu, kann die Nichtzulassung der Berufung mit der Nichtzulassungsbeschwerde angefochten werden (§ 145 Abs. 1 S. 1 SGG). Die Nichtzulassungsbeschwerde ist innerhalb einer Frist von einem Monat bei dem Landessozialgericht einzureichen (§ 144 Abs. 1 S. 2 SGG). Die Beschwerde kann schriftlich oder zur Niederschrift der Geschäftsstelle des Landessozialgerichtes eingereicht werden.

Die Beschwerde unterliegt wesentlich geringeren Formerfordernissen als die Nichtzulassungsbeschwerde vor dem Bundessozialgericht, denn in ihr soll nur das angefochtene Urteil bezeichnet werden und die zur Begründung dienenden Tatsachen und Beweismittel angegeben werden (§ 145 Abs. 2 SGG). Der Antrag geht dahin, dass die Berufung durch Beschluss des Landessozialgerichtes zugelassen wird.

Lässt das Landessozialgericht die Berufung zu, wird die Beschwerde als Berufungsverfahren fortgesetzt (§ 145 Abs. 5 SGG). In diesem Fall empfiehlt es sich ggf nach der Zulassung einen Sachantrag im Berufungsverfahren zu stellen. Ist mit der Zulassung der Berufung zu rechnen, kann ein hilfsweise gestellter Sachantrag nach folgendem Muster sinnvoll sein.

„… für den Fall der Zulassung der Berufung wird beantragt in der Sache wie folgt zu erkennen: Das Urteil des Sozialgerichts vom … zur Geschäfts-Nr.: S 00 AS 0000/09 wird abgeändert und die Beklagte wird verurteilt dem Kläger weitere Leistungen nach dem SGB II zu gewähren."

Die Begründung besteht aus einer kurzen Darstellung des Sachverhaltes und der vom Sozialgericht aufgearbeiteten Rechtsfragen. Die Nichtzulassung wurde hier auf die grundsätzliche Bedeutung gestützt (§ 144 Abs. 2 Nr. 1 SGG). Daher wurde der durch das Sozialgericht aufgestellte Rechtssatz herausgearbeitet und dargestellt, dass diese Rechtsfrage klärungsbedürftig und allgemein klärungsfähig ist, in ihrer Bedeutung über den Einzelfall hinaus geht und auch im vorliegenden Fall klärungsfähig ist (vgl Kummer, Die Nichtzulassungsbeschwerde, Baden-Baden 2010, Rn 270 ff).

Das Landessozialgericht muss die Zulassung der Berufung nicht begründen (§ 145 Abs. 2 S. 2 SGG).

Die Prozesskostenhilfe muss sowohl für die Nichtzulassungsbeschwerde, als auch für die Berufung beantragt werden, denn es handelt sich bis zur Zulassung der Berufung um verschiedene Angelegenheiten (§ 17 Nr. 9 RVG). Der vorliegende Fall ist der Entscheidung des LSG Berlin-Potsdam (LSG 4.12.2014 – L 29 AS 1501/11) nachgebildet. Die Revision wurde vom Bundessozialgericht zugelassen und ist unter dem Geschäftszeichen B 4 AS 17/15 R anhängig.

VIII. Muster: Atypischer Bedarf, Widerspruch gegen einen ablehnenden Bescheid

… unter Vorlage einer auf mich lautenden Vollmacht zeige ich die Vertretung des Leistungsberechtigten, gesetzlich vertreten durch die Mutter St., an. Mein Mandant legte mir den Bescheid vom 23.4.2015 über die Ablehnung von zusätzlichen Leistungen für die Schule (Nachhilfeunterricht) in der Zeit vom 1.5.2015 bis zum 31.10.2015 vor. Gegen diesen Bescheid lege ich im Auftrag meines Mandanten

Widerspruch ein und beantrage,

den Bescheid vom 23.4.2015 aufzuheben und meinem Mandanten, Leistungen für die Schule für die Zeit vom 1.5.2015 bis zum 31.10.2015 in Höhe von 1.356,60 EUR zu gewähren.

Begründung:

Mein Mandant ist am 12.3.2006 geboren und besucht seit 3.9.2012 die K-Grundschule in R-Stadt. Bis zum Juli des Jahres 2014 war er einer der besten Schüler der Klasse. Er nahm noch im April 2014 an dem Wettbewerb „Schüler musizieren" teil und erreichte unter 60 Teilnehmern den ersten Platz im Fach Blockflöte. Die Zeugnisse für das erste und zweite Halbjahr der zweiten Klasse weisen einen Notendurchschnitt von 1,5 auf und er hatte von 24 Schülern die zweitbesten Ergebnisse. Im ersten Schulhalbjahr 2014/2015 hatte mein Mandant nur noch einen Notendurchschnitt von 2,5. Im zweiten Schulhalbjahr 2014/2015 hatte mein Mandant bisher in einer Klassenarbeit im Diktat eine Arbeit mit der Note „mangelhaft" abgegeben und in Mathematik eine Arbeit mit der Note „ausreichend". Aller Voraussicht nach ist die Versetzung in die vierte Klasse noch nicht gefährdet. Mein Mandant wird jedoch, was von seinen bisherigen Leistungen zu erwarten war, nicht in ein Gymnasium aufgenommen werden, weil ein Übergang zum Gymnasium nur bei der Note „gut" in einem der beiden Fächer Deutsch oder Mathematik und mindestens der Note „befriedigend" im anderen Fach im Halbjahreszeugnis der vierten Klasse möglich ist.

Die Mutter meines Mandanten, Frau St., hat sich wegen der schlechten Leistungen an die Schulleitung gewandt und um Förderunterricht nachgesucht. Die Schulleiterin, Frau R., teilte im Schreiben vom 24.1.2015 mit, dass ein Förderunterricht für meinen Mandanten aufgrund längeren krankheitsbedingten Ausfalls zweier Lehrkräfte nicht erteilt werden könne. Wegen der näheren Einzelheiten wird auf das in

Anlage A 1

beigefügte Schreiben vom 24.1.2015 verwiesen. Die Lernschwäche meines Mandanten ist vorübergehend und auf familiäre Verhältnisse zurückzuführen. Im Jahr 2014 trennten sich die Eltern meines Mandanten. Da der Vater meines Mandanten alkoholkrank ist, kam es in der Trennungszeit häufig zu verbalen, aber auch tätlichen Auseinandersetzungen. Die Mutter meines Mandanten konnte im Wege des einstweiligen Rechtsschutzes durch Beschluss des Amtsgerichtes R-Stadt vom 27.9.2014 erreichen, dass der Vater des Kindes, Herr A., zum Auszug aus der gemeinsamen Wohnung verpflichtet wurde. Der Beschluss des Amtsgerichtes R-Stadt liegt in

Anlage A 2

bei. Da der Vater meines Mandanten nicht freiwillig auszog, musste aus dem Beschluss vom 27.9.2014 die Zwangsräumung betrieben werden. Diese konnte erst mittels des Gerichtsvollziehers unter Hinzuziehung der Polizei am 6.12.2014 erfolgen und zwar, weil der Vater meines Mandanten bei einem ersten Räumungsversuch am 2.11.2014 gegenüber dem Gerichtsvollzieher tätlich geworden war. Diesbezüglich wird auf die Meldung des R-Stadt-Anzeigers vom 3.11.2014, beigefügt in

Anlage A 3

verwiesen. Mein Mandant leidet wegen der Vorfälle an einer posttraumatischen Belastungsstörung und ist deshalb in ärztlicher und psychotherapeutischer Behandlung. Ausweislich des Befundberichtes des Dipl. Psych. K., welcher in

Anlage A 4

beigefügt ist, besteht bei meinem Mandanten, bedingt durch die Belastungsstörung, eine vorübergehende Konzentrationsschwäche, die sich allerdings zwischenzeitlich weitgehend gelegt hat.

Die Familienverhältnisse haben sich zwischenzeitlich stabilisiert, denn der Vater meines Mandanten macht seit dem 2.2.2015 eine Alkoholentwöhnungsbehandlung und hat zweimal in der Woche fernmündlichen Kontakt mit meinem Mandanten.

Mein Mandant könnte bei entsprechender Nachhilfe den für den Besuch des Gymnasiums erforderlichen Wissensstand und die vorausgesetzten Noten in den Fächern wiedererlangen.

Hinsichtlich der Kosten des Nachhilfeunterrichtes wird auf das mit dem Antrag beigefügte Angebot der Nachhilfeschule „Q." verwiesen. Aus dem Angebot ergibt sich auch, dass die Nachhilfe für die Zeit vom 1.5.2015 bis zum 30.10.2015 erforderlich ist, denn es beruht auf einer Lernstandsanalyse vom 20.4.2015.

Die Lernförderung ist hier auch deshalb zu Unrecht abgelehnt worden, weil sie sich nicht auf Fälle beschränkt in denen die Versetzung gefährdet ist. Die besondere familiäre Situation in die mein Mandant ohne sein Verschulden geraten ist, gebietet hier eine weitergehende Förderung zumal sich aus der Vorgeschichte ergibt, dass es sich nur um eine vorübergehende Lernstörung handelt.

Es wird um umgehende Entscheidung nachgesucht, da mein Mandant den Nachhilfeunterricht unverzüglich antreten muss, andernfalls kann das mit der Nachhilfe verfolgte Ziel nicht erreicht werden. Diesbezüglich habe ich mir eine

Frist zum 30.4.2015 notiert.

Sofern bis zu diesem Zeitpunkt keine für meinen Mandanten positive Entscheidung vorliegt, muss mein Mandant sein Begehren im einstweiligen Rechtsschutzverfahren verfolgen, denn der Nachhilfeunterricht wird nur dann erfolgreich sein, wenn er unverzüglich durchgeführt wird.

Unterschrift

– Rechtsanwalt –

Erläuterungen: Besondere Anforderungen an die Form des schriftlichen Widerspruchs bestehen nicht (§ 84 SGG). Insbesondere ist kein Antrag erforderlich. Zur besseren Bestimmung des Gegenstandes des Widerspruchs kann ein vergleichbar dem Klageantrag gefasster Antrag im Widerspruchsverfahren sinnvoll sein.

Es empfiehlt sich den angegriffenen Bescheid genau zu bezeichnen, damit Verwechslungen mit Bescheiden, die vom Leistungsträger am gleichen Tag erlassen worden sind, ausgeschlossen werden können. Diese müssen ggf in einem weiteren Widerspruchsverfahren gesondert angefochten werden.

Die Begründung des Widerspruchs trägt Tatsachen vor, die geeignet sind, die Tatbestandsvoraussetzungen für die Lernförderung (§ 28 Abs. 5) darzulegen.

Weiter wird eingehend dargelegt, dass keine anderweitige Hilfemöglichkeit, wie etwa ein Förderunterricht durch die Schule, besteht.

Sofern im vorliegenden Fall keine zeitnahe stattgebende Entscheidung im Widerspruchsverfahren möglich ist, kommt hier nur der einstweilige Rechtsschutz in Form der Regelungsanordnung in Betracht (§ 86 b Abs. 2 S. 2 SGG).

Die Akteneinsicht im Widerspruchsverfahren kann nicht beschränkt werden (§ 84 a SGG). Allerdings kann die Behörde die Akteneinsicht dadurch beschränken, dass sie die Akteneinsicht nur am Sitz der Behörde gewährt (§ 25 Abs. 4 SGB X).

Stichwortverzeichnis

Fette Zahlen bezeichnen die Paragraphen, magere die Randnummern.